El amor de pareja desde la Psicomística

EL AMOR DE PAREJA DESDE LA PSICOMÍSTICA

Lindy Giacomán

y

Luz María Zetina

EDICIONES URANO
Argentina — Chile — Colombia — España
Estados Unidos — México — Uruguay — Venezuela

1ª edición: Noviembre 2013.

© 2013 *by* Lindy Giacomán
© 2013 *by* Luz María Zetina
© 2013 *by* EDICIONES URANO, S.A. Aribau,142, pral.—08036, Barcelona
EDICIONES URANO MÉXICO, S.A. DE C.V.
Avenida de los Insurgentes Sur #1722 3er piso Col. Florida C.P. 01030
Álvaro Obregón, México D.F.

www.edicionesurano.com
www.edicionesuranomexico.com

ISBN: 978-607-9344-11-5

Fotocomposición: Marco Bautista
Impreso por Quad/Graphics Querétaro, S.A. de C.V.
Fracc. Agro Industrial La Cruz — El Marqués, Querétaro.

Impreso en México — *Printed in México*

Índice

Nota de la Editora

El libro que tienes en tus manos es el resultado de una profunda vivencia espiritual, de una incansable investigación profesional como psicóloga clínica, y de la enriquecedora experiencia de Lindy Giacomán, quien de una manera definitivamente extraodinaria, se encontró con Luz María Zetina en un momento crucial de la vida de ambas.

Lindy, fundó hace cuatro décadas la Psicomística (PSM) una psicoespiritualidad sanadora a la que se ha consagrado desde entonces, experimentando sus maravillosos frutos tanto en su vida como en la de sus amigos, pacientes y alumnos.

Esperó pacientemente el momento de dar a luz la Psicomística, pero no podía hacerlo sola, para que pudiera materializarse en palabras esta psicoespiritualidad, era menester que llegara su heredera, y luego de haber sido "devuelta" a la vida tras un trance de salud que la acercó una vez más a la muerte, Lindy "imanó" por gracia de Dios a la heredera idónea: Luz María Zetina. Una mujer cuya vida ha estado bendecida y regida por los preceptos de esta psicoespiritualidad y quien, aunque no la llamara por este nombre, la practicaba por las bondades que le regocijaban el Alma.

Al encontrarse ambas y reconocerse la una en la otra, sus caminos se abrazaron y quedaron fusionados sin mediar pensamiento ni razonamiento, y decidieron trabajar juntas para mostrar al mundo un sendero de Conciencia, Sanidad, Luz, Amor, Libertad y Paz y poner por escrito este regalo de vida para compartirlo contigo querido lector e invitarte a esta travesía asombrosa, fascinante y mágica que es la PSM. Juntas se complementaron en un Todo. Lindy, al contacto con Luz Ma, comprobaba a cada paso que la Psicomística les pertenecía indistintamente a las dos, y constató sin sorpresa que su ahora heredera y coautora era tan consciente como ella misma de que ambas son sólo instrumentos diseñados y preparados meticulosamente por Dios para transmitir la sanación desde la Psicomística, y a través de ella, curar las heridas emocionales y psicológicas con el fin de conquistar la liberación interior.

La sorpresa de Luz María ante la magia de la PSM, fue idéntica a la de Lindy ante la magia de Luz Ma, quien la obligaba con sus inteligentes cuestionamientos y su necesidad de poner en palabras los procesos de la Conciencia, a escribir al unísono la PSM y a hacerlo en un lenguaje coloquial, accesible, ordenado, que fluye con una enorme lucidez y clarividencia en ambas por igual. Trabajar juntas las ha enriquecido mutuamente y, por lo mismo, han decidido que están listas para compartir con el mundo a través de estas páginas su forma de ver y entender al ser humano y sus relaciones.

Lindy y Luz Ma, hacen el equipo perfecto, se complementan y se funden en una sola voz, la voz del Amor, la voz del Alma, la voz de un Dios que nos permite dejar atrás el Ego —el miedo— y vivir el Amor de pareja desde el rincón más profundo, sagrado y puro de nuestro ser, sin importar edad, raza, condición social, orientación sexual, cultura, ni diferencia alguna. Su psicoespiritualidad sanadora, la Psicomística, busca que tú, lector, te sumes a esta cruzada por el rescate de los valores esenciales del ser humano.

La voz utilizada en este libro es la de dos corazones que se funden en uno sólo, para invitarte a compartir la experiencia de sanación a través del Alma, es decir, del Amor, que la Psicomística nos ofrece. En sus líneas podrás encontrar a una Lindy empapada de Amor y llena de ímpetu por compartirlo y a una Luz María extraordinariamente sensible y llena de vitalidad y de energía para llevar el mensaje tan lejos como sea posible. Ambas abrazadas en su camino Psicomístico, viven en la conciencia de que todo ocurre cuando corresponde, ni antes, ni después y la obra busca sus caminos.

Bienvenidos a la travesía de la Psicomística, un trayecto fascinante hacia la Conciencia que, afortunadamente, no tiene retorno.

Dedicatorias y agradecimientos
de Lindy Giacomán

A Dios, el Patrón, Maestro de Maestros, Poeta de Poetas, Médico de Médicos. El Amor mismo. Motivo, Sentido y Fuente de Inspiración. Creador y Dador de los Dones. El Camino, la Verdad y la Vida. El Padre—Madre gracias al cual he podido sobrevivir mi orfandad en la Tierra y cuya fuerza es lo único que me mantiene viva y libre en un camino de Amor y de Conciencia. A Él, que es el que ES y ha sido el Almante que me ha enseñado los secretos del Amor y el sentido del Dolor.

Dedico este trabajo, humildemente, con mi más profundo Amor, respeto y admiración a quienes han sido y son mis maestros de vida y creen en mi trabajo, apoyándome en todo momento: Cristina Camacho de Santoyo, Emely Hadjópulos de Marcos, Lucía Esteban y Ponce de León y Eduardo Lorente Sánchez (qepd).

A Luz María Zetina Lugo, el instrumento elegido por Dios sin el cual, la Psicomística nunca hubiera llegado a publicarse, porque llegó a obligarme a ponerle palabras a lo intangible. Ella apareció cuando yo ya dormía en el sarcófago con todo y la Psicomística, que parecía estar destinada al sepulcro.

Sin embargo, otros eran los planes del Patrón (Dios) que me regreso a la Vida y envió de una manera indescriptiblemente mágica y contundentemente divina a Luz Ma, para que fuera mi heredera, mi hija espiritual, mi maestra... y jugara en mi vida muchos, pero muchos roles más así como yo en la vida de ella — y esto lo digo con toda humildad —nuestra relación es definitivamente recíproca, condición indispensable para establecer una relación sana y de iguales. Libre, sin deudas emocionales, desde la luz de la conciencia y en la certeza de que todos somos uno.

Luz Ma llegó para todo eso, pero sobre todo para que fuera mis manos y mis pies, mis alas, mi voz, el cuerpo y el aliento del que me han privado mis 14 enfermedades crónicas. Sí, 14, lo que prueba, rotundamente, en los hechos, que el que siga viva es un milagro... y otro, por cierto, monumental, que Luz Ma haya confiado en mí, sin conocerme de nada y estando en esta situación de salud. Se necesitan dos condiciones para ello: primera, poseer un Alma de una pureza impecable misma que Luz Ma escucha con asombrosa nitidez y segunda, ser muy, pero muy valiente ¡Y vaya que lo es, lo compruebo cada día! Esta mujer que posee una energía dulce, es capaz de correr cualquier riesgo con tal de crecer y ser congruente con el Amor.

Luz Ma arribó en el momento exacto para hacer posible que los planes del Patrón en mi vida se hicieran realidad. Justo cuando la *señora Muerte* —desde siempre amiga tan íntima como la *señora Vida*— me tenía bien abrazada y parecía ya no haber la menor esperanza de regresar a la Vida, pero esa era parte de la estrategia del Patrón, ¡Ah! El divino estratega, que es tan, pero tan puntual, es un caballero, siempre llega a tiempo y siempre con las manos llenas de todo y más de lo que necesitamos.

Esa es la historia de mi vida con Él... siempre llega a tiempo, bueno, a Su tiempo, debo aclarar. Y sí, llegó con todo y más de lo que necesitaba, porque ni con toda mi imaginación pude concebir que enviaría a una heredera del calibre de Luz María, y además me mantendría viva.

Cuando conecté con ella le dije en la segunda llamada que le iba a poner todos mis escritos en un USB y se lo iba a mandar, porque yo ya no daba para más. Yo ya no estaba en el mundo, ni pertenecía al mundo y fue hasta que mi desapego era absoluto y yo esperaba la Muerte, que Él decidió que era el momento de que llegara la heredera y el trabajo de toda mi vida se diera a luz, precisamente con esta mujer, llamada Luz y que es eso: Luz Pura y Pura Luz. Luz Ma viene a culminar la cadena de milagros que es mi vida, una vida que en conciencia ha transcurrido desde mis siete añitos de la mano del Patrón.

Los artistas somos atormentados, sobre todo si nos entierran en vida, como fue mi caso. Yo no creía en la palabra imposible, ahora necesito usarla. Es **imposible** describir, bosquejar siquiera un ser como Luz María Zetina y haga yo lo que haga, es y será imposible demostrarle mi gratitud por haberme mirado con los ojos de su Alma y con ello visibilizarme y librarme de un dolor tan hondo, tan insondable, que sé que jamás podría poner en palabras...

Sanadora tenía que ser la heredera de la Psicomística. Tanto, que el día que nos conocimos estábamos en mi estudio, el aire acondicionado a todo lo que daba y la habitación, cosa rarísima, hervía, así que encendí también el ventilador, en lo más alto... pero su calor sanador y el mío juntos, tronaron ambos aparatos... El Patrón suele ser muy juguetón y esa fue una de Sus maneras de hacer sentir su presencia en la fiesta que fue que Luz Ma y yo nos conociéramos personalmente... o más bien nos re—encontráramos, lo cual para mí ha sido una bendición sin límites y una celebración permanente.

Agradezco a Lucía Esteban y Ponce de León, una hermana a la que me une la fuerza de la sangre espiritual. Un alma indescriptiblemente bella. Ella me acompañó en todo el proceso, dándome fuerzas para no darme por vencida ante la adversidad de la enfermedad. Su sabiduría iluminó estas páginas, y su colaboración fue indispensable para la elaboración de este libro. Gracias a su apoyo, generosidad y solidaridad, por encima del dolor, disfruté enormemente el proceso creativo. Le agradezco especialmente su colaboración directa en los capítulos de "Control y Maltrato" y en todo lo referente a "Perspectiva de Género" que son sus especialidades. Así mismo, es la responsable de todas las ilustraciones del libro y de los esquemas que originalmente se presentaron a la editorial.

A Luz María Zetina Lugo, Eduardo Clemesha y su adorable familia: Isabella, Luciana y Fátima, por abrirme su corazón y sus brazos cuando aparecí de la nada en sus vidas, llenando mi vida de alegría y de magia. Así como las duendes entrañables que comparten sus vidas y ahora la mía: Rosy "Toti" Coba de Jesús y Dulce "Dul" Torrijas de Jesús.

A mi familia de sangre biológica, tanto a los Giacomán como a los Canavati, quienes son una bendición invaluable, claves para la creación de la Psicomística.

A mis amigos, mi familia de sangre espiritual... ellos saben quiénes son y lo que significan para mí. Indudablemente, tal como dice el Patrón, un amigo es un tesoro y no hay mayor amor que el que da la vida por un amigo.

A Angelina Cué Bolaños y María Dueñas Medina, entrañables amigas e inevitables madrinas de lujo de este libro, ellas saben la razón.

A Olivia Prieto Pérez, Gisela Stricker, Gilles Denaes, Lupita Esteban, Chelito Esteban, Karla Flores Esteban, David Garay Espinoza, Paty Marcos Giacomán, José Martínez Medrano, Susana Alexander, Teresa Islas, Jorge Luis Canavati Hadjópulos, César Octavio Esparza Portillo,

René Alcocer Sáenz, Kitty Beischer, María Sicardi, Elizabeth López Iga, Sammy Marcos, Cecilia Marcos, Gladys Oropeza, Verónica Santoyo, Raúl Alejandro Santoyo, Lorenzo Zetina Lugo, Sol María Sánchez Panadero, María del Socorro Treviño "Cocoya", Jeanette Ezcurra, Karla Gutiérrez García, Betty Ruiz, María Elena Galindo y Dina Soto. Su apoyo, su solidaridad, su compañía y su fe en mi trabajo han sido una fortaleza invaluable para mí.

A Raquel Mendoza Aguilar, un instrumento de Dios que llegó justo a tiempo para acompañarme en este camino como mi médica, un ser con la vocación, la empatía, la compasión y el amor que tienen los espíritus grandes y nobles.

A Fanny Morell, una artista que escucha clarito la voz del Patrón y su divino y elocuente silencio, cómo sólo lo pueden hacer los verdaderos artistas, un gran regalo en mi vida.

A Marta Dávalos Zambrano, amiga y colaboradora estrella, extraordinariamente paciente, sensible y eficaz.

A Leticia Velázquez, mi amiga y asistente, su sensibilidad, cariño, empatía y eficacia hacen que sea posible que pueda dedicarme a mi trabajo, mientras mi casa funciona como un reloj suizo.

A cada uno de mis alumnos y pacientes, con mi profunda gratitud por su confianza y por ser mi fuente de inspiración. A mis lectores y lectoras, porque está escrito para ellos y gracias a ellos este trabajo tiene sentido.

Además de mis agradecimientos, tengo dos peticiones para quien lea este libro: la primera es que no crean en nada de lo aquí hemos escrito, hasta que lo pongan a prueba en la realidad y corroboren si es verdad. La segunda, que nos den a Luz Ma y a mí, y se den la oportunidad de que juntos encontremos el camino para conseguir amar sanamente, en la certeza de que **la conciencia es la llave de la libertad y el amor**, éste es nuestra esencia y el sentimiento que trae a nuestra vida todas las respuestas que buscamos durante la misma.

Dedicatorias y agradecimientos
de Luz María Zetina

A Ti, Dios, primero que a nadie, a Ti, que has sido un perfecto estratega y has hecho posible este milagroso y mágico encuentro entre Lindy y yo. A Ti, que me has quitado y me has devuelto a manos llenas. A Ti, porque yo sin Tu presencia simplemente no sería quién soy. Gracias Dios por haberme regalado la gracia de sentir Tu presencia y Tu compañía desde siempre.

A mi madre, María Cristina Lugo Orvañanos, "Kitty", a quién en su "aparente ausencia" he amado y venerado por haber sido una guerrera de luz. Le agradezco el haberme transfundido desde sus entrañas la gloriosa enseñanza de escuchar con claridad la voz del alma.

A mi adorada Lindy Giacomán, por haber tenido los ojos para verme, los oídos para oírme y la confianza de creer que, de alguna manera, yo podría tener los alcances que tiene su alma y convertirme en las alas de su obra. Gracias por haberte hecho tan visible en mi vida, por haberte convertido en todos los roles espirituales que han venido a complementar mi alma. Gracias porque cada instante que hemos compartido juntas, lo has pintado de poesía, gracias por haber convertido tus pasos en mi enseñanza, tu valentía en mi motor, tu dolor en mi fuerza, tu fe en mi inspiración.

A Eduardo Clemesha, maestro y compañero de vida, con quien he materializado mis mayores sueños y comparto el privilegio de criar a nuestras tres bellas mariposas: Isabella, Luciana y Fátima. Gracias, por abrirme las puertas de tu verdadera esencia y permitirme mirarte, tocarte y conocerte realmente. Después de 13 años juntos, hoy, tras romper con el espejismo por fin, podemos experimentar que sólo cuando se desnuda el alma es posible aniquilar los miedos y reconciliarnos con quien realmente somos y manifestar con una gozosa libertad, exenta de miedos, la totalidad de nuestro ser.

A mis tres amores, mis tres motivos, mis tres maestras: Isabella, Luciana y Fátima: En su existencia observo y experimento la presencia de Dios a quien agradezco cada día de mi vida que me haya premiado, brindándome la bendición de guiarlas por el camino de la conciencia, la luz, el amor y la libertad que es la única Verdad.

A mi familia, con mi inmensa gratitud, por ser mi privilegio, el nido de mis valores, y los seres humanos perfectos que yo necesité para llegar hasta aquí. Gracias a ti papá, gracias por ser un excepcional amigo, con quien nunca ha sido necesario tener secretos. A Adriana, cuya labor invaluable fue definitiva en el crecimiento de nuestra familia.

A mis hermanos, esos tesoros especiales: A Luis "el Chino", mi confidente, dueño del don de la alegría, quien con su buen humor y su risa ha iluminado mi vida. A mi adorable Lench, dulce, solidario y generoso. A Guayo, quien siempre ha alimentado mi fe y en cuyos ojos puedo mirar el reflejo fiel del amor del Patrón. A sus parejas: Cecilia Gallo y Male Reigadas.

A Sol, porque ha sido eso en mi vida, un solcito que llegó a ser una hoguera para mi alma cuando más la necesité y me regaló sin límites su extraordinaria bondad y generosidad. No me atrevo a imaginar cómo se contaría mi historia sin ella.

A toda mi familia tanto Zetina, como Lugo, porque en ellos he encontrado el amor, la calidez y las enseñanzas que han enriquecido mi vida de una manera indescriptible.

A Gustavo Alcocer Lugo nuestro abogado psicomístico, por su invaluable apoyo y enorme empatía en todo este fascinante trayecto.

A mis amigas: Cecilia Gallo, Paulina Rosales, Verónica Alcocer, Alejandra Quintero, Valeria Contreras, Isabel Lascurain, Ana María Lavalle, Alejandra Vargas, Luz del Carmen Olivares, Claudia Olivares, Lucía Ferrer y Susana Zavaleta, que en realidad son mis hermanas espirituales y mi faro de luz; sin su apoyo, las noches oscuras hubieran sido eternas.

A mis "Netas Divinas": Isabel Lascurain, Gloria Calzada, Yolanda Andrade y Consuelo Duval, porque los últimos seis años hemos compartido inolvidables vivencias que atesoro. Vaya mi gratitud y cariño a Javier Labrada, nuestro sensible y talentoso productor por su invaluable apoyo; así como a Ana Checa y a todos y a cada uno que conforman nuestro equipo de producción.

A Lizzy Cancino, mi representante, amiga y cómplice en esta aventura fascinante que es mi vida profesional, misma que sin ella nunca podría ser tan divertida.

A todos aquellos seres humanos, a quienes no conozco ni sé su nombre ni apellido y a pesar de ello, quiero hacerlos presentes y visibilizarlos en esta dedicatoria, como ellos me han visibilizado a mí a lo largo de mi carrera, haciendo de esta una realidad, por lo que les estoy profunda y permanentemente agradecida.

Todo mundo tiene una mano derecha para lograr sus objetivos, yo, tengo dos: Rosy "Toti" Coba de Jesús y Dulce "Dul" Torrijas de Jesús, va para ellas mi más profunda gratitud.

Por último y no por ello menos importante, más bien vital y para cerrar con broche de oro, Lindy y yo de la mano, dedicamos esta obra, a Iván Mozó y Larisa Curiel, con nuestra más profunda gratitud, por su empatía y sensibilidad. Por confiar en nuestro proyecto, y ser los instrumentos del Patrón y los parteros para hacer posible este sueño largamente acariciado: aportar al mundo esta tarea que nos ha sido encomendada: La Psicomística.

Invitación

El amor de pareja desde la Psicomística es el primer libro de una biblioteca de autor de la Psicomística, una psicoespiritualidad sanadora, una alternativa de curación y crecimiento que te ofrecen Lindy Giacomán y Luz María Zetina para elevar tu nivel de conciencia hasta vivir en el amor perfecto, la paz, la alegría y la libertad en la relación de pareja como en todas las relaciones de la vida, incluida la relación contigo mismo.

La Psicomística, a la cual nos referiremos también por sus siglas PSM a lo largo del libro, no es una escuela o una corriente psicológica, ni una filosofía o religión. Es un camino, una alternativa que lleva a la unión de lo sagrado con lo humano, para lograr sanación e integración, rompiendo con la fragmentación, la separatividad y el dolor emocional, haciendo posible vivir en el Amor que es nuestra esencia, tanto divina como humana, desde la Conciencia de nuestra divinidad.

En la obra hay poesía integrada, la mayoría de los poemas son de Lindy Giacomán y no irán firmados, los de Luz María Zetina, irán firmados por ella, los que son en coautoría irán firmados por las dos; decidimos hacer esto porque algunos están ya publicados en poemarios de Lindy Giacomán y así no habrá confusiones y evitaremos malos entendidos.

Te invitamos a que conozcas lo que es la Psicomística y la historia mágica del encuentro de Lindy con Luz María en los dos apéndices que encontrarás al final del libro.

Prefacio

El amor de pareja en el día a día

Testimonios

La pareja perfecta es posible desde la Psicomística. Se logra cuando ambos miembros de la pareja viven plenamente tanto su lado masculino como el femenino. A mayor conocimiento de sí mismos, mayor conciencia. A mayor conciencia, mayor desnudez. A mayor desnudez, mayor libertad. A mayor libertad, mayor amor.

La desnudez es imposible si no nos conocemos y nos mostramos tal como somos en nuestra totalidad, seres constituidos por dos fuerzas y por dos energías: la masculina y la femenina.

DANZA Y DESNUDEZ

Te escribo, te bebo, te tomo, te huelo,
te respiro, te inhalo, te exhalo, te navego...
y voy a llevarte a un lugar secreto
en el que tu cuerpo baile de tal modo
tan libre, tan fuerte, tan bello, tan suave
flexible, excitado, cálido, espontáneo
fluyendo en mis brazos como lo que somos
eso que se sabe y no ha de nombrarse
que es lo que es, que siempre está siendo
que ha sido y será: perfecto y eterno.

Bailaremos juntos y vas a encontrarte
y todas las dudas serán disipadas

y cada pregunta será contestada.
Y te harás visible en el universo
y este amor, almante que es nuestro Todo
lo cantará entero el cosmos, el cielo
la mar, los desiertos, los bosques,
lo sutil, lo mortal, lo eterno.

Y vas a mirarte en todo y en todos
y a sentirte amado, perfecto, habitado
amado sin límites, ni juicios ¡amado!
tal como tú eres, has sido y serás
sin nada que estorbe y sin condiciones
y ahí en esa danza, sentirás tu esencia
te sabrás amado tú y todos los que eres
aquello que sientes, que piensas, que quieres.

Y jamás el miedo volverá a asaltarte
ni habrá más silencios, ni dudas, ni embates
sólo esto que existe entre los almantes
esto que tú vives, esto que tú sabes
Y que hoy es tan cierto que temes perderlo
porque aún no sabes este gran secreto:
eso es imposible porque los almantes
una vez unidos no han de separarse
es tan imposible que su amor acabe
como que Dios mismo muera de vejez
resulte mortal y no sea el que es.

Te diré el camino para que esta danza
elimine el miedo y tus labios abra:
debes desnudarte, todo, por completo
poner tu vergüenza, tu herida y secretos
tus dudas, tus miedos, lo que te tortura
tu sombra, fantasmas, miedo a la locura
poner todo eso, todo lo que duela
justo aquí, en mi boca, para que lo beba
y te conste entonces, que te adoro entero
y que somos uno, tu dolor, tu pena
tu herida amor mío, tu sombra, tus miedos

tu sed, tu vergüenza... todo eso soy yo
y tú eres perfecto.

Y yo no sabría vivir sin beberte
sin ser habitada por todo lo que eres
no temas a nada, desnuda tu alma
tu cuerpo, tu mente, tu ser, tus entrañas
y bailemos juntos esta hermosa danza
en la que seremos lo que no se nombra
lo que no se extingue, lo que no se apaga.

¿Es posible un amor de pareja así? ¿Es real pensar en lograr vivir una relación de pareja en la que ambos se desnuden por completo en todas sus áreas y se amen tal y como son? ¿Realmente el amor de pareja ya no existe o tenemos que cambiarnos de lugar y confrontar el condicionamiento, los modelos, patrones, reglas, roles, creencias, dogmas, leyes, fundamentos, cimientos, raíces y principios que la habían regido hasta ahora? Sí, habremos de confrontarlos para luego soltarlos y establecer nuevas reglas para las relaciones de pareja.

El amor de pareja desde la Psicomística, es un libro que te ofrece, entre otras cosas, dos esenciales: la respuesta inobjetable a por qué no funcionan la mayoría de las parejas actuales, y el camino, paso por paso, para conseguir que funcionen sana y perdurablemente, movidas por el amor y no por ninguna otra razón por las que, desafortunadamente, muchas de las parejas actuales permaneces unidas.

Debemos recordar, antes de seguir adelante, que para la PSM **la herida madre es la invisibilidad.** Otras corrientes psicológicas plantean que es el miedo al rechazo o al abandono. La Psicomística asegura y prueba que tanto el miedo al abandono como al rechazo son consecuencias de la herida madre: la invisibilidad. Esta y no otra es la madre de todas nuestras heridas, ser invisibles es indiscutiblemente y sin lugar a dudas, el miedo más grande que tenemos los seres humanos. ¿Por qué? Porque no hay dolor más hondo que el no ser mirado, que no ser alguien para el otro, que no existir para el otro, para el que amamos o, sencillamente, no existir para nadie. De la invisibilidad, se derivan todas las demás heridas y todos los demás miedos: ser rechazados, abandonados, juzgados, criticados, etcétera, un largo etcétera, un número ilimitado de miedos.

Una vez aclarado este punto que habremos de tocar constantemente y del que hablaremos ampliamente en su momento, corresponde ahora exponer una explicación clara y directa de por qué no funciona la pareja sin que este hecho obedezca ningún parámetro: edades, estado civil, el tiempo que han permanecido juntos, que haya o no hijos de por medio...

Responderemos a la pregunta de por qué los hombres y las mujeres, aun habiendo nacido para amar, habiendo sido diseñados para ello —y a pesar de que desean honestamente con toda su voluntad amar y ser amados— y buscan el amor y lo anhelan, no son capaces de atraer, de imanar a sus parejas, y si lo hacen, abortan la relación y no les es posible mantenerse unidas y ser felices, tal como se lo proponen con la mejor de las intenciones, con amor y sinceridad y terminan lastimando y siendo lastimados por el ser a quienes creían que amarían toda su vida. O, tenemos también el caso de las parejas que se quedan juntas, sin amarse, viviendo en un verdadero infierno, en una farsa, en una profunda soledad y en un terrible desencanto.

¿Por qué no bastan ni la voluntad ni el amor que se tiene una pareja, para mantener unidas a dos personas incluso cuando ambas son nobles, sanas, sin vicios? ¿Qué pasa que las relaciones se terminan abortando tarde o temprano o, en su defecto, los dos siguen juntos por una cantidad de motivos que no tienen nada que ver con el amor? Aquí encontrarás las respuestas a las preguntas que te haces constantemente respecto a la pareja y, lo más importante, encontrarás la manera de no repetir las historias de amor que terminaron en fracaso en tu pasado. Así mismo, descubrirás el camino para conseguir atraer hacia ti a una persona sana para vivir un amor de pareja sano.

Mediante la Psicomística, podemos encontrar no sólo el por qué de esta imposibilidad del amor y de relacionarnos en pareja, también descubrirás el para qué sucede lo que sucede en nuestras vidas y, lo más trascendente, harás conciencia del **cómo** hacer que suceda lo que deseamos: amarnos a nosotros mismos, amar y ser amados y vivir sin miedos, afinados, en paz y en libertad absolutas. La PSM nos ofrece el camino para detectar, desenmascarar, enfrentar y eliminar nuestros miedos, romper los espejismos y formar una pareja con la que tengamos una relación real, de iguales, de tú a tú. Una en la que el miedo, se arrodille frente al Amor y la inconsciencia ante la Conciencia. Porque eso es la Psicomística, un camino de Conciencia que nos lleva al Amor, a la sanidad y a la libertad.

Las personas que llegan a nuestras vidas buscando en la PSM una cura a su dolor emocional, los hombres y mujeres que están buscando pareja, o están separándose de ella o tienen problemas con la suya, nos hacen constantemente una pregunta venida del dolor que están experimentando todos los días, no sólo en sus propias vidas, sino en las de aquellos que viven a su alrededor, esa pregunta es: ¿Realmente es posible en la actualidad vivir en pareja sana y felizmente? Y atrás de esta primera pregunta, vienen, entre muchísimas otras: ¿Dónde está el amor?, ¿por qué no lo podemos encontrar?, y si creemos encontrarlo ¿por qué de pronto se diluye o se destruye y nos daña? ¿Por qué las parejas se abortan y no logramos hacerlas nacer sanas, crecer y mantenerlas vivas? ¿Qué estoy haciendo mal que no logro que otra persona vote por mí, que sea yo su prioridad? ¿Qué tengo de malo que no logro atraer a nadie y si lo logro, no consigo mantener viva la relación? ¿Por qué tengo tanto miedo a mostrarme desnudamente ante alguien si lo que más deseo es amar y ser amado/a tal y como soy? ¿Podré algún día ser amada/o verdaderamente, ser con una pareja realmente yo misma/o, ser tal y como soy? ¿Ser aceptado con todas mis facetas y personajes interiores?

¿Será que no hay lugar para el amor, para vivir en pareja, porque ya no hay tiempo real, tiempo material para amarnos? Hay personas con quienes quisiéramos intentar hacer una pareja, pero el ritmo de vida nos tiene atrapados, no hay tiempo para nada... El Amor ¿a qué hora?

Estamos tan cansados, tan agobiados, con tantos problemas y tan demandados en nuestro tiempo, en todas nuestras áreas: el trabajo, la familia, los hijos... que no hay tiempo ni para hacer el amor ni mucho menos para conocernos realmente como personas a nosotros mismos, ni a la pareja. Tampoco hay tiempo para estar al día, alimentar la relación, ir más allá de lo superficial y, además, de informarnos, realmente comunicarnos, es decir, para no quedarnos en la anécdota (a dónde fuimos, qué hicimos, cómo está el restaurante nuevo, etcétera) sino hablar de lo que sentimos, lo que deseamos y soñamos, lo que nos duele, aquello que tememos...

Todas estas preguntas y muchas más, nos llevan a ofrecerte este libro en cuyo proceso se irá develando la única manera posible de conformar una pareja sana hoy en día. Y decimos, la única manera, porque estamos convencidas de ello y te vamos a probar por qué no existe otra forma que la que aquí te proponemos. Empezaremos por establecer claramente el *por qué* la relación de pareja ya no se está dando y las parejas o terminan o son infelices, por qué parece que no hay modo de tener una pareja duradera o atraer a un ser humano para formar una.

¿Qué pasó, qué cambió radicalmente la manera de relacionarse entre los hombres y las mujeres? ¿Por qué las mujeres de unos años para acá dejaron de comportarse como se esperaba que lo hicieran antiguamente en un matrimonio? La respuesta es muy sencilla: porque se rebelaron y renunciaron a seguir desempeñando los roles claramente establecidos que funcionaron por siglos: esposas, madres, amas de casa enfocadas a sus labores y obligaciones femeninas, a ser mujeres de su hogar, a vivir en función de su hombre como su autoridad moral, a realizarse como esposas y madres, cumplir con las expectativas de su marido, de sus padres, sus hijos, sus familiares, así como con las expectativas sociales y las de la religión a la que pertenecía cada una. Esta es la pregunta clave, la pregunta de raíz, responderla, nos llevará a una realidad fundamentada e incuestionable, que nos servirá para ir a la acción, aplicar el remedio, sanar el dolor emocional y crear parejas sanas y duraderas.

Veremos por qué las mujeres ya no se están adaptando, acomodando en una relación de pareja tradicional, ¡vamos!, ni siquiera a una con tintes modernos. Esto ya no está siendo posible porque los roles están caducando, han dejado de funcionar o están confusos o diluidos. Los papeles o roles que juegan tanto hombres como mujeres en pareja, definitivamente deben ser cuestionados y reacomodados, para que la pareja actual funcione y aprendamos a enfrentar y a manejar los miedos en lugar de ser manejados por ellos, para que el dolor emocional sea sanado y logremos eliminarlo. Y para algo urgente, que es terminar con la incertidumbre que nos angustia respecto a la pareja actual y a lo que les espera a nuestros hijos en el futuro en este tema definitivamente vital.

Este libro, como todos los que encontrarás de la Psicomística, tiene una estructura muy particular, está creado desde la voz del Alma, manifestada en la intuición, los pálpitos y las latidas, más que desde la mente, los pensamientos, las reglas establecidas o la razón, porque en ello es en lo que creemos como autoras: en la voz del Alma, es decir, del Amor.

Queremos compartirles los testimonios de dos personas que leyeron el borrador de este libro en un momento de crisis y encontraron en la PSM un camino inmediato que los llevó a comprender el por qué estaban en esa situación. El texto obligó a despertar a estos lectores y ver lo que, por evasión, no habían podido ver. Es decir, hicieron conciencia y realizaron los pasos necesarios que los condujeron a manejar su crisis hasta salir del abismo en el que se encontraban. Respuestas que los hicieron ver, no desde la mente, sino desde la conciencia y ponerle nombre a lo que había sucedido en su vida de pareja y por lo cual se encontraban en esa crisis.

A ambas les sorprendió encontrar en el libro una forma práctica, directa y clara de enfrentar el dolor y el problema, y a salir del shock, del estado de confusión y depresión en el que se encontraban para poner manos a la obra, en un tiempo breve. Al poner en la vida la PSM, constataron que no era nada más una linda teoría sino realmente una psicoespiritualidad sanadora que da resultados inmediatos. Nos preguntaron cómo era esto posible, si habían pasado por análisis personal o de pareja, por varios años, algunos por dos o tres diferentes terapias, incluso por psicoanálisis, los dos por un promedio de quince años. Nuestra respuesta fue que la Psicomística se trata de trascender la psiquis, y entrar a la Mística, es decir, al espíritu y desde ahí despertar, hacer conciencia y sanar.

Decidimos incluir en este prefacio estos dos testimonios, porque sentimos que son una forma muy eficaz de iniciar el libro, ya que a través de lo que vivieron estos lectores, ustedes pueden anticipar parte de lo que encontrarán en estas páginas.

El primer testimonio es de Ana Cristina, una mujer de 43 años, casada, con cuatro hijos. Su marido es un hombre de negocios que sólo leía cosas relacionadas con la bolsa de valores, y en toda su vida, jamás le había interesado un libro de esta índole, pero cuando su esposa enfrentó sus miedos y luego a su marido y se plantó frente a él y le hizo ver que estaban viviendo en un espejismo, en una farsa, él, muy asustado, decidió leer este libro ante la amenaza de perderla a ella y a sus hijos. Ambos terminaron leyéndolo y haciendo conciencia juntos. En voz de ella, les ofrecemos su experiencia como lectora.

ANA CRISTINA

Había estado evadiendo la realidad sin darme cuenta, yo en verdad creía que tenía la pareja y la familia perfecta, pero algo que no lograba detectar, me hacía sentir inquieta y buscaba por diversos caminos, alguna respuesta, me metía a clases de todo, yoga, baile, gimnasia, pintura y nada me aclaraba, sólo encontraba un vacío cada vez mayor y evadía con esas actividades mi realidad marital.

Una amiga, que veía lo que yo no quería ver, que me veía como anestesiada, robotizada, me compartió el texto de la pareja desde la Psicomística, y al recorrer sus páginas, me sentí identificada y muy confrontada respecto a mi vida, mi matrimonio, mi realidad, y por extraño que parezca, fui descubriendo con una enorme sorpresa, que mi pareja y mi familia estaban realmente muy lejos de ser lo que yo creía y que más bien tenía problemas muy serios, y el silencio y la evasión estaban infiltrándose cada vez más en mi matrimonio. Me percaté que estaba viviendo en una bomba de tiempo.

Efectivamente, todo estaba "perfecto" mientras yo no expresara mis necesidades, ni sexuales ni de ninguna índole; mientras le cumpliera las expectativas a mi marido como esposa, mujer, madre y ama de casa, como la mujer que comprende lo cansado que siempre está por trabajar tanto, como anfitriona de sus amigos, como la esposa perfecta que debe cumplir amorosamente con su familia y por supuesto, mientras no lo confrontara ni por asomo, porque si me atrevía a expresarle mis necesidades, mis miedos o carencias, mis dudas o a pedirle su atención, todo dejaba en ese instante de ser perfecto. Es decir, mientras yo viviera en mi autoengaño y mantuviera la farsa de la familia perfecta hacia adentro: "calladita me veía más bonita" y hacia el mundo vivía un espejismo monumental que, aunque parezca mentira, yo no podía mirar. Así de colosal era mi miedo a ver la realidad. Todos nuestros conocidos no tenían la menor duda de que nuestro matrimonio era ideal e inigualable.

Y mientras leía, estaba muy, pero muy asustada, aterrada e inmersa en una enorme confusión, por todo lo que había salido a la luz respecto a mi "relación de pareja perfecta", todo indicaba que el divorcio era inminente. Me sentía aturdida, como metida en un torbellino; de pronto, al ver la realidad, vi que me había llenado de rabia hacia mi marido y hacia mí misma. La realidad es que para que todo fuera "perfecto" yo me había sometido, anulado como ser humano, como profesional ¡y como mujer! Leí un poema escrito por Luz María que me retrataba de cuerpo entero:

A CUENTAGOTAS

De nuevo soy yo la que se encuentra implorando un beso.
Te busco sin lograr conectar con tu mirada.
Mi cama es de escarcha, helada, helada, sin el baile de tu espalda.

Si hay reclamo...es por darle voz a mi alma que por ti clama.
Si hay lágrimas...es para comprobar que aún estoy viva
en esta temporada de sequía que levanta el polvo
nublándote la vista... robándome la risa... viviendo tan de prisa.

Callar, evadir, no es más que huir de esta miserable realidad.
Busco en el fondo de tu mar... la respuesta que me haga tolerar
el hielo, que como daga, viene a perforar mi mundo
causando estas llagas imposibles de sanar.

Una vez más acerco a tus labios mi boca y tú, tirándome a loca.
De nuevo mis manos suplican tu roce y respondes un:
"No sé" sin palabras desviando la mirada
tomando un libro y metiéndote en la cama.

Cuidadosa me visto de diosa y tú giras tu cuerpo, dándome la espalda
me haces invisible, me conviertes en fantasma, en nadie, en nada,
haciéndome sentir que mi deseo te fastidia, te acosa, te harta...
Es entonces cuando me cambio la gasa por una coraza
abrigando mi piel con el recuerdo de aquel...
de aquel que me juró amor y se encendía de pasión al roce con mi piel.

¿Qué hay tan dentro de ti?
¿Qué misterio guardas tan celosamente
que no nos deja amarnos, fluir, ser sencillamente?
¿Por qué me haces invisible y no me quieres escuchar ni ver?
¿Qué tiene atados tus brazos, tu pasión, tus palabras? ¡¿Qué?!
Sea lo que sea, amordaza mis labios, congela mi alma, me roba la risa
tortura mi mente, me va apagando el deseo, la alegría, la pasión
y va hiriendo de muerte este amor.

Mi abrazo no es un lazo...
Mi mirada no es un juez...
Mi boca no es de roca...
Más mi aliento ya se agota con este amor que me das a cuentagotas...
y duele dentro esta intuición que me grita que un día cualquiera
una madrugada, como esta quizá,
sin que yo lo planee ni lo llegue a desear
tus migajas, ese darme a cuentagotas tu amor, a cuentagotas,
mientras yo te entrego entera el alma, ya no me van a bastar
y morirá dentro de mí el impulso de volverme a entregar.

¡Dios! Y otro de Lindy, que también me pinta completita.

INVISIBLE

Para escalar el muro de tu miedo
hacían falta siete eternidades
era preciso diluir mi cuerpo
volverme sorda, muda y expectante.

Para que respiraras primaveras
hacía falta convertirme en duende
era preciso elaborar quimeras
y alejar con los sueños a la Muerte.

Para que tu sonrisa no escapara
hacía falta convertirse en lluvia
era preciso ser como un fantasma.

Para que te habitara mi mirada
hacía falta estar en la agonía
de ser la sombra que no dice nada.

Eso era, invisible para él y yo sin hacerlo consciente, me sentí tan idiota cuando lo vi con esa claridad. ¿Cómo es que no había visto algo tan, pero tan obvio? En la medida que fui leyendo el libro, fui comprendiendo, haciendo conciencia de que estaba viviendo realmente dormida, como sonámbula y algo fantástico sucedió, alguien me estaba explicando, sin hacerme sentir estúpida o juzgada, el por qué yo ya no me estaba acomodando en mi relación y buscaba salidas falsas, como centrar toda mi energía en mi maternidad, sobreprotegiendo a mis hijos... También acudí a otras salidas, tales como una exagerada cantidad de actividades, de clases, para llenar mi tiempo y poder seguir con mi espejismo y así escapar del dolor que me hubiera causado ver la realidad. De este dolor que tarde o temprano me iba a caer encima.

Esa voz, la del libro, estaba obligándome a ver claro que todo, absolutamente todo, para que la relación realmente funcionara, se tenía que reacomodar. Me di cuenta de que hay que desechar todas esas reglas, todos esos patrones que no nos han funcionado. Yo he cumplido cabalmente con todo lo que me dijeron que había que hacer para que un matrimonio fuera perfecto y funcionara y, de pronto me enfrento con que estoy viviendo un espejismo y todo es un desastre. Soy un fantasma para mi marido y algo igual de terrible, también para mis hijos, a los que he sobrevisibilizado, poniendo en ellos toda mi atención, como en su padre y eso ha hecho que cuando me necesitan, me hacen visible, existo para ellos y cuando no me requieren para solucionar sus necesidades, soy totalmente invisible, exactamente como para mi marido. ¡Dios, hay tanto en qué trabajar!

Tal como lo fui asimilando en el libro, hoy la pareja se gesta de otra forma, los roles están dejando de funcionar vertiginosamente, ya no operan ni el hombre proveedor, ni la mujer sumisa en una relación en la que el marido es la autoridad moral o, en ocasiones —las menos— la mujer. Que en una relación de pareja uno de los dos sea la autoridad moral del otro, hace que ya, de entrada, no sea de pareja, es decir, de hombre—mujer, sino de padre—hija o de madre— hijo. Y, por lo tanto, el que es la autoridad moral invisibiliza al que obedece. Lo he visto en todas las parejas que se casaron en la época que lo hicimos mi marido y yo, el 90% de esos matrimonios ya están divorciados, pero yo cerré los ojos... hasta hoy.

Iba leyendo el libro y me iba tranquilizando, las autoras me iban indicando el camino, en primer lugar para no alarmarme y entender que es normal lo que estamos viviendo. Esto es lo que me atrapa de este libro, alguien le está dando nombre y apellido a este mal que parece que es contagioso, que es esta ruptura constante de las parejas, estos interminables abortos que parecen no tener ni fin ni remedio. Recorro las páginas y encuentro una lúcida explicación, una clara razón de por qué está sucediendo esto y cuál es la solución para detener esta epidemia de rupturas y divorcios, y aunado a esto, nos ofrecen una solución para salvar una relación, si todavía la pareja está a tiempo y ambos al unísono deciden trabajar en hacer conciencia y reconstruir su amor. Las autoras ofrecen un camino real para desarrollar una pareja sana. Dan una propuesta, las respuestas perfectas, casi casi es un instructivo para el despertar y el desarrollo de la conciencia, no solamente de la pareja, sino como seres individuales, lo cual me parece fantástico, porque si la pareja como tal, ya no tiene remedio, o la otra persona no está dispuesta a reconocer su parte y trabajar juntos, el lector no se siente desamparado, sino acompañado para encontrarse consigo mismo, hacer conciencia de la manera en que hasta ahora se ha relacionando en pareja, crecer en conciencia y curar su herida para dejar de repetir interminablemente la historia que ha venido viviendo cada vez que tiene una pareja.

El objetivo de este libro es que las parejas se mantengan unidas, pero sobre todo, buscan que cada uno despierte, crezca y madure. Su preocupación como autoras, pareciera ser, en primer lugar, que la pareja se conserve unida y el amor prevalezca. Pero si no es así, si un lector no tiene pareja o no le interesa tenerla, o en el caso de que ya no sea posible rescatar su matrimonio, porque ya es demasiado tarde, o porque a su pareja no le interesa y quiere seguir en la evasión, el libro abraza a cada individuo de forma particular y le dice al lector: "Sí, tienes un problema, sí, tienes una herida, sí, cierto, y por ello, con o sin pareja, tienes que trabajar en ti antes que nada. No puedes esperar a que te estén sirviendo la sopita en la boca, tienes que conseguir por ti mismo los ingredientes para la sopa, aprender a cocinar tu propia sopa, a empuñar la cuchara tú solito, a hacer el movimiento tú, a alimentarte a ti mismo... Cuando alguien te da la sopa en la boca, ese alguien será tu autoridad moral: tu padre o madre pero no tu pareja. No comerás tu sopa, la que tú cocinaste de acuerdo a tus necesidades, tus habilidades y talentos, sino que tragarás, te "alimentarás" con la sopa de otro, las necesidades del otro, te "nutrirás" de ello... estarás al servicio de la necesidad del otro y serás una copia, un clon del otro y de sus necesidades y al hacerlo, estarás borrándote a ti mismo, anulándote y si tú te invisibilizas, el otro con más razón te invisibilizará y buscará alguien más, que se comporte como su pareja y no como su hija/o, o su madre/padre.

Hay algo que leí y que me hizo comprender muchas cosas, es la parte donde hablan de cómo buscamos inconscientemente el paraíso perdido, el amor perfecto de nuestra madre. Observo las parejas y salvo excepciones, siempre encuentro el mismo patrón, la misma búsqueda: en el amor de pareja, los seres humanos, estamos anhelando ese amor maternal, absoluto e incondicional que experimentamos alguna vez: el seno materno, que viene a ser como el paraíso perdido. Creo que pocos están conscientes de ello, pero lo encontramos como una constante, sea de manera consciente o inconsciente. Esperamos de la pareja que nos provea de ese amor perfecto, en el que lo tenemos todo sin tener que dar nada a cambio, que sea incondicional y que no exija reciprocidad. El asunto es que si seguimos esperando esa calidad de amor, esa calidad de entrega, esa entrega absoluta que generalmente dan las madres, estamos perdidos, en un profundo abismo, permanentemente insatisfechas, ambas partes, porque ni el hombre puede llenar a la mujer hasta ese grado, ni la mujer puede renunciar a ser mujer para darle a su pareja lo que le da una madre y ser su cuna, su nana, quien le lee el pensamiento, quien le da todo a cambio de nada, en fin, ser incondicional, un ser que no espera ni pide reciprocidad, como ocurre con el amor que le entregamos a los hijos, a quienes les damos todo y ellos lo toman sin dar nada a cambio, en el sentido de que, los críos no miran la necesidad de la madre; si ella está agotada y ellos quieren jugar, no tienen la capacidad ni la conciencia para ser empáticos o sensibles y van egoístamente por lo suyo y hacen que la madre a las tres de la madrugada, aunque esté agotada, juegue con ellos, o les dé de comer, o responda a sus necesidades, sin importar las que éstas sean.

Este libro me ha hecho comprender que si la mujer quiere una relación sana, no pude ser la madre incondicional de su pareja, porque necesita, como mujer, ser la mujer del hombre que eligió como tal, no necesita un hijo, o un padre. Necesita ser mujer, la realidad es que no andamos buscando una mamá o un papá que nos proteja ni queremos un hijo a quien amamantar, cuidar, proteger, acunar, educar, criar, sin que esto sea recíproco. Leíste bien, la pareja puede ser todo el uno para el otro, siempre y que sea recíproco, pero esta es una sorpresa que está reservada para el final del libro que acabo de leer.

Retomando, lo mismo va del hombre hacia la mujer. Un hombre no busca en su mujer una niña a la que cuidar, proteger, consentir, que dependa para todo de él, que lo obligue a ser fuerte e invencible, que tiene que saber todas las respuestas, que no puede quebrarse, ni llorar, ni ser vulnerable. Debido al condicionamiento, tal como queda asentado en el libro, si no hay conciencia, no hay reciprocidad, la pareja se está relacionando en roles ajenos a los que se exige de ella, es decir, deja al hombre o a la mujer de lado y se concreta a ser madre, padre, hijo, hija, hermano, etcétera. Por lo tanto se relacionan desde el miedo, no con intimidad, sino con intimidación. Como se relacionan los hijos con los padres y en todas las relaciones en las que se impone el miedo. Como pareja no son los adultos sanos y maduros sino los niños asustados, sometidos o caprichosos, o los padres autoritarios u apocados y temerosos hacia su pareja. Es decir, uno de los dos, es la autoridad moral del otro.

En el texto, no nos dicen solamente qué se debe hacer, como ocurre con muchos libros de autoayuda, sino lo verdaderamente importante y útil, es que nos indican con claridad cómo hacerlo. Todos los libros que he leído te dicen: "Sé empático, sé paciente, propicia el diálogo, enfrenta tus miedos", pero ninguno te dice cómo se consigue hacerlo. La PSM te va llevando de la mano a ir a la acción, a no quedarte en la teoría, a no llenarte de frases hechas, sino a actuar en congruencia con aquello de lo que estás haciendo conciencia. Estoy leyendo y siento que todo el tiempo tengo a mi lado una terapeuta que saca mi voz interior, la del Alma, porque eso hace la PSM, la enseña a una a escuchar la voz del Alma por encima de la voz del miedo, es decir, del Ego, y al leer, escucho esa voz, la de mi Alma, diciéndome por dónde hay que ir, qué y cómo debo actuar y a dónde voy a llegar si me atrevo a enfrentar mis miedos: ¡a la libertad! Y en el grado que lo hago, sucede algo fantástico, más que mágico: lo compruebo y en la medida en que llevo el conocimiento a la conciencia y la conciencia a la acción, crezco en libertad.

Me queda más que claro que si quiero seguir casada y que mi matrimonio funcione debo estar consciente de que seguir en mi relación no depende nada más de mí, si mi esposo no ve lo que está pasando y no trabaja en la relación, no hay nada qué hacer, esto se acabó, yo no puedo seguir viviendo en el espejismo en el que estábamos porque tal como dicen las autoras: Amor que no es recíproco, es neurótico. Tienen razón al aseverar que en todos los matrimonios sin excepción siempre la responsabilidad de la felicidad o la infelicidad es de un 50% de cada miembro de la pareja. El 50% de mi marido es que me invisibilizó como mujer y mi 50% fue que yo se lo permití. No lo culpo, tal como dice un poema de Lindy: "Me confieso culpable de nuestro desencuentro, siempre te mostré mi cielo, nunca te llevé a mi infierno".

ANTONIO

Frente al testimonio de Ana Cristina te compartimos el de este hombre, Antonio, de 45 años, separado, con tres hijos:

"Mi mujer me echó de mi casa de un día para el otro, me dejó en la calle, sin mis hijos, sin mis cosas, sin mi techo, me sacó de mi cotidianidad, de mi infraestructura, y sin siquiera darme una sola explicación, sencillamente: "Te vas a ir de mi casa". SU casa, cuando es una casa pagada por mí. Su orden, porque no fue una petición, me sumergió literalmente en un shock.

Yo he sido un buen marido, he sido congruente con mis valores y con lo que me enseñaron: ser un buen proveedor, un hombre trabajador, sin vicios, de mi hogar, ser fuerte, enfrentar los problemas, cuidar a mi familia. Ella me ha hecho invisible durante 20 años de matrimonio. En cuanto llegaron los niños yo dejé de ser su marido, su pareja, su hombre. Ahora me doy cuenta que lo que quería era un padre para sus hijos y un proveedor. Nunca me ha visto como hombre, ni me ha permitido tener una relación con mis hijos, siempre que estaba con ellos, no se separaba de nosotros. Ella es madre ante todo, una madre obsesiva que puso todo el sentido de su vida en mis hijos y eso los ha dañado mucho. A mí, como digo, me hizo invisible en cuanto llegaron los niños, completamente invisible.

No hay manera de regresar con ella, en realidad, como dicen en su libro, mi esposa y yo tuvimos una NO relación y yo fui un hombre maltratado, por Dios ¡nunca se me ocurrió tal cosa! ¡Yo, un hombre maltratado psicológicamente, anulado, invisible, sometido!... Jamás lo imaginé, pero cuando leí este texto sobre el amor de pareja desde la Psicomística, me di cuenta claramente de que durante 20 años de mi vida me ha controlado, manipulado y maltratado psicológicamente al grado de echarme a la calle sin nada, incluido en el paquete sin nada de autoestima. Mi mujer me culpa a mí de todo absolutamente, no acepta su 50%, ni siquiera está dispuesta a que hablemos. Todo lo que quiere es el divorcio y seguirme teniendo de proveedor, pero claro, fuera de la casa y tan lejos de mis hijos como sea posible. Mi proyecto de vida se esfumó de un día para el otro. Mis hijos me adoran y yo a ellos y lo único que quiero es tener una relación sana con ellos, aunque me parte el alma no vivir bajo el mismo techo.

Venía de hacer constelación familiar y de una terapia cuando la PSM llegó a mis manos y me cambió la vida. En una semana había hecho lo que no hicieron las terapias anteriores. Me sacó de la parálisis y de la depresión, me hizo ver el otro lado de la moneda, yo no podía más que estar hundido en la parte terrible, la PSM me hizo ver claramente que la parte maravillosa es que había despertado de un espejismo, había dejado de ser un hombre esclavo de una mujer maltratadora, y había entrado en un camino de conciencia. Esto me motivó a trabajar conmigo mismo y hacer conciencia de todo lo que permití por estar atrapado en mis miedos.

Cada capítulo del libro sumaba conciencia y empecé a experimentar la sensación de ser libre por primera vez en mi vida. Ciertamente estoy pagando la enorme factura que me está pasando la evasión y el silencio, tal como dicen las autoras, uno puede evadir la realidad, pero lo que es imposible evadir son las consecuencias de hacerlo. Indudablemente, el dolor es inevitable mientras que el sufrimiento es opcional y estéril. Aunque me duele no vivir con mis hijos, no sufro ni me torturo. La PSM ha logrado que transite este proceso con menos dolor emocional, porque me ha abierto a la esperanza y ésta es un enorme, un colosal alivio. Me ha dado las herramientas para enfrentar mis miedos y conocerme a mí mismo para rehacer mi vida, reinventarla, esta vez desde la conciencia, lo que me garantiza no volver a repetir la dolorosa historia.

Tal como expresan estos dos lectores, la Psicomística expone el camino para hacer definitivamente todo lo posible para que la pareja se mantenga unida. Pero aún va más allá, va al problema de raíz, ofrece las herramientas necesarias para que cada uno, como individuo, como ser independiente, despierte, crezca, se desarrolle, madure y eleve su nivel de conciencia.

Habrá quien al leer el libro, se dé cuenta de que tendrá que reacomodar con su pareja muchas cosas, tales como actitudes, acuerdos, hábitos, pactos establecidos, tácita o explícitamente, que ya no funcionan, y si la pareja se niega a moverse de lugar y a ver las necesidades de la persona con quien vive, a quien ama o dice que ama y no quiere trabajar en crear una relación recíproca y sana, decididamente no habrá otro camino que terminar el matrimonio, el amasiato, el romance o el tipo de relación que vienen sosteniendo. Entonces, los lectores, una vez tomada la decisión, aprenderán cómo soltarse de una relación de maltrato, de una pareja tóxica, en donde el otro está centrado en sí mismo y sólo admite seguir en la relación siempre y cuando la otra persona le cumpla todas sus expectativas, a costa de negarse a sí misma. Esto no es tener una pareja ni una relación, sino una NO relación y lo sano es darla por terminada, dejar atrás a esa persona que no quiere una pareja sino alguien que se someta a sus expectativas. Y una vez finiquitada la relación insana, centrarse en la propia vida y conocerse a sí mismos, hacerse conscientes de su herida, para sanarse, comprender por qué su pareja no funcionó y así evitar repetir la historia.

Leer este libro, aparentemente enfocado a la pareja, nos lleva a despertar, crecer y madurar al margen de que estemos o no en pareja. La PSM nos invita a transitar el camino al que todos estamos llamados:

el de la iluminación, es decir, nos señala la posibilidad de vivir bajo la luz de la conciencia de una manera permanente, lo que nos lleva a vivir en paz, amor, alegría y libertad. Lo que en la Psicomística, llamamos vivir en un estado de gracia, ¿en qué grado?, esto depende del nivel de conciencia que se va alcanzando.

Estas historias que acabamos de presentar, no son casos aislados, nada más lejos de la realidad, son historias muy representativas de muchas parejas contemporáneas, hombres y mujeres que están inmersos en relaciones disfuncionales, en relaciones que son **NO** relaciones o son insanas y de maltrato, en las que uno de los miembros de la pareja o ambos son invisibles para el otro. Muchos están metidos en un espejismo y queriendo creer que tienen una pareja perfecta, hasta que algo rompe el espejismo. Otras viven realmente pensando que tienen una buena relación, con altas y bajas como todas. Otros más, viven juntos y piensan hacerlo hasta su muerte, conscientes de que no se soportan pero es lo que más les conviene, por asuntos de dinero, negocios, herencias, culpas, los hijos, el miedo a vivir solos, el miedo a perder su zona de confort, el qué dirán o cualquier otra razón, excepto por la única que una pareja debe unirse y mantenerse unida: el Amor.

Sin duda hay parejas sanas, que en verdad se aman, honestas, pero que sin embargo, no viven en completa libertad su relación. Hay una reciprocidad digamos parcial, miedos no manejados, heridas no resueltas y hacen muchas cosas "en nombre del amor" que más bien son realizadas "en nombre del miedo" o "en nombre de la culpa" mismo que evaden o "en nombre de la paz" aunque sea una "paz" triste, resignada, entrecomillada, porque implica someterse en alguna medida, callar su necesidad ante su pareja, dejar de expresarse con libertad y por tanto actúan con un grado de miedo, por una intimidación disfrazada de paciencia, generosidad, tolerancia y aceptación, por lo que realmente no se relacionan desde una absoluta y auténtica intimidad ni desde una absoluta libertad.

Capítulo 1

El amor de pareja
de la revolución a la evolución

> Una de las grandes claves de por qué la Psicomística es
> absolutamente sanadora es: la desnudez. Desnudarse por dentro,
> desnudar lo que realmente hay en nuestra mente y luego lo que
> hay en nuestras entrañas, en nuestra alma.
> Desnudarnos es el único camino para ser libres.
> Es el antídoto para matar los miedos, las inseguridades
> y el pánico a ser invisibles.
> Es el único sendero posible para conocernos,
> y conocernos es el primer paso para la libertad.

Debemos contar y bendecir las excepciones. Existen parejas, aunque
desafortunadamente son muy escasas, que logran un amor perfecto al
aceptar al ser amado tal como es, al amarlo con sus defectos y virtudes
y recibir a cambio lo mismo. Parejas que logran conocerse a sí mismas y
al otro sin autoengañarse y poseen un alma capaz de imponerse a sus
miedos y sus egos y entregarse de una manera libre y total al ser amado.
Como digo, son parejas realmente excepcionales, lo que ciertamente
está sucediendo es esta imposibilidad del amor, de unirse en pareja y
tener relaciones sanas. Todo esto nos lleva a algo inevitable, ineludible
y definitivo que no puede aplazarse más.

Ha llegado el momento de replantear y recrear a la pareja. Eso implica entre otras muchas cosas que los que están unidos o los que se
quieren unir en pareja, deberán replantearse en su totalidad el condi-

cionamiento al que hemos estado sujetos, habremos de desaprender lo aprendido y aprender una nueva manera de relacionarnos: una forma sana, equitativa, libre y con perspectiva de género, es decir, considerar los derechos de las mujeres en el mismo nivel que los de los hombres. De lo contrario, la pareja, en el mundo actual se extinguirá, y también la familia, al menos tal como la conocemos.

Sin duda podremos seguir procreando, pero no será el Amor la voz cantante de esa procreación, no será el Amor el centro de la familia, la luz que guíe a la pareja y a los hijos a una vida sana y vivida en un abrazo permanente de alegría y libertad. Los roles están tan desfasados y han perdido tal vigencia, que ahora en muchas familias los que son la autoridad son los hijos, increíble, pero es así, los padres ya no tienen autoridad sobre ellos. Las familias disfuncionales, vivan las parejas juntas o separadas, están manifestando nefastas y dolorosas consecuencias. Seguiremos procreando y se seguirán multiplicando las familias disfuncionales o alternativas, como ha venido sucediendo en los últimos años. Y esto ocurre porque seguimos procreando por razones que no obedecen al Amor, sino al miedo. Mujeres que procrean dos, tres o cuatro hijos, metidas en el espejismo de que son amadas y luego descubren que su matrimonio es una farsa y se quedan ahí a pesar de que su marido tiene otra mujer o varias. Mujeres que procrean tres y cuatro hijos de hombres diferentes. Mujeres que procrean un hijo con el hombre que pasa por sus vidas cuando el reloj biológico les avisa que es ahora o nunca y deciden ser madres solteras porque no encontraron un compañero al que amen y las ame o tienen un hijo por fecundación artificial. Otra razón por la que seguiremos procreando, es porque hay cantidad de hombres y mujeres que se venden al mejor postor porque temen hacer una familia con la persona que aman pero que no tiene solidez económica y terminan casándose con la cabeza y no con el corazón, escuchando la voz de miedo y no la del Amor.

En pleno siglo XXI tendremos niños fruto de matrimonios por conveniencia, sea por dinero, por la necesidad de crear una familia, de tener herederos, de ocultar la homosexualidad, en fin, por un cúmulo de razones, excepto el Amor. Mujeres que alquilan su vientre para vender a sus hijos para fines inhumanos. Mujeres que siendo gays se unen con un hombre heterosexual o incluso gay para ser aceptados socialmente, por razones familiares, económicas o por el temor a quedarse solos, no tener descendencia, herederos o quién los cuide cuando sean ancianos. El Amor de pareja no tiene cabida en estos matrimonios en los que los hijos terminan siendo muy dañados. En fin... nos seguiremos reproduciendo, sin duda, pero el punto es que si no establecemos un modelo nuevo de pareja, uno de acuerdo a la realidad, uno sin creencias falsas, sin engaños ni autoengaños, **uno basado en lo que es y no en lo que "debería ser"**, el Amor estará ausente en la pareja y por lo tanto en los seres humanos procreados por estas parejas sumergidas en un espejismo, y como consecuencia, tendremos una humanidad constituida por seres humanos incapaces de encontrarle el verdadero sentido a la vida: amar, crecer y ser libres en la conciencia de que todos somos uno y lo mismo, y en la sabiduría de que la vida es relación y servicio, ya que este es el camino del Amor. Estaremos cada vez más lejos de esta verdad que es la que nos lleva a la luz, la paz, el Amor perfecto y la libertad.

¿Cuándo empezó todo esto? ¿Qué pasó para que las parejas dejaran de funcionar y el matrimonio empezara a tambalearse hasta llegar el divorcio, primero poco a poco y más tarde como una epidemia? Lo que sucedió es que los roles dejaron de funcionar porque las mujeres se rebelaron a seguir obedeciendo las reglas y concretarse a vivir y jugar exclusivamente los roles establecidos y asignados para ellas.

Llegó un día en que la presión era tal, que dejaron de cumplir las expectativas de todos, excepto las propias y esto, inició una revolución sexual que primero parecía que iba a abortarse por el castigo impuesto a las mujeres mal llamadas "liberales" o "feministas", pero lejos de abortarse, creció y se les salió de las manos a todos aquellos que intentaron sofocar esta rebelión. El tiempo del cambio había llegado. Esta revolución cobró muchas vidas, como aquellas de las mujeres que las ofrendaron para conseguir el voto femenino y demostrar en los hechos que estaban dispuestas a todo para dejar de ser propiedad del hombre y seres considerados no pensantes y sin derechos humanos, políticos y sociales. El momento de la lucha y de la conciencia había llegado y cuando llega la conciencia no hay manera de retroceder, de modo que la revolución creció durante décadas, ganando paulatinamente algunas batallas y perdiendo otras, sin embargo, creció a tal grado que ha llegado a su momento final y es ahora, justamente ahora que las mujeres y, afortunadamente algunos hombres, han alcanzado un nivel de conciencia tal que no hay otra salida que terminar con la revolución y empezar la evolución. Es decir, crear la pareja finalmente evolucionada.

Miremos la historia... Los matrimonios antaño, duraban hasta que la muerte los separaba, literalmente, y aparentemente eran parejas felices, aunque a veces se casaban sin conocerse siquiera, siendo presentados el mismo día de la boda. Hacían un matrimonio bien avenido debido a que la mujer se sometía a la voluntad del hombre. Todo funcionaba perfectamente, todo estaba bien mientras que la mujer no pretendiera u osara tener voluntad propia, ni pensar por sí misma. El matrimonio era posible siempre y cuando la mujer renunciara a quien era, a su propia naturaleza y esencia, a ser congruente con ella misma y con sus necesidades, sueños y deseos y se negara a sí misma "en nombre de Dios", "en nombre del Amor a su pareja o a sus hijos", "en nombre del clan al que pertenecía" y "en nombre de la paz de la sagrada familia". Claro, todo esto a costa de sus propios sueños y felicidad, de renunciar a una realización como persona o incluso profesional, que ella ni siquiera se atrevía a plantearse.

Este condicionamiento no era sólo en detrimento de las mujeres. Mientras ellas tenían que pasar por tontas y objetos educados para el placer y el servicio del hombre, ellos tenían que demostrar todos los días que eran hombrecitos y comportarse como tales.

Para las mujeres estaba prohibido pensar, para los hombres llorar y expresar sus sentimientos. Para las mujeres estaba prohibido tomar decisiones, los hombres tenían que tomarlas todas y asumir las consecuencias de las mismas. Las mujeres debían conservarse bellas y ser buenas cocineras, amas de casa y demás, los hombres debían conservarse fuertes, como si fueran de acero y ser buenos proveedores, a tal punto que, de no serlo, les esperaba la pistola para quitarse la vida por haber fallado como tales y haber sido incapaces de mantener a su familia, porque valía más la "honra" que la Vida misma. Sí, cierto, también había toda clase de injusticias porque la balanza se inclinaba mucho más hacia los hombres y sobre todo en asuntos vitales. Cuando un hombre era infiel, era aplaudido, apoyado y admirado por su género, siempre solidario, mientras que una mujer infiel era una golfa, tanto para su género como para el masculino, una basura a la que había que apedrear, no se diga quitarle los hijos y exiliarla si el castigo de acuerdo a la cultura no llegaba a ser la muerte. Todo ese condicionamiento afectó a ambos sexos, pero ciertamente eran las mujeres las que vivían sometidas al hombre, y por eso ellas llegaron a un punto en el que tras probar cambios pacíficos sin obtener ningún resultado, no tuvieron más alternativa que buscar su liberación a través de una revolución, se vieron obligadas, por sobrevivencia, a declararle al hombre la guerra para recuperar sus derechos y esto, necesariamente, se hizo expansivo a toda la sociedad.

Esta revolución ha ganado las suficientes batallas para que las mujeres en su gran mayoría, ya no acepten una relación en donde el hombre es la autoridad moral, es decir, una relación de Yo a Tú: "Yo te mando, tú obedeces, yo te digo, tú te callas, yo decido, tú te aguantas..." Esto ya es una realidad, ya no funciona así y en las mujeres que sigue vigente, este esquema, pronto dejará de serlo. En las nuevas generaciones, esto, ya es historia. Por un lado, porque las mujeres —cada día más— nos estamos empoderando, emancipando, independizando económicamente y defendiendo nuestros derechos; impulsadas por la necesidad de salirnos de la opresión en la que el condicionamiento y el sistema machista nos tenían sometidas; y por otro, porque la historia de la humanidad fue evolucionado y dentro de un sistema materialista/consumista, llegó la globalización y la economía mundial, que han hecho lo suyo: hoy en día, para crear una familia, ya no basta con que sólo el hombre sea el proveedor, se necesitan dos salarios para salir adelante... Este binomio hizo que la mujer tuviera que salirse de algunos de los roles establecidos y compartir algunos roles masculinos, como el de ser proveedora. Y como el que paga manda... ahora los dos comparten la carga económica y las decisiones, por lo que se está diluyendo, cada vez más, la autoridad absoluta que tenía el hombre al ser el único proveedor.

Las mujeres hemos comprobado que somos capaces de conseguir nuestro sustento y el de nuestros hijos y ya no estamos dispuestas a someternos a las expectativas y demandas de nuestras parejas y algo muy importante, tenemos la conciencia de que negarnos a nosotras mismas nos ha traído hasta aquí. Tenemos claro que bajo ninguna circunstancia nos vamos a mover del lugar que hemos alcanzado, todo lo contrario, seguiremos avanzado, porque como ya dejamos claro, en la conciencia no hay vuelta atrás, y esto nos lleva a una conclusión obvia e irremediable: **quienes tendrán que moverse de lugar son los hombres, con su anuencia o sin ella.** Este cambio no debería enojar, preocupar o angustiar a los hombres, sino liberarlos. La realidad, es que este esquema de pareja que hemos vivido hasta ahora, ya no funciona tampoco para ellos.

Los varones ya no quieren ataduras en las que las mujeres dependamos de ellos completamente, como en el pasado, a cambio de ser los proveedores absolutos. El problema es que lo que sí siguen queriendo es que los sigamos obedeciendo, pero sin ser nuestros proveedores absolutos... o sea, quieren lo mejor de los dos mundos. Las mujeres tampoco queremos que nuestra vida esté basada en lo que haga o deje de hacer nuestra pareja y, que si ésta nos abandona, se nos caiga el mundo encima. Esto indica claramente que es el momento de movernos de lugar, tanto las mujeres como los hombres, y crear otra manera de relacionarnos en pareja. Una sana y equitativa. De ahí que sea imperante el despertar femenino, tanto en el hombre como en la mujer.

¿Qué se entiende por el despertar femenino? Hacer conciencia en el hombre de su lado femenino y en la mujer de que debe dejar salir y ejercer su lado masculino tanto como el femenino, porque, pretender dejar a un lado su lado femenino ha sido la causa del rompimiento de muchas parejas. Y es aquí en donde vine el reto: lograr que los hombres se atrevan a sacar su lado femenino. Ellos no quieren perder el poder, sin embargo, para despertar su lado femenino tendrán que desandar el camino andado, salirse del condicionamiento al que han sido sometidos históricamente, sacudirse el montón de etiquetas a las que deben responder como hombrecitos: fuertes, audaces y valientes, no ser cariñosos, dulces, ni tiernos... **adquirir otro condicionamiento**, dejar atrás la manera en que fueron condicionados, en que fueron formados y que, en realidad, los deformó.

Deberán hacer conciencia del dolor emocional al que los ha llevado el condicionamiento que se les ha impuesto y que, insistimos, en lugar de formarlos, los deformó.

Esto puede parecer exagerado, irracional y absurdo, sin embargo, es muy fácil de comprobar: al hombre se le obligó a negar su lado femenino, es decir, se le forzó a negar la mitad de lo que es por naturaleza. Esto ya implica deformarlo, porque lo formaron sobre una base falsa: sólo eres masculino, negando así su parte femenina. Se le dijo: "Tienes que ser de acero, no develar tus sentimientos ni tus miedos. Un hombre no se muestra vulnerable, ni miedoso o acobardado, ni inseguro. Un hombre siempre sabe qué hacer, qué decisiones tomar y siempre tiene la razón, si no, es un bueno para nada o no tiene dignidad".

Un hombre de verdad no se queja, no llora, no anda sollozando por los rincones porque le duele el alma, no expresa sus emociones, ni anda escribiendo cartitas ni haciendo poemas o componiendo canciones de amor, ni diciendo sus sentimientos y deshaciéndose en detalles cursis por la mujer que ama, tales como tarjetitas, globitos y esa sarta de mariconerías... Un hombre elige carreras profesionales de hombres, nada de literatura, chef, estilista y esas idioteces, ¡ah!, y no anda de mandilón ni de romántico por ahí, como un idiota babeando por una mujer...

¿Se imaginan lo que es para los hombres no poder sacar lo que les duele, lo que los atormenta, todo aquello que les da miedo? ¿Se imaginan tener que demostrar todos los días que se es hombre? Ser valiente, fuerte, seguro, confiable y que no importa la tormenta que tenga encima, así esté en quiebra y deba hasta la camisa, él solito debe poder con todo y no pude ni debe andar preocupando a su mujer con cosas "de hombres" porque si le lloriquea, si se quiebra, si se muestra frágil o asustado, ella se va a desencantar, a desilusionar, no lo va a admirar ni se va a sentir protegida. Es terrible... ¡terrible!... Pero esto tiene remedio, si los hombres no estuvieran tan asustados por estar perdiendo cada vez más el control de sus mujeres, estarían fascinados y agradecidos, porque verían que el que la mujer se empodere, significa que para ellos, ha llegado el momento de que por fin se liberen... de que se valga para ellos, lo que se vale para las mujeres, y viceversa.

El condicionamiento que se nos ha dado también a las mujeres, nos ha deformado. A nosotras nos condicionaron a depender de los hombres, nos hicieron creer que somos frágiles, vulnerables, lloronas, débiles, codependientes, que nuestra condición de mujer necesita de un hombre que nos proteja, nos cuide, nos mantenga, nos indique el camino, que sea nuestro guía y maestro, nuestra autoridad moral, nuestro protector, el que siempre tiene la razón y siempre sabe qué hacer, porque nosotras tan frágiles y hormonales caemos en la histeria y nos volvemos irracionales. Nos adiestraron a que lo nuestro es ser suaves, femeninas, dulces, tiernas... Nada de andar de machines, trepando árboles, jugando futbol, haciendo deportes rudos o de alto riesgo, vistiendo como machos: con pantalones, zapatos de piso, o esas cosas tan poco atractivas para un hombre. Hay que ser femeninas, colgarse de todo: aretes, collares, pulseras, anillos; usar un corsé que nos saque la respiración, con unos tacones que nos deforman la columna y los pies, lo que sea, lo que haga falta, para lograr el objetivo: agradar a los hombres, ser deseadas por ellos. ¿Y quién dicta la moda? Los hombres, claro... ellos, que nunca se treparán a unos tacones, ni se asfixiaran con un brasier. Apenas en los últimos tiempos empieza a haber diseñadoras mujeres y, desafortunadamente, casi todas con mentalidad masculina, la mayoría, siguen exponiendo a las mujeres como objetos de placer para los hombres ¡increíble!

El condicionamiento femenino dicta que nada de andar siendo prácticas, racionales y analíticas. Nada de andar pretendiendo estudiar carreras para hombres, como administración de empresas, matemáticas, ingenierías, o andar de artistas..., eso es para golfas. Nada que las absorba de tal modo que luego no puedan hacer una familia y tener hijos, que para eso vinieron al mundo. Para las mujeres el romanticismo, los jueguitos de té, las muñecas, jugar a la casita, aprender a vivir al servicio del hombre, del príncipe azul, a tener linda la casa, a obedecer sin chistar, a hablar bajito, a estar lindas para que nos elija un hombre y nos quiera. A mantenernos delgadas, jóvenes, pintarnos las canas, sacarnos de encima las arrugas, la grasa, nada de panza, ni senos caídos... Nada de pensar, eso es para los hombres, las mujercitas no piensan, obedecen, aprenden a cocinar y a ser perfectas amas de casa, anfitrionas, unas damas, educadas, gentiles, prudentes, calladitas y obedientes. Un trofeo que puedan lucir sus maridos.

Como vemos, nos educaron sin ninguna perspectiva de género, es decir, haciendo todo para que fuéramos en lugar de dos iguales, dos seres totalmente diferentes. Eso nos hizo de entrada, crecer divididos, y en lugar de interdepender, es decir, complementarnos y ayudarnos; codepender, esto es, ser un peso el uno para el otro. Un hombre depende de una mujer para tener su ropa limpia, comer rico, no tener que ocuparse de ir al súper ni al mercado, de llevar una casa, etcétera... y una mujer depende de un hombre para que le dé el dinero para la compra, cuidar y mantener los hijos y tener con qué educarlos... aunque en la realidad un gran porcentaje de esto es un mito enorme.

En México hay treinta millones de mujeres que son madres. El 18% de ellas, 5.3 millones, viven con sus hijos e hijas sin que su pareja viva en el hogar (son solteras, separadas o divorciadas). Otra cifra enorme de mujeres mantienen la casa junto con su pareja, con sueldos iguales en muchos casos y en otros mayores que los de los maridos. A eso hay que sumar las mujeres solteras que se mantienen a sí mismas o a sus padres ancianos o inválidos o alcohólicos y, si no pueden cuidarlos porque trabajan, entonces toman dos turnos para pagar el asilo a donde los tienen que internar. Esta realidad nos habla de que las mujeres ya no están viviendo de acuerdo a su condicionamiento.

Es difícil que los hombres quieran soltar sus privilegios, están acostumbrados a mandar y a ser obedecidos. Sacar su feminidad les implica empezar de cero, aprender a mostrarse en su totalidad, desnudar sus sentimientos... Sacar ese lado reprimido los aterra, porque les dijeron que eso no era de hombres, y algo muy importante: no saben cómo hacerlo, cómo sacar su feminidad. ¡Ah!, y aquí viene una de las grandes claves de por qué la Psicomística es absolutamente sanadora: **la desnudez.**

Desnudarse por dentro, desnudar lo que realmente hay en nuestra mente y luego lo que hay en nuestras entrañas, en nuestra alma. Desnudarnos es el único camino para ser libres. Desnudarnos es el antídoto para matar los miedos, las inseguridades y el pánico a ser invisibles. Desnudarnos es el único sendero posible para conocernos, y conocernos es el primer paso para la libertad. La desnudez debe ser libre y total, por dentro y por fuera. Si es auténtica, no nos queda más remedio que amar profundamente al ser humano en cuerpo y alma, mente y entrañas. Porque no lo estaremos mirando con los ojos del cuerpo, de la mente, sino con los del alma. Jesús decía: "El que tenga ojos para ver, que vea, el que tenga oídos para oír que oiga". El que mira con los ojos del Alma, mira con los ojos del Amor y el Amor mira al amado como lo que es: Amor, por lo tanto: perfecto. Ver al otro desde el Alma, desde la divinidad, es ver la verdad de la totalidad del ser: somos criaturas creadas a imagen y semejanza de Dios... es decir, somos perfectas y somos Amor.

¡Ah, la desnudez! Con todo y los miedos, creencias y prejuicios que tenemos introyectados, las mujeres somos mucho más capaces de desnudarnos que los hombres. Expresamos nuestros sentimientos, lloramos, nos permitimos ponerle nombre a lo que pensamos, nos permitimos volar en un sueño de amor. Por todo esto y mucho más, en estos momentos en que se trata de desnudarnos hombres y mujeres para salir de la **revolución** en la que estamos y que nos tiene separados y sufriendo en nuestras relaciones de pareja, y **lograr dar el paso por fin a la evolución**, nos corresponde a las mujeres por un lado crecer en el camino de la desnudez, expresar nuestros miedos, pensamientos, sentimientos y por otro, llevar de la mano a los hombres a que lo hagan.

Somos nosotras quienes deberemos acompañarlos y educarlos en el camino hacia la desnudez, para que logren manifestar su feminidad. Permitir que salga de sí mismos ese otro lado que ha permanecido reprimido por el condicionamiento y condenado por la sociedad e invitarlos a expresar sus sentimientos a través de todos los lenguajes que conocemos: verbal, visual, el de la risa, el llanto, el sexual... Es un camino que habremos de aprender y transitar juntos, y no se trata de una opción, sino de la única alternativa para hacer posible el construir parejas sanas y felices. Así como el hombre tiene que empezar a comunicarnos sus sentimientos y aprender a llorar, nosotras tenemos que expresarles a ellos nuestras necesidades y sentimientos de igual manera y para ello, hay que enfrentar **el miedo** y hacer conciencia del papel vital, protagónico que este señor llamado Miedo ha jugado en nuestras vidas de pareja, siendo el causante verdadero de arruinarlas y causarnos tanto dolor.

La realidad es que, salvo excepciones, las parejas nos relacionamos desde el miedo y no desde el Amor. Es decir, no somos libres de expresarnos, ni en la vida ni en la cama ni en ningún área, por el miedo a ser rechazados o abandonados por el otro, por el miedo a fallar, a ser criticados, a que si no le cumplimos las expectativas se enoje o nos ignore, es decir, nos hagan invisibles. **Esto hace que nos relacionemos por intimidación y no con intimidad.** La intimidación, es decir, el Miedo, es el enemigo más grande del Amor, y viene de la mano con sus hijos mayores, sus dos hijos gemelos: el silencio y la evasión. Es hora de aprender a relacionarnos con intimidad, sin miedo y desde el Amor.

Para ser visibles para el hombre que amamos, hacemos todo lo que tengamos que hacer con tal de que no nos convierta en fantasma, no nos invisibilice, no nos rechace, porque eso es lo que más tememos y como lo que tememos, acontece... es justamente lo que conseguimos: invisibilidad, rechazo y abandono.

¿Cómo nos relacionamos? Llega el hombre de nuestras vidas, ese ser maravilloso que se enamoró de nosotras porque le encanta cómo somos, le fascina que seamos simpáticas, coquetas, seductoras, abiertas, sociables, el alma de la fiesta, libres, en fin. Empezamos a andar con él y tememos pavorosamente a su invisibilidad o a su rechazo. Él, de pronto, empieza a sentirse incómodo o amenazado si hacemos tal o cual cosa, y nosotras con tal de evitarle un disgusto, o que se moleste o que no esté contento, hacemos todo para satisfacerlo y agradarlo, para que no dude de que somos la mujer perfecta, la esposa perfecta y luego la madre perfecta para sus hijos...vamos, que somos dignas de su amor, que merecemos ser amadas. Y claro, si hay que merecer... hay que hacer méritos. Y eso hacemos...

Por ejemplo, cuando éramos novios y él se sintió atraído por nuestra manera de ser, de vestir y de arreglarnos y porque éramos el alma de todas las fiestas, estaba orgulloso y feliz... ¡Ah! pero una vez que le damos el sí, y nos casamos, él empieza a pedirnos que le bajemos el dobladillo a la falda, que no nos pintemos el cabello de un color tan llamativo, porque no tenemos por qué ser las protagonistas de las reuniones a las que vamos y cosas parecidas. Nos empieza a pedir que dejemos de ser libres, espontáneas, de fluir, ¡vamos!, que dejemos de ser las que somos y como somos ¿por qué? porque lo hacemos sentir amenazado, siente que podemos llamar la atención de otros hombres, y entonces le preguntamos: "¿Por qué cuando éramos novios me dejabas libre en este tipo de cosas y nunca me dijiste que te molestaban, al contrario...?" Y la respuesta es: "Es que en ese entonces, como tú lo has dicho, éramos novios, amantes, ahora eres mi esposa, mi mujer". Él no nos advirtió que las cosas cambiarían por firmar un papel y que pasaríamos a ser de su propiedad, es decir, tal como nos dice: su mujer, ahora soy de Pérez, de Maldonado... de... ¿y ellos? ¿Por qué no son el hombre de...? Y nuestros hijos llevan el apellido de él, por lo que la descendencia será de él y el apellido que seguirá vivo será el de él... nuestros apellidos, quedarán en el olvido. Y seremos siempre la esposa de... la mamá de... la nuera de... Este pensamiento no es algo absurdo, en algunos países, en donde se acepta que la madre es quien lleva el peso de la crianza, los hijos llevan como primer apellido el materno.

Así como estos pequeños ejemplos respecto al largo de la falda o de nuestro arreglo, se empiezan a encadenar innumerables críticas, órdenes, etcétera... Esto nos lleva a hacer cientos de cosas cotidianas que no responden a nuestra necesidad, sino a la de él, lo que provoca la raíz del problema: **nos negamos a nosotras mismas, nos sometemos al quiero y la necesidad del otro y con ello, nos alejamos de nuestra esencia y perdemos nuestra identidad.** ¡Ah, nuestra esencia!, ese ingrediente mágico y fundamental que fue la raíz y la causante de que él se enamorara de nosotras. Y todo eso que él amaba y admiraba de nosotras se evapora en cuanto empezamos a vivir en función de las necesidades y expectativas del otro, anulando nuestro ser, con lo que paradójicamente, logramos lo que tanto tememos: dejamos de ser las que somos y como somos, por amor a él, para conservar su amor... y dejamos de ser aquella de la que se enamoró, y esto, es precisamente lo que hace que perdamos su amor.

¿Cómo es que sucede esto?, ¿qué no se trata de darle gusto? NO, no si esto nos obliga a anestesiar nuestra esencia, a someternos, a perdernos a nosotras mismas con tal de tener su amor... o eso que confundimos con el Amor, cuando el Amor es justamente lo contrario: es ser libres, ser quien uno es. Basta mirar los hechos para comprobar que el amor no tiene nada que ver con lo que sucede en una pareja que se somete "en nombre del amor" para ser amada. Los hechos hablan por sí mismos: él, entre más nos sometemos a sus deseos, menos nos mira, así hagamos todo y más por lograr que nos haga visibles, nos valore y nos ame, ocurre todo lo contario, y terminamos abandonadas o lo abandonamos, cansadas de la invisibilidad. Y, si somos justas, muchas mujeres hacen lo mismo a sus parejas, una vez casados, empiezan a pedirles que cambien conductas o actitudes que de novios no les molestaban en absoluto. Pedirle al otro que sea a imagen y semejanza de nuestra necesidad, pedirle cosas que nos dictan nuestros miedos, es a lo que nos lleva no tener una relación de tú a tú... Y accedemos y somos para el otro todo y más de lo que necesitaba: le leímos el pensamiento, fuimos su cobija, su pan, su vino... lo que necesitara... pero si nada, nada de esto, fue él para nosotras... entonces ¿de qué pareja estamos hablando? Si no es parejo el asunto, si no es recíproco, no podemos hablar de pareja.

Cuidado, no hay que confundirse, no estamos hablando de que no seamos tiernas, cariñosas, serviciales, acomedidas, incluso sacrificadas, porque no hay amor sin sacrificio. No se trata de que no seamos para el otro todo lo que necesita que seamos. Si todo esto no se da, simplemente el Amor no existiría, porque este sentimiento, como todos, sólo puede ser real si se demuestra **en los hechos** y cuando una ama, la manera de demostrarlo es siendo serviciales, generosas, haciendo todo lo que al otro le complace, lo hace feliz, desde hacerle una rica cena cuando llega cansado de trabajar, hasta hacerle el amor como le gusta... claro, siempre y cuando no pida cosas con las que nos sintamos incómodas o violentadas. El Amor tiene todo que ver con complacer al otro, con hacerle una vida gozosa, con vivir permanentemente de fiesta porque estamos con el ser amado... Y si es así ¿por qué no funciona aun cuando nos entregamos por completo? **Porque no es recíproco**. Llegamos a ser como su maga, porque somos casi su lámpara de Aladino y nosotras sólo aparecemos cuando él nos necesita. Si no, somos invisibles, nada más no existimos. Ahí estamos, como fantasmas en casa, como hormiguitas haciendo todo para que él viva cómodo y él ni nos nota, ¡ah! pero si de pronto no encuentra la camisa que se quiere poner, aparecemos en el instante en que exclama: "Mujer, ¿dónde está la camisa azul? ¡Uy! corremos y se la damos, planchadita y oliendo a limpio. Y en ese segundo, una vez que obtuvo lo que necesitaba, como por arte de magia, volvemos a desaparecer.

Y lo mismo nos ocurre como su mujer en la cama, no existimos, llega a la cama, estamos ahí, con ganas de que nos mire, de que nos toque, nos haga sentir visibles y nada, como si no estuviéramos, sencillamente nos da la espalda, y muchas veces no por lastimarnos, sino porque simplemente ¡no nos ve!... En su cabeza hay muchas cosas más importantes, cosas que son su prioridad... ¡Ah! pero si de pronto le apetece una consentidita, o ve una escena candente en la televisión, mágicamente nos visibiliza, aparecemos ante sus ojos y ¡hora de hacer el amor! ... o dicho correctamente: de ser utilizadas y complacerlo. Para entonces, estamos frías, con la sexualidad anestesiada, cansadas, hartas o inapetentes, y, si no nos atrevemos a inventar una excusa, como que nos duele la cabeza o tenemos diarrea, accedemos a sus deseos, decimos que sí. Y en cuanto él termina de satisfacer **su** necesidad, de nuevo, nos vuelve invisibles, nos da la espalda y a roncar. Y nosotras ahí, solas, sin atrevernos a mirar lo que sucede, sin cuestionarnos por qué, siempre le respondemos con un sí.

¡Ah, ese sí, sí, sí...! El nuestro es un **sí sostenido**, en todo, porque así nos educaron y el NO nos llena de inseguridades y de pánicos. Nos condicionaron para complacer como la única manera de merecer amor. Merecer, ganar amor, cuando el Amor es un don y es gratuito, pero no, nos condicionaron a que hay que ganárselo, aún a costa de ir en contra de nosotras mismas, someternos, lo que sea, a cambio de recibir migajas, merecer amor a punta de llenarnos de miedos. *"Nunca le digas que no a tu marido, porque lo que no le des tú, se lo va a dar otra. Sé complaciente, nunca lo vayas a ofender diciéndole que no te gusta algo que te regala, ¡y bueno! ni hablar de decirle que no te gusta algo que te hace en la cama o te pide que le hagas, ni soñarlo. Tú complácelo en todo y sé la mejor, no puedes fallar".* ¡Ah, esa palabra! Fallar, esa sola palabra es como un instrumento de tortura en nuestra mente. Así que complaciente en la cama, en la casa, en sus relaciones sociales y laborales, sus amigos...

¿Y él? ¿Está preocupado por fallar excepto como proveedor? ¿Está preocupado por ser un buen amante? No, ni se le ocurre pensar en que podría fallar como amante, la mayoría de los hombres, están seguros de que son grandes amantes y no se preocupan en absoluto en sensibilizarse para saber qué le gusta sexualmente a su mujer, qué necesita ella, cómo, cuándo y dónde para complacerla en la cama y en las demás áreas, y no fallar como su compañero social o con sus amigas o con sus relaciones profesionales... Él se comporta de acuerdo a su necesidad, sin ver la nuestra. Esta conducta, hace que nos vayamos sintiendo invisibles en su campo visual, ellos están enfocados en lo suyo... y nosotras... **¡También en lo suyo!** Esto es lo que no puede seguir siendo, esto es lo que ya de hecho, no está funcionado. Estamos hartas de mendigarles cariño, ha llegado la hora de que nos hagan visibles en sus vidas como ellos lo son en las nuestras: como esposos, como hombres... queremos lo mismo, no más, ni menos: lo mismo.

La herida madre: la invisibilidad, es la que nos ha llevado a vivir lo que estamos viviendo en nuestras relaciones de pareja. Y, salvo excepciones, son ellos los que nos hacen invisibles, son ellos por lo tanto los que tienen que moverse de lugar. Como hemos dicho, sacar a flote su feminidad y volvernos visibles. De otro modo, la pareja se deshace, porque el Amor se muere de inanición. Todos estos males que hemos enumerado, todo esto que termina haciendo que nuestra pareja sea nuestra autoridad moral y nos domine y nos someta, hace que terminemos siendo incongruentes con lo que somos, creemos y sentimos, traicionándonos así a nosotras mismas y por lo tanto al Amor, sí, es así, porque el Amor es libertad.

Es necesario poner la lupa aquí. Todo esto que nos lleva a arruinar nuestra relación, nuestras vidas y las de nuestros hijos, es perfectamente evitable. Hay un antídoto para detener la cadena de desastres que se forma y termina ahogándonos cuando las personas, "en nombre del amor", empiezan a complacer al otro que demanda cosas manejado por sus miedos y para sentir que tiene todo bajo control. Cosas tan estúpidas como que le bajemos el dobladillo a la falda o tan serias como que no abracemos a los amigos al saludarlos y no seamos tan efusivas. Ese antídoto se llama: **poner límites**. Decir ¡**no! a tiempo**, a la primera, es lo que hará que el otro no nos termine invisibilizando, ni despersonificando, sometiendo o anulando y terminemos traicionándonos a nosotras mismas para ser leal a ese ente en que nos convierte quien dice que nos ama siempre y cuando seamos a imagen y semejanza de su necesidad.

Pero ojo, no ponemos límites "en nombre del amor" y de ahí nace el enorme mal entendido y las difamaciones que se hacen hacia el Amor. El Amor no tiene nada que ver con esto, no es en nombre del amor que una deja de ser fiel a una misma, congruente con lo que es; es en nombre del miedo que nos da ser rechazadas por el ser que dice que nos ama y que decimos amar.

Si nos ama, tendría que aceptarnos como somos, porque de otro modo, no ama a la persona que somos, sino a la que desea que seamos. Si amamos a nuestra pareja, primero tendríamos que amarnos a nosotros mismos y sernos leales para que sea auténtico amar a otro, porque si uno no se ama a sí mismo, no puede amar a nadie más. Entonces dejemos de culpar al amor de lo que sólo es responsable el miedo que tenemos a ser invisibles. Hemos visto cómo empieza a envenenarse una relación, con ese "Sí, mi amor" cada vez que él nos pide algo que no queremos, no es equitativo, o no va con nosotras. A veces, repelamos un poco al principio, pero terminamos cediendo.

¡Atención!, cada vez que decimos un sí en lugar de poner un límite estamos construyendo el espejismo que terminará atrapándonos, haciéndonos vivir una farsa, convirtiéndonos en un par de desconocidos llenos de resentimientos, despersonificándonos y matando el amor.

Cada vez que ponemos un límite, lo cual podemos hacer de una manera absolutamente amorosa, estamos fortaleciendo, nutriendo el amor. ¿Por qué es tan difícil poner límites? Por una sola razón: **miedo.** Para poner límites hay que enfrentar el miedo a que el otro se enoje, a que nos castigue, a que nos castiguemos nosotras mismas sintiéndonos culpables y cuestionándonos si nuestro amor es perfecto e incondicional, si le estamos fallando, si nos va a dejar de amar por no darle gusto en algo que después de todo "no nos cuesta tanto trabajo". "No tiene tanta importancia, puedo dejar de hacer esto, modificar aquello, pintarme el cabello de otro color, no saludar a mis amigos tan efusivamente, renunciar a tal amiga que le cae mal a mi pareja porque le da por beber mucho y le parece mala influencia" y tantas frases más como estas.

Al minimizar, justificar y autoengañarnos para no poner límites cada vez que a la pareja lo atrapan sus miedos o necesita tener el control de nuestras vidas, estamos actuando no sólo en contra de nosotras mismas, sino del amor y de la relación y en prejuicio no sólo nuestro, sino de nuestra pareja. Estamos en pareja para crecer y una de las maneras más importantes de hacerlo es enfrentando y venciendo nuestros miedos. De modo que poner límites es afrontar los miedos y obligar al otro a enfrentar los suyos, eso es hacer una pareja sana.

Hay algo definitivamente cierto: **Amar no es rescatar al otro, sino obligarlo a que se rescate a sí mismo.** No rescates a tu pareja de sus miedos, oblígalo a enfrentarlos y eso lo fortalecerá, así como a tu relación. Enfrentar sus miedos, los ayudará a conocerse a sí mismos y eso es lo mejor que pueden hacer uno por el otro, porque no hay amor más perfecto ni manera más sublime de enriquecer al otro que ayudarlo a conocerse a sí mismo. Mientras no desechemos todos esos patrones establecidos respecto a los roles que "deben" jugar los hombres y los que "deben" jugar las mujeres, no habrá manera de tener una pareja sana, feliz, libre y perfecta. Sí, lo afirmamos como fundadoras de la Psicomística: perfecta. Desde la PSM la pareja perfecta es posible y te lo vamos a probar.

Hemos hablado de enfrentar los miedos, de desnudarnos interiormente, de poner límites, de no ser fieles a un condicionamiento que nos anula, de no permitir maltrato, de no someternos, etcétera. Y esto va tanto para los hombres como para las mujeres. ¿Pero cómo conseguir dejar de actuar movidos por el miedo? ¿Cómo no someterse? ¿Cómo deshacernos del condicionamiento que nos ha arruinado la vida a ambos?¿Cómo lograr hacer una pareja sana? Esta es una pregunta clave y tiene una única respuesta: **Conociéndote a ti mismo**. Nada, absolutamente nada de lo planteado hasta aquí es posible si no nos conocemos a nosotros mismos.

Si no te conoces a ti, no puedes conocer al otro. Del conocimiento nace el amor, de modo que si no te conoces, no te amas, ni amas a otro. Por lo tanto si te unes a una pareja sin conocerte a ti mismo, siempre, sin lugar a dudas, llevarás todas las de perder. O te someterás al otro por miedo a perderlo, o lo someterás por miedo a que te someta, vivirás a la defensiva y por tanto no te entregarás ni te denudarás jamás con él. Serás incapaz de ponerle límites. Serán una pareja que jugará roles que no son los de la pareja, tales como de padres e hijos, amigos, hermanos, etcétera. Compartirán una casa pero no tendrán un hogar. Tendrán relaciones sexuales pero no harán el amor. Vivirán juntos en un espejismo, en una farsa en la que se sentirán dolorosamente solos e incomprendidos, cargando con una tristeza y un desencanto que tratarán de evadir con cualquier cantidad de actividades, compulsiones o adicciones que les permitan sobrevivir el dolor emocional.

Por eso afirmamos categóricamente, que sólo hay un camino, para que **no** construyamos una relación de pareja que termine siendo un espejismo, y es conocernos a nosotros mismos. Conocer quiénes somos, cómo somos, cuál es nuestra historia emocional, de dónde venimos, qué pensamos, qué sentimos, cuál es nuestra herida, desde dónde viene, cómo curarla, cuáles son nuestros miedos, cómo enfrentarlos y eliminarlos o aprender a manejarlos, qué es congruente con nosotros y nuestra manera de ser y sentir y qué no. Mientras no nos conozcamos, siempre caeremos en un extremo o en otro de la pareja, nunca podremos mirar cuál es nuestro 50% de responsabilidad de lo que sucede en nuestra relación y cuál es el 50% del otro.

Si no nos conocemos, nunca podremos tener la fuerza para evitar ser sometidos o la sanidad para no someter al otro, tampoco podremos desnudarnos completamente y sabernos amados y aceptados tal como somos. Jamás podremos vivir en libertad real y absoluta porque el miedo a perder a nuestra pareja nos llevará a cumplirle la expectativa, renunciando a lo que somos y a nuestra necesidad, por lo que de pareja no tendremos nada, no estaremos teniendo una relación real, ni de tú a tú, ni de adultos responsables, sino de niños asustados, amordazados y evasivos porque somos incapaces de ver y enfrentar nuestra realidad. Conocernos a nosotros mismos, es la llave mágica de la sabiduría, la libertad, la paz y felicidad. **Conócete a ti mismo,** fue la inscripción que los siete sabios griegos pusieron en el frontispicio del templo de Delfos.

Es una realidad irrefutable, que **uno se conoce en relación**. Muchos pacientes que se han ido por años a lugares de meditación, a la hora de enfrentarse a la realidad se llevan una gran sorpresa. Uno se puede ir veinte años al Tíbet a meditar y al regresar e integrarse a la vida, descubrir que todo lo que creyó aprender en ese tiempo era un espejismo, o casi todo, porque estar en ese silencio, solo, mientras repetía interminablemente mantras que lo llevarían a ser paciente, a tener templanza, mesura, armonía, prudencia, fortaleza, serenidad, control de sus emociones, no lo ponían a prueba en la realidad ni relacionándose con los demás. Aprender a mantenerse permanentemente en su centro estando solo funcionaba muy bien, pero una vez que se integró a la vida y se casó (ya no digamos tuvo hijos), a la hora de relacionarse y de vivir en pareja, toda esa paciencia, templanza, control de emociones se fue al traste, o al menos el 90% de estas bellas cualidades y virtudes. No menospreciamos tan bella y enriquecedora experiencia. En efecto, hay seres humanos que llegan a la sabiduría por esta vía, pero son los menos. La meditación es una herramienta maravillosa para conectar con uno mismo y conocerse, pero, **la realidad es que uno se conoce realmente en relación.** Por eso es tan importante tener pareja, es una oportunidad inigualable, única, extraordinaria para conocerse a uno mismo. Vivir en pareja nos hace crecer como seres humanos, como mujeres y hombres, como padres y madres, como hijos e hijas, como amigos, jefes, empleados, incluso como profesionales, nos hace crecer en todas las áreas de nuestras vidas, en todas, sin duda alguna.

Todos hemos escuchado ese chiste que se dice por ahí: *"¿Para qué dejas a tu marido? No te metas en problemas, lo único que vas a hacer es cambiar de diablito, pero seguirás en el mismo infierno".* Un cuento de lo más desesperanzador y falso, asegura que vivir en pareja, o que incluso el amor mismo, es un infierno. Nada más lejos de la realidad. Vivir en pareja es la mejor oportunidad que tenemos para conocernos, amarnos, aceptarnos aprender y crecer. Aún en el caso de tener una relación pésima de pareja, esto opera de la misma manera. ¿Por qué? Porque si queremos crecer, ahí, donde estamos, con esa pareja que nos causa tanto dolor, estamos teniendo la oportunidad de ver cuáles son nuestros miedos, por qué estamos permitiendo que nos haga daño la persona que decimos que amamos y dice que nos ama, por qué no somos capaces de poner límites y decir lo que sentimos, etcétera. Y si aprovechamos la oportunidad y enfrentamos nuestros miedos, ya sea que sigamos con esa pareja o no, habremos crecido lo que no creceríamos estando solas, sin nadie que nos enfrente a nuestros miedos y heridas y nos haga medirnos con nuestras capacidades.

Una pareja se forma de dos seres humanos y el que no se conozcan a sí mismos trae, como consecuencia, la imposibilidad del amor, como ahora lo vemos en las parejas actuales de una manera tan acentuada. Esto viene a ser bastante lógico porque uno sólo puede amar lo que conoce y si uno no se conoce ni se ama a sí mismo, mucho menos puede amar a otro. El amor nace del conocimiento. El condicionamiento, como hemos comprobado, nos ha llevado a vivir dormidos, a no mirarnos a nosotros mismos, a obedecer las reglas que otros impusieron prometiéndonos que ese era el camino de la felicidad, ¡mentira colosal! que ha quedado al descubierto finalmente y nos ha traído hasta aquí: a romper definitivamente con el espejismo respecto a la pareja. Actualmente, la pareja se gesta de otra forma, algunos lectores nos han dicho que descubrir cómo la Psicomística concibe la pareja los tranquiliza y los libera de sus culpas. Esto se debe a que la PSM no defiende la posición de los hombres o la de las mujeres, sino la del Amor y la libertad del ser humano.

La Psicomística habla desde la equidad y la perspectiva de género, desde la convicción de que tanto los hombres como las mujeres somos seres perfectos y, si logramos trascender la dimensión humana que establece como única realidad cuerpo y mente y entramos en la dimensión del espíritu, podemos vivir en plenitud, amor y libertad, desde nuestra divinidad. Tanto hombres como mujeres por igual, fueron indistintamente lastimados y sometidos a roles injustos e incongruentes, que iban en contra de su naturaleza. Ambos fueron forzados a vivir en una constante farsa, fueron condicionados para merecer ser amados, y eso implicaba negarse a sí mismos y obedecer las reglas que enumeraban los roles. Así, fueron obligados a vivir en una farsa que los privó de amar con libertad y sin miedos y los obligó a relacionarse desde la intimidación y no desde la intimidad, no desde la persona que eran, sino desde el personaje que exigía el rol.

Toda esta revolución en la pareja está llegando a su fin para transformarse en una evolución.

No hay más salida que esta, evolucionar, y esto se debe a que la mujer está exigiendo finalmente una relación de tú a tú, en la que ambos se entreguen por igual, en donde se sienta valorada, respetada y tratada

con equidad de género. Quiere un hombre que la ame como mujer, que no la obligue a jugar el papel de madre con él, ya no está dispuesta a ser la madre que cuida y soporta todo, ni tampoco jugar el rol de la niña que obedece ciegamente a su pareja—padre que es su autoridad moral, con tal de no ser castigada. Ambos roles jugados por las mujeres con sus parejas, obedecen al miedo de perder al ser amado si no se le cumple la expectativa.

Este miedo cada vez opera menos en las mujeres, porque han comprendido que ciertamente temen perder el amor y al hombre que aman, pero temen mucho más: perderse a sí mismas.

La mujer está buscando un hombre que la ame como mujer, que la ame, que la seduzca, desee, conquiste, cuide, proteja y acepte tal cual es, como ella lo hará con él. La mujer quiere relacionase por fin de igual a igual en todas las áreas: espiritual, intelectual, emocional y física—sexual. El hombre actual, en su mayoría, quiere lo mismo. No quiere una niña de la que tenga que hacerse cargo, ni una madre que lo regañe o consienta, sino una mujer que lo seduzca. Algunos quieren esto desde la equidad, otros quieren lo mejor de los dos mundos: la mujer que los seduzca, la madre que lo cuide y la niña que los obedezca y eso es lo que ya no va a suceder, salvo con aquellas mujeres que no logren vencer sus miedos. La pareja actual está exigiendo una renovación total, una evolución real. La mujer ha buscado siempre lo mismo: ser amada, seducida, deseada, valorada, reafirmada, cuidada, protegida, y aceptada. En el pasado, cuando esto no se daba en su matrimonio, la mujer se sometía, pero ahora, es justamente esto lo que ha cambiado, ya no se está dejando someter tan fácilmente, y de ahí que la renovación de la pareja sea inaplazable, inminente y sin retorno.

En este libro explicamos de una forma muy clara y de manera directa, el por qué la pareja actual está abortando, abortando continuamente. La razón es que la forma de unirnos como pareja, el modo de vivir y hacer el amor, de entrada, es insana y por todo lo asentado hasta aquí, podemos darnos cuenta de algo indiscutible: que desde que empieza la relación de pareja, ésta está condenada a terminarse o a convertirse en una relación conflictiva, apagada, de rutina y resignación o de dos seres unidos no por el amor, sino por el miedo a estar solos y a enfrentar su vida, o por la lástima, el Deber Ser o el qué dirán o peor aún, se mantienen inmersos en una relación que es realmente una **NO** relación, en la que ambos componentes de la pareja son invisibles el uno para el otro. No están unidos por la luz del Amor, sino por la oscuridad del Miedo. Esto sucede debido a que empezamos la relación estando enfermos, atrapados en nuestras neurosis, llenos de miedos, y desde ahí estamos tratando, esforzándonos para que el amor que sentimos prevalezca, perdure, florezca y no lo logramos. Si una semilla se siembra en tierra intoxicada, infectada, insana, no madurará, ni florecerá ni dará frutos.

Aquí es cuando podemos constatar que el Amor nunca nos hiere, somos los amantes (los que amamos) los que herimos al amor cuando se nos atraviesan las neurosis, es decir, los miedos, el ego.

La semilla, en este ejemplo, sería el Amor. La semilla es perfecta, fuerte, sana, hermosa y contiene todo en sí misma. Si está en el terreno propicio, dará hermosos frutos, no puede ser de otra manera. Y ahí está el asunto, que ese terreno propicio, que somos los seres humanos, los amantes, es decir, los que amamos, es un terreno que no está sano y por lo tanto, por hermosa que sea la semilla, se ahogará en esa tierra enferma y a veces, estéril. No estamos sanos porque vivimos atrapados por infinidad de miedos, estamos contaminados con creencias falsas que nos introyectaron en nuestro condicionamiento y nos hacen ser incongruentes con lo que sentimos, necesitamos y pensamos. No estamos sanos porque el miedo al rechazo, a ser invisibles, nos obliga a comportarnos de acuerdo a lo que se espera de nosotros para no ser rechazados ni abandonados. Así mismo, nos exige cumplir expectativas de nuestra pareja, del mundo, de todos, incluidas las propias.

No estamos sanos porque no nos conocemos a nosotros mismos, porque no nos amamos, porque no aceptamos todos los personajes que viven dentro de nosotros, todo lo que somos: nuestra parte masculina y nuestra parte femenina, por lo que nos negamos el derecho de ser tal como somos y amar y vivir en libertad. Al condicionarnos excluyendo una de nuestras dos partes, de nuestras dos fuerzas, de nuestras dos energías, a los hombres los mutilaron robándoles su parte femenina y a las mujeres robándonos la masculina. ¿Cómo podríamos ser pareja si no somos un todo relacionándonos con otro todo? Sino una parte carente de masculinidad y otra carente de feminidad, relacionándonos desde nuestros contrarios. Lo que hacemos es ir derecho al fracaso como pareja, porque lo que impera es la no empatía. El otro no se puede poner en mi lugar si soy mujer porque no tiene desarrollada su parte femenina, y yo no puedo ponerme en sus zapatos porque tengo bloqueada mi parte masculina.

Para tener cualquier relación, para relacionarnos desde el Amor, una condición esencial, básica, es la empatía. Hay una frase muy sabia que dice: "La empatía no implica aprobación ni evaluación", sencillamente consiste en escuchar la parte del otro, lo que siente y piensa, y eso no significa ni que lo juzguemos ni que estemos de acuerdo con él. Sólo implica comprender lo que siente tal y como si nosotros mismos lo sintiéramos, sólo entonces, podremos tener un entendimiento aunque no hablemos el mismo idioma y comprender la necesidad y el dolor del otro. Hay un famoso dicho que es hermoso: "Si quieres comprender a otro, camina tres días y tres noches en sus mocasines". El problema es que la empatía es precisamente lo que no existe en la pareja, ya que desde el momento en que fuimos condicionados nos partieron en dos y los hombres todo lo miran desde la razón y la mujer desde el corazón. Hablan, miran, se expresan desde dos lugares distintos y, sus necesidades se originan, en todos sentidos, también de dos maneras distintas.

Lo que no es distinto es que ambos coinciden en la necesidad de amar y ser amados, comprendidos, abrazados, acogidos, cuidados, protegidos, acompañados, recibir y dar amor. Y resulta que esto, que es en lo que coinciden, es lo que no se puede dar debido al condicionamiento. Porque la manera de amar del hombre es manifestada desde un punto de vista masculino: de una manera práctica, que tiene que ver con proteger material y económicamente, con mostrarse fuerte, no llorar, no expresar sus sentimientos, etcétera, lo cual desespera a la mujer, cuya queja continua es: *"¿Por qué no me dice lo que siente? ¿Por qué no me dice lo que piensa?...Qué raros son, parecen de otro planeta ¿pues qué no sienten, no les duele nada, no les importa nada?"* Y ellos piensan lo mismo de las mujeres: *"Parecen de otro planeta. ¿Por qué para todo tienen que llorar, me hacen sentir miserable, culpable, como si fuera un ogro? ¿Por qué quieren todo el tiempo hablar de cosas profundas, de sentimientos, filosofar, profundizar en todo?"*. Este, es el resultado de que los hombres tengan bloqueada, dormida, anestesiada o en estado de coma su feminidad y las mujeres su masculinidad. Si ambos despertáramos esta otra mitad y la dejáramos vivir, manifestándola en nuestras vidas, podríamos no sólo entendernos como pareja, sino que tendríamos relaciones de pareja perfectas, tal cual, perfectas.

Este libro, tiene entre otros objetivos, inducir al lector a que abra los ojos del alma y llevarlo a hacer conciencia para que se dé cuenta de cómo estamos actualmente buscando hacer una pareja desde un lugar equivocado. Estamos intentando dar a luz un amor, tratando de que nazca y crezca un sentimiento que ya de entrada, está condenado al fracaso y a la muerte. No estamos sanos como acabamos de ver, no nos estamos uniendo de una forma sana, por lo tanto, ya desde el principio, de inicio, no va a funcionar. Si un hombre alcohólico y una mujer drogadicta tienen un hijo, necesariamente nacerá enfermo y quizá condenado a muerte. Tienen que estar sanos ambos si quieren un hijo sano. Si dos personas quieren hacer una pareja sana, tienen que estar sanas.

Mientras recorremos las páginas de este viaje a nuestro interior en busca de mirarnos, conocernos y clarificarnos, elevando consecuentemente nuestro nivel de conciencia, te vamos respondiendo las preguntas que nos venimos haciendo hace mucho tiempo y que escuchamos que son las mismas que se hacen todos los que nos rodean, tales como: ¿Qué está pasando con la pareja? ¿Por qué ya no nos toleramos? ¿Por qué ya no nos tenemos paciencia? ¿Por qué a la primera provocación casi todos tiramos la toalla? ¿Por qué no estamos luchando por el Amor? ¿Es posible hacer una pareja sana? ¿El amor sobrevivirá todo lo que estamos viviendo? ¿Vale la pena entregarse a alguien completamente? ¿Por qué esto de que la mujer se está independizando y empoderando está trayendo estas consecuencias?

Que la mujer sea cada vez más autónoma, pareciera estar provocando que deje en un segundo o tercer plano o, incluso, abandone lo que verdaderamente es importante en esencia: su propio nido, su propia obra, lo que crea, lo que forma como familia. Y que además la hace cocreadora con Dios, nada menos que para que la humanidad siga viva. No creemos en absoluto que esa prioridad esté cambiando en las mujeres, no creemos que la maternidad ya no sea no sólo importante, sino vital para ellas. Sin embargo, la mujer ha experimentado muchos cambios, se ha desarrollado de otra forma, debido a la época actual que le ha demandado que sea ella quien gane su propio sustento al lado de su pareja o sola, si no la tiene, sumando la realidad de conseguir su sostén y el de sus hijos. Sí, la mujer ha adquirido fuerza, se está empoderando, y ello ha cambiado la manera de enfocar y vivir su maternidad. Esta lucha que la ha llevado a empoderarse, no incluye que la mujer haya perdido su deseo, su necesidad y su sueño de realizarse como madre, sólo que la manera de hacerlo se ha ido modificando. Ahora, en muchos casos, la mujer decide darle temporalmente prioridad a su profesión y aplaza los tiempos para vivir en pareja o ser madre, para lograr así realizarse como mujer, profesionalmente y como ser humano antes que como esposa y madre.

La revolución sexual ha traído éste dentro de muchos cambios encadenados, ha habido muchos factores en juego. Está, por un lado, ciertamente, el empoderamiento de la mujer, mismo que muchos hombres no toleran y, al perder el control en la pareja, deciden abandonar a su esposa e hijos. Por el otro lado, la globalización, los cambios en la economía mundial, que han cambiado sustancialmente el modo y la calidad de vida de hace algunas décadas.

Ahora, hablando en general, ya no basta el sueldo del hombre para criar una familia, es menester que ambos trabajen, por lo que la maternidad debe ser planeada de una manera radicalmente diferente de cómo lo era antaño. Muchos hombres no están dispuestos a comprometerse ni a formar una familia y muchas mujeres no conciben la idea de tener un hijo fuera del matrimonio que no crezca con ambos padres y no tenga esa estabilidad emocional que ello proporciona. Hay mujeres que sacrifican el sueño de ser madre por esta razón, no quieren criar un hijo sin padre porque su condicionamiento o sus miedos pueden más que su sueño de realizarse como madres. Este punto, en el que los hombres ahora muestran una gran renuencia a dejar su soltería, tiene más peso del que pareciera a primera vista. Muchos viven muy a gusto en su casa paterna, muchos de ellos mantenidos incluso por sus padres. Otros viven en sus departamentos de solteros, en donde son libres para tener relaciones íntimas con tantas mujeres como les plazca sin establecer compromisos. Así que la maternidad no es que haya perdido importancia para las mujeres en absoluto, es que las condiciones de vida han cambiado dramáticamente de tres décadas a nuestros días. Por otro lado, no todas las mujeres nacieron para ser madres biológicas, para serlo hay que tener vocación, el llamado y el espíritu de sacrificio que implica. La maternidad no es necesariamente un instinto natural, como suele afirmarse, esto no es un dogma. Si lo fuera, no habría mujeres que nunca han deseado tener un hijo, o capaces de asesinar a sus crías. La maternidad es una elección.

Hay mujeres que tienen un claro, incuestionable y decidido instinto maternal. Otras que están llamadas a la maternidad espiritual y no contemplan siquiera ser madres biológicas, ni monjas. Así mismo hay otras que no tienen el llamado para ninguna de las dos. Esto muchas veces depende del condicionamiento al que fueron sometidas, de cómo les haya afectado y cómo hayan resuelto la herida madre: la invisibilidad y depende también, de la personalidad, el carácter y los objetivos que se planteen las mujeres en su vida, de si encuentran el compañero correcto para que sea el padre de sus hijos, de si ser madres biológicas forma parte de sus sueños y de su proyecto de vida, si es acorde a su temperamento, a su capacidad de relacionarse y vivir en pareja o asumir la responsabilidad de ser madres solteras.

Hay ocasiones en que, definitivamente también influye su orientación sexual, aunque no necesariamente las mujeres gays carecen del instinto maternal o no siempre están dispuestas a renunciar a la experiencia de tener un hijo, sólo porque sería mal visto familiar y socialmente, y no digamos religiosamente. El que una mujer gay declare públicamente su tendencia sexual, sigue siendo criticado, más aún, condenado, y ni se diga si se atreve a procrear hijos. Sin embargo, por desaprobado que sea, como en todo lo que está ocurriendo, la realidad terminará por imponerse y con el tiempo, se llegará a ver normal lo que hoy es condenado. Así es la historia, hace medio siglo, una mujer divorciada era una apestada, ahora es la cosa más natural. No estamos hablando de bueno o malo, sino de aceptación de la realidad, que insistimos: no es negociable. Mientras más avanzamos en el tiempo y en el empoderamiento de la mujer, así como en la aceptación ante la sociedad respecto a la preferencia sexual, más mujeres gays o bisexuales, deciden ser madres y más mujeres heterosexuales, no serlo.

Muchas pacientes llegan al consultorio de los psicólogos o psiquiatras, totalmente confundidas, en shock, debido a que han descubierto que toda su vida han vivido una sexualidad que no va de acuerdo a su naturaleza. Lo cual resulta un problema muy severo, realmente grave, debido al condicionamiento y a la represión que hay respecto a tener otras preferencias sexuales. Hay infinidad de mujeres, a las que jamás se les ocurre siquiera cuestionar su heterosexualidad, asumen el condicionamiento de una manera absoluta e incuestionable. Muchas sueñan con ser madres biológicas y su sueño es tan fuerte y es una decisión tan honda y de su alma, que se convierte en su prioridad y su proyecto de vida desde muy niñas y por ello bloquean completamente su verdadera orientación sexual y se viven como heterosexuales sin cuestionarse que podrían ser gays. Se casan, tienen una familia y de pronto ya con varios hijos, a los que adoran y son su sentido de vida, se sienten atraídas por otra mujer y no sólo eso, se enamoran perdidamente y descubren que ese vacío que sentían con su pareja heterosexual y que no se explicaban, era porque no era su naturaleza ser heterosexuales. Como es de esperarse, entran en un conflicto que les implica no sólo una enorme confusión, sino también un profundo dolor. Era algo inimaginable que viene a destruir su mundo, su proyecto de vida y a romper el espejismo en el que vivieron toda su existencia.

Es impresionante la cantidad de mujeres que viven esta experiencia. Mujeres que siendo profundamente auténticas, nobles, honestas, madres devotas, esposas fieles y seres humanos maravillosos, se ven de pronto en una situación tan terrible generada por los prejuicios, creencias y normas sociales y religiosas creadas para manejarnos y controlarnos. Otra vez, aparece el condicionamiento haciéndonos sus víctimas. De nuevo, el Deber Ser, trae consecuencias nefastas que implican un enorme dolor emocional. El condicionamiento en estas mujeres fue tan rotundo que les bloqueó su verdadera tendencia sexual. Pensarse gays era imposible, ya que serlo para la sociedad, es algo repulsivo y totalmente condenado.

El miedo anestesió su naturaleza sexual porque ver la realidad les hubiera robado el sueño a algunas de hacer una familia y ser madres o de no cumplir las expectativas familiares, sociales y religiosas que pesaban sobre ellas.

La mayor parte de estas mujeres asumen la realidad y viven su homosexualidad comprendiendo que es ahí donde son felices. Lo mismo pasa con algunos hombres, pero son realmente excepciones. Ellos, por lo general, descubren su homosexualidad a muy temprana edad y muchas veces, guiados por el miedo, las presiones sociales, religiosas y familiares, por asuntos de negocios y otros intereses, se casan y viven una vida doble, teniendo una esposa e hijos, mientras ejercen su homosexualidad fuera del matrimonio. Pocos son los que viven una vida heterosexual y reprimen vivir experiencias homosexuales extramatrimoniales.

Las estadísticas respecto a los hombres y mujeres homosexuales que viven vidas dobles son realmente inimaginables, lo que resulta increíble en el siglo XXI. En este punto, el miedo, el Deber Ser y el qué dirán, le sigue ganando la batalla a la libertad. Sin embargo, esto es algo que también evolucionará, se abrirá y terminará siendo aceptado y respetado, será visto tan normal como la heterosexualidad. Ver todo esto nos desalienta y nos hace sentir que estamos sumergidos en un espejismo creyendo que nos amamos... cuando no es así, **"El amor tiene más formas que nubes tiene el cielo"**. ¡Cuidado!, no hay que caer en la desesperanza, no se trata de eso, sino de ver el peligro que conlleva **no cuestionar el condicionamiento**. Hacerlo, como lo estamos haciendo para despertar a la conciencia, nos lleva, entre muchas otras cosas, a descubrir cuán limitadamente nos amamos.

Cuántas veces confundimos amor con codependencia, con miedo, con necesidad, con cualquier cantidad de cosas y sentimientos que no tienen que ver con el amor. Y de eso se trata este libro, nuestra intención es develar estas verdades, ponerle nombre y apellido a lo que estamos viviendo, demostrarlo en los hechos y, a partir de ahí, aprender a amar en verdad, con libertad, alegría, gozosamente, con congruencia y con paz. Hay tantas clases de matrimonios, tantos matices como seres humanos hay en esta Tierra. Lo terriblemente doloroso e insólito es que estando en el siglo XXI, habiéndole dedicado décadas a conocer nuestro mundo, el universo, otros planetas, el cuerpo humano, las especies animales, los astros, los misterios del mar y de la atmósfera, no hayamos encontrado el tiempo para trabajar en nosotros mismos.

¿Cómo es posible que vivamos en un mundo globalizado, con todos los adelantos que hemos conquistado, tantos inventos realmente fantásticos, descubrimientos extraordinarios, innumerables libros sobre las relaciones de pareja, filosofías, y más de trece décadas de psicoanálisis, psicología y demás, y no consigamos conocernos en verdad, ser libres y felices en las relaciones de pareja, así vivamos por décadas juntos? ¿No te parece extraordinariamente triste, indeciblemente doloroso que tantísimos seres humanos que han vivido juntos toda su vida y que se han entregado el uno al otro no se conozcan completamente, que guarden secretos que se llevarán a la tumba, que no sean nunca, en todos esos años mirados en su totalidad, desnudamente por su pareja?

Es triste, es patético y cuando se muere una persona luego de 50 años o más de estar casada, decimos: *"Sí, pues no era el matrimonio perfecto, pero se quisieron tanto, tanto"* o *"Por fin esta pobre mujer va a descansar, él nunca la valoró, no supo ni con quién estaba casado"*. *"Si él se hubiera atrevido la hubiera dejado hace 40 años, por fin está en paz" "Mira nada más qué descaro, venir aquí al velorio la otra mujer con todo y los hijos, lo que hay que ver, su esposa fue una estúpida, yo lo hubiera puesto de patitas en la calle, disque se aguantó por los hijos, sí, cómo no, se aguantó porque se moría de miedo de quedarse sola... y de que la otra se quedara con el marido y el dinero"*... Estas y otras frases que indican una resignación y un convencimiento absoluto de que el amor perfecto, gozoso, duradero y eterno, no existe. Cuando no es así.

Julio Verne (1828—1958), concibió la idea de llegar a la luna, estaba seguro de que era posible lograrlo. Muchos creyeron que era algo utópico y ahí tienen llegamos a la luna. Muchos habrán de pensar lo mismo de nosotras, ante nuestra afirmación de que el Amor perfecto existe y fuimos diseñados, creados para vivirlo.

Llegar a la luna fue posible, eso y más, el que los demás no lo creyeran no anulaba la realidad, ni quería decir que Julio Verne estaba loco. La realidad es la que es, si la queremos ver o no, eso no modifica lo que es. Fuimos creados para vivir el amor perfecto, que no hayamos encontrado el camino para lograrlo, no invalida en absoluto esta realidad. Queremos exponerte el camino que hemos encontrado para llegar a vivir el amor de pareja en plenitud y que se vuelva algo tan cierto y real, como lo fue llegar a la luna.

Volviendo a nuestro ejemplo de las parejas que pasan medio siglo juntas o más, que alguien entregue su vida 50 o 60 años a otro ser humano, viva en su casa y duerma en su cama, lo menos que merece es que ese ser lo **mire**... no que lo vea sólo por fuera o se quede en las apariencias, en los niveles del cuerpo y la mente, sino que lo **mire por dentro**, que mire su alma, que sepa quién es, lo valore, lo acepte por completo, conozca su herida y le haga sentir su amor en plenitud. Esto es posible, esto existe si nos abrimos a trascender la razón, la mente, el análisis y entramos en la dimensión de la conciencia, del espíritu y del Amor... eso es lo que te ofrece la Psicomística.

¿Pero cómo vamos a mirar al otro como es, si no nos miramos a nosotros mismos como somos? Si no sabemos cómo hacerlo, si nos da miedo, si nos quedamos en todo caso en una mirada desde la mente, desde el análisis, sin tocar nuestra esencia, sin trascender la mente, la psiquis y entrar en nuestra dimensión espiritual, en la mística, en el Todo que somos. No podemos encaminarnos hacia ello, hacia trascender el análisis, si la mente sigue siendo nuestra carcelera y resguarda el condicionamiento al que fuimos sujetos. Pongamos aquí la lupa: en que hombres y mujeres nos sacudamos el condicionamiento del que somos esclavos, la emancipación de la mujer habla, grita que eso es lo que quiere pero no hemos sabido cómo hacerlo y hemos tenido en contra la resistencia de los hombres. Y así como las mujeres no ven que no se trata de emular al hombre, los hombres no ven que en la medida que las mujeres logren emanciparse y empoderarse es en la medida en que ellos podrán también liberarse, ni más ni menos.

¿Por qué los hombres no ven esto en la emancipación de la mujer? Pensemos en ello, en que logremos transmitir a los hombres que su liberación, depende directamente de la nuestra. Que **el hecho de que ellos tengan el control los hace esclavos del control**. ¡Ah!, el control, el centro, la piedra angular del condicionamiento. ¿Cómo es que nos controlan los demás? ¿Por qué otros tienen el poder de controlarnos? Porque estamos condicionados de tal modo que si no somos conscientes de la forma en que fuimos programados, adiestrados, cualquiera nos puede manejar, ser dueño de nuestras emociones, de nuestras reacciones y hasta de nuestras vidas. ¿Cómo? Nos condicionan a sentirnos culpables si no hacemos lo que se espera de nosotros. Si no cumplimos las expectativas de los seres que necesitamos que nos amen, primero padres, familia, luego pareja e hijos, y se hace extensivo a todos los demás seres humanos porque el inconsciente no discrimina y el mensaje del condicionamiento está tatuado en él, no importa de dónde o de quién venga el mensaje que nos haga sentir que no cumplimos con el condicionamiento, así sea de un perfecto extraño, el dolor emocional no se hace esperar.

Un ejemplo claro de esto es el siguiente: una persona gorda, va por la calle, un vendedor de paletas que no volverá a ver en su vida le grita: "*¡Vieja gorda, es usted la mujer más asquerosa del planeta, debería darle vergüenza salir a la calle!*" Si esta mujer no tiene resuelta su herida, si no está consciente de su condicionamiento, se siente de inmediato culpable y fea por estar gorda, y ese tipo al que no va a volver a ver en su vida y que en realidad no tiene ningún poder sobre ella, tiene tal control, que ya le amargó el día, el mes entero o de plano logró que se echara a llorar y se sintiera una porquería. Eso es lo que nos hace el condicionamiento, nos tiene completamente sometidos y controlados. En este caso dice: "Las mujeres deben ser bellas y delgadas" "Es malo tener compulsiones, no controlar el impulso de comer" "Hay que hacer méritos para ser amada y tú, al comer en exceso, no haces los suficientes méritos, por lo tanto, no mereces ser amada ni aprobada"

Hay que sentirse culpable si uno se porta "mal" y portarse mal es no cumplir las expectativas de los demás. No obedecer las reglas que otros hicieron. **Las culpas son las tijeras de las alas.** Nos hacen experimentar que no somos lo bastante buenos, que no tenemos capacidad de amar en verdad, que somos unos egoístas, malos, o ingratos cuando no hacemos la voluntad del otro, como cuando papá quiere que seamos médicos y nosotros en realidad queremos ser bailarines de ballet. Es decir, la culpa nos roba el derecho a ser libres y a ser uno mismo sin sentirnos infames, juzgados y hasta perversos. En este asunto de la culpa, las consecuencias, llegan a tal grado que por ejemplo, a nivel religioso, la gente se porta "bien" porque si no se siente culpable y como castigo "se irá al infierno". Cada religión usa sus castigos, pero todas, absolutamente todas usan las culpas para manejarnos. Tan es así que si no hubiera culpas, no habría ninguna iglesia que funcionara, sencillamente no existirían. Entonces, dicho sea de paso, nos relacionamos con Dios desde el miedo, nos portamos bien, no siempre por amor a Dios y al prójimo, sino por miedo al castigo y ahí tenemos otra vez: o nos relacionamos por miedo o nos relacionamos por Amor.

El condicionamiento, el control, la culpa, el Deber Ser, el miedo a fallar, a no "ser alguien", es decir, ser invisible, a ser abandonados, rechazados, a cumplir expectativas así tengamos que someternos e ir en contra de nuestra esencia, ser incongruentes y traicionarnos, la necesidad de comportarnos según las reglas que hicieron otros para no ser condenados y aislados, vivir en función de creencias que no son nuestras; ser racistas, clasistas, homofóbicos, antisemitas, etcétera, ser intolerantes con los que el sistema condena por la razón que sea, nos controla y nos mantiene esclavos.

Para lograr nuestro objetivo: ser libres, tendremos que trabajar con paciencia y desaprender lo aprendido, todo eso que nos ha llevado al dolor emocional a través de los miedos que se han convertido en heridas y neurosis. Sí, se trata nada menos que de eso, desaprender lo aprendido y aprender un camino de sanidad, gozo y libertad: el camino del Amor. No hay manera de ser libres si no hacemos conciencia de lo que es **el control**, uno de los condicionamientos que claramente nos alejan del amor y, no sólo eso, es en verdad un enemigo tal que termina consiguiendo que dos que se aman, se conviertan en dos perfectos extraños o dos seres que terminen odiándose ya sea por el miedo a desobedecer o por el silencio —mismo que es la tumba del Amor— y al que es obligado el que es controlado, sometido, para no ser invisibilizado, rechazado o castigado.

El control es una de las más fuertes raíces que sostienen al árbol del condicionamiento, porque al ser condicionados, somos obligados a caer en uno de estos dos extremos: controlar o ser controlados.

Nos controlan por el Deber Ser, por las culpas, por el pánico a hacernos invisibles, al rechazo, al abandono, al no pertenecer y por innumerables causas que logran que renunciemos a nuestra libertad. El controlador es como un hombre que vende pájaros enjaulados, mientras él mismo sin tener conciencia, está metido en una jaula, encerrado, esclavo de sus miedos y su condicionamiento. Controlar es una autocondena: te niega el amor, te impone la imposibilidad de ser amado, porque los seres que quieres que te amen, te temen y jamás vivirás con ellos la intimidad y por lo tanto, te relacionarás por intimidación. He aquí lo que es y lo que hace el control.

CONTROL

El control es cosa seria y una grave enfermedad
la padece quien la ejerce y quien se deja controlar.
Querer controlarlo todo es vivir en un infierno
ya que es tarea imposible, intentarlo es tonto y necio.

La Vida está en movimiento, no hay permanencia posible
es también incertidumbre y siempre es impredecible.
Esta es la realidad y ella no es negociable, por lo tanto no hay control
y pretender lo contrario es imposible, del todo estéril, frustrante.

Algo tan obvio, tan simple y tan llano y evidente
no lo entiende quien controla, la razón es la siguiente:
quiere tener el poder, necesita del control
en ello empeña su vida, es esclavo del temor.

Toda su seguridad está puesta en controlar
personas y situaciones, información sin cesar
quiere ser obedecido y volverse indispensable
y saber todo de todos y que nada se le escape.

Cree que la inteligencia radica en tener control
se siente astuto, capaz y digno de admiración
se cree la fantasía de que puede controlar
pero paga un alto precio, vive inmerso en la ansiedad.

Es víctima de sí mismo y esclavo de su obsesión
y victimiza a los seres que están bajo su control.
Es su nivel de conciencia sobre sí mismo y el mundo
tan bajo que no se entera de su error que es tan profundo.

Todo su ser se revela si ve que pierde el control
inspira miedo y coraje a su interlocutor
y le provoca impotencia, ansiedad o frustración
a aquellos que lo rodean y padecen su obsesión.

Con tal de nunca perder el control de las personas
acude a cualquier camino para lograr su objetivo:
al chantaje, a los insultos, a la adulación, los gritos,
a la manipulación, el llanto, o a recursos infinitos.

Nunca puede ser feliz, vive tenso y angustiado
se frustra constantemente y se siente defraudado
¿Y cómo no ha de frustrarse y vivir desencantado
si es totalmente imposible tener todo controlado?

El que quiere controlar es siempre un perfecto esclavo
porque para quién controla, cómo, cuándo, dónde y qué
debe ser a su manera, tal como lo ha programado
y si esto no sucede, termina mal, desquiciado.

Hay un problema de fondo con quien es controlador
quiere que la realidad se ajuste a lo que desea
la realidad es la que ES y no anda cumpliendo antojos
o la aceptas tal cual es, o te frustrarás del todo.

Los otros son como son, no van a cambiar por ti
y no puedes exigirles tu expectativa cumplir
a veces lo lograrás, muchas otras veces no
porque no es lo que ellos quieren, o esa no es su decisión.

O simplemente no pueden, o no es su necesidad
o lo que tú les demandas no está en su capacidad
hay infinitos factores que se escapan de tus manos
el precio de controlar es terminar controlado.

Los demás sienten rechazo ante un controlador
le temen, o viven hartos de su exigencia y tensión
si pueden le dan la vuelta, o lo evaden sin cesar
no lo admiran, ni respetan, lo tienen que soportar.

Sólo existe una manera de tener todo el control:
soltando todo el control, esa es la cura y no hay dos.
En ello estriba sin duda una gran inteligencia
y ahí radica el respeto, la armonía y la sapiencia.

El controlador camina metido en una armadura
nadie puedo conocerlo, mirarlo nunca por dentro
aun para los más cercanos no es más que un perfecto extraño
nadie lo toca, lo mira y nadie puede abrazarlo.

A esto condena el control: la no reciprocidad
y esto nos condena a nunca llegar a experimentar:
el gozo de ser amado, la paz y la libertad.
Hay que curar esa herida que nos lleva a controlar.

Hay que actuar con la cabeza, escuchando al corazón
desaprender lo aprendido, ver a dónde nos llevó
soltar la batuta a tiempo, ser libres y dejar ser
y dejar el resultado sólo en las manos de Dios.

De esa manera aseguras nunca perder el control
sólo es Dios el que lo tiene y esa es nuestra salvación
en buenas manos está y eso es fortuna sin par
comprenderlo da alegría, salud, paz, y libertad.

Soltar el control, para tener todo el control. Los hombres lo están viviendo al revés, ellos están seguros, por su condicionamiento, que si sueltan el control, serán aniquilados. Es aquí en donde radica el gran engaño, la enorme trampa del Ego. El condicionamiento te dice: "Si tienes el control, no tendrás miedo" ¡mentira!, resulta que es exactamente lo contrario, quien tiene el control vive esclavo del miedo de perderlo. Si hacemos conciencia de esto, y soltamos el control, si no vivimos en la ansiedad de necesitar tener todo bajo nuestra dirección comprendiendo que eso es sencillamente imposible por la naturaleza de la realidad, que es "impermanente", es decir, nada es permanente, todo está en movimiento... Si fluimos y dejamos que las cosas sean, que los acontecimientos ocurran, como efectivamente ocurrirán con o sin nuestro permiso y aceptáramos la realidad de que es estúpido que creamos que tenemos algún control para conseguir cambiar el rumbo de los acontecimientos... Si soltamos la necesidad de controlar a las personas, de exigirles que cumplan nuestras expectativas y se comporten y sean lo que esperamos de acuerdo a nuestra verdad personal y subjetiva, argumentando que lo que pedimos o exigimos es lo mejor y que lo hacemos "en nombre del amor", quizá los demás obedecerán, pero será por miedo y se llenarán de resentimiento y rabia contra nosotros. Estas verdades son irrefutables, podemos ver que si miramos y aceptamos la realidad a la que nos lleva tener el control, concluiríamos que al soltarlo, no sólo perderíamos todo lo que el condicionamiento y el sistema nos hace creer que vamos a perder, sino que ganaríamos cosas inimaginables. Enumeremos algunas de ellas:

1. En la medida en que los hombres dejen de controlar a la mujer, es la medida exacta en que ellos serán libres, libres del peso de mantenerse tensos, ansiosos y bajo presión todo el tiempo por su necesidad de controlarlo todo y vivir permanentemente con el miedo de perder el control, lo que puede pasar en cualquier momento por innumerables circunstancias. Las estadísticas sobre infartos fulminantes mortales en hombres jóvenes son escalofriantes y una de las principales causas se debe a esto precisamente: la tensión bajo la que viven para mantener todo bajo control, no compartir sus problemas con su esposa o pareja para no fallarles y cumplir las expectativas que tienen de que sean hombres de acero. Muchos de estos hombres que terminan infartados, seguirían con vida si se hubieran desahogado con sus parejas, por ejemplo, respecto a la crisis económica por la que estaban pasando, o por tal o cual problema que los agobiaba... Sin embargo, cargaron con más de lo que su corazón o su mente podían resistir (también el índice de suicidios en hombres por estas causas es alarmante). ¿Por qué? ¿Qué uno no se une a una pareja para estar juntos en las buenas y en las malas? Eso es teoría. Estamos condicionados a lo contrario: no a compartir, sino a callar por culpas, por el Deber Ser o por imagen. Ellos, que ahora están muertos a los 40 o 45 años, callaron porque si se mostraban vulnerables con sus esposas, acobardados, acorralados por el miedo, ellas podían reaccionar de diversas maneras, algunas terribles: desencantándose, desilusionándose, rechazándolos, regañándolos... Otras sufriendo y haciendo que ellos no aguantaran la culpa. Algunas preocupándose por quedar arruinados, el qué dirán, en fin, por todo, menos por ellos. Pero otras más hubieran reaccionado amorosamente, apoyándolos, luchando brazo con brazo y más unidos que nunca... ¡Ah!, pero pequeño detalle, en eso, no confiaron ellos, porque la culpa los tenía atrapados, la culpa a la que fueron condicionados y en lugar de pensar desde el amor: "Es mi esposa, me ama, me va a comprender" pensaron desde la mente, el condicionamiento: "Yo tengo que poder salir solo de esto, no debo preocuparla, ella confía en mí" Y, "en nombre del amor" o se pegaron un tiro, o se mueren de un infarto, logrando precisamente lo que tanto temían: lastimar a la mujer que amaban y a sus hijos. Esto hace el condicionamiento, llega a matarnos, hace que los dos valores más altos: la Vida y el Amor valgan menos que el Deber Ser y que las reglas establecidas. Esto hace el análisis desde una mente enferma, por eso no podemos curarnos

desde la mente, porque está condicionada, es decir, ya no es libre. Tomando en cuenta esto, la Psicomística, propone trascender la psiquis, y entrar en la Mística, en el Alma que es libre y que nadie jamás podrá condicionar.

2.   En la medida que suelten el control dejarán de inspirarles miedo a los que aman y éstos podrán acercarse desde el amor. El controlador, al quitarse la armadura que lo tiene atrapado por su miedo a perder el control, podrá mostrarse como lo que es, como un ser humano con heridas y miedos y los demás querrán abrazarlo y curar sus heridas. En la medida que se deje mirar por dentro, el amor de los demás crecerá, porque lo que los otros mirarán es a un igual, a alguien que también tiene heridas y miedos, con defectos y virtudes. Alguien que como ellos sabe muchas cosas, pero muchas más tiene que aprender. Alguien que no es de fierro, sino de carne y hueso y por lo tanto, se le puede abrazar sin salir herido.

3.   Ellos como varones, no se emanciparán, no se liberarán como las mujeres del sometimiento porque las mujeres somos las que históricamente hemos estado sometidas a los varones (salvo excepciones), pero ellos sí se liberarán con toda seguridad, de un condicionamiento injusto y hasta cruel y definitivamente insano que se les ha impuesto históricamente. Por ejemplo, la prohibición a expresar sus sentimientos, la imposición de que nos protejan a las mujeres de su familia e hijos de cualquier peligro sin mostrar jamás sus miedos, a no quejarse porque eso los hace menos hombres, los muestra débiles, al igual que expresarse sentimentalmente, y todos aquellos que ya hemos mencionado que hacen que a un hombre sensible, romántico y deliciosamente cursi, se le tache de homosexual, marica, débil y demás adjetivos despectivos.

   Al soltar el control, serán libres y se liberarán de todo esto y más: ¡Podrán expresar lo que realmente sienten! ¡Se liberarán del personaje del Hombre de Acero que los asfixia y les impide abrazar y ser tal como son!

4.   Se liberarán del juego macabro, de la trampa del condicionamiento—Ego que les ofrece tener control y poder pero no les dice que a cambio, tendrán que pagar el precio de no ser amados, de no tener intimidad, de inspirar miedo a la persona a la que aman, evitando que pueda entregarse libremente a ellos. Miremos la trampa

del condicionamiento—Ego: por un lado se les exige a los varones esa practicidad y esa represión de sus sentimientos. ¡Ah! pero luego, cuando se enamoran y viven con su mujer o se casan, ellas les exigen que expresen sus sentimientos, que no sean tan asquerosamente parcos, que las abracen más, a ellas y a sus hijos. ¿Y cómo? ¡¿Cómo?! Si cuando era un crío y los padres lo vieron jugar con sus hermanitas a las muñecas y acariciarlas, lo traumaron haciéndolo sentir una porquería y una enorme desaprobación al gritonearle que soltara las muñecas que eso era de maricones. Si se liberan del controlador, serán libres para ser padres y esposos cariñosos, expresivos, amorosos, para relacionarse con intimidad y sin miedo a ser juzgados, criticados y desencantar a los que aman. Esto es un hecho, ¿Acaso no es la misma queja de todas las mujeres?: *"Mi marido es un hielo, un palo, o es seco y no habla de nada o habla hasta por los codos de todo, menos de lo que siente. Lo que diera porque me dijera lo que siente de verdad, lo que piensa... si le gusto, si no... Su silencio me mata, siento que es un extraño y ya me cansé de mendigarle migajas de amor, de rogarle que me mire, para hacerme sentir que existo... y lo peor de todo es que a mis hijos les pasa lo mismo. Le tienen miedo o no lo respetan o lo evaden y nunca saben de qué hablar con él".*

Podríamos hacer varios volúmenes de las consecuencias que pagamos por vivir dormidos, condicionados, con temor a cuestionarnos y despertar a la conciencia. Creemos que estos ejemplos bastarán por el momento, encontrarán muchos más en los capítulos venideros. Hasta aquí, hemos tratado de plantear parte del panorama actual y de cómo las mujeres a pesar de todos los obstáculos han venido luchando por liberarse del condicionamiento y por hacer que vuelvan a ellas sus legítimos derechos, y por sacudir al hombre y hacerle ver que se tienen que mover de lugar porque ellas ya no están dispuestas a seguir jugando los roles establecidos.

Muchas cosas están en juego en esta revolución de la pareja en la que se está imponiendo un punto final que termine con la etapa de la revolución y se establezca la evolución de la pareja. Lo que ahora está más que claro y es indiscutible es que la mujer camina a pasos agigantados hacia la independencia y el empoderamiento, mientras que los hombres miran lo que ocurre y reaccionan cada uno desde su nivel de conciencia. Como se trata de ver la realidad desnuda para posteriormente poderla modificar, enumeraremos algunos de los tipos de relaciones de pareja más comunes hoy en día. Veremos que el panorama es bastante desalentador, pero sólo mirando el problema, será posible proponer alternativas de solución para cambiar esta realidad, lo cual, es perfectamente posible. Confiamos en que encontrarán el camino en los capítulos siguientes. Miremos pues algunas de las variables de los matrimonios actuales y de las maneras de relacionarse en pareja:

1. Los que se casan y llegan a tener un buen matrimonio porque aprenden a aceptarse a sí mismos, a llevar una vida más o menos equilibrada y a negociar las necesidades de ambos. Sin embargo, siempre está de telón de fondo el silencio que los separa porque no son capaces de hablar desnudamente con su pareja y pedirle abiertamente lo que en realidad sienten, necesitan, quieren o les gusta o disgusta. Guardan silencio o evaden situaciones por el miedo al rechazo y al abandono, pero están convencidos de que lo hacen "en nombre del amor" que le profesan a su pareja, porque no se atreven a lastimarla, a confrontarla o a exigirle lo que creen que no les puede dar y no tienen el valor para actuar con sanidad y comprender y poner en la vida que "Amar no es rescatar al otro (ni cuidarle las espaldas) sino obligarlo a que se rescate a sí mismo". Muchas veces ambos juegan el mismo juego de silencio, de evasión y están convencidos de que esa es la fórmula para vivir en paz y felices. Cuando está claro que el binomio: **evasión—silencio** lleva a crear un enorme espejismo.

2. Los hombres y mujeres que se casan enamorados y la felicidad les dura mientras les dura la pasión, normalmente un promedio de dos años. Pueden saberse el *Kamasutra* entero pero no sienten absolutamente nada que no sea físico; tienen relaciones íntimas, sexuales, pero la intimidad se reduce a la piel, al cuerpo, es puramente animal, el alma está fuera y el vacío vigente, porque la intimidad emocional está ausente. Entonces, viene el poner el acento en los defectos del otro, se resignan porque no pueden enfrentar el divorcio. Deciden tener hijos para poder distraer sus necesidades como hombres y mujeres y encauzar su energía en la maternidad, la paternidad y el trabajo. Y algunas veces, a relaciones extramaritales. Pasado un tiempo, son realmente invisibles uno para el otro, dos perfectos extraños. Ambos se sienten solos estando acostados uno al lado del otro, viviendo una farsa interminable que los hace tan infelices que no la pueden ignorar y se evaden por distintas vías: adicciones, compulsiones, innumerables actividades o una excesiva vida social.

3. Los hombres que se casan por amor pero se cierran completa y abiertamente a que su pareja tenga los mismos derechos que ellos y no aceptan más que un matrimonio convencional. Se casan con una mujer que ni por asomo conciba el matrimonio de otra manera: él será el único proveedor y la autoridad moral y ella vivirá en función de la agenda de su marido y girando alrededor de su vida y la de sus hijos y dependerá en todos sentidos de él. La mujer acepta en principio y a veces se sostiene ahí toda la vida y otras veces, alrededor de sus 40 años, su naturaleza le reclama ser congruente con su necesidad de mujer, de libertad, de extender las alas y de dejar de vivir a la sombra del marido. La domina una profunda necesidad de ser su propia autoridad moral y defender sus derechos. Si el marido lo acepta, el matrimonio continúa, si no lo acepta, sobreviene inevitablemente el divorcio.

4. Los hombres que ven el matrimonio como un mal necesario y se sienten usados por las mujeres que siguen queriendo un papá que las proteja, cuide y, sobre todo, que las mantenga y les dé vida de reinas. No ven en ellos más que un signo de pesos, no les importa lo que son, lo que sienten ni lo que piensan, sólo que sean su banco y su seguro en todos sentidos. Estos matrimonios, muy pocas veces hacen convenios hablados y explícitos, aunque se dan los casos. Sin embargo, por lo general, la pareja decide tácitamente que acepta esa realidad, fingen que hay amor y viven en un espejismo que los hace indudablemente infelices a los dos. Toman la decisión de colocar sus satisfactores no en dar y recibir amor, sino en lo que el convenio les ofrece: hacer una familia, tener herederos, una alta calidad de vida económicamente hablando, ser socialmente aceptados y aplaudidos, pertenecer a los altos círculos sociales y otras ventajas similares. Esta zona de confort les pasa una factura muy alta emocionalmente hablando, a ellos como pareja y a sus hijos. A muchas mujeres que tienen esta clase de matrimonio se les pregunta: ¿Si te sacaras diez millones de dólares seguirías casada y haciendo el amor con tu marido? El cien por ciento de los casos responden "por supuesto que no".

5. Los hombres que escogen una mujer no porque la amen, sino porque aman su dinero, sus apellidos y su posición social. La mujer lo acepta a veces porque en verdad quiere creer que él está enamorado y otras porque es su única oportunidad de realizarse, aunque sea de esa manera tan limitada y tristemente antirromántica, pero están

dispuestas sobre todo por la necesidad de satisfacer su necesidad de ser madres y formar una familia. En ocasiones —realmente excepcionales— viven en conciencia el convenio, en realidad pocos son capaces de ser sinceros y jugar desnudamente el juego. La mayor parte de las veces viven fingiendo creer en el amor del otro con lo que se sienten siempre solos, vacíos e insatisfechos y la esposa como compensación, por lo general renuncia a su ser de mujer, se anestesia en su sexualidad y desarrolla de una manera insana su maternidad, sobrevisibilizando a los hijos y provoca que tanto ellos como el marido la hagan invisible y no valoren su trabajo, lo cual los daña sobremanera. El otro extremo también es posible, son madres para sentirse realizadas en ese rubro, pero viven una vida social o de trabajo que les impide dedicarles a los hijos el tiempo que realmente necesitan. Y tanto daño les hace a los críos ser sobrevisibilizados como invisibilizados.

6. Los hombres que se dicen abiertos de criterio y expresan que están de acuerdo con que la mujer trabaje y se realice, cosa que no creen en absoluto, pero toman esa posición como estrategia, cuando en realidad son unos extraordinarios manipuladores, sólo que manipulan por debajo de la mesa y a la hora de la verdad, no conciben la equidad y carecen de perspectiva de género. Si sus esposas quieren independencia, las someten, si son controladores abiertos y obvios, lo logran usando la amenaza de abandonarlas, maltratándolas física o psicológicamente, intimidándolas con el rechazo o chantajeándolas con quitarles a los hijos si no se "ubican" y cumplen con sus deberes de esposas y madres, deberes que ellos deciden y que las conducen a obligarlas a que se anulen a sí mismas para vivir en función de ellos y de sus hijos. Otros tienen la técnica de los controladores sutiles, les hacen creer a sus mujeres que sí pueden trabajar, ellas lo hacen de una manera muy limitada porque cuando quieren hacerlo de lleno, él manipula sutilmente haciéndolas sentir culpables si abandonan a los niños o los quehaceres del hogar. Estos controladores sutiles suelen ser los más peligrosos porque las mujeres, muchas veces, no caen en la cuenta del grado en que son manejadas, suavemente y "en nombre del amor", hacen que renuncien a su realización personal. Algunas lo descubren a tiempo y tienen que enfrentar sus miedos y confrontar a sus maridos. Ellos, cuando se les descubre el juego, se enfurecen y los que no logran someterlas son abandonados o se van, porque no soportan ser desobedecidos o confrontados. Esto

mismo es aplicable a las mujeres controladoras hacia los hombres, aunque son significativamente menores las estadísticas, los hombres maltratados por mujeres existen y, resultan profundamente dañados emocional y psicológicamente por sus mujeres y explotados económicamente de una manera inconcebible.

7. Los hombres sin ninguna perspectiva de género y que son absolutamente la autoridad moral de sus esposas, y en un acto de generosidad les "dan permiso" de trabajar, como si fueran sus padres benévolos y sus dueños y señores, y les permiten tener un poco de independencia, con la condición de que no los descuiden ni a ellos ni a sus hijos ni la casa y cumplan, por supuesto, con sus deberes familiares y sociales. En estos casos, las mujeres lejos de empoderarse, trabajan dos turnos y el único beneficiado es el esposo que se ve favorecido porque ya no tiene sobre él toda la carga económica.

8. Los hombres que se van al otro extremo y deciden que les parece perfecto que su mujer sea la proveedora y que mantenga a los hijos y de paso a ellos. Esto era muy poco usual, pero la cifra de hombres que pretenden vivir de sus mujeres ha ido en aumento de una manera alarmante y ello es posible debido a que muchas mujeres están totalmente devaluadas y su autoestima está muy lastimada al grado de estar dispuestas a mantener a un hombre con tal de no estar solas o tener la posibilidad de tener una familia a la que ellas... también mantendrán de todo a todo. Estas mujeres son prácticamente explotadas por sus maridos y esta situación, sucede en todas las clases sociales. Muchas de ellas pretenden inútilmente justificar tal explotación y falta de reciprocidad con frases como: "Hay muchos modos de vivir una pareja, es tan válido que la mujer sea la proveedora de la familia como el hombre". La realidad es que se sienten absolutamente devaluadas, usadas, explotadas y aunque sean las proveedoras, y unas triunfadoras como tales, se sienten anuladas y fracasadas como mujeres. Y el dinero que generan no les quita el dolor emocional en el que viven ni la soledad que las tiene atrapadas.

9. Están los hombres que mejor no se casan porque viven más cómodos cada uno en su espacio, sin comprometerse, le tienen pánico al compromiso y la responsabilidad y muchos para colmo, le niegan a su pareja la posibilidad de la maternidad y de formar una familia. En ocasiones, le permiten tener hijos, pero con la condición irrevocable de que no vivirán juntos. Estos casos son más frecuentes de lo imaginable y no estamos hablando de hombres casados, que es

lo que ha ocurrido históricamente, sino de hombres solteros y sin compromisos. ¿Por qué aceptan las mujeres tal situación? Porque es "eso o nada" y el miedo a no concebir un hijo, así como a la soledad y la baja autoestima las hacen vivir lo peor de los dos mundos: estar atadas a un hombre que no está comprometido con ellas y tener todas las obligaciones sin ningún derecho; mientras que ellos viven lo contrario: lo mejor de los dos mundos: su soltería y libertad y su nidito de amor al que no aportan nada y en los que son tratados como reyes.

10. Los que se quedan a vivir en la casa paterna, con sus padres, gozan a la pareja clandestinamente como su amante eterna y se niegan a darle un hijo. En caso de que se embaracen, sencillamente las abandonan, dan el asunto por terminado, nunca se hacen cargo del hijo y no sufren ninguna consecuencia, ya que no se movieron nunca de su espacio, ni mantuvieron a su pareja, ni vivieron en concubinato, ni firmaron nada. Viven también lo mejor de los dos mundos: la mujer amante sin compromiso ni emocional ni económico ni civil y las comodidades familiares que ofrece la infraestructura de la casa paterna o en su defecto, su departamento de solteros. Esta situación, que parece inconcebible se da porque hay muchas madres controladoras para las que ninguna mujer es merecedora de sus hijos y además, temen quedarse solas por lo que permiten tal irresponsabilidad.

11. Los de doble moral y doble vida, aquellos hombres que eligen a una mujer tradicional para casarse y con ella son estrictos y convencionales en todos sentidos, incluido el sexual. Bajo ningún concepto les permiten trabajar, las tienen de amas de casa y madres de sus hijos y se aburren con ellas aunque sostienen con maestría la farsa matrimonial porque ellas, son su estabilidad emocional y su zona de comodidad, su infraestructura, además son la imagen del matrimonio perfecto y estable que es la que les conviene a sus intereses familiares, sociales y profesionales. Por lo general estas mujeres son invisibles para sus maridos y se refugian en su maternidad. Muchas de ellas viven en el martirio de los celos y otras en la evasión absoluta. Ellos, al mismo tiempo que viven el espejismo del matrimonio perfecto, mantienen una relación clandestina con otra mujer, generalmente más joven, soltera e independiente, a la que admiran y le aplauden sus logros profesionales, con la que no se aburren, hacen con ella lo que jamás harán con su esposa, la consienten como jamás consentirán a su cónyuge y le permiten lo que jamás le permiti-

rán a su esposa. Otros no tienen una "casa chica" porque odian el compromiso pero tienen su departamento de soltero y van de una a otra mujer en un juego abierto y claro: "Soy casado, no hay compromiso ni lo habrá".

Estos y otros modelos de relaciones son los que han funcionado hasta ahora. Como vemos no se trata de establecer a los hombres como los villanos y a las mujeres como las víctimas. Ambos son víctimas del condicionamiento. Ambos tienen un 50% de responsabilidad del tipo de pareja que deciden vivir, ni más ni menos, exactamente un 50%, aún en los casos más drásticos como es el de las mujeres golpeadas. El 50% de la responsabilidad la tiene el hombre golpeador y el otro 50% la mujer por permitirlo y no buscar ayuda y denunciar a su agresor, venciendo el miedo que esto conlleva. Con estos modelos de matrimonios vigentes y otros similares, es lógico que cada vez haya más y más divorcios. Otros muchos no se realizan porque las mujeres tienen miedo de enfrentar solas su vida o porque ambos prefieren seguir en su zona de confort y siguen juntos por cientos de motivos excepto el único importante: el amor.

Como queda claro, hay innumerables razones para divorciarse si se está viviendo un matrimonio como los que hemos descrito. La que encabeza la lista es que las mujeres ya no están dispuestas a vivir manteniendo una farsa, a alimentar un espejismo, a ser engañadas o autoengañarse; a depender de los hombres económicamente o que dependan de ellas, a dejarse manipular, chantajear, amenazar, amedrentar, invisibilizar. No tienen miedo al abandono, al rechazo o a la soledad o a que sus hijos pierdan a su padre, porque ya han hecho conciencia de que a los hijos les hace más daño un espejismo de matrimonio, una farsa, que enfrentar la realidad.

Una vez que se rompe el espejismo, si la pareja escucha a su mujer y decide comprometerse a cambiar, a mirarla y escucharla, a asumir su 50% de responsabilidad en el deterioro de su relación; si el hombre tiene el valor de empezar a construir una relación real y a abrirse a las necesidades de su mujer, de su compañera, entonces, y sólo entonces, hay una posibilidad real de salvar la relación, el matrimonio y la familia. Si el hombre no asume su parte, si decide que su mujer pide algo imposible y que ella es la responsable absoluta de que las cosas no estén bien por sus estúpidas ideas, entonces, no hay nada qué hacer. Este ha sido el caso de innumerables parejas en los últimos años y han terminado su relación de una manera definitiva precisamente porque el hombre no se movió de lugar y la mujer ya no va a retroceder, porque en el camino de la conciencia, insistimos, no hay para atrás.

Bien, estos son los hechos, ahora habrá que ver, descubrir y llevar a la vida el cómo lograr construir una pareja en el mundo actual, basándonos en esta realidad que, reiteramos, no es negociable. Muchos, dirán que esta visión es feminista, no es así, está lejos de serlo. El feminismo es uno de los muchos caminos que hubo que ensayar en el proceso, es imposible en la búsqueda no pasar por la prueba y error. Sin embargo, nosotras no creemos en absoluto que el camino es imitar o emular al hombre, al contrario, creemos que tanto el hombre como la mujer deben ejercer al mismo nivel sus dos energías: la masculina y la femenina, sin perder ni los hombres su virilidad ni las mujeres su feminidad. De modo que la nuestra no es una posición feminista ni mucho menos, es todo lo contrario, es una visión en la que no se subestima o critica al sexo masculino, más bien nos lleva a buscar una relación de iguales, **en la confianza de que el hombre es capaz de moverse de lugar ante esta realidad,** en la que está claro que se ha roto el espejismo de que la pareja perfecta es, necesariamente, aquella en la que el hombre manda y la mujer se somete, en donde dejó de funcionar lo que se estableció como lo correcto durante siglos: la superioridad del hombre sobre la mujer, la no reciprocidad y la inequidad.

Ese espejismo se rompió de una manera definitiva e irreversible. Ni el hombre tiene por qué cargar con todo el peso de ser el proveedor absoluto de la mujer y los hijos, ni debe comportarse como si fuera de acero y no mostrar sus sentimientos o vulnerabilidad; ni la mujer debe someterse, callarse, ser la única responsable de la crianza y la educación de los hijos y la débil de la pareja, la que debe negarse a sí misma y vivir en función del marido y los hijos, renunciando a realizarse profesionalmente y a ser independiente económicamente. Este planteamiento histórico de la pareja es clara, absoluta e inobjetablemente incongruente con la idea sana de pareja, es decir: parejos, iguales, par, ninguno más o mejor que el otro, dos seres humanos con la misma capacidad, derechos y obligaciones.

Esto implica algo que pocos contemplan, ciertamente la mujer ha irrumpido en los espacios de los hombres, llegando algunas a ser jefas de estado, pero pocos son los hombres que entran en el espacio de las mujeres en la casa y comparten las actividades del hogar al mismo nivel de la mujer.

Las mujeres se han ido abriendo camino lentamente, sin pausa y sin tregua y, con paso seguro, han ido ganando espacios en la sociedad, en su
país y en el mundo. Han ido elevando su nivel de conciencia y con ello
su autoestima y su fuerza, por lo que han ido conquistando su libertad
no sólo interior, sino económica. En este proceso en el que la mujer se
ha ido conociendo, creciendo en conciencia y aprendiendo a ser independiente y a enfrentar sus miedos, así como a comprobar a cada paso
que su felicidad no está en manos de su pareja ni de nadie que no sea
ella misma, ha ido cobrando fuerza en sus decisiones, tomando cada vez
más riesgos, enfrentando uno a uno sus miedos con más decisión y con-
sistencia: defendiendo sus derechos, aprendiendo a amarse a sí misma y
a no permitir que su pareja, esposo o el padre de sus hijos, la invisibilice,
humille, maltrate o sobaje de ninguna manera.

Estos pasos firmes y sólidos que ha dado la mujer, estos espacios
ganados, el conocimiento y la conquista de sí misma y todo lo que ello
conlleva en seguridad personal, alta autoestima, independencia, valentía, intrepidez, audacia, astucia, arrojo, emancipación, empoderamiento, etcétera, son victorias que irán en aumento y hacia adelante, siempre
hacia adelante. **La mujer no va a retroceder,** no va a dar un paso atrás,
se seguirá moviendo de lugar, pero hacia adelante, siempre hacia adelante. Y esta va a ser una de las columnas que crearán la nueva pareja.
Una de las bases que impulsará el cambio inevitable, y que ya de hecho,
está vivo y pujante en la realidad presente.

Las mujeres empoderadas, están luchando por contagiar a su género
y por la emancipación y la libertad, para ellas y para sus hijos e hijas.
Las que ya han conseguido su libertad y su independencia económica y
cada vez serán más, no cederán ni un milímetro del terreno ganado. No
les permitirán de nuevo a los varones que las vuelvan a someter jamás
ni que sus derechos sean usurpados. No consentirán volver a ser tratadas como objetos, como trofeos, ni a ser humilladas ni maltratadas de
ninguna manera. No asumirán responsabilidades que le corresponden a
sus parejas. No seguirán siendo sus madres y rescatadoras, ni las niñas
sumisas que obedecen sin chistar la autoridad moral que pretenden ser
sus parejas.

Las mujeres actuales, así como algunos hombres que han despertado
del espejismo y que poseen visión y una clara inteligencia emocional,
tienen perfectamente claro qué deben hacer para que sus hijos e hijas
sean felices y aprendan a amarse a sí mismos y sean amados y capaces
de amar cuando estén en edad de hacer pareja; ya los están educando

con perspectiva de género, elevando con ello la empatía y la equidad. Así mismo, les están enseñando a poner límites y a defender sus derechos. El empoderamiento de la mujer, es un camino sin regreso, la mujer no va a moverse de lugar, salvo para reafirmar su empoderamiento y hacerlo crecer, por lo que, **quienes necesariamente tendrán que moverse de lugar son los hombres.**

Muchas mujeres, atrapadas por el miedo y por estar viviendo las consecuencias de la autonomía y el empoderamiento de la mujer —es decir que sus parejas las abandonen porque no soportan no ser obedecidos o confrontados o porque ganan mejores sueldos que ellos— se preguntan con dolor ¿por qué el hecho de que la mujer defienda sus derechos, no se deje maltratar, se dé su lugar y le exija a los hombres que se lo den, lejos de acercarnos y lograr unirnos como pareja, lo que está provocando es terminar con las relaciones, abortarlas, destruirlas? La respuesta es multifactorial, engloba todas las áreas. El empoderamiento de la mujer, es algo que sin duda los hombres no pueden aceptar de un día para el otro, porque implica que la mujer los obligue a salir de su zona de confort. Lo cual, además de ser humillante, va contra su autoestima. Para ellos está siendo muy difícil perder los derechos que pertenecen a la mujer, que aunque parezca de lo más absurdo e injusto, pasaban a ser de su propiedad, en su totalidad en cuanto la mujer les daba el sí, y se hacían sus novias, se iban a vivir con ellas en concubinato o se casaban. También les es difícil asimilar que la mujer no esté dispuesta a someterse a sus deseos y órdenes ni a vivir en función de ellos, leyéndoles el pensamiento y cumpliéndoles sus expectativas y demandas.

Les resulta en extremo arduo soltar el control, dado que en él radica su seguridad. Quieren el control en todo sentido, desde lo que se hace y se dice en su casa, a dónde se viaja, qué se compra y qué no, qué restaurantes y lugares se frecuentan... hasta algo insólito: quieren tener derecho a las decisiones que son privativas de su pareja, aquéllas que se refieren a la personalidad de su mujer, por ejemplo, cómo se expresa, cómo se viste, cómo se maquilla, cómo se peina, a dónde puede o no puede ir, a quien puede o no frecuentar, qué puede o no comentar, cuáles amistades son o no bienvenidas a su casa (o sea que no es su casa sino del marido), cómo se comporta en el hogar, en público, etcétera. Así mismo, les es difícil asimilar no ser los únicos proveedores, que las mujeres tengan independencia económica y ya no dependan de ellos para decidir lo que adquieren o no materialmente hablando, o a dónde viajan, qué estudian y otras muchas decisiones que ahora ellas pueden tomar al tener su propio dinero. No se diga cuánto les afecta en los casos en que ellas tienen mejores ingresos que ellos.

Ahora las mujeres tienen voz y voto respecto a las decisiones que antaño sólo estaban en manos de los hombres y las tomaban sin siquiera consultarles a ellas, muchos viven este hecho como algo inconcebible y muy humillante. Por otro lado, les molesta de sobremanera y a muchos les indigna, verse obligados a compartir responsabilidades que en otro tiempo, no muy lejano, recaían sólo en la mujer, tales como compartir las labores de la casa, educar y cuidar a los hijos, ir a las juntas de padres de familia, llevar a los críos al médico si ella tiene algún compromiso de trabajo que no puede posponer, etcétera. A los hombres, les enfada enfrentar los comentarios de sus amigos, familia, compañeros de trabajo acerca de que sus parejas los traen cortitos, que son unos mandilones o que ahora los pantalones en la casa los lleva su mujer, ya que tienen que consultarlas para asuntos en los que antes, ellas no tenían ninguna injerencia. Ahora resulta que les tienen que pedir permiso a sus mujeres para irse por ahí de copas, cuando la realidad es que no se trata de pedir permiso, sino de no invisibilizar a su esposa y tenerla informada, de modo que él esté localizable por si algo se ofrece con sus hijos, que dicho sea de paso, también son los de él.

Muchos padres sienten que le están haciendo el favor de su vida a la madre de sus hijos cuando cuidan a los críos o hacen algo por sus hijos, menesteres que están establecidos que les tocan a ellas por ser las madres. Esto es absurdo, se sienten padres generosos y extraordinarios por hacer cosas y actividades, que sencillamente son su obligación, dado que los hijos son tan suyos, como de su mujer. Está también el hecho de que a los hombres, les es muy embarazoso verse confrontados por sus parejas, sentirse vulnerables emocionalmente, descontrolados por estos cambios que no pueden evitar ni detener y sobre los que ya no tienen el poder de decidir, porque ahora son decisiones de ellas, quienes no hacen más que ejercer sus derechos: como cuando toman tal o cual trabajo, con tales horarios; si compran tal o cual cosa; si se van con sus amigas a ver una película que a él no le interesa o si viajan a tal o cual lugar... por poner algunos ejemplos. Se sienten amenazados ante estas situaciones y otras tantas que antes eran impensables, como que su mujer trabaje con hombres, tenga comidas o cenas de negocios en restaurantes o incluso en su casa, asista a eventos en los que ellos, como maridos, no son requeridos, viajar con compañeros de trabajo y tantas, tantas situaciones que implica la independencia de la mujer.

¿A dónde nos lleva todo esto? No es fácil que los hombres se resignen a perder su zona de confort, el control y que acepten sin chistar que las mujeres ya no les cumplan cabal y puntualmente todas sus expectativas. Resulta muy difícil que acepten que ellas ya no se rijan por el Deber Ser sino por el querer ser y que ya no sigan las reglas establecidas, sino las propias, que les hayan perdido el miedo y exijan intimidad emocional y rechacen la intimidación tajantemente o cualquier gesto de agresión o forma de maltrato. Asimismo, no les es fácil asimilar tener que enfrentar asuntos tan delicados e intocables como que sus mujeres se nieguen a tener relaciones íntimas con ellos si no lo sienten, o no les apetece o no lo desean, y encima, no lo hagan valiéndose de excusas, sino mirándolos a los ojos y expresando sus sentimientos, sin afán de herirlos, de discutir o pelear, sino sólo de expresar su realidad de ese momento, haciéndolo con firmeza y quizá con dulzura, pero decididas a no hacer nada que las violente o que no deseen, negándose así, resueltamente, a obedecer las viejas reglas: "Nunca te niegues en la cama con tu marido, porque serás la única culpable de que busque en otra lo que no encuentra en su casa", y cosas por el estilo.

A los hombres les parece algo insólito que ellas se nieguen a tener intimidad cuando ellos lo desean, sin embargo les parecía natural negarse ellos a hacer el amor con su mujer cuando ella se arreglaba con esmero para atraerlo, deseaba tener intimidad sexual, la necesitaba, lo seducía, le mendigaba literalmente una caricia, y él sencillamente le daba la espalda, ignorándola por completo. **En fin, para los varones, está siendo muy duro que las necesidades de ellos ya no sean la prioridad de sus mujeres, quienes han comprendido que no pueden amar a otro si antes no se aman a sí mismas.**

Si las mujeres siguen caminando hacia la libertad y en congruencia con sus sentimientos, hacia su realización profesional y la realización de sus sueños, si no se van a desviar de ese camino, si ya se movieron para siempre de ese lugar en el que estuvieron por siglos, sometidas a los hombres y viviéndose como el sexo débil entonces ¿qué va a suceder con la pareja? **La respuesta es evidente, no hay más que una sola alternativa para que las relaciones de pareja sean posibles, una sola, sin duda, irremediablemente y es que si la mujer ya se movió de lugar de una manera definitiva e irreversible, es el turno del hombre, es ahora él quien se tiene que mover de lugar, para que vuelva a funcionar la pareja, el matrimonio, esto es algo inminente, tanto como que el cambio, la evolución, la nueva manera de vivir en pareja es algo impostergable.**

Esto significa que la única posibilidad de que funcione un matrimonio, que sea posible lograr una pareja sana, duradera y formar una familia, radica en la conjunción de dos hechos: que la mujer siga creciendo en conciencia, defienda sus derechos, no se deje maltratar y no se someta, y que el hombre asuma que es hora de moverse de lugar y ver, tratar y vivir a la mujer como su igual, elevar su nivel de conciencia, adquirir perspectiva de género y concebir la pareja como una relación de tú a tú, libre, soltar el control y comprometerse en sus sentimientos. Todo lo cual implica que ambos sexos se vivan como seres íntegros, manifestándose de tiempo completo desde sus dos energías: la masculina y la femenina.

Ésta es la única alternativa que existe para que la pareja funcione. La mujer ha trabajado en sí misma y ha desarrollado su lado masculino, ¡atención!, esto no quiere decir que ha copiado a los hombres o los emule —no es ese el camino— es un error tratar de querer ser como los hombres e imitarlos. Se entiende que luego de tanta represión y de ser pisoteadas en tantos sentidos y por tantos siglos, se haya polarizado la situación, poniéndose las mujeres a la defensiva, y que cuando algunas cruzan la barrera de la liberación se vayan al otro extremo y piensen que por ahí va la cosa y no, de ninguna manera, porque entonces nos volvemos mujeres que no estamos regresando a las raíces y al amor, porque algunas se están volviendo "machitas" y quieren competir con ellos; ya no se dejan apapachar, ni que las ayuden, consientan o apoyen y eso es un grave error.

No se trata de ser como los hombres, sino de seguirse moviendo hacia su lado derecho (masculino, práctico, etcétera), **no ser masculina, sino dejar que se manifieste su masculinidad,** es decir, sacar su energía, habilidades y cualidades masculinas, como ya lo ha empezado a hacer, manifestando su lado práctico, su fuerza, su capacidad de análisis, de razonamiento, de decisión, de independencia. Del mismo modo, también los hombres deberán hacer lo consecuente: moverse hacia lo femenino, pero sin imitarlas, sino sacando su lado femenino, el lado izquierdo, el lado del corazón, el amor. Todo eso que le es tan natural a las mujeres y que, si los hombres lo dejan salir, descubrirán que es igualmente natural en ellos, y que si no lo viven así es por causa del condicionamiento y no porque no sea su naturaleza, y por ello ahora deben dejar que se manifieste su lado femenino, moverse hacia él, conectar más y aprender a expresar sus sentimientos, sus emociones, sus miedos, sus inseguridades y dejar ver sus heridas.

Encontrar dentro esta energía femenina que poseen y enfrentar el

miedo a despertarla, los llevará a que desarrollen su capacidad de manifestar el amor desde una feminidad que no los hace menos hombres, sino que los completa como personas, como seres humanos.

Deberán aprender a expresar el amor desde la ternura, la dulzura, la delicadeza, la veneración, la devoción. Expresar sus sentimientos verbalmente, permitirse llorar, quebrarse, mostrarse frágiles, vulnerables, también con su lenguaje corporal y visual. Desarrollar las habilidades, virtudes y destrezas que les introyectaron que pertenecen al género femenino, tales como expresar sus emociones, acariciar, cocinar, y filosofar sobre los sentimientos, ser románticos, pacientes al ejercer la intimidad amorosa, ampliar su capacidad de escuchar con empatía los asuntos referentes a los sentimientos, las emociones, los miedos, los sueños. Aceptar los límites que sus parejas les impongan cuando quieran pasar por encima de sus derechos y aprender que todo lo que se vale para ellos, igualmente se vale para ellas. ¡Uy! ¡Parecería un sueño imposible, una alucinación, una fantasía que todo esto llegue a ser factible de ser una realidad! Que pueda llegar un momento en que los hombres se comporten así, el sueño dorado de las mujeres. Esos sí que serían príncipes azules, pero esta vez, de carne y hueso.

Lo paradójico es que esto que planteamos, y que parece un sueño, un espejismo, es lo sano, sí, lo sano, es lo que tendría que ser lo natural. Lo que en verdad es un enorme, colosal espejismo, es que lo que hemos vivido como realidad, como pareja, como matrimonio perfecto, como amor... es una farsa, una mentira, que va en contra de nuestra naturaleza. Lo que hemos vivido durante toda la historia es que las parejas no son tales, no son dos seres iguales, siempre hay una autoridad moral, por lo tanto no se viven como un hombre frente a una mujer sino jugando roles de padres e hijos, en sus diferentes matices. El amor de pareja brilla por su ausencia, y la pasión real entre un hombre y una mujer que se funden al tener intimidad, no sólo física, sino emocional, espiritual e intelectualmente, no existe. Ambos viven reprimiéndose, no se viven libres, no son los que en realidad son. Viven bajo el miedo, la apariencia, la evasión, el silencio y tratando de mantener la farsa. Algunos están totalmente ciegos, debido al miedo de ver el espejismo en que viven, ni siquiera se dan cuenta de que son infelices, hasta piensan que tienen una relación perfecta, otros sí lo saben y se viven tristes, resignados e infelices.

En ambos casos, cuando el espejismo se rompe, porque no es posible sostenerlo toda una vida, las parejas sienten que de pronto están viviendo en una pesadilla, la experiencia más aterradora de sus vidas. Los seres humanos creemos que no hay otra manera de vivir el matrimonio, la pareja, que siempre ha sido así y así seguirá siendo... Creer esto es un error monumental. Es una trampa del Ego, es, irrefutablemente: **carencia de conciencia**. La alternativa que propone la PSM no sólo es factible, es la que corresponde a nuestra naturaleza humana y divina. Es algo absolutamente posible, si decidimos abrirnos a un camino de conciencia y enfrentar nuestros miedos y convertirnos en nuestra propia y única autoridad moral.

La Psicomística no es una teoría romántica, ni una filosofía, es una psicoespiritualidad sanadora que ha sido probada durante cuatro décadas y ha comprobado cada palabra que aquí está escrita. No hay hipótesis, ni suposiciones, sino verdades comprobadas. Cuando exponemos la alternativa de la pareja desde la PSM, cuando vemos este panorama y proponemos como solución lo arriba expresado, hombres y mujeres sienten que los recorre un escalofrío y se preguntan, no exentos de una mezcla de escepticismo, duda, incertidumbre y curiosidad: ¿será posible que esto suceda? Si esto verdaderamente fuera posible y se pudiera poner en la realidad, ¿cómo sería la nueva pareja si el hombre se mueve de lugar? ¿Cómo va a ser? No será fácil y será un largo camino, pero les aseguramos que lo veremos, es algo que vamos a presenciar. La realidad es que esta alternativa, es de hecho, en estos momentos, la única viable para que la pareja sobreviva... y créanos, sobrevivirá.

Nada indica que el panorama futuro sea que la humanidad se termine porque el Amor murió de inanición, porque los seres humanos fueron incapaces de despertar a la conciencia y enfrentar sus miedos o les faltó creatividad para hacer renacer la pareja y vivirla de una manera sana y gozosa, y por tanto dejaron de amarse, unirse en pareja y procrear hijos, por lo que el planeta Tierra murió irremediablemente. Créanos, eso... no va a suceder. Veamos la realidad actual, la inmediata. Ya estamos listos para plantear cómo es que se va a poder dejar atrás la revolución y entrar en una franca evolución de la pareja. **Estamos listos para crear parejas congruentes con su naturaleza divina y humana, basadas en el Amor, la pasión y la libertad.** Parejas capaces de escuchar constantemente la voz de su Alma—Amor, por encima de la voz de su Ego—Miedo.

Los hombres no se imaginan soltando el control voluntariamente y muchos no acaban de aceptar y menos de asimilar que eso es ya una realidad: ya no tienen todo el control y en ocasiones, ningún control sobre lo que está pasando en la pareja. Están descontrolados y con toda razón, porque las mujeres, después de haber estado sometidas por siglos, como todo lo que está preso, reprimido, presionado, acorralado, sometido, encorchado, a la hora de salir, no sale suavemente, sino disparado con una gran fuerza y es inevitable que, sea lo que sea lo que salga, vaya a dar exactamente al polo contrario, por lo tanto, **no hay más remedio que ocurra una polarización.**

Y esto fue lo que pasó con las mujeres. Del sometimiento pasaron al otro extremo. Algunas de la libertad, de plano se fueron al libertinaje. Todo se polarizó. Y en esa inevitable polarización las mujeres hemos obligado a los hombres a dejar atrás actitudes, conductas y cualidades masculinas muy bellas que francamente hablando, nos encantan, tales como la caballerosidad, el arte de seducir, el ser detallistas, el que sean generosos, el que nos paguen un restaurante, un médico, el que nos hagan sentir protegidas con su fuerza masculina, abrazadas, cuidadas, halagadas... Por nuestro lado, las mujeres, al polarizarnos, también nos pusimos a la defensiva, no les permitimos tratarnos como mujeres, pretendemos que nos traten como si fuéramos "machos" y con esta actitud errónea, polarizada, dejamos cosas bellas en el camino, cosas tales como expresarles más nuestros sentimientos, mostrar a fondo nuestra delicadeza y feminidad, desbordarnos en nuestras emociones, fluir espontáneamente, seducirlos con esa mezcla de ternura y sensualidad, inocencia, pasión y atrevimiento que suele ser muy atractiva; mostrarnos frágiles, vulnerables, sin temor a que confundan esto con carencia de valor o capacidad de decisión. Dejar de ser serviles —¡atención!, no serviciales— y atentas al grado de antes (que es un equivalente a su caballerosidad). Dejar atrás nuestras deliciosas actitudes nutridoras tanto material como emocionalmente, nuestro natural romanticismo, nuestra capacidad para ser creativamente detallistas, etcétera. Polarizarnos ha cobrado su precio y tanto hombres como mujeres tendremos que darnos a la tarea de perder el miedo a mostrar por igual nuestras dos energías: la masculina y la femenina y ser pacientes. Juntos debemos ir venciendo el miedo a desnudarnos en nuestra totalidad y así lograr andar el único camino posible para eliminar la polarización y llegar a conseguir el equilibrio, es decir, el punto medio de Dios.

Ciertamente, las mujeres hemos perdido cosas bellas e importantes por la polarización. Al romperse el espejismo que nos hacía creer que la fórmula para vivir plenamente y en paz era el condicionamiento, fue como si la puerta de una enorme cárcel que tenía presos a los seres humanos, y especialmente sometida a la mujer, se hiciera añicos; fue como si una botella monumental se descorchara y saliera toda esa represión con un arrollador impulso y diera como resultado, como es natural, que nos disparáramos al otro polo, es así es como funciona la naturaleza. Ahora, las mujeres estamos en el proceso de despolarizarnos, de buscar el equilibrio, y habremos de ser pacientes e ir recuperando lo que tuvimos que dejar temporalmente, al meternos en la revolución, para derrocar el condicionamiento, ese "régimen" que dejó de funcionar para la humanidad, y miren que no decimos para las mujeres, sino para la humanidad, porque los hombres, algunos reconociéndolo y otros no, también ya estaban hartos, agobiados, saturados y no se acomodaban más en su papel milenario de hombres de acero que los obligaba a ser esclavos del silencio, la farsa, el espejismo y fingir toda su vida lo que no sentían ni eran, así como de reprimir sus verdaderos sentimientos y sueños.

En este camino de la revolución, esas pérdidas tanto femeninas como masculinas eran necesarias, pero ahora que hemos entrado a la evolución, todo lo bello que poseemos desde la feminidad o la masculinidad, será recuperado y esta vez, vivido por ambos sexos. **Esto es lo que nos dará la posibilidad de hacer por fin, por primera vez en la historia, una pareja sana, equitativa, libre y basada en el amor recíproco.** Es un hecho que mujeres y hombres estamos ya en este camino, aunque hay gente sonámbula que todavía está ajena a esta realidad. No será fácil terminar de erradicar ni el machismo ni la misoginia, sin embargo, no es una cuestión de elección, es una realidad ineludible, les llegó su fecha de caducidad y no hay ningún contrato renovable a la vista, más bien lo que hay para ambos, clara y rotundamente, es un pase irreductible e inevitable hacia los anaqueles de la historia.

Afortunadamente, algunos hombres tienen la inteligencia emocional, la visión y la capacidad de adaptación y ya están empezando a gozar la reciprocidad en la pareja, porque no ven en ello un triunfo de la mujer, sino de ambos sexos, ya que al liberarse la mujer, deja de ser una carga para ellos en muchos sentidos. Ellos finalmente han dejado de fingir ser de acero y están viviendo en la maravillosa libertad de poder decir lo que sienten, lo que en verdad quieren, de llorar y de fluir con su pareja como dos iguales, disfrutando ambos de los mismos derechos. Sin embargo, la gran mayoría de los hombres, lo que han hecho hasta ahora es: no entrar en relación con una mujer evolucionada y empoderada, o si llegan a entrar, lo hacen con la fantasía de cambiarla, domarla, dominarla o controlarla y terminan huyendo al comprobar que eso es imposible y no sólo eso, sino que es más factible que ellos se muevan de lugar a que lo hagan ellas.

Las mujeres, obligadas por su insatisfacción, por su dolor ante la invisibilidad, por su hambre emocional, su frustración y la soledad en la que viven estando en pareja, un día despiertan, abren los ojos, y ven que el sufrimiento las ha rebasado y las obliga a mirar de frente su realidad, a afrontar la evasión, y enfrentan sus miedos y rompen el espejismo que ya no pueden sostener: que no tienen ni la pareja ni la familia perfecta. Cuando esto ocurre, las mujeres llegamos inexorablemente a la conclusión de que la única manera de lograr vivir en pareja y formar una familia con ambos padres, es ver la realidad que hemos evadido por el pánico a perder lo que creemos que tenemos y ahora vemos que no tenemos nada y pensamos de inmediato, si estamos casadas: *"Qué horror, en esto no hay para atrás, el espejismo ya se hizo añicos, esto quiere decir que si mi marido no se mueve de lugar, si no cambia, si no trabaja en sí mismo y desarrolla su lado femenino, si no eleva su nivel de conciencia y no tiene el valor de desnudarse y mirarse y mirarme, indudablemente nos empantanaremos los dos, estaremos perdidos y nuestra relación de pareja será imposible, nos tendríamos que separar irremediablemente, porque yo, no seguiré viviendo ni un minuto más en esta farsa ni con un hombre que pretenda ser mi dueño y mi autoridad moral, eso se acabó hoy".*

Las mujeres solteras están igual: *"Dios santo, si no me encuentro un hombre evolucionado, con perspectiva de género y que quiera una relación de pareja desde la equidad, ya puedo irme despidiendo de mi sueño de hacer una familia".* **Cierto, esto es así y nada hará que sea de otra manera.** Esa es la realidad y la realidad, no es negociable, no se muda, no es permutable. Al manifestarles a algunas mujeres que tienen problemas con sus parejas, que la evolución es ya ineludible, se muestran dudosas y tratan de encontrar otra salida, otra respuesta u otras alternativas para que la pareja pueda darse o si ya es una pareja consolidada, puedan seguir juntos. Sin embargo, tras mirar la realidad y analizarla, llegan a la conclusión de que no hay otra opción: o el hombre se mueve de lugar o no hay pareja posible.

El cambio será paulatino, sin embargo ya es inaplazable. Muchas parejas ahora casadas o en concubinato, se quedarán atoradas, pero muchas otras lo lograrán. Otras que están naciendo ahora, especialmente con la generación actual de jóvenes mujeres, serán las que irán estableciendo el cambio. Sin duda, seguirá habiendo parejas que se relacionen neuróticamente, desde el sometimiento y el maltrato, pero cada vez serán menos, en la medida en que vaya creciendo el nivel de conciencia y el empoderamiento de la mujer, irá decreciendo el número de parejas que se relacionen como lo habían venido haciendo hasta hace algunos años. La evolución de la pareja traerá, además de lo más importante y anhelado por siglos por hombres y mujeres: parejas que se amen con sanidad y en libertad, muchos otros beneficios que llegarán como consecuencia de la sanidad en la pareja.

El hecho de que el hombre se mueva de lugar, obligado por el empoderamiento de la mujer, solucionará, al menos en una medida importante, muchos problemas a la vez, tales como el maltrato en los diferentes ámbitos, las estadísticas de maltrato físico, emocional, psicológico, sexual y económico bajarán drásticamente. También disminuirán, la discriminación, el abuso sexual, el abuso de poder, las familias disfuncionales, la repetición de neurosis en los hijos, la infidelidad... Se reducirán los suicidios y las depresiones por asuntos emocionales relacionados con la pareja, aumentará la equidad de género y ninguno de los integrantes de la pareja se sentirá usado o abusado de ninguna manera. Disminuirán los abortos como resultado de golpizas o por temor a que el marido no quiera más hijos. Bajarán los índices de alcoholismo y drogadicción, porque a mayor comunicación, mayor manejo de la realidad, menor frustración, menor soledad y menor necesidad de evadir la realidad. Asimismo disminuirán las cifras relacionadas con problemas de anorexia, bulimia, obesidad, comedores y compradores compulsivos y otras compulsiones, neurosis y otras enfermedades relacionadas con cumplir los estándares sociales dictados por el condicionamiento.

Y algo más que muchos no alcanzan a ver: al empoderarse la mujer no sólo ella gana en libertad. **La medida de libertad que gana la mujer es exactamente la misma medida en la que sale ganando el hombre.** En la medida que curemos la herida de la invisibilidad, el amor tendrá un campo propicio y por lo tanto la plenitud y la libertad.

El hombre, ganará mucho al llegar a vivir una pareja sana: no será el único proveedor, dejará de jugar el papel de hombre de acero y podrá mostrarse vulnerable, llorar, quejarse... dejará de cumplir las expectativas que debía cumplir sólo por ser varón, podrá ser cariñoso, romántico y cursi sin sentirse enjuiciado ni enjuiciarse. Asimismo, el hombre, podrá sentirse mucho más libre para expresar facetas que nunca se ha atrevido a sacar a la luz. Aprenderá a dejar de relacionarse por miedo y lo hará desde el amor, es decir, pasará de la intimidación a la intimidad, consiguiendo así vivir experiencias profundamente gozosas en todas las áreas de su vida y en todas sus relaciones, desde personales hasta laborales. Como consecuencia de todo esto, experimentará como nunca antes sentirse aceptado, valorado, amado y libre: visibilizado. Aprenderá a dar, a pedir y a recibir lo que necesite emocionalmente, como un abrazo a sus padres, hijos, esposa, amigos, y a expresarles lo que antes era imposible al tener bloqueada su feminidad, sentimientos que estaban destinados a reprimirse y perderse en el silencio, un doloroso y castrante silencio que lo condenaba a vivir en el dolor emocional, la soledad, la incertidumbre respecto a si era amado y qué tan amado era.

Como veremos detalladamente en el capítulo 3, la vida es una lucha entre el Ego y el Alma. Es decir, entre el Ego—Miedo—neurosis y el Alma—Amor—sanidad. Las parejas están ahora en este deterioro, porque esta lucha entre el Miedo y el Amor, siempre las gana el Miedo, las neurosis (control, maltrato, inequidad, represión, agresión, etcétera), hasta llevar a la pareja al divorcio. Y les gana el Ego, porque no escuchamos la voz del Alma y porque no estamos conscientes de la herida madre: la invisibilidad. Ahora que hemos entrado al camino de la evolución, las batallas las ganará cada vez más el Amor, es decir el Alma. Ya no el Miedo y la neurosis.

Una relación sana, equitativa y recíproca excluye la neurosis, las guerras de poder; deja fuera el control, esa compulsión por controlar a la pareja y controlarlo todo; ya no hay necesidad de hacerlo porque ambos son libres. Han comprendido que **en una relación ninguno de los dos manda, los dos obedecen al Amor.** Una relación sana se basa en el diálogo exento de miedo, lo cual destierra la frustración por expectativas no cumplidas, porque ambos se dicen lo que esperan uno del otro, el miedo ya no los tiene amordazados. ¡Uy! ¡Liberarse de las expectativas, que son estrictamente las únicas responsables del dolor emocional! Como veremos en capítulos posteriores, **"la única razón de nuestro sufrimiento es que no se cumplan nuestras expectativas"** tal como dice el maestro Anthony de Mello. Con la reciprocidad y el diálogo que viene como resultado de enfrentar los miedos, también se desaparecen las suposiciones que son como aguijones que nos viven torturando y nos obligan a vivir atormentados inútilmente porque lo que suponemos no tiene ni un 1% que ver con la realidad. Viviendo la relación desde la sanidad, no tenemos que suponer, puesto que no tememos preguntar directamente a nuestra pareja, dado que nos relacionamos por intimidad, no por intimidación y ya no es nuestra autoridad moral, sino nuestra pareja.

Otra enorme ventaja de la reciprocidad es que eliminamos otra fuente de dolor: las deudas emocionales. Al ser recíproca la relación, recibimos lo mismo que damos, pedimos lo que necesitamos, actuamos abierta y desnudamente, sin estar amordazados por el miedo ni somos esclavos de las culpas. Por lo tanto, ponemos límites, no hacemos lo que no deseamos, sino lo que nos nace desde el Amor y la libertad, no sentimos que el otro nos debe, que está en deuda todo el tiempo por todo lo que hacemos por él, y por lo que él no hace por nosotras o viceversa. **El *señor Deber Ser*, le pasa la estafeta a la *señora Libertad*, esa es la magia de la conciencia.** Al actuar con Libertad y no por Deber Ser, quedan fuera los reclamos y los resentimientos y nos sentimos valorados, respetados y, lo más trascendente, lo que hace el cambio categórico, fundamental y maravilloso, la clave de todo: nos sentimos **mirados, visibilizados,** experimentamos esa sensación definitivamente indescriptible de que el otro sabe quiénes somos en verdad y así, tal como somos, nos ama.

Mirados. El ser mirados hace la absoluta diferencia en la totalidad de una vida humana. Hay seres humanos que jamás, jamás han sido mirados por otro ser humano, pareciera increíble, insólito, pero es así. Hay personas que viven más de cien años y nunca fueron miradas, nunca, ni una sola vez en su larga vida, alguien se asomó a su interior y se enteró de quién era ese ser humano, qué sentía, cuál era su herida. Difícilmente hay un dolor más hondo que ese.

Hay parejas que viven juntas 50 años o más y ninguno de los dos se sintieron mirados realmente por el otro. No decimos vistos, sino mirados. Mirados completamente desnudos en todo su ser, mirados interiormente en todo lo que son, tal como son. Y al no ser mirados, viven en la duda indescriptiblemente dolorosa de si realmente serían amados si el otro los mirara por completo: con su lado oscuro y luminoso y supiera todos sus secretos, si lo conocieran en verdad. Viven y mueren con esa duda, preguntándose: ¿si hubiese sabido tal o cual cosa de mí, que siento esto o aquello, que hice tal o cual cosa, que soy así o asado, que pienso de esta otra manera y no como él o ella cree, que mis sentimientos por tal o cual son en realidad tales...que tales o cuales cosas me causan vergüenza, que nunca he soportado de él o ella tal o cual cosa... si supiera que... me amaría? **¡Ah!, la desnudez... es en ella y sólo en ella que podemos estar seguros de encontrar la libertad y con ello sentirnos amados en verdad, absolutamente, sin dudas, gozosamente amados.** Lo cual es el éxtasis mismo... ese estado para el que sin duda fuimos creados. Por esto la desnudez es sinónimo de la PSM.

La Psicomística propone esto: la libertad, el amor perfecto, trascender la psiquis —que siempre nos dará una visión limitada, unilateral de los demás y de la vida— y entrar en el terreno de la mística, que nos muestra todo lo que somos, todo lo que es el otro, así como la visión completa de la vida y el misterio inescrutable de la vida. La desnudez emocional y psicológica, es el camino para encontrarnos con nosotros mismos y con nuestro ser espiritual que es perfecto y al hacerlo, encontrarnos con el otro y al vernos ambos desnudos, encontrar esa verdad que todos andamos buscando: amar y ser amados en libertad.

Muchas teorías hablan de la Verdad y el Amor hasta el cansancio y teóricamente nos suena hermoso. Sin embargo, nadie nos señala el camino para llegar ahí, para nosotras, aunque a muchos les parezca demasiado arriesgado, insólito, absurdo y controvertido, este es el camino: la desnudez, romper con el condicionamiento, ser el todo que somos, manifestar nuestras dos energías: la masculina y la femenina. Expresar, sin hacer daño a otros, todos nuestros sentimientos, aún los censurados como la rabia y el coraje. Sacarnos todas las máscaras de encima, el Deber Ser y hacer lo contrario de lo que nos han inculcado, es decir, perder alegremente el estilo y romper con el silencio asesino para vivir gozosamente en esta desnudez que nos llevará a la reciprocidad, la empatía, la equidad y la libertad. Ese es el secreto que nos lleva al amor perfecto: desnudarnos. Al hacerlo, al mirarnos desnudos con todo lo que somos y mirar al otro del mismo modo, miramos nuestras mutuas heridas, miedos y dolores, nuestros mutuos anhelos. Miramos nuestra esencia, nuestra idéntica capacidad y necesidad de amar, ser amados y ser libres y en ese momento llega nada menos que la conciencia: **Yo soy el otro y todos somos uno**. En ese instante se realiza el milagro y ocurre la fusión con el otro. Nos transfundimos con el ser amado. Experimentamos que el otro y yo somos lo mismo. Somos uno solo. Y esto se hace instantáneamente expansivo a todos los demás seres humanos: todos somos uno. Todo es lo mismo y somos amor, amor puro y perfecto. En ese momento la razón, la mente y el análisis, se arrodillan ante la conciencia y, la mente, de ser nuestra peor enemiga, se transforma en nuestra mejor amiga, porque la hemos puesto al servicio de la conciencia, es decir del Amor.

Hemos despertado, hemos abierto los ojos para no volverlos a cerrar, ya no hay otro camino posible, ahora hay uno solo: vivir en el Amor, desde el Amor y para el Amor.

Toda esta enumeración de milagros, no son peticiones a Aladino ni son una carta a Santa Claus o a los Reyes Magos, sino las experiencias que hemos vivido personalmente y las que nos han compartido los hombres y las mujeres que han entrado a trabajar en sí mismos desde la Psicomística, misma que han puesto en práctica con su pareja, sus hijos, en sus trabajos, con sus amigos, con sus empleados, en fin, en sus vidas. Ésta, como ya saben, no es una psicoespiritualidad sanadora recién nacida, la hemos aplicado hace décadas y sus resultados están documentados. Quizá les parezca extraño que hablemos de milagros, les parezca poco "científico", citaremos pues al científico más importante del siglo XX: Albert Einstein, quien afirma: "Hay dos formas de ver la vida: una es creer que no existen milagros, la otra es creer que todo es un milagro". Nosotras creemos que la vida es una cadena de milagros y tenemos la seguridad de que quien no la ve así es porque está dormido y no puede mirar con los ojos de su Alma, con la intuición, de la que por cierto, el mismo Einstein asegura: "La única cosa realmente valiosa es la intuición".

Para hablar de la pareja, debemos, si queremos llegar a la verdad, a la raíz de los problemas que tiene como tal, es decir de dos seres que se unen para amarse, mirar primero a cada uno como individuo. No se puede hablar de la pareja sin hablar antes de quiénes forman esa pareja. Dos individuos, dos seres humanos independientes y cada uno con su historia, que no comienza el día que se conocieron. Y entre otras cosas, también de esto se trata este libro. Por esta razón, empezamos esta obra que es muchas cosas a la vez, como nos han dicho quienes han hecho el favor de leerla al darnos su opinión y expresarnos el efecto que en ellos hizo. Dicen que este libro es una especie de manual, guía, instructivo para la pareja, que es como tener un confidente, un terapeuta de cabecera, un amigo. Es la voz a la vez de un médico amoroso que nos va conduciendo a descubrir de dónde viene nuestra herida, cuáles son nuestros miedos y por qué nos comportamos como lo hacemos con la pareja y en nuestras relaciones en general. Nos lleva a conocernos a nosotros mismos, a sacudirnos de las culpas, de las máscaras y del personaje de juez que nos tiene atrapados. Nos conduce a preguntarnos cosas que nunca nos habíamos preguntado, a ver lo que era obvio y no podíamos mirar, por tener los ojos cerrados por el miedo y el condicionamiento; a respondernos muchas preguntas que parecía que no tenían respuesta, a dejar la vergüenza a un lado y desnudarnos y mirarnos, así como a dejarnos mirar.

Bien, ahora, una vez que hemos llegado aquí, tienes el conocimiento de cuál es el camino para hacer la pareja perfecta. Tienes el conocimiento, en tu mente... pero es claro que **conocimiento no es conciencia, conciencia es ir a poner en la vida lo que nuestra mente ha comprendido y aprendido,** es decir, nos impulsa a enfrentar nuestros miedos y a decidir no seguir viviendo en una farsa que nos está asfixiando, en principio con la pareja. Posteriormente, el hecho de enfrentar los miedos, se hace expansivo a los hijos y a nuestro entorno, en todas nuestras relaciones. Así que vamos a hacer conciencia para que esto se haga realidad. Lo que estamos viviendo actualmente es el fruto de conductas equivocadas tanto de los hombres como de las mujeres. Lo primero que hay que hacer es ver por qué nos comportamos así, cuáles son los miedos que nos llevaron a permitir lo que permitimos, cómo enfrentar esos miedos y cómo dejar atrás las conductas neuróticas y aprender las sanas.

En los capítulos venideros, encontrarás cómo desaprender lo aprendido, cómo aprender desde la sanidad y la libertad y cómo enfrentar los miedos. Al hacer nosotras las mujeres lo correcto, obligaremos a nuestras parejas a responder de una manera sana, quizá en un principio muchos no de buena gana, pero cuando vayan experimentando los beneficios, las ventajas y la alegría de vivir libres los dos, aprenderán a soltar el control y fluir en libertad. Aprenderán a vivir sin miedo y a vivir en el amor, a relacionarse con intimidad y no con intimidación.

Si la pareja, por el contrario, ante nuestras actitudes sanas, persiste y se aferra a sus actitudes enfermas, tendremos que actuar en congruencia y aceptar la realidad de que no quiere una relación de pareja, sino de sometimiento: no quiere una mujer, sino una hija, una madre, una esclava o todo junto. Lo mismo aplica a los hombres, al leer este libro que no está escrito sólo para las mujeres, sino para todos los seres humanos que quieran hacer conciencia y crecer, salir del dolor emocional, conocer y vivir el verdadero amor, verán su parte y lo que ya no quieren vivir, todo aquello impuesto por el condicionamiento y aprenderán a expresar sentimientos, a ser tal como son y a sacudirse de creencias equivocadas que los han llevado a ser esclavos de las reglas, a ser infelices y a sentirse tan solos e incomprendidos como sus parejas.

Este es el anhelo de la Psicomística: reencontrarnos con nuestra parte divina, y vivir en equilibrio entre nuestra naturaleza divina y nuestra naturaleza humana y para ello hay que romper con el condicionamiento que nos encadena y conquistar la libertad que nos fue otorgada por Dios, al crearnos libres y regalarnos el libre albedrío. Las reglas no nos pueden seguir manejando, Jesús, lo dijo claro: *"El sábado ha sido hecho para el hombre, y no el hombre para el sábado. Así que el Hijo del hombre también es señor del sábado"*. **Marcos 2, 23–28.** Esto es, las reglas son creadas para servir al hombre no para que el hombre sea esclavo de ellas.

¡Ah... Dios!, no podemos cerrar este primer capítulo sin tocar este punto. Verán, queridos lectores y lectoras, no vamos a hacer lo que muchos escritores o artistas: evitar hablar de Dios o de sus creencias religiosas o espirituales, por miedo a perder lectores o adeptos, a ser juzgados, criticados, a que se les pongan molestas etiquetas o a no darle gusto a todo el mundo. Así que sencillamente evaden el tema, guardan silencio en la fantasía de que la realidad desaparece si ocultan sus creencias o no creencias, o llegan a creer que si el público las conoce influiría en su opinión respecto a lo que están tratando de transmitir.

Nosotras no ocultaremos u omitiremos nuestras creencias. No vamos a subestimar a nuestros lectores, estamos seguros de que son perfectamente capaces de respetar las creencias ajenas y no juzgar a las personas ni invalidar lo que les puede aportar algo porque quien lo escribe no cree en lo mismo que ellos. La Psicomística llegará a quien tenga que llegar y hasta donde tenga que llegar, no importa los errores que cometamos, lo que hagamos bien o lo que hagamos mal. Lo que corresponde, ocurre y todo acontece no en nuestros tiempos, sino en los tiempos de Dios. Esa es nuestra experiencia, la obra busca sus caminos y tenemos la seguridad absoluta de que si nosotras hacemos nuestra chamba, Él, hará la suya.

Hay además, entre otras muchas razones, tres que son esenciales: Primera: bendecimos a Dios por habernos otorgado el don de la fe, que en el caso de ambas, nos ha salvado literalmente la vida y nos ha traído hasta este momento tan gozoso y a experimentar la vida con esta plenitud. Segundo, porque gracias a la fe, logramos trascender la dimensión humana, la de la psiquis, que nos concibe como personas constituidas sólo por cuerpo y mente y al hacerlo, conseguimos entrar en la dimensión del espíritu, en la mística y fue esto lo que nos llevó a crear la Psicomística. Tercera: porque precisamente la Psicomística se trata de decir no al miedo, al silencio y a la evasión y sí a la desnudez absoluta que nos lleva a la libertad y al Amor perfecto.

Se trata de romper con los espejismos, las farsas, las creencias introyectadas por el condicionamiento, las reglas y los paradigmas, el Deber Ser, así como dejar de permitir que las creencias, el sistema o los demás nos controlen, romper con las expectativas, en la conciencia de que nadie viene al mundo a cumplir las expectativas de otros ni a que los otros nos cumplan las nuestras. Tener esta creencia, acerca de cumplir las expectativas de otros e incluso las nuestras, nacidas las unas y las otras del condicionamiento, es la razón que nos lleva a padecer una enorme cantidad de dolor emocional. Como ya dijimos: **Las expectativas son la única razón de nuestro sufrimiento,** no hay otra, si sufrimos, basta con preguntarnos qué estábamos esperando que no sucedió o qué esperábamos que alguien nos diera y no nos lo dio, ahí encontraremos la razón de nuestro dolor. No venimos a cumplir las de nadie, ni siquiera las nuestras —que están dictadas por un juez interno creado por nuestro condicionamiento— vinimos a fluir con libertad, a ser tal y como somos y a realizar lo que vinimos a hacer y que sólo podremos descubrir librándonos de nuestros miedos. Esto que afirmamos respecto a las expectativas es una verdad irrefutable y muy fácil de comprobar: ¿Tú le cumpliste las expectativas a tus padres? No, ya lo creo que no, pero ellos seguramente tampoco te las cumplieron a ti. Si eres sincero, lo verás claramente. Y en el caso contrario: si les cumpliste las expectativas o te las cumplieron, mira nada más el precio tan enorme en dolor emocional y otras consecuencias, que has pagado por ello.

Así que en congruencia con lo que pretendemos transmitir respecto a la desnudez y la libertad que proclama la PSM, mencionaremos a Dios cada vez que lo creamos necesario y te pedimos, que por favor, cuando esto suceda, cuando aparezca la palabra Dios, lo leas, lo tomes o lo traduzcas, como aquello en lo que tú crees. Respetamos absolutamente tu escepticismo o creencia, tanto como damos por hecho que respetarás la nuestra. Otra cosa sería subestimarte y juzgarte incapaz de tener la inteligencia de ir más allá de un prejuicio religioso. No somos personas estrictamente religiosas, aunque nuestra base es el catolicismo, estamos conscientes de sus enormes limitaciones, venidas de los intereses humanos. Creemos en Jesús de Nazaret. En un Dios trinitario. Somos personas espirituales más que religiosas. Mahatma Gandhi dijo algo maravilloso que consideramos absolutamente cierto: *"Lo mismo que un árbol tiene una sola raíz y múltiples ramas y hojas, también hay una sola religión verdadera y perfecta, pero diversificada en numerosas ramas, por intervención de los hombres".*

Quizá te preguntes cómo es ese Dios en el que creemos. Verás, tenemos fe y más que fe, la certeza de la existencia de un Dios creador de la humanidad y el universo. Un Dios Trinitario que es todo Amor y puro Amor, más aún, es el Amor mismo, absoluto e ilimitado y jamás, **jamás, bajo ninguna circunstancia antepone la justicia o absolutamente nada al Amor que es su esencia misma.** Es un Dios que es el Amor mismo y por lo tanto Su Amor es ilimitado, por consecuencia, no es un Dios castigador ni vengador ni justiciero, no juzga ni condena: Ama.

Toda esa versión del Dios que hay que temer porque si nos portamos mal nos manda al infierno, es una creación de los hombres para manejarnos a través del miedo y la culpa. Para nosotras no existe el infierno, nuestro Dios es todo Amor, es Padre y Madre, creador de todo lo que es y su obra maestra son sus criaturas. Por lo tanto, comprende que ellas actúan y se comportan de acuerdo a la naturaleza que Él mismo les ha otorgado y mira con compasión y amor cómo lógicamente reaccionan a las heridas que les han infringido, por lo que Dios, no puede renegar de su obra y condenar a sus hijos al fuego por toda la eternidad, eso lo damos por imposible, nos parece absurdo, porque sencillamente en ese instante dejaría de ser Dios, ya que no tendría las cualidades esenciales para serlo: amor incondicional e ilimitado. Y si condena a uno de sus hijos al "infierno" querría decir que su Amor **no le alcanzó** para perdonar las faltas de su criatura, por lo tanto, no es un amor ilimitado ni incondicional y por consecuencia, no es Dios.

Estamos seguras de que existe el infierno, pero no el que nos han querido hacer creer. El hogar del infierno es la mente humana, es ahí donde radica la tortura, el fuego del sufrimiento que nos quema las entrañas, el dolor emocional causado por la invisibilidad, el desamor, la culpa, la envidia, la venganza, los celos, el odio, la soledad, etcétera, todos los sentimientos que nos atormentan... no hay más infierno que ese y la PSM pretende sacarnos de estas tinieblas y vivir en el paraíso, aquí mismo, en la Tierra, vivir en paz, en nuestro centro, afinados, inmersos en el Amor por todos y por Todo. Vivir una vida para la que hemos sido creados y diseñados: una vida feliz, plena, gozosa, centrada en el amor y abrazados por el Amor mismo, el de Dios, que nos habla a todas horas, en todo lugar, de millones de maneras, en todo y en todos: en las circunstancias, las personas, la naturaleza y sus criaturas. A cada paso nos colma de señales que no sabemos leer, ni interpretar, no sabemos escucharlo, porque la voz de nuestra Alma está anestesiada por los gritos del Ego—Miedo.

La PSM aspira a que eso cambie, a que vivamos de acuerdo a nuestra naturaleza divina, que es proplacer, no prodolor, y esto es absolutamente posible si despertamos a la conciencia y acallamos al Ego—Miedo y logramos escuchar la voz de nuestra Alma. Se los garantizamos. ¡Uy sí! Enorme, colosal nuestro sueño, pero no imposible, ni inconcebible, es magnífico, y no es sólo nuestro, es el sueño de muchos, muchísimos seres humanos, hombres y mujeres que como nosotras viven la Psico-mística aunque no la nombren de esa manera, a nosotras nos tocó sencillamente escribirla y darla a luz al mundo, como simples instrumentos, pero tenemos plena conciencia de que no nos pertenece.

Tenemos la certeza de que al ser hijos de Dios, estamos hechos a su imagen y semejanza, por lo tanto, si nos creó el Amor, somos Amor y estamos hechos para ser y vivir en el Amor. Dice el Salmo 84:5–6 *"Bienaventurado el hombre que tiene en Ti sus fuerzas, en cuyo corazón están Tus caminos. Atravesando el valle de lágrimas lo cambian en fuente, cuando la lluvia llena los estanques"*.

Dice al respecto Ritchie Pugliese: *"Existe un dicho que dice que la vida es 'un valle de lágrimas' donde pasaremos por mucho dolor para luego ir al cielo a disfrutar"*. Este dicho, lo único que ha logrado es crear una generación de gente fracasada, frustrada, creyendo que Dios es malo, castigador y que sólo quiere que el ser humano sufra. La *señora Vida* no es "Un valle de lágrimas"... eso sería una crueldad de parte de Dios, no hay padre que engendre y dé a luz unos hijos para luego arrojarlos a un valle de lágrimas, a una vida de dolor. ¿Tú lo harías? No. Con todo y tus limitaciones, le darías a tus hijos lo mejor que tuvieras, lo mejor. Imagina lo que nos ha dado Dios, que no tiene ninguna limitación, nos ha creado y regalado nada menos que un paraíso perfecto y si ahora no es tan perfecto como lo creó y nos lo entregó, es porque nosotros nos hemos encargado de irlo contaminando y destruyendo... pero eso no es cosa de Dios... sino nuestra, de nuestra ambición.

Creemos en un Dios que al ser absoluto y creador de todo, necesariamente al crear al hombre y la mujer, lo masculino y lo femenino en el universo y la naturaleza, no puede ser más que un Dios con ambas esencias, naturalezas, entidades, atributos, sentimientos y cualidades, porque nadie puede crear algo que no es o no posee y Dios lo es todo y es el que ES. Por lo que para nosotras, Dios es la feminidad y la masculinidad, el Padre y la Madre, Dios y Diosa, el Todo en todos y en todo, el Uno, el que ES y, le llamamos Dios en masculino, por cuestiones de practicidad...

Cualquiera que mire la pareja desde la conciencia y escuche la voz de su Alma con nitidez, podría escribir el libro que tienes en tus manos. De modo que definitivamente no te vamos a enseñar nada nuevo, esa es nuestra verdad, sin falsas humildades, ni estúpidas poses y máscaras. No somos un par de gurús, somos dos seres humanos movidos por el gozoso sueño de sacarte el maestro o la maestra que tienes dentro.

Nada de lo que aquí te digamos, será nuevo para ti, sólo lo escribimos para recordarte lo que tú ya sabes en tu Alma.

Capítulo 2

Del amor y los amantes

**El Amor nunca nos hiere,
somos los amantes quienes herimos al Amor
cuando se nos atraviesa la neurosis.**

Fui de tus sueños juglar, nana de tus soledades
tinta de tus pensamientos, bufón para tus pesares
fui pañuelo y carcajada, cobija y pan, maga y vino
... Me faltó ser quien yo soy, por eso no estás conmigo.

Yo... yo que no creo más que en lo que siento, que anulo el mundo de las apariencias y sólo confío en mi percepción, mi intuición, mis vísceras y mis sentimientos. Yo, que no tengo oídos más que para mis pálpitos —que traducen la voz de mi Alma— y para aquello que escucho con las yemas de mis dedos. Yo, que sólo creo en lo que veo en la oscuridad y el silencio, que leo lo intransferible en los sonidos, las palabras y los gritos, que no creo en el texto, sino en el subtexto que se escribe en el espacio. Yo, que no creo en el tiempo que se inscribe en un calendario, ni en aquél que se ajusta a un reloj.

Yo, que apreso al viento con las pupilas cerradas y la sangre quieta y en movimiento, y creo en mis pasiones como en mi vida misma. Yo, que no reconozco más aliento que el del Amor, que invento poemas antes de escribir y los leo en el aire, el fuego, el agua, en las profundidades de la tierra que araño con mis huesos, buscando en las corrientes subterráneas de la vida: la Vida. Yo, que creo en la magia como jamás creeré en las evidencias, que me hundo en una palabra para desentrañarla, buscando inútilmente describir un sentimiento: la voz de la sangre mezclada en mis pupilas ante la visión del Amor.

Yo, que en todos mis años, en todos mis siglos, no he hecho más que velar el Amor, velarlo, velarlo. Que me he ocupado de él, como se ocupa una madre del hijo de sus entrañas, como un campesino se ocupa de su siembra y un ave de su vuelo. Yo, que lo he velado cada noche, sin tregua, sin dejarme vencer por mis infiernos y la desesperanza. Cada noche velando, velando, velando para que no vaya a pasar de largo, sin mirarme, sin encontrarme alerta, en vigilia. Esperándole, aguardándole, anhelándole como un ciego a la luz.

Yo, que he intentado escribirle con cuantas palabras existen, con cuantas he inventado, con cuantas he arrancado a mis insomnios para describirlo, traducirlo, plasmarlo, no lo alcanzo a bosquejar siquiera. Y me hinco ante el misterio: humilde, reverente, abismada en un torrente de palabras y silencios. Y ahí, así, con toda mi conciencia, mi aliento, mi savia, mi sangre y mi saliva, asumo que el Amor es un misterio inescrutable.

Y sin embargo... no puedo resignarme, porque lo que intuyo de él, no es lo que vivo, porque no puedo comprender cómo es que el Amor, si es lo que presiento, me hiere de muerte, me envuelve en lamentos. Y entonces me cuestiono, algo dentro de mí me urge a comprender, aunque otra parte de mí, se debata angustiada y pregunte confusa: ¿de qué sirve saber, comprender, por qué amo a éste y no a aquél? ¿Por qué, cómo, qué sucedió para que sucediera y no pudiera dejar de suceder?...

Sí, asumo el misterio, pero a pesar de ello, me cuestiono, quiero comprender el Amor, al amado, aun sabiendo lo que sé, a pesar de la certeza de que desentrañarlo, no cambiará mis sentimientos, al igual que la certeza de que el sonido del caracol no es el mar, sino el eco, la resonancia, el efecto del vacío, y sin embargo, sabiéndolo, no hay desencanto, igual escucho el mar, pero sobre todo igual amo el caracol.

Aquellos a los que he amado, a los que amo, siempre serán parte de mi espíritu, me serán entrañables. No hay explicación que minimice un ápice mi amor, mi pasión, mi historia, mis sentimientos. Trato de comprender, por qué quiero amar con toda mi conciencia, porque comprender me libera, me salva de las torturas, las cadenas, los infiernos. Comprender sólo me comprueba que el Amor, no admite razones, que en efecto, es un misterio y que no hay ciencia que valga para explicarlo.

Camino en los laberintos de mis pensamientos, me pierdo en la tortura de mis infiernos, de mis sentimientos encontrados, en la oscuridad de mi ignorancia y finalmente acallo mis lamentos, me hundo en el silencio y contemplo. Me centro en contemplar el Amor, excluyo los pensamientos, el dolor, la tortura, dejo al margen al amado, al amante y lo miro a él, sólo a él, al Amor. Y entonces, sólo entonces comprendo que el Amor, sobrepasa a los amantes —entendamos este término como es literalmente, amantes: los que aman—, está más allá de ellos, a pesar de ellos. El Amor es el que Es, y es inmutable, no se muda, es inalterable, eterno, inmaculado, inapresable, insustituible, perfecto. Es misterio y transparencia, luz y serenidad, quietud y movimiento, totalidad, integración, unidad, comunión.

El Amor, es generoso, sabio, creativo, mágico, ilimitado, paciente, humilde. Es el placer, la fluidez, la contentura, la libertad, la paz, la armonía... Es intraducible para el lenguaje humano, y sin embargo, se le puede ver manifestado en sus frutos: el Amor engrandece, fortalece, nutre, sensibiliza, enriquece, ilumina, dignifica, ennoblece, construye, armoniza, da paz. Todo lo comprende, todo lo acepta, todo lo perdona, libera, serena. En fin, que a través del Amor, el ser humano vive todos aquellos estados superiores del espíritu. El Amor, no puede, por su propia esencia sino hacer surgir en el ser humano sus más altas virtudes, porque el Amor, habita en el Alma, en donde todo es perfección. Ante todo esto, no puedo sino deducir que no es del Amor de quien proviene el dolor, ni ningún sentimiento negativo, ni ninguna herida. Imposible, dado que esto sería contrario a la naturaleza y a los frutos del Amor. Una vez que contemplo al Amor y comprendo que no es de él de quien me viene la herida, me vuelvo a contemplar a los amantes, y me hago consciente de que no es el Amor quien está en entredicho, sino los amantes. Ellos que dicen que aman, que quieren creer que aman, que confundidos, hablan del Amor y lo ensalzan, lo glorifican, lo bendicen, si son felices y lo maldicen y culpan si son infelices.

Sí, es a los amantes, es decir, a los que aman, a quienes hay que cuestionar, mirar, analizar, comprender, para desentrañar las causas del dolor, de la "muerte del amor", del abandono. Es de nosotros, los amantes y no del Amor de quienes proviene el dolor y todos los frutos contrarios al Amor, tales como: miedo, oscuridad, desesperación, angustia, soledad, engaño, rabia, resentimiento, mezquindad, desesperanza, egoísmo, tristeza, ansiedad, desaliento, hastío, debilidad, cobardía, deslealtad, traición, mentiras, agonía, desconfianza, desamparo, desasosiego, manipulación, espejismo, chantaje, abandono, desilusión, parálisis emocional... En fin, toda clase de sentimientos negativos, de heridas y en ocasiones incluso la destrucción de uno o ambos amantes.

EL ALMA—AMOR

El Amor es: *generoso, sabio, creativo, mágico, ilimitado, paciente, humilde. Es el placer, la fluidez, la contentura, la libertad, la armonía, el Amor engrandece, pacifica, fortalece, nutre, sensibiliza, enriquece, ilumina, dignifica, ennoblece, construye, armoniza, todo lo comprende, todo lo acepta, todo lo perdona, libera, serena, da paz...*

EL EGO—MIEDO

El Amor NO es: *miedo, obscuridad, angustia, soledad, desesperación, rabia, resentimiento, engaño, desesperanza, egoísmo, tristeza, ansiedad, desaliento, hastío, debilidad, cobardía, deslealtad, traición, mezquindad, mentiras, agonía, desconfianza, desamparo, desasosiego, manipulación, espejismo, chantaje, abandono, desilusión, parálisis emocional...*

Lo que me da la clave para saber si estoy en una relación de amor, o en una relación neurótica es:

· *Si me relaciono por miedo e intimidacion, es Neurótica.*

· *Si me relaciono con libertad es Amor Intimidad.*

EL MIEDO ES EL ÚNICO ENEMIGO DEL AMOR

De todo lo anterior, surge, inevitablemente, un cuestionamiento: ¿Qué es el Amor de pareja y cómo es posible alcanzarlo? El Amor de pareja es un sentimiento de plenitud, una comunión con otro ser en todas nuestras áreas: emocional, intelectual, espiritual y física. Algo que todos deseamos llegar a vivir. El Amor verdadero es recíproco y perfecto. Todos esperamos ansiosos que nos llegue ese Amor que tanto anhelamos para compartir nuestras vidas. Una vez que lo encontramos, esperamos que nos llene el corazón de alegría, nos haga libres, felices, nos dé paz, estabilidad, y la fuerza para enfrentar los momentos difíciles. Esperamos que nos haga mejores seres humanos de lo que somos, nos enriquezca y nos permita enriquecer a la pareja, nos haga sentir amados, respetados, admirados y valorados por ella, nos haga sentir que somos seres hermosos, deseables, dignos de ser amados. Y le dé sentido a nuestra vida.

Y si todos deseamos lo mismo, ¿por qué es tan difícil encontrar el Amor? ¿Por qué hay tantos seres humanos solos? ¿Por qué es tan difícil poder mantenernos en la relación y ser felices una vez que encontramos a esa persona que creemos que amamos y nos ama? ¿Por qué si nos unimos a una persona, con el convencimiento de que estamos enamorados no podemos hacer que ese amor permanezca y florezca? ¿Por qué vivimos peleándonos, o reprimiéndonos, o nos volvemos indiferentes hacia quien amamos? ¿Por qué lo que parecía ser tan sólido de pronto se evapora y pareciera que eso que sentimos sólo fue un espejismo? ¿Por qué para retener el Amor creemos que es necesario dejar de ser quienes somos, negarnos a nosotros mismos? Si el Amor es tan maravilloso ¿por qué nos hiere? ¿Es posible que algo tan perfecto nos pueda herir, destruir? ¡No! *El Amor, nunca nos hiere, somos los amantes quienes herimos al Amor cuando se nos atraviesa la neurosis.*

Somos los amantes los que distorsionamos al Amor, lo desvirtuamos, lo difamamos y lo destruimos. Nosotros, que lo usamos como bandera para cubrir nuestros miedos, deficiencias, egoísmos, debilidades, cobardías y, "en nombre del amor", levantamos muros, telones, creamos fantasmas, para protegernos de nosotros mismos y del otro, aferrados a nuestra ignorancia, a nuestra inconsciencia. Y no comprendemos que el Amor, no puede herirnos, es imposible, porque el dolor, es lo contrario al Amor. ¿Qué pasa entonces? Cuando nos enamoramos, decimos que el Amor es lo más maravilloso del mundo, lo bendecimos y deseamos estar en ese estado de gracia toda la vida, sin embargo, cuando no somos correspondidos, o lo somos y más tarde somos abandonados, decimos: "el amor es sufrimiento". No nos damos cuenta de que es de las manos del amante de quien nos viene la herida y no de las manos del Amor. Y de ahí el conflicto, la ambivalencia y la confusión. Dos fuerzas opuestas luchan en nuestro interior. Por un lado, la necesidad de amar y ser amados. Por otro, el miedo a volver a amar y con ello, volver a sufrir.

No comprendemos y nos decimos: Es demasiado pronto para bien comprenderlo ¿cómo la misma cosa que hiciera mis delicias, hoy hace mis lamentos? Y no queremos darnos cuenta de que las delicias, nos vienen del Amor, y los lamentos nos vienen del amante, o de nosotros mismos, de nuestros miedos y los del otro. Nosotros causamos el dolor, o permitimos que nos lo causen, no queremos ver que entregamos nuestro amor, a alguien que no era quien nosotros quisimos creer que era. Alguien que en verdad no conocimos, que no quisimos ver en realidad, alguien a quien creamos movidos por nuestros miedos y de acuerdo a nuestra necesidad para poder amarle. Tememos ver, porque tendríamos que renunciar a nuestra idea equivocada del Amor, a la ilusión que hemos creado y que implica que el otro nos acoja, sea nuestro salvador, protector o nuestro padre/madre. Es una fantasía creer que nuestra felicidad o nuestra infelicidad está en manos del otro, y que por lo tanto, la pareja, tiene que cumplir nuestras expectativas, para demostrarnos que nos ama. Por eso, es que no queremos ver, porque tendríamos que tomar la vida en nuestras manos, responsabilizarnos de nosotros mismos y comprender que la recompensa del Amor, es el Amor mismo y que se ama al otro sólo porque existe y somos amados por idéntico motivo, y no bajo la condición de si cumplimos o no las expectativas de la pareja, si llena nuestros vacíos interiores o si resuelve nuestra vida.

Una vez que viene el desencuentro nos preguntamos: ¿Qué es el Amor? ¿Existe? ¿En dónde está? ¿Cómo es que he sido rechazado y abandonado si yo estaba dispuesto a darlo todo? ¿Cómo es que la persona que amo me abandona si yo no hice más que amarla? Léase "Si cumplí su expectativa a costa de negarme a mí mismo." Nos preguntamos todo esto, como si el Amor fuera mutable, cuando una de las características del Amor es la inmutabilidad.

Quienes cambian son los amantes, aunque en realidad no "cambian" sino que, tras muchos esfuerzos y una gran frustración, terminan manifestándose como realmente son, y en ese instante, surgen inevitablemente sus verdaderas necesidades y dejan de cumplir las expectativas de la pareja. Entonces los amantes se separan, porque ya no se reconocen. Ese que es ahora no es el hombre o la mujer de quien me enamoré, ya no es "a imagen y semejanza de mi necesidad". Ahora es un ser desconocido que actúa "a imagen y semejanza de su necesidad". Una necesidad que yo no conocía y me siento sorprendido, pasmado ante sus reclamos, ante su afirmación de que se va de la relación porque yo "no le dejo ser", porque "no le acepto como es y quiero que sea alguien que no es".

Ambos tenemos el mismo reclamo, nos sentimos desilusionados, incomprendidos, usados, presionados, engañados, víctimas del egoísmo, las exigencias y demandas —expectativas—, del otro. Nos sentimos en conflicto, porque ahora que por fin logramos expresar nuestros sentimientos, nos damos cuenta de que los dos nos sentimos igual: mi pareja se siente tan engañada y tan desencantada como me siento yo. Esto es lo que sucede, pero la mayoría de las veces, los amantes ni siquiera se hacen conscientes de todo esto, porque a pesar de todo, el miedo los sigue dominando, y es tal el dolor ante el abandono —mismo que sufre tanto el que abandona como el que es abandonado—, que se quedan como anestesiados ante la pérdida. No pueden ver más que su dolor. Entonces se abren ante ellos las posibles alternativas:

1. Se obsesionan por el amor perdido y viven en función de su regreso, sin poder pensar con claridad en virtud de la obsesión de que vuelva el ser amado.
2. Se encierran en sí mismos, a la realidad y a otras personas y tampoco piensan con claridad, están centrados en la idea de que el Amor es algo terrible que destruye, pero viven atormentados y divididos entre esta idea de no volverse a enamorar, no volver a confiar en nadie y su necesidad de amar y ser amados para no sentir ese vacío y ese sin sentido que ocurre cuando le cerramos las puertas al Amor.
3. Se evaden buscando nuevos amores para demostrar que son personas dignas de ser amadas y aceptadas y que quien los abandonó es incapaz de amar. Se avocan a tener relaciones superficiales que no impliquen compromiso, con la idea de que si no se enamoran, no van a terminar heridos, y por lo tanto, no tardan en comprobar que son infelices ante el vacío que conlleva este tipo de relaciones que excluyen al Amor comprometido.

En cualquiera de estas posiciones, quien ama, sigue sin ver y culpando al Amor; se vive como víctima del Amor y, a la vez que reniega de él y lo maldice, lo desea y lo necesita. Por lo que pasado un tiempo, lo buscará de nuevo —salvo que anestesie sus sentimientos y opte por una soledad definitiva y llena de amargura— pero, en caso de que lo busque, o llegue alguien a su encuentro, sólo será para repetir interminable y dolorosamente, la misma historia. ¿Por qué? Porque la persona entrará en la siguiente relación aferrada a la inconsciencia y a sus miedos, porque no quiso detenerse y mirar, sino seguir manteniendo viva su fantasía del "amor", dominada por su miedo a responsabilizarse de sí misma o de aferrarse al espejismo. Así se entra de nuevo a una relación en la que los amantes tratarán de cumplirse mutuamente las expectativas, negándose a sí mismos, hasta que llegan a su límite y viene de nuevo el desencuentro, una y otra vez.

Mientras los amantes no enfrenten sus miedos y decidan a través de ellos descubrir sus heridas, resulta imposible hacer una relación sana de pareja. Los miedos y los fantasmas siempre terminarán ganándole la partida al Amor. De ahí que hacer conciencia y conocerse a uno mismo es condición indispensable para que sea posible realizarse en el Amor. Si el Amor es luz, no puede sino vivir en la luz. Ha de ser vivido y expresado bajo la luz de la conciencia, que lleva al compromiso, y no bajo la oscuridad de la inconsciencia que lleva a la evasión. Es aquí donde radica el verdadero problema: inconsciencia. Quien ama de verdad, confía en el Amor y en el amado, no teme poner a prueba el Amor bajo la luz de la conciencia. ¿Cómo? Mostrándose tal cual es desde el primer momento, expresando sus necesidades y permitiendo que el otro haga lo mismo. ¿Y por qué no somos capaces de hacer esto? Porque puede más nuestra neurosis, que se traduce en el miedo a ser invisibilizados, es decir, rechazados y abandonados. Cumpliendo las expectativas del otro y negándonos a nosotros mismos, es como paradójicamente provocamos que suceda lo que tanto tememos: el rechazo y el abandono. ¿Y por qué no vimos al otro como es en verdad? ¿Por qué no pudimos mirarle bajo la luz de la conciencia y aceptarle y amarle tal como es? ¡Ah! es que el amor es ciego, decimos. ¡Mentira! *El enamoramiento es ciego, en tanto que el Amor es clarividente.*

Mirar, analizar, comprender, elevar el nivel de conciencia sobre nosotros mismos y sobre el otro y aceptar la realidad de ambos, es decir, mirar sin el vaho del miedo en nuestros ojos, esto es Amar con los ojos abiertos, es la única manera de amar verdaderamente, de hablar de Amor y no de "amor". Todo esto para llegar a una afirmación que podemos comprobar en todo momento: *el Amor verdadero puede con todo, con absolutamente todo, excepto con la neurosis.* Pero, ¿qué es la neurosis? Se habla tanto de neurosis, de eso tan terrible que al final no es más que una cosa: **miedo.** *Cualquier neurosis tiene que ver con el miedo a la invisibilidad,* *al rechazo.* Miedo a ser rechazado, a fracasar, a comprometer nuestros sentimientos y luego ser traicionados, abandonados, manipulados. Miedo a quedarnos solos, a no ser aprobados, aplaudidos, valorados, protegidos, cuidados.

Si estamos en una relación en la que no nos sentimos felices, en la que no podemos hablar con nuestra pareja, porque tenemos miedo de su rechazo, de su reacción, de que nos agreda, nos abandone, nos minimice, someta, controle, descalifique o hiera, ¿de qué amor estamos hablando? ¿De qué amor nos habla nuestra pareja cuando a su lado sentimos soledad, rechazo, incomprensión y dolor emocional? ¿De qué amor podemos hablar si nuestra pareja no nos conoce ni la conocemos, no nos acepta ni la aceptamos? ¿De qué amor estamos hablando si el Amor se basa en el conocimiento y la aceptación del otro? ¿De qué amor estamos hablando si no conocemos nuestras mutuas heridas?

El dolor y el miedo no tienen nada que ver con el Amor, tienen que ver con la neurosis, los miedos propios y los de la otra persona. Los miedos son siempre de los dos lados y uno está con el otro porque ambos tienen la misma medida de neurosis. ***En una pareja, nunca es uno más neurótico que el otro: las neurosis se juntan.*** Si nos relacionamos por miedo, no estamos hablando de Amor, sino de codependencia y neurosis. Dejemos de negarnos a nosotros mismos, de permitir maltrato físico, o psicológico, "en nombre del amor". No confundamos, cuando quien nos obliga a reprimirnos para amarnos, nos expresa: *"Así soy yo, ámame como soy"*, debemos responder: *"Te amo como eres, siempre y que al ser quien eres, y como eres, no pases por encima de mis derechos"*. Si ser como eres, me hiere, me destruye, me exige que renuncie a ser yo mismo, entonces no me amas a mí. Y en tal caso no estamos hablando de Amor, sino de miedo, de codependencia, en una palabra, de neurosis. Enfrentar la realidad, por dura que sea, siempre será menos doloroso que evadirla. Tenemos derecho a amar y a ser amados, y nada justifica que seamos maltratados por quien dice que nos ama.

Cuando surge el maltrato en cualquiera de sus formas, tenemos que hacernos conscientes de inmediato de que si estamos permitiendo que nos maltraten, es porque lo hemos permitido antes, o porque fuimos maltratados en la infancia y no pudimos hacer nada por ser pequeños. Esa herida, hace que en el presente, al ser de nuevo maltratados, nos paralicemos del mismo modo que cuando éramos unos críos o por el contrario, reaccionemos agresivamente hacia quien nos hiere.

106 El amor de pareja desde la Psicomística

Lo importante es, en cualquier caso, hacer conciencia de la herida, hablarla con el ser amado y de este modo enfrentar juntos los demonios y fantasmas del pasado y curar finalmente las heridas, justamente a través del Amor que ambos se profesen. El Amor está ahí, en cada uno de nosotros, pero cuando la voz del **Ego**, esto es, de la neurosis, grita tan alto, es imposible escuchar la voz del **Alma**, es decir, la voz del Amor.

Capítulo 3

El Ego y el Alma
y La herida madre

**Toda la vida estamos inmersos en una lucha entre el Ego y el Alma,
provocada por la HERIDA MADRE: LA INVISIBILIDAD.
Y la única manera de terminar con esta guerra
y curar esta herida, es a través de hacer conciencia,
de despertar a la conciencia.**

ESTA OTRA

**Hace frío
hace viento
hace miedo
hace oscuridad
hace angustia
hace desesperación
hace soledad
...Y cosas peores
hace esta otra
que está dentro de mí
y que a veces
también soy yo.**

¿Quiénes somos en realidad? ¿Quiénes somos esencialmente? ¿Quién es la persona a la que amo? ¿Por qué elijo y me enamoro de una persona y no de otra? ¿De dónde viene nuestro miedo al rechazo, al abandono? ¿Por qué vivimos cumpliendo las expectativas de los demás? ¿Por qué nos detonamos y sufrimos cuando los demás nos convierten en fantasmas, haciéndonos invisibles? ¿Por qué no hacemos y decimos libremente lo que pensamos, sentimos y queremos? ¿Quién no se ha preguntado todo esto una y otra vez en la vida?

Para poder hablar de las relaciones de pareja, del Amor de pareja, hemos de comprender primero de dónde viene la neurosis, esto es, los miedos que no nos permiten poder tener una pareja sana y serlo nosotros mismos al relacionarnos amorosamente con alguien. Esto nos llevará a comprender cabalmente el Amor y las relaciones de pareja y nos conducirá a hacer conciencia de lo que es el Amor verdadero para vivirlo no sólo con nuestra pareja, sino hacerlo expansivo a todas nuestras otras relaciones.

Cuando yo, Lindy, empecé a ejercer como terapeuta, me di cuenta muy pronto de los innumerables matices de la neurosis en cada una de las personas que trataba. Cada ser humano era un todo y era único y, a pesar de que muchas historias tenían similitudes, las variables eran infinitas. Recuerdo que me dije: *"El Amor tiene más formas que nubes tiene el cielo"*. Sin embargo, pronto descubrí que había un común denominador en todas y cada una de las personas que llegaban a consulta, no importaba si eran hombres o mujeres, ni su situación económica, su profesión, estado civil o edad; tampoco importaba su apariencia física, su inteligencia o su bajo rendimiento intelectual, ni su religión, nacionalidad, preferencia sexual, formación académica o educación. Todas, absolutamente todas, coincidían en algo: tenían miedo a ser rechazadas, a ser abandonadas, a no ser aceptadas, valoradas y amadas. En una palabra: a ser invisibles.

Miraba a estas personas y pensaba: tienen miedo al rechazo. Luego me miraba a mí misma y descubría lo mismo: tengo miedo al rechazo. Hago muchas cosas para ser aceptada, vivo haciendo méritos para ser aprobada y amada. Y si no cumplo las expectativas de los demás, me siento culpable y ansiosa. Y lo mismo veía sin excepción en todas las personas que me rodeaban, no importaba si eran familia, amigos, jefes, conocidos o pacientes.

Todas las personas nos movemos de acuerdo a ese miedo, y nuestras acciones y decisiones las tomamos en función de evitar el rechazo y vivimos asustados ante la idea de ser rechazados y abandonados. Vivimos diciendo y haciendo un sin fin de cosas que no queremos, callando lo que realmente pensamos, instalados en el Deber Ser, y no en el ser, privándonos nosotros mismos, sistemáticamente, de nuestra libertad, cumpliendo las expectativas de todo el mundo, con tal de no ser heridos por el rechazo y evitar, a toda costa, el abandono. Veía esta reacción en todas las personas con las que me relacionaba, o en su defecto, la reacción contraria: rebelarse, no cumplir la expectativa de nadie, ir en contra de la corriente. Sin embargo, estas personas, tampoco hacían lo que en realidad querían, sólo reaccionaban rechazando el quiero de los demás, y con ello, atraían igualmente el tan temido rechazo y sin duda, el abandono, la soledad y por tanto, el dolor emocional.

Yo quería ser libre, ser yo misma, expresar lo que pensaba y sentía sin temer el juicio y el rechazo de los demás, sin miedo a ser abandonada. Quería llevar a mis pacientes por ese camino de libertad interior. Me daba cuenta de que para lograrlo, era indispensable descubrir de dónde venía ese miedo al rechazo en el que todos, sin excepción, estábamos atrapados. Sentía que descubrirlo, me daría la llave de la libertad. Intuía que la neurosis y el pánico al rechazo estaban intrínsecamente ligados. Seguí en mi práctica terapéutica, y por diferente que fuera un caso del otro, una historia de las demás historias, una persona de las demás personas, siempre, sin excepción alguna, estaba ese común denominador, el fondo de todas las neurosis que trataba: el miedo al rechazo. Esa era una verdad absoluta, no importaba si mis pacientes eran niños, adolescentes, jóvenes, adultos, o ancianos.

Durante cuarenta años de práctica profesional, trabajé con toda clase de personas, por ende, mis experiencias se multiplicaban y diversificaban: estudiantes, albergues de madres solteras, cárceles, prostitutas, niños con problemas de autismo, drogas, maltratados, etcétera. Obreros, campesinos, técnicos, ejecutivos, empresarios, sacerdotes, religiosas, artistas de todas las disciplinas, ricos, pobres, personas anónimas, personas famosas, fracasadas, exitosas, con hijos, o sin ellos... mujeres maltratadas, hombres y mujeres solteros, casados, viudos, divorciados, consagrados al servicio en alguna religión. También tuve pacientes que pasaron años en el Tíbet meditando, y en ninguna de estas personas encontraba ni una sola excepción. Todos tenían miedo a ser rechazados, ya fuera por sus familias, parejas, hijos, padres, hermanos, jefes, comunidades, o por la sociedad.

Tuvieron que pasar muchos años, para poder elaborar una explicación que me sirviera para comprender esta realidad que comprobaba a cada paso, día con día. Necesitaba encontrar una manera de expresar en palabras sencillas, a qué se debía este común denominador, esta regla sin excepciones: ***todos tenemos miedo al rechazo.***

LA HERIDA MADRE: LA INVISIBILIDAD

Sí, todos tenemos miedo al rechazo y al abandono, pero algo me decía que eso era fruto de algo más, quizá el resultado de otro miedo mayor, ¿cuál era en realidad nuestra herida madre? Y me preguntaba sin cesar: ¿Cuál es nuestro miedo madre?

Finalmente, algo llegó a mí en un momento crucial de mi vida, un momento de un dolor inenarrable, casi inhumano y fue el *maestro Dolor*, el que me trajo ese algo que respondía a mi pregunta de décadas: la respuesta llegó de tal modo que no pudo caber en mí la menor duda, porque era algo que tenía tatuado en mi mente, en mis entrañas, en mi cuerpo, en mi alma misma, motivo por el cual la consideré un gran descubrimiento, porque aun antes de encontrar esa sola palabra, de ponerle nombre a lo que yo percibía como la herida madre, ya curaba, basándome en esa intuición. Esa respuesta que un día vino a mi mente, decía que aunque la psiquiatría y las diferentes corrientes de la psicología hablan de traumas y heridas de diversa índole y manejan, entre los principales miedos, el miedo al rechazo y al abandono, siendo los causantes de las enfermedades mentales y neurosis conocidas, así como de los problemas para relacionarnos sanamente; de pronto, vi con claridad que tanto el miedo al rechazo como al abandono ciertamente son miedos decisivos, fundamentales y enraizados de los que absolutamente nadie nos libramos, pero ninguno de los dos, son la herida madre, ambos son **consecuencia** de la verdadera herida madre: **LA INVISIBILIDAD.**

A lo que en realidad tememos es a ser invisibles. No hay herida más honda, dolorosa, descomunal, grave, atroz, insoportable, aguda, temible, intolerable, ¡vamos!, no hay dolor más innombrable para un ser humano que **no existir**... es decir experimentar **la invisibilidad**, no ser, ser invisible, es tanto como estar muerto y advertirlo, experimentar la sensación de estar muerto, en un mundo de vivos, ser consciente de esa muerte emocional, del dolor de no ser nadie para alguien, no ser nada, no ser mirado por nadie es indescriptiblemente doloroso.

Nada es más aterrador que ser invisible, que no existir para los demás, no se diga para el ser amado o el ser o seres de los que depende nuestra vida, en el caso de los niños.

Cuando alguien nos hace invisibles, se hace realidad el miedo al rechazo y al abandono, nos apresa, nos asfixia, pero lo que provocó esos miedos y ese dolor emocional insufrible, fue el que nos hayan hecho invisibles, la raíz entonces, **la herida madre, es esa: la invisibilidad.** A partir de ella se desprenden todos los demás miedos, capitaneados por el del rechazo y el abandono y de ahí se genera una lista interminable: miedo a ser juzgados, criticados, desacreditados, difamados, a fallar, a fracasar, a ser subestimados, a sentirnos culpables; a que el otro se enoje, se enfurezca, nos castigue, golpee, maltrate de cualquier forma, nos humille, desapruebe; a ser controlados, a quedar mal, a terminar amargados; a la soledad, al aislamiento, a la esterilidad, a enfermarnos; a no ser hermosos, ricos, jóvenes, aprobados; a envejecer; a perder lo que tenemos, las cosas materiales, la libertad, la paz; a ser deshonrados, desprestigiados, traicionados, ultrajados, impopulares, desaprobados; a desilusionar, desencantar, decepcionar, etcétera. Así como a desilusionarnos, desencantarnos, decepcionarnos de alguien, en fin la lista es infinita e incluye el miedo a tener miedo.

En la Psicomística estamos absolutamente seguras de que la herida madre es la invisibilidad y es tan dolorosa que cuando sobrepasa los límites que puede soportar un ser humano, lleva a la locura o al suicidio y en la PSM, afirmamos que al menos el 97% de los suicidios, se deben a la herida madre no resuelta: ser invisibles. Sé que es una afirmación temeraria, pero si se estudia el tema a fondo, es a esta conclusión a la que se llegará. Hoy en día en el mundo, se suicidan diariamente tres mil personas de todas las edades. Un millón al año. Estamos en el 2013 y el pronóstico para el año 2020 es que la cifra aumentará a un millón y medio de suicidios anuales. Nunca soñamos con una cifra tan insólita y dramática.

Lo que afirma la PSM al respecto, es que la humanidad no está logrando manejar **el dolor del anonimato, de la invisibilidad** a la que la ha sometido y condenado el sistema consumista—materialista que nos hace visibles o invisibles no por lo que somos, sino por lo que tenemos: *"Eres lo que tienes materialmente y si no tienes, no eres, no existes"* y, aunado a esto, está la globalización.

Antes, un ser humano se visualizaba, era visto y reconocido haciendo algo importante en su ciudad: un libro, un edificio, lo que fuera. Actualmente, debido a la globalización y al sistema económico que prevalece, para ser alguien en el mundo, para existir, es preciso ser el hombre más rico del planeta, el inventor más extraordinario, el empresario más prominente, el mejor deportista del mundo, el artista más excelso, hay que realizar alguna odisea, ser un héroe a nivel mundial, de otro modo, **eres nadie, eres invisible, un ser perdido en la inmensidad de un planeta globalizado.** Por estas y otras razones, **fundamentalmente por la**

imposibilidad del Amor, podemos afirmar que la verdadera causa del suicidio, la raíz de fondo, la auténtica razón que lleva a un ser humano a quitarse la vida es esa herida madre: la invisibilidad. No existir para nadie. No importarle a nadie, no ser amado por nadie. Una persona que es mirada aunque sea por un sólo ser humano en el planeta, realmente mirada por dentro, mirada con los ojos del Alma por alguien que sea capaz de ver su herida, de mirar su dolor, sus miedos, su soledad, esa sola persona, sería suficiente para que ese ser humano desistiera de la idea de privarse de la vida.

Al menos, esa ha sido mi experiencia en 40 años de curar heridas emocionales, eso es lo que he podido constatar con suicidas que no lograron su cometido porque alguien los miró y los tocó por dentro, los abrazó con el alma en el momento preciso. Y hay algo realmente notable en todo esto, no en pocas ocasiones, ese alguien que impidió un suicidio, es un perfecto extraño para la persona que decidió acabar con su vida. Por lo que también puedo hacer esta afirmación: *"Un ser humano desiste de suicidarse si en ese momento es mirado y tocado en su alma por otro".*

He escuchado los testimonios de familiares de hombres y mujeres que desafortunadamente consiguieron su objetivo y se suicidaron, y no me cabe la menor duda de que la invisibilidad es la causa real de que un ser humano decida terminar con su vida. Superficialmente puede haber muchas causas: que el empresario quebró económicamente, que el niño no se siente amado por sus padres, que al joven lo dejó la novia, que el artista tuvo un estrepitoso fracaso... Las causas pueden ser infinitas, pero atrás de ellas está la verdadera, la única: la invisibilidad. El que se mató porque se quedó sin dinero ni poder, lo hizo por miedo a volverse invisible al perder su riqueza y su poder, lo hizo porque no soportó la idea de no ser visible, de no ser "alguien". El niño que se suicida es porque es invisible para los padres, el joven que se mata porque lo dejó la novia, se mata porque la mujer que ama lo hizo invisible. El artista que se suicida por un estrepitoso fracaso es porque siente que de pronto se invisibilizó para siempre en el mundo del arte porque nadie le perdonará tal fracaso.

Cuando queremos explicar algo importante, normalmente nos valemos de una metáfora, de modo que voy a recurrir a un cuento, para tratar de comprender este temor generalizado en todos los seres humanos.

Somos energía, esto está probado científicamente. Asimismo, sabemos que la energía no se destruye ni se crea, sólo se transforma. Si somos energía, y no "nacemos" en un determinado momento, sino que ya existíamos antes de ser concebidos, entonces ¿en dónde estábamos antes de nacer?. Esto para mí es una realidad, nuestra Alma, es decir, nuestro ser espiritual, que es conciencia, no "nació" en el momento en que fuimos concebidos. Si el Alma humana, nace de la unión de un óvulo y un espermatozoide, entonces, todos los animales tendrían conciencia y no es así. Los animales no tienen conciencia. No saben del transcurso del tiempo, no pueden tomar decisiones, no piensan. Un perrito, por ejemplo, cuando lo sacamos a la calle, no sabe a dónde lo vamos a llevar, si a dar un paseo, a regalarlo, a abandonarlo o a dormirlo; no sabe si regresará a casa con nosotros o no. El animalito viene con nosotros, confiado, sin embargo, no tiene conciencia, ni puede tomar decisiones. Así pues, no "nace" nuestra Alma en el momento de ser concebidos. Nosotros ya existíamos, éramos una energía, pero ¿dónde estábamos?...

Digamos que estábamos en un Océano —usaremos esta imagen que todos conocemos—. No éramos el Océano, pero formábamos parte de él. El Océano es Dios —léase Luz, Creador Universal, Fuerza Superior, Dios trinitario, plural, como se quiera, un Ser superior a nosotros—. Y este Océano, está formado por gotas de agua, que seríamos cada uno de nosotros. En esa realidad, —como en la nuestra, la que conocemos—, una gota de mar, no es mejor que otra, ni más grande o más pequeña, ni más o menos hermosa, ni tiene más sal que otra, cada gota tiene seis componentes, en la misma, exacta, idéntica proporción. Todas son iguales.

En ese Océano tenemos la conciencia de que todos somos uno, todos somos idénticos y formamos un Todo. Todos estamos unidos al Todo, con lo que ello implica. Es decir, el Todo, es sabio y perfecto, es unidad y Amor. Es Todo y Todos, por lo que Todo es lo mismo y Todos somos uno y uno con Él, con el que Es.

Por lo tanto, antes de encarnar, estando *conectados al Todo*, siendo parte de Él, todo lo sabíamos y éramos seres de Amor, de un Amor perfecto, sin mácula. No temíamos nada, no necesitábamos nada, no deseábamos nada, porque lo teníamos todo. En esa dimensión —el Absoluto —, nadie nos abandona, nadie se va a otro lado, nadie tiene que irse a trabajar, nadie se divorcia, ni viaja a otro sitio. No nos sentimos amenazados por el abandono en ningún momento y, además, no nos podemos dañar, porque al tener la conciencia de que *todos somos uno*, nadie daña a nadie, porque sería tanto como dañarse a sí mismo. Tenemos la conciencia de que tú eres yo y yo soy tú. Somos absolutamente visibles y nadie nos puede invisibilizar, porque si uno solo, una sola gota se invisivilizara, el Todo desaparecería.

Una vez ubicados en este contexto, en el que el Alma lo sabe todo y es puro Amor, ¿qué pasa? ¿Qué sucede cuando nos encarnamos? Dios decide, nadie sabe por qué —ese es uno de los misterios inescrutables que pertenecen a los dominios de la Vida y la Muerte— que esa Alma en particular, se encarne en la Tierra (el Relativo), en un determinado momento, en un exacto día, a una precisa hora.

Así pues, una pareja se une —natural o artificialmente— y conciben una criatura. Desde el momento mismo de la concepción, el Alma entra en ese futuro ser humano. Cuando es dado a luz, lo que tenemos en ese bebé, es un Alma encarnada. Es decir, un cuerpo que contiene la esencia de ese ser humano —esa gota que viene del Océano—. El bebé crece y cree que aquí en la Tierra las cosas son como eran en aquella otra dimensión, en aquel Océano del que viene. Es decir, cree *que todos somos uno,* cree que su padre y él son lo mismo, y que su madre y él son lo mismo. Sin embargo, pronto se tiene que enfrentar a que esto no funciona así en esta dimensión. Cuando la criaturita tiene digamos un año, año y meses, todavía cree esto: que ella y los demás son uno mismo.

Si por ejemplo tiene un chocolate, y se lo quiere dar a su madre, le dice ofreciéndoselo: "*Tomo,* mamá, *tomo* el chocolate", y la madre le dice, no mi hijito, se dice "*Toma* mamá, porque *yo* me voy a comer el chocolate". La criatura, no comprende y vuelve a decir: "*Tomo,* mamá, *tomo* el chocolate". Y la madre le explica cuál es la manera "correcta" una y otra vez. Y al ver que el niño no comprende le dice: "Mira mi hijito, *tú eres tú y yo soy yo.* Si me das el chocolate, yo me voy a comer el chocolate no *tú".* El niño o niña que no puede asimilar tal realidad, y tampoco puede razonar como una persona mayor, se pregunta a niveles inconscientes: "¿Tú no eres yo? Entonces *¿yo* quién soy? Si tú no eres yo y yo no soy tú, entonces *yo soy un ser, una criatura rechazada, abandonada".* Y es así como el pequeño se siente. Ante estas experiencias y ante la experiencia de que el padre, la madre, los que lo crían "se van" y lo dejan solo aunque nada más se hayan metido a duchar.

La criatura, que viene del Océano, es decir, del conocimiento y la conciencia de que todos somos uno, lo que vive cuando la dejan sola es que es **INVISIBLE:** nadie la ve, de pronto es invisible, no existe, no es visible para la otra o las otras personas que la rodean. No existe para ellas. Ha sido abandonada y como no tiene noción de tiempo y espacio, su angustia es infinita. Ese abandono, que en la realidad puede durar diez minutos que es el tiempo en que su madre se dio una ducha, para la criatura es una eternidad. Este hecho, inevitablemente reiterativo —porque la vida se impone y ningún pequeño puede estar acompañado las 24 horas del día—, le tatúa en el inconsciente un mensaje inequívoco que será la fuente más grande de dolor emocional en su vida: **Soy invisible, no existo, me rechazaron, me abandonaron, *no merezco ser amado*.** Para la criatura, no ser uno solo, uno mismo con el otro, con los demás, es recibido como rechazo. Así es como lo interpreta en la oscuridad y las profundidades del inconsciente. La han hecho invisible, lo que le causa un indescriptible dolor y un miedo descomunal, porque ser invisible lo absorbe como **no existo**. De modo que el inconsciente traduce esta invisibilidad como sufrimiento, separatividad: muerte. Porque "No existo" se traduce exactamente a esto: "Estoy muerto". Este miedo a ser invisible, a no existir, es el miedo madre—padre, el sentimiento madre—padre de todos los demás sentimientos dolorosos que existen en la vida. **Y es ahí, en ese momento y así, como nace inevitablemente la herida madre: la invisibilidad.**

Y aquí suceden dos cosas. La primera, el pequeño ser recibe un mensaje que se marca en su inconsciente: *"Yo soy una criatura, un ser que no merezco ser amado tengo que hacer algo para ser visible..."* Mensaje por el que será manejado el resto de su vida a menos que haga conciencia y trabaje sobre su herida, de una manera seria y sistemática. Lo segundo que sucede es que el Yo, es decir el *Ego* del niño empieza a multiplicarse y polarizarse. *"Tengo que ser todo lo que ellos quieran que sea para ser visible, porque si me hacen invisible me muero de miedo y de dolor"*. La criatura siente que se muere si la invisibilizan, porque aquellos que la cuidan son quienes la alimentan, curan, arropan, protegen... y sabe que sin ellos moriría.

Es así como aprendemos a depender de cómo, para ser amados, y para que merezcamos ser visibles debemos cumplir las expectativas de los demás. Veámoslo con un ejemplo: digamos que un niño quiere que la hermanita le dé su caramelo, y ella no quiere compartirlo, los padres le dicen: *"Eres una egoísta"*. La niña, por el tono y la manera de reaccionar de los padres o adultos que lo cuidan, intuye que eso de ser egoísta debe ser algo muy malo, ya que a los padres les disgusta y la rechazan por serlo, la hacen invisible y a veces incluso la hacen físicamente invisible mandándola castigada a su recámara. Entonces, la criatura parte en dos su caramelo, o se lo da entero a su hermano, con tal de no ser rechazada y volver a ser visible para sus padres. En ese momento recibe un mensaje de aceptación: *"Muy bien, así me gusta, que seas generosa"*, y la niña siente un enorme alivio, al ser liberada del miedo a la invisibilidad, al no recibir rechazo, sino aprobación, misma que asocia con amor y que como decimos, la regresa a ser visible, a existir para sus padres o quienes estén en su lugar. Y aprende que para sentirse bien, debe cumplir con las expectativas de los demás. De no hacerlo, se vuelve invisible: no existe y como consecuencia, experimenta un gran dolor emocional.

Egoísta, generoso, bueno, malo, tímido, extrovertido, inteligente, tonto, sumiso, rebelde, alegre, triste, fuerte, débil, sensible, insensible, sociable, antisocial, ingenuo, malicioso, cobarde, valiente, etcétera, son los calificativos que van definiendo "cómo es" esa criatura. En realidad no están describiendo a esa persona, sino a los persona—jes que van apareciendo con el condicionamiento que se le está dando y de acuerdo al ambiente y situaciones en que está creciendo esa criatura. Cada calificativo va a desarrollar un personaje en esa persona, quien los hará vivir de acuerdo con sus necesidades y con los acontecimientos de su vida.

Entonces los demás la definen o se autodefine: "Soy egoísta o generoso, soy bueno o malo, tonto o inteligente, valiente o cobarde, etcétera." Y este sin fin de personajes, empiezan a conformar su Ego. Y el niño empieza a escuchar cada vez más fuerte la voz del Ego, que está lleno de miedo a ser abandonado. Y es ahí donde radica *la neurosis, en el Ego*. Ya no es la *perso—na* que en realidad es, sino el *persona—je* o *persona—jes* que le impone su Ego; personajes que no podemos evitar desarrollar y fortalecer, como un mecanismo de defensa para evitar el miedo a la invisibilidad, al rechazo y poder sobrevivir. De ahí también la polaridad, porque desarrollamos personajes opuestos: o soy egoísta o soy generoso, o soy valiente o soy cobarde... Estas polaridades nos hacen fluctuar de un lado al otro, provocándonos confusión, ambivalencia y conflicto, así como divisiones interiores, culpas, rabia, resentimiento, y como consecuencia, dolor emocional, producido por escuchar la voz (voces) del Ego.

¿Y dónde queda la voz de su Alma? ¿Qué pasa con el Alma, que es en verdad la esencia de esa criatura? El Alma pura, a la que no le hacen ruido esos personajes, daría como resultado una persona sana. El Alma no se puede morir, recordemos que es energía, y en todo caso, sólo se puede transformar. Sin embargo, esa Alma, es ahora cautiva de ese cuerpo y de esa mente en la que habita el Ego, constituido por tantos personajes y amenazado constantemente con invisibilizar a la criatura. El Alma queda atrapada entre la telaraña de personajes que desarrollamos en el Ego (véase ilustración pág. 122). Cuanto más fuerte hablen los personajes, menos posible es escuchar la voz del Alma, que se va arrinconando en nuestro ser y lucha por ser escuchada. El Ego funciona de acuerdo al miedo a ser rechazado, y a todos los miedos que se derivan de este enorme miedo (miedo al ridículo, al fracaso, a la burla, a ser abandonado, engañado, traicionado, etcétera.) **La neurosis viene del Ego, mientras que la sanidad viene del Alma.**

El Alma, es incorruptible, perfecta, y siempre su voz, es la voz del Amor. Un ejemplo: si yo amo a mi pareja y nunca le miento, y descubro que mi pareja me miente, respondo desde mi Ego (miedo al rechazo, celos...) y le digo (a gritos): "¿Por qué me mentiste a *Mí* (Ego)? *Yo* (Ego) que nunca te he mentido. A *Mí* (Ego) que sabes que odio la mentira, a *Mí* (Ego) que te amo... *Yo* (Ego) que te he pedido siempre la verdad y te la he dicho..." Yo, yo, yo, a mí, mí, mí... esa voz es la voz del Ego, de la neurosis, del miedo. La herida madre grita: "¿¡Por qué me hiciste invisible y me mentiste!?"

¿Y la del Alma? ¿Cómo vamos a escuchar la voz del Alma, la voz del Amor, si estamos heridos en nuestro Ego y manejados por él? ¿Qué diría el Alma ante esta misma situación? Diría con voz suave: *"¿Por qué me mintió? Si me mintió es porque me tiene miedo. ¿Por qué me tiene miedo a mí, miedo a decirme la verdad? No quiero que la persona que amo, me tema, que tema mi rechazo, que la abandone o que la haga invisible. Tengo que hacerle ver que la amo y que no la voy a juzgar, a rechazar, a abandonar ni a invisibilizar".*

Y entonces actúa en consecuencia. Es decir, **el Alma, mirará la herida de la persona que ama, la comprenderá, lo compadecerá (padecerá con el otro) experimentará esa empatía y le hablará con Amor, curando así su herida, haciendo que deje el miedo a un lado, aceptando al otro tal cual es.** Esto es, el Alma siempre da una respuesta amorosa, mientras el Ego, necesariamente, da una respuesta neurótica, nacida del pánico que tiene la persona a ser rechazada e invisibilizada.

Así pues, **toda la vida estamos inmersos en una lucha entre el Ego y el Alma, y la única manera de terminar con esta guerra, es a través de hacer conciencia, es decir, despertar a ella.** Esto es, a partir del conocimiento de nosotros mismos, de cómo funciona nuestra mente—Ego—personajes—neurosis, y darnos cuenta de cómo dejamos de escuchar la voz de nuestra Alma, de cómo estamos dormidos y vivimos dominados por el miedo al rechazo, a la invisibilidad y cómo reaccionamos ante ese mensaje inicial: *Soy un niño abandonado, no merezco ser amado.*

Sólo cuando logramos vivir plenamente en la conciencia y, a través de esto, sanar nuestro Ego desterrando los *persona—jes* y retomando la persona que somos, entonces ocurre una comunión entre el Ego (sin personajes, ni neurosis, sólo un sano amor a uno mismo) y el Alma. *De ahí que la sabiduría sea el matrimonio entre un Ego sano y el Alma.* Entonces, encontramos el paraíso perdido y vivimos en un estado de gracia en permanente paz y libertad.

En la medida en que seamos capaces de deshacernos de los personajes que habitan nuestro Ego y de escuchar la voz del Alma, seremos sanos, amorosos y felices. Mientras no nos apliquemos en hacer conciencia, seremos víctimas de un Ego enfermo, neurótico, que nos tendrá encadenados al miedo, que nos impide amar y ser amados, y por lo tanto, viviremos haciendo méritos para ser visibles, amados, y al mismo tiempo, enfrentándonos con la imposibilidad del amor, porque al escuchar la voz del Ego, reaccionaremos de acuerdo a nuestra neurosis y no a nuestro amor. Y, si el otro hace lo mismo, nos llevará a conseguir precisamente lo que tratamos de evitar: la invisibilidad, el rechazo y el abandono. De ahí lo complejo que resulta relacionarse sana y amorosamente. Vamos a ir paso por paso a ver cómo es nuestra neurosis y la del otro y cómo *las neurosis se juntan*. Observar esto, nos llevará a ver las causas por las cuales tenemos tantos problemas para hacer una relación de pareja sana.

Resulta conveniente definir la neurosis de acuerdo a cómo estamos nosotras manejando este término.

LA NEUROSIS
DEFINIDA Y EXPLICADA DESDE LA PSICOMÍSITICA

La neurosis es la imposibilidad de relacionarse sanamente consigo mismo y con los demás, lo que induce a trastornos de la personalidad que producen el dolor emocional que trae como resultado la imposibilidad de amar.

La neurosis nace de la herida madre: la invisibilidad —ser invisibles para los demás—. Esta herida provoca el miedo más intenso y doloroso que se pueda concebir y padecer. Es una herida que nos es infringida a todos los seres humanos sin excepción, este es un hecho absolutamente inevitable, que sucede como consecuencia de ser condicionados. Tal herida produce el miedo madre: ser invisibles, no existir para los otros, especialmente para quienes amamos. Este miedo a la invisibilidad es el miedo que rige nuestra vida y, sin duda, la complejidad de las neurosis, dependen, del grado de invisibilidad al que cada persona fue sometida.

La neurosis, nace de vivir en la incongruencia del Todo que somos de acuerdo a nuestra naturaleza tanto espiritual como humana, constituida en cada individuo por dos energías: la masculina y la femenina en perfecto equilibrio. La neurosis se origina al ser divididos y condicionados como si fuéramos la mitad de lo que realmente somos, lo que provoca que vivamos divididos y en conflicto entre nuestras dos partes. Al negar nuestra parte divina, somos reducidos a la parte humana y, al ser condicionados, somos divididos en dos: ya no somos femeninos y masculinos, sino femeninos o masculinos y de este rompimiento con nuestra esencia, con nuestra naturaleza que es perfecta e incluye las dos energías, nace la neurosis. Por esta razón, nos vemos obligados a vivir sometidos al condicionamiento que nos imponen y del que nace la herida madre: la invisibilidad y, este miedo a ser invisibles, a no existir, es el que detona que se desarrollen otros tantos miedos que refuerzan la voz del Ego, es decir, la neurosis Entonces la voz del Ego—Miedo—neurosis, grita tan fuerte, que no nos permite escuchar la voz del Alma—Amor—sanidad.

Los miedos nos mantienen dormidos, nos manejan desde el inconsciente, donde habita el miedo madre: la invisibilidad, mismo que obliga a las personas a crear y vivir de una manera inconsciente, un sinnúmero de persona—jes que actúan de acuerdo a las necesidades de los demás, con el fin de ser visibles y aceptadas y evitar así la invisibilidad y sus consecuencias. Esto trae como resultado que la persona no sea libre, sino que se vea sometida y obligada por sus miedos a vivir en una farsa, en un espejismo, jugando personajes que la lleven a conseguir amor; y el miedo al rechazo y a ser invisibilizada la hacen incapaz de poner límites y acepta cosas que van en contra de su naturaleza, traicionándose a sí misma, siendo incongruente con tal de no ser rechazada.

Mientras la herida madre no es sanada, hace incapaz a la persona neurótica de relacionarse con sanidad, reciprocidad, empatía y libertad y le niega la seguridad de ser y sentirse amada, ya que no se muestra como persona, sino como persona—je y esto siempre la mantiene en la duda de si la amarían si se mostrara tal cual es, si expresara lo que realmente siente. Todo esto, le impide tener relaciones íntimas, libres de miedo, recíprocas, empáticas, sanas y amorosas.

La manera de sanar la neurosis es hacer conciencia de la herida madre y enfrentar los miedos. Trabajar en conocernos a nosotros mismos y en re—condicionarnos de una manera sana, para recuperar nuestra totalidad: fusionando y manifestando nuestra energía tanto masculina como femenina y desechando creencias que nos han llevado a la imposibilidad de amar y ser amados.

Sólo así, como seres completos e independientes, es viable hacer una pareja en la que una vez elevado el nivel de conciencia, sea posible vivir una relación de amor real, que implica reciprocidad, empatía, libertad y aceptación incondicional a lo que cada uno es. Esto requiere el conocimiento de la propia herida y la del otro y es el único camino que puede hacer posible que logremos soltar y eliminar los miedos, el control, el maltrato y la inequidad en la pareja o en cualquier relación que tengamos en nuestra vida.

La neurosis es claramente la incapacidad para ver la realidad tal y como es, aceptarla y adaptarse a ella, esto viene como resultado de miedos no resueltos, conscientes o inconscientes. Esta incapacidad para ver la realidad desde la conciencia, nos condena a vivir en una farsa, en un espejismo.

Como ya establecimos, el miedo a la invisibilidad, provoca que la persona que somos, con tal de evitar el rechazo y el abandono, se vea obligada a cumplir expectativas: familiares, sociales, religiosas, de pareja y personales. Proceso en el cual, desarrollamos innumerables personajes y roles que se apoderan de nuestra mente y la manejan confundiéndonos, de tal modo que damos respuestas desde los personajes, por la necesidad vital de ser amados y aceptados, obligándonos a rezagar y anestesiar a la persona que realmente somos y a vivir en un espejismo, porque al vivir como no somos en realidad, vivimos lo que no Es realidad. Por tanto, la única manera de sanar la neurosis, es ver la realidad —misma que no es negociable— y aceptarla tal y como es, empezando por descubrir a la persona que realmente somos y obligándonos a reconocer y deshacernos de los personajes que nos vimos obligados a representar para poder sobrevivir emocionalmente el miedo a ser invisibles.

Hay personas que han vivido cumpliendo las expectativas y necesidades de los demás a tal grado que realmente se han perdido de sí mismas con tal de no perder al otro, o a los otros. Y que cuando no soportan más ir en contra de lo que verdaderamente son y sienten la necesidad de ser aceptados y amados tal y como son, despiertan de ese espejismo en el que han vivido y se muestran transparentes. Al romperse el espejismo, su pareja, o las personas a las que conocen, se quedan pasmadas ante la persona que ahora se muestra sin jugar personajes, sin máscaras para ser amada, aceptada y sin mendigar amor. Les parece una persona extraña y esto sucede estando dentro de una familia nuclear o con la pareja. Es este despertar, este hacer conciencia la única posibilidad de sanar emocional y psicológicamente. Para sanar las neurosis es menester enfrentar nuestros miedos a ser y mostrarnos como somos y también hacernos conscientes de las heridas que nos llevaron a crear ese espejismo en el que vivimos por años, ver esas heridas, enfrentarlas y curarlas a través del amor y del perdón; a los demás por habernos dañado y a nosotros mismos por haber permitido que nos dañaran.

La PSM nos lleva a ver quiénes somos realmente, a encontrarnos con nosotros mismos, a distinguir entre el sano egoísmo que consiste en amarnos y aceptarnos a nosotros mismos primero que a nadie, del insano egoísmo, que es estar centrados en nosotros mismo y del Ego que consiste en cumplir las expectativas de los demás, dándoles "en nombre del amor" un poder que no tienen sobre nosotros ni sobre nuestras vidas, negándonos, siendo incongruentes con lo que somos y perdiéndonos de nosotros mismos. Este ver, este elevar nuestro nivel de conciencia acerca de nuestras heridas, sólo se puede hacer desde los ojos del Alma para que realmente seamos curados. Y para ello, la Psicomística nos muestra el camino: Usar los ojos humanos, es decir, el análisis que hacemos desde la mente, y luego trascender ese plano humano y limitado y meternos en la mística, o sea, en el plano divino y espiritual, en el que no hay límites y se encuentra la cura y la libertad.

Si no trascendemos nuestra naturaleza humana, material, limitada y condicionada, y por lo tanto, insana y nos introducimos en el Ser, es decir en nuestra naturaleza divina, inmaterial, ilimitada y sana, no podremos encontrar la plenitud a la que estamos llamados, ni la paz ni el amor perfecto ni la libertad.

Esto se logra comprendiendo que, al dar el paso para enfrentar nuestros miedos y romper con lo que se ve desde los ojos humanos, desde el análisis, desde la psiquis desde donde vemos con los ojos del Ego, trascendemos la psiquis para entrar en el plano de la mística y del espíritu, y es ahí, en ese preciso instante en donde se rompe el espejismo, despertamos y entramos en un estado de conciencia en el que la oscuridad y el miedo son derrotados para que prevalezcan: la luz, la libertad y la sanidad. Es en ese momento en donde la voz del Alma se impone a la voz del Ego y hace que por fin éste, se ponga a su servicio, ganando así el Alma la batalla.

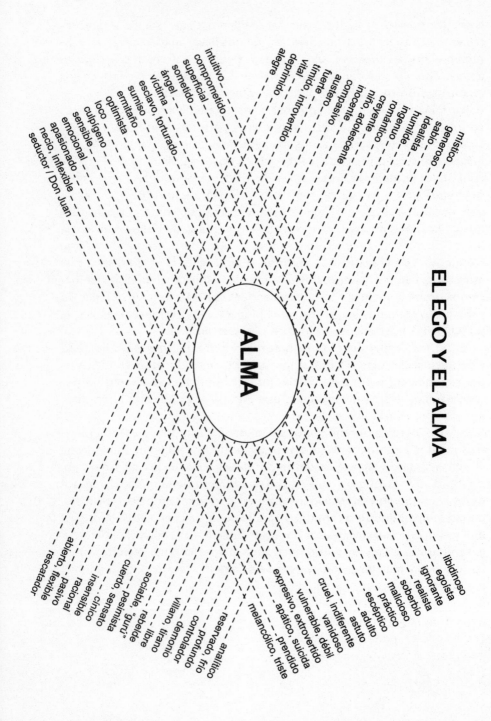

EL EGO Y EL ALMA

POLARIDAD

I

Voy de la rebeldía a la serenidad
del éxtasis a los abismos
en movimientos pendulares vertiginosos
dejándome ser en la polaridad
en una búsqueda dolorosa y fascinante
—consciente de que sobra el dolor—
donde el mí mismo se estrella
en infinitas imágenes y fragmentos
que pareciendo irreconciliables
son en su conjunto la perfecta unidad.

II

Voy de la rabia al Amor
de las cadenas a la fluidez
—consciente de que sobran la rabia y las cadenas—
en un caos delirante
que presagia una armonía sólida.

Como un diamante de incontables aristas
todas independientes e integradas:
el uno multiplicado e inalterable
que me construye y me crea
me destruye y me recrea indefinidamente
descubriéndome que no hay nada que buscar
porque todo está ahí—aquí existiendo, siendo.

Crecer es un constante movimiento
nada se alcanza, nada es camino
nada es meta, nada es ideal
nada se posee, nada se consigue
nada es seguro, nada se acumula
nada se pierde, a nada se renuncia
nada es todo, nada es nada
nada es Vida, nada es Muerte
nada es dolor, nada es placer
nada es permanente, nada es fugaz.

Todo es movimiento, cambio, inicio y fin,
todo es eterno y efímero, nuevo y milenario
finito e infinito, cerca y lejos.

III

Voy de la soledad falaz y dolorosa
del mundo, de los otros, la de todos,
a mi propia soledad serena,
fluida, envuelta en alas,
una conmigo, amante dulce y sabia.

IV

Voy de los espejismos de mi mente
a la canción más pura de mis pálpitos
y del dolor de no ser para nadie
al paraíso de ser para mí misma
y me descubro en mi totalidad:
ni fragmentada, ni mutilada, ni incompleta.

Las mentiras se amotinan derrotadas
mudas, reducidas a polvo de cementerio.
... Era una mentira, una pura mentira
una monstruosa mentira:
no era necesario ser amada para ser feliz
no era necesario ser amada para ser
no era necesario ser feliz para ser
no era necesario
no... no era necesario.

EVOLUCIÓN MÍSTICA

Caía la tarde y tras una larga caminata de media hora por los jardines
del monasterio, el Maestro se sentó bajo la sombra de un hermoso árbol
y sus alumnos y alumnas hicieron lo propio a su alrededor. Uno de ellos
fue el primero en romper el silencio.

—Maestro, si todos somos uno, ¿cómo es que somos tan diferentes?

—Todos somos uno. Las diferencias no nos vienen del Alma, sino del
Ego.

—¿Podrías explicárnoslo?—Insistió el alumno. El Maestro los observó y todos respondieron con una mirada expectante y ansiosa. El maestro sonrió.

—Todos somos uno —reiteró el Maestro con su voz serena y grave— sin embargo, mientras que no alcanzamos un **Alto Nivel de Conciencia** que nos haga comprender nuestra esencia de Almas, el Ego domina nuestras mentes y nos esclaviza a través del sinnúmero de personajes que desarrollamos cuando no estamos conectados con el Todo. Así pues, el Ego es el que es diferente en cada persona, el Ego es quien hace que en el mundo de las apariencias *parezcamos* diferentes.

—Maestro —se atrevió a intervenir otra alumna— ¿podría explicárnoslo a través de una metáfora?

El Maestro sonrió complacido, los miró en silencio durante tres minutos y dijo:

—Hay un país muy singular en el que existen tres clases de seres: ratones, patos y águilas. Los ratones son seres grises, rastreros, miedosos, incapaces de estar solos, todo el tiempo están juntos, no hacen nada de manera individual, no son capaces de pensar por sí mismos. Son seres cortos de visión, sólo tienen capacidad para mirar a cincuenta centímetros frente a ellos. Sus posibilidades de alimentación son pocas y, como le temen a todo, viven en agujeros y únicamente salen a buscar alimento a pocos metros de donde se encuentran. Se alimentan de las sobras, peleándose continuamente por la escasez de la comida y por tener la mejor parte. Viven desnutridos, asustados y recelosos, siempre con miedo a ser cazados o destruidos. Le temen a la Vida, a la que no saben enfrentar solos y a la Muerte, porque sus vidas son un desperdicio. No se atreven a romper las reglas del clan y a ser independientes, porque temen el juicio y el rechazo de los suyos.

Los patos son seres un poco más independientes, pero aún así siempre andan en grupos, no son rastreros, son capaces de caminar, de nadar, e incluso de volar, pero su vuelo es mucho más bajo comparado con el de las águilas. Pueden mirar un poco más lejos que los ratones. Son nerviosos, indecisos, le temen a los cazadores. Se alimentan mejor que los ratones, porque encuentran posibilidades en la tierra y en el agua. Algunos se aventuran a ser un poco más independientes, pero no lo suficiente, porque temen también el rechazo de su clan y la soledad que ello implicaría.

Las águilas, en cambio, son seres majestuosos. Poseen un gran valor, coraje, decisión. Son capaces de vivir solas y determinar el rumbo de su vuelo. Conocen paisajes ignorados por los patos y ratones. Su visión es amplia y ancha. Vuelan a alturas insospechadas. Si alguien llega a herirlas son capaces de refugiarse en un peñasco y lamer sus propias heridas. Se alimentan de muchas fuentes: la tierra, el aire y el agua. Son capaces de grandes empresas y sacrificios. Saben sortear los obstáculos y salir siempre victoriosas. Siempre se aventuran a ir más allá, a volar más alto, sin importar los riesgos que ello implique.

Las águilas, cuando son jóvenes e inexpertas, pueden caer en las trampas de algunos patos o ratones astutos, que se pegan plumas aparentando ser águilas. Confundidas, las águilas se lían con estos seres inferiores, en ocasiones para distraer su soledad y porque estos seres suelen inspirarles compasión, amén de que se las arreglan astutamente para seducirlas y engañarlas. Estos seres se trepan en su lomo y se agarran a su garganta, con lo que el águila no puede volar de acuerdo a su naturaleza y a las alturas de las que es capaz, y pronto empieza a sentirse atrapada. Aunado a esto, tarde o temprano, las plumas postizas de los ratones y de los patos, caen una tras otra y las águilas miran la realidad y emprenden de nuevo el vuelo, en busca de las alturas y de sus iguales. Y he aquí que en este país todos podrían transformarse en águilas, pero los ratones y los patos están atrapados por el miedo. ¿Miedo a qué? A la Libertad, a la soledad, a la Vida y a la Muerte. Es decir, están atrapadas por el miedo a SER. De modo que su Alma, que es idéntica a la de las águilas, vive asfixiada por el miedo y la ignorancia.

El Maestro guardó silencio. Un silencio largo y prolongado que envolvía a aquellos alumnos y alumnas ávidos de volar. Un águila cruzó el cielo en aquellos momentos y todos contemplaron su majestuoso vuelo. Por fin, uno de los alumnos se atrevió a preguntar.

—Maestro ¿cómo sabemos si somos ratones, patos o águilas?

El Maestro cerró los ojos, se quedó inmóvil y silencioso. Finalmente abrió los ojos y miró detenidamente uno a uno a todos sus alumnos y alumnas. Los ratones bajaron la cabeza, los patos desviaron la mirada, y las águilas sostuvieron aquella mirada dulce y enérgica a la vez.

Capítulo 4

El círculo de la neurosis

**Todos los seres humanos, somos desnutridos emocionales,
sin embargo, existen los desnutridos generosos
y los desnutridos egoístas.**

NO LO SABRÉ NUNCA

Cómo serían tus brazos sin rabia
tus pupilas sin miedo
tus besos sin pasado
sin fantasmas, sin olas
cómo sería tu risa
sin ese llanto detrás
... No lo sabré nunca
porque no me dejaste averiguarlo.

Hemos visto lo que es la neurosis desde un punto de vista demasiado metafísico, podrían opinar algunos. Veámosla ahora, desde un punto de vista psicológico.

Cuando estamos en el seno materno, nos sentimos protegidos, amados y aceptados, aun en el caso de que esto no fuera así, porque hubiera algún contratiempo durante el embarazo, porque deliberadamente nos quisieran abortar o nuestros padres experimentaran dudas respecto a traernos o no al mundo, el bebé no hace conciencia en esos momentos.

Cuando en la gestación hay dolor físico o emocional, se tienen consecuencias más tarde. El seno materno es un estado ideal donde estamos seguros (o creemos que lo estamos), donde no hay conciencia del dolor, ni físico ni emocional (si llega a haber dolor, lo registra el inconsciente). No hay ego ni soledad ni crisis existenciales. Esa seguridad implica que no tenemos problemas para alimentarnos, cubrirnos ni sobrevivir. Todo está dado para cubrir nuestras necesidades.

Aproximadamente entre los 0 y 10 años, todos los seres humanos, sin excepción, experimentamos el miedo a ser rechazados o abandonados: sea por las exigencias de la vida, los padres que trabajan o aunque uno de los dos esté en casa, tiene mil cosas qué atender y nos cuidan extraños. Sea por una situación específica: muerte de alguno de los padres o enfermedad, sea por divorcio o que los padres tengan un segundo matrimonio o que directamente el niño es abandonado con un pariente, un desconocido o en una institución, o por cualquier otra causa que implique rechazo y/o abandono; sea como fuere, nos sentimos rechazados y/o abandonados.

Este abandono sucede siempre, porque por buenos que sean los padres, por presentes que estén, es imposible vivir las veinticuatro horas pendientes de un hijo. Aunque estén ahí, la criatura se sentirá abandonada cuando los padres estén haciendo las labores necesarias para que la vida funcione así como cuando se le deja con otras personas. Esto quiere decir que aunque no haya una causa aparente, aunque el rechazo no sea ni obvio ni brutal, **todos los niños y niñas, sin excepción, experimentan la invisibilidad, el abandono ya sea a niveles conscientes o inconscientes y en mayor o menor grado. Y es este sentimiento de rechazo y abandono que experimentan las criaturas, ese miedo de ser invisibles, de no existir, tal como se están sintiendo cuando sus padres o tutores no están, lo que hace inevitable la herida madre: la invisibilidad.**

Esta situación rompe el fluir de la vida, y nos marca a niveles inconscientes con un mensaje doloroso e inevitable: **no merezco ser amado**. Una etiqueta que definirá nuestra vida. Esta realidad del rechazo inicial, venida de la inevitable herida madre, nos convierte, sin excepción, en seres desnutridos emocionalmente. Todos los seres humanos somos pues, desnutridos. Sin embargo, como mencionamos al principio del capítulo, existen los desnutridos generosos y los desnutridos egoístas.

Los desnutridos generosos, son aquellas personas que se entregan al amor, que lo dan todo, que están dispuestas a servir al otro, a ver la necesidad del otro y a tratar de subsanarla; seres humanos dispuestos a comprender la herida del otro, a amar incondicionalmente, aún sin ser correspondidos. En cambio, las personas desnutridas egoístas, son aquellas que se dejan amar, que no se comprometen ni se entregan, que están totalmente centradas en sí mismas y en su necesidad, que no están sensibilizadas a la necesidad ni a la herida del otro y, que no valoran el amor que se les da, ni están dispuestos a corresponderlo, por generoso y perfecto que pueda ser. Como en todo, hay niveles, en los casos extremos, el desnutrido emocional egoísta, arrebata el amor, porque no se siente merecedor de él. Este es el caso de los violadores.

Los padres, que han tenido un buen matrimonio en términos generales, que han logrado mantener a su familia unida, sienten que han dado todo lo que tenían a su alcance y sacrificado mucho para lograr el bienestar de sus hijos y la unión familiar. Para los que han criado solos a sus hijos y les han dado todo lo que estaba en sus manos, es muy difícil comprender y aceptar que tantos afanes y sacrificios no fueron suficientes para que se sintieran totalmente amados, y no sólo eso, sino que encima se sintieron abandonados, son unos desnutridos emocionales y esto, está repercutiendo en las vidas de los padres y de los hijos, quienes manifiestan problemas emocionales y de relación con la familia, amigos, compañeros en la escuela, parejas, trabajos. En fin, problemas en todos los ámbitos y de los que muchas veces los hijos culpan a los padres, para quienes es difícil comprender, porque sienten que los hijos no han valorado lo que se les ha dado y sufren por las respuestas que reciben de ellos, por el dolor de éstos y por el alejamiento que implica la situación misma.

Ni los padres ni los hijos, la mayor parte de las veces, tienen la introspección suficiente como para comprender el fondo del asunto: no hay ningún ser humano sobre el planeta que pueda librarse de esta herida: la invisibilidad, el miedo a no existir y, como consecuencia, del miedo a ser rechazado o abandonado. Esta es la realidad humana y es imposible que no ocurra dada nuestra naturaleza, condicionamiento y exigencias de vida. Una realidad que inevitablemente implica el mensaje que hemos establecido: ***no merezco ser amado.*** Este mensaje hace que nos disparemos a uno u otro polo a niveles inconscientes, y que actuemos en consecuencia: *"Tengo derecho a que se me cumpla la expectativa y a rechazar y/o abandonar"* (persona desnutrida egoísta) o *"Tengo que cumplir la expectativa y aun así es posible que sea rechazada y/o abandonada"* (persona desnutrida generosa). Es decir, este mensaje trae consigo que actuaremos necesariamente de tal forma que repetiremos la historia de invisibilidad, abandono y rechazo.

Sin importar quién es rechazado y quién rechaza, en ambos casos el resultado conlleva invisibilidad, rechazo, abandono y soledad. Repetir mi historia neuróticamente, es una demanda del inconsciente. Es ahí, en donde está grabado el mensaje y desde ahí actuaré para que esto suceda: ser invisible, y que con ello lleguen el rechazo y el abandono. A esos niveles, en la oscuridad del inconsciente, yo recibí el mensaje de que no merezco amor y es algo que tengo que ir a comprobar en cada paso que dé en mi vida. Así pues, aunque conscientemente se desee que una relación funcione, se desee amar y ser amado, terminamos boicoteando nuestras relaciones porque en el inconsciente el mensaje vigente es el contrario. Esto explica por qué, aunque conscientemente busque ser amado, resulta que siempre termino viviendo situaciones en donde soy invisible para los que me interesa que me vean y lo que experimento es rechazo y abandono, en la infancia, con la familia y la comunidad en la que crecemos, luego en la escuela, y más tarde, con las amistades, las personas del trabajo y con la pareja. ¿Por qué? Porque busco a mi pareja siendo manejado por ese mensaje: no merezco ser amado.

Así pues, mi pareja coincidirá con el polo contrario al que yo elegí: si elijo que soy una persona que no tengo derecho a ser amada, es decir que tengo que ser rechazada, me uniré a una pareja que esté en el otro polo: tengo derecho a rechazar y abandonar. Esto no se da de un solo lado, sino que son posiciones que la mayor parte de las veces se turnan en las parejas, aunque hay relaciones que se establecen en los polos de una manera permanente. Es decir, una persona es la que conquista eternamente y la otra la que se deja conquistar. Una de las dos partes es la que "ama" y otra la que se deja "amar". Es así como las neurosis se juntan, pero la verdad es que las dos partes necesitan amar y ser amadas. Ambas personas están desnutridas emocionalmente, quieren romper con la etiqueta y demostrar que sí merecen ser amadas y son capaces de amar, pero cada una de las partes jugará sus roles desde su neurosis, dominada por sus personajes y manejada por sus heridas, especialmente por la herida madre: la invisibilidad.

Jugarán desde el personaje desnutrido egoísta o desde el desnutrido generoso. El primero: soy un desnutrido, entonces suplico y/o exijo que el otro me nutra, me convierto en un niño demandante y a la vez sumiso. Juego el rol a un tiempo de madre o padre demandante, o autoritario, o sumiso o todos los roles a la vez.

La pareja, por su parte, está instalada en el polo contrario, el generoso: yo te voy a nutrir, pero a cambio exijo reconocimiento, ser tu autoridad, que te sometas a mí, que te dejes controlar por mí. Juega el rol de madre/padre nutridor, y en otro sentido la persona es tan demandante y controladora como su pareja. Una parte se maneja desde el padre/madre y otra desde el hijo/hija... a veces los roles están perfectamente definidos, pero muchas otras, los roles se intercambian y se turnan o se empalman. El resultado es que en ambos casos, me convierto en una carga, o el otro me pesa... o ambas cosas. Y de ahí la codependencia. Quiero esa parte donde me siento cuidado y protegido por ti, pero no soporto que me quieras controlar. O, quiero cuidarte y protegerte, pero me desquicia que no me correspondas y me obedezcas, si yo te doy todo.

Los dos creen que se aman, una parte porque le cumple la expectativa desde el niño, (te obedezco, me porto bien, etcétera) y la otra desde la madre/padre (te nutro, me sacrifico por ti, soy tu proveedor, etcétera). La realidad es que los dos se embarcan en una relación de codependencia y de control, en donde además se crean deudas emocionales, que llevan a las personas a sentirse manipuladas, controladas y usadas por su pareja. Los dos temen ser rechazados y abandonados, ambos sienten que el otro es una carga, un peso. Se sienten presos, agobiados, coartados en su libertad, asustados ante la posibilidad de que si no cumplen las expectativas de la pareja, serán abandonados. Y se sienten molestos, enojados e incomprendidos, porque no importa cuánto se esfuercen cada uno desde sus roles, parece que nada es suficiente para cumplir con la expectativa del otro.

Se necesitan dos personas que estén en el mismo nivel de desnutrición y de neurosis para que se dé este juego: te doy, pero te cobro. Una necesita dar y la otra recibir. Eso es lo que parece, sin embargo, en realidad, los dos necesitan recibir. La persona que da, en el fondo, espera recibir. La realidad es que, quien da sin recibir se siente en desventaja, vive con inseguridad respecto al amor del otro, con la carga de que tiene que estar haciendo méritos continuamente para ser amado, con la angustia de ser abandonado si no cumple cabalmente la expectativa de su pareja. Y además siente una gran necesidad de que el otro reconozca lo que le está dando y le valore. El que recibe, tampoco la pasa bien, se siente culpable y endeudado emocionalmente con el que da incondicionalmente y no le exige nada a cambio (al menos en la primera etapa, o aparentemente). Pero el caso es que los dos están metidos en una relación en la que sienten lo siguiente: ***"Si no me ves no existo".*** Este es el principio del que parte el dolor emocional. Si no se es visto por la pareja, si la pareja lo convierte en un fantasma, el dolor emocional no se hace esperar. Que el otro no me vea, me ignore, no me tome en cuenta, me detona, me hace sentir que no existo, que no valgo, que no soy suficiente, que nada de lo que haga será bastante para conseguir ser amado y aceptado. Me hace desear regresar al seno materno, al paraíso perdido, en donde respiro seguridad, amor, protección y no estoy amenazado por el rechazo ni el abandono. En donde aún vivo el "todos somos uno".

Mientras actuemos desde la herida recibida, es decir, desde el miedo a la invisibilidad, a ser rechazados y abandonados, conseguiremos precisamente esto: invisibilidad, rechazo y abandono. Suplicaremos amor, o lo exigiremos y siempre será de la manera inadecuada, porque lo estamos demandando no desde el Alma, sino desde ese Ego habitado por personajes. Es decir, desde nuestra neurosis, desde nuestro miedo. Y de nuevo actuamos desde uno de los dos polos, o suplicando y agobiando a la pareja o agrediéndola y ejerciendo presión y control sobre ella. O, en su defecto, fluctuando entre ambas posiciones.

Como todo comienza en la infancia, es decir, se rompe mi estabilidad ante una situación de invisibilidad, rechazo y abandono, no puedo razonar en lo que sucedió, porque soy una criatura, sólo vivo el dolor de la experiencia, una experiencia que inició, transcurrió y terminó ahí, por ejemplo que se muera mi padre o madre, sin embargo, yo voy a prolongar esa experiencia durante toda mi vida, voy a arrastrar con esa invisibilidad que me tatuó en el momento en que mi padre o madre me hicieron invisible, porque el inconsciente, el mensaje que recibió fue: *"No me importas en absoluto, no eres nadie para mí, no existes, por eso te rechazo y te abandono"*. Mientras no haga conciencia y cure esa honda herida, cargaré y viviré en función de ella, con el miedo de volver a ser abandonado el resto de mi vida. No hay manera de librarse de ese dolor sino a través de hacer conciencia. Mientras eso no sucede, desarrollo un personaje: la víctima rechazada y abandonada, que vive con el pánico de que la hagan invisible, como lo hizo su madre o su padre. Me coloco una etiqueta: *"Soy un niño invisible, abandonado"* una etiqueta que crece conmigo, y más tarde soy una persona abandonada e inconscientemente hago todo para ser visible para la persona que amo, y en ese necesitar ser visible, la mayoría de las veces actuamos de una manera servil, nos sometemos a quienes amamos y nos pasamos la vida cumpliéndoles las expectativas para ser visibles ante ellos.

Debido a la herida, vivo de acuerdo a ese personaje y a esa etiqueta. Desarrollo una necesidad de ser salvado, necesito un salvador o me constituyo en salvador del otro, con la esperanza de que ese otro a su vez, me salve posteriormente. Pero como el mensaje que me mueve es *"no merezco ser amado"*, elijo una persona que me obligue a hacer méritos para amarla, para comprobar que sí merezco ser amado, y permito que me golpee y que me someta (me coloco en la víctima) o que me haga invisible. O me voy al otro polo, me rebelo y juro que no me dejaré someter, ni golpear, ni controlar y elijo a quien someter, golpear y controlar (me coloco en el victimario o villano). No importa qué rol elijamos cada uno, el caso es que lo hacemos para obtener amor: quien me salva, me ama y a quien salvo me va a amar. Y nos cuesta mucho entender que el otro tiene la misma necesidad de ser salvado, no importa cuál rol elija, y cuando esto no se da, porque no nos cumplimos las expectativas el uno al otro, entonces nos sentimos solos, abandonados, rechazados, dolidos, asustados, y deseamos regresar al seno materno.

Esto es una fantasía, la fantasía del salvador, nacida de nuestro miedo a ver la realidad tal como es, y a enfrentar solos la vida. Queremos que alguien la enfrente por nosotros, que alguien tome nuestra vida en sus manos, queremos que ese alguien nos proteja, nos guíe y nos salve (seno materno)... y el otro quiere lo mismo. Por eso es que establecemos relaciones de pareja de yo a tú — verticales— y no de tú a tú — horizontales—. Es decir, somos incapaces de establecer relaciones entre iguales y verdaderamente amorosas. Si estableciéramos relaciones de tú a tú, tendríamos relaciones sanas y amorosas, basadas en la libertad y la aceptación total del otro, **no seríamos codependientes, sino interdependientes.** Es decir, interdependeríamos sanamente uno del otro y no caeríamos en la codependencia, que es insana, dolorosa y destructiva y no tiene nada que ver con el Amor.

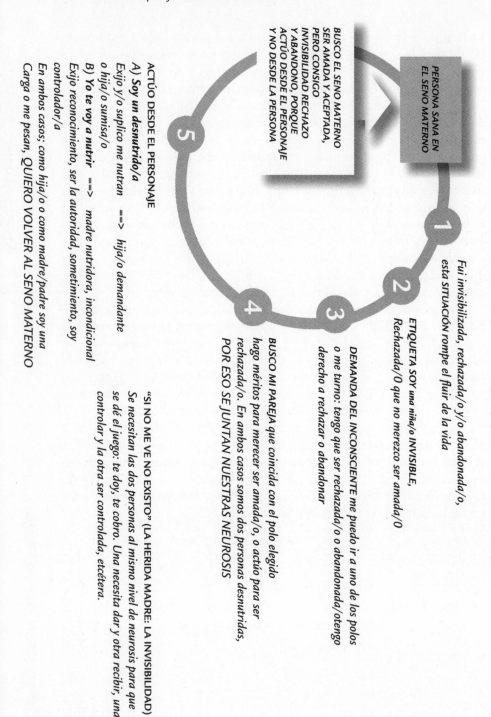

PERSONA SANA EN EL SENO MATERNO

1 Fui invisibilizada, rechazada/o y/o abandonada/o, esta SITUACIÓN rompe el fluir de la vida

2 ETIQUETA SOY una niña/o INVISIBLE, Rechazada/0 que no merezco ser amada/0

3 DEMANDA DEL INCONSCIENTE me puedo ir a uno de los polos o me turno: tengo que ser rechazada/o o abandonada/otengo derecho a rechazar o abandonar

4 BUSCO MI PAREJA que coincida con el polo elegido hago méritos para merecer ser amada/o, o actúo para ser rechazada/o. En ambos casos somos dos personas desnutridas, POR ESO SE JUNTAN NUESTRAS NEUROSIS

"SI NO ME VE NO EXISTO" (LA HERIDA MADRE: LA INVISIBILIDAD)
Se necesitan las dos personas al mismo nivel de neurosis para que se dé el juego: te doy, te cobro. Una necesita dar y otra recibir, una controlar y la otra ser controlada, etcétera.

5 ACTÚO DESDE EL PERSONAJE
A) **Soy un desnutrido/a**
Exijo y/o suplico me nutran ==> hija/o demandante
o hija/o sumisa/o
B) **Yo te voy a nutrir** ==> madre nutridora, incondicional
Exijo reconocimiento, ser la autoridad, sometimiento, soy controlador/a
En ambos casos; como hija/o o como madre/padre soy una Carga o me pesan, QUIERO VOLVER AL SENO MATERNO

BUSCO EL SENO MATERNO
SER AMADA Y ACEPTADA,
PERO CONSIGO
INVISIBILIDAD RECHAZO
Y ABANDONO, PORQUE
ACTÚO DESDE EL PERSONAJE
Y NO DESDE LA PERSONA

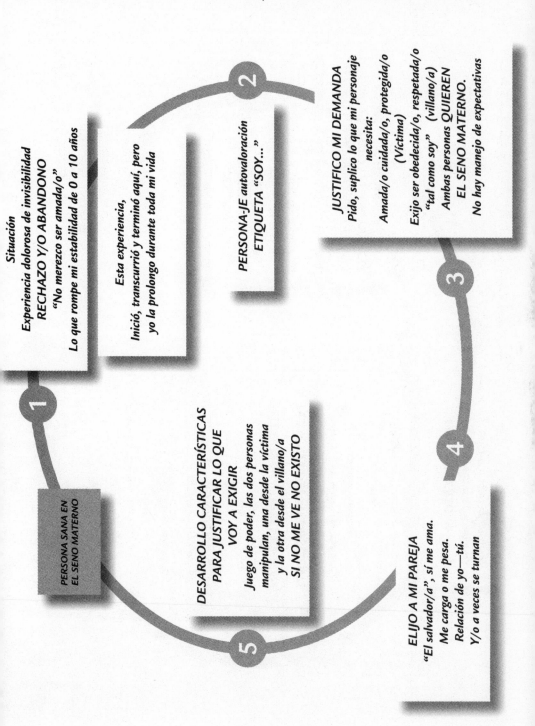

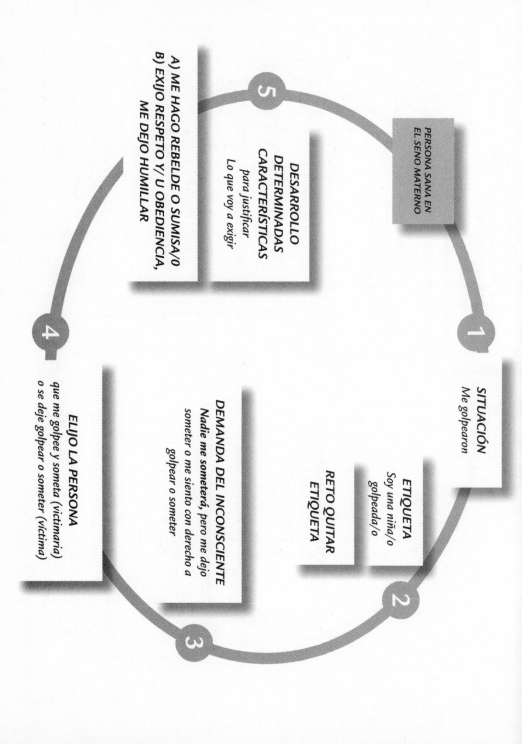

PERSONA SANA EN EL SENO MATERNO

1

SITUACIÓN
Me golpearon

ETIQUETA
Soy una niña/o
golpeada/o

**RETO QUITAR
ETIQUETA**

2

DEMANDA DEL INCONSCIENTE
Nadie me someterá, pero me dejo
someter o me siento con derecho a
golpear o someter

ELIJO LA PERSONA
que me golpee y someta (victimaria)
o se deje golpear o someter (víctima)

3

4

5

**DESARROLLO
DETERMINADAS
CARACTERÍSTICAS**
para justificar
Lo que voy a exigir

**A) ME HAGO REBELDE O SUMISA/O
B) EXIJO RESPETO Y/ U OBEDIENCIA,
ME DEJO HUMILLAR**

Las consecuencias de no romper con el círculo de la neurosis no sólo afectan a la pareja, sino a los hijos que tengan. No podemos cerrar los ojos a las enormes repercusiones que tiene el hecho de que los padres de familia no tengan una buena relación, no se amen entre sí y transmitan ese amor a sus hijos. De la pareja depende que esos hijos sean seres amorosos o no lo sean. Depende que los hijos aprendan a amar y a perdonar, o sean seres perdidos de sí mismos, abandonados y rechazados y que en lugar de tomar el camino del amor, tomen el del odio y la destrucción, hacia sí mismos y hacia los demás.

De que haya o no haya Amor depende que los graves problemas de la humanidad puedan ser solucionados. Todos los seres humanos que cometen algún crimen tienen un padre y una madre, y de que hayan o no sido amados por ellos *de una manera sana*, dependerá lo que hagan o dejen de hacer en sus vidas. El Amor, más allá del amor de pareja, es decir, el sentimiento del Amor en el mundo o la carencia y ausencia del Amor, es lo que rige la conducta de los seres humanos. Es alarmante ver las estadísticas actuales respecto a los abortos, los suicidios, las violaciones, el maltrato, los secuestros, los asesinatos. Pareciera que a mayor civilización, mayor barbarie; ahí tenemos las guerras, el terrorismo, la violencia generalizada, la violación sistemática a los derechos humanos.

El mundo sería otro, muy otro, si el Amor fuera la voz cantante y no el Ego, si supiéramos amarnos sanamente y transmitir el Amor. Si a la hora de relacionarnos como pareja, tuviéramos la conciencia de que de nosotros depende la clase de mundo que vamos a heredarles a nuestros hijos. Si todos tuviéramos un alto nivel de conciencia y trabajáramos con nosotros mismos, y luego en nuestra relación de pareja, logrando tener relaciones sanas de pareja, posteriormente, de una manera lógica, transmitiríamos ese Amor y esa conciencia a nuestros hijos y ellos a los suyos. Y el mundo sería otro que el que estamos viviendo. Es así de trascendente que las relaciones de pareja sean sanas y que el Amor sea una prioridad a la hora de unirse a otro ser humano en pareja.

¿Por qué no podemos relacionarnos de igual a igual, tener verdaderas relaciones de pareja? ¿Cómo se logra una relación de pareja sana?

Capítulo 5

Relaciones de pareja sanas e insanas

**Si para estar con alguien tengo que
negarme a mí mismo,
algo está definitivamente mal.**

EL MURO DE TU MIEDO

Para escalar el muro de tu miedo
hacían falta siete eternidades
era preciso diluir mi cuerpo
volverme sorda, muda y expectante.

Para que respiraras primaveras
hacía falta convertirse en duende
era preciso elaborar quimeras
y alejar con los sueños a la Muerte.

Para que tu sonrisa no escapara
hacía falta convertirse en lluvia
era preciso ser como un fantasma.
Para que te habitara mi mirada
hacía falta estar en la agonía
de ser la sombra que no dice nada.

Todos buscamos idealmente una relación amorosa de tú a tú, es decir, una relación entre dos iguales, una relación literalmente pareja, donde ambas partes tengan los mismos derechos y obligaciones, el mismo nivel de compromiso. Buscamos una relación en la que no se jueguen roles establecidos, que terminan deteriorando y deformando las relaciones de pareja, convirtiéndolas en relaciones de control, en donde una de las partes manda y la otra obedece, y se termina jugando a ser el padre o la madre de la pareja, o su hijo o hija. Y con ello, destruyendo la verdadera relación de pareja, es decir, de dos personas que están en el mismo nivel y cada una de ellas tiene una vida propia, por lo que no es una carga para la pareja, ni viceversa. Buscamos una relación en la que ambos se admiren, respeten y valoren mutuamente y estén unidos por la alegría de estarlo, como una bendición, y en un acto libre de voluntad, que se renueva día a día, porque la relación es satisfactoria para ambos y viven en la conciencia de que están donde quieren estar y con quien quieren estar, por ninguna otra razón que no sea el Amor.

Esto es lo ideal y también lo posible, siempre y cuando seamos sanos y nos unamos con alguien sano. Pero resulta que no estamos sanados de la herida de la invisibilidad y sus consecuencias: el rechazo y el abandono, y por eso es tan difícil que establezcamos una relación de *tú a tú*. Entonces, lo que hacemos es relacionarnos de *yo a tú*, y de entrada estamos condenando el Amor que podamos sentir por la persona que hemos elegido como pareja, porque la neurosis hará imposible que tengamos una relación sana.

Cuando somos jóvenes y aún no tenemos pareja, tenemos una vida que está constituida por la familia, los estudios y/o el trabajo, los amigos y los pasatiempos. Pero llega el momento en que necesitamos amar y ser amados por una pareja, entonces aparece la persona que sentimos que estábamos esperando, y todo eso que constituía nuestra vida es relegado de inmediato, nos centramos en el amor, en ese alguien que viene a hacernos felices, nos enamoramos y arrinconamos todo lo demás: amigos, estudios, trabajo, familia y pasatiempos. Por lo menos en el primer momento, inevitablemente sucede y muchas veces desde ese instante convertimos al otro en nuestra autoridad moral.

CUANDO ALGUIEN TE TOCA

Cuando alguien te toca
sientes tu sangre reventar los cauces
y convertirse en alas, flotar
quisieras apresar el espíritu de ese ser
descifrar su misterio, eternizarlo
destruirlo, crearlo, poseerlo
volverte reflejo, contener, ser contenido
...Y suplicas humildemente que ese alguien
no se dejé apresar.

En el momento del encuentro con ese alguien especial, toda nuestra vida se centra en el amor, sentimiento que bautizamos de inmediato como tal sin conocer realmente al otro, quien, a su vez, hace lo mismo. El encuentro hace que experimentemos una especie de fusión con el otro, como si de pronto nos hubiéramos amalgamado y ambos nos decimos lo que sentimos, que en ese momento es mutuo, por lo general: *"Tú eres todo para mí. Tú eres lo más importante en mi vida. Yo quiero todo contigo. Nunca me había sentido así con nadie. Nunca había sentido esto por nadie. No quiero separarme nunca de ti. Tú eres exactamente la persona que estaba esperando. Ahora mi vida tiene sentido..."* Y esto hace que, a partir de ese encuentro, construyamos nuestra vida entera en base al otro. Si pudiéramos dibujar esta situación, valiéndonos de la imagen de un edificio —que sería nuestra vida— el otro, sería la base, el cimiento de ese edificio. Y sobre ella, estaría nuestro amor, ya luego, quedaría colocado (arrinconado) todo lo demás: la familia, los amigos, los estudios, el trabajo y los pasatiempos.

Primer grave, gravísimo error, si lo que queremos es construir una relación de pareja sana. La razón es muy clara: ¿Qué pasa si el otro no corresponde a nuestro amor? ¿Qué pasa si el otro sigue a nuestro lado pero él se avoca a su vida y nos tiene ahí girando a su alrededor? ¿Qué pasa si el otro nos abandona, o se muere? Pasa que al irse nuestra pareja, que es la base a partir de la cual hemos constituido nuestra vida... el edificio se nos cae encima.

VACUIDAD

Esta oscuridad que late
mientras algo se va precipitando
en esta vacuidad intolerable.
Gélido y ardiente
es el infierno de mis soledades.

El ejemplo de arriba nos muestra que centramos nuestra vida en *otro*, re-
legamos todo lo demás de nuestra vida: dejamos de ver amigos, descuidamos o abandonamos estudios, trabajo, pasatiempos, nos alejamos
de la familia, porque todo nuestro tiempo y nuestra energía la absorbe el
"amor", la persona de la que nos hemos enamorado. Si esa persona nos
falla, nos quedamos colapsados, solos, aislados. Perdemos el sentido
de nuestra vida, porque lo colocamos en el amor por esa persona. Nos
pusimos en manos de la otra persona, dejamos que toda nuestra vida
dependiera de alguien más que no somos nosotros mismos.

No podemos amar y ser amados con sanidad mientras no seamos
capaces de enfrentar solos nuestras vidas, ser nuestro propio lugar y
estar en nuestro centro; mientras no comprendamos que no podemos
pretender que alguien más viva nuestra existencia, mientras no seamos
conscientes plenamente de que la Vida no tiene sustitutos, no admite
suplentes y no negocia con representantes. Nuestra vida sólo debe estar
en nuestras manos, nunca en manos de otra persona, porque en esa
medida, nos convertimos en seres vulnerables e indefensos, incapaces
de enfrentar nuestra vida y sacarla adelante. Y, aunque el otro no nos
abandone literalmente, basta, para que nuestra vida deje de tener sentido, que el *otro* nos ubique en una parte de su vida en la que, después del
primer momento, ya no somos el centro ni la prioridad.

Pero vamos a ver paso por paso lo que sucede:

* Encuentro
* Enamoramiento
* Fusión con el otro.

Esta situación como de eclipse, en donde los dos parecen uno, dura
apenas unas semanas o unos meses, porque la vida se nos impone y
tenemos que cumplir con todas nuestras áreas. No podemos estar las

veinticuatro horas juntos, tenemos que trabajar y/o estudiar, hay que enfrentar un sinnúmero de situaciones prácticas. Cuando hemos encontrado el amor, sentimos que lo demás ya no tiene importancia, queremos creer que todo es perfecto, que somos el uno para el otro. Sin embargo, muy pronto, si construimos nuestra vida alrededor de otra persona, la relación pasa de ser —en el primer momento— pareja de tú a tú, a ser dispareja, transformándose en una relación de yo a tú, es decir: yo mando, tú obedeces. Yo digo, tú te callas. Yo hago, tú te aguantas. Yo decido, tú acatas, etcétera. Y a partir de ese instante, se empiezan a jugar roles: él es el padre autoritario y/o sobreprotector y ella es la hija sumisa y/o rebelde. O él es el hijo sumiso y/o rebelde y ella la madre sobreprotectora y/o autoritaria.

Esto por supuesto tiene muchas variables, algunas veces el hijo/hija sumiso se rebela, pero va y viene de la rebeldía a la sumisión. Por otro lado, el padre/madre autoritario tiene muchos matices; puede ser también consentidor, tener muy "buen modo" para mandar y manipular sutilmente o controlar usando incluso la violencia física y/o psicológica. También se da el cambio de roles, y el padre o la madre se convierten por momentos en niño o niña voluntariosos o mimados o sumisos... y pueden ir y venir de ese rol al del padre y madre. El asunto es complejo, no siempre los roles están definidos ni son definitivos. El caso es que ambos integrantes de la pareja necesitan sentirse protegidos, amados, cuidados, y tratan de conseguirlo, desde los roles que se requieran según los momentos y circunstancias. Hay parejas en los que los roles están más definidos que en otras, pero el caso es que se crea una dinámica en la que la relación no es pareja, sino desigual.

Quien cuida tiene que tener todas las respuestas: ser fuerte y protector, pero, a cambio, exige obediencia y tener el control (esto no excluye que sea vulnerable y tenga miedo, sólo que lo oculta). Por su parte, quien es cuidado y se muestra vulnerable, débil y miedoso, depende de quién le cuida. Ambos necesitan jugar sus roles para sentirse seguros, se necesitan mutuamente, ninguno necesita más del otro, su nivel de necesidad es exactamente el mismo, cada uno se siente seguro en el rol elegido... seguro, aunque inconforme. El que cuida, porque no quiere sentir esa carga, y quien es cuidado, porque no quiere obedecer y ser controlado, ni sentirse endeudado emocionalmente.

Antiguamente, los roles estaban muy definidos entre hombre y mujer. Él era quien protegía y tenía la misión de ser el único proveedor. A cambio, ella lo cuidaba, lo procuraba, le cubría esas otras necesidades que no eran las del dinero sino las de su territorio: la casa en orden, cocinar, lavar, planchar, limpiar. En cambio, el territorio del hombre era el mundo, de la puerta para afuera, era ahí donde se realizaba y era importante, donde ponía toda su energía. Y llegaba a casa a encontrar todo en orden. La mujer se encargaba de la casa y los hijos, y el hombre, de que nada les faltara. Ella, hacía las decisiones que tenían que ver con el funcionamiento de la casa, pero él era la autoridad y debía ser consultado en todo lo que tuviera que ver con el presupuesto, los permisos de ella o de los hijos, etcétera. Ella tenía que estar ahí para él a la hora que llegara del trabajo, no agobiarlo con sus problemas domésticos, ser una "buena esposa" en todos los sentidos: no quejarse o quejarse lo menos posible, conservarse bella para él, ajustar su necesidad sexual a la de él, hacerlo sentir indispensable, considerar el cansancio de él y sus necesidades como su prioridad, y luego las de los hijos, y al final, si había espacio, tiempo y energía, mirar sus propias necesidades, en caso de que tuviera conciencia de ellas, lo que ocurría poco, porque, bajo esta perspectiva, ella convertía las necesidades de su esposo e hijos en las suyas propias.

Es decir, ella debía vivir en función de él y de los hijos. No podía aspirar a tener una vida propia, ni a realizarse profesionalmente, con lo que esto conlleva de libertad de movimiento fuera de la casa, y capacidad de generar su propio dinero y poder invertirlo donde mejor le pareciera. Imposible tener independencia económica. Su vida, debían ser su esposo y sus hijos, es decir, era imperante cumplir las expectativas de su pareja, las familiares, las eclesiásticas y las sociales. Y si quería romper las reglas, el castigo no se hacía esperar: rechazo absoluto por parte de la pareja, la familia, la iglesia y la sociedad, sencillamente, te hacían invisible.

Esta es la historia que vivieron nuestras madres, abuelas, y antepasadas. Sin embargo, empezaron a darse lentamente los cambios, con un enorme esfuerzo y el sacrificio de muchas mujeres. La revolución sexual, los anticonceptivos, los antibióticos, el feminismo, la liberación gay, todo ello ha cambiado la manera de relacionarse tanto sexual como afectivamente. Con el tiempo se han ido logrando resultados, pero no lo suficientes, porque se requiere de un proceso largo, doloroso y lleno de obstáculos, para enfrentar el cambio y adaptarse a nuevas realidades. Siempre es así, cuando se pretende lograr un cambio real de actitudes, un cambio de fondo, de raíz, realizado desde la conciencia, de modo que sea **visible en los hechos**, y no sólo manejado intelectual y verbalmente.

Y el cambio que implica para los hombres y mujeres la nueva realidad del siglo XXI, no es fácil de asimilar, ni para ellos, ni para ellas. De ahí tantas dificultades para que la pareja actual realmente se adapte y fluya con las demandas de los tiempos en que vivimos. Los hombres y las mujeres de hoy, no saben bien a bien, en dónde están parados. El matrimonio tradicional ha perdido mucho terreno y surgen cada vez más, alternativas de relación que eran inconcebibles hasta hace apenas dos décadas. Ahora las mujeres trabajan, pueden tener puestos laborales como los de ellos o incluso en algunos casos mejores, a pesar de que está claro que aún no existe igualdad de oportunidades para las mujeres. Pueden generar su propio dinero y dejar de depender de lo que ellos les den. Sus vidas profesionales requieren de tener relaciones de negocios o amistosas con otros hombres, lo cual hace que muchas veces, sus parejas se sientan amenazadas.

Las mujeres quieren casarse y que esto no implique dejar a un lado su realización profesional, ni que tampoco lo haga el hecho de ser madres. Quieren compartir con sus parejas la responsabilidad de la casa y de los hijos y conciben la pareja como dos personas con los mismos derechos y obligaciones, donde ambos se cuidan y se protegen, es decir hacer una pareja con perspectiva de género. Sin embargo, por otro lado, muchas mujeres todavía quieren ser cuidadas y protegidas por su pareja, quieren que él sea fuerte, caballeroso y buen proveedor. Así como muchos hombres quieren todavía una mujer sumisa, y en su casa, o sumisa y a la vez profesional. El caso es que es evidente que los movimientos y cambios de roles, han agudizado en nuestra época la imposibilidad del amor de pareja como era concebido romántica y tradicionalmente. Por una parte, no estábamos preparados, ni hombres ni mujeres, para abandonar los antiguos roles, y por otra, los nuevos, nos crean una enorme confusión y no terminan por establecerse de una manera definitiva. Aún no hemos encontrado la media no hemos aprendido a negociar con nuestras parejas. Está claro que todos estos cambios, han traído consigo confusión y dolor emocional entre otras cosas.

El hecho es que las relaciones de pareja no pueden ser como eran antes, aunque aún haya hombres que añoren que la mujer viva en función de ellos y sus hijos, a cambio de que ellos sean proveedores y cumplidos, y aunque haya mujeres que deseen exactamente lo mismo. Sin embargo, definitivamente ya no es la posición de la mayoría y es absolutamente inoperable en nuestros tiempos, el hecho es que ni podemos volver a lo de antes ni nos hemos ajustado a las exigencias de hoy para conseguir tener una buena relación de pareja. Lo cierto es que nos enfrentamos a innumerables conflictos porque los roles antes tan bien definidos ya no nos funcionan en la realidad. Y esto nos obliga a replantearnos la relación de pareja de acuerdo a los tiempos que estamos viviendo. Replantear las reglas del juego, enfrentar nuestras necesidades, hacer conciencia de lo que queremos, a lo que estamos dispuestos y a lo que no para vivir en pareja. Aprender a soltar expectativas pasadas o irreales respecto al momento que estamos viviendo, clarificar lo que es el Amor verdadero de pareja, y aceptar que es necesario trabajar sin tregua y con una gran seriedad en la relación de pareja, si queremos que sea sana y duradera. Se requiere pasar de la revolución a la evolución, tal como lo planteamos en el capítulo 1.

RELACIÓN DE PAREJA INMADURA E INSANA

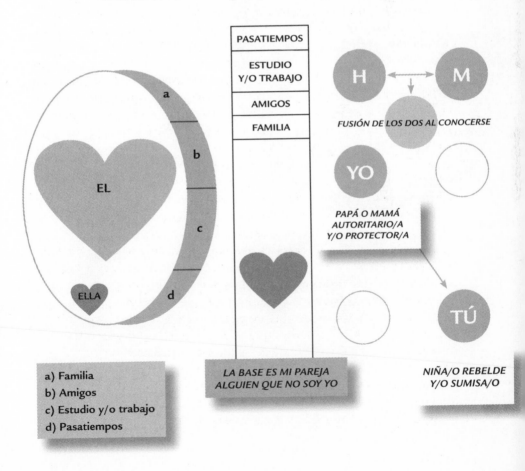

a) Familia
b) Amigos
c) Estudio y/o trabajo
d) Pasatiempos

LA BASE ES MI PAREJA
ALGUIEN QUE NO SOY YO

NIÑA/O REBELDE
Y/O SUMISA/O

RELACIÓN DE PAREJA MADURA Y SANA

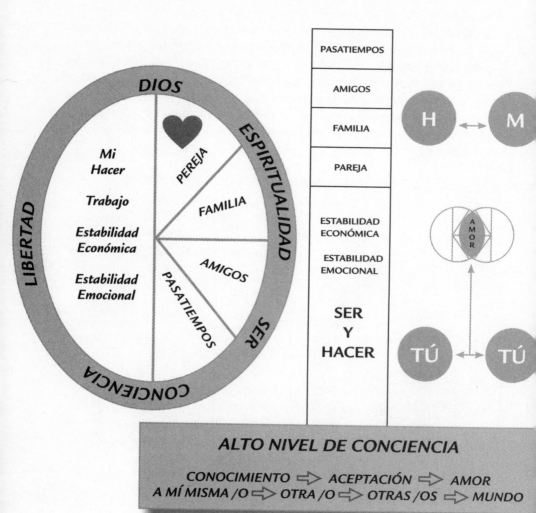

Retomemos el asunto de dejar todo a un lado cuando nos enamoramos. Eso sucede, y generalmente es mutuo, en el primer momento que es cuando la relación pareciera pareja, es decir, de tú a tú. Sin embargo, no pasa mucho tiempo para que uno de los dos retome su vida: el trabajo, sus amigos, familia, etcétera, mientras el otro sigue girando alrededor del ser amado y renunciando cada vez más a una vida propia. Generalmente, es el hombre quien retoma su vida y coloca el amor de pareja en un lugar que no le impida funcionar en su trabajo y que no obstruya sus demás intereses. Esto ocurre por el condicionamiento que se le ha dado, por la manera en que hemos sido construidos y educados: el hombre tiene que ganarse la vida y ser proveedor. Por su condicionamiento también, la mujer sigue girando alrededor del hombre y es la encargada de la parte afectiva. Es ella la que por lo general renuncia a su trabajo, a sus estudios, a irse a estudiar fuera una maestría y pone como prioridad "el amor" y es, justo en este punto, en donde ya no estamos hablando de Amor sino de "amor". Una de las dos partes tiene que sacrificar su realización y apoyar a su pareja para que logre realizarse, y esto hace automáticamente que una relación que habría podido ser de *tú a tú*, se transforme en una de *yo a tú*.

Hay que distinguir que esto no ocurre cuando *de común acuerdo* ella renuncia voluntariamente a su realización —temporalmente— porque por ejemplo lo que conviene *a ambos* es una oportunidad de trabajo que él tiene. Pero ciertamente, sólo en casos excepcionales, ocurre lo contrario: que él renuncie a su realización en aras de que ella se realice. Otra razón, por la cual es válido que sea ella la que renuncie —siempre y que sea temporal y de común acuerdo— es porque están formando una familia y los hijos están llegando y por ende, ella tiene que dedicarse a ellos mientras que él tiene que ser el proveedor. Pero si esta renuncia de ella no es temporal, dialogada, voluntaria, y negociada con la pareja resultará difícil, si no imposible, que a largo plazo ella se sienta plena y realizada. Que ella tenga que renunciar siempre para que la pareja funcione, es a todas luces, una falsa premisa, algo que no corresponde a la realidad actual. Tan es así, que aunque la mujer renuncie a tener una vida propia, la pareja tampoco funciona, porque si uno de los dos renuncia a realizarse y por tanto depende del otro económica y emocionalmente, resulta a la larga ser una carga para su pareja. Otro punto es que la persona realizada deja de ser compatible con la que no se está realizando, porque deja de admirarla, respetarla y valorarla. Siente la necesidad de alguien que le llene intelectualmente, que tenga una vida interesante, que hable de diversos temas, todo lo que ya no tiene con su pareja porque, para entonces, ya se establecieron los roles y parece imposible dar marcha atrás, aunque no lo es.

A estas alturas, tenemos a dos personas que se han convertido en padre/madre e hija/hijo aunque vivan y se relacionen aparentemente "como pareja". Pueden tener una buena relación en términos de cordialidad, tenerse cariño, quererse, pero a la hora en que se necesita de la dinámica real que debe tener una pareja, no hay manera de que funcionen y fluyan como dos iguales y, en el camino, la pasión ha perdido terreno. No se hace el amor con un hijo/hija o con un padre/madre, con alguien a quien queremos fraternal o amistosamente, sino con un amante. Entonces, la persona que tiene una vida propia, se busca un amante, porque su hijo, no le funciona en esta área. Y lo mismo puede ocurrir con quien no tiene una vida propia y ya no soporta vivir en función de su pareja, a la que está restringida, en un mundo que le queda pequeño y por tanto no le satisface. Se siente devaluada como persona y busca reafirmación en otra.

Lo que es claro es que, la diferencia entre un amigo y un amante, es la cama. Y aunque afortunadamente no es la relación sexual la que define a una pareja, si esta parte no está equilibrada con las demás áreas, la pareja deja de funcionar como tal. El fondo no es el sexo en sí, sino las implicaciones que tiene manejarse desde esos roles, en los que ambas personas se desdibujan y sienten que no son ellas mismas, que tienen que cumplir expectativas si no quieren ser rechazadas y abandonadas, si quieren que todo "funcione bien". Así pues, ambas partes se ven igualmente afectadas, desencantadas y desilusionadas. No pueden revivir el "amor" y la pasión que los unió en un inicio ni volver a sentir lo mismo por su pareja. La persona que tiene su propia vida se aburre con su pareja, se siente agobiada por ella, quien a su vez quiere más atención y tiempo de los que le puede o quiere dar. Siente que por no tener su pareja intereses propios no puede admirarla y respetarla.

A su vez, la pareja que ha renunciado a todo por cumplir la expectativa del otro y cuya vida gira a su alrededor, siente que su pareja es muy egoísta, que no está sensibilizada a sus necesidades, vamos, que ya no la ama. Ambos se sienten solos e incomprendidos, empiezan a discutir, tanto por cosas importantes como por cualquier tontería. Parecen no estar de acuerdo en nada. Ambos sienten que el otro es egoísta, incapaz de amar y de sostener las promesas de amor que se hicieron no hace mucho tiempo, cuando se unieron enamorados. *"Ya no eres como antes, ya no me complaces en todo, ya no te importo"* suelen quejarse los dos. Porque, efectivamente, los dos se cansaron de cumplir las expectativas del otro y buscan satisfacer sus propias necesidades y deseos. Los dos quieren que sea la pareja quien ceda, ninguno quiere renunciar a su necesidad a favor de su pareja, ni escuchar a la otra parte. Los dos tienen miedo al rechazo, los dos se hieren manejados por sus miedos o permiten que el otro los hiera. Todo esto implica maltrato psicológico: atacar la autoestima de la pareja, subestimarla, humillarla, ponerla bajo la lupa, juzgarla, criticarla, devaluarla, insultarla, amenazarla... y de ahí, si no se detienen las cosas a tiempo, terminan desembocando incluso en la violencia física.

PODRÍAMOS AMARNOS

A veces no sabemos cómo son las heridas
hasta que sin saberlo clavamos la cuchilla
y cómo nos herimos cuando herimos
cómo duele el dolor localizado
en el miedo del otro que es el propio
y ¿por qué? me pregunto
... Si en resumida cuenta podríamos amarnos.

Efectivamente podrían amarse. Hay otro camino posible, el camino sano, que es que ambos, después del primer momento de enamoramiento, retomen su vida. Y es entonces cuando es posible hacerle un campo propicio al Amor. Cada uno en su vida y respetando la vida del otro. Cada uno le da la atención al otro dependiendo del tiempo que le es posible dada su circunstancia de trabajo, estudios, amigos, familia. Los dos están comprometidos sinceramente y en el entendido de que su pareja es prioridad emocional. Y uno y otro buscan el tiempo para nutrir su relación de pareja.

Visto en el edificio del ejemplo, la base somos nosotros mismos, nuestro ser y nuestro hacer. El primer piso inmediato y prioritario es la pareja y luego en los pisos subsiguientes vienen las demás áreas de la vida. Esta construcción es la sana porque es la manera de mantenernos en pareja alegremente, de una manera recíproca. Y si por alguna razón llegamos a perder a nuestra pareja, el edificio no se nos cae encima sino que nos queda vacío uno de los pisos, pero podemos sobrevivir a ello sustentados en nosotros mismos y en los demás pisos que se mantienen firmes porque la base está intacta (ver ilustración pág. 146). Esto viene a ser lo sano, ciertamente, que cada uno sea la base de su propia vida, que ninguno tenga que renunciar a ser quien es y hacer lo que hace para poder estar con el otro. Para conseguirlo, sin embargo, hay que salvar un obstáculo: la necesidad de someter, y controlar, la guerra de poder. Esto ocurre cuando uno o ambos, no están de acuerdo con el trabajo del otro, con ciertos amigos, con el tiempo que le da a la familia, con sus compromisos sociales o de trabajo.

Ambos quieren someter al otro a su voluntad, manejados por las expectativas que obedecen a sus deseos y necesidades, **y por los miedos dictados desde sus heridas**, y ninguno de los dos se quiere someter. Los dos hablan de defender sus derechos y entonces sólo quedan tres caminos:

* Uno de los dos se somete y renuncia a sus derechos a favor del otro.
* Ninguno se somete y terminan la relación.
* Aprenden a amarse en verdad, a negociar, a respetar cada uno la vida del otro y a relacionarse en libertad.

Esta última es la única alternativa sana posible. Desafortunadamente suele ser la menos frecuente, precisamente porque no podemos manejarnos de manera sana y por esto terminamos enganchados en juegos de control y manipulación y, por consecuencia, invisibilizados, rechazados y abandonados.

Podemos comprobar todo lo anterior analizando nuestra propia experiencia o las experiencias cercanas de parejas que conocemos. Y entonces nos preguntamos: ¿dónde está el amor que decían tenerme o tenerse? ¿Dónde está el amor que juró o se juraron para toda la vida? Esto es precisamente lo que tenemos que analizar aquí. ¿Qué es lo que sucede? Algo que las parejas una vez en ese punto no alcanzan a ver con claridad.

No pueden ver que no se trata de que renuncien a sus necesidades ni a lo que son. Se trata de negociar, de pactar, de mediar, pero no saben cómo hacerlo o no quieren hacerlo porque esto implica ser congruentes, honestos, trabajar en la relación y, por lo tanto, implica aceptar al otro tal y como es, aceptar la realidad propia y la del otro, respetar las necesidades propias y las del otro. Implica amar al otro tal cual es y renunciar al control y a la expectativa de que el otro sea como nosotros necesitamos que sea y no, como realmente es. En una palabra, implica romper el espejismo y enfrentar los miedos. Sólo se puede negociar si se está consciente de las heridas propias y las del otro y ambos nos proponemos curarlas y superarlas, dejarlas realmente en el pasado, perdonar, perdonarnos y empezar a amarnos a nosotros mismos de una manera sana.

Muchas veces preferimos evadirnos, no analizar nada, porque de hacerlo, podríamos descubrir que nos equivocamos y elegimos mal a nuestra pareja y que esa persona que realmente es, no es una persona que podamos amar, ni por la que estemos dispuestos a comprometernos de una manera absoluta. Que quizá al elegir a la pareja, lo hicimos basados en el criterio de la sexualidad como prioridad y no había las afinidades suficientes para mantener una relación perdurable una vez que pasara la luna de miel, lo cual es inevitable. Otras veces, analizar, implica reconocer que no amamos a esa persona como creíamos amarla, ni somos amados por ella como supusimos. O quizá nos enfrenta a que uno o ninguno de los dos, somos tan capaces de amar como pensábamos y que es necesario trabajar mucho en nosotros mismos y en la relación de pareja, para llegar a amarnos auténticamente. Otra cosa que podemos descubrir, es que somos incongruentes, que nos decimos abiertos y liberales y a la hora de vivir la realidad, no lo somos o no lo es nuestra pareja y nosotros creímos en su discurso verbal.

En el capítulo 3 hablamos de lo que es el Amor, así, con mayúscula y asentamos que la herida nos viene del amante y no del Amor; o nos viene de nosotros mismos cuando se nos atraviesa la neurosis—miedos. Hablamos también de que la neurosis nace del miedo a ser invisibles, rechazados y abandonados. ¿Por qué permitimos que la pareja nos anule como personas? ¿Por qué dejamos de ser como éramos cuando nos unimos a una pareja? ¿Por qué renunciamos a nuestros "quieros", a nuestros sueños, metas, proyectos? ¿A nuestra libertad de ser y hacer lo que habíamos planeado para nuestra vida? Porque creemos que si no lo hacemos, el otro nos rechazará y nos abandonará. Renunciamos a cumplir la expectativa que teníamos de nosotros mismos porque sentimos que si no cumplimos la expectativa de la pareja, no seremos amados. Entonces, tanto hombres como mujeres, sienten que el precio que hay que pagar para tener pareja es demasiado alto, se trata de la propia libertad. Y tienen razón, si para estar con alguien hay que negarse a sí mismo, algo definitivamente está mal.

El conflicto que surge ante este planteamiento es enorme, y termina por destruir a la pareja porque, aun cuando se queden juntos, bajo esas condiciones ya no estamos hablando de pareja ni de una relación sana, sino de una insana que se irá deteriorando cada vez más y en la que ambos serán infelices. Y en el caso de que tengan hijos, los harán infelices a ellos también. ¿Entonces cuál es el camino? ¿Cómo podemos conseguir una relación de tú a tú? ¿Cómo podemos tener una relación sana de pareja? ¿Una relación que nos sostenga como pareja y luego, si llegamos a tener hijos, una relación sana con ellos? Lo primero que podemos ver con claridad, es que es imposible tener una relación sana si una de las dos partes o ambas, tienen que renunciar a ser como son, negarse a sí mismas como personas para ser aceptadas y amadas. Negar su identidad y renunciar a su independencia. Si se conducen de este modo, pueden contar con que sus hijos aprenderán esa manera insana de relacionarse con los demás, y posteriormente en pareja.

Está más que comprobado que cuando una persona se niega a sí misma, cuando se reprime en favor de la necesidad o la expectativa de otra persona, termina creándole una deuda emocional y sintiéndose no amada, usada y devaluada. Tarde o temprano termina cobrándole a la pareja el "sacrificio" que hizo por ella. Y la pareja, con coraje, le reclama a su vez, que nunca le pidió tales sacrificios, que mejor no hubiera hecho nada si se lo iba a cobrar, que creyó que le daba lo que le daba por amor, porque quería, y que ahora ve que no le ama. Y entonces todo se vuelve un lío tremendo, ninguno de los dos se siente amado, ambos se sienten traicionados por el otro, solos, vulnerables, tristes. Se ponen a la defensiva, discuten, pelean, y la distancia y el dolor emocional son cada vez mayores. Cuando ambos se cumplen la expectativa, todo va viento en popa. El problema es cuando uno de los dos, o los dos, se sienten obligados a cumplir esas expectativas, sea por exigencia del otro, por sus propios miedos al rechazo o por evadir la responsabilidad de tener su vida en sus manos. En ese momento dejan de sentirse bien, empiezan a no sentirse libres, no pueden fluir, tienen que reprimirse, viven agobiados y asustados, entonces ya no se están relacionando por Amor sino por miedo. Por miedo a la invisibilidad, al rechazo y al abandono del otro, a su desaprobación, a su juicio o crítica. Y entonces empiezan a "sacrificarse" por el otro, "en nombre del amor".

No estoy diciendo que el sacrificio es algo malo, toda relación implica sacrificio en el sentido de que algo hay que sacrificar. En alguna medida hay que ceder para negociar con la pareja, eso es inevitable, es parte esencial, no sólo de la relación de pareja, sino de cualquier relación humana. No se puede querer lo mejor de los dos mundos, pero hay que tener claro que se trata de sacrificios voluntarios y conscientes. Sólo de esa manera no cobraremos al otro la factura. Ésta es la única manera sana de sacrificarse, y no neurótica. Sacrificios que vienen de la voz del Alma y no de la del Ego. Sacrificios que no implican el bienestar de uno y el malestar del otro, que no implican que se nieguen a sí mismos, se repriman o sean incongruentes.

Cuando pretendemos que nuestra pareja nos acepte tal y como somos, y esto implica que la maltratemos, humillemos, descalifiquemos, hiramos, anulemos, usemos, etcétera, no estamos hablando de Amor, sino de egoísmo y de incapacidad de amar. La pareja que nos ama, nos acepta como somos, efectivamente, siempre y que lo que somos no la lastime, anule o destruya como persona.

Podemos concluir que la única manera de hacer una pareja sana, es decir, de tú a tú, es posible sólo cuando ambas partes tienen una vida propia y hay un equilibrio entre la pareja, la familia, los amigos y el trabajo. Construir una pareja sana implica no establecer roles que luego jugamos neuróticamente y no pretender tener el control sobre nuestra pareja. Pero ¿cómo se logra esto? Haciendo conciencia de nuestra neurosis, de nuestro miedo a ser invisibilizados, a ser rechazados y abandonados, porque es este miedo a ser heridos, el que nos empuja a cumplir las expectativas de la pareja y exigirle que cumpla las nuestras para sentirnos amados, y en ese momento establecemos una relación de yo a tú, donde uno gira alrededor del otro y hay un total desequilibrio en todas las áreas.

El otro es nuestro dios, (un dios de barro, por cierto) esto provoca que no tengamos un camino espiritual sólido, que no nos abramos a la conciencia de nuestra propia vida, a nuestros alcances y posibilidades de realización. Nos convertimos en personas codependientes, miedosas, débiles, asustadas de la vida. Vivimos en el pánico de que nuestra pareja nos rechace, abandone o se muera, porque eso sería peor que la muerte. Vivimos en la duda de si nos ama realmente, de si nos amaría si no le cumpliéramos las expectativas.

EN EL UMBRAL DE LA DUDA

No me dejes en el umbral de la duda
atrapada en tus párpados
después de andar las comisuras de tus labios

ahora que me convertí en melancolía
ahora que tus latidos son mi concierto
ahora que tu aroma es mi aliento
no me dejes en el umbral de la duda.

La duda y el miedo nos llevan a negarnos, a renunciar a nuestra propia vida. ¿Cómo abrirnos a nuestra propia vida? ¿Cómo elevar nuestro nivel de conciencia? Esto es imposible si no sabemos quiénes somos. No saber realmente quiénes somos, cómo somos, qué queremos, qué necesitamos, es lo que permite que creamos que queremos lo que el otro quiere, que nos engañemos de una manera inconsciente y creamos que somos lo que el otro espera que seamos. No saber quiénes somos, nos lleva a permitirle al otro definirnos según su necesidad y al margen de la nuestra, y a no tener las herramientas necesarias para defender lo que queremos, porque no nos atrevemos a querer nuestros verdaderos "quieros", porque nuestro miedo a ser rechazados y abandonados no nos permite hacer conciencia de lo que somos y de lo que queremos. No saber quiénes somos y por lo tanto no estar conscientes de nuestras heridas, trae como consecuencia que el otro nos pueda herir, tocar nuestros detonadores, enloquecernos de dolor y sacarnos de nuestro centro, sin que nosotros podamos hacer nada, salvo sufrir y dolernos, dada la falta de conciencia sobre nosotros mismos.

Lo que podemos ver con claridad, es que uno realmente se conoce al entrar en relación. Estar solos es sin duda muy importante. Es en la soledad en donde se piensan cosas que no se pueden pensar estando metidos en el torbellino de la vida. Darnos espacios para estar solos, y atrevernos a estarlo, es de vital importancia. En la soledad es que podemos organizar nuestros pensamientos y por tanto nuestras vidas. Poner orden en la casa interior: meditar, reflexionar, analizar, evaluar situaciones y tomar decisiones. Sí, tener espacios en soledad, es muy importante. Sin embargo, es en relación con los otros, en donde realmente nos conocemos, podemos descubrir lo que somos y ponerlo a prueba. Uno no puede saber qué tan generoso, paciente, valiente o fuerte... es o puede ser, hasta el momento de entrar en relación. En este sentido, relacionarnos es indispensable. Es a través de la relación con otro, como podemos incursionar dentro de nosotros mismos y develar partes de nosotros que permanecen ocultas y sólo se revelan cuando nos relacionamos. La pareja es nuestro espejo y una de las más importantes maestras que tendremos en la vida. Resulta vital, para enriquecernos, entrar en la aventura de relacionarse con otro ser humano; es, sin duda alguna, una de las mejores maneras de crecer, de que nuestras vidas se muevan. Y *la Vida, es movimiento, por tanto es relación*.

Uno no puede saber hasta qué punto ciertas cosas son importantes, sino hasta el momento de estar frente a otra persona. Es entonces cuando esas cosas se revelan, ocurren, y tenemos que decir lo que sentimos, pensamos y queremos. O nos damos cuenta de que no sabemos qué sentimos, pensamos, necesitamos y queremos y es en ese momento, en relación con otro, cuando tenemos la oportunidad de descubrirlo, de ir a averiguarlo. También es en relación que descubrimos nuestros miedos y que no estamos siendo capaces de defender lo que queremos. Y es por esto, entre otras cosas, que estar en relación resulta indispensable para descubrir nuestros miedos, enfrentarnos a ellos y liberarnos. Es en relación que se revelan las heridas que hay detrás de nuestros miedos, heridas que se hacen patentes, que podemos medir y así comprender hasta qué punto hemos sido lastimados y tenemos pánico a serlo de nuevo, a que el otro le eche ácido a nuestras heridas, a ser juzgados, descalificados, rechazados, abandonados. Es en relación que tenemos la maravillosa oportunidad de enfrentar los miedos, las heridas y, finalmente trabajar en curarlas, de la mano de la persona que amamos.

Al relacionarnos, nos obligamos a definirnos y a ser congruentes. Nos enfrentamos con nuestras deficiencias y tenemos la enorme oportunidad de trabajar en nosotros mismos y salir más fuertes y enriquecidos en todos aspectos. Estando en relación, surgen de nosotros facetas que desconocemos y que nos sorprenden, que a veces nos aterran y a veces nos hacen sentir orgullosos. Pero cualquiera que sea el caso, nos dan las herramientas para crecer y tener una vida más plena y sana. Estando en relación, es cuando el conocimiento teórico de uno mismo se desvanece y da paso al conocimiento real, el que nos llevará a revelarnos como la persona que verdaderamente somos y la infinidad de matices que componen nuestra personalidad. Es en relación que los personajes que nos manejan y sobre los que no tenemos ningún control, quedan al descubierto, dándonos la oportunidad de manejarlos y sacar a la luz a la persona que somos. Estar en relación, nos obliga a externar nuestros verdaderos sentimientos, hace que se revelen nuestras polaridades y nos lleva a encontrar la manera de asumirlas y manejarlas. Así mismo nos exige establecer nuestras prioridades, decidir qué camino tomar, y asumir las consecuencias de cada decisión. Esto ocurre con todas nuestras relaciones sean o no de pareja. Sin embargo, cuando se trata de relacionarse con una pareja, todo se potencializa de alguna manera, porque este tipo de relación involucra áreas que no se ven inmiscuidas en las otras relaciones. No sólo me refiero a la sexualidad, sino a la intimidad que podemos llegar a tener con una pareja en todas nuestras áreas.

Muchas veces nos vemos acorralados en una situación estando en relación. No sabemos qué hacer, cómo reaccionar, qué responder. Y esto nos puede causar confusión y pánico. Queremos que alguien nos dé la respuesta correcta, una que nos proporcione lo que necesitamos: la aprobación y el amor de nuestra pareja. Salvar nuestra relación. Ser felices. Y en esos momentos, resulta que nadie nos puede dar una respuesta, no hay recetas de cocina, la respuesta correcta es: *"No sé, voy a ver..."* —como diría Eduardo Lorente, un psiquiatra tan médico de mentes como de almas, un hombre con una profunda sensibilidad y una enorme sabiduría, de quien tuve (Lindy) el privilegio de ser su amiga y discípula—. Sí, se trata de una respuesta que implica lo que tanto tememos: la incertidumbre. Pero a la vez, es una respuesta liberadora, ¿quién dice que tenemos que saberlo todo? ¿Por qué habríamos de saberlo? Como todos sabemos, quien no se cuestiona nada, quien cree saberlo todo, ni obtendrá nada, ni descubrirá nada, no aprenderá nada y por lo tanto, no crecerá.

Aceptar que no sabemos qué hacer, qué responderle a nuestra pareja, qué actitud tomar, es la mejor manera de entrar por el camino correcto, que nos llevará a la respuesta correcta. *"No sé, voy a ver..."*, porque nadie como nosotros mismos, podemos saber lo que nos conviene y lo que necesitamos en el fondo de nuestro ser. "***No sé, voy a ver...***" es decir, voy a ir a averiguarlo, voy a dejar de suponer, voy a ir al otro e indagar qué pasa, **voy a enfrentar mis miedos**, voy a tomar riesgos. Voy a averiguar por qué yo, o por qué mi pareja hace o deja de hacer, piensa o deja de pensar esto o aquello, y voy a descubrir por mí mismo, cuál es mi propia respuesta en cada situación. Una respuesta que corresponda a mi verdadero quiero, a mi deseo más profundo, y que vaya de la mano con la persona que yo soy.

Los demás me podrán dar su opinión, su consejo, me dirán lo que ellos harían en mi lugar, pero ellos no están en él, ellos no son yo. Y yo estoy buscando una respuesta para mi vida, no para la de ellos. Quiero vivir mi relación desde mí, no desde ellos. Tengo mi propia necesidad, que no es la de los demás, y mi propia herida, que no es la de ellos. Esto no es pecar de soberbia, sino empeñarme en no depender de los otros para enfrentar mis problemas. Es buscar dentro de mí, la voz de mi Alma, que todo lo sabe, que tiene todas las respuestas, y que sólo espera ser escuchada para hacerme saber qué camino debo tomar en cada situación que se me presenta. Es decirle **no**, a la voz de mi Ego, a mi neurosis, que siempre me llevará a actuar cumpliendo expectativas ajenas para evitar el rechazo, y decir **sí** a la voz de mi Alma. De ahí que un buen terapeuta, un buen amigo, no te dice lo que tienes que hacer, sino que te clarifica y te ayuda a que descubras la respuesta dentro de ti, saca de tu interior a tu propio maestro para que hagas a un lado la voz del Ego y escuches la voz de tu Alma. Entonces, sin duda, sabrás qué hacer en cada momento, obtendrás siempre las respuestas correctas para ti. Sabrás quién eres y qué quieres y podrás manifestarlo en tu vida, en los hechos de tu vida. Y además adquirirás algo maravilloso, que no tiene precio: tendrás paz.

¿Pero por dónde empezar a conocernos, a saber quiénes somos realmente? Uno de los caminos más efectivos es poner bajo la lupa las expectativas, las que tenemos de nosotros mismos, las que tenemos de nuestra pareja y las que ésta tiene de nosotros. Pero ¿qué son exactamente las expectativas?

Capítulo 6

Expectativas

La necesidad de cumplir la expectativa de la pareja,
surge por el pánico a ser abandonados por ella,
y es así como le otorgamos todo el poder sobre nosotros
y el control sobre nuestra vida.
Todo lo que hacemos es, de una u otra manera,
por la necesidad de recibir Amor.

ENTRE PENA Y PENA

Me convertí en tu huésped silenciosa
estoy como la hiedra está en un pozo:
inmóvil, quieta, viva y en asilo
inyectando mi savia en tus sentidos.

En tu aliento palpito suspendida
me infiltro en el tintero de tu vida
mis ojos se convierten en tu lámpara.

Estoy entre paréntesis, callada
entre guiones fermento mi poema
y te mantengo en pie entre pena y pena.

¿Qué son las expectativas? Son las actitudes, conductas y acciones que realizamos como respuesta a lo que se espera de nosotros. Cumplir expectativas viene de la necesidad vital de ser aceptados, de evitar la invisibilidad, el rechazo y el abandono a costa de lo que sea, no importa el precio que tengamos que pagar. No hay nadie que escape a esta necesidad tan enraizada, dada nuestra herida inicial. Hemos visto claramente cómo todos estamos atrapados y somos manejados por esa herida: la invisibilidad, no existir para el otro, y por tanto tenemos pánico al rechazo y al abandono. Hemos visto cómo todos somos desnutridos emocionales y cómo actuamos, aun en contra de nosotros mismos y de lo que creemos, necesitamos y queremos, con tal de cumplir las expectativas de los demás.

Hay personas que se pasan la vida entera cumpliendo las expectativas sociales, familiares, de sus amigos y pareja, y su vida se reduce a vivir desde un Deber Ser, en donde su propia necesidad se anula sistemáticamente, con tal de no enfrentarse a la invisibilidad, al rechazo o al abandono. Las personas que no cumplen las expectativas de ninguna otra persona, son realmente excepciones y entran en dos categorías:

* Personas que viven completamente aisladas, que se autoinvisibilizan, que no tienen relaciones personales ni de trabajo ni de ninguna índole. Su herida inicial es enorme y, ellos han decidido que, incurable. Tienen un bajo nivel de conciencia de sí mismas. Su grado de desnutrición las lleva a cerrarse al mundo o a suicidarse. Su Ego — neurosis— ha ganado la batalla y su Alma está anestesiada en un grado casi total. Se podría decir que muchos de ellos tienen el alma en estado de coma.

* Personas sabias, esas que ya están más allá del bien y del mal, dado que tienen un alto nivel de conciencia. Han logrado curar su herida, dejaron de ser desnutridas emocionales. Viven de tiempo completo escuchando a su Alma y no a su Ego. Son los seres humanos iluminados. Aquellas personas que tienen una perfecta conciencia de que *la Vida es relación y servicio. Dan sin necesidad de recibir, no tienen apegos y son completamente libres. Viven en un estado de gracia el 95% del tiempo.*

Y todas las demás personas, necesariamente viven cumpliendo las expectativas que tienen de sí mismas o las que los demás tienen de ellas, en mayor o menor grado, dependiendo de su nivel de conciencia. Muchas de ellas, por su bajo nivel de conciencia, ni siquiera son capaces de reconocer hasta qué grado viven cumpliendo las expectativas propias y ajenas. Argumentan que no es así, que hacen lo que hacen porque eso es lo que *quieren* hacer. Esto sucede porque hacen del quiero del otro, su quiero propio, sometiéndose con tal de no enfrentar sus miedos. En este asunto de la invisibilidad, del rechazo y el abandono, cada persona se maneja de acuerdo a su prioridad de sobrevivencia. Algunas logran manejar este miedo en mayor o menor grado, en algunas de sus áreas: el trabajo, la pareja, las exigencias de la sociedad, la de los amigos y familia. Otras pueden manejar el rechazo en cualquier ámbito excepto en el de la pareja.

En donde sea que se dé el rechazo, significa: no merezco ser amado. Lo cual se puede traducir de muchas formas: no merezco fama, poder, éxito, ni que me valoren, acepten, aplaudan, reconozcan... es decir, ni que me amen. Todo termina por conducirnos al mismo lugar por una sencilla razón, a los seres humanos lo que nos mueve es la necesidad de ser amados. Todos queremos ser y sentirnos amados, y la búsqueda del Amor es lo que ocupa nuestra mente y dirige nuestras acciones a niveles conscientes o inconscientes. Algunos enfocan su necesidad de aceptación como prioridad en el trabajo, otros en la familia, en los amigos y en el ser amado. El caso es que todos, de acuerdo a la prioridad que establecimos, somos inducidos por nuestros miedos a cumplir expectativas. Aquí, nos ocuparemos de lo referente a la pareja.

Cuando nos enamoramos, queremos ser la persona perfecta para ese alguien que, de pronto se convierte en el centro de nuestra vida. Queremos tener su aprobación y su amor de una manera absoluta y definitiva. Y nos sentimos tremendamente amenazados y culpables ante la posibilidad de no cumplirle todas sus expectativas. Esto nos puede conducir a que nuestra estima sea lastimada o anulada. Vivimos con el pánico a ser rechazados, por no ser lo bastante buenos para esa persona a quien amamos y que se ha vuelto imprescindible en nuestras vidas, porque la hemos idealizado de tal manera, que nos parece que la vida no tendría sentido si nos abandona. Lo curioso es que la mayoría de las veces, enfrascados como estamos en nuestro propio miedo, no nos preguntamos por qué la pareja no cumple nuestra expectativa, creemos que sólo nosotros tenemos ese miedo de ser abandonados. Es decir, **contamos con nuestras inseguridades pero no con las de nuestra pareja** y eso nos esclaviza al otro. Y resulta que **el otro también tiene sus inseguridades**, es tan codependiente como soy yo, pero como no me las deja ver, o yo no soy capaz de verlas, siento que sólo yo tengo miedo a su rechazo, su juicio y su abandono. No me imagino que el otro, tiene tanto o más miedo que yo a que lo haga invisible.

El terror a perder a la persona amada nos hace ciegos al miedo del otro, a sus inseguridades. Muchas veces, esto sucede porque con quien estamos tiene la habilidad de hacernos creer que no le importa que le abandonemos, que le da lo mismo, o que es él quien a la menor provocación está listo para irse sin que le duela en absoluto. Nos hace creer que hasta sería una gran liberación, porque le resultamos tan imperfectos, un peso insostenible y nos quiere hacer creer que nos hace el favor de nuestras vidas al estar a nuestro lado. Entonces, nos empeñamos más en cumplirle la expectativa y para conseguirlo, nos anulamos. No nos permitimos sentir lo que realmente sentimos, ni pensar claramente. Dejamos de estar en contacto con nuestros verdaderos sentimientos y pensamientos, perdemos nuestro centro. La consecuencia de esto, es que empezamos a ser una persona que realmente no somos porque quienes somos, no nos parece deseable, aceptable, "amable" para el ser amado.

Empezamos a actuar de acuerdo a lo que nuestra pareja espera, a negarnos sistemáticamente, a culparnos de todo aquello que el otro nos hace creer que hacemos mal, a juzgarnos, criticarnos, anularnos. La necesidad de cumplir la expectativa de la pareja, surge por el pánico a que nos hagan invisibles y a ser abandonados. Y es así como le otorgamos todo el poder sobre nosotros y todo el control sobre nuestra vida. Y lo más grave es que no sólo la pareja nos invisibiliza, sino que empezamos a hacer cosas a través de las cuales nos autoinvisibilizamos... nos convertimos en una especie de duendes silenciosos, en una sombra, en un fantasma que sólo aparece cuando la pareja nos necesita.

No imaginan la cantidad de personas que, una vez que ya no pueden más y están hartas de negarse a sí mismas y del miedo que le tienen a su pareja, se enfrentan a ella, deciden separarse y terminan la relación. Estos hombres y mujeres que vivieron aterrados, cumpliendo la expectativa de sus parejas, llenos de inseguridades, se llevan la sorpresa de su vida al ver la reacción de su pareja ante su decisión definitiva de abandonarlos. Sus parejas, que parecían tan seguras, que las tenían prácticamente invisibles, se muestran aterradas ante el rechazo, el abandono y salen a la luz sus enormes inseguridades, sus miedos, su colosal vulnerabilidad. La pareja que vivió aterrada, no puede creer lo que ve, no concibe cómo este hombre o esta mujer al que le tenían terror, al que veían y vivían como un gigante amenazante, se ha convertido en un enano, alguien que uno creía que era un águila y resultó ser un ratón; y nos resulta insólito ver el espejismo que creamos, ver a esos seres de escarcha deshechos, ante nuestra decisión de dejarlos, están literalmente suplicando por una oportunidad, llorando de pánico ante la idea de quedarse solos, diciéndonos lo importantes que somos en sus vidas, como quien dice, por arte de magia, visibilizándonos.

Toma esto muy en cuenta: tu pareja es tanto o más insegura que tú. Ponlo a prueba y lo comprobarás. Es fácil. Deja de cumplir sus expectativas. Ponle límites y sostente en ellos y verás que él no tiene ningún poder sobre ti y sus inseguridades saldrán a flote.

Veamos lo que son las expectativas en esta **Reflexión Poética**, en esta especie de género nuevo en el que amalgamamos la filosofía con la psicología y el verso. Género al que llamaremos **Filopoética**.

EXPECTATIVAS

Las expectativas causan profunda infelicidad:
las que tenemos nosotros sobre todos los demás
aquellas sobre uno mismo, las que tienen de nosotros
vivimos esclavos de ellas y negando lo que somos.

Queremos ser aceptados y nos aterra el rechazo.
Por cumplir expectativas que eviten ese dolor
nos creamos una imagen que luego hay que mantener
no somos nosotros mismos, ni lo que pudimos ser.

La demanda es absoluta de parte de los demás
no podemos defraudarlos, la vida en ello nos va
porque hemos asociado el rechazo con la muerte
no soportamos la culpa al no actuar como "se debe".

Y cumplir expectativas, nuestras o de los demás
nos hace vivir perdidos, afuera de nuestro centro
sin paz, con resentimientos, reprimiéndonos sin más
y negando lo que somos con tal de nunca fallar.

Todo empieza en la familia, luego escuela y sociedad
y el Sistema nos ahoga exigiendo sin piedad
que seamos lo que esperan o nos van a castigar
con rechazo y aislamiento, con repudio y soledad.

Con tal de ser aceptados nos vivimos violentando
negándonos, reprimiendo lo que somos y deseamos
y nuestras necesidades las guardamos y escondemos
preferimos traicionarnos antes que fallarle a ellos.

Y ellos hacen lo mismo, ¡qué tragedia singular!
Todos jugando una farsa, fingiendo felicidad.
Nos perdemos en los miedos, no podemos razonar
y es porque estamos dormidos y tememos despertar.

Tenemos que hacer conciencia de que el mundo nos maneja
creándonos culpas y miedos, a fallar, a fracasar
por lo que somos esclavos del terrible "qué dirán"
tememos al abandono, a la soledad...a la invisibilidad.

Vivimos toda la vida en función de los demás
tratando de ser amados, aplaudidos, aceptados
y dudando todo el tiempo con un inmenso dolor
preguntando qué tan cierto resultaría ese "amor".

Si mostramos lo que somos sin cumplir expectativas
si decimos qué pensamos, qué sentimos, qué deseamos
si nos mostramos desnudos, sin miedos, sin Deber Ser
¿Aún nos darían su amor si rompemos la ilusión?

Vivimos en esa duda, en silencio y resignados
decimos que por no herirlos, que no tiene ningún caso
pero en el fondo deseamos terminar con este teatro
y por fin soltar las alas y ser libres, soberanos.

Algunos logran hacerlo, arriesgándose al rechazo
y éste llega algunas veces y otras llega lo contrario:
junto a la liberación, llega la comprobación
de ser amados realmente y tener su admiración.

No debemos condenarnos a obedecer unas reglas
que nosotros no escribimos, ni estamos de acuerdo a ellas.
Vivir atados al miedo es infierno inadmisible
eterna infelicidad, cuando podemos ser libres.

El caso es hacer conciencia de que las expectativas
son la única razón de nuestra inútil desdicha.
Todos las violamos siempre, no lo hacemos por maldad
cada uno está en su juego y no es nada personal.

Es imposible cumplir las expectativas de otros
aún si nos lo proponemos, no seríamos nosotros
lograremos reprimirnos, pero llegará el momento
en que se impone quien somos y actuamos de acuerdo a ello.

Está la naturaleza, que no se puede negar
y hay un temperamento y una personalidad
están también las heridas y está el condicionamiento
todo esto tarde o temprano cae por su propio peso.

El Amor, el verdadero, se basa en la aceptación
y no hay nada más hermoso que sentirnos aceptados
así, tal y como somos, sin fingir, sin disfrazarnos
sin juegos, sin estrategias, ni exigirnos, ni esforzarnos.

Lograr que el otro se muestre y al mismo tiempo mostrarnos
con virtudes y defectos, evita los desencantos
no da lugar a mentiras, o a sentirnos engañados
ni a esperar que el otro cambie para sentirnos amados.

Quien te ama, que te ame, así, tal y como eres
demándale ser congruente con lo que dice que siente.
No cumplas expectativas, ni exijas eso del otro
no permitas que te hieran, ni hieras de ningún modo.

Para poder conseguirlo es lo sabio no esperar
y no culpar a los otros de nuestra infelicidad.
Ellos no tienen poder para causarnos dolor
si nosotros no vivimos esperando aprobación.

Cada uno es responsable de su propia libertad
... Si le das a otro el poder de tu vida manejar
si pones tus emociones en función del qué dirán
tú te niegas a ti mismo tu propia felicidad.

Rompe las expectativas, las que tienes de ti mismo
las que tienes de los otros y las que tienen de ti
paga el precio de ser libre, y deja ya de sufrir
el asunto está en tus manos, es cosa de decidir.

La felicidad existe, tal como la libertad
prueba, suelta expectativas y así lo comprobarás
no tengas miedo al rechazo, miedo debieras tener
a vivir siempre con miedo y a ser esclavo de él.

Empieza a ser tal como eres, tus miedos has de enfrentar
respeta tus propios "quieros", sé congruente nada más.
Si alguien se siente agredido, tú no te debes culpar:
ese es problema del otro, tú ve por tu libertad.

*"La **única** razón de tu sufrimiento son tus ideas sobre cómo deberían comportarse las personas en relación a ti, creyendo que tus ideas son las más correctas. No sufres por lo que los otros hacen, sino por la **expectativa** de que ellos se comporten según tus deseos. Y ellos violan tus expectativas. Son tus expectativas las que te hieren. Disminuye tu nivel de ansiedad (esperar) y de esto surgirán tres maravillosos resultados:*

1. *Quedarás en paz.*
2. *Las personas continuarán actuando de acuerdo con su programación propia, y esto no te acarreará el más mínimo sufrimiento.*
3. *Tendrás más energía para hacer lo que quieras, pues no estarás gastando tu tiempo esperando que los otros vivan de acuerdo con los planes que tú trazaste.*

Nuestra felicidad o infelicidad dependen más de la manera por la cual percibimos y nos enfrentamos con los acontecimientos, que de la propia naturaleza de éstos. Si no te está gustando tu vida hay algo radicalmente erróneo en ti".

Anthony de Mello
"Rompe el Ídolo"

POSICIONES INSANAS

QUIERO
TENER TODO
ESTE LUGAR EN
LA VIDA DE MI
PAREJA

- ° SI ESPERO ESTO, ESTOY FUERA DE LA REALIDAD.
- ° SÓLO VOY A TENER RELACIONES DE YO A TÚ.
- ° ME VOY A OBLIGAR Y VOY A OBLIGAR A LA PAREJA A JUGAR ROLES.
- ° ESTOY ESPERANDO QUE LA PAREJA VENGA SIN HISTORIA, Y SU VIDA NO EMPEZÓ EL DÍA QUE ME CONOCIÓ.
- ° VOY A REFORZAR Y ALIMENTAR MI NEUROSIS Y LA DE MI PAREJA.
- ° NO ME DOY CUENTA QUE UNA COSA ES SER SU PRIORIDAD EMOCIONAL Y OTRA, SER DUEÑA/O DE SU VIDA.

POSICIONES SANAS

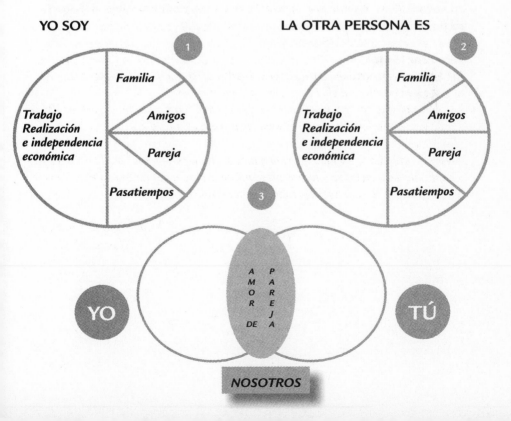

YO SOY

1

Familia

Trabajo
Realización
e independencia
económica

Amigos

Pareja

Pasatiempos

LA OTRA PERSONA ES

2

Familia

Trabajo
Realización
e independencia
económica

Amigos

Pareja

Pasatiempos

3

YO

AMOR DE PAREJA

TÚ

NOSOTROS

La **única** razón de tu sufrimiento, dice Mello, es esperar lo que el otro no te puede o no te quiere dar. La **única** razón, aclara, no una de las razones.

Lo que está claro, es que el otro no tiene en realidad el poder de manejar nuestras emociones ni nuestra vida. Pero nosotros se lo otorgamos al convertirlo en el motivo y el centro de nuestra existencia, al no soportar la idea de su abandono. Al hacer esto, estamos a su merced. Nuestra felicidad o infelicidad dependen absolutamente de todo lo que el otro haga o deje de hacer. Es así como nuestra pareja tiene el poder de cambiar nuestros estados anímicos en todo momento y de otorgarle sentido o no a nuestra vida. Literalmente permitimos que tenga nuestra vida en sus manos.

Difícilmente encontraremos un error más grave que éste. El precio a pagar es incalculable, se trata del precio de la libertad y la paz interior. La única manera de soltarnos de la necesidad de cumplir expectativas, es elevando nuestro nivel de conciencia, a través de asumir y enfrentar nuestros miedos.

Todo esto lo entendemos a nivel racional, lo tenemos perfectamente claro intelectualmente, —es decir, la información, el conocimiento, está en nuestro Ego, en nuestra mente— **pero intelectualizar algo, no significa poder actuar de manera congruente con ese conocimiento. Hay que llevar el saber a la conciencia y entonces lo podremos poner en la vida: enfrentar los miedos**. Sólo entonces, al escuchar la voz del Alma y no la del Ego, podremos ser congruentes con lo que sabemos desde la luz de la conciencia.

INTELECTUALIZAR
CONOCIMIENTO

Saber y entender
algo, a nivel racional,
pero ser incapaz de
ponerlo en la vida.
No ir a los hechos.
Dejarlo en teoría.

**NO MODIFICA
ACTITUDES.**

HACER CONCIENCIA

Poner en la vida lo que
se sabe y se entiende.

Modifica actitudes de
manera permanente.

¿DIFERENCIA?

POR TANTO, CONOCIMIENTO NO ES CONCIENCIA.
Intelectualizar es saber algo, **conciencia** es llevar ese saber a los hechos de una
manera permanente.
EJEMPLO:
INTELECTUALIZAR. Sé que NO tengo que cumplir las expectativas de otra
persona, a costa de no ser yo misma/o y sé que no debo sentir culpas.
Pero no puedo dejar de cumplir las expectativas de los demás. No sé decir NO,
a lo que NO quiero hacer y no puedo sostener el NO, cuando lo digo.
CONCIENCIA. No cumplo expectativas, no me siento culpable, ni rechazado/a,
no hay dolor emocional.

Todos tenemos conciencia, en el sentido de darnos cuenta de lo que hacemos y de lo que no hacemos. Pero esto no es suficiente, porque el miedo hace que nuestra conciencia no sea plena. Por eso es necesario elevar su nivel. ¿Qué quiere decir esto? Tener la capacidad de introspección que nos lleve a mirarnos a fondo, mirar no sólo lo que hacemos, sino comprender por qué lo hacemos. Como también por qué no hacemos lo que realmente queremos hacer. Mirar nuestra herida y nuestros miedos, enfrentarlos, encontrar nuestro verdadero quiero, y llevarlo a la realidad. Es decir, ser congruentes.

Ser congruente tiene que ver mucho con la inteligencia que no se refiere a la capacidad intelectual solamente. Ésta incluye varios factores:

* Capacidad de ver la realidad tal y como es, aceptarla y adaptarse a ella, ya que la realidad es la que es y no es negociable.
* Intuición y percepción.
* Visión.
* Sensibilidad y compasión.
* Erudición, en el sentido de ser capaces de saber hacer algo, sea un oficio o una profesión y hacerlo con excelencia.

VER *la realidad tal como* **ES, ACEPTAR** *la realidad tal como* **ES, ADAPTARSE** *a la realidad tal como* **ES**

PERCEPCIÓN E INTUICIÓN

COMPASIÓN *(Padecer con)*
SENSIBILIDAD ⇨ **AMOR**

VISIÓN

ERUDICIÓN
SABER ⇨ **ALGO**
PONERLO EN LA PRÁCTICA,
HACERLO BIEN Y VIVIR DE ELLO

SABER INTELECTUAL

INTELIGENCIA ⇨ **SABIDURÍA**
TRASCIENDE EL ANÁLISIS

Al no amalgamarse las cinco partes que constituyen la inteligencia, no existe la posibilidad de elevar el nivel de conciencia ni hay, por lo tanto, una verdadera inteligencia. Puede haber erudición, astucia, manipulación, chantaje, encanto, maestría en el verbo, pero esto no es inteligencia. Para serlo, debe incluir estas cinco partes, y si falla la más importante, si no hay capacidad de *ver la realidad, aceptarla y adaptarse a ella* por el miedo a tener que soltar las expectativas, a ser abandonado o tener que abandonar, entonces todas las otras partes se anulan en mayor o menor medida.

VER LA REALIDAD, ACEPTARLA Y ADAPTARSE A ELLA.— Ésta es una parte esencial de la inteligencia que se bloquea ante el miedo de que, al ver la realidad, se tenga que modificar la expectativa o soltarse de ella. *Ver* la realidad es desde donde todo parte.

Somos incapaces de ver la realidad tal cual es porque, si vemos cómo somos, cómo es el otro, la verdad de lo que estamos viviendo, si vemos a través de nuestros miedos y descubrimos que estamos esperando algo que el otro no nos va a dar porque no puede, no quiere o no tiene por qué darnos, entonces, tendríamos que renunciar a nuestra expectativa. Tendríamos que darnos nosotros mismos lo que necesitamos en lugar de estar esperando que lo haga el otro. No vemos porque, si descubrimos qué estamos esperando, pidiendo del otro algo que no va a llegar, tendríamos que tomar decisiones:

* O aceptar al otro tal como es y dejar de esperar de nuestra pareja lo que no puede o no quiere darnos.
* O dejar de luchar por lo que queremos, sea que dejemos o no al otro.

Ver la realidad y aceptarla como es, adaptarse a ella, no quiere decir conformarse con lo que el otro no me puede dar. Resignarme. No, absolutamente no. Adaptarme a ella, quiere decir adaptarme a lo que veo, aceptar lo que hay y lo que no hay, lo que es y lo que no es. Si veo que el otro no me ama y no quiere dar lo mismo que doy yo, no se trata de que me adapte a ello y me resigne a dar sin recibir. Tampoco quiere decir que tengo que abandonarlo. Sólo quiere decir que tengo que dejar de esperar lo que mi pareja no me va a dar. Y tengo que dialogar, negociar y cambiar la dinámica en la que estoy inmerso con mi pareja. Es decir, ver la realidad implica que deje de esperar que de las manos de alguien más, venga mi felicidad.

Adaptarme a la realidad quiere decir que, si el otro me ama y yo le estoy pidiendo más de lo que le corresponde darme, yo asuma la parte que tengo que darme a mí mismo. De igual manera, si lo que veo es que yo le amo, pero el otro espera que haga cosas que van en contra de mis derechos, de mi naturaleza o de mi temperamento, deje de permitirle que me maltrate y tenga la fuerza para sostenerme en lo que descubro que es lo justo y lo legítimo. Que aprenda a enfrentar mi miedo al rechazo y deje de cumplirle a mi pareja expectativas que implican que me niegue a mí mismo. Lo terrible es que nos negamos a ver la realidad por temor a enfrentarla, por miedo a exigirle al otro aquello a lo que tenemos derecho y que el otro reaccione abandonándonos. O tememos darnos cuenta que estamos exigiendo algo que no le corresponde al otro darnos, y no sentimos que tengamos la fuerza para conseguirlo por nosotros mismos. O si es algo que el otro no puede darnos, porque no lo tiene y es indispensable que nos lo dé nuestra pareja, tememos ver esa realidad y tener que plantearnos una separación.

Creemos de una manera infantil, que si no vemos la realidad, entonces no está ocurriendo. Observa a un niño que quiere que lo llevemos al jardín pero que no quiere ser visto por los invitados que están en la sala de la casa, cierra los ojos cuando cruzamos la habitación con él en brazos. El niño cree, que porque él no los vio, tampoco fue visto. Así nos comportamos muchas veces ante la realidad. No caemos en la cuenta de que tarde o temprano, la vida nos obliga a verla por más que nos hayamos empeñado en negarla o evadirla. La realidad está ahí y se manifiesta, es una, y es como es, con nuestro permiso o sin él. Y no se va a modificar porque no la queramos ver. Exactamente como los invitados no desaparecen porque el niño cierre los ojos.

¿Por qué es tan difícil ver la realidad? Porque lo primero que voy a ver es que tanto mi pareja como yo —y por eso estamos juntos— estamos pidiendo que el otro nos resuelva la vida. Me voy a dar cuenta, a la luz de la conciencia —es decir escuchando la voz de mi Alma— de que no nos acabamos de entregar realmente, aun cuando pueda parecer lo contrario. Deseamos sentirnos plenamente amados y protegidos. Queremos ser amados como sólo ama la madre idealmente. Es decir la madre que protege, cuida, cura, nutre. La que se hace totalmente cargo de mí. Esa fantasía, prevalece en mi vida y en la de mi pareja, y cuando crecemos, queremos ser amados por nuestra pareja de esa manera. Y resulta que no hay tal amor. Porque no es real. No podemos vivir en una situación de recibir sin dar, como es la del bebé. La relación de pareja, implica una dinámica de mutualidad, nos damos mutuamente, nos protegemos y cuidamos los dos. Si es este el caso y la veneración es recíproca, encontramos efectivamente en nuestra pareja, el paraíso perdido que es el seno materno.

Ver la realidad, significa que no puedo esperar en mi vida adulta, vivir a expensas de otro ser humano, responsabilizar al otro de mi felicidad o infelicidad, porque el otro, no vino a esta vida a cumplirme la expectativa, ni yo vine a cumplírsela a él. No es por esa razón que estamos aquí y el creer tal cosa y esperar que suceda, es fuente de mucho dolor. Estamos aquí para crecer, para ser como somos, para desarrollar nuestros dones, para cualquier cantidad de cosas, pero por sobre todas ellas, para tomar las riendas de nuestra vida, hacernos cargo de ella y decidir qué queremos. Y esto es exactamente contrario a creer que estamos aquí para cumplir las expectativas de otro. Y resulta que esto nos parece muy difícil, pero es en ello, **en tomar la vida en nuestras manos**, en lo que consiste la madurez y la sabiduría y en lo que radica la posibilidad real de una relación sana, de tú a tú. Sin embargo, queremos que alguien más se haga cargo de nosotros, y lo mismo quiere nuestra pareja, porque tenemos pánico a la incertidumbre, a no saber qué hacer, a tomar decisiones y equivocarnos. A decir *"No sé, voy a averiguar."* Es necesario hacer conciencia de que la incertidumbre es parte esencial de la vida. Mientras vivamos, habrá incertidumbre, no nos queda más que tratar de vivir en la *sabiduría de la incertidumbre*.

Tenemos relacionado a nivel inconsciente incertidumbre con muerte. No sabemos cómo va a ser el momento en que nos muramos ni cómo va a ser nuestra muerte ni qué pasará después. No saber, no tener garantías de nada nos causa pánico al igual que nos lo causa el soltarnos de la Vida que es lo que conocemos, para enfrentarnos a un misterio: la Muerte. Y ese mismo pánico es el que sentimos ante la posibilidad de perder al ser amado. El mismo fenómeno se da en todo lo demás: vivimos en el temor de perder lo que tenemos: nuestras posesiones, nuestra estabilidad económica, nuestro trabajo, la salud, etcétera y por supuesto, el Amor.

Cuando no tenemos una pareja madura, una relación de **tú a tú** o cuando dejó de serlo y los sentimientos de la pareja cambiaron, cuando no nos sentimos amados, vivimos en la incertidumbre ¿qué será de mí si me abandona?, ¿cómo dejar de esperar del otro lo que necesito para ser feliz?, ¿cómo renunciar al otro, al que amo más que a mi vida, cuando ese otro no me ama de la misma manera? La respuesta es sencilla y honda. Es necesario soltar todas nuestras expectativas y elevar nuestro nivel de conciencia, y el requisito es tener el valor de ser absolutamente honestos con uno mismo. Es indispensable atreverse a confrontar nuestros sentimientos, querer ver y enfrentar nuestros miedos y cuestionarnos acerca de lo que entendemos por Amor. Entonces, y sólo entonces, cuando queremos ver qué es el Amor verdadero y qué implica, podremos liberarnos de una relación no recíproca.

Si enlistamos los frutos del Amor, y éstos no son los que recibimos de la persona a quien decimos amar, entonces no estamos hablando de Amor, sino de codependencia, de neurosis. Y llegamos a la conclusión de que ver, implicaría soltarnos de la codependencia hacia esa persona que amamos y nos queda claro cuando por fin lo logramos, que para ser libres en una relación de pareja, es menester ser correspondidos y que, **Amor que no es recíproco, es neurótico.** El llegar a esta conclusión, reconocer que no somos correspondidos por la persona a quien amamos, no nos da la fuerza para separarnos de ella. Lo único que puede darnos la fuerza, es elevar el nivel de conciencia y esto empieza, por atrevernos a **ver la realidad**, ahondar en ella, reconocerla y finalmente aceptarla. Este es el primer paso para poder trabajar con uno mismo y nuestros miedos, hasta lograr manejarlos y dar el paso para liberarnos de una relación no recíproca, o para sanar la relación en la que nos encontramos, exigiéndole a nuestra pareja lo mismo que damos.

Ver... ver la realidad, es la diferencia entre conciencia e inconsciencia. Este es el **cómo**, el camino para transformar el conocimiento en conciencia y la enfermedad en salud, el conflicto en paz, la esclavitud en libertad y el dolor en gozo... Ver la realidad tal como es, sin los espejismos de las expectativas y las mordazas de los miedos. Por eso Jesús decía: *"El que tenga ojos para ver, que vea, el que tenga oídos para oír, que oiga"* Mateo 13, 1—9. Se refería a esto, a ver con los ojos del Alma, no con los del rostro o la mente, no desde lo humano sino desde lo divino.

Este camino de escuchar la voz del Alma, nos lleva a ver la Verdad, de ahí que también Jesús diga: *"La Verdad os hará libres"* Juan 8, 31—36. Muchos creen que en verdad ven la realidad y resulta que viven en un espejismo por el miedo a mirar lo que los obligaría a soltarse del ser que aman o creen que aman.

He conocido parejas que juran que se aman, y ciertamente se aman, pero no lo suficiente para ser pareja porque les es imposible **aceptarse mutuamente tal y como son**, por lo tanto viven lastimándose, inconformes, agrediéndose y en un permanente vacío. Es una fantasía, el Amor no destruye. La aceptación absoluta del otro es el principio del Amor verdadero y sano. Si no somos capaces de ver la realidad, entonces, la intuición, la percepción y la visión, no pueden funcionar correctamente. Nuestra intuición —la voz de nuestra Alma— no puede ser escuchada, está ensordecida por nuestros miedos, hay demasiado ruido, decenas de personajes que hemos desarrollado en nuestro Ego están desatados. ¿Cuáles personajes? El de la víctima, villano, controlador, servil, histérico, generoso, servicial, soñador, egoísta, sumiso, dependiente, complaciente, enojón, repelón, dulce, amargado, sobreprotector, solitario, manipulador, chantajista, llorón, madre/padre, niño berrinchudo, caprichoso, vanidoso, soberbio, humilde, cobarde, valiente... Unos hablan más fuerte que otros, unos se imponen y predominan, pero el caso es que somos esclavos de todos estos personajes y muchos más, que con sus ensordecedoras voces y gritos, no nos dejan escuchar con claridad nuestra intuición, la voz de nuestra Alma.

INTUICIÓN.— A veces, por momentos, escuchamos nuestra intuición, la voz del Alma y decimos: "Pero si yo ya sabía, *me latía, algo me decía* que tenía que hacer esto o aquello, o no hacer esto o lo otro". Pero esos efímeros instantes son acallados por el Ego —la neurosis—miedo—. O al ser escuchada la voz del Alma, no tenemos la fuerza para seguirla, porque somos manejados por todos esos personajes que constituyen nuestra neurosis. Somos incapaces de manejar nuestros personajes, es decir, nuestros miedos.

PERCEPCIÓN.— Así pues, la intuición sufre una especie de atrofiamiento y otro tanto sucede con nuestra percepción. No percibimos claramente, distorsionamos nuestra realidad, porque tenemos atravesados nuestros miedos, es decir, percibimos desde nuestro miedo, que es como un velo que oscurece nuestra percepción. Justificamos lo que hacemos y justificamos al otro. Creemos que percibimos correctamente, cuando lo que sucede es que nuestra percepción está distorsionada por el miedo a perder al ser amado y enfrentar la propia vida solos.

VISIÓN.— Como consecuencia lógica, tampoco podemos contar con nuestra visión, con ver más allá de las apariencias, eso ya es imposible, porque si no somos capaces de ver lo que nos pasa en el presente, mucho menos podremos tener otros alcances, y la razón es la misma: miedo. Nos puede estar matando de dolor lo que nos hace nuestra pareja y no somos capaces de tener la visión de cómo sería nuestra realidad, si lográramos soltarnos de ella, o por lo menos, dejar de permitirle que nos siga maltratando, hiriendo, anulando.

COMPASIÓN, SENSIBILIDAD Y AMOR.— La compasión y la sensibilidad, son dos cualidades de la inteligencia que están directamente relacionadas con la capacidad de amar. Juntas nos llevan por el camino del Amor. Pero ¿cómo tener la capacidad de tener compasión, si no nos amamos? Compasión, en el sentido de *padecer con*, tener la capacidad de padecer por el dolor del otro. No tiene nada que ver con la lástima, ya que atrás de la lástima, hay rabia. En cambio, atrás de la compasión, hay Amor.

Pero no podemos compadecer a otro, si no tenemos compasión por nosotros mismos, si no nos miramos y nos perdonamos a nosotros mismos, por no ser ni hacer lo que suponemos que debimos haber sido y hecho. Y entonces ¿de qué sensibilidad estamos hablando? Faltamos constantemente a la sensibilidad con nosotros mismos y por tanto con los otros. Aparentemente somos personas sensibles, pero ¿qué tan real puede ser esa sensibilidad, qué tan despierta puede estar, si permitimos que nos lastimen y lastimamos? Estar sensibilizado al otro, es tener la capacidad de mirar su herida y actuar en consecuencia. Pero esto no es posible, si antes no estamos conscientes de nuestra propia herida y la hemos sanado. Te pongo un ejemplo, si vemos a un perro apaleado, golpeado, desangrándose, atravesado por varios cuchillos, con la cola cortada, con un ojo saltado y una pata rota, no vamos a ir a darle una patada en el hocico. Ciertamente que no.

Esta imagen, difícilmente podemos relacionarla con nosotros o con nuestra pareja cuando somos heridos por el ser que amamos, o cuando lo herimos. En ambos casos por falta de sensibilidad. ¿Qué haríamos en el caso del perro? Seguramente, ante algo tan obvio y, si somos personas de buena voluntad y compasivas, trataríamos de curarlo, de alimentarlo. Pero ese perro que ha sido tan lastimado, no nos va a permitir acercarnos a él, seguramente nos soltará una mordida si lo intentamos... hay que ganarnos primero su confianza. Y ciertamente no vamos a ganarnos la confianza del perro insultándolo, diciéndole lo estúpido que es por haberse dejado golpear, asustándolo más de lo que ya está, diciéndole que no se queje porque está lastimado, que mire también nuestras heridas, que no sea egoísta. El animalito, en esa situación, lastimado y aterrado, no puede sino centrarse en sí mismo y responder de acuerdo a sus heridas y su miedo.

Cuando iniciamos una relación, ambos traemos nuestras heridas y nuestros miedos. Los dos queremos que alguien nos lama nuestras llagas, nos las cure, nos espante el miedo y nos haga sentir seguros. ¿Quién va a dar el primer paso? ¿Por qué he de ser yo? Dirán las dos partes. ¿Por qué no el otro? ¿Por qué no tú?, le pregunta el hombre a la mujer, tú que eres "naturalmente" madre, generosa, tierna, servicial. Eso es lo que me dijeron que debe ser la mujer. Y ella responde: ¿Por qué no tú, que tienes la obligación de ser fuerte, audaz y valiente? Eso es lo que me dijeron que tiene que ser el hombre. ¿Quién debe dar el primer paso? Ambos están heridos, los dos quieren que el otro lo cure y lo salve, y cuando esto no sucede, se desilusionan, se culpan uno al otro de no amarle como debiera. Él viola la expectativa de ella... y viceversa. Aquí es donde viene la dificultad de ver lo obvio, porque lo único que podemos ver es el propio dolor y lo único que podemos sentir, es el miedo a ser abandonados. Los dos están en la misma situación, ambos pues deberán dar el primer paso. Más adelante veremos cómo podemos hacer esto posible.

ERUDICIÓN.— Para continuar, es menester introducir aquí la otra parte de la inteligencia: la erudición. Te hablo de erudición como la capacidad de aprender algo, llevarlo a la vida y poder vivir económicamente de ello. No importa si esto implica o no un título universitario o haber leído un libro, ninguno o una enorme biblioteca. Lo único que implica es tener un hacer, saber hacer algo. Sea un edificio, un pastel, una silla, una bufanda, un libro, o dirigir una empresa. Todos tenemos la capacidad de aprender un oficio, de desarrollar nuestras habilidades y con ello, ganarnos la vida.

La inteligencia, así explicada, nos lleva a la necesidad de ser congruentes y de analizar nuestras expectativas desde ese punto de vista. Si la expectativa de las parejas, es la que correspondía al siglo pasado: que el hombre fuera el proveedor y la mujer la que se encargara puntualmente de la casa con todo lo que esto implica, las cosas difícilmente pueden desembocar hoy en día, en hacer una pareja verdadera de tú a tú.

Si ella se sube al caballo de él y va en las ancas, tendrá que aguantar que él lleve las riendas del animal, que sea él quien decida qué camino se debe seguir, cuándo hay que detenerse y cuándo hay que avanzar. Él se sentirá retrasado en su camino, por el peso de ella, que va agarrada a su cintura, no podrá correr a la velocidad que él quiera, porque su mujer podría caerse del caballo, de **su** caballo. Ella le pesará, él sentirá que ella le quita libertad y oportunidades. Y no se diga cuándo, encima de esto, ella, que es la que se subió a **su** caballo, —a **su** vida— quiere ir adelante y no en las ancas o quiere llevar las riendas y decidir el camino a seguir. Esto es imposible que funcione, al igual que no funciona de la manera contraria, que sea él quien se suba al caballo de ella y quiera llevar las riendas, o deje que las riendas las lleve ella, pero él quiera indicarle por dónde ir.

De este principio, que cada uno vaya montado en su propio caballo y lleve las riendas de éste, depende que una relación sea o no sana. Ver la realidad, implica mirar que cada uno tiene que subirse a su propio caballo —vida— y cabalgar uno al lado del otro, ni uno más adelante, ni cada uno por su lado. Uno al lado del otro y negociar qué camino tomar, para seguir juntos. Mientras que uno de los dos, o ambos, pretendan que el otro se haga cargo de su vida, la relación está en serio peligro de deteriorarse o incluso, terminarse. Cuando alguien más se hace cargo de nuestra vida, las consecuencias siempre son nefastas. Se crean deudas emocionales:

* Quien mantiene al otro, resiente que todo el peso caiga sobre él.
* Quien es mantenido, vive resentido, se siente subestimado, el mensaje es: "Yo sí puedo y tú no".
* La persona que es mantenida, se pone en la situación de tener que obedecer a quien le mantiene, ser agradecida y cumplirle las expectativas, como el otro siente que las cumple al ser el proveedor. Es innegable que el que paga manda y como dicen por ahí: el que mantiene, detiene.
* Quien mantiene espera que la pareja lo valore y lo reconozca.
* La persona que es mantenida, no puede tomar decisiones sin consultarlas con su pareja. Pedir permiso. Tener su anuencia.
* La persona que mantiene o se realiza en su trabajo, o se ve forzada a trabajar en algo que no quiere, pero que no puede dejar por tener que salir adelante económicamente. En el caso de que quien provee se realiza y gusta de su trabajo, la pareja siente que es una ventaja que ella no tiene. Ahora bien, si al proveedor no le gusta su trabajo se lo cobra muy caro a su pareja.
* Ambos se sienten incomprendidos, quien mantiene, porque siente que la pareja no valora lo suficiente su esfuerzo, y la persona que es mantenida, porque siente que la pareja no le da valor a su trabajo en la casa, que sólo le importa lo que se traduzca en dinero.

Ciertamente hay mujeres que quieren aún tener un proveedor y ser amas de casa. Y esto no tiene nada de malo, si ambos tienen un sano acuerdo al respecto. Si él no le va a cobrar a ella que no aporte económicamente y ella no le va a cobrar a él que ella no se realice en una actividad personal; si él asume, desde el fondo de su ser, que no está manteniendo a su pareja, sino que están en un proyecto de vida juntos, y el acuerdo es claro: él aporta el dinero y ella pone exactamente lo que él, en especie, al trabajar en la casa, aunque esto no genere dinero, y ambos aportes tienen **el mismo valor**. Y lo que él gana, gracias a que ella se hace cargo de todo lo de la casa es de los dos, en la misma medida. Desde esta perspectiva de género, ninguno "mantiene" al otro, si esto se comprendiera a profundidad, las cosas serían muy diferentes. Sin embargo, en general no funciona así, quien genera el dinero es quien tiene el poder y el control, y el trabajo de la casa no es remunerado ni valorado, como lo es el que se paga profesionalmente fuera del hogar. Esa es la realidad y las personas actúan en consecuencia.

La realidad nos dice que no es fácil llegar a sostener un acuerdo como éste en la época en la que estamos viviendo. Porque aunque lo real es que la mujer no es mantenida por el hombre, sino que ella aporta lo mismo que él al hacerse cargo de la casa y los hijos si los hay, el hombre — salvo excepciones — no lo vive así. Para él, llevar el dinero a casa, es mantener a su mujer y a su familia. Así lo viven y así se lo hacen sentir a su pareja. Vemos una y otra vez que "la comodidad" de "ser mantenida", siempre, antes y ahora, tiene un precio muy alto a pagar. Lo cierto es que la autoestima del ama de casa se ve muy lastimada porque, en principio, no se le reconoce ni se le remunera económicamente su trabajo, por lo cual vive insegura y en total codependencia de su marido, cuando él es el único proveedor. Las estadísticas y la experiencia terapéutica evidencian esta realidad. Muchas mujeres no se separan de sus parejas porque están seguras de que no sabrían cómo ganarse la vida. Este poder y control que les dan a sus parejas es enorme y trae consecuencias funestas.

Las mujeres se relacionan con resentimientos, por miedo, por codependencia y no por Amor. No tienen una relación de igual a igual. Él tiene todos los derechos y ella, todas las obligaciones. Ella no tiene ni voz ni voto. Están en una relación vertical. Por más bien avenida que sea una relación en la que uno aporta económicamente y el otro no, la realidad es que, quien "mantiene" es quien tiene el poder y el control, que quien "es mantenido" tiene que pedir permiso y opinión a quien provee y acatar las decisiones de quien le mantiene.

Hay otro punto que es de suma relevancia en este tema. Aun cuando las mujeres trabajan y consiguen sus propios recursos económicos, lo común es que, a pesar de ello, no se les valore el trabajo que hacen en la casa y del que no se libran aunque sean mujeres profesionales. La mujer,

entonces, tiene doble jornada, y encima, se tiene que sentir muy agradecida si su pareja "le ayuda" a lavar los platos, o con los niños, o con
algunas labores de la casa sin ver que ésta es una perspectiva errónea.
**Él no le "ayuda", *es su deber* tanto como el de ella, ya que es su casa
y son sus hijos tanto como lo son de ella.** No ver esto con perspectiva
de género es lo que acarrea tantos conflictos en la pareja y lo que hace
insalvables los problemas que surgen como consecuencia de esta miopía
generada por el condicionamiento, por la manera en que somos construidos hombres y mujeres.

Él tiene la expectativa de que ella cumpla con su deber de ama de
casa, esposa y madre, además de su hacer profesional —si lo tiene— y
ella espera que él cumpla como proveedor, marido y padre. Así las cosas,
está claro que de la expectativa que tenemos, depende el grado de dolor
con el que nos enfrentamos. Y que sólo a través de elevar nuestro nivel de
conciencia y tener claros cuáles son nuestros derechos y cuáles nuestras
responsabilidades, es posible manejar nuestras expectativas y evitar el
dolor emocional. Esto es muy fácil de comprobar. Basta con escuchar
a quienes nos rodean. Sean hijos, padres y madres, abuelos, solteros o
casados. Hicieron hasta lo imposible por cumplir las expectativas de los
demás, se negaron a sí mismos y nada fue suficiente para sus padres,
parejas, hijos, nietos, familiares y amigos. Todos, hombres y mujeres, se
quejan de lo mismo:

* Me sacrifiqué tanto... ¿y para qué?
* Me siento solo.
* Debí haber hecho esto, o aquello...
* Nadie valora todo lo que hice.
* Todo lo que hice para que fueran felices y no lo son... ni yo tam-
  poco.
* ¿Qué hice mal que las cosas terminaron así?
* ¿Por qué la vida es tan injusta?
* ¿Qué estás diciendo? ¿Qué debí rebelarme? No conoces a tu pa-
  dre/madre.
* No conociste a tu abuelo/a, era un/a tirano/a, siempre tenía que
  tener la razón. No se podía hablar con él/ella.
* Yo aguanté por amor... y de todos modos, no resultó bien
* No podía irme ¿qué hubiera sido de ti... de ustedes?
* Para ti es muy fácil juzgarme, no me comprendes ¿qué hubieras
  hecho en mi lugar?

* Yo creí que el amor era otra cosa.
* Yo creí que si me sacrificaba, todo se iba a arreglar.
* Yo creí que era mi deber, no quise ser egoísta.
* Estoy tan cansado que me pesa la vida.
* Tanto luchar para no conseguir nada de lo que me dijeron que conseguiría si me sacrificaba y me portaba bien.
* Que fea es la vida después de todo.
* Eran otros tiempos...
* De haber sabido...
* Lo que pasa es que el mundo está al revés...
* Si mis padres no se hubieran divorciado...
* Si mis padres se hubieran divorciado...
* Ese hombre/mujer me torció el destino
* Yo no podía hacer otra cosa... todos me hubieran señalado.
* No podía defraudar a mis padres...
* La vida no es lo que me dijeron que era.
* Las cosas no son como me las contaron...

Si escuchamos y nos escuchamos, nos daremos cuenta de lo que puede hacer en nuestras vidas no estar conscientes de cómo nos esforzamos por cumplir las expectativas que los demás tienen sobre nosotros, o las que tenemos de nosotros mismos, nos daremos cuenta de cómo nos justificamos con tal de no enfrentar nuestros miedos. Si escuchamos y nos escuchamos, comprenderemos lo vital que resulta hacer consciente nuestro miedo a ser rechazados y abandonados, y que manejar esos miedos sin duda hará que la historia que escribamos sea otra. Culpar a la vida o a los demás, no nos devolverá el tiempo perdido ni la felicidad y la paz no obtenida, no nos sacudirá la amargura, la desesperanza ni el desencanto, no se llevará lejos la soledad, no remediará nada. El único camino posible, es la conciencia. Y hacer conciencia, está íntimamente ligado con nuestras expectativas.

Una tarde de lluvia, invitaron a Lindy a leer poesía un grupo de mujeres mayores, que pertenecían a un club de lectura. Al finalizar la lectura poética, vinieron los comentarios, la conversación se fue centrando en la soledad. Tomó la palabra una mujer muy mayor y se expresó de la siguiente manera: *"Vivimos engañadas, cumplimos con las reglas cabalmente y lo que conseguimos es una profunda tristeza, una inevitable desmotivación, un desencanto insostenible. Habiendo cumplido con el Deber Ser, tras tantos afanes y sacrificios, terminamos tan solas, tan cansadas, que nos duele el alma... Y cuando nos damos cuenta de la infinidad de cosas a las que hemos renunciado con tal de ser amadas y aceptadas, nos entra una rabia infinita contra nosotras mismas, a veces consciente y a veces no, que se traduce en apatía, una inmensa apatía, que es el resultado de haber tenido un intenso miedo a confrontar las reglas y descubrir, demasiado tarde, que son una prisión que nos ha asfixiado cada vez más. Esa apatía, no puede esconder que nadie más que nosotras somos responsables, por haber permitido todo lo que hemos permitido, por haber creído, sin cuestionar, lo que nos dijeron que debía ser de tal o cual manera.*

Nos acomete una gran rabia, por haber obedecido ciegamente, por no habernos enfrentado a nuestra propia vida, por haber seguido el camino de todos, y no nuestro propio camino. El personal, individual, único, el destinado sólo para nosotras, para cada una como ser perfecto, especial, único... y no podemos dejar de preguntarnos con dolor: ¿cómo hubiera sido mi vida si me hubiera atrevido a cuestionar, a desafiar las reglas? ¿Cómo hubiera sido mi vida si me hubiera atrevido a...? Nos lo preguntamos, sabiendo que jamás obtendremos una respuesta"

Tras estas palabras, un profundo silencio envolvió al grupo de mujeres. Un silencio elocuente que sólo la lluvia se atrevía a romper. Algunas tenían los ojos húmedos. Todas pensábamos en cuáles expectativas estábamos cumpliendo y el costo tan alto que pagábamos o que habríamos de pagar por ello. Ver la realidad, asumir nuestras expectativas y las que se tienen sobre nosotros, atrevernos a soltarlas, es el único camino posible para vivir en el Amor y la Libertad. Es imposible tener una relación sana de pareja y una vida plena, mientras nuestra felicidad dependa de que se cumplan nuestras expectativas o de cumplir las expectativas ajenas. Y a la hora de enfrentar la soledad ¿a quién vamos a culpar?

NO ES CULPABLE LA VIDA

I
No hay grito que valga para romper la Soledad
por eso nos vamos encerrando en el Silencio.
Nos sentimos estafados por la Vida
cuando los años pasan matando nuestros sueños
y es que nos engañaron con incontables cuentos
y la Vida no era eso, ni era aquello, nos inventaron
un falso credo: fantasías de colores sin infiernos.

II

No es culpable la Vida de nuestro desencanto
son las hondas mentiras que de ella nos contaron
... y de pronto no somos más que niños heridos
quebrados de abandonos, de penas y de hastíos.

Niños con canas y arrugas, aislados, perdidos,
niños abuelos, niños padres, niños hijos, niños...
y nadie nos comprende, y nadie nos conoce
y nadie nos escucha llorar de noche en noche
ni cura las heridas, ni entretiene el insomnio
ni nos besa las manos gastadas de servicios
ni nos acuna el alma dolida y fracturada
de olvidos y de muertes, de cansancio infinito.

III

No, no es culpable la Vida de nuestro desencanto
pero no hay en el mundo quien pueda rescatarnos.
Nos aman como pueden, nos aman a su modo
y nosotros amamos de la misma manera
y un día descubrimos que todos somos solos
y miramos al cielo en busca de un milagro.

IV

No, no es culpable la Vida de nuestro desencanto
pero no hay en el mundo quien pueda consolarnos
y entonces comprendemos que somos nuestro padre
y somos nuestra madre, nuestro hijo y hermano
y que hemos de parirnos sin ayuda de nadie.

Nos miramos por dentro y nos reconocemos
sólo Dios es testigo amoroso y eterno
del dolor sin medida, de los hondos infiernos
y sólo Él puede amarnos de modo tan perfecto.

Sólo Él es capaz de acoger en su Seno
la soledad del hombre, su dolor y sus sueños
y la sed infinita que parece quemarnos
se apaga en el instante en que lo comprendemos.

V

... Y entonces se transforma el páramo en cascada
el desierto en oasis, en Vida la palabra
y el cielo nos responde con mirada piadosa
y nos devuelve el sueño con el que comenzamos
antes de escuchar cuentos, antes del desengaño:
Que el milagro es la Vida, y la Vida es un canto
y que el dolor no puede robarnos el milagro.
... No, no es culpable la Vida de nuestro desencanto.

Capítulo 7

Coincidir

**Cuando nos encontramos estábamos tan contentos,
tan enamorados, parecía que nada ni nadie podría separarnos,
parecía que estábamos inaugurando el Amor, que nadie en el mundo,
jamás, había amado ni podría amar, como nos amábamos nosotros.
¿Qué pasó? ¿Cómo ahora sentimos este dolor?
¿Cómo ahora nos hacemos tanto daño?**

COINCIDENCIA

Por ahora sólo existe el encuentro
la cita que los astros destinaron
en un preciso día, a una precisa hora
tras un sorteo de lazos invisibles
y un indecible caos para esta coincidencia.

No hagamos advertencias dictadas por el miedo
no nos delimitemos a lo que parecemos,
a lo que creemos ser, por protegernos.
Te pido que tu vuelo se estrene en mi mirada
que te vivas naciendo desde otra perspectiva
que me llenes las manos del agua de estar siendo
que no me circunscribas, que no te autodefinas.

Que no me delimites a tu propio deseo
que no nos entreguemos con los viejos fantasmas.
Que estrenemos sin miedo nuestros nuevos silencios
sin tener que llenarlos con las viejas palabras.

Que hagamos una historia para romperla luego
y escribir cada día sobre páginas blancas
quizá algunos apuntes, un borrador acaso
un bosquejo del somos según cada momento
de modo que las líneas pudieran corregirse
ser mejores mañana sin términos ni límites.

Te propongo romper con la cordura
hundirnos en las sombras de un lugar luminoso
inventando matices, inaugurando conciertos
sin pretender amarnos bajo el conocimiento
ni urdirnos una celda de conceptos.

Si queremos volar habremos de ser nubes
cambiantes del espacio, informes y perfectas
sólo fieles al vuelo y a la esencia.
Te propongo una sólida locura
vivir el desconcierto interminablemente
para amarnos en una sinfonía mutante
que no admite cadenas ni estrategias
ni acepta la rutina mutilante.

Que pronunciar tu nombre se vuelva mi universo
y que cada sonido me traiga otro misterio.
Quiero que no intentemos descifrarnos
para no suicidar el sentimiento
que un beso nos diluya y nos trascienda
creando sin cesar el movimiento
inventando otra forma y otro beso.

Ir más allá del miedo y la materia
diseñar nuestro espacio en cada aliento.
Afirmar un te quiero delirante
que sea por fugaz, cierto y eterno.

Te quiero como el ave quiere al vuelo
como el mar a la ola, como la nube al cielo
con la misma avidez, pasión y celo
la misma libertad: encuentro y desencuentro
y quiero galopar la paradoja
sin bridas que contengan el deseo.

No quiero ser la rienda de tu vuelo
ni el vuelo de tus alas y tu miedo
quiero que seamos siendo
que estemos estando
que amemos amando
quiero vivir muriendo
para morir amando.

Morir amando, realmente que esto dure hasta nuestra muerte. Que el sentimiento no se nos muera en el camino. ¿Por qué no somos capaces al inicio de una relación de hablar así con el amado? ¿Por qué si prometemos amarnos para toda la vida no somos capaces de sostener esa promesa?

Es de pensarse por qué, cómo es posible que nos unamos a alguien totalmente enamoradas y en demasiado poco tiempo —porque siempre es demasiado poco— a veces unas semanas, unos meses, unos años, esa persona a la que nos unimos llenas de ilusión, nos ha desilusionado, nos ha desencantado, nos hace sufrir, nos hace la guerra, nos dice que no puede amarnos, que el amor "se le murió" o que yo "le maté el amor". Y nos es casi imposible asimilar tal cosa. ¿Entonces no era cierto? ¿Era una quimera? ¿Nunca me amó? ¿Por qué entonces se casó conmigo, —o se vino a vivir conmigo— y me juró que era para siempre? Nuestra mente no puede comprenderlo. Todo era perfecto, maravilloso, único, inigualable, no podía ser mejor hasta hace tan poco.

Cuando comenzamos, estábamos tan contentos, tan enamorados; parecía que nada ni nadie podría separarnos, parecía que estábamos inaugurando el amor, que nadie en el mundo, jamás, había amado ni podría amar como nos amábamos nosotros. ¿Qué sucedió? ¿Cómo es que ahora sentimos este dolor? ¿Cómo es que ahora nos hacemos tanto daño? ¿Cómo nos hemos convertido en enemigos y tenemos todos estos sentimientos encontrados que parece que nos van a desgarrar?

¿Cómo? Esto sucedió porque nos unimos al otro sin mirarlo realmente, sin saber quién era en verdad y sin tener claro, quiénes éramos nosotras y cuáles eran nuestros derechos. Nos hicimos expectativas sin cuestionarlas, o creímos, —sin cuestionar también— las expectativas que nos creó el otro. O simplemente, supusimos aquello que no fue hablado ni puntualizado con nuestra pareja. Creímos que era suficiente con sentirnos enamorados, con sentir olas en la garganta y mariposas en el estómago. Con sentir que teníamos una química tremenda, que hacer el amor era estar en la gloria. Que eso, era más que suficiente.

Sin embargo, a la hora de la cotidianeidad, cuando hay que convivir de tiempo completo, empezamos a ver que el otro no es como creíamos y que yo no soy lo que el otro pensó, lo que supuso que era. Ahora, en la convivencia, nos damos cuenta de que él no es tan detallista, que ya no se deshace por darnos gusto, que cuando queremos hablar dice que está cansado, que tenemos intimidad sólo cuando a él le apetece, que le agobia tener que cumplir mis demandas y expectativas, que lo que antes no le pesaba ahora le pesa. Que quiere tenerme controlada, que tengo que medir cada palabra, porque él puede malinterpretarme, que puede sentir que lo agredo si le pregunto algo que no quiere contestar. Desde algo tan simple como: *"¿Cómo te sientes?"*, hasta un comentario como: *"Mi amor, tenemos que pagar el teléfono"*. Pareciera que de pronto, la persona con la que estoy, a la que el mundo le quedaba pequeño, se achicó y ahora el mundo le queda grande, inmenso.

Cuando trato de hablar con él, de aclararle que no es que lo esté presionando, que simplemente necesito que me comparta sus sentimientos, comentarle que me preocupa que no tenemos para pagar las cuentas, que hay que hacer ciertas cosas prácticas, cumplir con ciertos compromisos familiares, sociales, de trabajo (mío, claro) y que quiero ver cómo juntos encontramos la solución, negociamos, nos ponemos de acuerdo. Para él, eso es agredirlo, hacerlo sentir agobiado o fracasado, o estoy poniendo su capacidad en tela de juicio. Y viene el *"No me obedeces"*, *"Te has vuelto muy respondona, antes no eras así"* o *"No me entiendes"*. Y no se diga si hago alguna sugerencia o doy una opinión, él inmediatamente se pone a la defensiva y asegura que soy una mandona, autoritaria, controladora, regañona, manipuladora, chantajista y un sin fin de barbaridades que no tienen que ver con la realidad sino con sus miedos y sus heridas.

Lo que parecía tan natural antes de comprometernos y jurarnos amor eterno, ahora parece un crimen contra la nación. Algo tan sencillo como ir con mi familia, con mis amigas o como aceptar ciertas citas de trabajo a horas que él ya está en la casa, como llegar tarde porque tuve algo importante qué hacer o un imprevisto, como pedirle que por favor me diga a dónde va o a qué hora va a llegar, para organizarme.

Ahora, aquello tan natural, se vuelve un problema. Quiere el control, y empiezo a ver que todo lo que se vale para él, no se vale para mí. Cuando me hizo creer que los dos teníamos los mismos derechos... o yo quise creerlo, porque en realidad, nunca lo hablamos, y cuando yo notaba algo que no me gustaba, pensé evasivamente: *"Cuando nos casemos, eso va a cambiar"*.

Un buen día, empiezo a darme cuenta de que me estoy replegando constantemente, de que guardo silencio, de que comienzo a callar las cosas que pasan: mis sentimientos, mis pensamientos, mis deseos... De que me niego a mí misma, con tal de que la relación "esté bien". Me cuido de "no hacerle olas". No quiero darme cuenta, aunque lo siento en todo mi ser: tengo un pánico tremendo a su abandono, y hago lo que sea para que no se mal enganche, se detone o se moleste, no lo confronto, porque apenas digo lo que no quiere escuchar, se altera, se enoja, huye de la casa, o me amenaza con abandonarme, en una palabra, me invisibiliza y yo siento en ese momento que me muero literalmente del dolor. De pronto, no sé cuándo tengo razón y cuándo no. No me explico cómo puede enojarse por lo que no tiene el peso o la importancia que él le da. Me hace dudar de mi percepción. Me dice que estoy loca, y a fuerza de repetírmelo, me lo empiezo a creer. *"Debo estar muy mal"*, —pienso—. Estoy siendo incapaz de hacerlo feliz. Sí, él parece tan claro, sus mensajes verbales o no verbales me dicen: *"Todo va a estar bien: si haces esto, si hablas de tal modo y no de tal otro, si no me pides tales cosas, si no me confrontas, si no me solicitas cuentas, si no pretendes controlarme, si no me hablas cuando no tengo humor, si no me haces escenitas, si no me sermoneas...si... si..."*

Yo me reprimo, por lo menos en la primera etapa, en medio del descontrol que me causan sus reacciones y trato de cumplirle la expectativa. Pero algo dentro de mí se rebela. Me siento sola, asustada y profundamente triste. En un inicio al menos, no puedo compartirlo con nadie porque él se va a enfurecer, además qué van a decir mi familia y amigos. No puedo dejar ver la situación porque ni yo misma quiero ni puedo creer que me equivoqué, que no elegí correctamente a mi pareja. Y cuando lo llego a compartir con alguien, no sirve de gran cosa, quizá sólo para desahogarme. Hay quién me dice que no puedo permitirme fracasar, que le eche ganas, que tengo que sacrificarme, darle gusto, que deje pasar las cosas, que no son importantes (mis deseos, mis necesidades) o, por el contrario, me aconsejan que no me deje, que lo mande al diablo, que mejor temprano que tarde, que es un egoísta, que ya no soy la que era, que me está anulando.

El asunto es que si yo hablo de él con alguien y digo lo que me pasa, termino sintiéndome culpable, traidora, estúpida, humillada, dolida y confundida. Eso, si me animo a abrir la boca, porque al principio, no puedo ni creer lo que me está pasando, quiero creer que él está en un momento difícil, que es parte del proceso y que ya se le pasará... porque darle oídos a la verdad, me obligaría a tomar medidas y entre ellas, está la posibilidad de separarme de él. Imposible, eso no. Yo lo amo y no puedo ni quiero vivir sin él. Además, yo sé que él me ama. Tiene que amarme, es imposible que haya fingido que me amaba. Sería el mejor actor del mundo o el ser más cruel sobre el planeta. Y no lo es. Él es bueno. Lo es. No pudo haber fingido hasta ese grado un amor que no sentía ¿por qué iba a hacerlo? Me ama, lo sé, él me ama.

Es cuestión de adaptarnos, de darnos tiempo. Nos amamos y nuestro amor va a estar por encima de estos desacuerdos. Estoy exagerando, seguramente estoy exagerando, tengo que tratar de entenderlo, de ver su punto de vista. No debo ser tan susceptible, tan exigente. Debo ser más adaptable, tengo que madurar. Él ha sufrido mucho, eso es lo que pasa. Pero va a cambiar, yo voy a curar sus heridas. Él se va a dar cuenta de que nadie lo ha amado ni lo va a amar como lo amo yo. Aunque esta historia, sin duda, también la puede contar un hombre, lo más común es que sea la de muchas mujeres. Hay excepciones, ciertamente, y queremos dejarlo bien claro. Pero, por el modo en que somos construidos socialmente tanto hombres como mujeres, y como consecuencia de la ideología patriarcal machista, lo común es que esta parte sea la que le toca vivir a las mujeres.

En este momento, es necesario hacer una aclaración muy importante: todos los ejemplos y las historias contenidas en este libro, absolutamente todas implican esta acotación: todo lo que aquí se trata, puede ser desde el otro lado, es decir, lo puede vivir un hombre hacia una mujer. **Y algo igualmente relevante, todo lo que aquí se trata, es perfectamente aplicable a cualquier ser humano, sin importar su preferencia sexual.**

Este tipo de relación de pareja que acabamos de describir, se da igualmente entre parejas gays. En las relaciones de pareja, sin importar si son heterosexuales, homosexuales o lésbicas, la dinámica que funciona cuando no hay madurez y conciencia es exactamente la misma. Y, como acabamos de decir, puede contarla tanto un hombre, como una mujer. Se puede contar tanto desde un hombre hacia una mujer, como de una mujer hacia otra o de un hombre hacia otro, a pesar de que, sin duda alguna, las relaciones homosexuales, femeninas y masculinas, tengan otros matices que implican diferentes formas de concebir y vivir la relación de pareja. Sin embargo, a pesar de todas esas diferencias, dadas las características propias de las diferentes relaciones según la orientación sexual, estamos hablando de personas y sentimientos. Estamos hablando de lo que esperamos de otra persona para amarla y sentirnos amados.

¿Por qué se dan relaciones como la anteriormente descrita mucho más desde las mujeres que desde los hombres? Porque estamos en un mundo en que predomina la ideología patriarcal machista, es decir, éste sigue siendo un mundo de hombres, un mundo diseñado por los hombres y para los hombres, donde los hombres deciden, donde ellos tienen los derechos y las mujeres las obligaciones. Y esto, trae sufrimiento y dolor a ambos. Lo anterior tiene implicaciones muy hondas que veremos en el siguiente capítulo. Baste decir, por ahora, que mientras las mujeres tienden a la intimidad, los hombres tienden a la individualidad, lo que hace que en lugar de construir relaciones horizontales, es decir, de igual a igual, se construyan relaciones verticales y por tanto, desiguales.

El caso es que no nos atrevemos a plantearle a nuestra pareja lo que queremos y lo que no queremos, con la claridad que expresa el poema con que empieza el capítulo. Dicho así, poéticamente, suena maravilloso y perfecto. Sí, sí, queremos un amor que nos mantenga libres y en movimiento. Libres para crecer cada día, para ser tal como somos. Libres para expresarnos, sin tener que cuidar cada palabra, decir lo que queremos, lo que sentimos. Libres para evolucionar junto con nuestra pareja de acuerdo al ciclo vital. Sin embargo, a la hora de la verdad, son nuestros miedos y los miedos del otro los que hablan. Nos relacionamos desde nuestro pánico a ser invisibilizados y abandonados, y al otro le pasa lo mismo, ni más ni menos. Y esto es algo que nos cuesta mucho reconocer ante nosotras mismas: que **nos relacionamos por miedo y no por Amor,** de lo que resulta un profundo dolor.

MÁS QUE DOLOR ES ESTO

Dolor, más que dolor es esto
que se expande en mi cuerpo y me acorrala
más que dolor es este aire que respiro
en el pequeño espacio que nos cerca.

Dolor, tanto dolor que me adormece los sentidos
de tanto y de tan hondo y de tan frío.
Dolor de estar cerca y aterrados
de este muro infranqueable de silencio.

Dolor de las palabras que se cruzan
en un vacío que aplasta y ensordece
y me quema la lengua y la garganta.
¿Quién pudo herirte tanto y de tal modo
que te duele mi Amor y mi caricia?

¿Qué he de hacer con tu herida que me hiere,
con tu beso dormido que me grita?
¿Qué he de hacer con tu voz encadenada
que escucho en el suspiro que se escapa?
¿Cómo romper el hierro de tu miedo
sin hacerme cadenas en el alma?
... Dolor, más que dolor es esto.

Dolor que llega con la incomunicación y nos va hundiendo en el silencio y la soledad. Cuando todo empieza a deteriorarse, cuando ya no logramos coincidir y tenemos que tomar una decisión: o seguir cumpliendo la expectativa del otro, a costa de negarnos a nosotras mismas, o defender nuestra necesidad, expresarnos, negociar con el otro, hacerle ver nuestras necesidades, respetando las suyas. Hacerle entender que no estamos ahí para obedecerle y cumplir sus expectativas bajo la presión y el miedo de perderle si nos "rebelamos". Hacerle entender que somos su pareja, no su hija sumisa y asustada. O su madre resignada y protectora. Que no queremos vivir negando lo que somos y sentimos con tal de tener una "buena relación", porque sería una "buena relación" desde donde él la ve, pero para él, no para mí, ya que lo que yo veo es que estamos dejando de tener una relación para tener una **NO relación**.

Está claro que a la larga, de seguir por este camino, los dos saldríamos perdiendo, porque si me obliga a negarme con tal de que él "me ame", terminará despreciándome por sumisa, matará en mí la que en verdad soy, no me estará amando a mí, sino a la que quiere que yo sea, a imagen y semejanza de su necesidad. Nunca nos conoceremos realmente, terminaremos siendo dos extraños que juegan a que son pareja, pero seremos cualquier cosa, excepto pareja.

Pero ¿cómo decidirme a no cumplirle la expectativa? ¿Cómo atreverme a confrontarlo? ¿Cómo comunicarle mis verdaderas necesidades si no las quiere escuchar, si cuando lo intento, él se cierra y quiere salir corriendo? ¿Cómo vencer mi miedo a su abandono, a que me haga invisible, a que me haga sentir que no existo para él? ¿Cómo renunciar al sueño de toda mi vida de tener una familia?

A veces, cuando ya no puedo más y pierdo el control o cuando por un momento logro manejar mi miedo y lo confronto, él se enoja y se va, para volver tarde o temprano, y tomar uno de dos caminos: o se siente ofendido y tengo que pedirle perdón por algo que no hice o por atreverme a confrontarlo. O viene y me pide perdón por haberme dejado llorando o con la palabra en la boca y me dice que no quiere que estemos enojados, que me ama y que todo va a estar bien. Entonces, en el primer caso, él me perdona, y parece que ahí se arregla lo sucedido y que no se va a volver a repetir. En el segundo caso, yo lo perdono y creo lo mismo. Pero resulta que más temprano que tarde, se repite la situación y nosotros, hacemos exactamente lo mismo, terminamos pidiendo perdón y jurando que ya no volvemos a hacerlo: ni yo a confrontarlo ni él a salir corriendo luego de ofenderme... y es ahí donde nos condenamos a entrar en un círculo vicioso, en el círculo de la neurosis que muchas veces termina en el círculo de la violencia.

¿Por qué? Porque ninguno de los dos quiere perder al otro. A los dos por igual les da miedo el abandono. Tanto a uno como al otro les aterra el rechazo y el fracaso. Ambos temen dejar de existir en la vida del otro, ser invisibles para el otro. ¿Y cuándo termina esto? Cuando uno de los dos se harta de la situación que cada vez va más lejos —que habiendo empezado con insultos, termina incluso con golpes— y decide que se va, que se separa, que se acabó. Raramente llegan juntos a esta conclusión. Algunas veces es porque uno de los dos ya ha entablado incluso otra relación en la que se apoya para tomar la decisión. Los estudios y las estadísticas de pareja asientan que el hombre rara vez pide el divorcio. Cuando lo hace es porque ya sostiene otra relación y quiere su libertad o cuando descubre que su mujer lo engaña y, por orgullo, no puede manejar el asunto de otra manera que no sea repudiándola y abandonándola.

Cuando las cosas están mal, y el deterioro es cada vez mayor, la salida que encuentran por lo general los hombres, es convertir en fantasma a su esposa y enfocarse en el trabajo, y posteriormente vincularse con otra mujer. ¿Por qué? Porque desde su punto de vista masculino, habitualmente es ella quien debe cambiar para que las cosas funcionen, es la que debe obedecer y negarse a sí misma. Cuando esto no sucede, ellos sienten que es ella quien no les deja otra salida y los orilla a buscar fuera de casa lo que les niegan siendo "su obligación". ¿Y por qué es así y no justamente al revés? ¿Por qué se cree que el buen funcionamiento de un matrimonio depende de la mujer? Coincidir, de eso se trata, pero para ello no basta con que ocurra el encuentro, hace falta mucho más, hay que coincidir en muchas cosas, entre ellas, en la manera de ver la existencia, en la necesidad de tener un proyecto de vida, en tener cada uno su propia pasión por algo, en tener el mismo nivel de conciencia, ya que las neurosis se juntan o las sanidades, como se quiera ver. Coincidir y luego crecer juntos, porque cuando uno camina y el otro se queda varado, cuando uno crece y el otro se queda empantanado, lo que viene es la *descoincidencia* y el desamor, no hay más remedio que el desencuentro y la terminación de la relación.

Cuando se da un encuentro es esencialmente porque las necesidades coinciden. Cuando una de las partes resuelve sus necesidades gracias a la relación y la otra no, es cuando viene la *descoincidencia*, o cuando ambas las resuelven y ya no se precisan el uno al otro, porque las nuevas necesidades, no coinciden. ¡Ah, el arte de coincidir, es la base del arte de amar!

Capítulo 8

Perspectiva de género
¿Nacimos o nos hicieron?

Aunque teóricamente los hombres y las mujeres nos unimos para ser
y hacer pareja, es decir, para tener una relación de iguales, no somos
educados para ello, sino todo lo contrario.

CÓMPLICES EN LA LOCURA

Tus manos me siembran azucenas
y florecen mis huesos dejando atrás
la somnolencia y el sinsentido.
Tu boca me desborda los sueños contenidos
inventándome un aura de colores
integrándome el alma fragmentada.

Tus ojos me contagian de su flama
y no importa el Amor sino el amarnos
y dejamos el vaso por el vino
los leños por la hoguera
y mis manos se vuelven azucenas
y mis ojos tu lámpara y tu faro.

Y nos volvemos mar: arena y mar entretejidos
cómplices en la locura de encarcelar el tiempo
de crear un lugar en el quicio de una estrella
de convertir el agua en caracolas.

Y te amo a través de los umbrales
de la Vida y la Muerte de un suspiro.

Y me mantiene viva que estás vivo
y me muerde el placer de tu sola existencia
...Desde cualquier silencio me palpitas
desde cualquier palabra me describes
desde cualquier color pintas mi enigma.

Hemos hablado del condicionamiento, de cómo nos condicionan para jugar ciertos roles y seguir religiosamente las reglas establecidas si queremos pertenecer, si no queremos ser invisibles y vivir en un permanente dolor emocional por el rechazo y el abandono. El condicionamiento, tiene otro nombre, es ese señor llamado Deber Ser, que es como el carcelero al servicio del Ego, es quién maneja nuestras vidas como si fuéramos marionetas para que terminemos cumpliendo las expectativas de todos y haciendo una vida regida por las reglas que han puesto otros y no bajo las propias. Es decir, haciendo una vida que no decidimos nosotros, de la que no somos dueños porque si osamos serlo, tendremos que enfrentar al terrible carcelero, el Deber Ser y, desobedecerlo, trae dolorosas consecuencias: invisibilidad, abandono, rechazo. Y el Ego es tan hábil manejándonos con las culpas y demás artimañas que no nos deja ver que sí, ciertamente resulta doloroso sentir culpas por no hacer lo que los otros esperan y miedo ante la posibilidad de la invisibilidad, del rechazo, del abandono, pero resulta mucho más doloroso, vivir siendo sus esclavos. Y hay que elegir: o vivimos bajo la bota del miedo, siempre temerosos, ansiosos, haciendo cosas que van en contra de lo que queremos, somos y deseamos o elegimos vivir en libertad y desafiamos el Deber Ser y tomamos nuestras decisiones libremente y no bajo el Deber Ser, es decir, bajo el miedo.

EL Deber Ser

El Deber Ser tiene cien ojos que nos hacen que al mirar
nos juzguemos sin clemencia, nos culpemos sin piedad.
Cien ojos como cien hachas, cual cuchillas y aguijones
puntas de filosas lanzas que envenenan y corrompen.
El Deber Ser encadena el Espíritu y la Mente

nos desata los demonios y a los miedos nos somete.
Obscurece la conciencia, nos roba la libertad
nos tortura y martiriza, nos arrebata la Paz.

El Deber Ser nos mantiene presos y bajo control
de los tiranos más crueles, enemigos del Amor.
El Deber Ser anestesia, la verdadera pasión
asfixiando lo que somos, asesina la intuición.

Esto nos tuerce el destino, nos deforma la visión
y nos roba el paraíso y nos condena al dolor.
Escuchar el Deber Ser es condenarse al vacío
vivir en perenne infierno y entregarse al sinsentido.

Vivir bajo el Deber Ser es someterse a la culpa
renunciando a lo que somos y a no conocernos nunca.
El Deber Ser nos oculta, nos mina, nos resquebraja
nos fragmenta y nos impide escuchar la voz del Alma.

Desde el Deber Ser miramos nuestro lado más oscuro
nos sumergimos en él, desde ahí vemos el mundo.
Nos juzgamos y juzgamos a los otros con dureza
con una enorme ignorancia, con infinita soberbia.

Hay una sola manera de librarse de este horror
ver con los ojos del Alma, con los ojos del Amor.
Es mirando con sus ojos que la Verdad se revela
y que el lado luminoso resplandece y nos libera.

Con los ojos del Amor la libertad es posible
los miedos son derrotados y las culpas se nos rinden.
Sólo bajo esa mirada llega la sabiduría
y sin juicios ni condenas descubrimos la alegría.

Con los ojos del Amor se expande nuestra conciencia
la felicidad más plena, llega como consecuencia.
Cada cual ha de escoger con los ojos con que mira
y si elige el Deber Ser, vivirá en una mentira.

Sumergido en la tristeza, el vacío y la ignorancia
lleno de resentimientos, de insatisfacción y rabia.
Si elige en cambio el Amor, navegará en la Verdad
fluirá sin miedo alguno, vivirá y morirá en paz.

Conocerá el paraíso, fuera y dentro de sí mismo
encontrará su lugar y su centro y su destino.
Tocará la perfección y tendrá plena conciencia
de que todos somos uno y el Amor es nuestra esencia.

Ahora vamos a poder mirar con más claridad qué es lo que nos ha hecho el condicionamiento, cómo el Deber Ser nos ha obligado a mantener relaciones en donde no somos quienes somos, en donde vivimos y hacemos una familia con una persona que resulta una extraña porque no toma decisiones desde la libertad, sino desde el miedo.

Hablemos de una de las grandes claves para hacer una pareja sana: Perspectiva de género. Vamos a la pregunta inicial ¿Nacimos o nos hicieron? Definirlo y ver la verdad, hacer conciencia de ello y tomar la decisión de enfrentar el miedo, es la única manera de poder hacer finalmente una pareja sana. ¿Por qué? Nos preguntamos. ¿Por qué para poder mantener una relación de pareja, es a la mujer a la que le toca negarse a sí misma y no a los hombres? Esta es la pregunta de casi todas las mujeres ¿Por qué?...

Porque no nos educan, ni nos construyen para ser *cómplices*, para ser **iguales**, sino para que uno mande —el hombre— y el otro —la mujer— obedezca, salvo excepciones en que sucede al revés. Es decir, nos educan sin *perspectiva de género*. **Nos condicionan para ser desiguales.**

Tener perspectiva de género, es tomar en cuenta la forma en que hemos sido educados y distinguir lo que es parte de nuestra naturaleza, y lo que es adquirido por nuestra formación y cultura, es decir, lo que es aprendido. El género identifica las características socialmente construidas, que definen y relacionan los ámbitos del ser y el quehacer femenino y masculino dentro de contextos específicos. Como sabemos, hay dos géneros: masculino y femenino. El género masculino se define por tener la fuerza, el control, la razón. Es el que piensa, decide y resuelve. En cambio, el género femenino, es definido por la necesidad de la mujer de ser protegida y cuidada, y por sus cualidades e inclinaciones "naturales" al servicio de todos, en especial del hombre. Las mujeres hemos sido creadas para servir, para ser dependientes del hombre, desprendidas, generosas y sacrificadas. Desde que nacemos nos empiezan a "educar" a "formar" a "condicionar" en esta línea de ideas. Es decir, sin ninguna perspectiva de género.

Rol de género es la expectativa socialmente creada, sobre cómo debe ser el comportamiento femenino y masculino. Somos construidos de una manera polar, nos ponen etiquetas que corresponden a dos tipos de conductas: las masculinas y las femeninas.

Roles sexuales: Son aquellos aspectos que están determinados por la naturaleza, por lo biológico, como embarazo, menstruación, erección, eyaculación, lactancia, etcétera. Los roles de género son los asignados por la sociedad.

En el ámbito familiar y escolar vamos aprendiendo que las mujeres son:

* Intuitivas
* Pasivas
* Tiernas
* Dulces
* Cuidadoras
* Sensibles
* Poco inteligentes
* Frágiles, débiles, vulnerables
* Seductoras
* Dependientes
* Cariñosas
* Amas de casa
* Serviciales
* Abnegadas
* Fieles

En el ámbito familiar y escolar vamos aprendiendo que los hombres son:

* Racionales
* Agresivos
* Infieles
* Objetivos
* Creativos
* Audaces
* Astutos

* Inteligentes
* Independientes
* Fuertes
* Activos
* Trabajadores
* Dominantes
* Valientes
* Conquistadores
* Protectores

Y es aquí, en estas premisas, donde radica el problema, donde la **imposibilidad del Amor** se hace una realidad que pareciera insalvable. Resulta que esa "formación" nos deforma, que no hay nada de cierto en que es parte de nuestra naturaleza femenina servir, dar sin recibir, ser generosas sin límites, ser sumisas, nacer para obedecer... Toda clase de actitudes que nos llevan a negarnos a nosotras mismas, a negar nuestros verdaderos deseos y necesidades. Así mismo, no es parte de la naturaleza de los hombres ser fuertes, audaces y valientes, cualidades que los obligan a reprimir sus sentimientos, a negarlos o evadirlos y a tener actitudes constantes de control hacia las mujeres.

He aquí el meollo del asunto: es un asunto de **ideología** lo que nos separa a los hombres de las mujeres, porque estamos inmersos en una cultura patriarcal. Hacer conciencia de cómo se nos ha introyectado la ideología machista y de que las conductas mencionadas son aprendidas y no parte de nuestra naturaleza, nos da la posibilidad de evolucionar y de comprender a fondo las razones reales por las que resulta tan complejo hacer una relación de pareja verdadera y sana. Si queremos lograr vivir una relación de pareja real y sana es aquí donde hay que poner la lupa. Miremos un poco, cómo empieza esta deformación, desde que somos unos niños. Analicemos, por ejemplo, los juguetes que se utilizan para ambos géneros, sin mencionar los juguetes modernos y los que son *unisex*.

Algunos de los juguetes que se les dan a las niñas:

* Muñecas, para que aprendan a lavar su ropita, vestirlas, etcétera.
* Juegos de belleza
* Juegos de té
* Cocinitas
* Juegos de limpieza
* Casa de muñecas

Algunos de los juguetes que se les dan a los niños:

* Pistolas
* Carritos, aviones, trenes
* Pelotas
* Guantes de box
* Soldaditos
* Juegos para armar
* Juegos de química
* Juegos mecánicos

Los juguetes de las niñas encierran uno de los siguientes mensajes:

* La tarea más importante: cuidar a otros.
* La misión en la vida: ser madre y buena.
* La ternura y la delicadeza son parte "natural" de su personalidad.
* Siempre hay que estar bonita para agradar a los demás.
* ¿Estudiar?... Una carrera corta, al fin que se va a casar y la van a mantener.
* Sabes cocinar... ya te puedes casar.
* La mayoria de los juegos de las niñas se desarrollan dentro de la casa: su lugar es... en la casa.

Los juguetes de los niños encierran uno de los siguientes mensajes

* Con las pistolas (todo tipo de armas) se aprende a: enfrentar a los demás, a matarlos si es necesario.
* Jugando a la guerra se compite a muerte por lograr el objetivo.
* La violencia es permitida: es parte de las relaciones interpersonales.
* Los juegos que desarrollan destrezas y hacen pensar: son adecuados para desarrollar la inteligencia de los niños.
* Jugando con carritos, trenes, aviones naves espaciales, andando en bicicleta: se transporta, conoce el mundo, lo domina. Su lugar protagónico está fuera de casa.
* La acción es parte importante de los juegos, para que sean fuertes: fútbol, carreras, luchas, etcétera.
* Llegar a ser un profesional prestigioso o tener un oficio, para mantener a su familia cuando sea grande.

*   Las actividades de los niños son fuera de la casa: su lugar de acción es en la calle.

Esto nos dice claramente que, aunque teóricamente los hombres y las mujeres nos unimos para ser y hacer pareja, es decir, para tener una relación de iguales, no somos educados para ello, sino todo lo contrario. A las mujeres, nos educan para ser sensibles, emotivas, demostrar nuestros sentimientos. Podemos llorar, eso es lógico y "natural" en las mujeres, que "por naturaleza" somos débiles. En cambio a los hombres tales actitudes femeninas, no sólo no les son propias, sino que les son prohibidas. Cualquier expresión emocional que tenga que ver con las actitudes que se consideran femeninas, están prohibidas para los hombres, al igual que si las mujeres adoptan actitudes que se consideran masculinas, son fuertemente criticadas y rechazadas. Si ellos no responden al modelo creado y, por lo tanto, no cumplen las expectativas, entonces son maricones (que viene de María: mujer, débil), afeminados (fémina: hembra) poco hombres, homosexuales. Si son ellas las que no responden a las expectativas, entonces son marimachos o lesbianas. Así las cosas, es fácil comprender, desde dónde el hombre vive a la mujer en una relación amorosa, y cuán lejana es esta concepción, respecto a la manera en cómo vive la mujer una relación amorosa con un hombre.

ME DUELE Y TE DUELO

Me da miedo decirte que te quiero
y callar que te quiero me da miedo
y quisiera decirte que te quiero
sin sentir que me duele y que te duelo.

Si ponemos a una niña y a un niño recién nacidos uno al lado del otro, salvo las diferencias físicas y biológicas que son obvias y que pertenecen realmente a la *naturaleza*, lo que tenemos son dos seres humanos iguales, con muchas más similitudes que diferencias. En realidad, las diferencias que nos hacen creer que existen como reales e insalvables, son parte de la *construcción de los géneros*, del condicionamiento al que somos sujetos y no se remiten a la realidad.

La realidad es que por naturaleza, somos mucho más parecidos, que diferentes. Sin embargo, dada la construcción de géneros, estas dos criaturas, por el hecho de tener un sexo distinto, serán criadas de manera que no sólo los hagan **diferentes** y alejados uno del otro, sino —y esto es igual o más grave— **desiguales**, lo cual, de entrada, crea un abismo entre los dos. Con lo que hacer pareja se vuelve tremendamente complejo y complicado. Estamos juntos y cerca, y al mismo tiempo separados y lejanos. Y pareciera que entre el yo y el tú no pudiera haber un nosotros.

NOSOTROS

No hay voz que me estremezca
contacto que me toque.
En el todo y la nada hay un nosotros
oculto y a la luz vivo y muerto.

Te me vas transformando:
de tan vivo me tiemblas en el cuerpo
y me adormeces y me amortajas
de tan muerto.

De tan cierto te me esfumas
de tan mental te poseo.
¿Dónde te encuentras, dónde?
que por lejano te tengo
y por cercano te pierdo.

Veamos por ejemplo, algunos de los mensajes que se le dan a un hombre respecto a su pareja y cuán distintos son de los que se le dan a la mujer.

A los hombres se les dice:

* Escoge a la que quieras.
* Cásate grandecito, porque luego ya te amolaste.
* No te dejes manejar, el que lleva los pantalones eres tú.
* Tú vales, con o sin pareja.
* No la aguantes, la que pierde es ella.
* Tú eres el hombre, eres el que manda.
* Tú puedes tener la mujer que quieras, cuando quieras.
* Tú puedes tener hijos con esta o con aquella y cuando te dé la gana. No tienes un límite de tiempo, biológicamente hablando.

* O te obedece, o la cambias por otra, mujeres sobran.

En cambio, a las mujeres se les dice:

* Sin un hombre no vales nada.
* Sin un hombre la vida no tiene sentido.
* Sin un hombre eres una fracasada.
* Sin un hombre tus triunfos, éxitos, logros, no sirven de nada.
* Sin un hombre es imposible ser feliz en verdad.
* Sin un hombre tu único camino es amargarte.
* Sin un hombre no puedes salir adelante en la vida.
* Si no tienes un hijo, no eres una verdadera mujer.
* Aguanta lo que sea con tal de que él no se vaya.
* Si fracasas luego nadie te va a querer.
* La virginidad es un valor irremplazable, vale más de lo que tú eres y vales.
* No lo dejes ir, ¿qué tal que es tu último tren?
* "Detrás de un gran hombre hay una gran mujer" (siempre detrás).

Y otra vez, las expectativas: la mujer espera que el hombre responda con un nivel de compromiso como el suyo, espera ser ella el centro de la vida de su pareja, su prioridad, como él lo es para ella. La mujer espera que llegue el hombre al que amará toda su vida y que una vez que se encuentren, ambos, juntos, al mismo nivel, podrán sortear toda clase de dificultades, gracias a la fuerza del amor que se tienen. Espera que su pareja sea capaz de expresar sus sentimientos, de hablar y decir sus necesidades, como lo hace ella, que sea su cómplice, su confidente, su amigo. Pero esto no sucede, porque el hombre desde que entra en la relación, no considera que la mujer sea su igual. La vive como la débil, la que actúa con el corazón y no —como él— con la cabeza, la que tiene una "naturaleza" sumisa y obediente y la que dependerá de él, por el resto de su vida. Lo que espera el hombre es que ella lo ame, comprenda y obedezca.

Muchas de las mujeres de esta época, no logran encontrar un compañero que no le tema a sus capacidades. Si trabajan y son independientes, si ganan más dinero que los hombres con los que se relacionan, si son más eficaces en su trabajo, si sobresalen en sus actividades, ellos se sienten amenazados. Salen corriendo, esas mujeres les quedan grandes, cosa

que no es ningún consuelo para una mujer sola, que desea ardientemente tener un compañero con quien compartir su vida y que no compita
con ella, ni quiera controlarla. Trabajen o no, sean o no independientes económicamente, las mujeres que buscan una relación realmente de
pareja, se topan con que si no se ajustan a los roles asignados a las
mujeres, su relación está destinada al fracaso. Si no están dispuestas
a obedecer, a servir, a negarse a sí mismas, se tendrán que enfrentar al
rechazo de su compañero que espera eso, y nada menos que eso. Incluso
los hombres que aceptan que su pareja trabaje, esperan que su realización no sea nunca su prioridad, sino ellos. Y que ella renunciará a todo
lo que sea necesario con tal de que él, no se sienta amenazado. Si ambos
trabajan, ella tiene que tener claro que siempre el trabajo de él, será mucho más importante que el de ella. Desafortunadamente, son realmente
excepcionales los hombres que logran superar este condicionamiento.

No basta con teorizar el asunto. Decir que somos iguales y tenemos
los mismos derechos no es suficiente. Hay desigualdad cuando un hombre expresa: "Yo le ayudo con los niños, le ayudo a bañarlos, a darles de
comer, a llevarlos a la escuela." "¿Le ayudo?" He ahí el problema. Esto
tiene la implicación de "le hago un favor a ella" y no es así, esto no tiene
nada que ver con la equidad. Como ya hemos asentado, él no le está
haciendo un favor, es su obligación tanto como la de ella, ocuparse de
los hijos, que son tan suyos como de ella.

Así mismo hay desigualdad cuando una mujer expresa: "Él no es macho, me ayuda en la casa y además me da permiso para hacer tal o cual
cosa" "*¿Me da permiso?*" Como si él fuera su dueño y señor. ¿Y ella, le da
permiso a él? Entonces ¿de qué equidad estamos hablando? No hay tal,
él no tiene por qué darle *permiso* a ella. Tendrían que comunicarse lo que
van a hacer, ponerse de acuerdo, negociar, pero no "darse permiso". Se
trata de repartirse las responsabilidades de una manera equitativa. De
modo que el que él le ayude o le dé permiso, no quiere decir en absoluto
que están teniendo una relación de pareja y de iguales, ni mucho menos, todo lo contrario, lo que esto indica es que no hay una relación de
iguales, sino una en la que el hombre dispone, concede, accede desde un
derecho que, evidentemente para él, la mujer no tiene por el sólo hecho
de ser mujer, es decir, porque *no es su igual*.

El dolor, que viene como resultado de esta construcción de los géneros, alcanza por igual a hombres y mujeres, porque ambos se unieron
con la ilusión de ser una pareja perfecta, ambos se unieron por el amor
que se tienen. Y mientras la mujer espera que él se abra a ella y se entre-

gue, que como ella, le muestre sus sentimientos y le comparta sus pensamientos y sus sueños, él espera que ella se conforme con lo que él, de tan buena voluntad, le puede dar. Y, ciertamente, hacerla su amiga y confidente, no está en sus planes. No fue condicionado ni entrenado para ello, todo lo contrario, él debe saber llevar como un verdadero hombre sus problemas. Si necesita hablar de sus cosas, lo hará con un hombre, que es su igual. Su mujer no sólo no lo puede entender, sino que no la debe preocupar y debe hacerla sentir protegida. Jamás debe llorar ante ella, pedirle un consejo o dar muestras de debilidad. Mucho menos confesarle que tiene miedo o que no sabe qué hacer en una situación difícil... Pero ¿todo esto obedece a que él quiere protegerla y cuidarla o a su miedo de perder el control sobre ella si lo percibe débil y vulnerable?

Las desventajas, por supuesto, no son todas para las mujeres, esta ideología machista hace que sean enormes para ambos y sus consecuencias muy dolorosas. Es muy triste que mientras una mujer puede llorar a lágrima desbordada, un hombre tenga que reprimir el llanto para salvaguardar su hombría, cosa que tiene que demostrar todos los días. Un hombre tiene que demostrar todo el tiempo que lo es, en cambio una mujer no tiene que demostrar que es mujer las veinticuatro horas.

Los hombres se ven en situaciones en las que constantemente tienen que mostrar su hombría. Si andan con los amigos y alguien los provoca, y los amigos ven que no se defiende le dicen: *"Defiéndete, o qué ¿no eres hombre?"* Si andan de juerga y quieren irse de parranda con mujeres y tener sexo y uno de ellos quiere serle fiel a su esposa o a su novia, se burlan de él de la misma manera: *"¿Qué te pasa, acaso no eres hombrecito?"*. Lo mismo pasa cuando un hombre heterosexual tiene un amigo gay, sus amigos le dicen: *"¿Qué te pasa, acaso no eres hombre? Demuéstralo, sácate de encima a ese maricón, no sea que se te vaya a pegar o que te confundan con uno."* Situaciones como estas son muy difíciles para los hombres. Y como éstas hay muchas otras, fruto de la cultura y la ideología patriarcal machista, si ahondamos en ellas, vamos a constatar cómo repercute esta ideología de una manera negativa en ellos.

Veamos otro ejemplo. Cuando una mujer quiere que su marido la acaricie más de lo que lo hace, o acaricie a sus hijos, él sencillamente siente que "no se le da, no le nace". ¿Tiene que ver esto con su naturaleza? No, absolutamente no, tiene que ver, de nuevo, con el condicionamiento fruto de la ideología. Cómo va a poder fluir y acariciar a esos niveles a sus hijos, si cuando era un niño y jugaba a "la casita" con las muñecas de su hermana, le decían sus amigos, su padre, sus otros hermanos, y hasta su madre: *"Eso no es de hombres, los hombres no juegan con muñecas, eso es para maricones"*. Esto es un claro ejemplo, entre millones, de que **somos nosotras, las mismas mujeres, quienes nos encargamos de reproducir el modelo machista, del que tanto nos lamentamos y quejamos y que nos hace tan infelices.** Sí, por terrible que sea, es la realidad, nosotras, las mismas mujeres, somos las encargadas de reproducir y hacer que permanezca y siga funcionando la ideología patriarcal machista, a través de nuestros hijos e hijas. Y esto va a seguir sucediendo mientras no hagamos conciencia y tomemos cartas en el asunto, educándolos con perspectiva de género.

Veamos cómo funcionan las relaciones de pareja. Como resultado de la construcción de géneros, él quiere una mujer que le obedezca y no que lo cuestione. Una mujer que no le haga sentir que la de las ideas es ella, que no lo quiera obligar a hablar cuando para él, eso es perder el tiempo. Pero sí que lo escuche cuando él tiene algo que decir, y lo haga con gran atención y sin interrumpirlo, sin estar dispuesto a lo mismo. Quiere que lo deje descansar cuando llega del trabajo, que no lo agobie con "nimiedades" sin importancia, que no lo corrija, ni lo aconseje, ni le dé su opinión, y, por supuesto, que no se atreva a confrontarlo, que no piense, que le dé la razón en todo, que lo vea como un dios todopoderoso, que lo admire y lo respete por sobre todas las cosas, y esto para él, se traduce en: *obedéceme*. En cambio, la mujer quiere ser escuchada y consultada, ser copartícipe con él en todas las decisiones de pareja, ser nada menos que su cómplice. Quiere que él confíe en ella, que no la subestime en su inteligencia, que le dé su lugar en casa y fuera de ella, que la haga sentir amada y respetada, admirada y valorada, su igual, y esto para ella quiere decir: *mírame*. Busca desesperadamente la manera de encontrarse con él y no lo logra.

Y entre el *"obedéceme"* de él y el *"mírame"* de ella, se arma el desconcierto, porque ella quiere ser mirada y él obedecido, y él no quiere mirarla ni ella quiere obedecerlo. Ella lucha por ser mirada, y entre más se esmera, él con más fuerza la convierte en fantasma. Él quiere ser obedecido, y entre más se esfuerza y trata de controlar, ella más trata de hacerse escuchar desde la mujer y no desde la niña asustada, y más le exige presencia a él, más le exige que la mire, que le hable, que la haga sentir viva y no muerta, invisible o fantasma; o por el contrario, se deja someter.

ESTE DOLOR DE NO ENCONTRARTE

Escaleras que no van a ningún sitio
que terminan al aire o en muros sin sentido.
Laberintos sin fin, umbral sin puertas
ventanas sin alféizar ni paisajes.

Locuras amasadas en silencio
torbellinos de Amor embravecido
...y este dolor de no encontrarte nunca
y saberte tan hondo y sentirte tan mío.

Los dos se sienten incomprendidos, no aceptados, rechazados. Están asustados, aunque uno lo demuestre de una manera y otro de otra. Ella llorando y suplicando que la mire, él gritando o guardando un denso silencio y huyendo ante sus demandas. Los dos se sienten defraudados, desencantados y se quejan de lo mismo.

Y es en este momento en el que se tienen que tomar decisiones serias, definitivas y tener el valor de llevarlas a cabo. El instrumento del que es indispensable valerse llegado este momento, y que debió ser usado desde el inicio de la relación para no llegar a este punto, es el diálogo.

El diálogo es por excelencia el camino que hace posible tener una relación sana y libre. Es sólo a través de él, que podemos aclararnos, que es posible negociar, pactar, llegar a acuerdos en los que ambas partes estén dispuestas a funcionar. El diálogo nos permite desenredar entuertos. Nos lleva de la mano a decir nuestras verdaderas necesidades, a expresar nuestros sentimientos, a dejar de suponer, a invitar al otro a que nos escuche y a escuchar su versión. Nos lleva a desnudarnos de los personajes que nos enmascaran y ocultan.

Pero para que el diálogo se dé, se necesitan dos. Ambas partes deben estar dispuestas a escuchar al otro, a poner las cartas sobre la mesa, a ser totalmente honestos y a tener la buena voluntad de negociar con el otro. Y es aquí donde se pone difícil, porque no hemos sido educados para el diálogo y porque se enfrentan ambos egos, y el Ego grita tan fuerte, que es casi imposible escuchar la voz del Alma. A menos que los dos, al mismo tiempo, con humildad, estén dispuestos a reconocer sus propios miedos, a ver los miedos de su pareja y a no darle la espalda al Amor. Lo que quiere decir que harán todo lo que sea necesario para que la guerra sea ganada por el Amor y no por la neurosis. Esto es posible, siempre y cuando ambos se coloquen en la misma tesitura. Lo que está claro es que, es imposible, cuando una de las dos partes pretende que la otra ame por los dos.

Vamos a revisar los puntos que están a favor del diálogo y aquellos que lo hacen imposible.

LOS SENTIMIENTOS QUE VIVEN AMBAS PERSONAS DESDE SU PERSPECTIVA Y SUBJETIVIDAD

Sus quejas

- No me siento amada/o
- No me siento cuidada/o
- No me siento protegida/o
- No puedo contar contigo
- No me puedo apoyar en ti
- Tengo miedo
- No valoras lo que hago
- No me estimulas
- No me comprendes
- No me consideras
- Me manipulas
- Me chantajeas
- Me controlas

- Eres un/a egoísta
- No me respetas tal como soy
- No me escuchas
- Siempre quieres tener la razón
- Me dan miedo tus reacciones y mejor me callo
- No me respetas
- No soy tu priori-dad
- Nada de lo que hago es suficiente para ti
- Nunca apoyas mis proyectos
- No me haces sentir valorada/o como pareja

A FAVOR DEL DIÁLOGO

- ° ENFRENTAR EL MIEDO A SER RECHAZADA/O, ABANDONADA/O.
- ° RECONOCER MIS SENTIMIENTOS Y PENSAMIENTOS Y PODER EXPRE-SARLOS.
- ° VER LA REALIDAD.
- ° MANEJAR MIS EXPECTATIVAS.
- ° IR A AVERIGUAR LO QUE QUIERO SABER.
- ° MANTENER ALTA LA AUTOESTIMA.
- ° HABLAR, PREGUNTAR.
- ° PODER HABLAR CON LA OTRA PER-SONA, SIN PÁNICO A SER JUZGADA, DESCALIFICADA, SUBESTIMADA.
- ° SENTIRSE LIBRE DE EXPRESARSE Y PEDIR LA AYUDA NECESARIA.
- ° NO QUERER EL CONTROL SINO LA COMUNICACIÓN.
- ° TENER CONCIENCIA DE MI DERECHO A SER AMADA/O TAL COMO SOY.
- ° ESTAR ABIERTA A LA NECESIDAD DE LA OTRA PERSONA, TANTO COMO A LA MÍA.
- ° ESTAR DISPUESTA A NEGOCIAR.
- ° SABER ESCUCHARSE Y ESCUCHAR A LA OTRA PERSONA.
- ° RECONOCER CON HUMILDAD MIS ERRORES Y PEDIR AYUDA.
- ° INVITAR A LA OTRA PERSONA A DECIR SUS SENTIMIENTOS Y MIEDOS Y EXPRESAR LOS SUYOS
- ° TENER CONCIENCIA DE QUE SE TIENE QUE TRABAJAR EN LA RELACIÓN DE PAREJA TODO EL TIEMPO, PORQUE LA VIDA ESTÁ EN MOVIMIENTO Y HAY MUCHAS ETAPAS EN UNA RELACIÓN.

EN CONTRA DEL DIÁLOGO

- ° JUSTIFICAR AL OTRO POR MIEDO AL RECHAZO.
- ° MIEDO A DECIR LO QUE SE PIENSA O SE SIENTE.
- ° NO RECONOCER MIS SENTIMIEN-TOS.
- ° EVADIR LA REALIDAD.
- ° NO SABER MANEJAR MIS EXPEC-TATIVAS.
- ° SUPONER EN LUGAR DE PREGUN-TAR.
- ° GUARDAR SILENCIO.
- ° NO CREER EN MI VOZ INTERNA: INTUICIÓN, LATIDA, PÁLPITO.
- ° DUDAR DE MI CAPACIDAD.
- ° PERMITIR MALTRATO, DEJAR QUE ME:
  - – SUBESTIME
  - – DESCALIFIQUE
  - – JUZGUE
  - – CRITIQUE
  - – ME TENGA BAJO LA LUPA
- ° NO PEDIR AYUDA POR VERGÜEN-ZA O CULPAS.
- ° BLOQUEAR, ANULAR O NEGAR MIS SENTIMIENTOS Y MIS NECESIDA-DES A FAVOR DE LA OTRA PERSO-NA Y EN CONTRA DE MI INTEGRI-DAD Y MIS DERECHOS.
- ° CUANDO NO PUEDO RECONOCER MIS SENTIMIENTOS Y PENSAMIEN-TOS COMO REALES Y LEGÍTIMOS.
- ° CREER, COMO VERDAD ABSOLUTA LO QUE DICE LA OTRA PERSONA Y TEMER CUESTIONARLA, CUANDO NO ESTOY DE ACUERDO CON SU PERCEPCIÓN Y/O AFIRMACIÓN.
- ° NEGAR MI MIEDO A SER RECHAZADA/O.

Después de revisar lo que está a favor y lo que está en contra del diálogo, sabemos que lo difícil es llegar al momento de sentarse y hablar, dar el paso, que alguno de los dos lo dé y que el otro acepte la invitación. Como vemos, de nuevo por la construcción de géneros, es ella la que en' la mayoría de los casos tendrá que buscar el diálogo, quien deberá hacer conciencia de su necesidad y buscar resolverla, a pesar de que pareciera que habla un idioma diferente del de su pareja, lo cual, es una realidad en cierta manera, porque basados en la ideología patriarcal machista, ciertamente necesitaríamos tener un código distinto del que nos proporcionaron con tal ideología, uno en el que coincidiéramos y que nos llevara a amarnos.

UN CÓDIGO DISTINTO

Querría tener un código distinto
que te hiciera sentir este dolor
este deseo contenido en mis dedos, anhelándote
estos gemidos que atormentan mi garganta
estas voces que surgen de mis entrañas
y quieren escaparse hasta tu oído.

Querría tener un código distinto
que te hiciera sentir, experimentar
la tensión de mis brazos buscando tu calor
tu cuerpo que está hecho a mi medida
mi aliento atrapado reconstruyendo el tuyo
mi sangre que se agolpa, pensándote.

Querría tener un código distinto
hacerme viento y colarme por tu ventana
hasta acurrucarme en tu pecho
y desbordarme de puro Amor
sin nada más que eso y para eso: amarte
con todo lo que soy y lo que siento
amarte con cada gesto, suspiro, intención
con cada gota de mi sangre
con cada gramo de mi aliento, amarte.

Hacer que te pierdas en mi carne, consumirnos
bebernos, fundirnos, trenzarnos
olvidar lo aprendido para sólo amarnos
amarnos
amarnos.

Un código distinto, uno en el que podamos amarnos. Olvidar todo lo aprendido, para amarnos, aprender juntos que como seres humanos, somos iguales, tenemos los mismos derechos y las mismas obligaciones, queremos lo mismo: amarnos.

Una entrañable amiga, brillante y que sin duda posee una enorme pluma, escribió lo siguiente acerca del diálogo luego de una etapa muy álgida con su pareja:

"... *Con respecto a Rafael, finalmente después de mucha guerra y descontrol, logramos hablar, que aunque parezca una cosa sencilla... no lo es. No habíamos podido hablar de alma, quitarnos la defensa que cada uno tiene y que es enorme y que por supuesto nos ha arrojado a una guerra bastante sanguinaria, aunque el amor se mantenga intacto. En esa plática logramos ver cuáles son los miedos de cada uno, los errores que cometemos y la mierda que yo le aviento a él y la que él me avienta a mí.*

No sabes qué conversación tan importante, porque no tratábamos de defendernos, sino sólo de ver las cosas como son, aunque en el camino yo me viera como un monstruo, o él a mí. Ultimadamente, el amor también es ese lugar donde puedes ver tu sombra, conocerla e incluso amarla y superarla... pues te digo, supongo que en ningún lugar yo he podido ver tan claramente mi sombra, con la confianza de que un ser amoroso la sostiene y no me escupe a la cara por mi oscuridad y lo mismo sintió él.

Hablamos de toda la parte de la mentira, sin juicio, como diciendo que yo comprendía si él había mentido, por miedo a que sus actos me movieran a mí el piso, como efectivamente lo han hecho muchas veces, pero que yo le pedía que se diera cuenta de que ahora que podíamos hablar con la verdad, que notara cómo la verdad, sea la que sea, nos coloca en un mejor plano, en uno donde hasta lo más terrible se puede hablar, porque nos pone en el mismo lado de la cancha.

Le sugerí que en proceso de curar nuestros fantasmas, les dejáramos de temer... que el verdadero secreto está en que una vez que el fantasma asome su cara blanca, cada uno por su parte y con lo que le corresponde a cada cual, seamos capaces de darle la vuelta, de reconocer, y entonces, si de pronto algo me provoca unos celos estúpidos, antes de aventarle toda la caballeriza, entender qué me pasa a mí, y poder platicarlo desde otro lugar. O si de pronto se pone tan agresivo y avienta un comentario hiriente, ser capaz de ver que no soy yo, que no es solamente a mí, que su manera de ser hiere a los de enfrente y entonces poder pedir una disculpa.

De pronto hemos tenido nuestras recaídas, pero bueno, en una buena medida, hemos logrado entender lo que sucede en el interior de cada quién y podemos recurrir al diálogo, que siempre es maravilloso".

Analicemos lo que dice la carta. Hagamos una lista de los puntos que toca concretamente, porque cada uno es una de las claves para un diálogo sano:

* Lograr hablar desde el alma (sentimientos no pensamientos).
* Quitarnos las defensas.
* Aceptar nuestros errores.
* No aventarnos basura uno al otro (no estar a la ofensiva).
* No tratar de defenderse (no estar a la defensiva).
* Tratar de ver las cosas como son (la realidad).
* Enfrentar la propia sombra y la sombra del otro.
* Decir la verdad para descubrir lo que pasa.
* Ver las cosas desde otro lugar.
* Pedir una disculpa al darnos cuenta de la ofensa que infringimos a nuestra pareja.
* Abrirse a entender lo que sucede en el interior de cada cual.

Nos pareció una carta maravillosa, una manera magistral de exponer paso por paso, lo que es acercarse al otro e invitarlo al diálogo, a un verdadero diálogo, en el que ambos al mismo tiempo y en la misma medida, son capaces de expresar, más que sus pensamientos, sus sentimientos. Esa parte donde habla del lado oscuro, es tan cierta y no sólo eso, es sin duda, una de las claves para poder tener y mantener una relación de tú a tú. Todos tenemos un lado oscuro al que tememos y que evadimos por el mismo miedo que nos provoca sacarlo, mostrarlo y que traiga como consecuencia el rechazo de nuestra pareja. **Lo que llamamos el lado oscuro, no es más que el resultado de nuestras hondas heridas.**

El verdadero Amor, tiene todo que ver con que podamos sacar este lado oscuro y sentirnos seguros de que el otro nos ama, con todo lo que somos, es decir, que asume el paquete entero de lo que somos. Es muy fácil amar sólo el lado luminoso del otro, pero eso es sólo una parte y negar o reprimir el lado oscuro, nos hace tener siempre el sentimiento de que no somos amados de una manera total, de que si el otro mirara nuestro lado oscuro, no nos amaría, y en verdad, en el fondo, *no nos sentimos amados.* Esto sólo es posible cuando somos capaces de mostrarnos completos, desnudos, tal como somos, y esto incluye el lado oscuro.

Lo maravilloso y paradójico de atreverse a sacar el lado oscuro, es que cuando hay un verdadero Amor, ocurre justamente lo contrario de lo que tememos: el otro nos ama más profundamente y al no rechazarnos, nos hace sentir su amor, nos reafirma y hace que se diluyan las dudas, el pánico al rechazo y al dolor. Además, sucede que una vez que nos atrevemos, pareciera que el lado oscuro deja de ser ese monstruo que nos devora y nos consume de alguna manera misteriosa. En cuanto somos capaces de mostrarlo, empieza a diluirse, a no necesitar salir a la menor provocación o ser reprimido, empezamos a poder manejarlo e incluso, a superarlo. Como sucede con todo: enfrentar, mirar y tomar conciencia, nos da la posibilidad de tener control sobre aquello que tememos o nos atormenta.

Cuando se habla del lado oscuro, muchas veces no se alcanza a ver que se trata de que nuestros demonios y fantasmas se han desatado. Las personas no hacen introspección, no van más allá, sólo ven que sale la rabia, la violencia y la agresión que traemos dentro. El que ama, va más allá. Lo que ve es que el amado está enloquecido porque se le ha tocado una herida que supura, que no ha podido superar, una herida que tiene que ver con la falta de Amor, con la invisibilidad, con el recha-zo y el abandono. Por ello, al tomar conciencia de esto, es posible no sólo comprender al amado, sino llevarlo a que mire su propia herida, perdone a quien la infringió y comprenda que fue tocada sin saber que ahí estaba, pero que estamos dispuestos a curarla con nuestro Amor. Y aunque parezca increíble, es precisamente cuando el lado oscuro sale a la luz que podemos tomar conciencia de las heridas y al hacerlo, encon-trar el paraíso perdido, es decir, curar la herida de la invisibilidad, del rechazo y del abandono, que tanto hace sufrir al ser amado. Y esto se logra precisamente a través del diálogo.

Para conseguirlo, es menester que cuando uno de los dos o ambos, saquen el lado oscuro, no **caigan en las tres reacciones comunes: en-trar en pánico, agredirse o huir**. Si se quiere alcanzar la perfección en el Amor, lo que corresponde hacer en esos momentos es dejar a un lado sus egos, escuchar la voz de sus almas, comprender que no es nada per-sonal, que cada uno está reaccionando a su propia herida, la herida inicial del pasado. Si la pareja logra mantener la calma, hacer su Ego a un lado y mirar con los ojos del Alma, podrán ver sus mutuas heridas y al hacerlo, la compasión que sentirán los hará entregarse definitivamente uno al otro y sentirse comprendidos y amados como nunca antes en sus vidas.

El diálogo ha probado, sin duda alguna, que es el instrumento por excelencia para dar el paso a la comprensión y a la compasión que nos llevan directo al camino del Amor. A la pregunta que nos hacíamos en el capítulo anterior: ¿Quién tiene que dar el primer paso? La respuesta es sin duda: ambos. Y la manera de darlo es conviniendo en dialogar. Diálogo: dos que hablan. Pareja: dos que se aman. Si hablamos de resolver un problema de pareja, es decir, un problema entre dos, necesariamente ambos, al unísono, deben dar el paso hacia el diálogo. Sin embargo, esto que es lo ideal, no se da, salvo en casos excepcionales. La realidad es que, quien da el paso, es aquel al que le aprieta el zapato, como diría nuestro amado Eduardo Lorente, ese extraordinario ser humano y médico que ya te mencionamos. Y como ya vimos, por todo lo que hemos dicho respecto a la construcción de los géneros, a quien por lo general le aprieta el zapato es a la mujer. Así que ella es la que ha de tener la habilidad de llevar a su pareja al diálogo, es ella la que necesita hablar, compartir sus sentimientos, ser escuchada y que su pareja comparta todo con ella. Necesita que él se abra y exprese lo que le sucede, lo que siente, lo que piensa, lo que necesita, no sólo a nivel práctico, sino emocional. Es ella, porque él, por condicionamiento, ha sido bloqueado en sus sentimientos, ha aprendido a reprimirlos o evadirlos. Es ella la que —salvo excepciones— ha de invitarlo a abrirse y dialogar, para que juntos, unidos y en conciencia, desaprendan lo aprendido en lo referente a la "desigualdad" que se nos ha hecho creer que existe por cuestiones de género. Juntos, uno al lado del otro, tomados de la mano, mirándose a los ojos, con humildad, han de trabajar en la tarea de aprender a relacionarse de tú a tú.

La queja de los hombres es: *"Nadie entiende a las mujeres"*, y la de las mujeres: *"Nadie entiende a los hombres"* y/o *"Todos los hombres son iguales"*. Y esto no se debe a otra cosa más que a la falta de diálogo. Es este instrumento, el que nos lleva al entendimiento y a la comprensión. Lo triste, es que cuando no se da, ambos pierden, los dos se sienten infelices, incomprendidos y solos. El antídoto, es el diálogo, y para llegar a él, hay que comprender nuestra historia personal y la de nuestra pareja y cómo hemos sido construidos socialmente. Hay que cuestionar, a fondo, seriamente, lo que sustenta la ideología patriarcal/machista y hacer conciencia de que sólo anteponiendo a esta ideología la perspectiva de género, será posible llegar a tener relaciones sanas de pareja y rescatar al Amor de la neurosis.

NO QUIERO PROMESAS

No... no quiero promesas
quiero que estemos como estamos
que seamos lo que somos
que no planeemos nada
ni hagamos protocolos
ni le pongamos palabras a lo intangible
ni nos llenemos de frases para aturdir el silencio
para llenar los vacíos.

Quiero que miremos nuestros miedos
no te mientas, no te engañes,
no finjas una fuerza que te aterra
tú tienes miedo como yo
pero yo me abrazo a él
y lo traigo colgando, andando a mi paso
enganchado entre mi sombra y mi cuerpo.

Tú en cambio lo disfrazas
lo ocultas, lo evades, lo aturdes
tratas de romperlo a fuerza de palabras
de besos, de caricias robadas a destiempo
para camuflarlo, para distraerlo,
pero el miedo está ahí, eres parte de él y él de ti
y es inevitable, ineludible, in...

No, no quiero promesas
quiero que nos unamos en un miedo compartido
en una soledad compartida
en un silencio que nos rescate de las palabras
de los argumentos que empequeñecen al Amor
con falsos maquillajes, con frases brillantes
con poemas ya escritos, caducados.

No, no quiero promesas
quiero inventar otro idioma
llamarnos de otro modo
fluir con nuestra sangre
sin engaños, sin calendarios, sin relojes.

Fluir como dos ríos paralelos
para llegar al mar y confundirnos
volvernos caracolas, sirenas, salmones
y allá en otros abismos, otras profundidades
en el fondo del fondo bautizarnos de nuevo
inventarnos un código de caricias, miradas, sensaciones.

No, no quiero promesas
quiero ir al fondo con ansias de llegar al infierno
bajar, escalar hacia abajo...
encontrarnos perdidos en el mismo lamento
llorar nuestras heridas, palpitar a otro ritmo
encontrar nuestras bocas con alientos distintos.

Gritar nuestros silencios, llorar nuestros dolores
limpiarnos de lo dicho,
atarnos a las redes invisibles de la sal y la arena
convertirnos en ostras y parir nuestras perlas.

Disecar el idioma
desatarnos las bridas del pasado confuso
rescatar los recuerdos de la niñez perdida
volvernos invisibles para nuestros fantasmas
sacudirnos valientes la armadura de hierro
la carne que nos ata.

Quiero redimir la inocencia
capturar esa esencia que enloquece atrapada
por lo que ahora somos y no somos
por lo que aún quizá podemos ser.
Develar los secretos que nos causan vergüenza
reconstruir los sueños con ternura y paciencia
pintar de otro color la madrugada
inventar una hoguera que acalle nuestros fríos
divagar sin cadenas, sin razón, sin suplicios.

Te quiero en mis infiernos
con todos tus demonios desatados.
Te quiero en la locura de todo lo imposible
te quiero sueños, alba, invierno.

Te quiero en el pantano
librando la batalla contra lo indefinido
te quiero en el vacío
en la oscuridad, en el sin sentido.

No... no quiero promesas
quiero que desde el fondo del infierno
surjamos con las alas cosidas de ternura
con las manos abiertas
con el lazo invisible del dolor compartido
con la conciencia firme
de que somos dolor más que lamento
de que somos Amor más que simples amantes.

Porque yo no concibo el paraíso, el oasis, el vuelo
si antes no hubo infierno, desierto y desenfreno.
Porque te quiero todo
no quiero el espejismo de vuelo sin alturas
ni el lamento dormido
quiero ser tu lamento y hacerte mi silencio
desbordarme en mi honda soledad
arrastrarte hasta mí para emprender el vuelo.

¿Quién se atreve a llevar esto a la vida punto por punto? Es esto, y nada menos que esto, lo que hace posible una relación real. Es a esto a lo que lleva un diálogo profundo y sano. A que cada uno diga sus quieros. A enfrentar sus fantasmas, sus miedos, sus dudas. A rescatar la niñez perdida, a ser capaces de ser el lamento del otro, de curar sus heridas, sin que estas le causen horror o miedo.

Un diálogo que implique develar los secretos sin sentirse avergonzados, humillados o juzgados. Hablar de igual a igual. Caminar uno al lado del otro, como dos ríos paralelos. Nunca uno atrás o encima del otro. Navegar confiadamente uno en el alma del otro. Sentirse en libertad para mostrar su lado oscuro con la misma serenidad con que muestran su lado luminoso. Que ninguno de los dos tema incursionar en el infierno del otro y en el propio, porque este es el camino de la pareja que crece, consigue plenitud y encuentra el modo para entablar una relación sólida, por encima del Ego y la neurosis. Es el camino del Alma.

El diálogo profundo y absolutamente sincero, es la manera para descubrirnos tal como somos, porque como ya dejamos asentado, es cuando entramos en relación cuando verdaderamente nos conocemos. El diálogo es la condición para no vivir con una persona desconocida, es el antídoto para el miedo y la soledad: el paraíso en la Tierra. El paraíso perdido que todos buscamos desesperadamente.

Muchas parejas realmente bien intencionadas, quieren arreglar su relación. Se proponen hablar y cuando lo intentan y llega el momento de hincarle el diente a los sentimientos, no saben romper con sus miedos, con lo que les causa pánico. Cuando sienten que decir algo puede romper el hilo que los une a su pareja, puede provocar el abandono, se detienen y huyen. Lo intentan una y otra vez, sin conseguir nada. Empiezan dialogando y terminan acusándose mutuamente, juzgándose uno al otro, reclamando que el otro no les cumple la expectativa, y es el cuento de nunca acabar, cuando habría que empezar por exponer las expectativas que ambos tienen y ver cuáles quieren y pueden cumplir y cuáles no. Escucharse mutuamente, con calma, sin insultos, sin demandas. ¿Por qué no pueden escucharse mutuamente?

Lo que está sucediendo es que sus egos están haciendo mucho ruido, y no están siendo capaces de escuchar la voz de su Alma. El requisito es que ambos simultáneamente decidan escucharla, con uno solo, no basta. Mientras alguno de los dos, o los dos pretendan que el otro les dé la solución, les muestre el camino al paraíso y no se den cuenta de que lo primero que requieren es reconocer su realidad actual, verla y aceptarla: los dos se sentirán solos, perdidos y asustados.

DESOLADA

Desolada
en un espacio que pudo haber sido azul
y es pardo
matices de gris insufrible
burbuja de hierro
fantasma de cristal.

Ensayo a volar
aunque tenga debajo el cementerio
no puedo guiarte
... No conozco el camino al paraíso.

Ninguno de los dos conoce el camino al paraíso, por eso están ahí, por eso intentan dialogar, por eso tienen miedo. Ambos añoran su amor, añoran sentirse enamorados, amados, cuidados, protegidos. Los dos tienen que aceptar que sus neurosis, su pánico a ser rechazados, los llevaron a hacer y decir cosas que no querían. A dejar de hacer y decir cosas que sí querían hacer y decir. Los dos se sienten tristes... el primer paso para dialogar es reconocer todo esto, y partir de que no importa que no conozcan el camino al paraíso... juntos lo van a encontrar. Si los dos dejan sus miedos y su orgullo a un lado.

PROMESAS, VANAS PROMESAS

La Soledad se mide:
es justo la distancia
entre mi piel que llama
y tus manos que callan.

Llega un momento en que las promesas ya no son suficientes. Mucho se han prometido que no han sido capaces de cumplir. Los dos han perdido la confianza. Ahora, las promesas ya no tienen valor ni peso. Es necesario dejar de prometer y llevar a **los hechos**, a la realidad, las propuestas que cada uno haga a la hora del diálogo. Es muy fácil hacer acusaciones, quejarse, pero no lo es tanto ser propositivos, proponer caminos de solución y negociar.

Veamos cómo, al intentar el diálogo, o no podemos hablar porque cada vez terminamos peleándonos de nuevo o sí lo logramos y llegamos a ciertos acuerdos, pero resulta que no somos capaces de cumplirlos, porque nos gana nuestra neurosis, nuestro miedo, y terminamos cayendo en lo mismo: *"es que tú me haces, es que tú me dices, es que tú no me entiendes..."* y el otro lo dice también. Y ella se pregunta: pero ¿este hombre me quiere, me ama en verdad? ¿Qué es realmente el amor de pareja? Y él se pregunta lo mismo.

Ya hemos visto a detalle que el Amor no es algo concreto y tangible que podemos definir con palabras, pero lo que también quedó claro, es que **al Amor, se le conoce por sus frutos**. Si ponemos la atención ahí, en los frutos del Amor, es posible contestarnos a la pregunta que por una parte nos urge contestar y por otra tememos que sea respondida. ¿Es Amor lo que tenemos nosotros dos?

El siguiente esquema pretende ser una guía para poder llegar a una conclusión al respecto. Es una lista que hay que ver con detenimiento y honestidad, cuando las promesas ya no son suficientes, y queremos cotejar en los hechos, si amamos y somos amadas o no.

ES AMOR...

- Si me da paz.
- Si me enriquece.
- Si fluyo tal como soy.
- Si soy mejor persona de lo que era antes de conocer a mi pareja.
- Si mi pareja me saca el lado luminoso y yo a ella.
- Si no tenemos miedo de decirnos qué sentimos y qué nos pasa.
- Si no me siento controlada/o, ni quiero controlar.
- Si me siento en un estado de alegría, de contentura.
- Si siento que a su lado todo es más fácil y posible.
- Si no me siento amenazada/o por su rechazo o abandono.
- Si puedo hablar con mi pareja como con mi mejor amiga/o.
- Si me siento libre de SER, HACER, TENER Y ESTAR

¿ESTOY SIENDO CAPAZ DE AMAR?

¿SOY AMADA/O?

¿QUÉ ES EL AMOR?

- Si me relaciono de tú a tú, es decir, de igual a igual.
- Si siento que es con esta persona con quien quiero vivir mi vida, porque lo que tenemos es único.
- Si siento que es lo mejor para mí y yo, para ella o él.
- Si quiero pasar todo el tiempo posible con esa persona.
- Si no me siento juzgada/o y descalificada/o, sino aceptada/o.
- Si me ayuda a conocerme.
- Si me ayuda a crecer.
- Si me apoya para que realice mis quieros.
- Si respeta todas mis áreas: Familia, amigos, trabajo pasatiempos

Capítulo 9

Maltrato y control

Las prohibiciones, intimidaciones, amenazas, actitudes devaluatorias e indiferencia, son maltrato psicoemocional.

NO ME AMES

No anestesies mi Alma
no doblegues mi instinto
no diluyas mi fuerza
no violentes mi espíritu
no lo hagas "en nombre del Amor"
... Si es amarme a tu modo
si es tu único camino
no me "ames".

Doblegar, violentar, diluir la fuerza del otro, anestesiar sus sentimientos, es maltrato, es violencia psicológica. Y eso no tiene nada absolutamente que ver con el Amor. Resulta muy difícil aceptar que somos maltratados en una relación de pareja. Solemos relacionar maltrato con golpes pero la realidad es que el maltrato y el control incluyen mucho más que los golpes físicos. El maltrato afecta todas las áreas del ser humano. Existe *maltrato verbal, psicológico, emocional, físico, sexual y económico.*

Cuando escuchamos hablar de violencia familiar o violencia hacia la mujer inmediatamente pensamos en golpes, sangre, hospital. Ciertamente esa clase de maltrato que hace obvia la violencia, es muy grave, pero no es menos grave el maltrato psicológico y emocional.

"AMOR" ADICTIVO O MALTRATO

O es Amor o es maltrato, pero no van de la mano
si existe uno, no hay el otro, son excluyentes, contrarios.
La realidad es muy clara: **si hay maltrato, hay adicción**
no hay Amor porque el maltrato anestesia el corazón.

No confundamos Amor con miedo y codependencia
el miedo a la soledad, a enfrentar la propia vida
sin alguien más que nos salve, que nos guíe, o nos dirija
que tome las decisiones que nuestra vida precisa.

También hay automaltrato cuando se ama con obsesión
porque Amor que no es recíproco no se puede llamar jamás Amor.
Si amas sin ser amada sólo te maltratarás y aun te destruirás
sea que el otro esté enterado o sea platónico nada más.

Si tu "Amor" no te responde y tú vives aferrada eres adicta sin duda
estás enferma y esclava, ya sea que en realidad vivas con el otro o no
y es igual o quizás peor, si estás enganchada a él en tu mente nada más.
Sea platónico o real, si te dejas maltratar la factura pagarás.

Ser cobardes y evasivos exige pagar un precio:
estar en manos del otro y conseguir su desprecio.
La independencia comienza ganándonos nuestra vida
y si nos la paga otro, va a cobrarnos día a día.

Quien se deja maltratar tiene una baja autoestima
heridas que no han sanado, pánico a ser rechazado
"no mereces ser amado" fue el mensaje que grabaron
en la mente de ese ser, que es ahora maltratado.

No hay que juzgar con dureza a quien sufre de maltrato
y no puede abandonar a quien le hace tanto daño.
Deberá vencer el miedo y sanar hondas heridas
y hacer profunda conciencia de lo que vale su vida.

La víctima de maltrato cree que no vale nada
y tal mensaje reafirma cada vez que es maltratada.
Siente que todo hace mal y por tanto es un milagro
que aún la quiera a su lado, ese que es su victimario.

Es un engaño brutal decir que somos amadas
cuando el otro nos maltrata y nos tiene sobajadas.
No tiene que ser con golpes, en el cuerpo o en la cara
los golpes emocionales, duelen más aunque no sangran.

La violencia psicológica, la violencia emocional
dejan hondas cicatrices que tardan más en sanar.
Violencia es ser humillada, atacada en la autoestima
la indiferencia, el silencio, la burla, el control, la ira.

Si nos convierte en fantasma aquél que dice adorarnos
ignorando lo que somos, o sentimos, o pensamos
haciéndonos caso omiso si intentamos expresarnos
no puede hablarnos de Amor, sino todo lo contrario.

Amar es comunicarse, es poder ser una misma
ser aceptada, admirada, respetada, comprendida.
Nunca descalificada, o juzgada, o ignorada
quien ama no subestima, ni castiga, ni regaña.

Todo eso es ser maltratada y vivir en sumisión
es renunciar a una misma, traicionar al corazón.
Es vivir sujeta al miedo, a sufrir el abandono
el rechazo de quien dice y jura amar "a su modo".

Si somos codependientes, vamos a justificarlo
a encontrar cien mil excusas para poder perdonarlo.
El otro no cambiará, nos va a seguir lastimando
cada vez será peor, pues no paga por sus actos.

Y es que le hacemos creer que no tiene consecuencias
que nos maltrate y golpee, por eso no hace conciencia
como no paga por ello, y seguimos sometidas
como no nos rebelamos, el maltrato se agudiza.

Y entonces el deterioro, será cada vez mayor
el maltrato irá en aumento y nuestra desolación.
Cada vez más invisibles, bajo el yugo del temor
no seremos quienes somos, perderemos el timón.

Es el triste resultado de un "Amor" mal entendido
quedarnos solas, aisladas, perdidas, desencantadas
es el precio que pagamos por estar al miedo atadas
y a la voluntad del otro que nos ha vuelto su esclava.

De nada sirvió la lucha y anularnos por completo
el otro nos abandona, nos ha perdido el respeto
por dejarnos manejar a su capricho y antojo
y despersonalizarnos por el miedo a su abandono.

Aun si el otro no se va, igual nos vivimos solas
no sabe ni quiénes somos, mil veces nos abandona
no le importa qué sentimos, ni el dolor que nos provoca.
Su rechazo cruel, continuo, nos debilita y destroza.

Esta es la gran paradoja de dejarse maltratar:
que vivimos sin Amor, en un vacío brutal.
Si abrimos nuestra conciencia veremos la confusión
creímos haber amado, pero fue miedo, no Amor.

Nos aferramos al otro cual tabla de salvación
sacrificándolo todo, para merecer su Amor.
Quisimos ser protegidas, cuidadas y valoradas
dimos por ello la vida, terminamos desechadas.

El Amor es una gracia, es un regalo, es un don
se nos da gratuitamente, no hay que pagar con dolor.
El Amor nos ilumina, le pone color al mundo
elimina la tristeza, la nostalgia, el infortunio.

Quien nos ama nos admira, nos hace sentirnos diosas
ve nuestra divinidad, nos ve perfectas, hermosas
alimenta nuestra luz, no provoca el lado oscuro
nos reafirma, nos aplaude y crea puentes, no muros.

Eso hacen los amantes de una manera constante
se entregan el uno al otro y saben sacrificarse.
Es un sacrificio sano, gozoso y sin renunciar
a ser quien en verdad son y a vivir en libertad.

La relación de pareja exige mutualidad
el Amor es de ida y vuelta, nunca es unilateral.
Si no es mutuo, no es de Amor de lo que estamos hablando
sino de codependencia y por ende, de maltrato.

Hay una interdependencia cuando se ama sanamente
cada cual está en su vida, pero ambos interdependen
hay mutuo apoyo, respeto, continua negociación
se complementan, comparten y expresan su admiración.

No cabe ninguna duda, esta es una gran verdad:
Amor no correspondido, donde no hay mutualidad
es siempre un Amor insano, neurótico y algo más
un autoengaño terrible que es menester enfrentar.

En realidad no es Amor, es sólo una relación
o una NO relación si hemos de profundizar
pero Amor no puede ser, el Amor es sanidad
es alegría y belleza, paz y luminosidad.

Nunca nos hiere o lastima, nos agobia o paraliza
el Amor nunca es un peso, ni nos ata, ni esclaviza.
Tales cosas no provienen nunca, jamás del Amor
son contrarios a su esencia: libertad y perfección.

Es sencillo comprobar cuando hay Amor verdadero:
los amantes son felices, fluyen radiantes y plenos.
Y aún en tiempos difíciles, con obstáculos y penas
ellos bendicen su Amor, lo defienden y veneran.

Así queda demostrado que el maltrato y el Amor
son contrarios, antagónicos y hay que evitar confusión
quien maltrata da mensajes ambiguos, ambivalentes
por eso hay que ver los hechos y enseguida ser valientes.

Si hay maltrato, hay desamor, y es menester enfrentarlo
no basta pedir perdón, hay que reparar el daño
si quien maltrata reincide, no puedes esperar cambio
es hora de amarte a ti y buscar tu propio canto.

NOTA DE LAS AUTORAS: El poema está en femenino, no porque seamos mujeres, sino porque el maltrato en la pareja se da del hombre a la
mujer en un porcentaje mucho más alto que de la mujer al hombre, pero
lo mismo aplica en el caso de maltrato hacia ellos, que por supuesto lo
hay y es tan doloroso y destructivo como el causado hacia las mujeres.

Solemos escuchar: *"No, claro que yo no soy una mujer maltratada, qué horror. A mí, mi pareja nunca me ha puesto una mano encima, sólo es muy dominante
y exageradamente criticón". "No, de verdad que no me maltrata, es sólo que el
pobre es tan celoso y tan posesivo, pero no me pega". "Sólo me pegó una vez, pero
porque estaba borracho. Cuando no toma, no me agrede físicamente. Se limita a
criticarme, a gritonear, a aventar cosas o simplemente a darme el avión, a ignorar-
me, pero eso no es violencia, no es para tanto."*

Quién no ha hecho o ha escuchado comentarios como esos. O como
estos que tienen que ver con el maltrato y con la violencia:

* Sí me ama, soy yo la que estoy fallando, no le doy gusto como
  debiera. Si le molesta que me exprese de tal o cual forma, tengo
  que dejar de hacerlo.
* Yo tengo la culpa de que se ponga tenso, irónico, porque soy muy
  nerviosa y muy aprehensiva.
* No sé por qué critica todo lo que hago. Me gustaría que comprendiera que me duele que me diga cosas, tales como que no
  le gusto como antes, que debería adelgazar y arreglarme de otra
  manera o que aprenda de tal o cual amiga.
* No puedo ir, a él no le gusta que vea a mis amigas, cree que son
  una mala influencia porque son divorciadas o separadas. Yo no
  estoy de acuerdo, y me hacen falta mis amigas, pero mi pareja es
  primero.

* No puedo pedirle permiso de acompañarte, imposible, ya ves que si no estoy en la casa para cuando llega, se arma la de Troya y me empieza a buscar en casa de todo el mundo.
* Si no estoy a tiempo se desquita con los niños, el pobre tiene muy mal carácter, hay que tenerle mucha paciencia.
* Claro que me molesta que vea a otras, que coquetee, pero qué le voy a hacer, es hombre ¿no?
* Todos se rieron de mí con lo que dijo mi propio marido, pero si intento abrir la boca, me dice *"calladita te ves más bonita"* es un...
* Van tres veces que mi novio me deja plantada, pero mejor ni le reclamo, es capaz de cortarme, ya me lo advirtió.
* Me prohíbe trabajar y yo que me muero por ejercer mi carrera, pero no puedo contrariarlo, como él dice, no me falta nada.
* ¡Uy no! Ni pensarlo, tengo que consultarle cada paso que doy, ¿cómo crees que voy a pintar la pared del comedor del color que yo quiero? Él ya dijo que blanco y ni modo. Él es el que manda y punto.
* No, no puedo, tengo que aguantarme e ir con sus amigotes a cenar, con lo mal que me caen, siempre burlándose de mí, como si no me diera cuenta.
* No me deja que me maquille como yo quiero, según él que porque le gusto natural, y que no se me ocurra pintarme el pelo, me mata.
* Me corrige delante de todo el mundo, me choca, pero qué le hago, lo tengo que aceptar tal como es.
* ¿Avisarme? ¡No, qué va, ni en sueños!
* Yo tengo que hacer las cosas cuando él quiere y como él quiere, si no, me va como en feria.
* ¡Ay amigas!... Ustedes dicen que soy guapísima, pero para él sencillamente soy invisible, por más que lo intento ni siquiera me toca.

Veamos las clases de maltrato en las siguientes ilustraciones:

MALTRATO PSICOEMOCIONAL

PROHIBICIONES:

- *Trabajar*
- *Tomar decisiones*
- *Mantener el empleo*
- *Visitar amistades*
- *Salir de casa*
- *Hablar con familiares y amigas/os*
- *Visitar a la familia*
- *Arreglarse y vestirse a su gusto*

ACTITUDES DEVALUATORIAS:

- *Hablar mal de la pareja delante de las amistades causando: descrédito y deshonra...*
- *Burlarse de la pareja por su forma de ser, de su cuerpo, de vestirse, etcétera.*
- *Insultarla con calificativos que generen baja autoestima, culpabilidad, humillación...*

AMENAZAS:

- *Causar daño a otro miembro de la familia*
- *Abandono*
- *Quitar a los hijos*
- *De suicidio*
- *Con denunciar a las Autoridades*
- *No dar dinero para la manutención*
- *De golpes o muerte...*

INTIMIDACIONES, PROVOCAR MIEDO A TRAVÉS DE:

- *Miradas*
- *Acciones o gestos*
- *Destrozar objetos*
- *Romper las cosas personales*
- *Maltratar a los animales*
- *Mostrar armas*
- *Apoderarse o destruir intencionalmente algún objeto...*

MALTRATO SEXUAL

- Inducir a realizar prácticas sexuales no deseadas.
- Infligir dolor en la relación sexual.
- Burlarse de su manera de expresarse sexualmente.
- Presionar para que la pareja acepte las relaciones sexuales.
- Imposición del coito.
- Celotipia (celos extremos o constantes)

MALTRATO FÍSICO

- Intento de estrangulamiento
- Causar hemorragias por golpes
- Jalar o cortar el cabello
- Golpes en cualquier parte del cuerpo
- Pellizcos
- Patadas
- Arañar cualquier parte del cuerpo
- Poner tatuajes a la fuerza
- Morder en cualquier parte del cuerpo
- Cortar las uñas a raíz
- Tortura en cualquier forma
- Aventarle objetos...

Sí, prohibiciones, intimidaciones, amenazas, actitudes devaluatorias, indiferencia, son maltrato psicoemocional. Cuando la pareja hace cualquiera de estas cosas, está mandando señales claras de que la relación no es sana en absoluto, y no escuchar estas primeras señales puede traer consecuencias graves, que muchas veces desembocan en otros tipos de violencia, tales como la física o la sexual, con las implicaciones que éstas tienen.

Difícilmente al comenzar una relación, la mujer o el hombre maltratador, se muestran como tales. El maltrato viene después. Al principio, lo más que muestran son señales muy veladas de lo que puede venir, como una escena de celos seguida por una disculpa y una promesa de que no volverá a ocurrir.

El maltrato es ejercido tanto por hombres como por mujeres e independientemente de sus preferencias sexuales. Vamos aquí a centrarnos en el maltrato a la mujer, no porque el hombre no padezca maltrato sino porque hay estadísticas que nos indican que en el 97% de los casos, es el hombre quien infringe maltrato a la mujer. Por eso se considera violencia de género. Una mujer que se deja maltratar de una o varias de las maneras antes descritas, tiene algunas de las siguientes características:

ALGUNAS CARACTERÍSTICAS DE LA MUJER MALTRATADA
* Baja autoestima
* Dependencia/codependencia
* Convencimiento de lograr el cambio en el hombre
* Manipulación de la situación
* Establecimiento de compromiso de manera rápida
* Relaciones sistemáticas con hombres que maltratan
* Depresión
* Pérdida de identidad
* Abuso de drogas y/o alcohol

ALGUNAS CARACTERÍSTICAS DEL HOMBRE QUE MALTRATA
* Doble personalidad
* Carencia de amistades
* Celos injustificados
* Inhabilidad para asumir su propia responsabilidad
* Empleo del sexo como instrumento de agresión
* Baja autoestima

* Depresión
* Dependencia
* Sentimientos ambivalentes hacia la madre
* Indiferencia
* Crueldad hacia animales o niños y niñas
* Agresión física a extraños
* Carácter posesivo
* Actitud intimidante
* Constante resentimiento
* Maltrato a sus anteriores parejas
* Agresión durante la interacción sexual
* Bromas en público a costa de la compañera
* Maltrato a la actual mujer

ALGUNAS SEÑALES DE RIESGO DE SER ASESINADA
* Historial criminal de su pareja
* Obsesión con su pareja
* Depresión
* Incremento en la severidad de las golpizas
* Uso de drogas o alcohol
* Alto grado de maltrato en base al tiempo que lleva la relación

Sí, desafortunadamente es así, el maltrato va desde los insultos verbales, hasta el asesinato. Una vez enumeradas algunas de las características, veamos cómo funciona el maltrato en la pareja. Una persona que terminará maltratando a su pareja siempre da señales desde el principio, por leves que sean, y éstas se van agudizando en el curso de la relación. Muchas veces se detona el maltrato en cuanto se establece un compromiso formal con la pareja, ya sea al contraer matrimonio o al compartir el espacio aún sin estar casados. En esos momentos, en que la pareja con quien nos comprometimos no resulta ser la persona que nos hizo creer que era y nos maltrata abiertamente, sufrimos un impacto, porque no podemos reconocer en ella a la persona de la que nos enamoramos.

ANTES DE ESTE DOLOR

Qué mágico el encuentro, tu mirada, el invierno.
Penetraste en mi mundo ahondando en mi misterio.
No quise preguntarme si aquello era el Amor.
Quise saberme viva, saberte y entregarme.

No medir, ni pesar, ni escuchar el tic—tac
...pero había una balanza, existía un reloj.
Qué mágico el encuentro, tu mirada, el invierno
y la dulce inconsciencia antes de este dolor.

La inconsciencia, la neurosis, la codependencia, la baja autoestima, el miedo a ser invisibilizadas, al rechazo, al abandono, a la soledad, a no poder realizar nuestro sueño de Amor, no permitieron que miráramos las señales, los focos rojos que mostraba el otro y que harían que todo cambiara de una manera radical. Las señales que hay que escuchar y atender para detectar el maltrato y ponernos alerta son las siguientes:

* Si me domina, somete o controla.
* Si me subestima.
* Si me minimiza.
* Si me humilla de cualquier manera.
* Si me hace sentir insegura, culpable, mala persona, incapaz, inadecuada, insuficiente, desmotivada, desprotegida, vulnerable
* Si me provocan miedo sus reacciones o acciones.
* Si se muestra indiferente convirtiéndome en fantasma.
* Si me siento juzgada o bajo la lupa.
* Si me amenaza con abandonarme constantemente o con cualquier otro tipo de amenazas.
* Si no respeta mis espacios: familia, amigos, compañeros de trabajo.
* Si se burla o me critica constantemente por mis opiniones, mi manera de ser, vestir, caminar, mi físico, mis amigos, etcétera. O no me critica, pero sugiere que le molesta o que le gustaría tal o cual cosa o cambio.
* Si me acusa de tener la culpa de todo lo malo que sucede entre nosotros.
* Si él siempre tiene la razón y cuando no se la doy se pone agresi-

vo, cínico, sarcástico, irónico o burlón. O indiferente, triste, dolido, lejano.

* Si temo preguntar, cuestionar, confrontar o pedir cualquier cosa que necesito.
* Si tengo que ceder en todo para que no se moleste, me lo pida o no. No siempre es explícito, no pide directamente, pero me hace saber sin decirlo lo que espera que haga.
* Si en cuanto no le cumplo sus expectativas me regaña, se enoja, se aleja, se pone frío, indiferente, me castiga con palabras, silencios o golpes.
* Si me cela sin motivos.
* Si me hace sentir que no soy digna de ser respetada y amada, por el sólo hecho de ser como soy físicamente o por mi manera de ser y de expresarme.
* Si me obliga a hacer cosas que van contra mis principios o creencias. O a negarme a mí misma.
* Si me obliga a mentir para cubrirlo y de no hacerlo me castiga de alguna manera a mí o a mis hijos.
* Si me obliga a pedir perdón por cosas que no hice o no soy responsable.
* Si me chantajea y me manipula.
* Si no me acepta como soy, en el discurso dice que sí, pero vive dando sugerencias de qué debería hacer y qué no, cómo debo expresarme y cómo no. Qué espera de mí, qué le duele que haga, etcétera.

Estas son entre otras, algunas de las maneras de sufrir maltrato. Es aquí donde surgen dos preguntas inevitables: ¿Por qué las mujeres se dejan maltratar? ¿Por qué los hombres maltratan a las mujeres? En el fondo la respuesta a ambas preguntas tiene que ver con la desigualdad entre hombres y mujeres por cuestiones de género, el miedo a la invisibilidad, al rechazo y al abandono y la necesidad de controlar.

Puede resultar paradójico pero ambos tienen miedo al rechazo y al abandono, es decir a que el otro los haga invisibles. Sólo que la manera en que sus temores y su necesidad de controlar se manifiestan, son diferentes. Él controla para someter y ella controla la situación, sometiéndose. Es importante aclarar que esto no tiene nada que ver con la naturaleza o con el hecho de ser hombre o mujer. **La violencia es cultural, es decir, no es parte de la naturaleza del ser humano, sino una conducta aprendida, y por lo tanto, podemos desaprenderla.**

Como ya hemos establecido, las neurosis se juntan. Para que se dé una relación de maltratador—maltratada, necesariamente las heridas interiores y las neurosis deben coincidir. Ambos padecen de una baja autoestima. Mientras ella la manifiesta dejándose someter, él lo hace sometiendo y controlando. Mientras ella es víctima de su debilidad, vulnerabilidad y su miedo, él lo es de su agresión y su necesidad de control, ocultando sus propios miedos, valiéndose de los miedos de ella. Y aprovechando que tiene una fuerza física superior.

Se relacionan por miedo, no por Amor. Lo que es claro es que, una persona que necesita someter, controlar y maltratar, es una persona vulnerable y débil, que trata de esconderlo a través de controlar a su pareja. *A mayor vulnerabilidad, miedo e inseguridad, mayor necesidad de controlar.* Una persona que es realmente fuerte, segura de sí misma y que tiene control de sus miedos y conciencia de su herida, no necesita controlar a nadie, ni ponerse por encima de otra persona. En este juego neurótico del maltrato y el control, ambos son desnutridos emocionales, sólo que él es un desnutrido emocional egoísta y ella una desnutrida emocional generosa. Ambos se necesitan mutuamente, él necesita alguien a quien controlar, ella alguien que la haga sentir amada y reciba su Amor, alguien que la necesite, porque ella interpreta que si la necesitan, la aman. Ella necesita ser necesitada... y esa necesidad y el miedo de perder el objeto de su Amor, son tan hondos que ella los antepone al Amor a sí misma.

MIEDO

Y vivo en el miedo de quizá perderte
el dolor, la duda, las pequeñas muertes.
Si esto no pasa, si esto no sucede
si el te amo es tibio y el llanto medido
es poco el Amor y presto el olvido.

El miedo a perder al ser amado hace que concibamos incorrectamente lo que es el Amor verdadero, que no tiene que ver con el dolor, la duda, la incertidumbre, sino que implica todo lo contrario: seguridad, confianza, placer y fluidez. Quien bien ama no hace llorar a quien ama. El miedo, como hemos dicho, es el único enemigo del Amor, y también es, sin duda, el sentimiento que hace posible que existan maltratadores y maltratadas, controladores y controladas. Entonces, pues, el antídoto al maltrato pareciera ser tan sencillo como enfrentar al otro, perderle el miedo, dejar a un lado el miedo a ser rechazado, pero nada resulta más difícil y complejo que conseguirlo.

"Ella tiene la culpa de que él la golpee, de que la controle y la maltrate, tan sencillo como que se le enfrente, que lo abandone". Si queremos encontrar una manera superficial de abordar el asunto, es precisamente ésta. Esta opinión viene de personas que no imaginan lo que es ser víctimas de violencia, que no tienen la más mínima idea, de lo que es tenerle miedo a un agresor por un lado y por el otro, no comprenden lo que es tener la autoestima tan lastimada, tanto, que hace que las mujeres maltratadas se sientan totalmente incapaces de enfrentar solas sus vidas. Un comentario así, sólo puede venir de una persona que no tiene la sensibilidad de mirar la herida de una mujer que tiene que vérselas con el pánico a la invisibilidad, al abandono, al rechazo, a la incertidumbre y al sentimiento de fracaso.

Vencer el miedo al agresor y al controlador, requiere de mucho trabajo interior, de mucho apoyo exterior, de elevar el nivel de conciencia, de prácticamente reconstruir la propia vida, de un enorme valor para enfrentar a aquella persona que sabe dónde y cómo golpear, cómo hacernos callar y anularnos. En una palabra, cómo controlarnos. Enfrentar todo esto, exige elevar la autoestima, resolviendo las heridas del pasado, conocernos y reconocernos y empezar a amarnos. Requiere de aprender a manejar el miedo a la soledad, a la crítica, al fracaso y definitivamente, nada de esto, resulta fácil. Por el contrario, precisa de un largo y doloroso proceso. Porque para ese momento, él y el maltrato han conseguido que ella se pierda de sí misma, de su centro.

FRAGMENTOS

Busqué reflejarme en un espejo
quise mirar mi rostro, conocerme.
Corrí a un lago, a un río, a un vitral
sólo vi sombras, sombras, diluimiento.

Limpié el espejo
removí las aguas
rompí el cristal.

Miles de rostros:
ojos, cejas, bocas
... Fragmentos... Fragmentos
Yo era todo eso... Y nadie.

Es imposible simplificar las innumerables y complejas historias de control y maltrato. Sin embargo, trataremos de puntualizar los comunes denominadores de la mayoría de las historias, salvando excepciones.

Una pareja se casa enamorada, él es encantador aparentemente, o quizá es un poco serio y ella piensa que no es más que timidez, o quizá hay algunos detalles que parecen pequeños y que no tienen importancia, que no le gustan, como que es muy dominante; pero está segura de que esas "pequeñas actitudes inconvenientes" van a cambiar cuando se unan definitivamente o con el tiempo. En verdad cree que ella, con su Amor, va a hacer que él cambie. **Él, le hace creer a ella que van a ser muy felices, le jura amor eterno y se unen, ya sea por el matrimonio o en una relación de hecho. Luego, apenas firmado el compromiso o con el tiempo —aquí hay tantas variables como personas— él empieza a cambiar, paulatina o repentinamente, de una manera radical. Ella, no puede entender en el primer momento lo que sucede. Le tomará mucho tiempo comprender que se unió al hombre equivocado.** Así mismo, le costará mucho trabajo aceptar que ese hombre no sólo no la ama, sino que nunca la amó.

Al principio, querrá creer que es algo pasajero y hará hasta lo imposible para que las cosas vuelvan a ser tan ideales y perfectas como lo eran en un principio, antes de que él "cambiara", sin poder darse cuenta o aceptar que él, en realidad, siempre ha sido ese hombre agresivo, dominante y controlador, y que el otro, el que ella conoció en el noviazgo, fue sólo un personaje que él fabricó consciente o inconscientemente a la medida de los sueños de ella, ese otro que añora, no existe, fue un espejismo.

AMANTE INCONMOVIBLE

Se me rompe la vida en el recuerdo
como cristal en que se estrella el ave
creyendo que es espacio lo que es muro
y mis alas se rompen y mi sueños.

Y tú, amante, inconmovible, intacto,
duro en tu transparencia, inalterable
...reflejando un espacio que no existe.

Lo que es muro, no es espacio. Hemos visto que una de las características de los hombres maltratadores es la doble personalidad. Esto no se
refiere a una patología del tipo de la esquizofrenia ni nada parecido, sino
a que estos hombres suelen ser de una manera antes de comprometerse
y sentir segura a su pareja y de otra manera cuando ya se consumó la
relación, así mismo suelen ser —salvo excepciones— unos en privado y
otros muy diferentes, en público.

Cuando empieza el maltrato, la mujer quiere creer que es una etapa
que terminará en cuanto ella cambie, como si fuera *ella* la que tiene
el problema. Él la hace sentir culpable por no ser lo que él esperaba.
Ella empieza a sufrir la ambivalencia de él, su ambigüedad, sus cambios
injustificados de humor, a no saber qué es lo que él realmente quiere,
porque pareciera que todo lo que ella hace, lo hace mal, y que aquella
que era cuando eran novios, no es en absoluto la mujer a la que él puede
amar. Aquello que ella hacía y él aceptaba, ahora se lo critica o se lo prohíbe. Él le crea tal confusión, que ella llega a creer que se está volviendo
loca, duda de su cordura, de sí misma, de todo.

Mientras que ella se ha entregado completamente, él se muestra re-
servado, frío, indiferente, inalcanzable y la acusa de toda clase de cosas.
Para él, todo lo malo que sucede es culpa de ella, es porque ella es una
tonta que no lo comprende, es una inepta, es una hipócrita, una mujer
que lo engañó, que no lo ama, que hace dramas de todo, que lloriquea
para chantajearlo... nada marcha bien porque ella no le cumple las expectativas. El retrato que él hace de ella, es un retrato en el que ella
no puede reconocerse. Ella se empeña en comprender lo que pasa, y
pareciera que entre más lo intenta, menos lo logra. Nada es suficiente
para que él no la agreda, la juzgue, la critique. Ella en su desesperación
comienza a negarse a sí misma, a someterse, a renunciar a sus derechos,
a sus necesidades, pero nada de esto es suficiente, él la sigue maltratando, verbalmente, con sus silencios o con gritos y golpes. Intimidándola y
controlándola cada vez más. Ella no puede creerlo, no sabe qué creer, lo
ama, quiere seguir creyendo en él y que la ama.

ME EQUIVOQUÉ

Quise darle más crédito a tus ojos
a tus manos nerviosas y cautivas
al grito de tu piel y de tu aliento
que a tus palabras frías.

Y para persuadirte no acudí
ni a gritos, ni a chantajes
ni a la indolencia
ni a la seducción.

Quise darle más crédito a tus manos
y te ofrecí las mías
.... Ya ves, me equivoqué
y hoy duelen, duelen, duelen de tan vacías.

Ella se da cuenta de que algo está realmente mal, pero no acierta a comprender lo que sucede. Él la agrede de manera verbal, psicológica, física o sexual, y no sabe cómo reaccionar. Cuando trata de hablar con él, o no se lo permite, evadiéndola, intimidándola o burlándose de sus "dramas" o, por el contrario, la deja acercarse y le pide perdón una y otra vez, prometiéndole que jamás volverá a maltratarla. Ella quiere creerle, se empeña en creer que todo se solucionará si ella pone todo de su parte. Pero él, aun en el caso de pedirle perdón, vuelve a agredirla de nuevo a la menor provocación o sin ella. Sólo se debería pedir perdón cuando se está dispuesto a reparar el daño, de otro modo el perdón se queda en palabras. Cuando así pasa y se sigue permitiendo el abuso, se le está enviando el siguiente mensaje al agresor: *Tus actos no tienen consecuencias*. Por lo que él seguirá actuando de la misma manera, volverá a maltratarla luego de una breve etapa de reconciliación.

Es entonces cuando están metidos en el *círculo de la violencia*. Es decir, hay una etapa de *tensión*, luego viene la *agresión* en alguna de sus formas, enseguida viene el arrepentimiento: *pedir perdón*, ella accede, entran en la etapa de reconciliación, hay una breve *luna de miel*, —cada vez más breve— que tiene un trasfondo de **tensión**, que se hace cada vez más fuerte, y paso siguiente, tarde o temprano, de nuevo la **agresión** y de ahí una vez más al **perdón** (tácito o explícito) y así sucesivamente de modo que las etapas de "luna de miel" duran cada vez menos. Éstas, en estos casos, vienen a ser una especie de gota de miel ensangrentada, porque enseguida viene el golpe o el insulto, el control y la agresión.

Una vez metidos en el círculo de la violencia, es muy difícil romperlo y salir de él. Cuando se logra por fin, es generalmente tras un largo proceso que implica un hondo dolor, una enorme desesperación y angustia, y para conseguirlo, hay que actuar, de preferencia, con apoyo exterior e inmediatamente después de la agresión, antes de que llegue de nuevo el "perdón y la reconciliación". Veamos en un esquema el círculo de la violencia y cómo tiene que ver esto con el control.

EL CÍRCULO DE LA VIOLENCIA

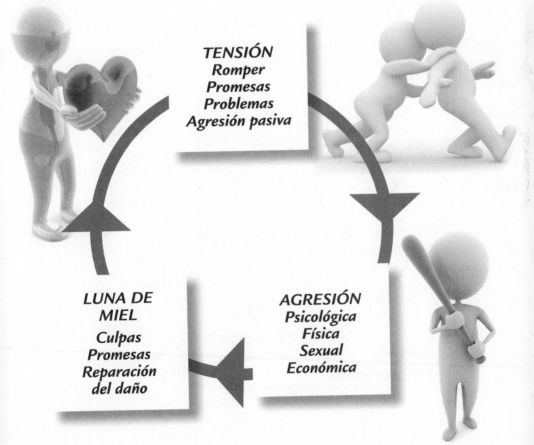

TENSIÓN
Romper
Promesas
Problemas
Agresión pasiva

LUNA DE MIEL
Culpas
Promesas
Reparación
del daño

AGRESIÓN
Psicológica
Física
Sexual
Económica

ESPIRAL DEL CONTROL

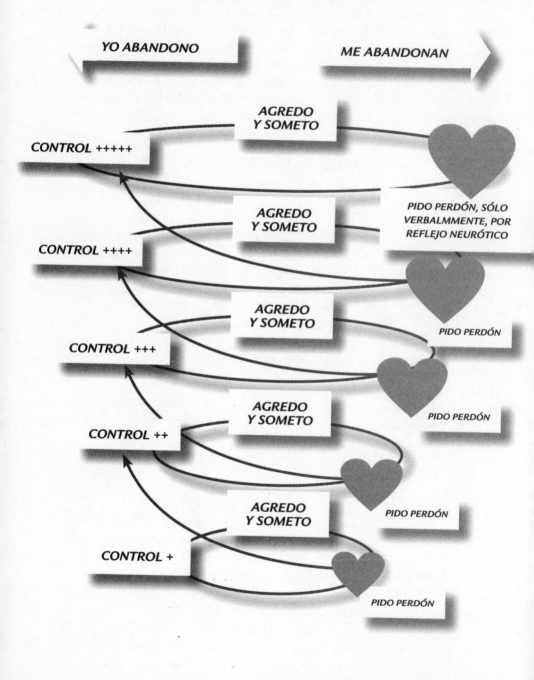

YO ABANDONO

ME ABANDONAN

AGREDO Y SOMETO

CONTROL +++++

PIDO PERDÓN, SÓLO VERBALMMENTE, POR REFLEJO NEURÓTICO

AGREDO Y SOMETO

CONTROL ++++

AGREDO Y SOMETO

PIDO PERDÓN

CONTROL +++

AGREDO Y SOMETO

PIDO PERDÓN

CONTROL ++

AGREDO Y SOMETO

PIDO PERDÓN

CONTROL +

PIDO PERDÓN

¿Por qué es tan difícil salirse del círculo de la violencia? ¿Qué sigue uniendo a estas dos personas entre las que evidentemente el Amor brilla por su ausencia? Ambos dependen uno del otro, hay una co-dependencia en la que él necesita que ella esté ahí. El que maltrata, necesita una víctima, alguien sobre quien ejercer control y desahogar su agresión y ella necesita que él la ame, que vote por ella, que al final, luego de tanto dolor, él la mire, valore su Amor, se dé cuenta de que nadie lo amará como ella y esa esperanza, aunada con el miedo a él y al abandono, la hacen permanecer ahí. Siente y vive como una realidad que sin esa persona, sin su aprobación, no existe, no es nadie y ese pánico a la invisibilidad la mantiene paralizada.

Ella se engaña, porque en alguna parte sabe que está viviendo en una mentira, que el Amor no puede ser eso, no puede traducirse en control, en insultos, en malos tratos, en golpes. Sus sueños se le van de las manos y no quiere darse cuenta, porque de hacerlo, tendría que enfrentar a su agresor y eso es algo muy difícil, porque él es su autoridad moral, tendría que confrontarlo, enfrentar de golpe todos sus miedos: a él, a su sole-dad, su miedo a enfrentar la vida y tomarla en sus manos. Y lo paradóji-co de todo esto, es que ella, aunque se engañe y no pueda reconocerlo, está inmersa en un profundo silencio y en una inmensa soledad, aunque él esté físicamente a su lado.

LA PIEL SE ME VUELVE SILENCIO

Cuando se agotan las palabras
y el océano de mentiras y de sueños
y se quedan tantas páginas blancas
la piel se me vuelve silencio
y ni siquiera tus caricias
pueden romper esta soledad.

Soledad. Silencio. Ella no puede romper el silencio, decir: "*Ya basta*", por-que si lo hace, si habla, si grita lo que le pasa, siente que se morirá, por-que tiene asociada su vida con él, el estar viva con el estar con él, si él no está, ella muere. Esta es su creencia, porque ha puesto en él el sentido de su vida. Construyó su vida alrededor de la de él: si él no la mira, ella no existe, he ahí la herida enorme de la invisibilidad.

Él es quien rige su existencia, quien está en cada paso que da, en cada pensamiento que tiene, en cada cosa que hace. Gira alrededor de él, vive para él, lo ha convertido en su camino y sus pasos. Él lo es todo, y por difícil que sea vivir con él, le parece que todo puede ser soportable mientras él siga en su vida, a pesar de que se la haga miserable. Puede convertirla en fantasma, o ella a él, o turnarse, nada importa, ella tiene que estar a su lado, él no puede desaparecer, porque al irse, ella se diluiría en la nada. Para ese momento, él se ha encargado de aniquilar su autoestima y de subestimarla de tal modo que ella simplemente, no existe sin él. Y si se atreve a arriesgarse y probar, morirá en el intento. Esto es lo que siente y vive una mujer víctima de la violencia, del maltrato. Por eso resulta tan complejo deshacerse de su agresor. Se trata nada menos, que de vencer el miedo a la muerte.

SI LO MATARA, ME MURIERA.

Ahora tu presencia es un silencio.
Ya no escribo tu nombre ni te nombro.
Permaneces quieto en mi nostalgia.
Puedo mirarte al verme en el espejo.

Ahora tu presencia es un silencio
que me duele en las manos y en el Alma.
Un silencio, un fantasma que encadena
pero si lo matara, me muriera.

Cada mujer víctima de violencia tiene su propio límite de resistencia. Las estadísticas dicen que una mujer golpeada, logra enfrentarse y deshacerse de su agresor en un término promedio de entre ocho y once años, dependiendo del grado y del tipo de maltrato. Hay mujeres que no logran salirse del círculo de la violencia, sino en un momento extremo en que sus vidas dependen literalmente de ello. Hay otras, desafortunadamente que jamás lo logran y son maltratadas hasta que muere alguno de los dos, y están las que mueren a manos de su agresor.

Las mujeres con mayor introspección y ayuda externa, logran separarse de su agresor en menos tiempo, trabajando en su autoestima y dimensionando correctamente a su pareja, deshaciéndose del espejismo y de la codependencia. En general, es más rápido —aunque no menos doloroso— para las mujeres que tienen un hacer claro en su vida, que les permite la independencia económica.

Los hombres no permiten que las mujeres los abandonen, las necesitan para ejercer el control sobre ellas. El control es un asunto que implica una manera de vivirse en la relación y que trae como consecuencia, el maltrato. Las personas controladoras, tienen asociado el "Amor" y la aceptación con el control. Si no controlan, sienten que no valen nada y que por lo tanto no pueden ser amados. Hay una especie de controladores que lejos de ser obvios son enormemente sutiles y aparentemente inofensivos, encantadores, agradables y nada amenazantes, en una palabra "excelentes partidos", que resultan igual o más peligrosos que los controladores obvios.

Los controladores sutiles, son aquellos que aparentan ser suaves, inseguros, sensibles y delicados, los que hablan siempre en tonos bajos, nunca alzan la voz, los que con aparente dulzura y complacencia llevan a la mujer a donde ellos quieren. La manipula haciéndole creer que es ella la que lleva la batuta, la que manda, la que ordena, que ellos no tienen ningún poder, que están rendidos a sus pies y totalmente a su merced. Hombres que controlan a través de la culpa de ella, que hacen mil cosas que ellos quieren, pero hacen creer que lo hacen por el bien de ella, pensando en ella. Hombres controladores que invaden el espacio vital de la mujer, que le faltan al respeto de maneras muy sutiles, que las comprometen a que los amen porque ellas no pueden ser tan "crueles" de despreciarlos, rechazarlos o negarles algo dado que ellos son tan "buenos".

Cuidado con estos hombres aparentemente santos, que son en el fondo unos terribles tiranos, controladores y generadores de culpa. Hombres revestidos de una aparente generosidad que en el fondo no es más que un enorme ego. Personas que usan el dar y entregarse para conseguir el aplauso y coaccionar a sus parejas, que se ven sometidas por el miedo a herir a un hombre tan extraordinariamente bueno y complaciente. ¿Cómo descubrir si estás con un hombre de estas características, con un controlador sutil? Observa...

* Si te sientes culpable y mala persona cada vez que quieres decirle que no a sus peticiones, sugerencias o demandas y no te atreves, o si llegas a hacerlo te quedas sintiéndote fatal, como la más mala de las mujeres.
* Si te hace sentir que su felicidad está totalmente en tus manos y que si no lo complaces, él nunca te reclamará pero se sentirá totalmente infeliz y rechazado. Eres responsable de que le duela el Alma si haces lo que lo lastima.

* Si te ha idealizado y te venera y esto, te hace sentir obligada a responder como él espera, sin darte oportunidad de decirle que no a lo que no quieres.
* Si sus acciones te obligan a reconocerle constantemente lo bueno y maravilloso que es, aunque te sientas invadida, agobiada por él, hasta el punto de sentir que te pesa, pero no puedes rechazarlo por temor a que se sienta mal, rechazado o incómodo. O ni siquiera sientes que te pesa su control porque te tiene así de anestesiada, no te miras a ti misma ni tu necesidad, sino a él y su necesidad.
* Si te impacienta e intolera y te hace sentir mala y desgraciada por no tratarlo bien, como se merece por ser tan "bueno y dócil".
* Si te saca tu peor parte y no te reconoces a ti misma en tu manera de reaccionar ante él.
* Si te parece imprudente, inoportuno pero no puedes pensar que lo es, porque siempre viene a ofrecerte "algo que te conviene" a darte algo, a invitarte, regalarte, festejarte, ayudarte con un problema, pero a pesar de ello, te exaspera y te hace sentir mal, culpable, si no cumples su expectativa de recibirlo bien y agradecerle todo lo que hace por ti.
* Si te crea deudas emocionales.
* Si te da más de lo que tú estás dispuesta a darle.
* Si su demanda es infinita respecto a su presencia en tu vida.
* Si quiere inmiscuirse en tu vida e involucrarte en la suya más de lo que tú estás dispuesta.
* Si te hace sentir ambivalente y ambigua, dudar de tus buenos sentimientos.
* Si te enredas en mil explicaciones con tal de no hacerlo sentir mal.
* Si vive disculpándose por cualquier cantidad de cosas.
* Si te sientes obligada a hacer o decir cosas que realmente no quieres, por temor a hacerlo sentir mal.
* Si aparentemente es sumiso y humilde pero de una manera suave y vedada habla mucho de sí mismo y de su "generosidad".
* Si te sientes presionada y agobiada, invadida en tu vida y tu espacio vital.
* Si no escucha en realidad tus mensajes para detener su agobio, no escucha lo que le dices, lo que no le conviene escuchar, sino que insiste en decir lo que él quiere y hacerte sentir que así como él ve las cosas es como son, sin que lo puedas contradecir o puedas aclararle que tú no ves las cosas como él, ni quieres una relación como la que él pretende.

Si esto te sucede y te hace sentir mal, pero no aciertas a rechazarlo sin sentirte culpable, cuidado, este hombre te tiene bajo su control, te maneja a través de la culpa, y esto es muy peligroso, porque mientras te sientas culpable estarás bajo su dominio absoluto y total. Revisa por qué no puedes decirle que no y detenerlo para que no siga invadiéndote y agobiándote y encontrarás que:

* Te da miedo estar sola.
* Rechazar a tan buen partido y sentirte culpable por ser tan "selectiva".
* Quieres que él tenga una buena imagen de ti.
* No quieres ser la villana del cuento.
* Tienes miedo a rechazar y abandonar, porque has sido rechazada y abandonada, y sabes cuánto dolor causa y te hace sentir culpable rechazar a otro como te rechazaron a ti.
* No has superado que el hombre sea tu autoridad moral.

Veamos el perfil de la persona controladora y la persona sometida, en las páginas siguientes.

PERSONA CONTROLADORA

- Manipula con autoritarismo
- Guarda silencio o grita
- Agresiva
- Abuso de poder
- Mandona
- Siempre tiene la razón
- Orgullosa - soberbia
- Dominante
- Elocuente verbalmente o seca
- Evasiva (alcohol, drogas, trabajo, etcétera)
- Esconde su vulnerabilidad
- Descalifica
- Sublima o reprime
- Se siente víctima y usada pero no lo reconoce ni muestra

- Volátil
- Resuelve, pero cobra emocionalmente
- Dictadora
- Intolerante
- Egoísta
- Rígida
- Explota o es indiferente
- Tiene baja autoestima
- Critica
- Demanda absoluta
- Juzga
- "Yo mando, tú obedeces"
- "Soy tu autoridad moral"
- Chantajista
- Subestima

LA PERSONA CONTROLADORA ESTÁ ATRAPADA POR SU NECESIDAD DE CONTROL, ASOCIADO CON SU SOBREVIVENCIA Y "AMOR" (SI NO CONTROLO, NO SOY, NO VALGO Y ENTONCES NO ME AMAN)

PERSONA SOMETIDA

- Manipula con su debilidad
- Pasiva
- Obediente
- Sumisa
- Víctima
- Vulnerable
- Rebelde
- Miedosa
- Demanda ser cuidada y protegida
- Caprichosa o austera
- No se siente valorada

- No se siente amada
- Tiene baja autoestima
- Evasiva
- No siente ser la prioridad de la otra persona
- Generosa
- Fantasía de Amor romántico
- Sueña con un salvador/a
- Tiene necesidad de seguridad
- No se siente aceptada

LA VÍCTIMA ESTÁ ATRAPADA POR SU NECESIDAD DE SER SALVADA Y SU PÁNICO AL RECHAZO Y/O AL ABANDONO, ASOCIANDO "AMOR" CON PROTECCIÓN

LO QUE TIENEN EN COMÚN LAS PERSONAS CONTROLADORAS O SOMETIDAS

DONDE SUS NEUROSIS SE JUNTAN

- Codependientes
- Inmaduras
- Inseguras
- Miedo a la invisibilidad, al rechazo, a la soledad y a la incertidumbre
- Viven como muerte si la otra persona no le mira o no le ama: "si me abandona NO EXISTO"
- Miedo a enfrentar la propia vida (les queda grande la vida)
- Evasivas
- Relaciones de yo a tú (toda su vida)
- Se relacionan por miedo no por Amor
- Desnutrición emocional

POLOS EN LOS QUE CAE UNA DE LAS PARTES O SE TURNAN

- Baja Autoestima
- Duda de su percepción
- Se siente culpable
- Nada de lo que hace es suficiente
- Confusión de sentimientos o sentimientos encontrados
- Piensa que su Amor no es suficiente

Servil
Sumisa y/o
Rebelde
Sometida

- Subestima
- Descalifica
- Juzga
- Critica
- Pone a la otra persona bajo la lupa todo el tiempo
- Corrige
- Siempre tiene la razón

Intolerante
Rígida
Controladora

CONTROL Y MANIPULACIÓN

Implicaciones y consecuencias en los hombres controladores (HC)
(Lo mismo se aplica a las mujeres controladoras)

1. **Implicación:** El HC puede ser noble, generoso, sensible, cariñoso, pero nada empático porque su necesidad de controlar lo ciega a ver las necesidades de los demás.
    Consecuencia: Esto lo lleva a ser insensible a la necesidad de los otros y muchas veces egoísta. Vive frustrado porque aunque les diga a los demás que sus decisiones son las más convenientes o que las hace "en nombre del amor", no es obedecido más que parcialmente y por aquellos que temen su rechazo. No se puede establecer una relación de tú a tú con él por su sed de tener todo bajo control y estar convencido de que siempre tiene la razón en todo.
2. **Implicación:** El HC tiene sed de conocimiento. Quiere saber de todo y tener respuesta para todo.
    Consecuencia: No utiliza el conocimiento para ponerlo en la vida, sino que intelectualiza sin hacer conciencia.
3. **Implicación:** El HC tiene una enorme soberbia. Quiere saber siempre más que los demás; usa el saber para tener poder. *Conocimiento es poder.*
    Consecuencia: Falta de humildad, para reconocer la realidad.
4. **Implicación:** El HC tiene una absoluta intolerancia a ser invisible.
    Consecuencia: Dimensiona equivocadamente la importancia de sí mismo. Padece dolor y tortura psicológica cuando se le convierte en fantasma, cuando no es mirado, reconocido y obedecido. Vive en una continua ansiedad y su demanda es infinita.
5. **Implicación:** El HC tiene una necesidad de brillar, de ser reconocido, obedecido y valorado.
    Consecuencia: Frustración ante el no reconocimiento y la no sumisión del otro y compulsión por conseguirlos.
6. **Implicación:** El HC necesita una autoalimentación continua del Ego. Tiene una equivocada percepción de sí mismo. Necesita una ilimitada y continua reafirmación por parte de todos.
    Consecuencia: Frustración, porque no será obedecido por todos, ni sus expectativas serán cumplidas por todos, sino sólo por aquellos que se sometan a su control y dominio.
7. **Implicación:** El HC siente envidia y celos de quien tiene y sabe más, y de quienes tienen poder.

Consecuencia: Amargura, frustración y ansiedad, porque siempre habrá alguien que sepa más y tenga más cosas materiales y más poder que él.

8. **Implicación:** El HC tiene compulsividad por controlar, saber, poseer, hablar, tener la razón siempre, etcétera.

   Consecuencia: Provoca fastidio en los demás que terminan huyéndole o tratándolo con distancia. O por el contrario, se someten pero con resentimiento y miedo, nunca con respeto.

9. **Implicación:** El HC vive en la competitividad, metido en juegos de poder. Todo el tiempo quiere someter a la otra persona.

   Consecuencia: Provoca en las personas con las que se relaciona, cansancio e intolerancia.

10. **Implicación:** El HC a través de la manipulación saca el lado oscuro de la otra persona, quien al verse acorralada, agobiada y sintiéndose víctima de la injusticia y la incomprensión, no tiene más que tres caminos: 1. Dejarse anular y destruir. 2. Sacar su lado oscuro y 3. Huir de la relación, con el corazón destrozado y mentalmente confundida.

    Consecuencia: Provoca rabia en la persona que se ve obligada a sacar su lado oscuro. Ejerce maltrato a la pareja. Soledad, culpas y desamor. Baja autoestima de sí mismo y de la pareja.

11. **Implicación:** El HC exige una demanda sin límites de la atención de la otra persona y en algunos casos, ambición material desmedida (explotación de la pareja).

    Consecuencia: Rabia y frustración. Juzga a la otra persona como incapaz de cumplirle su expectativa. Incapacidad para dimensionar la realidad y sus demandas.

12. **Implicación:** El HC padece de pérdida absoluta de la percepción de la realidad.

    Consecuencia: Fracaso y derrota. Nunca se siente amado, se sabe temido por su pareja y ambos temen el abandono, porque lo tienen relacionado con muerte, con invisibilidad, con "no existo".

13. **Implicación:** El HC cree que tiene más control del que realmente tiene. Y muchas veces se ve sorprendido cuando la otra persona descubre su juego y no le permite que la siga controlando, una vez que lo desenmascara y reúne el valor que requiere para enfrentarlo o simplemente huir de él.

    Consecuencia: Soledad, confusión, rabia, descontrol y conflicto que pueden llevar a la desesperación, aislamiento y depresión y, en casos extremos, al suicidio.

14. **Implicación:** El HC tiene problemas en sus relaciones de pareja, familiares, profesionales y sociales.

    Consecuencia: Repetir interminablemente el círculo neurótico, sin posibilidad de aprender del dolor, boicoteando sistemáticamente la posibilidad de amar y ser amado, es decir, se condena a la imposibilidad del Amor.

15. **Implicación:** El HC tiene una incapacidad para escuchar, por lo tanto, para negociar, pactar, comunicarse y mediar con la pareja.

    Consecuencia: Dolorosa confusión, culpas, acorralamiento y tarde o temprano pérdida de las personas que terminan descubriendo la verdad y miran plenamente cómo han sido controladas.

16. **Implicación:** El HC tiene una incapacidad para capitalizar el dolor causado por su neurosis de controlar.

    Consecuencia: Impotencia, agresión y rupturas parciales, encaminadas a la ruptura final.

17. **Implicación:** La manipulación y el control neuróticos llevan al HC a sentir miedo de sí mismo, a sentirse malvado. Experimenta al mismo tiempo un gozo enfermizo al tener control y dolor al recibir rechazo. Juega con los sentimientos de los demás, abusa de su Amor y su buena fe. El HC puede llegar a ser hipócrita, mezquino, retorcido, cruel y mentiroso.

    Consecuencia: Confusión, impotencia y frustración porque no puede llevar su conocimiento a los hechos y sus buenas intenciones se quedan en eso. El HC es esclavo y víctima de su necesidad compulsiva de controlar. No asume su vulnerabilidad sino que la cubre a través de controlar a su pareja.

18. **Implicación:** El HC puede llegar a ser cínico, buscando deshacerse de sus culpas por maltratar a su pareja y le hace un retrato terrorífico de sí mismo: *"Soy malo, soy muy egoísta, tengo muy mal carácter, puedo ser cruel..."* con ello, despierta en la pareja, la necesidad de rescatar a quien está siendo "sincero"; esto es parte del juego neurótico del HC, que siempre quiere probar hasta dónde su pareja es capaz de amarlo. Y cuando agrede a la pareja y ésta reclama, el HC responde que él mismo le advirtió cómo era y que si realmente lo ama lo aceptaría tal como es. Así, termina por culpar a la pareja de falta de Amor, y demanda una aceptación imposible, ya que el precio es que la otra persona se someta y se niegue a sí misma, cosa que hace por su pánico al rechazo, aún más, intenta demostrarle desesperadamente al HC que sí es capaz de amarlo, cayendo así en un maltrato cada vez mayor.

254   *El amor de pareja desde la Psicomística*

Consecuencia: Para el HC, odiarse cada vez más a sí mismo y saberse malo, o pensar desde su distorsión y su neurosis, que él tiene la razón y nadie lo comprende, lo llevan a desarrollar una compulsión al maltrato con lo que boicotea cada vez más su relación. Cree y siente que nadie puede amar a alguien tan "malvado" o por el contrario, piensa que no hay razón para tal odio porque él es quien tiene la razón y es la otra persona quien no lo comprende. En el fondo el HC quiere ser abandonado, para colocarse en la víctima y tener a quien culpar (la pareja, los otros, la vida). Todos estos comportamientos de maltrato, crueldad, cinismo, insensibilidad, están mezclados en ocasiones con otros que dan el mensaje contrario: sensibilidad, bondad, etcétera, por eso el controlador—villano termina sintiendo que nada de lo bueno que hizo es suficiente.

19. **Implicación:** El HC es egoísta por excelencia, está centrado en sí mismo, en su necesidad y en su frenética búsqueda de control y poder, lo que lo incapacita para sensibilizarse a la necesidad de la pareja y al dolor que le provoca.

    Consecuencia: Obstruye directamente la posibilidad de ser amado, porque Amor implica generosidad. Provoca resentimiento y miedo en la pareja.

20. **Implicación:** El HC antepone su necesidad de controlar a su necesidad de amar o ser amado. Tiene pánico a la intimidad, porque ésta lo coloca en una situación vulnerable, lo cual le puede dar poder a su pareja, para destruirlo. Desarrolla un sinnúmero de actitudes para impedir que se dé una intimidad, lo que lo lleva necesariamente al engaño, la ambigüedad y ambivalencia, creando en algunos casos, situaciones que pasan por la locura y el peligro, evitando una entrega real y absoluta a la pareja.

    Consecuencia: El HC al no dejarse conocer, necesariamente establece una relación de yo a tú, con lo cual se condena él y también a su pareja, a la imposibilidad del Amor.

Es así como control y maltrato se amalgaman. Aquí podemos ver claramente que el Amor no tiene que ver con el control, porque éste implica miedo y maltrato. El control en cualquiera de sus formas, conlleva al maltrato. No respetar los derechos del otro, trae como consecuencia, sin lugar a dudas, que las relaciones que se establezcan no sean de tú a tú, sino de yo a tú.

Una relación de pareja sana no puede ser aquella en la que cada uno va por su lado y donde los juegos de poder son la voz cantante de la relación, tomando el lugar de la voz del Amor, que es transparencia y solidez. Pareja es compañía, no soledad. Hacer pareja y ser pareja es contrario al divorcio físico y emocional. Los juegos de control, condenan a la soledad interior a ambos integrantes de la pareja, hacen imposible la comunicación, la alegría y la comunión que traen como frutos una relación sana de pareja.

EL TRAYECTO DE TUS JUEGOS

Vivo con gran empeño haciendo un mapa
por seguir el trayecto de tus juegos
y me pierdo en tus venas, no me oriento
el sendero se vuelve intransitable
te me diluyes, te me escapas
entre las brumas de mis soledades.

¿QUÉ ALTERNATIVAS DE RELACIÓN DE PAREJA TENGO SI SOY UNA PERSONA CONTROLADORA?

1

ABANDONO A MI PAREJA CUANDO YA LA TENGO TOTAL-MENTE CONTROLADA PORQUE ME ABURRE Y NO ME INTERESA, DEJÓ DE SER UN RETO PARA MÍ, VOY EN BUSCA DE ALGUIEN MÁS, QUE NO SE DEJE CONTROLAR, QUE REALMENTE SEA UN RETO, Y ASÍ PODER SEGUIR CON MI NEUROSIS.

2

PERMANEZCO CON MI PAREJA CONTROLADA, PERO ME ABURRE LA RELACIÓN Y ES MUY PROBABLE QUE LE SEA INFIEL CON ALGUIEN QUE NO ESTÁ BAJO MI CONTROL, AUNQUE NO ESTÉ DISPUESTO A DEJAR A MI PAREJA.

3

ME ABANDONA MI PAREJA PORQUE ESTÁ ABSOLUTAMENTE AGOBIADA POR MI CONTROL Y LE HE ROBADO LA PAZ, AL OBLI-GARLA A RENUNCIAR A SÍ MISMA, PARA CUMPLIR MIS EXPECTATIVAS, BOICOTEANDO ASÍ EL AMOR QUE ME TIENE, POR LO QUE DECIDE TERMINAR LA RELACIÓN, POR SOBREVIVENCIA, FÍSICA Y EMOCIONAL.

¿QUÉ PASA CUANDO CONTROLO?

ME CONTROLA
MI DESEO DE
CONTROLAR

ESTABLEZCO NE-
CESARIAMENTE
UNA RELACIÓN
DE YO A TÚ

CAIGO EN EL MALTRATO PSICOLÓGICO
A MI PAREJA QUE PUEDE LLEVARME
AL MALTRATO FÍSICO

SIENTO DESPRECIO POR LA DEBILIDAD DE MI PAREJA,
NO LE PERDONO QUE SE DEJE CONTROLAR.
NO LA RESPETO, NO LA ADMIRO,
NO LA AMO, NI ME AMA. MI PAREJA AGUANTA EL CONTROL
Y EL MALTRATO, POR PÁNICO AL ABANDONO Y A LA
SOLEDAD O POR NO PODER MANTENERSE
ECONÓMICAMENTE SIN MÍ

ME CONDENO AL
DOLOR PSICOLÓGICO Y A
LA TORTURA MENTAL. VIVO
ATEMORIZADA/O DE PERDER
EL CONTROL Y CUANDO ESTO
SUCEDE, PIERDO EL CONTROL
DE MIS EMOCIONES

OBLIGO A MI PAREJA A VIVIR
EN EL MIEDO Y LA
REPRESIÓN, CON LO QUE
VOY DESTRUYENDO EL
AMOR QUE ME TIENE

EL CONTROL LLEVA A LA IMPOSIBILIDAD DEL AMOR,
A LA IMPOSIBILIDAD DE UNA RELACIÓN DE TÚ A TÚ
Y A LA SOLEDAD Y LA FRUSTRACIÓN

Controlar y maltratar es siempre un juego de perder—perder. Pierde quien controla, porque no puede ser amado, dado que es temido. Es obedecido, no respetado. Pierde quien es controlada, porque al no vencer el miedo al controlador, no puede acercarse y experimentar una relación amorosa real con todo lo que ello implica. Entre una persona sometida y una controladora, el Amor no puede darse, mucho menos florecer, porque no hay posible admiración, ni respeto.

Muchas mujeres no pueden explicarse el desamor, cómo, si todo lo que hicieron fue cumplirle la expectativa a su pareja porque ésta así lo exigía para "poder amarlas". Lo que no comprenden es que cumplir tales expectativas incluía reprimirse y negarse a sí mismas y paradójicamente eso fue lo que terminó con la relación. Él se unió a ella enamorado, la quería porque era rebelde, tenía sus propios puntos de vista y los defendía. Una vez unidos y comprometidos él empieza a cambiar porque se siente amenazado, no está cómodo con que ella sea tan independiente, se siente inseguro y su seguridad la encuentra en el control y, como no la controla del todo, la amenaza con el rechazo. Entonces ella, para no perderlo, comienza a ser sumisa. Aparentemente eso es perfecto para él, se aminoran las diferencias y los pleitos, parece que por fin van por buen camino. Claro que a costa de que ella no sea la que es, no exprese lo que siente y quiere.

No pasa mucho tiempo para que él se muestre aburrido, fastidiado, de mal humor y la desprecie. Y su queja es: *"Ya no eres esa mujer de la que me enamoré"*. Y es verdad, ahora es una mujer a imagen y semejanza de las expectativas de él, con lo cual perdió su fuerza y su encanto. Él siente desprecio por la debilidad de ella. Él, que provocó que ella se anulara, luego se queja cuando ha conseguido minimizarla. Esto parece absurdo, sin embargo, es la historia de incontables parejas. Una vez que ella se doblega ante él, ya no puede admirarla y por lo tanto, amarla. Y es ahí donde viene la pregunta milenaria: ¿quién entiende a los hombres? Ya Sor Juana Inés de la Cruz, escribió sus famosas redondillas al respecto. Aquí un fragmento:

Hombres necios que acusáis
a la mujer, sin razón,
sin ver que sois la ocasión
de lo mismo que culpáis;
si con ansia sin igual
solicitáis su desdén,
por qué queréis que obren bien
si las incitáis al mal?

Con qué exactitud expresa este asunto de que la pareja quiere someternos, doblegarnos, manejarnos y una vez que lo logra, en lugar de que nos entregue su Amor, nos castiga con su desprecio, rechazo y abandono, es decir: nos invisibiliza.

Ante esto, ¿cuál es la parte de responsabilidad de la mujer cuando tal cosa sucede? Su error es negarse a sí misma con tal de ser amada. Este es el paso en falso que dio y que torció el destino de su relación. Aquí podemos ver claramente como los miedos de ambos fueron los causantes de su infelicidad, y comprobar que, efectivamente, el miedo, es el único enemigo del Amor. Especialmente el miedo madre, el que nace con la herida madre: ser invisible para el otro. Ella no comprende que al reprimirse no le está haciendo un campo propicio al Amor y que ambos salen perjudicados, porque la actitud de aceptación de ella hacia el control de él, provoca que él no comprenda que el control se adquiere de otra manera, una que él, metido en su neurosis de inseguridad y en su soberbia, ni siquiera sospecha: *la única manera de tener control, es soltando el control.* Sólo así, soltándose de la necesidad de controlar, él tendrá el control sobre sí mismo, sobre sus emociones e inseguridades. Es soltando el control, como él no tendrá la necesidad de controlar a su pareja y podrá simplemente amarla. Pero para soltar el control, tendría que soltar primero sus miedos.

Si la condición para ser amada es dejar de ser la que soy, entonces no estamos hablando de Amor, sino de neurosis y codependencia. Al actuar de esta manera, estoy elaborando meticulosamente el desencuentro, mientras paradójicamente creo que estoy cimentando la **pareja perfecta**... lo que en realidad estoy haciendo es construyendo aquello que más temo: el rechazo, se está cocinando en el momento en que me niego a mí misma y estoy llevando mi relación a un deterioro inevitable, porque estoy permitiendo el maltrato psicológico, en principio. La posición correcta es: *esta soy yo, si no soy suficientemente buena, entonces no me amas a mí,* si lo que quieres es otra mujer, una que te obedezca ciegamente, esa mujer no soy yo.

Él, por su parte, puede ser que sea bueno, pero no es sano —ya que necesita controlar para sentirse seguro— está igualmente cocinando el rechazo de su pareja al poner esta necesidad por encima del Amor que dice tenerle, al pretender que sea alguien que no es, que actúe de una manera ajena a ella y a su naturaleza. Ella terminará rechazándolo, sea que lo abandone o no, porque vivirá resentida al sentirse obligada a renunciar a sí misma, a su libertad, a sus deseos, con tal de cumplirle

la expectativa. Es decir, se va a sentir maltratada, y aunque el maltrato puede nunca llegar a los golpes, tiene las mismas graves consecuencias: el desamor, el desencanto y el desencuentro.

Maltratar a otra persona, significa no respetar sus derechos —empezando por el derecho de ser **quien es y como es**— y esto hace que en ese mismo instante, se haga una realidad la imposibilidad del Amor, y estarán viviendo una relación de yo a tú, negándose ambas partes la oportunidad de amar y ser amados. Pareciera que una persona que padece maltrato y es controlada, no tendría más alternativa que abandonar a su pareja. Esto es efectivamente así, mientras que la pareja sea maltratadora. Sin embargo, *existe el camino de la sanidad.* Es posible rescatar una relación con un maltratador y controlador, siempre que éste asuma su problema y decida erradicarlo. Sí, esta es la única palabra posible: erradicar, arrancarlo de raíz, porque en este asunto del maltrato y la violencia, no hay manera de negociar, no hay bajo ninguna circunstancia la posibilidad de mediar. Aquí no caben los términos medios. *Se trata de defender los derechos de la persona, y éstos, no son negociables.*

Para que una pareja logre seguir unida una vez que han vivido en el círculo del maltrato, se requiere de toda la voluntad del agresor para salir de sus patrones culturales de violencia, que asuma su egoísmo, su responsabilidad; que haga un trabajo hondo de conciencia, una verdadera introspección que lo lleve a ver con claridad lo que implica ser maltratador, así como las consecuencias que esto conlleva. Se requiere trabajar seriamente sus esquemas mentales, fruto de la ideología patriarcal machista, que sustenta la justificación de la violencia, sólo así, es posible iniciar un proceso que lleve a un cambio radical para ir de la violencia a la no violencia. Esto necesariamente obliga a la persona maltratadora a resolver el fondo de sus neurosis, a enfrentar sus miedos, a elevar su autoestima, es decir, requiere de un esfuerzo enorme y de un trabajo sincero, constante y sistemático, porque erradicar la violencia de este tipo de personalidades, no es un asunto sencillo, todo lo contrario, demanda de un acto de voluntad que no admita excusas ni justificaciones. Y es necesaria la ayuda externa.

En cuanto a la mujer, es indispensable que trabaje igualmente con sus esquemas mentales, sus mitos y creencias de lo que debe ser una mujer en una relación de pareja. Tiene que trabajar con sus miedos para defender sus derechos. Mientras ella no supere su propia neurosis de inseguridad, trabaje en su autoestima, haga una introspección seria en la que a fuerza de mirarse, concluya que tiene que tomar su vida en sus manos y, efectivamente, lo haga, jamás podrá salirse de un círculo de violencia y vivirá en un infierno.

¿**Cómo** se logra resolver sanamente una relación con una pareja controladora? Si una mujer está en relación con un controlador y maltratador y quiere salvar la relación, ha de cambiar su manera de relacionarse con su pareja. Si ella hace los cambios necesarios y asume una actitud sana, entonces se abren tres únicas alternativas:

* Él responde con sanidad a los mensajes sanos de ella y deja de ser un controlador y un maltratador.
* Ella lo abandona cuando se da cuenta de que la única manera de relacionarse con su pareja es negándose a sí misma y ya no está dispuesta a permitirlo.
* Él la abandona porque no soporta no controlarla.

Pero ¿cómo ella puede moverse de lugar para dejar de ser controlada? ¿Qué puede hacer concretamente al respecto? Empezar por hacerse consciente de que se relaciona por miedo con su pareja, de que no le gusta la relación tal como está, de que se siente infeliz, agobiada, asustada, ansiosa. Si revisa su relación, va a encontrar que ella alimenta el control de él, cada vez que le permite que la controle, va a darse cuenta de que al hacerlo, le está enviando el mensaje de que él tiene derecho a controlarla, y por eso ella le obedece.

Esta es la parte de responsabilidad de ella y por la cual, es posible que funcione el juego neurótico del control, es decir, que le funcione a él controlarla. También se dará cuenta de que ha dejado a un lado sus propias necesidades, cosas importantes que quiere hacer, con tal de no contrariar a su pareja y cumplirle sus expectativas, sus demandas de atención absoluta. El cómo lograr un cambio, esté o no dispuesto el otro, radica en que ella, que es la que sufre por el control de él, deje de permitírselo. Él no tiene en la realidad el poder de controlarla, ella es quien le otorga tal poder al dejarse manejar por sus miedos. **¿Qué puede hacer ella entonces?** *Empezar a darle respuestas que él no espera y que la sacan a ella de la sumisión.* Respuestas que correspondan a sus verdaderas necesidades y deseos. Para conseguirlo, deberá hacer conciencia de estos deseos así como de su miedo a ser rechazada y abandonada por él. Sólo entonces, a través de la conciencia y la decisión de enfrentar sus propios miedos, podrá enfrentársele y hacerle ver que ya no está dispuesta a que, para que la relación funcione, ella tenga que obedecer ciegamente sus deseos y renunciar a los suyos y a sus derechos.

Esto obligará a la pareja a negociar, a pactar con ella, a darle su lugar, a escucharla. Si ella deja de responder con sumisión y se *sostiene* en sus puntos de vista, defendiendo sus derechos, su pareja tendrá que empezar a darse cuenta de que ya no tiene el control sobre ella, que ya no puede manejarla, manipularla o chantajearla, y eso lo obligará a moverse de lugar y **soltar por fuerza el control, si quiere una relación con su pareja.** En muchos casos, el que la mujer empiece a defender sus derechos y obligue a su pareja con actitudes y con hechos, a ver que el camino es soltar el control, provoca un cambio real en el otro, quien se obliga a ver lo que está sucediendo, porque ama a su pareja y no quiere perderla. Y a partir de ese cambio, ambos empiezan a tener un diálogo real y aprenden a negociar y a relacionarse finalmente de una manera sana, salvando así el Amor.

¿Y si esto no ocurre? Si por el contrario, él se enoja, se exaspera por la pérdida del control, se desquicia cada vez que ella no lo obedece y agacha la cabeza, entonces la mujer deberá asumir que él, en verdad no la ama, quiere alguien a quien controlar, no alguien a quien amar. Él estará mostrando su enorme inmadurez, su incapacidad para amar, su egoísmo y su soberbia ganará la partida. En ese momento, ella no tendrá nada más que hacer en esa relación. Sin embargo, si lo enfrenta y enfrenta sus miedos, hará patentes los miedos de él, quien ante su "rebeldía", se manifestará conflictuado, contrariado, asustado, más allá de su enojo y entonces, ella no se irá de la relación débil y destrozada, se irá de una manera muy diferente: libre, dándose cuenta de que no es ella la culpable de que la relación no funcionara, sino la incapacidad de amar de su pareja. Se irá en paz, porque le dio la oportunidad a su pareja de salvar la relación, y fue ésta quien decidió no tomar el camino sano. Se irá tranquila, porque al enfrentarlo, lo habrá dimensionado correctamente y se dará cuenta de que él no tenía el poder de anularla, de que en realidad, él es presa de sus miedos, de sus inseguridades y podrá ver en él una vulnerabilidad que jamás imaginó, porque estaba disfrazada de control.

Si ella no se atreve a enfrentar sus miedos y sigue con él, tendrá una relación de codependencia pero no de Amor, y no logrará nunca relacionarse de tú a tú con su pareja. Vivirán una relación vertical, de yo a tú, yo controlo, tú obedeces. Una relación mediocre, que no les satisface a ninguno de los dos, en la que ella estará siempre al filo de la navaja y las cosas se romperán una y otra vez a la menor provocación o sin ella. Por el contrario, si no soporta más la situación y se retira de la relación, **sin**

enfrentar sus miedos y sin trabajarlos, sólo será para encontrarse, a la vuelta de la esquina, con otro hombre aún más controlador y maltratador que el que ha dejado atrás. Estará condenándose al fracaso en todas sus relaciones, a repetir la historia, porque no ha aprendido su lección: defender sus derechos, amar en libertad, establecer relaciones horizontales, es decir, de tú a tú.

Si la relación de pareja ya se encuentra en un grado alto de maltrato e incluye violencia física, lo ideal es denunciar al agresor y al mismo tiempo, es indispensable consultar especialistas en la materia, y no enfrentar al agresor a menos que las personas estén asesoradas y acompañadas porque, si no se trata sólo de maltrato psicoemocional y está comprometida la integridad física de la persona, enfrentar al agresor implica peligro para la mujer y sería un error con graves consecuencias que pueden incluir la pérdida de la vida. En tales casos hay que pedir inmediatamente ayuda.

Hay un sentimiento que detiene a algunas mujeres a dejar a sus parejas maltratadoras: **la lástima.** Muchas mujeres maltratadas sólo sienten miedo y rabia contra su pareja maltratadora, pero otras, sienten miedo, rabia y **lástima.** El asunto es tan complejo que muchas veces las mujeres no se atreven a dejarlas porque aunque les temen, en verdad les tienen una profunda lástima, por paradójico que esto parezca o sea. **La lástima es un sentimiento muy peligroso y tremendamente fuerte**. Muchas veces la lástima une tan fuertemente a dos seres humanos como el Amor mismo, porque hay quien confunde Amor con lástima. Lo que hay que puntualizar es que atrás de la lástima, siempre hay rabia, mientras que detrás de la compasión, siempre hay Amor. Lo que sienten las mujeres maltratadas por el maltratador es lástima, no compasión. Ellas sienten rabia, coraje de que el otro **las haga sentir culpables**. En cambio, la compasión viene de con—padecer, es decir, **padecer con el otro**, de ahí que la compasión se relacione con el Amor, mientras que la lástima se relacione con la rabia.

Así es, junto con la lástima, viene otro sentimiento que las detiene y esclaviza como una gran cadena: **la culpa.** Muchas mujeres, no se atreven a abandonar a sus parejas porque se sienten culpables, malas, infames, incapaces de abandonar a quien las lastima. Esto es porque hay una enorme codependencia con el maltratador, quien aunque las desprecia y minimiza, les hace sentir a un mismo tiempo que las necesita de una manera vital, que no es nada sin ellas, despertando en ellas una **culpa** con la que les parece imposible cargar. Este es el juego neurótico en el que caen estas mujeres que por más que son maltratadas, no soportan la culpa que les provoca el que el otro "las necesite", la culpa del "fracaso" y, por inseguridad, baja autoestima y culpas, se sienten incapaces de "dañar" a su pareja, de abandonarla. Una parte de ellas necesita seguir sintiéndose necesitadas y creer equivocadamente que eso es el Amor. No se sienten capaces de enfrentar solas su propia vida.

El asunto del maltrato y de la violencia, era un tema tabú, porque solía creerse que, como dice el refrán: *"Los trapos sucios se lavan en casa"*, afortunadamente, en nuestros días, cada vez se trabaja más por hacer este problema visible a través de la denuncia, y existen hoy en día muchos centros de ayuda para las mujeres maltratadas. Existen terapias individuales, de grupo, albergues inclusive, lugares donde hay personas sensibilizadas a esta problemática, profesionales conscientes y dispuestos a apoyar tanto a quienes padecen, como a quienes ejercen violencia de una u otra manera. Una vez que se asume el maltrato, la persona tendrá que trabajar para conseguir perdonarse y perdonar.

PERDONARSE Y PERDONAR

Has estado en una cárcel y negándote a ti misma
años y años sin luz, aplazando tu alegría
todo en aras del "Amor" y del bien de la "familia".
Ahora sabes que fue un error, que primero está tu Vida.

Te llenaron la cabeza con ideales fantasmas
que durmieron tus deseos y mataron tu esperanza.
Para evitar el rechazo y no enfrentar el "fracaso"
por el miedo al qué dirán y por temor a "fallar"
hiciste enormes esfuerzos por la situación salvar.

Y libraste una batalla inútil y dolorosa
creíste que con tu Amor podrías salir victoriosa.
Sin embargo ahora sabes que cometiste un error:
Amor que no es de dos, no se puede llamar jamás Amor.

Quien prometió protegerte, amarte, velar por ti
faltó a todas sus promesas y te impidió ser feliz.
Tu pecado fue creerle y entregarle tus derechos
él golpeó tu corazón y burló tus sentimientos.

Él no tenía el poder pero tú se lo otorgaste
es hora de perdonar: perdonarte y perdonarle.

No te culpes ni te riñas por haberlo permitido
no tuviste más remedio que seguir ese camino
era difícil romper con todos los paradigmas
y retar lo establecido era locura infinita.

Eras una niña apenas sin experiencia de vida
hoy eres una mujer que salió fortalecida
al romper con las cadenas que sus alas oprimían.
... Nada te va a suceder por enfrentar tu destino
es hora de despertar y andar un nuevo camino.

Has adquirido las armas, la fuerza para luchar
nadie podrá detenerte, es hora de la verdad.
Ahora que eres congruente te espera la libertad
no dudes, que por delante, está tu felicidad.

Capítulo 10

Amor, pasión, bondad y sanidad.

Para que una relación sea plena, debe incluir las cuatro maneras de relacionarse: *física, emocional, intelectual y espiritualmente.* Hacer el Amor desde los cuatro ámbitos, es lo que hace plena a una pareja y lo que hace la diferencia entre enamoramiento y Amor.

SI EL AMOR NO EXISTIERA

Si la pasión se mide, tiene tus dimensiones
si el placer tiene un nombre, se llama como tú
cuando el Amor se toca habita en tus entrañas
y su voz cuando canta sale por tu garganta.

Es su temperatura la que tiene tu aliento
y su luz ilumina a través de tus ojos
su sabor dulce y sabio lo contienen tus labios
es su aroma el perfume que desborda tu piel.

Cuando el Amor respira lo hace por tu boca
cuando quiere expresarse lo hace por tus manos
cuando anhela expandirse lo hace por tu mirada
y si quiere entregarse se vale de tu savia.

Cuando baila una danza se acumula en tus piernas
cuando juega a esconderse se enreda en tus cabellos
si escribe algún poema usa tu tinta azul
... si el Amor no existiera, lo inventarías tú.

La atracción física entre dos personas es lo primero que suele suceder cuando una pareja se encuentra. Y si una vez que esto sucede, ocurre que esos dos seres además de hacer el Amor físicamente, también lo hacen emocional, intelectual y espiritualmente, estamos hablando de un Amor verdadero, auténtico y capaz de librar todos los obstáculos y de permanecer vivo al paso del tiempo. Sólo entonces podemos decir: hasta que la muerte nos separe.

Así pues, el Amor de pareja empieza por la piel, por la **pasión**. Aunque hay excepciones, como en toda regla y existen parejas que luego de tener una sólida relación emocional, basada en la amistad, dan el salto a la atracción sexual y en general, son relaciones que tienden a ser muy sanas. Sin embargo, insisto, son excepciones. La realidad nos indica que normalmente, todo empieza por la atracción física, que nos lleva abiertamente a la pasión. Todo inicia a partir del gusto sexual por otra persona. Por la química que se da al ponerse en contacto con el otro. De ahí nace el enamoramiento. Se trata pues, de un fenómeno de química, un asunto que tiene más que ver con lo hormonal que con lo emocional, lo intelectual o lo espiritual. Pero debe quedar claro, que al menos en el primer momento, la atracción sexual es el primer paso, el que abre la puerta para que se de algo más... o que no se dé.

¿Cuántas veces escuchamos decir tanto a hombres como a mujeres lo mismo al respecto? *"Es que no se me da, no siento nada por él o ella. No me siento atraído. Me encanta como es, además es una bellísima persona, un maravilloso ser humano, noble, inteligente, admirable, hasta atractivo, pero... pero no me mueve nada"*. Léase: no me puedo enamorar, no siento mariposas en el estómago, ni olas en la garganta. No me pongo a sudar porque lo miro pasar, no me excita verlo, no se me sale el corazón cuando lo voy a ver o cuando lo tengo enfrente. No siento que el mundo desaparece en cuanto lo miro. No me corta la respiración, qué le voy a hacer.

Muchos hombres y mujeres nos han expresado esto de la siguiente manera: *"Quiero una relación que incluya todo lo que debe haber para que haya una verdadera relación de pareja sana. Con esta persona tan maravillosa, puedo tener comunión emocional, espiritual e intelectual... pero física... no. Y la diferencia entre un amigo y un amante... es la cama. Ni hablar, yo quiero la comunión total: física, emocional, intelectual y espiritual".*

DESNUDEZ

La desnudez a tu lado es natural, libre y bella
la del cuerpo, la del Alma, no hay secretos, ni barreras
no hay telones, ni vergüenzas, ni sitio para la pena
sino desnudez y gozo amándonos sin reservas
tal cual somos asumiendo que nuestro cuerpo es perfecto
porque es a través de él que expresamos el deseo
y que cada sentimiento se nos desborda sin freno.

Esta aceptación total nos hace sentir hermosos
seguros, libres, sin trabas y permitírnoslo todo.
Cada parte de nosotros traduce lo que sentimos
las caricias que se imprimen con nuestro sello preciso.
Y se hablan nuestros cuerpos jurándose Amor eterno
porque antes desnudamos el corazón por completo.

Y es ahí donde comulgan lo sagrado y lo divino
con la piel y con las ganas y se embriagan los sentidos
al mismo tiempo que se eleva y purifica el Espíritu
eso es hacer el Amor, trascender carne y pasión
fundirnos en uno solo y ser uno con el Todo.

A veces no se le da la importancia que tiene a la pasión y esto provoca
un inmenso dolor en las dos partes que forman la pareja, porque ambas
tienen miedo de perder todo lo demás que tienen al estar juntos, aun
sin pasión. Se quieren, se sienten seguros, protegidos, aceptados, admirados, incluso amados profundamente, por lo tanto, evaden el asunto,
se vuelve un tema tabú entre ellos, porque ambos están dominados por
los miedos a revelar la realidad. El silencio va ganando terreno y llega un
momento, en que tarde o temprano, una de las dos partes siente la necesidad de cubrir esa área de su vida y aun a pesar de sí misma, la persona
termina abandonando a su pareja, al no existir pasión y encontrarla en
otro lugar, lo cual causa culpas y dolor. Por eso hay que tener el valor
de ver la realidad y enfrentarla a tiempo y darle su lugar a la pasión en la
relación de pareja.

NO SOY MEDIA MUJER

Me dijiste que nada podría separarnos
me juraste un Amor para la eternidad
en aquellos momentos me habías hecho tuya
tu mujer, no tu amiga, y yo acepté tu Amor.

Nos hicimos amantes, luego esposos, pareja
en cuerpo y Alma fuimos uno solo los dos
y después separaste tu Alma de tu cuerpo
y yo me vi obligada a matar mi pasión.

Quisimos aferrarnos al Amor sin deseo
no pudimos decirnos lo que en verdad pasó
y seguimos viviendo como un matrimonio
por miedo de perdernos nos callamos los dos.

La tristeza ganaba cada vez más terreno
se instaló en nuestros huesos y en nuestro corazón
te sentías culpable por no desear mi cuerpo
y yo por no poderte despertar la pasión.

Te sentías atado, dolido, confundido
y yo fui agonizando, dejándome morir
necesitaba a gritos que volvieras a amarme
a tomarme completa o a dejarme por fin.

Un día, no preciso la fecha ni la hora
otro Amor despertó mi pasión que dormía
me ofreció a manos llenas lo que tú no podías
tú dijiste: adelante no puedo hacerte mía.

Ahora me reclamas que te haya abandonado
que me haya enamorado y entregado a otro Amor
y no entiendo tu rabia, tu dolor, tu rechazo,
no estás enamorado, lo sabemos los dos.

Es extraño que quieras retomar lo vivido
si aún ahora no puedes hacerme tu mujer

me quieres como amiga con un Amor profundo
eso quisiste siempre, no lo quisimos ver.

El Amor que nos une está intacto y lo sabes
yo no te he traicionado, nunca te traicioné.
Fuimos felices juntos por todos estos años
los bendigo en mi Alma y los bendeciré.

Entiendo que te duela el haberme perdido
de esa otra manera que me querías tener
a mí también me duele el que no hayas podido
entregarte completo como yo me entregué.

Ahora puedes tenerme como tú decidiste
hace ya tantos años que me querías tener
tú querías ser libre y tenerme completa
pero eso es imposible, no soy media mujer.

Para concebir el Amor de pareja estrictamente hablando, es necesario que exista la pasión, la atracción sexual. Esto es una ley, no una regla que tiene excepciones.

Esto es una realidad y merece ser reflexionada a profundidad. A veces esto causa una gran confusión, porque el resultado final de hacer lo que podemos llamar una **pareja perfecta**, es cuando se logra llegar a una **amistad profunda con el ser amado**, pero esa amistad no puede excluir la pasión, la sexualidad, porque de ser así, estamos hablando de amistad, no de Amor de pareja.

Sí, la pareja verdadera requiere de **intimar** en verdad física y emocionalmente. Y conseguir la intimidad implica **amistad**. Implica aceptar la vulnerabilidad ante el otro, la propia fragilidad y arriesgarse a mostrarla, aun a riesgo de ser herido por la pareja. Esto es parte esencial del proceso de hacer pareja si se quiere llegar a tener una relación sólida que incluye sin duda amistad entre los involucrados. **Si no hay intimidad, hay intimidación**, hay miedo, y el miedo, como lo hemos expresado, es el único enemigo del Amor. Así pues, no hay razón que valga para intentar que dos personas se relacionen, cuando entre ellas no hay atracción sexual. Por más fuerte que sean los argumentos: *"Mira su nobleza, su generosidad, su responsabilidad, su calidad humana, es ideal, te va a tratar como a un rey, está perdidamente enamorada de ti. Te conviene por donde quiera que lo veas.*

Es una excelente mujer, de buena familia, decente, inteligente. Bueno, hasta tiene dinero ¿qué más quieres?"

La respuesta es simple: quiero sentirme atraído, quiero que me "prenda". Que me vuelva loco de pasión. Está más que claro que la diferencia entre una amiga y una amante, es la atracción sexual, tal cual. Sin embargo, hay que reconocer que resulta muy peligroso basarse sólo en ello. **Si no hay algo más que la atracción sexual, podemos pronosticar un rotundo fracaso, si estamos hablando de que queremos una pareja basada en el Amor y para toda la vida.**

La química, la atracción sexual, pueden ser un espejismo. Un espejismo que nos ciega a ver qué más incluye el paquete. Una luz tan poderosa, que nos encandila y hace incapaces de ver algo más. Nos bloquea para escuchar la voz de nuestra Alma, de nuestro instinto y para atender la voz de la razón. El precio a pagar, si basamos nuestra relación sólo en la atracción sexual, puede ser muy alto, impagable. Nadie puede poner en duda lo importante que es sentirse atraído por el ser amado. La atracción física es el camino que eligió la naturaleza para que se dé el primer contacto, el encuentro. Pero esto no garantiza la permanencia con la persona por la que nos sentimos atraídos. Pueden estar hechos a la medida física uno del otro, acoplarse perfectamente, sexualmente hablando. Esto no quiere decir que así como sus cuerpos están hechos a la medida, también lo están en todas las demás áreas o que se van a acoplar para compartir la vida entera con todo lo que ello implica.

Por el mismo condicionamiento de género, el hombre tiende a separar lo sexual de lo afectivo, mientras que la mujer lo asocia inmediatamente. Mientras ellos pueden tener sexo sin involucrar los sentimientos, ellas necesitan "sentirse enamoradas" para entregarse sexualmente porque han sido condicionadas de esta manera. De ahí que el hombre, por lo general quiera, inmediatamente que se siente atraído, consumar una relación sexual y la mujer en cambio, necesite tiempo para llegar a ese punto.

No es la importancia de la atracción física lo que se cuestiona aquí. El asunto es que la realidad nos muestra que ésta, no puede ser el cimiento de una relación sana, seria y duradera. Puede haber una química estratosférica entre dos personas, pero por enorme que sea, no dura toda la vida. La química, el llamado "quimicazo", con su intensidad inicial, puede durar unos meses, un año, dos y hasta tres; no más. Según los últimos estudios científicos, lo que es el fenómeno químico que se da entre dos personas tiene una duración máxima de tres años. Luego se modera, se modifica y por supuesto, sin duda alguna, prevalece un gusto por la pareja, que cuando hay Amor es tan importante como el fuego inicial y mantiene a la pareja enamorada y sobre todo, lleva a la **plenitud de la relación con el otro, trayendo como resultado que la pasión perdure y la sexualidad sea incluso mejor, porque está alimentada por el Amor en todas sus manifestaciones.** Esta es la clave: si además de la química, ambos, al unísono y en la misma medida, se abren a alimentar la relación en sí, a conocerse a fondo, a relacionarse en los demás niveles mencionados: emocional, intelectual y espiritual, la pasión no se extingue sino que crece. Ocurre si ambos tienen la misma sanidad mental, el mismo nivel de conciencia, y juntos han hecho un verdadero proyecto de vida, basados en sus sentimientos y en una comunicación auténtica y no, en la química que los unió inicialmente. Cuando estas condiciones no existen, la pasión no puede sobrevivir, el deseo se apaga, se evapora y se va de nuestras vidas tal como llegó porque no hubo nada que lo nutriera.

Muchos matrimonios no se hubieran llevado a cabo si los contrayentes hubieran esperado a que terminara de pasar el "quimicazo" y se hubieran dado el tiempo de descubrir qué más los unía como para casarse. Muchos se habrían dado cuenta de que lo único que los unía era la química, que estaban "empielados", cegados por la pasión y la ilusión y su relación debió haberse reducido a un tórrido romance y no haber llegado más lejos. Soltarse el uno del otro, cuando se terminara la pasión carnal y seguir adelante con sus vidas. Eso les hubiera ahorrado mucho dolor, tiempo, energía, esfuerzo e inclusive dinero y, si hay hijos, daños a terceros.

Es el momento de hablar de las señales, de los focos rojos. El otro siempre nos da señales que nos indican lo que vendrá después. ¿Por qué no las vemos? Porque si las vemos, no seguiríamos adelante con la relación, y resulta que queremos seguir en ella, queremos que llegue a cristalizarse. No vemos las señales que presagian el rompimiento y el abandono, porque nos aterra ser abandonados o tener que abandonar, dado que, ambos casos, los vivimos como una dolorosa pérdida porque nos volvemos invisibles para el otro.

Queremos evitar el dolor a cualquier costo y no alcanzamos a ver que evadiendo la realidad, no vamos a evitarlo, al contrario, vamos a acrecentarlo y tarde o temprano a estrellarnos con él de frente. Al evadir la realidad, provocamos precisamente aquello que queremos evitar. Tarde o temprano, tendremos que ver la realidad. Más temprano que tarde, el otro se mostrará tal y como es. Y lo que no queramos *ver* en su momento, sólo nos traerá nefastas consecuencias. Tendremos que asumir nuestra responsabilidad, por habernos cegado a ver estas señales, por permitir que nuestros miedos no nos dejaran mirar lo que en verdad nos estaba mostrando el otro, aunque fuera de una manera vedada. Una vez que el problema se presenta y se acaba la luna de miel y llega la terrible confusión, se desatan todas las preguntas que nos hacemos cuando nos enfrentamos a la realidad. He aquí para ilustrarnos, un diálogo durante una sesión terapéutica:

—Él no era así cuando nos casamos. Hacer el Amor era perfecto, ahora cada vez lo hacemos menos, vivimos peleándonos. No sé qué nos pasa, él... no era así antes.

—Pero debió darte señales de que era como está siendo ahora.

—No, te juro que no. Era lindo, encantador, cariñoso, apasionado y sobre todo bueno. De verdad, no es malo.

—No estamos cuestionando si es bueno, sino si es sano. A ver, trata de recordar. Dices que no sabías que era tan celoso. ¿Nunca te hizo una escena de celos?

—Bueno, sí, una vez. Se puso celoso de un amigo suyo, sin que yo le diera ningún motivo. Pero luego me pidió perdón, me dijo que no supo qué le pasó. Y no lo volvió a hacer hasta que nos casamos.

—Esa fue una señal... Ahora te cela, ¿y también te pide perdón?

—Le cuesta mucho trabajo... Pero a veces sí me pide perdón... no siempre con palabras, claro.

—Pero vuelve a celarte una y otra vez y cuando te reclama, lo hace humillándote, insultándote, pero ahora se desboca, no se detiene, como lo hizo cuando eran novios... sólo que ahora que viven juntos, cada vez los episodios son más frecuentes y él no reconoce que no le das motivos.

—Sí... es así exactamente.

—Dices que ahora es muy agresivo. ¿Nunca te dio una señal?

—No, nunca... Bueno, sí... dos o tres veces se enojó por cosas que no eran como para enojarse tanto, tonterías... pero luego rectificaba, se disculpaba y yo...

—Lo justificabas, lo comprendías y lo dejabas pasar... Esas también fueron señales de lo que vendría después. De la clase de relación que ibas a tener con él. De su agresión.

Y a lo largo de la sesión, de esta y muchas más, la mujer va descubriendo qué señales hubo. Algunas leves, veladas; otras un poco más claras. Pero siempre hay señales. Lo que pasa, es que junto con esos focos rojos, también hay toda la otra parte. La que la atrajo a él, por la que se sintió encantada, en el original sentido de encantamiento: embelesar, cautivar, hechizar. Junto con las señales, mostraba su manera de seducirla, de convencerla de lo que él quería que estuviera convencida. De hacerla ver sólo lo que él quería que viera. De minimizar lo que sabía que le podría acarrear el desencanto de ella. Estaban, ahí también, las fuertes e imperantes razones por las que ella quería casarse y que provocaron que las señales no fueran vistas en el momento adecuado, sino cuando ya era demasiado tarde. Veamos algunas de las razones por las que las parejas se precipitan al matrimonio.

* Porque tienen miedo a perder a la persona amada si no se le asegura, si no se comprometen de una manera formal y definitiva. Quieren asegurarse de que no le va a pertenecer a nadie más.
* Porque creen que eso los va a salvar de perder lo que sienten en esos momentos.
* Porque confunden ilusión, pasión y enamoramiento con Amor. Creen que lo que sienten les va a durar toda la vida y no distinguen que las emociones son endebles, mientras que los sentimientos son sólidos, y se dejaron llevar por las emociones, sin poner la lupa en los sentimientos.
* Por temor a la soledad.
* Por codependencia.
* Por temor a enfrentar solos la propia vida. Tener una pareja las libra de este miedo porque alguien más se responsabilizará de su vida y se encargará de tomar decisiones.
* Porque ya es hora de casarse si quieren tener tiempo para formar una familia.
* Por presiones familiares, sociales, o económicas.
* Por la necesidad de sobrevivir situaciones que viven en sus familias y se unen a su pareja para huir de una realidad que les está dañando y que no saben cómo manejar o salirse de ella, no se sienten capaces de dar el paso de irse de esa situación sin alguien al lado.
* Para ocultar una situación homosexual, bisexual o lésbica.

*   Por un embarazo fruto de un "inconscientazo", es decir, un acto dictado por el inconsciente. Se da cuando ambos tienen miedo de seguir solos su camino pero no pueden admitirlo, ni comprometerse voluntaria y conscientemente. En estos casos manda el inconsciente, y la noticia resulta sorpresiva para ambos, porque conscientemente no lo deseaban.

Esta es una situación muy recurrente, aún en nuestros tiempos, y a pesar de toda la información que existe para evitar el embarazo. En muchos casos, se da cuando uno de los dos componentes de la pareja debe tomar una decisión de vida, separarse de su pareja por cuestiones de estudio, trabajo, etcétera, y la manera de boicotearse las oportunidades es embarazando a la pareja o embarazándose. Esto responde al miedo de enfrentar solos el futuro. Necesitan a alguien que se responsabilice de su vida, porque no pueden tomarla en sus manos y enfrentar sus miedos solos.

*   Por un embarazo planeado con el fin de amarrar a la pareja.
*   Porque les queda grande la vida. Sienten que si no hay alguien que se las resuelva, no van a poder seguir adelante.
*   Porque ponen el sentido de su vida en el otro y no en sí mismos.

La estructura social, con sus reglas y prejuicios, y la construcción desigual de los géneros, ayudan mucho a que las parejas se unan cuando no están listas aún. Cuando no se conocen lo suficiente como para dar un paso tan trascendente y definitivo en sus vidas. Por un lado, porque se forma a las mujeres en la creencia de que si no son capaces de tener un hombre al lado, no valen nada. Por otra parte, de nuevo en el caso de las mujeres, la necesidad de hacer una familia cuando hay un reloj biológico corriendo.

También socialmente, aún en esta época, no es bien visto que una mujer viva con su pareja sin estar casados. Siempre es la mujer la que sale perdiendo, la que "se quema". Decían nuestras abuelas: *"Si quieres oler a azahar, date a desear"* y aunque esto parezca totalmente caduco, sigue funcionando en gran medida de una u otra manera. En cuanto a los hombres, muchos se casan porque ya es tiempo de que se responsabilicen, les den nietos a sus padres, perpetúen el apellido y tengan un heredero, porque de no ser así, ¿para qué y para quién se van a matar trabajando? Hay también otro asunto: el prejuicio social hacia la homosexualidad, que hace que hombres y mujeres gays se casen y formen una familia para evitar habladurías. Sí, aunque parezca mentira, todo esto sigue vigente en el siglo XXI.

A niveles muy inconscientes, las parejas tienen prisa por unirse, porque de permanecer en el noviazgo más tiempo, conociéndose a profundidad, podrían descubrir que en realidad lo que los une es una codependencia emocional y el miedo a estar solos o es un asunto pasional, hermoso, maravilloso, inolvidable, irrepetible, pero sin futuro. Temen descubrir lo poco que tienen en común, la cantidad de cosas que los separan, la manera tan diferente de ver la vida, la educación tan distinta de uno y del otro. Las cosas en las que creen profundamente y aquellas en las que no creen: asuntos vitales como son sus valores y la espiritualidad. Temen descubrir antes de casarse, los defectos del otro, que pesan tanto, que hacen imposible la convivencia. La gravedad de los vicios del otro, por ejemplo, cuando resulta que no es un tomador social, sino un alcohólico, que no fuma mota "de vez en cuando" sino todos los días, que recurre a ésta u otras drogas más asiduamente de lo que reconoce o que es un adicto al trabajo.

Temen descubrir la incapacidad de su pareja para comunicar sus pensamientos, sentimientos, sueños y necesidades. Se informan uno al otro, pero **informar no es comunicar. La información se refiere a situaciones externas mientras la comunicación implica sentimientos, pensamientos y emociones.** Temen descubrir que el otro no escucha en absoluto lo que les pasa interiormente, no le interesa, porque está extremadamente centrado en sí mismo. **Este problema de la comunicación es el responsable de la mayoría de los fracasos en las relaciones de pareja.** Temen descubrir que no son compatibles. Que a uno de ellos o a ambos les falta ambición, o les sobra. Que hay diferencias insalvables de todas clases, incluidas de clase social, que provocarán que los complejos de inferioridad de la pareja sean la voz más fuerte y dominante de la relación, complejos, que por la neurosis que implican, son capaces de destruir cualquier Amor. Este es un punto muy delicado y muy discutido. Pero no cabe duda de que, salvo grandes excepciones que confirman la regla, es indiscutible esta realidad: *las relaciones se dan entre iguales.*

QUÉ LE VAMOS A HACER

Sonrío, es que es "chistoso"
—y no es que tenga gracia, casi resulta cruel—
que por volar tan alto no te pueda tener
tus alas no me alcanzan, qué le vamos a hacer.

A una persona puede no importarle que su pareja pertenezca a una clase social más baja, que tenga otras costumbres, que no haya tenido educación formal académicamente, mientras que ella tiene maestría o doctorado. Puede no importarles que su pareja no haya viajado, que no sepa relacionarse socialmente al mismo nivel que ella lo hace, que no haya tenido las mismas oportunidades ni en educación ni en estudios ni en trabajos ni en relaciones sociales; que físicamente sean muy diferentes.

En fin, puede que a la persona que tiene las ventajas de clase, sociales, académicas, etcétera, no le importe que su pareja no las tenga. Y que esto sea absolutamente honesto y sincero. Pero a quien sí le va a importar, es al otro, al que tiene las desventajas. Jamás le van a perdonar que sea "más" o tenga "más", que le lleve ventaja. Le va a cobrar con sangre esto, sus complejos de inferioridad saldrán a flote casi inmediatamente, en cuanto quien está en desventaja tenga segura a la otra persona, en cuanto se haya casado con ella. Los complejos harán que la persona que los padece agreda de una manera infame a su pareja, que la maltrate sistemáticamente y, si no reacciona a tiempo, que la destruya, emocional y hasta físicamente.

Una vez casados, a veces en plena luna de miel, la pareja de la persona que no es de su clase y que parecía perfecta, la que creyó que era el Amor de su vida, la que le juró Amor eterno, deja aflorar su realidad. De pronto, todos sus demonios se han desatado por los celos, la envidia y la necesidad de controlar, de aplastar a su pareja por el hecho de sentirse inferior. La arrastrará a un infierno, y se dedicará a confrontarla, minimizarla, reducirla y anularla. Hará todo para demostrar que es una persona superior. Le creará tales inseguridades y miedos porque esa es la manera de cobrarle la afrenta de "ser más, mejor, de tener más". Nunca se lo perdonará. No descansará hasta humillarla de todas las maneras posibles, doblegarla y tener absolutamente todo el control.

Su pareja, a la que no le importó que hubiera esas diferencias y pensó que era amada de verdad y quien se enamoró perdidamente, no comprenderá lo que está pasando, no reconocerá en ese ser endemoniado a la persona con la que se casó. Entrará en un doloroso descontrol que le hará perderse de su centro. Su mente no puede comprender lo que está sucediendo. Empezará a hacer cosas en las que no se reconoce, y de ser una persona segura, con aplomo y fluida, pasará a ser una persona miedosa, asustada y paralizada, que se deja intimidar por su acomplejada pareja. Perderá su autoestima y su fuerza, se dejará humillar, hará esfuerzos inauditos por recuperar a su amado/a. Tratará de ver su herida, de hacerle comprender a quien ama que se equivoca, que de ninguna manera se cree mejor persona. Pero la persona acomplejada no entenderá razones, está poseída por sus demonios, metida en su oscuridad.

He aquí una sesión con una mujer joven, que se casó con un hombre de clase social inferior a la suya, mientras ella estaba además, en la plenitud de su éxito profesional.

—No puedo creerlo. Me cuesta trabajo pensarlo, decirlo, pero creo que él me tiene envidia. Dice que soy una farsante, una impostora, que no tengo las cualidades, ni las credenciales para tener el éxito que obtuve. Ahora que he descuidado mi trabajo por él, por sus celos, por sus demandas, por tratar de que las cosas funcionen entre nosotros, me ve como un ser inferior, cuando al conocerme, yo estaba en el candelero. Yo era la que brillaba y no él. Ahora, él tiene más trabajo que yo, se está realizando y yo estoy cada vez más anulada. Cuando empezamos nuestra relación, él me admiraba, aplaudía mi trabajo, mis logros, le gustaba andar con una mujer admirada por todos, exitosa. Ahora no hace más que humillarme, minimizarme, y lo peor de todo, es que yo se lo permito. A veces siento que me odia. No entiendo nada. Yo lo amo, lo amo con toda mi Alma, y sólo quiero que él me ame. ¿Por qué no puede amarme? ¿Es que no soy lo suficientemente buena para él?

—¿No será que él no es suficientemente bueno para ti?

—No, eso no, él es un buen hombre, no es malo, de verdad, no es malo.

—Pero ser bueno no es suficiente, es necesario ser bueno... y sano. Y él te está demostrando que no es sano. Que tiene muchas cosas no resueltas. Que le está ganando su neurosis, por eso no puede relacionarse contigo de igual a igual, de tú a tú.

—A mí no me importa que él sea de otra clase social, que no haya estudiado o viajado, me importa un comino, de verdad, no me afecta en absoluto. Hasta lo admiro por haber salido adelante sin tener tantas oportunidades como tuve yo. De verdad no me importan esas diferencias.

—Pero es evidente que a él sí. Él se siente en desventaja y no está pudiendo manejar sus complejos de inferioridad, su envidia, sus celos.

—Pero si yo sólo quiero amarlo... y que me ame como yo a él.

—Pero él parece no poder amar a una mujer que le lleva tantas ventajas, desde donde él lo ve. Él lo que quiere es tener el control de tu vida, de tus sentimientos. Demostrarte que vale más que tú, que puede más que tú. Y para eso necesita humillarte, te está maltratando. Yo sé que es muy difícil aceptar que eres una mujer maltratada, pero esa es la verdad. **Que no te golpee físicamente, no quiere decir que no te maltrate. Está ejerciendo violencia psicológica y emocional, que es tan grave como la física.**

—No, exageras, él no es violento.

—Te hace violencia psicológica cada vez que te insulta, te humilla, te minimiza, te descalifica, te amenaza, te subestima y provoca que le tengas miedo.

Ella negó por un tiempo que fuera una mujer maltratada. Porque tenemos asociado el maltrato con las golpizas físicas. En la medida que avanzábamos en el análisis, comprendió que efectivamente, sin duda alguna, era una mujer maltratada. Este asunto de la violencia con todas sus expresiones, lo hemos tratado ya con toda profundidad en el capítulo 9, porque desafortunadamente, el porcentaje de mujeres maltratadas es alarmante hoy en día. **Mucho tuvo que pasar para que esta mujer pudiera aceptar que su pareja la envidiaba, que era un ser que no poseía la sanidad para tener una pareja como ella. Que él le estaba cobrando, con creces, que era una chica de buena familia, guapa, con grados académicos y exitosa. En una palabra, tenía todo aquello de lo que él carecía. Esta mujer, tuvo que trabajar muy seriamente consigo misma, para terminar con esta relación que su pareja boicoteaba sistemáticamente y asumir que él nunca la amó. No fue fácil. No es fácil reconocer que el hombre que amas te queda "chico".**

Afortunadamente se trata de una mujer con grandes recursos, que trabajó en ella con una gran honestidad e incansablemente, y logró salir adelante enriquecida y fortalecida. Supo capitalizar su experiencia y rehacer su vida, en su momento, luego de un largo y doloroso proceso. Reconocer su neurosis, la llevó a sanar sus heridas, y a coincidir con una pareja con la que estableció desde el principio una relación de tú a tú. En la que hay respeto, admiración, atracción y Amor mutuo. En muchas ocasiones, también sucede el fenómeno contrario, que quien es de una clase social más alta, al casarse, le cobra a su pareja que no lo sea y le hace sentir todo el tiempo que le hizo el favor de su vida, ejerciendo violencia psicológica a través de una continua humillación. Los dos casos se dan más de lo que podemos imaginar. De ahí que es importante que las relaciones se den entre iguales. Son realmente excepcionales las parejas que no se dan entre iguales y funcionan bien.

Ahora la pregunta es: ¿Está todo perdido cuando las relaciones funcionan de yo a tú desde el principio, cuándo la mujer descubre que el hombre con el que se casó no es lo que esperaba? No, afortunadamente, no. Pero para lograr rescatar una relación en la que las expectativas no están siendo cumplidas, sólo existe un camino: **elevar el nivel de conciencia, ambos al unísono.** Esta es la clave. Que los dos juntos, y con el mismo grado de determinación, decidan salvar su Amor. Es ahí donde viene el problema. Generalmente es ella la que quiere salvarlo y él, huir del compromiso real. La clase de compromiso que implica mucho más esfuerzo que firmar unos papeles ante un juez. Compromiso de pareja es abrirse al otro, confiar en el otro, aprender a dialogar y a negociar. Hacer cambios importantes en la manera de comunicarse, actuar, planear, vivir la vida. Implica darle su lugar a la pareja, tomarla en cuenta, asumir que ambos tienen los mismos derechos y las mismas obligaciones, que cada uno es responsable de sus actos y que los actos tienen consecuencias.

Y aquí viene de nuevo la pregunta clave: ¿a quién le toca empezar este trabajo? A los dos, a los dos les toca por igual, teóricamente, ya hemos explicado por qué. Sin embargo, no es así como se da en la realidad dado nuestro condicionamiento y todo lo que nos introyectaron desde que nacemos. Los hombres esperan que sea la mujer quien dé el primer paso, y el segundo, y el tercero... y muchos más, antes de que ellos decidan moverse de lugar. Porque ellos no quieren moverse de lugar. Están muy cómodos teniendo todo el control y todos los derechos, los propios y los de su pareja, sin dar emocionalmente nada a cambio.

Una mujer con hijos adolescentes, le dijo a su marido que quería retomar sus estudios. Él se negó rotundamente.

—Quiero estudiar, retomar mi vida, los chicos ya van a la escuela y yo tengo mis propias inquietudes.

—Olvídalo. No necesitas estudiar. ¿Para qué?

—Para ser independiente y realizarme. Deberías entenderlo, tú eres independiente y te realizas todos los días en tu trabajo.

—Tu trabajo es ser ama de casa, ser la madre de mis hijos y mi esposa.

—Quiero ser algo más que una ama de casa, tengo derecho a realizarme y a ser independiente, no quiero depender de ti toda la vida, ya no quiero depender de nadie, tengo que comprobarme que puedo enfrentar la vida por mí misma. Voy a estudiar, no te estoy pidiendo permiso. Voy a ejercer mis derechos.

—¿Tus derechos?¿Cuáles derechos? Tú no tienes derechos. Me entregaste tus derechos el día que nos casamos. Desde entonces son míos y no te los voy a devolver... si los quieres, tendrás que arrebatármelos.

—Pues te los voy a arrebatar.

—Pues no la vas a tener fácil.

Y ciertamente no la tuvo fácil, pero nada fácil. Todo lo contrario. Se embarcaron a partir de ese momento en una guerra monumental. Él se sostenía en su punto. Si él ganaba lo suficiente, no había ninguna necesidad de que ella estudiara, y mucho menos pretendiera luego trabajar. Ella debía estar en su casa, atendiendo a sus hijos y por supuesto a él, las veinticuatro horas. Y no era un mal hombre, no, en absoluto, al contrario, era un buen hombre, con sus defectos y cualidades como todos, pero un hombre de buenos sentimientos, noble, generoso, pero... equivocado. No bastaba que fuera bueno, era necesario que además fuera sano. Y su machismo, su condicionamiento masculino, sus prejuicios, sus ideas equivocadas acerca de que la mujer nace para servir al hombre, que no tiene por qué ambicionar nada que no sea criar a una familia y ser obediente, fiel y servicial, todo esto, hacía que este hombre bueno, no fuera sano.

Ella peleaba sus derechos todos los días y a todas horas. Cumplía con sus deberes con su marido y sus hijos. Pero ya no estaba a la mano las veinticuatro horas. Empezó a hacerse de sus espacios a pesar de las amenazas de su marido incluso de divorciarse. Ella iba a la escuela, estudiaba, se abría un universo, luchaba por construirse su propio mundo personal. No descuidaba ni a su marido ni a sus hijos ni los compromisos sociales, en especial los de él. Pero nada de esto era suficiente para su marido, que se sentía amenazado ante las nuevas perspectivas de su mujer.

Ella ahora tenía compañeros hombres, no sólo mujeres. Hacía reuniones en su casa con gente que él no conocía y que pertenecía a su nuevo mundo. Defendía sus espacios y sus horas de estudio. Se desvelaba estudiando. Ya no lo acompañaba a todo lo que él quería, ni se tiraba a mirar televisión con él por las noches o apagaba la luz, cuando él lo decidía. Y nada de esto le podía parecer bien al marido. Él quería que ella se comportara "como era debido", es decir, que viviera en función de él, que su centro fuera él, que toda su vida se redujera a leerle el pensamiento y atender a sus hijos. Que, en una palabra, él fuera todo su mundo y no necesitara de nada ni de nadie más. Pero no estaba dispuesto, por supuesto a dar lo mismo.

Ella no podía aceptar por más tiempo lo que aceptó durante tantos años. Era una mujer apasionada, inteligente y visionaria, una guerrera impecable, que respetaba la voz de su intuición y su instinto, a pesar de sus miedos. Tenía un pánico espantoso, eso sí, pero era más fuerte su necesidad de realizarse, de encontrarse consigo misma, de hacer una pareja verdadera con su marido, que el miedo que le daba enfrentarlo. Tenía que descubrir si su marido también era un guerrero. Quería una relación de iguales, de modo que estaba dispuesta a tomarse todos los riesgos. Sabía muy bien que se estaba jugando su matrimonio y aunque esto la aterraba no pensaba retroceder. Enfrentaba sus miedos todos los días y a todas horas, se partía en mil pedazos para darle el ancho a su familia y a sus estudios. Ella seguía adelante a pesar de las terribles escenas que él le hacía sistemáticamente, cuando ella no le cumplía la expectativa a pesar de las amenazas, los insultos, los exabruptos, las pataletas. Él quería que las cosas volvieran a la normalidad y en cada pleito, le decía lo mismo.

—Esto se soluciona muy fácilmente, sólo tienes que renunciar a tus tontas ideas. De ti depende que nos dejemos de pelear.

—Claro, depende de que yo, yo, yo, renuncie a mi necesidad. Y me dedique a cumplir tus, tus, tus expectativas.

—Así debe ser.

—No, así nos hicieron creer que debe ser. Pero la verdad, si somos pareja, si la casa es de los dos, si los hijos son de los dos, los dos debemos responsabilizarnos al mismo nivel, estar parejos en todo.

—¡Ni lo sueñes!

Pero ella se dio permiso de soñar. Defendió sus sueños con uñas y dientes. Y él tenía que aguantarse, no le quedaba de otra. O aguantaba a su mujer —aunque a cada paso le decía que estaba loca, equivocada, que iba a acabar con el matrimonio— o la abandonaba. Y eso no, a eso no estaba dispuesto. Porque en alguna parte de él, aunque no iba a reconocerlo —por lo menos en aquellos momentos— él admiraba a su mujer. La amaba, aunque se sentía contrariado y furioso, y quería doblegarla, controlarla, hacerla "entrar en razón", que ella entendiera que tenía que obedecerlo.

Los dos se mantuvieron en sus posiciones durante mucho tiempo. Él enojado, haciendo corajes, cuestionándola respecto a su Amor: "*Ya no me amas, si me amaras no me harías esto"* Y ella: *"Lo mismo te digo yo, si me amaras me dejarías ser, hacer, realizarme".* Trató de chantajearla, de manipularla, de controlarla de todas las maneras. Y ella tuvo que tener la fuerza, el coraje, la determinación, para no caer en sus chantajes, para no dejarse intimidar. Y él tuvo que abrirse a las "excentricidades", las "rarezas", las "locuras" de su mujer... y luego, al ver que ella no iba a ceder, tuvo que abrirse también a las necesidades de su mujer y tratar de entenderla. Vivió un largo proceso en el cual él descubría facetas nuevas de ella —y tenía que aceptar que algunas, incluso, le gustaban— también descubría facetas que desconocía de sí mismo y que ella le hacía ver, y en la medida que él lograba abrirse dada la insistencia de ella, resultaba enriquecido. Un proceso en el que ella, en la medida que enfrentaba sus miedos, se iba haciendo más fuerte y paradójicamente, más interesante para él.

Efectivamente, ella logró terminar sus estudios, trabajar e incursionar en muchas otras aventuras maravillosas, a través de las cuáles creció en madurez y conocimiento. Él terminó aceptando la realidad, sin amargura, y agradeciendo a su esposa la lección. Soltó el control y las expectativas que tenía de la clase de mujer que debería ser ella, por ser mujer, por ser su esposa y la madre de sus hijos. Terminó reconociéndole con el tiempo que su relación era no sólo posible, sino realmente maravillosa, gracias a que ella se empeñó en sanearla. En transformarla de una relación de yo a tú en una de tú a tú. Ambos son dos seres sensibles e inteligentes. Una de las parejas más sanas y felices que conozco.

Pero esto hubiera sido imposible si ella se hubiera dado por vencida y no hubiera defendido con todas sus fuerzas sus derechos. Si él, no se hubiera abierto a escuchar la necesidad de su esposa y con valor y sinceridad, dejar su orgullo a un lado y su necesidad de controlar. Si no hubieran aprendido a respetar mutuamente sus maneras de ser y si él no hubiera aprendido a dialogar y a negociar con ella, de acuerdo a las necesidades de ambos por igual. Por último, no hubiera sido posible llegar a sanear su pareja si ella no hubiera tomado conciencia de **que la necesidad de controlar de él, se debía a su inseguridad.** Ella descubrió algo esencial: a su marido le daba pánico mostrarse frágil, vulnerable, porque para él, hacerlo significaba que su mujer **iba a dejarlo de amar**. Este es un fenómeno recurrente en quienes necesitan tener control.

Al hacer todo esto, él conoció a su verdadera mujer, en todos sus aspectos, con todos sus matices y, al mismo tiempo, se mostró ante ella tal como él era. Se descubrieron mutuamente, crecieron juntos, ambos, tomados de la mano, a pesar de las innumerables tormentas que libraron en el proceso. Gracias a que los dos se atrevieron a enfrentar sus miedos y sanar sus neurosis, salieron ganando en todos los sentidos, crecieron como seres humanos, como pareja, como padres, y como profesionales. Y sobre todo, rescataron lo más valioso: el Amor.

Hay muchas mujeres que intentan hacer lo mismo que hizo la del ejemplo que nos ocupa. Y no lo logran. A los primeros intentos, ellos las amenazan con divorciarse y ellas terminan cediendo. Otras, más fuertes y dispuestas a enfrentar sus miedos, se revelan y se atreven a seguir confrontando a su pareja, y ellos recurren a la violencia física y las golpean sin piedad, hasta hacerlas entender su punto. Pocas logran salir adelante y seguir insistiendo luego de ser golpeadas sistemáticamente sea física o emocionalmente, cada vez que quieren "rebelarse". Sus parejas, que las aventajan en fuerza física y que atacan no sólo su cuerpo sino su autoestima, terminan debilitándolas tanto, que las mujeres acaban convencidas de que no tienen más salida que la de darse por vencidas y quedarse en la relación por miedo a ser castigadas o abandonadas.

Viven años en esa situación, resignadas a lo que creen que es su destino, temiéndole a sus parejas y sometiéndose, por sentir que no tienen la fuerza para separase y hacerse cargo de sus vidas. Dejan de relacionarse por Amor, para relacionarse con miedo. Y empiezan a guardarle a su pareja un enorme resentimiento. Sus vidas se convierten en un infierno, en el que no pueden perdonar a sus maridos por cortarles las alas, ni perdonarse a sí mismas por permitirlo. Y lo que podría haber sido un camino de Amor, se convierte en uno de amargura. **Amar o amar—garse,** no es fácil verse en esa disyuntiva.

Es muy fácil decir: *estas mujeres se lo merecen, son unas tontas, si las golpean o les hacen violencia psicológica, que los dejen y ya.* Pero la cosa no es así de fácil. Una mujer maltratada, que sufre violencia, es una mujer minimizada, bloqueada, paralizada por el miedo. De modo que no es suficiente que la mujer tome la decisión de hacer cambios en su relación de pareja. Insistimos, se necesitan dos. El hombre pocas veces está dispuesto a moverse de su lugar. La mujer es la que en la inmensa mayoría de los casos, tiene que tomar los riesgos. Cuando el caso es que el hombre está demasiado insano o el "Amor" no le alcanza porque en realidad no la ama ni la respeta o sólo puede "amarla" si ella le cumple cabalmente todas sus expectativas, por más que luche una mujer, no podrá conseguir nada, si él no está dispuesto a tener el valor que se necesita para abrirse, para cambiar lo que haya que cambiar, para doblegar su orgullo, deshacerse de sus prejuicios, soltar el control y sobre todo, dejar de ser una persona egoísta, centrada en sí misma.

Entonces sólo le quedan dos caminos a la mujer:

1. Renunciar a su necesidad y resignarse a tener una relación de yo a tú. Que su vida consista en cumplir eternamente las expectativas del marido a costa de sí misma, a costa incluso de su salud física y mental, con lo cual nunca se sentirá amada por él ni respetada ni admirada. No se realizará ni en el Amor ni en ninguna otra área plenamente: Ni como mujer ni como madre ni como profesional y transmitirá este nefasto ejemplo a sus hijos e hijas, que terminarán repitiendo la historia, y que por supuesto, no le agradecerán su inmenso sacrificio. Por el contrario, le terminarán recriminando que no haya defendido sus derechos, y por consecuencia, los suyos como hijos, porque de un marido controlador, sólo puede esperarse un padre controlador. Es decir, en una u otra medida, maltratador.

    Hoy se me muere el futuro comprimido entre tus manos.

2. Dejar a su marido, renunciar a su pareja antes de renunciar a ella misma. Defender sus derechos y los de sus hijos. Tomar su vida en sus manos. Enfrentar sus miedos y rehacer su vida.

    Matar tu Amor o matarme, tú me obligaste a elegir y ya ves que sigo viva aunque tú no estés aquí.

Así pues, podemos afirmar que el Amor es posible, siempre que los amantes le digan sí al Amor y no a sus neurosis. Queda claro, que no se trata sólo de ser buenos, eso no es suficiente. Para que el Amor de pareja, tenga un campo propicio, para que crezca, florezca, permanezca y perdure, es necesario que ambos por igual, sean buenos y sanos.

CONSUMIRME EN TU FUEGO

Se me hizo tinta tu aliento y tu beso y tus palabras
tu pasión y tu ternura, tu placer y tu mirada.
Todo quiero traducirlo y plasmarlo en el papel
para luego transportarlo a tus oídos, a tu piel.
Escribir en tus entrañas lo que mi pasión me dicta
y ver salir mis poemas por tus ojos y tu risa.

No entiendo que los amantes se quejen de la rutina
mirando este Amor gozoso que se estrena cada día.
Debe ser que no conocen ni al amado ni al Amor
que no saben contemplarlos ni abrirles el corazón
de otro modo no me explico que no puedan disfrutar
cada instante con su amado y amarle cada vez más.

La rutina no es posible si hay un verdadero Amor
porque éste está en movimiento y cada día es mejor
si se vive entretenido conociendo al ser amado
las sorpresas no se acaban cuando se vive a su lado
el Amor crece y florece de manera inevitable
y una no se aburre nunca de conocer al amante.

Descubrir todos los días lo que quiere y lo que siente
qué necesita, qué añora, que sueña y qué lo sostiene
y que el amado responda por ende de igual manera
hace que se nutra el Alma y la rutina no llega.

Conocerte y conocerme a partir de nuestro encuentro
es mi mejor experiencia, un privilegio y un reto.
Quiero que nunca termine este viajar por tu ser
no concibo otra aventura que me diera más placer
que descifrar tu misterio y conocer tus secretos
y ser tu amante por siempre y consumirme en tu fuego.

Esto es absolutamente posible. Real. Desafortunadamente no es lo común, y hay que trabajar mucho en uno mismo y en la relación para llegar a esto, pero no es porque el Amor nos hiera, como ya hemos puntualizado, sino porque las neurosis derrotan al Amor. Y entonces, cuando las parejas no logran ser parejas, es decir, asumir que ambos tienen los mismos derechos y las mismas obligaciones, y no se proponen defender su Amor, por encima de sus egos, tenemos que por más que uno de los dos ame al otro, si no es amado de la misma manera, no puede existir una relación de pareja y mucho menos una relación de Amor, lo que existe en realidad es una NO relación.

Entonces viene el desencuentro, el dolor, el rompimiento y posteriormente, el largo proceso de rehabilitación. Empecemos por el desencuentro.

Capítulo 11

Desencuentro

**Te preguntas respecto a tu pareja:
¿Qué sería de mi Vida sin él?
Es hora de no fallarte a ti misma,
la pregunta correcta es:
¿Qué sería de mi Vida sin mí?**

DOLOR MÁS QUE DOLOR ES ESTO

Dolor, más que dolor es esto
que se expande en mi cuerpo y me acorrala.
Más que dolor es este aire que respiro
en el pequeño espacio que nos cerca.
Dolor, tanto dolor que me adormece los sentidos
de tanto, y de tan hondo y de tan frío.

Dolor de estar tan cerca y aterrados
de este muro infranqueable de silencio.
Dolor de las palabras que se cruzan
de un vacío que aplasta y ensordece
dolor de tu dolor que me hace llagas
y me quema la lengua y la garganta.
¿Quién pudo herirte tanto y de tal modo
que te duele mi Amor y mi caricia?

¿Qué he de hacer con tu herida que me hiere?
¿Con tu beso dormido que me grita?

¿Qué he de hacer con tu voz encadenada
que escucho en el suspiro que se escapa?
¿Cómo romper el hierro de tu miedo
sin hacerme cadenas en el Alma?
Dolor... más que dolor es esto.

Dolor, porque no le damos permiso al Amor, no podemos amarnos porque el miedo nos tiene paralizados. Te lo pido, si es necesario, te lo suplico. No puedo amar por ti y por mí. ¿Por qué no me escuchas? ¿Por qué no respondes de acuerdo al Amor que nos tenemos? Yo sé que me amas tanto como yo a ti. Eres bueno, yo sé que eres bueno. No me he casado con un monstruo. Eres bueno, y sin embargo, me maltratas. Te niegas a escucharme, a decirme lo que sientes, lo que piensas. ¿Tu soberbia y tu egoísmo pueden más que tu Amor? ¿Por qué no quieres hablar conmigo de lo que realmente te pasa? ¿Por qué distorsionas lo que te digo y terminas haciendo una interpretación de mis palabras y lo vuelves todo en mi contra? ¿Por qué te casaste conmigo si no me amabas? ¿Por qué me mentiste? ¿Por qué no me miras?

Tu mirada se pierde en la distancia
un mar sin horizontes, un barco sin amarras
y yo anclada en tu cuerpo, presa de tu mirada.

¿Por qué no puedes ver que no siempre tienes la razón? ¿Por qué me celas sin que te dé motivos y me humillas frente a los demás? ¿Por qué te sientes amenazado cuando yo tengo la razón, porque gano más dinero que tú, porque conseguí trabajo y tú en este momento no tienes, o no te gusta el que tienes o porque tengo más amigos que tú? ¿Por qué actúas como si me envidiaras? ¿Por qué no te puedes alegrar con mis logros? ¿Por qué tienes que demostrarme todo el tiempo que estás por encima de mí, que eres más inteligente que yo? ¿Por qué piensas que lo que te digo lo hago aconsejada por alguien como si yo no fuera capaz de pensarlo por mí misma? ¿Por qué te aburres con mis amigos y con mi familia? ¿Por qué me subestimas? ¿Por qué me obligas a humillarme y hacer que te ruegue que no te vayas cada vez que amenazas con hacerlo?
Quizá de tanto verte, no me veo.
De sentirte en mi cuerpo, no me siento.

Quizá de tanto amarte, me he ido desamando
y de tanto dolor, ya no me duelo.

¿Por qué a la menor provocación amenazas con irte, con terminar nuestra relación? ¿Por qué estás a la defensiva todo el tiempo? ¿Por qué tienes que echar a perder nuestros buenos momentos, haciendo o comentando algo inapropiado? ¿Por qué sigues recordando cosas que ya habíamos hablado y supuestamente solucionado? ¿Por qué boicoteas nuestra relación? ¿Por qué me pides perdón y luego vuelves a hacer lo mismo una y otra vez? ¿Por qué acudes al alcohol, a alguna droga o te metes de lleno en tu trabajo cuando no quieres hablar conmigo? ¿Por qué me culpas de todo lo malo que pasa entre nosotros? ¿Por qué nada de lo que hago es suficiente para ti? ¿Por qué si estoy totalmente centrada a ti, tú me mantienes alejada y eres en la cama como una escarcha?

Me confieso culpable de nuestro desencuentro
te mostré sólo mi cielo, nunca te llevé al mi infierno.

¿Por qué no podemos ser felices como cuando empezó nuestra relación? ¿Por qué ahora te enojan y te sacan de quicio cosas que antes no te importaban? ¿Por qué te pones violento cuando lo único que quiero es hablar contigo y tú interpretas que te estoy confrontando? ¿Por qué me ves como tu enemiga?¿Por qué no eres capaz de reconocer tu parte en lo que está pasando? ¿Por qué tienes esa imagen de mí, en la que yo no me reconozco? ¿Por qué haces y dices cosas que me descontrolan, que sabes que me hieren o me desquician? ¿Por qué quieres controlarme todo el tiempo?¿Por qué estás empeñado en sacarme mi lado oscuro? ¿Por qué no puedes fluir conmigo como antes?

Si me arrancaras la piel
verías correr tu sangre.

¿Por qué? ¿Por qué? ¿Por qué?... Infinitos "porqués". ¿Por qué si somos buenas personas y nos amamos, no funciona nuestra relación? La respuesta es: porque **no basta con ser buenos, hay que ser buenos y sanos**. Resulta que este hombre que elegí puede que sea bueno, pero no es sano psicológica ni emocionalmente. Y yo tampoco lo soy, me enganché por mi neurosis, en la suya. Y ambas dicen: no mereces ser amada. Su neurosis lo hace boicotear sistemáticamente la relación. Y la mía aferrarme a él. Es un hombre que no conozco, que no puedo reconocer. Y yo soy una mujer que no me reconozco al estar en relación con él. No conocía esta enorme vulnerabilidad en mí. Él me mostró un hombre que no era en realidad, que no tiene nada que ver con el que es ahora, el que me tiene segura. Me metió en una enorme confusión imposible, dolorosa, cruel.

En este punto, deberé descubrir:

* Si tenemos el mismo grado de neurosis y voy a seguir eternamente en este maltrato, dejando que me anule y en una relación de yo a tú.

* Si yo no estoy tan afectada como para dejarme arrastrar por su neurosis y tengo que abandonarlo.

* Si él sólo está confundido y descontrolado, y necesita una oportunidad para clarificarse. Que en verdad me ama, que sí es capaz de amarme tal y como soy y que podemos tener una relación sana de tú a tú.

* Si él está tan enfermo que no podemos seguir adelante porque esto no es una relación de Amor, ni siquiera es una relación, es una **no relación**, porque yo no sé quién es, qué piensa, qué siente, qué quiere, qué necesita y mi pareja no quiere abrirse y sanar todas las heridas que han provocado en nosotros relacionarnos de manera tan insana.

Ante la experiencia arriba descrita a través de estas preguntas y muchas más, que nos hacemos cuando el otro se muestra como es y nos hace sentir descontroladas, desencantadas y perdidas, hay diferentes maneras de responder. Reacciones de acuerdo a diferentes personalidades, grados de desnutrición emocional y nivel de conciencia. Veamos cuál corresponde a nuestra realidad:

REACCIÓN A:

DONDE LA LLUVIA NO DUELA

Todo está en la tortura de una desigualdad de sangre
no significa nada tu beso ni mi beso.
Deshazte de mi aliento que te encierra en mi cosmos
dilúyete, fúgate, no marches a mi ritmo
no te descorazones porque no te deseo
porque la marea de la pasión ha enmudecido.

No vuelvas la cabeza cuando te marches
yo no estaré detrás para mirarte
estaré en otro sitio, donde la lluvia no duela.

Tú agotaste la cera inútilmente, apagándome
esta oscuridad la dibujaste en plena luz
no me busques ahora en las tinieblas del hastío.
Alas de viento, reflejo de cristal
alguna vez fui águila y tú mar.

Ahora no vale de nada desnudarse
la locura ha perdido terreno
y sin ella no volveremos a latir al unísono
... No vuelvas la cabeza cuando te marches
estaré en otro sitio, donde la lluvia no duela.

¡Pero qué estupidez he cometido! ¡Este hombre es bueno, pero está loco! ¿Por qué me casé con él? ¿En dónde estaba yo? Me dio señales de cómo es en realidad, ahora lo veo, pero antes de casarme no las quise ver, claro, me quería casar, y si las hubiera visto no me hubiera casado ni de broma. Pero esto tiene remedio, le voy a poner solución de inmediato. Aquí no hay más que divorciarme. De ninguna manera voy a permitir que me siga maltratando a través del control. Me equivoqué, ni modo, al mal paso darle prisa, hay que darle la vuelta a la página y empezar a escribir el capítulo que sigue.

Son pocas las personas que toman una decisión así, con rapidez y sin vacilar. Son las excepciones, personas bastante sanas, que en cuanto se dan cuenta de que la pareja con la que se casaron es un **discapacitado**

emocional y no pueden ni quieren ni deben dejarse maltratar, se alejan sin pensarlo dos veces. Asumen que la persona con la que se casaron es otra de la que se mostró y lo reconocen y se atreven a enfrentar la situación. Son aquellas personas que quizá han vivido ya varias relaciones y han ido creciendo en cada una de ellas lo suficiente para tener bien claro qué es el Amor, y qué no, dado que ya han experimentado una relación verdadera de pareja, una relación horizontal, de tú a tú. Y tienen bien claro cuáles son sus derechos y no se enganchan en el maltrato. Personas que tienen el nivel de conciencia lo bastante alto, como para reconocer su error y no caer en la trampa de "lo voy a cambiar". Y deciden ponerle solución inmediata terminando la relación definitivamente.

Estamos hablando de que lo sano es tomar esta decisión sólo cuando desde el inicio de la relación o en una parte del camino hay un evidente maltrato en cualquiera de sus formas. No hablamos de dar una respuesta superficial y egoísta, que es la que dan las personas que no se toman en serio el compromiso, y que no están dispuestas a no ser tratadas como reinas (reyes) de principio a fin, estas son personas realmente insanas y superficiales. Son personas que no se casaron amando en verdad a su pareja y que quieren terminar la relación porque no se les cumplen sus caprichos. No hablamos de las personas que no están dispuestas a sacrificarse en el sentido sano de la palabra, que es renunciar al quiero propio por el bien no sólo del otro, sino el propio y el de la relación, en el entendido que **sacrificarse no es negarse a sí misma** por el capricho del otro. Sacrificarse sólo es válido y sano cuando ambos integrantes de la pareja están dispuestos a negociar sus quieros y necesidades y **nunca, por ningún motivo, ni bajo ninguna circunstancia, sacrificarse sanamente implica maltrato, jamás.**

Una manera de distinguir el sacrificio sano del insano, es que cuando uno se sacrifica de una manera insana es porque le tiene **miedo** a su pareja y por ello se niega, se anula, se paraliza y se "sacrifica". Todo esto no tiene absolutamente nada que ver con el Amor. No hay Amor sin sacrificio, pero para que éste sea sano, debe ser recíproco. En el momento en que no es recíproco se vuelve insano, se transforma en maltrato y se vive no desde una relación hombre—mujer, sino padre—madre, hijo—hija, en donde uno de los miembros de la pareja, el que no se sacrifica, es la autoridad moral del que se sacrifica. Si hay maltrato, y quien es víctima de él se atreve a enfrentarlo, esto no le excluye que terminar una relación implica dolor y un sentimiento de fracaso y de soledad. Si llegaron hasta ahí, era porque deseaban ser amadas y amar. Darse cuenta de que no pueden ser amadas, puede llevarlas a terminar con la relación ciertamente, pero hacerlo —insistimos— no excluye el dolor emocional, a veces en referencia al otro por haberlo perdido, a veces en referencia a sí mismos, por sentirse de nuevo solos y cansados luego de haberse ilusionado. O por ambas razones.

**Si dependiera de tu corazón
me amarías.**

Pero como no depende de tu corazón, sino de tu neurosis, me voy.

REACCIÓN B:

TE AMO ASÍ
(FRAGMENTO)

Te amo Así
de tal modo y manera que cada noche
de rodillas le pido a Dios perdón
por venerarte como te venero.

Te amo Así
con un Amor rendido y absoluto
sin los juegos de la conquista y la duda
que excitan los sentidos y perturban el corazón
...No, el mío es un Amor imperturbable
inamovible y siempre en movimiento
una pasión inquebrantable, sin tiempo
que crece sólida y segura, firme y honda,
brava como tempestad indomable.

Te amo Así
un día lo comprenderás y entonces
sabrás por qué era necesario amarte de este modo
amarte Así
sin estrategias, ni mentiras, ni atadura alguna
con un Amor del que tu corazón jamás pudiera dudar
por mucho que tu mente lo cuestionara.

294 *El amor de pareja desde la Psicomística*

Un día... Y entonces
sentirás el peso de este sentimiento y toda su levedad
sabrás en todo lo que eres:
sangre, huesos, Alma, células, saliva
tendones, lengua, garganta, vientre
hasta el último de tus cabellos
sabrás que jamás en todos los tiempos y por toda la eternidad
ningún ser humano ha sido, es,
ni será amado como eres amado tú por mí.

Él va a cambiar. Un día me va a querer como yo lo quiero a él. Él es bueno, yo tengo que aprender a comprenderlo. Yo tengo la culpa de que se
enoje, yo lo provoco, como él dice. Él va a cambiar si yo lo trato cada vez
con más cariño, si le doy gusto, si lo obedezco, si no lo confronto y no lo
hago enojar. Soy una tonta, no debí preguntarle esto o aquello. Tengo
que dejar de molestarlo, de agobiarlo, tengo que aprender a resolver sola
las cosas.

Lo que pasa es que no soy lo bastante inteligente, por eso no me
puede querer. Voy a aplicarme, a tratar de hacer las cosas mejor, a convencerlo de cuánto lo amo, de que es lo más importante en mi vida. Voy
a hacer un esfuerzo por complacerlo en todo, por no hacer nada que
lo contraríe, por hacerlo sentir tranquilo, seguro, en paz. Él es bueno,
pobrecito, lo que pasa es que tiene un carácter muy fuerte. Y tuvo una infancia muy difícil. Y no le ha ido tan bien en la vida. No lo reconocen en
su trabajo, no le dan su lugar, no lo comprenden, es lógico que se sienta
frustrado. Pero yo tengo que ser fuerte, lo voy a apoyar y a consolar. Voy
a hacer todo para curar sus heridas, y para merecer su Amor. Nadie lo va
a amar como lo amo yo, y él algún día lo va a entender y entonces me va
a amar como lo amo yo. No puedo fracasar. Qué dirían mis padres, mi
familia, mis amigos. Él va a cambiar. Yo creo en el Amor, nuestro Amor
es tan fuerte y tan grande, que va a lograr que sigamos juntos y que las
cosas se arreglen.

Esta es la clase de mujer que no ha desarrollado su autoestima. Que
tiene metido hasta los tuétanos el condicionamiento. Que no se atreve a romper las reglas y actúa permanentemente desde el Deber Ser. Que
cree que el hombre, por el sólo hecho de serlo, tiene todas las ventajas y
los derechos, y ella, como mujer, todas las desventajas y obligaciones, y
que "así es la vida, qué le vamos a hacer". No ha desarrollado su capacidad de introspección, no se conoce a sí misma, ni se reconoce y no ha

descubierto todavía su fuerza interior. Es la mujer que teme ser invisible para la persona que ama, le aterra el abandono y el rechazo, como la misma muerte. **La que se cree incapaz de enfrentar su vida sola.** La que teme enfrentar su "fracaso" ante el mundo. La que tiene un concepto equivocado del Amor. La que no ha comprendido que Amor que no es de dos, no es Amor de pareja, la que ama románticamente de una manera mal entendida, la que necesita sentirse mirada y enamorada para sentirse viva y pone el sentido de su vida en alguien que no es ella, en ese otro, que de no amarla, la lleva a la muerte emocional. No sabe soltar, porque sus hondas heridas la obligan a dejarse maltratar, ya que inconscientemente siente que no merece ser amada y que tiene que sacrificarse a sí misma, negarse a sí misma, por "Amor". La mujer que cree que va a cambiar a su pareja si ella le cumple la expectativa, no ha comprendido que no se trata de que él cambie, sino de que sea ella quien cambie su actitud y sus respuestas y aprenda a defender sus derechos.

MI CASA YA NO ES MI CASA

Mi casa ya no es mi casa
desde que me habitaste estoy envuelta
en el hueco de tus manos.
Sólo me da calor la cuna de tus brazos
y sombra el cerco de tus pestañas.

Mi casa ya no es mi casa
mi cama ya no es mi cama
mi taza ya no es mi taza.
Estoy donde tú estés
y sólo es mío aquello que tú miras, tocas, eres.

Yo no existo sino a través de ti, sin ti, mi vida no tiene sentido.

REACCIÓN C:

MI CORAZÓN

Minuciosamente destrozado
quebrado
reducido a la nada
palpita sólo en el dolor
agoniza en el silencio
lentamente
y hasta el último instante
busca hundido
desamparado
deshecho
una nueva manera
de pronunciar tu nombre
para hacerse escuchar.

Dios mío, ¿qué hice? ¿Qué está sucediendo? ¿Cómo puede engañarme hasta tal punto? ¿Cómo es que estoy metida en esta situación? Yo no digo que yo no sea neurótica, ¡pero hay grados! Puedo ver incluso mi parte neurótica. Estoy haciendo cosas que nunca me imaginé que llegaría a hacer. Me humillo terriblemente frente a él con tal de que no me abandone. Me dejo humillar, subestimar, gritonear y amenazar por él. Vivo asustada de sus reacciones. Estoy descuidando mi trabajo, mis responsabilidades. Vivo en función de él, de lo que hace y no hace, de lo que dice o no dice, de lo que piensa, de lo que siente. **Le tengo miedo.** No estoy en paz, no soy feliz, no quiero esto. Está mal, definitivamente está mal. Pero tengo que ver *mi parte*, ¿qué estoy haciendo *yo* para que él me trate de esta manera? Voy a tratar de distinguir cuál es mi parte y cuál es la suya. Tengo que tratar de que mi relación funcione, ***pero no a costa de mí misma.***

Esta es la clase de mujer pensante que se equivocó en su elección, que no *quiso ver en realidad quién era la persona con la que se estaba uniendo,* que no quiso escuchar las señales que le dio su pareja. No pudo ver la realidad a tiempo, porque su soledad no se lo permitió. No imagina su vida sin tener con quien compartirla. Quería una pareja, y cerró los ojos a la realidad e idealizó su relación. Sin embargo, esta mujer tiene la suficiente introspección para darse cuenta de que algo erróneo está sucediendo, aunque no comprenda qué es.

Esto no quiere decir que pueda tomar una decisión definitiva de un momento a otro y se pueda separar de su pareja. Necesitará un largo y muy doloroso proceso. Está muy enamorada, ella se comprometió en serio y su desnutrición emocional no le permite actuar sanamente de una manera inmediata. Quiere hacer el intento de salvar la relación, poner todo de su parte. Se aferra a la esperanza. Él le da mensajes ambivalentes que le hacen creer que quizá no todo está perdido. Ella quiere salvar el Amor, quiere creer que él también la ama y que si ella tiene paciencia, logrará que la escuche y juntos enfrentarán los obstáculos que los separan. Su mente se aferra a los buenos momentos juntos. A la pasión que los unió. A la imagen que él le dio, antes de que dejara salir su verdadera esencia y su neurosis.

Tiende a intelectualizar, a justificar a su pareja, a culparse demasiado por cosas de las que no es responsable. Tiende a analizar demasiado, a ser demasiado escrupulosa. O a no analizar en lo absoluto y dejarse guiar por sus miedos. Teme al fracaso y quiere asegurarse de que si llega a terminar esta relación, no será porque ella no hizo hasta lo imposible por salvarla. Ella se casó para toda la vida, eso fue lo que le enseñaron y quiere ser congruente con lo aprendido. Le cuesta mucho, sobre todo, creer que el hombre que eligió no es capaz de comprometerse al grado en que ella lo está, es decir, con todo su ser. Va de sorpresa en sorpresa al descubrir con quién se casó realmente. No puede creer que se haya equivocado hasta ese grado. Su mente no puede asimilar una realidad tan dura, tan cruda. Es muy honesta consigo misma, pero su mente está ofuscada y no puede pensar con claridad. Se siente cada vez más debilitada, asustada y paralizada.

Salvando las excepciones, que entran en la reacción A, la inmensa mayoría de las mujeres reaccionan de la manera B o C y se enfrentan a un camino largo, agotador y doloroso, antes de decidirse a terminar definitivamente con una relación. Luchan desesperadamente por defender el Amor que sienten, por salvar su relación. Entran en una enorme confusión, no logran distinguir hasta dónde tienen que ceder, hasta dónde tienen que defender sus derechos, ni hasta dónde tienen que ser generosas y comprensivas. No logran separar las cosas. En general son personas bondadosas y atrapadas por el miedo. El miedo a la invisibilidad, al abandono, al rechazo de su pareja, a las culpas; el dolor, la tristeza y el desencanto las paralizan. Sienten que están viviendo una pesadilla, que no parece tener una puerta de salida. Empiezan a caminar en círculos. Es como si estuvieran en un pantano, y a cada paso que dan, se hunden más. Se encierran en un silencio ensordecedor mientras se atormentan o se torturan mentalmente y hablan del tema sin agotarlo nunca. No pueden concentrarse en otra cosa. La angustia y la ansiedad parecen consumirlas las veinticuatro horas. Comen demasiado por ansiedad o compensación, o por el contrario, apenas y prueban bocado. Duermen mal o demasiado y viven cansadas. Se ven acometidas por sentimientos encontrados que no saben cómo acomodar. Van de la rabia al llanto, del enojo a la resignación momentánea, de la ira a las culpas, de la ansiedad a la depresión, y las envuelve una profunda tristeza que parece consumir su vida entera. Su mente confundida les hace creer que nunca más volverán a tener paz, ni a ser felices.

LAS GRANDES ENEMIGAS

... y era domingo

Se escuchó aquella voz
de un corazón destrozado
por las heridas de Amor:

¡Llévame!
—dijo a la Muerte—
¡Tómame!
—dijo a la Vida—

Y las grandes enemigas
por esa única ocasión
de acuerdo dijeron:
—No

Y en ese preciso instante
el infierno se inventó.

Quiero salir de este infierno. Sólo basta que me digas que valoras mi Amor. Dime que no has jugado con mis sentimientos, que me amas, que lo único que sucede es que estás confundido. Dime que todo lo que me juraste es verdad. ¿Quiere decir todo esto que todos los hombres son iguales? ¿Quiere decir que ninguna relación puede llegar a funcionar realmente? No, absolutamente no. Ni todos los hombres son iguales, ni todas las relaciones están destinadas a fracasar.

Hablando en general, estas son las situaciones que más se presentan para las mujeres. **Sin embargo, hay muchos casos en que las mismas situaciones se presentan para los hombres**, que una vez que entran de lleno a una relación y están perdidamente enamorados y comprometidos, la pareja no les corresponde y son ellos los que se hacen esta serie de innumerables preguntas. Y sufren terriblemente al comprobar que se equivocaron en su elección. Sufren sin siquiera poder expresarlo a sus anchas porque se los impide su condicionamiento, que los obliga a callar su dolor y no poder llorar abiertamente. Sufren en silencio al darse cuenta de que ella no los ama, que jugó con sus sentimientos, que se unieron a una mujer superficial y que ella lo hizo por interés, por estatus, por vanidad, por huir de una situación inconveniente, por cualquier otra razón, pero no por Amor. Ellos no pueden resignarse y por más que intentan una y otra vez que ellas correspondan a sus sentimientos, ellas, instaladas en un monstruoso egoísmo, no están dispuestas a amarlos cabalmente.

No se trata de *villanizar* a los hombres y hacer víctima de ellos a todas las mujeres, ni viceversa. Eso resultaría demasiado simplista y superficial.

Debe quedar asentado, enfáticamente, que hay grandes excepciones que confirman la regla. Sin embargo, nos enfocamos en las mujeres, porque la realidad es que en la gran mayoría de los casos, son ellas las que se enfrentan a estas situaciones, y es de ellas de las que parece depender, en el grueso de los casos, que una relación continúe y que funcione o no. No nos referimos a que a ellas les corresponda decidir —lo que menos tienen es poder de decisión—, sino que al reprimirse y soportar, siguen en una situación insana de pareja. ¿Por qué es a las mujeres a las que les toca la peor parte? Veamos dos fuertes razones:

* Por la manera en la que hemos sido condicionados, construidos a partir de nuestro género. Al hombre se le educa para mandar, controlar y ser libre. Y a la mujer, para obedecer al hombre, someterse y ser codependiente de él. La verdadera razón por la que no funcionan las relaciones de pareja es porque al condicionarnos, nos partieron en dos. Nos robaron la mitad de lo que somos: al hombre le bloquearon su lado femenino y a la mujer su lado masculino. ¿Cómo vamos a hacer parejas si nos condicionaron para ser lo contrario? Disparejos, no parejos, no empáticos, no recíprocos. No pares, no iguales, sino diferentes.

El único camino que tenemos para realmente hacer una pareja es hacer conciencia de cómo estamos condicionados, desandar lo andado, condicionarnos desde nuestra naturaleza real: humana y divina. Desde nuestro todo: masculino y femenino y sólo entonces, podremos ser pareja y comprendernos a tal grado que sea posible fusionarnos y ser uno mismo, no dos mitades que se juntan sino dos seres completos que se fusionan, se transfunden.

* Porque, como es evidente, el mundo en que vivimos, todavía es un mundo diseñado por y para los hombres. Con lo que la balanza de los beneficios se inclina hacia el género masculino, indiscutiblemente, sin duda alguna, y de una manera enormemente desproporcionada. Nadie puede cuestionar esta realidad. La sociedad sigue siendo muy permisiva con los hombres y muy represiva con las mujeres y eso tiene consecuencias muy graves que, por cierto, se traducen en dolor emocional para las mujeres. Ciertamente hemos avanzado, pero nunca lo suficiente como para hablar de equidad, para esto, hace falta todavía un largo camino.

El problema de relacionarse en pareja se ha vuelto cada vez más complejo, porque como ya lo hemos asentado, el modelo tradicional ha dejado de funcionar y no hemos encontrado el camino que nos permita establecer el tipo de relaciones sanas y realmente parejas que demanda la realidad actual de hombres y mujeres. No se trata de ver quién tiene la culpa de que las relaciones de pareja no funcionen, sino de analizar por qué no están funcionando y encontrar alternativas para hacer posibles las relaciones sanas. Se trata de ver la **responsabilidad** que tiene cada una de las partes que integran una pareja. Porque lo que también es cierto, es que se necesitan dos para que esto suceda.

Si uno de los dos decide no seguir adelante porque está siendo maltratado, la relación se acaba en ese momento. Y es ahí donde surgen las complejidades. ¿Por qué permanecen unidas dos personas que se unieron para ser felices si son perfectamente infelices? Para responder esto tenemos que hablar de sanidad. **No basta con ser bueno. Hay que ser bueno y sano**. Estar sano, relacionarse sanamente, no tiene que ver en principio con la **bondad** de las personas, sino con tener resueltas las heridas emocionales y con tener un alto nivel de conciencia. En verdad ser bueno, más que bueno, santo si se quiere, no es suficiente para tener una relación sana de pareja. Se puede ser todo lo bueno que se quiera, pero si las neurosis no están resueltas, el Amor está condenado a morir porque la discapacidad emocional no puede ser anulada ni por la bondad ni por el Amor.

Para superar esta discapacidad emocional es necesario un serio trabajo en sí mismo, una profunda introspección y ayuda profesional. Desafortunadamente, debido a la misma neurosis, a la discapacidad emocional que ella conlleva, difícilmente las personas que la padecen están dispuestas a buscar ayuda o a ser confrontadas, esto es parte de su neurosis: negarse a ver la realidad, evadirla, pensar que con ser buenos, es suficiente. Es así como se explica que amores que pudieron ser enormes y eternos terminen muertos, destruidos por la neurosis, a pesar de que la bondad exista en las personas que las padecen. La evasión es la hija mayor del Miedo junto con el Silencio, son como dos hermanos gemelos. Este binomio: evasión y silencio son dos de los más grandes males de la pareja contemporánea. Y del mundo en general. Como sabiamente dice Ayn Rand: *"Puedes ignorar la realidad, pero no puedes ignorar las consecuencias de ignorar la realidad"*. Ignorarla, evadirla, nos lleva a callarla, al silencio y esto tarde o temprano nos pasa una factura, una enorme en dolor emocional.

Recordando que todos somos desnutridos emocionales: egoístas o generosos, y por el tipo de condicionamiento que tenemos, la tendencia es que los hombres sean en su mayoría desnutridos egoístas y las mujeres, desnutridas generosas. Porque mientras ellos han sido educados para recibir y ser servidos, ellas lo han sido para dar y servir. El problema es que dar y servir debiera ser parejo y bilateral, si hablamos de la pareja. Y resulta que, esta entrega es ejercida sólo por el género femenino, salvo excepciones. Son ellas quienes asumen estas actitudes sin exigir hasta hace poco reciprocidad y, mientras dar y recibir no sea mutuo, la pareja no operará de una manera sana. Que fuera el hombre quien diera y sirviera era impensable hasta hace pocos años, pero en la actualidad esto ya no es vigente en la mayoría de los casos, es por eso que las parejas no se mantienen unidas o si lo hacen son infelices y viven en conflicto, muy lejos de la sanidad.

Dada la falta de perspectiva de género y de equidad, las mujeres han llegado a un punto en el que, en su gran mayoría, ya no toleran el maltrato ni el ser invisibles para su pareja, ni una relación desigual ni todo lo que ha venido siendo la relación de la pareja a través de la historia de la humanidad. Como consecuencia, las mujeres en todo el mundo se han ido empoderando al hacer conciencia de cuánto se les ha usado, sobajado, humillado, maltratado e ignorado y han decidido mediante un proceso de conciencia que vine creciendo desde hace algunas décadas, tomar el lugar que les corresponde como pareja.

Como hemos dicho, no basta que la mujer se mueva de lugar, ambos deben moverse. La mujer debe sacar su parte masculina, sin pretender emular al hombre, sin perder su feminidad. El hombre, por su parte, debe hacer lo mismo, hacer conciencia de su energía femenina, sin perder su virilidad. La realidad es que tanto hombres como mujeres estamos hartos del Deber Ser, estamos buscando sacudirnos de la esclavitud que impone cumplir con el Deber Ser para merecer ser amados, porque generalmente sucede todo lo contrario y experimentamos una profunda desilusión, cansancio, decepción y frustración al ver que nada es suficiente, y que somos rechazados, abandonados o invisibilizados, no importa cuánto nos esforcemos en hacer lo que nos dicta el condicionamiento.

Hagamos conciencia de ello y enfrentemos los miedos que nos impiden liberarnos del Deber Ser, en especial el miedo mayor, la herida madre: la invisibilidad. Es el único camino para hacer conciencia y lograr amar con libertad, ser tal como somos y con ello tener la seguridad de que somos amados por lo que somos y como somos, no bajo la condición de jugar personajes que nos obligan a ser incongruentes con nosotros mismos, que nos imponen vivir en la farsa que implica obedecer el Deber Ser y que nos hacen vivir torturados, con la duda eterna de si el ser que amamos nos amaría si no cumpliéramos cabalmente con el Deber Ser establecido. Vivir despierto, romper los espejismos, no estar dispuesto a jugar una farsa que nos hace vivir solos, así tengamos pareja e hijos, es el único camino para ser libre. ¿Por qué entonces no nos atrevemos a enfrentar los miedos y decirle a nuestra pareja lo que sentimos y lo que no sentimos? Es decir, que nos sentimos invisibles, sometidas... y no nos sentimos amadas, ni deseadas. Es sencillo responder esta pregunta, el *señor Miedo* nos tiene amordazadas.

El siguiente poema surge en coautoría de un caso que trabajamos desde la PSM y es la historia de muchas mujeres cuya alma les grita que la liberen del Deber Ser, que rompan con el espejismo, con la farsa. Ella lo hace, enfrenta a su marido venciendo el enorme miedo que tenía de confrontarlo y él que la daba por segura, al verla perdida, le pide otra oportunidad. Ella lo intenta y el dolor es desgarrador, hay innumerables sentimientos encontrados, dudas, incertidumbre, y cualquier cantidad de miedos.

SÓLO SÉ LO QUE NO SUCEDERÁ

Tú querías hacer el amor y mi cuerpo no fluía
porque hacer el amor sin transmutarse en Amor
sin mudarse, transfigurarse, expandirse y ser el Amor mismo
sin extasiarse y salirse del Relativo y navegar el Absoluto
me hace sentir que el ser tocada rompe mi intimidad
me hace sentir profanada, violentada, transgredida
me rompe el aura y mi espacio vital, me despierta la herida.

No es en ti en quien hoy puedo abandonarme, en quien puedo confiar
no es un acto de voluntad, mi ser se frena
algo me obstaculiza, me deja suspendida, me paraliza
mi cuerpo no fluye, mis sentidos no se rinden a tus caricias
no confío en ti, me abrazan con tu abrazo miles de dudas
y a un tiempo siento rabia, dolor y culpas.

No voy a mentirme ni a mentirte, dejaré que mi mente, mis emociones
mis espíritu, mi cuerpo, mis entrañas susurren,
hablen, griten, aúllen, se sinceren, se desnuden
aunque eso cause confusión y ruido, dolor, oscuridad, desvelo, frío
a pesar de que por un momento sienta que lo que quiero
es quedarme a tu lado, que ese es mi deseo
y al otro instante sienta lo contrario, que algo me asfixia
que no puedo contener la rabia que me causa todo lo pasado:
tu abandono, la invisibilidad a la que me tuviste sometida
como si fuera viento, un soplo, nada, un fantasma en tu vida.

No voy a seguir atrapada en esta dualidad
que sólo puede ser descifrada si la vivo sin más
sin juzgarme, frenarme, cuestionarme, culparme
porque no doy lo que esperas ni lo que te complace.

Tú quieres que responda a tus caricias
como si no estuviera lastimada
pretendes que tu aliento, tu cuerpo y tu pasión
me sacudan, me cimbren y ya no
hoy no, hoy no me dicen nada... y no sé si mañana.

No voy a traicionarme una vez más
negándome a mí misma para no lastimarte, ya eso jamás
no voy a someterme, a herirme sin piedad
por el miedo a perderte, a equivocarme, a fallar.

No, ya no, nunca más, en absoluto podré ser incongruente
no antepondré tu quiero al mío propio
ni daré prioridad a tus deseos a costa de los míos
no fingiré que quiero lo que tú con tal de retenerte
no voy a permitir que el Deber Ser vuelva a moverme
a manejarme como un títere sin voluntad
ni aceptaré migajas nunca más...

Y aunque ahora pareces rendido y decidido
a conquistar mi Amor de nueva cuenta
no cederé de nuevo a tu necesidad
a menos que lo quiera y que lo sienta.

No daré un paso en falso mientras vibren en mi interior
estos sentimientos encontrados: dudas, miedos, recelos y rencor.
Rabia contra ti por sobajarme, contra mí por permitirlo.
Dudas de lo que quiero en realidad y este sentimiento, raro, extraño
de mirarte y mirarme y no poder sentir si eres verdad
ni poder tener claro qué siento en realidad.

Ruidos, ruidos, ruidos me invaden, duele esta ausencia de serenidad
la culpa por un lado de verte apasionado, rendido, enamorado
y no poder ni por un solo instante responder a la pasión que expresas
y que me llena por un lado de recelos, por otro de dolor y de tristeza
es todo tan confuso, hay una furia en mí que me sorprende...
¿Cómo es que así, de pronto, de la nada, existo para ti?
Cuando apenas ayer era invisible, minúscula, incorpórea, imperceptible.

No puedo abandonarme a tus caricias y dejarme fluir
no puedo hacer el Amor así con tanta oscuridad, ruido, neblina
no me guía el Amor, no logras despertarme la pasión
y no quiero caer en lo de antaño, en ese Deber Ser
en ese no poder negarme —aunque me hiciera daño—
dejarme poseer por tu deseo, cuando no te he deseado.

Me abordas, tierno, amoroso, me besas suavemente
intercambias tu aliento con mi aliento y no... ya no me enciendes
... No puedo responder, no puedo responderte
mientras haya en mi mente tanto ruido no puedo complacerte.

Sin mi anuencia me invaden las escenas vividas en tus brazos
tu indolencia, apatía, tu desidia, tu abandono y rechazos,
tu silencio aplastante, la distancia, los muros que plantaste
entre tu cuerpo y el mío y que hoy pretendes que no existan
cuando en mi alma misma los sembraste.

Vienen a mí mientras que me acaricias
tu frialdad, tu indiferencia, tu tomarme a la fuerza
o procurando sólo tu placer sin detenerte a ver
que me tratabas como tú trofeo, era sólo un objeto de placer
no me miraste nunca ni como persona ni como mujer...

Verlo por fin, me ha fragmentado el Alma
y colmado mi mente de mortal desconfianza
y todo ese ruido me arrebata la paz
mi mente no se aquieta y sin serenidad
siento que no conecto y no puedo ni fluir ni volar.

No, no me excitan ahora tus caricias porque tengo latentes las heridas
de modo que decido no forzarme, no violentarme más
cierro los ojos y en tus brazos ahora dulces, tiernos, amorosos
dejo de atormentarme y simplemente me quedo al fin dormida
y me abandono al sueño, decido no ser tuya, sino mía.

No te voy a entregar mi intimidad por Deber Ser, por miedos o por culpas
no me habitas y no me has de habitar hasta que me lo pida el ser entero
y me impulse el Amor y me muerda el deseo
y me urja la sangre a esa fusión en la que todo fluye y el Amor
nos lleva a la profunda comunión sin pensamiento alguno de por medio
sin dudas, sin temores, sin dolor, sin ningún resquemor,
sin un asomo de desasosiego, desconfianza o dolor.

No forzaré más nada nunca más porque siento que hacerlo es profanar
la esencia del Amor, mi intimidad, mi dignidad, la luz y la verdad.

Abrir los ojos, hacer conciencia, despertar, ha roto el espejismo
no sé quién eres, no sabes quién soy
el Deber Ser manejó nuestra vida y nuestra relación
no voy a tener intimidad con un extraño... no, eso no.
Hoy no puedo saber qué pasará, pero sé lo que no sucederá:
no votaré por ti estoy resuelta, si hacerlo va contra mi libertad.

Lindy Giacomán y Luz María Zetina

Capítulo 12

Historias de desencuentros vistas desde la Psicomística

Cuando confundimos informar con comunicar
y no somos capaces de decir qué sentimos,
pensamos, queremos y soñamos
porque nos paraliza el miedo a ser rechazados,
el desencuentro no se hace esperar.

QUE IMPOSIBLE DECIRTE QUE TE QUIERO

Qué esfuerzo este tocarnos tan lejanos
este miedo a decir lo que sentimos
este dolor de herir lo que quisimos
este buscar excusas para hablarnos.

Qué esfuerzo este mirarnos tan extraños
este miedo a dejar lo que vivimos
este dolor de ver lo que perdimos
este estar sin estar, solos, quebrados.

Qué esfuerzo retener lo que se escapa
algo que estaba escrito en nuestros cuerpos
y mi voz se detiene en la garganta
qué impotencia, qué hastío, qué silencio
qué banales resultan las palabras
qué imposible decirte que te quiero.

Primera historia

A VECES ME PREGUNTO

A veces me pregunto
quién estará a atrapado
si tú en mis pensamientos
o yo en tus manos.

Ximena es una mujer de 34 años, inteligente, con altos grados académicos. Acostumbrada a la comunicación. Apasionada y analítica. Tras varios noviazgos, unos más afortunados que otros, pero todos fallidos por la falta de compromiso real de las parejas que elegía, se enamora de Tomás, un hombre encantador, en apariencia. Llega a ella como un ser lleno de misterios por descubrir, es un tanto enigmático, solitario, incluso, parece en ocasiones tímido. Se muestra creativo, sensual, apasionado, muy liberal, ecuánime y de criterio abierto.

Parece estar de acuerdo con que los hombres tienen los mismos derechos que las mujeres y da la impresión de no tener un pelo de macho. Parece no importarle los asuntos materiales, juzga una vulgaridad ocuparse de ellos, en especial del dinero, las apariencias. En fin, todo indica que es un hombre que se inclina por las cosas profundas: la filosofía, el análisis, el arte. Trabaja, pero en cosas que no lo atan, le gusta ser libre, y parece no importarle el no tener un poder adquisitivo suficiente para contar con estabilidad económica.

Tomás es un maestro con el verbo, cuando quiere. Cuando no, puede ser tan elocuente como una tumba. Ella es una mujer noble y honesta, con una gran capacidad de introspección, fuerte, capaz de enfrentar sola su vida. Valerosa, congruente y decidida. Él ve a Ximena como una mujer maravillosa, inalcanzable, la mujer de sus sueños, perfecta, hermosa y la admira profundamente.

Un buen día él le confiesa su amor, Ximena decide tratarlo y probar. Aunque no es su ideal de hombre porque siente que le falta ambición. Pero se siente muy sola y definitivamente quiere una pareja y hacer una familia. Él termina por seducirla y enamorarla. A los pocos meses le propone matrimonio sorpresivamente, con tal entusiasmo que la contagia.

Apenas se casan y empiezan los problemas. Él resulta no ser nada de lo que aparentaba ser. El hombre seguro, maduro, nada macho y ecuánime brilla por su ausencia. Empieza a criticar todo lo que ella hace, lo que dice, lo que piensa. Se muestra lejano, frío, tenso, decepcionado y desencantado. La acusa de ser muy demandante y de que lo agobia, de que ella no es tan fuerte como le hizo creer, de que él pensaba que era más inteligente, madura y estable.

Ximena está cada vez más confundida porque todas sus acusaciones, no son sino proyecciones de él. Cada reclamo tiene que ver con cosas que él le hace a ella. Ximena empieza a enloquecer y, a pesar de ser una chica muy centrada y madura, comienza a dudar de su percepción. Como si fuera poco, él la descalifica, subestima, desacredita, hace todo por aplastarla.

—No lo entiendo, no sé qué quiere.

—¿Tú qué crees que quiere? ¿Adónde van dirigidos todos sus actos en relación a ti?

—A controlarme.

—Exacto, Ximena, quiere el control.

—¡Todo el control!...Pero si yo no estoy compitiendo con él.

—Pero él sí contigo. Él te veía inalcanzable, demasiado mujer. Y quiere probarte que él es mejor que tú. Y para eso tiene que descalificarte continuamente.

—Me hizo creer que le gustaba que yo tuviera carácter, iniciativa.

—No es así. Se siente confrontado. Sus hechos lo dicen. Está totalmente a la defensiva.

—Pero yo lo amo, tal como es.

—Eso no es suficiente.

—¿Y qué sería suficiente?

—Que te amara de la misma manera. Que te viera como a una igual. No como una rival ni como una inferior a la que puede controlar. Que dejara de competir contigo y de controlarte.

—No sé qué quiere. Nada le parece bien. Nada es suficiente. Sabotea la relación a cada paso. Me tiene toda descontrolada.

—Dame un ejemplo.

—Hay miles, todo es motivo de discusión, de pleito, cualquier tontería. Mira, por ejemplo ayer. Luego de tantas peleas, él se puso triste, estaba deprimido, me dejó que me acercara. Le pedí que fuéramos a cenar, solos, tranquilos. Aceptó. Los dos teníamos cosas que hacer. Acordamos reunirnos en un restaurante que a los dos nos gusta. Nos despedimos cariñosos. Yo llegué a tiempo, él llegó tardísimo y de muy mal humor. Aunque yo me moría de hambre, no le dije nada. Me dije a mí misma *"paciencia, no te boicotees ni lo dejes boicotearse"*. Lo escuché, le hice ver que tenía razón en estar enojado, pero que tratara de calmarse, que juntos íbamos a tratar de encontrarle solución a ese problema. Que hiciéramos una tregua y disfrutáramos de la noche. Él se sintió incomprendido. Encima pidió una copa y el pobre mesero se equivocó y eso lo puso peor. Su tolerancia a la frustración es nula.

—Sigue, ¿qué hizo luego?

—Después de humillar al mesero que se retiró a cambiar la bebida, me dijo que no lo entendía, que era una egoísta, que cómo podía pedirle que dejara a un lado sus problemas. Yo traté de aclararle que sólo quería que se relajara un poco, que disfrutara de la cena. Otra vez él estaba interpretando lo que yo hacía o decía. Se fue acelerando cada vez más y más. La gente nos miraba. Me daba vergüenza pero me mantuve tranquila, porque si se me ocurre discutirle, ni te cuento. Pues aún así, verme tranquila lo exasperó más. Me daba la impresión de que iba a estrellarme un plato en la cabeza. Se puso furioso. Yo no sabía qué hacer.

—¿Y?

—Me controlé. Decidí no engancharme y le dije: "*Mi amor, por favor, dime qué quieres y eso hacemos ¿quieres que nos vayamos a la casa?*" ¡Bueno, haz de cuenta que le lancé una maldición! No sabes cómo se puso. Que si lo estaba subestimando, que si era una estúpida, que no lo tratara como a un imbécil. Yo enmudecí y él se fue furioso... Me quedé ahí, sin saber qué hacer. Todo lo que me dice que yo hago, es exactamente lo que él me hace a mí. Hice esfuerzos por no echarme a llorar como una tonta. Por fin me levanté, pagué la cuenta y me fui. No sabía ni a dónde ir... No lo podía creer, otra vez estaba en el mismo punto.

—¿Qué pensabas en esos momentos, ahí sentada y después?

—Cosas espantosas. Que él no me amaba. Que yo a lo mejor de verdad soy una imbécil y no sé cómo llegarle. Iba de un pensamiento a otro, pero sobre todo pensaba en qué iba a pasar cuando llegara a la casa... ya sabes... Si él iba a estar, si no iba a estar, cómo iba a actuar yo...

—En el fondo ¿cuál era tu sentimiento?

—Frustración, porque me había hecho ilusiones ¡la muy estúpida!, de que íbamos a tener una noche maravillosa, romántica y terminaríamos haciendo el Amor... ¡Sí, cómo no!

—Estabas ahí sola, humillada, maltratada por él... ¿qué otro sentimiento se hacía presente, por encima de los que has mencionado?

—No sé... muchos, pero no sé, te digo, estaba enojada, frustrada, me parecía injusto, egoísta de su parte...

—No, no me digas lo que pensabas, quiero lo que sentías...

—Ya te dije, enojo, me sentía... frustrada, triste, sacada de onda...

—Pero había un sentimiento más fuerte que dominaba a todos los demás... uno que está siendo constante en tu vida cotidiana, en tu relación con él... *(Ximena guarda silencio, me mira a los ojos, suspira hondo y por fin me suelta enojada, con los ojos brillantes:)*

—¡Miedo! ¡Caramba!, tenía un terrible miedo de regresar a la casa y no encontrarlo... o de encontrarlo y que siguiéramos peleando. Miedo de no saber qué hacer... miedo de que no regresara. Miedo a lo que estaba pasando. Miedo por no saber qué iba a pasar. De lo que me esperaba llegara o no llegara.

—¿Qué te esperaba?

—No sabía... podía no encontrarlo en la casa y pasarme la noche rodeada de mis fantasmas, pensando si le pasó algo. Mira, te lo digo y me siento una estúpida... ¡Hazme el favor, por Dios, encima de lo que me hace, me preocupo por él!

—Sigue, sigue, céntrate en tus miedos...

—No sé, tenía miedo de que se hubiera ido con la ex novia, que sigue puestísima o que se hubiera ido con sus cuates a desahogarse y pasarla bien. Ya me veía sola en la casa, esperando escuchar que por fin se abriera la puerta. Para sentir por un segundo alivio y de inmediato el terror de que llegara a la habitación y siguiera furioso o, que en lugar de venir a buscarme, se quedara en el estudio a dormir. Y no saber si ir o no a buscarlo. No entender qué espera de mí, qué más hacer para arreglar las cosas entre nosotros. Miedo a que si me encontraba dormida me hiciera un drama porque me dormí como si nada y si me encontraba despierta, me acusara de que lo estaba vigilando, esperando a ver a qué hora llegaba, y me dijera lo que repite sin cesar: que no lo dejo en paz, que lo agobio, que ni espere que él se va a estar preocupando por mí, que no me haga la víctima, que odia que me ponga en el plan de mamá protectora... Bueno, ni él se entiende, a veces me acusa de ser la mamá protectora, otras la mamá mandona, regañona, autoritaria... Otras me acusa de que soy una niña dependiente o mimada, o caprichosa o llorona que tengo que madurar... yo soy la que tengo que madurar... él no, él es perfecto, él siempre tiene la razón.

—Mira tus miedos... mira todos los miedos que te acometieron cuando él se fue enojado y te dejó ahí... recuerda el camino a tu casa... mira tu miedo...

—Sí... le tengo miedo, mucho miedo. Vivo asustada de que se enoje, de que me rechace, de sus juicios... No puedo entenderlo... Nada más no puedo fluir con él. ¡Estoy harta de tenerle miedo!

—Eso está muy bien. Pero aún no has pisado el fondo, tú te sigues relacionando con temor, le tienes miedo porque no te deja acercarte y cuando lo intentas, temes su enojo, su agresión, su reacción ante su incapacidad de darte *respuestas*, él *reacciona* ante lo que le dices, no da una *respuesta* desde el adulto maduro, sino que tiene una *reacción* neurótica desde el niño herido o desde el adulto frustrado.

—Sí, él está muy herido... y yo puedo ver su herida.

—Tú también estás herida, pero él no quiere ver tu herida.

—Alguien tiene que dar el primer paso.

—Tú lo das una y otra vez... el primer paso, y el segundo...

—Y el tercero... y muchos más y no sirve de nada. Ningún esfuerzo es suficiente... ninguna humillación... pero lo amo... lo necesito... y entre más intento acercarme, más distancia me pone... no soporto que me haga invisible ni su silencio.

SILENCIO

Qué profundo vacío después de tu silencio
atrás de tu silencio
en el silencio
silencio
silencio
silencio.

Ximena vivía en la incertidumbre. Por un lado porque él le mandaba mensajes ambivalentes y ella nunca sabía cómo iba a reaccionar y por otro, porque la torturaba no ver claro hasta dónde tenía que soportar sus desplantes, hasta dónde le tocaba a ella seguir buscándolo, pedirle, rogarle, suplicarle, humillarse... ¿Hasta dónde? ¿Hasta cuándo? Esto causaba en ella una tortura cada vez mayor.

No estaba dispuesta a darse por vencida. Se habían casado muy enamorados. Existía entre ellos una gran pasión física. Quería creer que él la amaba tanto como ella le amaba a él. Quería salvar su relación a cualquier precio. Pero tenía que comprender que no sólo era cuestión de tiempo sino de que ambos, simultáneamente, tenían que hacer conciencia y trabajar en sí mismos y en su relación. Sesión tras sesión el conflicto se manifestaba cada vez más claro: él no quería poner de su parte. Él no quería ceder en nada. Por supuesto no aceptaba ayuda de nadie, y de ella, menos que de nadie.

Él quería que ella fuera su sombra, que no lo cuestionara, que no le hiciera ruido. Que estuviera ahí cuando él la necesitara y se convirtiera en fantasma cuando no la requiriera. Quería una obediencia absoluta y una libertad total. Tener todos los derechos de un hombre soltero y todos los beneficios de un hombre casado. Lo mejor de los dos mundos. No quería nada que implicara comprometerse o responsabilizarse. Y Ximena no podía comprenderlo, peor aún, vivía justificándolo y haciendo un sincero esfuerzo por ver en qué estaba fallando *ella*.

—Dice que lo agobio. Yo, que soy tan independiente.

—¿Por qué clase de cosas se siente agobiado?

—Por cosas que son normales y lógicas en la vida de una pareja. Si le pregunto que a qué hora regresa para poder organizarme, para tratar de estar en casa cuando llegue. Por cosas como hacer las cuentas para tomar decisiones juntos respecto al gasto de la casa. Todo lo interpreta como agobio. Todo lo perturba y molesta. Cualquier cosa práctica que hay que hacer, siente que no le toca a él. No le importa nada de la casa, nada de la economía, nada de nada... bueno, excepto él y su trabajo. Todo lo demás es un problema, cualquier tontería.

—¿Qué más le importa, además de su trabajo?

—Nada según él, dice que le da lo mismo tener dinero que no, tener éxito que no. Que no le importa nada de eso ni el reconocimiento ni la fama...

—¿Y qué dicen sus hechos?

—Que miente, que por supuesto que le importa. La prueba es que me envidia cuando a mí me reconocen lo que hago. Se siente frustrado porque a él no le reconocen su trabajo, porque no tenemos dinero. No es cierto que no le importe.

—¿Y por qué no se mueve más? ¿Por qué no se compromete con las cosas de la casa, con las de su pareja? ¿Por qué todo le parece un gran esfuerzo y finge que no le importa nada?

—No lo sé... él no era así antes de casarnos.

—Él es así, como lo estás viviendo en la cotidianidad. Él es realmente éste que te está mostrando. Trata de ver lo que está pasando. Tomás no se compromete con nada, sólo le importan sus cosas...

—Y a veces ni eso...

—¿Por qué?

—No lo sé, te digo que no lo sé... parece que no pudiera con la vida, que fuera demasiado para él tener una pareja, responsabilizarse de lo que le toca... de... de...

—A ver... espera, mira lo que dices... *"parece que no pudiera con la vida"*. Esa me parece una percepción correcta de acuerdo a los hechos de Tomás todos estos meses. Eso se traduce de una manera muy clara: *le queda grande la vida*.

—No me digas eso...

—Míralo tú, es una realidad. Se comporta como si le quedara grande la vida, está instalado en un berrinche monumental porque quiere que la vida se ajuste a sus expectativas, a su edad, a sus necesidades, no ha comprendido que *la realidad es la que es y es inamovible,* y que es él quien tiene que ajustarse a la realidad, porque la realidad jamás se adaptará a sus deseos.

—Eso es cierto, cada vez que sus expectativas no se le cumplen, truena. Se pone como loco o se encierra en sí mismo o se evade.

—Cada vez que la realidad no es a su medida, que no se ajusta a sus necesidades y deseos, se descuadra, se desespera y hace una pataleta... y eso también se refiere a ti, si no te ajustas a lo que él quiere.

—Pero eso es totalmente infantil y adolescente... pide algo imposible.

—Lo es, la realidad no es negociable, jamás se va a ajustar a nuestras expectativas, no estamos aquí para que la vida o la pareja nos cumplan la expectativa. La vida es tal cual es, y la pareja es para ser y estar con ella, tal y como somos y estamos y enfrentar la vida. Juntos, acompañados, no solos en el interior porque el otro anda por su lado y lo único que escucha es su miedo y su neurosis. Su presencia física no quiere decir que está ahí ni que nos acompaña. Él está escuchando la voz de su neurosis, de su Ego, y no la del Amor.

—¿Y cuál es mi parte?

—Buena pregunta. Tú tampoco estás escuchando la voz del Amor, ese es el problema, estás escuchando la voz del miedo, es decir del Ego, de la neurosis. Los dos están reaccionando a su herida inicial: su miedo a ser rechazados, abandonados, invisibles. Tienes pánico a su rechazo. Esto hace que te relaciones con él **no *desde la mujer***, sino desde la niña asustada o desde la madre protectora. También quieres que él te cumpla tus expectativas. Se están relacionando no desde la pareja que puede amar maduramente, sino desde los roles tras los cuales, ambos ocultan sus neurosis y carencias. Para esto sirven los roles, para ocultar los miedos. Tras un padre autoritario, él oculta su miedo a no tener control. Y tú, tras la niña sumisa, ocultas tu miedo al abandono. Los dos están siendo manejados por sus inseguridades. Los dos temen ser invisibles para el otro.

—Sí, estamos metidos en esos roles... pero ¿qué le pasó? ¿Por qué actúa así a partir de que nos casamos, por qué no es como era antes?

—Quizá lo detonó el matrimonio porque implica compromiso. Y él tiene una gran incapacidad para comprometerse, precisamente porque le queda grande la vida, y al contacto contigo dentro del matrimonio se enfrentó con su incapacidad. Al casarse, se hizo patente su debilidad, su neurosis, sus profundas limitaciones. Antes de casarse, no había que pagar cuentas, darle explicaciones a nadie, responsabilizarse de nada. Estaban en el enamoramiento, y en la piel.

—Sí, y era maravilloso, en la cama nos entendemos muy bien... pero claro, con todo esto, cada vez tenemos menos contacto físico.

—Lógico, porque él está denso, tenso, metido en su lado oscuro, manejado por sus miedos y esto conlleva a que el juego de la pasión se desvanezca. Tú le exiges que crezca con tus demandas, hechas desde la mujer y él te ve como la madre autoritaria; y el hijo no quiere relaciones sexuales con la madre. Otras veces, eres la niña vulnerable y obediente con el padre autoritario y cruel que es él. Y el padre no quiere relaciones con la hija. La relación sexual se da entre dos adultos, de igual a igual, no entre padre e hija o madre e hijo.

—¿Pero entonces qué tengo qué hacer? Tú dices que una crece más que nunca estando en pareja. Estoy de acuerdo. Sé que estoy con él porque tengo que aprender algo importante. Pero ¿qué...?

—Tienes que aprender a relacionarte con él desde la mujer, exigir que te responda como hombre y no como un padre autoritario y controlador o como un niño caprichoso, demandante y egoísta. Tienes que aprender a no permitir que te invisibilice como lo hace... si te necesita, te truena el dedo y apareces, si no, te quiere como fantasma en su espacio, no existes. Tienes que aprender a enfrentarlo, a enfrentar tu miedo a que se enoje, a **no verlo como tu autoridad moral**, a obligarlo a mirarte como mujer, visibilizarte como tal, es la única manera de curar tu herida a la invisibilidad. Mientras esto no suceda, tú estarás metida en la neurosis, tanto como él. Si tú, por tus miedos respondes como madre comprensiva y resignada, sumisa y esclava de las demandas egoístas de tu hijo—pareja, él seguirá comportándose como un niño, con lo cual le impedirás y te impedirás crecer. Si sigues comportándote ante él como una niña indefensa, débil, dependiente, vulnerable y asustada, él te seguirá tratando como tal, subestimándote, ordenándote, controlándote... Y le estarás haciendo creer que es válido maltratarte —porque esto es lo que hace al agredirte, subestimarte y descalificarte—, en lugar de obligarlo a ver que sus actos tienen consecuencias, reforzando así su neurosis y tú comportándote igual que él, neuróticamente. Es ahí donde están mal enganchados, donde sus neurosis se juntan.

—Te entiendo, pero al mismo tiempo no sé cómo hacerlo, qué hacer, porque se supone que el Amor es aceptar al otro como es.

—Muy buen punto. Porque es ahí donde viene el problema, una se confunde y cree que el Amor es aceptar al otro como es y entonces una dice: él es así, agresivo con su silencio, su aislamiento; me hace invisible, me subestima ..., y yo lo tengo que aceptar aunque eso me convierta en un fantasma y me duela el Alma. ¡No, no y no Ximena! Esa es la equivocación, es una trampa. Ciertamente el Amor es aceptar al otro tal como es, siempre y cuando esté comprometido consigo mismo y con su vida y contigo como pareja, con la mujer que eres... y siempre y cuando aceptar al otro, no implique negarte a ti misma. Y este no es el caso, porque a él no le importa cómo te sientes, qué piensas y qué te duele. No le importa que su silencio te aísle, te llene de terrores, te cause inseguridades y dolor.

—Cierto, al principio creía que sí, pero cada vez le importaba menos y ahora no le importa en absoluto, y que no se me ocurra llorar, porque me va peor.

—Es ahí donde tienes que distinguir, lloras y te exige que seas invisible...No lo puedes aceptar así, hacerlo implica renunciar a ti misma; y esto no puede ni debe ser, porque el Amor no tiene nada que ver con eso, el Amor es sentirse perfectamente libre y aceptada por el otro. Amada, valorada, respetada, y si una vive en el miedo lo que hay es una intimidación y no intimidad. Si una vive asustada por la reacción del otro, no hay Amor que valga... Hay codependencia, hay lástima —que en el fondo es rabia por el egoísmo y el control del otro y sobre todo porque te hace absolutamente invisible— hay miedo a estar sola, al abandono, miedo a renunciar a las ilusiones, a los sueños... lo que nos lleva a actitudes equivocadas, y en vez de crecer y ayudar a crecer al otro, lo que hacemos es justamente lo contrario.

—Pero yo lo amo... y él es bueno. De verdad, no es un hombre malo. Pero cuando no le cumplo sus expectativas, se transforma en otro, es como si se le desataran todos los demonios, y entonces me insulta, me agrede, me hace sentir la peor mujer del mundo. Luego se arrepiente, pero cuando ya me hizo pomada.

—El asunto es complejo, implica comprender que no basta que el otro sea bueno. Para tener una relación real y sana es necesario que además de ser bueno, sea sano, es decir, capaz de compartir, de dialogar, de tener introspección y aceptar otros puntos de vista. Se trata de que el Amor esté por encima del orgullo, los miedos, los fantasmas, la soberbia... Tú también eres buena, y eso no basta, tienes que ser sana y dejar de permitirle que te maltrate, dejar de someterte a su control.

—Pero entonces, ¿qué tengo que hacer?

—Conciencia... conciencia de lo que hemos descubierto: le tienes miedo a tu pareja y eso no permite que seas tú misma. Tienes que cambiar de lugar, ponerte en el lugar y en la perspectiva correctos... enfrentarlo, plantarte frente a él, hacerte visible desde la mujer... y enfrentar tus miedos a la soledad, al abandono, a la incertidumbre del futuro, respecto al dinero, la pareja, la soledad, etcétera.

—¿Por qué es tan difícil hacerlo?

—Dímelo tú... ¿Qué pasaría si dejas de esconderte tras el rol de madre o de hija y le hablas desde la mujer que eres? Ximena guarda un largo silencio, por fin se atreve a ponerle palabras a lo que piensa:

—Sólo pueden ocurrir dos cosas, o él me responde desde el hombre, y entonces empieza a ser una verdadera pareja, o sale corriendo cuando vea que ya no puede controlarme... y me abandona.

Ximena comprende perfectamente a nivel intelectual, pero una cosa es eso y otra poder llevar ese conocimiento a la vida. Ser congruente implica hacer conciencia y actuar en consecuencia: enfrentar sus miedos. Tomar riesgos, exigir sus derechos. Actuar por encima y a pesar de sus miedos y aceptar las consecuencias. Ximena está en el camino, se da cuenta que no puede amar por los dos, ni seguir quejándose del egoísmo y el control de Tomás, si es ella la que se lo alimenta al tratar de cumplirle todas sus expectativas. También está haciéndose consciente de que lo hace para evitar el rechazo de Tomás, pero hacerlo no evita su rechazo, al contrario, él parece no sólo rechazarla, sino despreciarla y hasta comportarse cruelmente con ella.

DEMASIADO

Era demasiado dolor hasta para llorarlo
demasiada desolación hasta para escribirla
demasiada angustia hasta para contarla.

En el punto en que está su relación, necesariamente tiene que ser ella la que dé el paso siguiente, es decir, vencer su miedo y hablarle desde la mujer. ¿Por qué ha de ser ella la que lo haga? Porque él no quiere moverse de lugar, a él no le aprietan los zapatos, él está a gusto, tiene el control y sólo se siente seguro si la tiene controlada. Quiere el control de la vida de su pareja porque él no tiene el de sus emociones ni de su propia vida. Si Ximena vence sus miedos y defiende sus derechos, empezará a sentirse mejor, se irá fortaleciendo, elevando su autoestima, lo que le irá dando luz y fuerzas porque evidenciará los miedos de él.

Ximena ve sólo sus propios miedos, cuenta sólo con sus propias inseguridades, no ve los de él, porque los oculta al manifestarse agresivo y controlador. Pero si ella se atreviera a enfrentarlo, él mostraría sus miedos, entonces vendría el siguiente paso: se vería obligado a moverse de lugar, a responder desde el hombre, como pareja o a terminar la relación porque ya no podría controlar a Ximena, lo que indicaría que ella le queda grande. Si Tomás es capaz de anteponer el Amor a su neurosis, ambos podrán llegar a tener una pareja sana y hacer que su Amor crezca y florezca. Si él no es capaz de enfrentar la realidad de su vida, salirse de sí mismo y escuchar a su pareja, aceptarla como es y asumir la realidad de lo que significa vivir en pareja, la relación está destinada a terminar.

Desafortunadamente muchas mujeres no se atreven, ya no digamos a enfrentar sus miedos —ni los que le tienen a su pareja, ni el de enfrentar solas sus vidas— ni siquiera se atreven a hacer una introspección como la que está haciendo Ximena. Temen tanto que su relación se termine, que permiten que su pareja las controle toda su vida. Le ceden todos sus derechos. No enfrentan a sus parejas con tal de "conservar su matrimonio" y tarde se dan cuenta de que el precio que pagaron es muy alto. Excesivo. Apostaron su felicidad, nada menos que eso. Creyendo que "salvarían su Amor" y se dan cuenta en algún momento, que no existe tal Amor, porque aunque ellas siempre cumplieron las expectativas de ellos, ellos nunca votaron por ellas y la realidad es que no se viven amadas, ni comprendidas, ni aceptadas, sino resignadas, tristes y enojadas.

Pasados los meses, Ximena, a pesar de su confusión, empezó a defender sus derechos y a no dejarse seguir maltratando. Esto trajo como consecuencia que él reaccionara enloquecido al no poder controlarla. Ella vivía en un estado permanente de ansiedad, pero a través de hacer conciencia adquiría la fuerza para seguir adelante con su propia vida, su trabajo, sus compromisos. El abismo que los separaba era cada vez mayor y la violencia de él iba en aumento.

—Sé que tenemos que separarnos, pero siento que no puedo vivir sin él.

—Podrás.

—Me duele, me duele mucho.

—Lo sé. Pero tu integridad psicológica y hasta física están en peligro.

—No puedo esperar a que no me duela para separarme... porque entonces nunca me separaría. Lo sé, y sin embargo... no tengo la fuerza necesaria.

—La tendrás. De hecho, la tienes, pero ahora estás muy debilitada porque tu relación con él ha sido tremendamente desgastante.

—No puedo imaginarme cómo será la vida sin él. ¿Por qué, por qué no me ama, si lo único que yo quiero es amarlo, amarlo, amarlo?

DUERMES

Duermes
te grabo en las yemas de mis dedos
en mis pupilas cincelo cada línea de tus manos.

Duermes
en el techo se dibuja el perfil de nuestros cuerpos
tengo la Vida y la Muerte como un sueño repetido.

Duermes
me muero de oscuridad y de silencio
cómo será mañana que te marches.
Duermes.

Ximena se resistía, quería hacer todo lo que estuviera en sus manos, pero no obtenía respuesta de su marido, lo que la obligó, por sobrevivencia, a pedirle que se separaran a pesar de amarlo y del dolor inmenso que le causaba no poder realizar este Amor y su sueño de tener una pareja, una familia, estabilidad emocional. Él se fue, enfurecido, culpándola a ella de todo lo sucedido. Ella siguió adelante con su vida, con un esfuerzo indescriptible, porque arrastraba una profunda depresión y una tristeza tan honda que parecía ahogarla. De pronto se topaba con él en lugares que tenían en común y sentía que se le venía el mundo encima. Era una auténtica tortura. Ella sólo quería tener paz.

ALIENTO DE MUERTE

Quisiera poder estar, simplemente
sin esta sensación que me ronda
sin este aliento de muerte que me envuelve
estar... sin sentir que me duele la Vida.

Todos sus sueños se habían esfumado, convertido en nada. Parecía que no ser visible para él, no existir en su vida y su abandono, le habían detenido la vida y destrozado literalmente el Alma. La soledad le pesaba hasta asfixiarla. Pocas semanas después de separarse, lo vio con otra mujer. Sintió una profunda desesperación, la locura de los celos, la muerte. Era como si su ser entero se hubiera hecho añicos. Su autoestima estaba en los suelos y lo que más le dolía, le avergonzaba, le rebelaba y la confundía, era que lo seguía amando, que seguía queriendo realizar sus sueños con él.

SUEÑO MALDITO

Sabor de mar en mi vientre dormido
con todos mis demonios a la espalda
escurrían mis senos sal y agua
no había ninguna puerta, ninguna llave
sólo este espacio inmenso, ilimitado
y aquel sueño maldito y enraizado.

—Me siento tan humillada, tan estúpida, ¿cómo puedo seguir amándolo? Está con otra. Entonces, ¿qué significó nuestro matrimonio para él?
    —Evidentemente no lo que significó para ti.

—¿Cómo pude ser tan ciega, no darme cuenta que no me quería en realidad?

—Tú necesitabas creer que te amaba, si no lo creías, no te habrías casado con él.

—Pero ¿por qué, para qué me hizo creer que era en serio, que era para toda la vida?

—Quizá él también lo quiso creer. Casarse contigo era una fantasía. Eres una chica inteligente, con clase, educada, noble, le gustabas mucho físicamente. Eres independiente económicamente, tienes tu propio espacio donde vivir. De pronto, su vida estaba resuelta. Y no midió lo que significaba el compromiso. No quiso ver que había que dar algo a cambio de todo esto.

—Nunca me imaginé que fuera tan superficial, egoísta, mezquino, insensible, soberbio, cruel... oscuro. ¿Cómo pude casarme con él creyendo que era exactamente lo contrario de todo esto? ¿Quién es él realmente? ¿Alguna vez me quiso en verdad? ¿Todo el tiempo fingió? ¿Nada de lo que me dijo era cierto?... ¿Qué pasó con toda esa magia que tuvimos al comienzo?...

Ximena se torturó durante meses con preguntas como estas. No podía asimilar lo que estaba sucediendo. No comprendía cómo podía seguir amando a este hombre, seguir aferrada a él. Extrañarlo, desearlo, quererlo. El sinsentido se le presentó en todo su esplendor. El tiempo, sin embargo, la ayudaba a ir asimilando la experiencia. Pasó por toda clase de sentimientos: dolor, tristeza, evasión, rabia contra sí misma y contra él. Finalmente empezó a dimensionarlo en su justa medida. El hombre que había creído águila, no era más que un ratón asustado. No tenía los alcances que ella quiso creer que tenía. Al casarse se quitó el disfraz. No sólo no podía volar, quería que ella, que era sin duda un águila, se conformara con una vida de ratón. Eso es lo que él, tampoco le pudo perdonar, era mucha mujer para él. Pero las águilas, al salir heridas, son capaces de remontarse a las alturas, refugiarse temporalmente en un peñasco y lamer sus propias heridas. Y eso hizo Ximena. Siguió con su vida. Tenía pequeñas recaídas cuando se encontraba con él y todo el dolor regresaba en ese momento. Pasaba el tiempo, y seguía teniendo recaídas, a pesar de que sabía que él no merecía ni una sola de sus lágrimas.

Las mujeres que son abandonadas o que terminan su relación se quedan con un sentimiento que se reduce a: ***no merezco ser amada***. No soy lo suficientemente buena para que me amen, para que alguien como él o alguien realmente bueno llegue a mi vida. No valgo nada. Algo hice mal.

Yo tengo la culpa (por no haber elegido bien, por no darle el ancho, por tonta, no importa la razón). Se sienten más muertas que vivas, enfermas de dolor. La soledad y la tristeza parecen ser su único destino. Sienten que mueren día a día, metidas en su cuerpo que es como un territorio devastado. Se sienten secas por dentro, vacías. Estafadas por su pareja y por la vida. En el fondo, aunque lo lleguen a culpar a él (no siempre es así, algunas lo justifican sistemáticamente) y al mundo entero, terminan culpándose a sí mismas, reconociéndolo o no. Sienten que ellas tienen algún problema, un terrible problema, algo serio y definitivo que provoca que no puedan ser amadas. Se torturan pensando en la cantidad de cosas que no tienen, en la cantidad de atractivos físicos que les faltan, no les gusta su cuerpo, su cara. Se torturan enumerando la cantidad de cualidades de las que carecen, no les gusta su carácter, su manera de ser, de relacionarse, de actuar. Les parece poco ser lo que son. Se sienten ridículas, cursis, tontas, patéticas... y se castigan por ello sin ninguna piedad. Todos estos sentimientos los viven por igual todas las mujeres ante el abandono, sin importar su edad, clase social, profesión, nivel económico o atractivos físicos. El que el hombre a quien aman las haya invisibilizado, el no existir, el estar muertas para él es un dolor insoportable que incluso las lleva a invisibilizarse a sí mismas.

ENFERMA

Enferma
el fluido incoloro no aflora a mis cuencas
agónicas y secas.

Enferma
bebiendo pesimismo a grandes dosis.
Tocando la locura, el hielo de mi infierno.
Separada de un cuerpo, más cadáver que nervios.

Enferma
quién podría atreverse a mirarme de frente
y abrazar mis despojos
sin vivir el terror de un Alma muerta.

Es imposible no pasar por el proceso. Ximena, poco a poco parecía ir superando el abandono, se metió de lleno en su trabajo, mantuvo su mente ocupada. Pasado un tiempo creyó que ya estaba lista para verlo sin que le pasara nada. Y se sorprendió, cuando al encontrarse frente él, su mente la llevó a recordar todos los sueños que tuvieron juntos. Se sintió humillada, ¿cómo podía pensar que quería un hijo con este hombre? Sin embargo, a pesar de estas recaídas, no se daba por vencida. Siguió luchando, tratando de comprender el proceso. Había vivido una enorme pasión con este hombre. La atormentaba que no llegara alguien más a su vida. Alguien por quien sintiera lo que sintió por él. Alguien que la amara en verdad. Se sentía confundida: su mente le decía una cosa, la llevaba a razonar, y su cuerpo, le decía otra. A pesar de ella misma, no podía acabar de soltarse de la ilusión.

SOLOS, JUNTOS, QUIETOS

Fue mi cuerpo tormenta, abismo, infierno
fue tu cuerpo oración, fuego, misterio.
Quedó la piel sedada de caricias
un sopor disolvió nuestras conciencias
y nos vimos envueltos en el sueño.
Se quedaron las luces encendidas
y nuestros cuerpos solos, juntos, quietos.

Era la pasión y mucho más que la pasión, el sueño, la necesidad de compartir su vida, lo que no permitía que Ximena terminara por sacudirse de esta dañina relación. Necesitó tiempo —mucho tiempo, desde donde ella lo vivía— para darse cuenta de que la mente siempre la remitía a ese hombre, porque era su relación pasada inmediata, la más intensa que había vivido y porque estaba sola. Sin embargo, esto no era debido a que lo siguiera amando, sino a que tenía una infinita necesidad de volver a sentir lo que sintió con él. Necesitaba sentirse viva, pero no era él quien en verdad la había hecho sentir viva y valiosa, sino la imagen que ella se hizo de él y que no correspondía en absoluto con la realidad. Tenía que comprender esto en profundidad, él no era ese hombre que le mostró al principio, él era el otro: el que la abandonó, el que despreció su Amor. El que jugó con sus sentimientos. El que no tenía los tamaños para ser su pareja. Después del rompimiento, Ximena tuvo que vivir un largo proceso de rehabilitación. Como es una chica brillante y sensible, puso toda su energía en reencontrarse consigo misma, en asumir la parte de su neurosis que la llevó a humillarse hasta el extremo. Y cuando terminó por comprender esto a través de un proceso de conciencia, se liberó al fin y aprendió una dolorosa lección: las relaciones se dan entre iguales y de tú a tú, o no se dan.

Segunda historia

ALGO ESTÁ EN AGONÍA

Algo está en agonía, se fue quebrando siglos atrás
algo que duele dentro, donde se toca la soledad.

La juventud, la boda, los consejos. Ella quería creer que serían un matrimonio perfecto. A pesar de las advertencias acerca de que su marido era "de ojo alegre", inmaduro, pagado de sí mismo, egoísta y conquistador. Ella era una chica educada en todos los sentidos, con una formación moral a prueba de todo. Quería una familia, hacer feliz a su marido y ser feliz, rodeada de hijos y, en su momento, de nietos. Cerró los ojos y los oídos a las advertencias. Se casó y se fue de luna de miel.

Al principio todo parecía ir perfectamente. Los desacuerdos pronto se aclaraban y su vida parecía ir viento en popa. Esto duró mientras duró la primera etapa de la pasión y la mutua complacencia. Ella pasaba por alto las actitudes egoístas de su marido. Lo justificaba. Pero desarrolló su personaje controlador, porque él miraba para otro lado y ella tenía que ponerle un freno, hacerlo respetar sus promesas, vivir de acuerdo a las *buenas costumbres*, hacer lo que *es debido*, tener un matrimonio *decente*. Él jugaba a que se dejaba controlar, pero hacía lo que quería. Se controlaban mutuamente. Ella se enojaba, lo amenazaba, él pedía perdón —con mucho trabajo por cierto, y sólo cuando ella lo amenazaba con irse o lo corría de la casa— pero volvía a las andadas. Y mientras tanto, llegaban los hijos, uno tras otro.

Los primeros años era sutil, cuidadoso; luego, esto se acabó. Se desafiaban abiertamente, amenazaban con separarse, pero no lo hacían. Ella quería el control, se volvió una compulsión su necesidad de controlar la situación. De quitarle el control a él, pero era imposible. Él le había desarrollado una profunda desconfianza y ella no podía vivir en paz. Pasaron los años, diez, veinte, treinta. Él le tenía tomada la medida. Seguía siendo el mismo: egoísta, soberbio y orgulloso. Y ella, a estas alturas del partido, seguía esperando a que él cambiara, se sensibilizara a su necesidad, a su dolor, a su "amor" ahogado por sus resentimientos. Porque ambos habían ido coleccionando y acumulando toda clase de resentimientos. He aquí la conversación con su mejor amiga.

—Es un desgraciado, otra vez no vino a dormir, llegó a las cuatro de la mañana. Le vale, le importa un bledo. Y ahí estoy yo de su... aguantándole todo, pero me las va a pagar.

—¿Por qué no te separas?

—Porque no. Eso no es bueno para mis hijos. Se tiene que responsabilizar. Mira qué fácil ¿no? Después de treinta años de friega, de aguante... No, no puedo hacerle eso a mis hijos. No sabes cómo es la sociedad, los van a señalar, sobre todo a las mujeres. Necesitan a su padre. Una familia.

—¿Qué familia? ¿Crees que eso es una *familia*?

—Pues sí, claro que es una familia. No hay el mismo respeto si no hay un hombre en la casa. Yo no le voy a hacer eso a mis hijos.

—Todos tus hijos son mayores de edad.

—Y eso qué... viven conmigo, necesitan a su padre.

—No lo haces por ellos... sino por ti.

—No es cierto.

—Sí, lo es. No los agarres de excusa. No te engañes. Tienes que enfrentar tu miedo a quedarte sola. A no poder vivir sin él. Mira nada más cómo hablas: *"No hay el mismo respeto si no hay un hombre en la casa".* Estamos en otra época. Hablas como tus abuelas, como tu madre y lo digo con todo respeto por ellas, no les quedaba de otra. Pero ¡Por Dios! Estamos en el siglo XXI y si una "buena familia" no quiere que sus hijos se relacionen con los tuyos porque eres una mujer divorciada, no ha de tener nada de buena. De modo que no responsabilices a tus hijos de no tomar una decisión respecto a tu pareja *"en nombre del amor que les tienes a tus hijos".* No los culpes a ellos. Se trata de ti y tú relación. ¿Tú quieres a tu marido?

—Quiero que cambie, que entienda que tiene que responderme.

—O sea cumplir tus expectativas. ¿Por qué crees que va a cambiar ahora, si no ha cambiado en treinta años de casados? ¿Te das cuenta de lo que dices? Estás esperando ahora mismo, treinta años después, que él cambie, que te cumpla tus expectativas para que por fin tú puedas ser feliz.

—Es que no se vale que sea tan egoísta, no es justo.

—Pero si no se trata de que sea justo o no, sino de lo que es, y él, **es** un egoísta. Y tú eres muy infeliz con él, vives con el hígado retorcido, haciendo corajes, acumulando rabia, cada vez que viola tus expectativas, cosa que él, por cierto, hace sistemática y alegremente, sin importarle ni tus sentimientos, ni tu salud.

—Pues va a tener que cambiar porque yo no le voy a dar el divorcio.

—¿Por qué no?

—Porque ya me aguanté treinta años...

—¿Y cuántos más vas a aguantar? Tienes cincuenta, si vives ochenta te quedan otros treinta... ¿piensas vivirlos así de enojada como estás?

—Él tiene que pagar todo lo que me ha hecho.

—¡Ah!, eso ya me suena más real, más acorde con la verdad de tus sentimientos. Quieres vengarte de él, que pague el daño que te ha hecho y te sigue haciendo.

—Sí, eso es, quiero vengarme, que ni crea que se va a ir así nada más.

—Te estás haciendo daño y se lo haces a tus hijos.

—No siempre es así, ahorita porque estoy enojada. Pero hace una semana todo estuvo bien.

—¿Por cuánto tiempo?

—Unos días... luego salió con que...

—¡No importa con qué salió...! Siempre sale con algo. Tenemos años hablando de lo mismo. Y el patrón está claro. Están metidos en una guerra de control y él te tiene bien tomada la medida. ¿No te das cuenta? Hace años que te la tomó. Sabe exactamente hasta donde puede estirar la cuerda sin que se rompa. He aquí el juego: se contentan, tienen una corta luna de miel, muy corta, por cierto, difícilmente libran una semana. Luego de nuevo las agresiones, se rompen las expectativas mutuamente. Tú quieres el control, él sale huyendo, luego de insultarse mutuamente, de ofenderse, de pelearse, de agredirse. Y al irse, él te controla a ti, porque no sabes dónde está, qué hace, no puedes contar con él. Luego, la ley del hielo, dos días, tres, cuatro. Uno de los dos cede, de nuevo se contentan y... al ataque otra vez. A seguir reclamando lo que se han hecho durante treinta años, a engordar el costal de los resentimientos.

—Él tiene que cambiar, no puede seguir siendo tan egoísta, tan soberbio, aunque sea por sus hijos. Él tiene que...

Y este es el panorama en el que está metida esta mujer. Una mujer a la que le da pánico enfrentar su vida sola, que quiere cobrarle al marido todas las que le ha hecho, que no se puede separar de él porque él, en treinta años, nunca se le terminó de entregar. Nunca votó por ella y ella sigue esperando que esto ocurra. Toma de pretexto a los hijos, la situación económica, el qué dirá la sociedad, la familia. Se escapa por cualquier resquicio, se evade, está aferrada a que su matrimonio tiene que funcionar. A que "no se vale", "no debe ser así", como si el Deber Ser fuera irrefutable y conjurándolo se fuera a realizar. Aferrada a su religión y a su formación, en la que el divorcio es inadmisible, paga con el precio de su salud, su bienestar y su libertad, con tal de cumplir las expectativas del mundo entero, con tal de que el marido no se salga con la suya. Mientras tanto, su frustración va en aumento y la vida se le escapa de entre las manos, mientras navega en las tormentosas aguas del desamor y se siente sola y asustada de la vida. Y aunque quiere seguir engañándose y su evasión es enorme, sabe que no es feliz, pero no se atreve a romper el espejismo.

Me perdí en las corrientes de tu sangre
y la voz de la mía fui acallando.
Me perdí en tu sonrisa dulce y falsa
mientras la mía agonizó en mis labios.

Tercera Historia

ERES COMO ENREDADERA

Eres como enredadera
creces arriba y al fondo
cada minuto más hondo.
Tu ausencia hilando telones
que entre los dos se interponen.

Se va tejiendo la pena
hilo sangre cose venas
en un bordar que sin prisa
se va haciendo enredadera.
Creces arriba y al fondo
cada minuto más hondo.

Él llega a su vida y la conquista de todas las maneras. Es creativo y apasionado, y hace todas esas cosas que ella soñaba que alguien hiciera. Viven durante pocos meses un romance de película, literalmente. En ese momento, están en la misma frecuencia. Todo es mágico. Su verbo y acciones están enfocados a que ella sienta que es la mujer de su vida, le hace sentir que no puede vivir sin ella, lo que en ese momento, es cierto desde la manera adolescente de "amar" de este hombre. Le gusta conquistar, y vaya que sabe hacerlo, el problema grave, es que se aburre una vez que la mujer se le rinde y se le acaba la pasión. Ahora veremos por qué.

Lo que este hombre no muestra en la etapa de la conquista es que es tremendamente egoísta —pero eso sí, refinado— (lo de egoísta le viene del niño inmaduro, lo de refinado del adulto aunque igualmente inmaduro). Es incapaz de entregarse porque necesita por un lado, que alguien le rinda todo el tiempo y por el otro, poder ser libre para seguir viendo para otros lados. He ahí el problema que se presenta en todo su esplendor, en cuanto pasa la primera etapa, muy corta por lo general. Sin embargo, no es así de fácil detectarlo para la mujer a la que enamora. Las cosas están tan amalgamadas que no es posible reconocerlo. ¿Cuál es el problema? Que él, desde el hombre, necesita seducir, sentir el poder de atraer, de rendir a las mujeres. Aquí actúa como hombre y busca mujer. Por otro lado, desde el niño quiere un amor maternal, que se remita al seno materno. Esto al mezclarse resulta en el deseo de él de ser libre pero tener la vela prendida. Tener todos los derechos y ninguna obligación, quiere el control y le hace creer a ella que le es indispensable. Pero ¿como madre o como pareja?

Es caprichoso, volátil y voluble, además de vulnerable y tierno. Aquí actúa como niño y busca madre. Así pues, él quiere que ella sea su amante y su madre. Cuando él empieza a mostrar simultáneamente estas facetas, ella se descontrola, porque en el primer momento, él actuaba desde el hombre que venía a conquistarla como mujer, y quizá de una manera muy sutil, sacaba su niño. Una vez que ella está totalmente enamorada y entregada, él saca su otra parte —la del niño — a todo lo que da. Y de tiempo completo vive inmerso en esta mezcla enloquecedora. Ella, confusa, trata de comprenderlo, de adaptarse, para no perderlo. Pero él, empieza a querer irse. Ella se niega, pide, suplica, intenta por todos los medios comprenderlo, aunque ello implique negarse sistemáticamente a sí misma para cumplirle las expectativas. Pero a pesar de ello, él se le escapa de entre las manos, hasta que ella, orillada por él, acepta terminar, a pesar de los planes de boda y de que lo ama profundamente. De modo que todavía menos entiende, cuando él luego de pedirle terminar, porque "está confundido", la busca desesperado por regresar. Empiezan a cortar y volver. Él todavía no está listo para destetarse, pero ella no puede ver que la busca como madre, quiere creer que la ama como mujer. Ella vive en un infierno, él la mantiene en la perenne incertidumbre, en una dolorosa ansiedad, en el continuo miedo de perderlo definitivamente. Y cuando no puede más, porque no entiende lo que pasa, toma la decisión de terminar, porque no soporta el dolor ante la ambivalencia y las dudas de él que va de necesitar teta, a necesitar sexo. Como es de suponerse, él jamás lo permite, sabe que ella está rendida de Amor y es a él a quien corresponde darle fin a la relación cuando esté listo, ni un minuto antes.

¿Por qué ella sigue enganchada, y cada vez más? Porque su manera de amar es dar sin esperar nada a cambio, dar incondicionalmente. En el fondo no cree que merece ser amada, y esto no le permite ver que **Amor que no es recíproco, es neurótico**. La reserva de él, su resistencia a entregarse, alimenta la entrega de ella, su deseo de poseerlo, conquistarlo, de que le demuestre su amor... en una palabra, de que vote por ella, cosa que nunca sucede. Hasta que llega un día, cuando él ya está listo para irse, en que terminan definitivamente. Y no pocas veces, este momento llega cuando alguien más ha llamado su atención, y él, como buen adolescente, quiere irse con la novia y dejar a mamá. Ella cree, que como siempre, él regresará. Pero esta vez no vuelve. Ya sea porque ya tiene otro interés o simplemente porque no soporta ser amado así y estar cerca. No puede con las exigencias, por mínimas que sean, quiere su libertad. Y entonces ella, destrozada, lo ama desbordadamente en la ausencia, sigue viviendo para él, para el momento en que regrese, porque no puede comprender que él pueda vivir sin ella, si su respiración es él, él, él.

SÓLO VIVO PARA EL MOMENTO EN QUE REGRESES

Sólo vivo para el momento en que regreses
nada tiene importancia si estás ausente.
Querría abandonarme a un sueño sin retorno
y sólo abrir los ojos para verte.

Hasta el tiempo se ha vuelto mi enemigo
y en vez de consumirse se detiene.
Me duele todo el cuerpo que reclama tus manos
y me abate este miedo de pensarte lejano.

Esta ausencia tan larga me pobló de fantasmas
preguntas sin respuestas me consumen el Alma.

He aquí una dura confrontación entre la enamorada que no es correspondida por este hombre, y una mujer de sus tiempos, muy sana emocionalmente, capaz de mirar con claridad a través de los hechos y del
dolor de su amiga, cosa que no es gratuita, dado que ella ha pasado ya
por una historia igual.

—No puedo, de verdad no puedo olvidarlo. No puedo dejar de amarlo, entre más tiempo pasa, más lo amo. Son los misterios del Amor.

—No, querida, no son los misterios del Amor, son los misterios de la
neurosis. Eso no es Amor, los hechos dicen que él no te ama.

—Yo sé que sí, está confundido, pero si tú supieras lo que hemos vivido juntos lo entenderías. Todo es tan mágico entre nosotros.

—Tú lo viviste así, esa es tu versión de la historia, la de él no tiene
nada que ver con la tuya. No te amó, se enamoró, se encariñó, pero el
Amor es otra cosa. No dudo de que fuiste muy importante en su momento, cuando él te necesitaba. Cuando estaba solo y se sentía anulado.
No te amó ni te ama, pero eso sí, le encanta que lo ames así, incondicionalmente, pero él es incapaz de hacer lo mismo.

—No, él es bueno . Está confundido, pero va a regresar. Cada vez que
cortábamos era así. Y no estaba en paz hasta que volvíamos.

—Eso era parte de su neurosis. Mira, estoy leyendo un libro de poemas, y hoy lo voy a usar en nuestra conversación. El lenguaje poético
tiene mucha más hondura que el lenguaje coloquial. ¿Recuerdas cuando
te querías ir? ¿Por qué no te dejaba que lo hicieras? Y cuando él empezó
a dejarte, una y otra vez ¿te acuerdas de cómo te sentías cada vez que
quería irse?

QUE QUIERES OLVIDARME

Tus manos nerviosas se crispan ante mí
tratas de explicarte el olvido
tus ojos alcanzan a ver la ausencia
la que ha de venir después.
Rabia, dolor, deseo, desencuentro
una parte de mí se está muriendo.

Tus manos nerviosas se crispan ante mí
el Amor se te escapa en otros vuelos
transita tu corazón deshecho
por tus poros, tu aliento, tu saliva.

Las palabras atrapan tu garganta
se te muere el silencio y el te quiero.
Cuánto miedo en tus ojos desolados
y ese adiós de cuchillas en tus labios.

Te quiero más que nunca en este grito
no te vayas así, te lo suplico.
No trates de explicarte el olvido
no me expliques a mí, ni al azar, ni al destino.
No expliques el Amor, ni el desencuentro
no agonices así frente a mis ojos.

Tus manos nerviosas se crispan ante mí
me abrazan en el aire rompiendo mis defensas
mientras tu boca me dice que me marche
y yo quiero acunarte y envolverte
y hacerte olvidar que quieres olvidarme.

—Yo sé que él no quiere olvidarme, pero no se da cuenta. Si no me amaba ¿por qué se ponía así cada vez que cortábamos? Lo que pasa es que
para él la libertad es muy importante, no quiere perderla.
    —Porque quiere seguir conquistando a otras... ¿no lo puedes ver?
    —Nadie lo va a amar como yo, él lo sabe.

—Muchas lo han amado y lo van a seguir amando como tú y él les va a hacer lo mismo que a ti: usarlas. Entiéndelo, él busca mujeres que lo amen como tú, incondicionalmente y sin exigir la misma reciprocidad. Teóricamente quiere una amante, una pareja, relacionarse de igual a igual, pero él hace todo para que esto no suceda, para que la relación se convierta en una relación de madre—hijo... y luego se decepciona y abandona a la mujer—madre, para ir en busca de la mujer—amante, ¡quiere pasión! Y no quiere darse cuenta de cuál es su parte: no le permite a las mujeres una relación sana de adultos maduros. Ellas lo intentan, pero se asustan cuando él las pone entre la espada y la pared. Cuando les exige cumplir sus expectativas de niño y si no lo hacen, las amenaza con el abandono, argumentando: *"No me entiendes, no me dejas ser como soy, no me aceptas."* Y ellas en lugar de decirle: *"Dame respuestas desde el hombre, no te comportes como un niño egoísta. Mira también mi necesidad, deja de hacerme invisible como mujer".* No, no se atreven, hacen lo que hiciste tú, lo dejan actuar como un niño caprichoso, con tal de que no las abandone. Y no pueden darse cuenta de que es eso precisamente, lo que provoca que más tarde llegue el abandono.

—Pero entonces ¿por qué sufría tanto cuando nos separábamos? ¿Por qué cuando yo tenía la fuerza para resistirme a regresar, lloraba y rogaba? Sufría, de verdad le dolía...

—Porque no estaba listo para dejar a su madre, que era su seguridad. Quería teta todavía. No soporta el rechazo de la madre. Quiere quedar bien con ella... que ella siga en su vida, pero no quiere hacer el amor con ella... ella es su madre. Quiere una amante.

—¡No, no, no! Me ve como mujer, éramos pareja, sufría en verdad, te lo juro.

—Es un egoísta de... así que sufría. De acuerdo, seguramente sufrió una semana, pero su dolor no era tan fuerte como su necesidad de liberarse de ti. Él te abandonó, y sabía que podía regresar en el momento en que quisiera. Ahora mismo sabe que si se le antoja, te truena el dedo y tú le abres la puerta. Y él, lo que quisiera es que tú siguieras estando ahí —como su madre—para que pudiera tener sus novias.

—Pero cuando terminamos, y yo le llamaba, él estuvo ahí... bueno, al principio, un tiempo...

—No porque te amaba, sino porque se sentía culpable. De alguna manera te seguía necesitando, pero ya no como mujer. Y además, le importaba su imagen, no tú. Quería estar en paz con él mismo. No pensaba regresar, ya no le importabas porque ya no sentía pasión.

—Un día se va a dar cuenta de lo grande de mi amor y va a regresar.

—Nunca va a regresar. Es demasiado vanidoso. A él le importa demasiado el qué dirán... la imagen. Quiere una mujer a la que vea como tal, de preferencia guapa, inteligente... entiéndeme, no es que tú no lo seas, pero ya no te ve como mujer...

—Tú no lo conoces... él me necesita. Me necesita a mí y no como madre.

—Ahí está lo complejo. Quiere las dos cosas: que seas su madre, pero que lo ames como mujer, siempre y que no exijas nada *como mujer*. Yo no digo que lo haga conscientemente, pero de que así funciona, así funciona. Necesita ser adorado eternamente, sin tener que comprometerse, responsabilizarse, decidirse, dar nada a cambio... Quiere que lo veneres y ahí está la neurosis, el Amor verdadero efectivamente venera al ser amado, pero es recíproco, y él quiere que lo veneres mientras que para él eres invisible como mujer. Eso no es una relación de tú a tú, esto está muy claro, tu relación con él es de yo a tú. Él manda y tú obedeces, él decide, él dice cuándo, cómo y dónde... y hasta dónde y hasta cuándo. Él tiene todo el control... pero te hizo creer que lo tenías tú, que eras irremplazable y única... y quizá en su momento lo eras, como madre, pero no como mujer ¿me explico? Ese es su pecado. Para él su relación contigo como mujer, fue un mero espejismo, una pasión efímera, mientras para ti es el Amor de tu vida.

—Sí, es el Amor de mi vida. Lo que tú no ves es que él tiene un lado muy tierno, muy delicado. Es muy sensible. Por algo lo amo como lo amo. No es gratuito.

—No lo amas a él. Amas el personaje que *representa* para ti... no la persona que *es*. Amas un personaje que él se fabricó y te hizo creer que era... amas lo que te hace sentir, pero que él no siente por ti. Tú sabes su historia, no eres la primera mujer en su vida y a las otras les ha ido como a ti. Tú amas lo que crees que sientes por él y quieres creer que él siente lo mismo. Mira cómo te has quedado colgada de la primera etapa que viviste con él. Estás aferrada a los momentos en que se comportó pasional y enamorado, y tienes bloqueado todo lo demás: su abandono, el dolor que te causó, el que te sigue causando. Quieres creer que sigue siendo el hombre que "te amó" cuando te veía como mujer todavía... y eso es una gran mentira que te dices a ti misma para alimentar la esperanza, porque en el fondo, tienes miedo de desenamorarte. Miedo de soltarlo por fin, y sentir el vacío... de este modo, aferrada a él, alimentando la esperanza, sientes que tu vida tiene sentido. Aunque él ya no esté, no

334   *El amor de pareja desde la Psicomística*

sientes el vacío absoluto, porque tu corazón está lleno de sentimientos y fantasías por él... que él no comparte. Eso está bien para un poeta, que tiene que tener una musa, un Amor imposible... pero tú no eres poeta, y tienes que aterrizar. ¡Ver la realidad y aceptarla!

—No estoy metida en una fantasía, lo que viví con él realmente sucedió, no fue una ilusión, no inventé nada, no estoy aferrada a algo que no existió... ¡No soy tan imbécil...!

—Eso es lo que yo te digo, eres una mujer noble, inteligente, brillante, vamos, —y eso no se lo concedo más que a muy contadas personas, tú lo sabes— sin embargo, emocionalmente estás mal, tienes mucho que resolver. Sientes que no mereces ser amada de verdad, es decir, ser correspondida. Te dedicas a dar, dar, dar, y él es un vampiro, Drácula mismo. Es como un recién nacido, demandante, que quiere una madre todopoderosa, por la que no tiene que preocuparse, quiere que no necesites nada, que tengas todo para darle, sin que le pidas absolutamente nada a cambio. Y tu fantasía es que él, un día, te nutra tal como lo nutres tú a él... y eso nunca va a ocurrir.

—¿Cómo puedes saberlo?

—Porque los hechos me lo dicen. Mira su historia con las mujeres. Las seduce, las conquista, las tiene comiendo de su mano, y entonces, se aburre y las deja... se va tras alguien que no se deja conquistar... hasta que él consigue doblegar a la inconquistable y hace que se ponga a sus pies, entonces la abandona, porque se le acaba la pasión y vuelve los ojos a su siguiente conquista.

—Conmigo va a ser diferente... esta historia no se ha terminado.

—No... no va a ser diferente... no *es* diferente. ¡Esta historia ya se acabó, sólo está en tu mente! Ese es tu deseo, que él vuelva y te reivindique, pero no es parte de la realidad, ni lo será... Mira te voy a leer este poema y te voy a probar mi punto. Se llama, *Soy ese lugar*, justamente lo que tú crees ser para él:

SOY ESE LUGAR

Soy ese lugar donde usted se encontró y se conoció y se reconoció
soy quien está cuando el dolor le duele más allá de lo soportable
soy el tiempo y el destiempo, la raíz, la rama y la sombra.
Soy su prado verde y su castillo en algún sur de algún país
donde se beben estrellas y el agua corre sin pasar susurrando secretos.

Soy en su oscuridad el único tragaluz en el que puede confiarse.
Soy en quien puede recargarse con todo su peso
y flotar en toda su levedad.

Soy el mundo en el que puede soñar que no es sueño la caricia
ni efímero el beso, ni incierto el futuro ni alarmante el final
porque a mi lado la Muerte no llega a ser ni una sombra.

En cada instante de nuestros instantes tocamos lo perfecto,
lo único, lo inmortal, lo eterno
...Y usted dice que no me ama, que nada le signifíco
y yo no se lo creo, ni usted tampoco.

Usted se volverá loco negándome
antes de que yo me desquicie afirmándole.
Usted qué sabe del Amor sino a través de mis dedos y mis pupilas
usted que no quiere reconocer que negarme, es morirse.

Usted que no quiere creer que esto
le haya sucedido precisamente a usted.
Usted que dice que ya soy historia sin ver que soy su historia
y que le sigo escribiendo día tras día en tanto le piense y le sienta.

Usted que no quiere reconocerme como la tinta de su diario
el papel de su Alma y el sudor de su soledad.
Usted que dice que me atormento inútilmente
sin ver que hace lo mismo sin reconocerlo.

Usted que no es el mismo sin mí, porque sin mí no es el que fue ayer,
ni el que cree ser hoy ni el que será mañana.
Usted que sin saberlo ni quererlo es tanto como yo misma
Usted... usted que no puede explicar su mismidad sin mí.

—¿Lo ves? Si parece que tú lo escribiste o que otra se lo escribió al suso-
dicho. No eres la única que lo ha vivido. Te aseguro que mientras esta
mujer escribe este poema, el otro, está muy quitado de la pena con otra
en la cama, encantado de la vida. No quiero ser cruel, pero tienes que ver
la realidad. Si ese amor fuera tan extraordinario, y él de verdad la amara
de esa manera, tan única, tan total... ¡él nunca se habría ido, jamás!

Pero se fue. Se fue y no va a regresar. Es así, hay hombres así —y mujeres también—. No te digo que todos son iguales, pero él, sí es así, lo quieras ver o no, y si alguna vez termina quedándose con alguna de sus amantes, lo hará porque esa mujer no se le entrega, porque no se rinde a sus pies, porque no lo venera, porque no logra que vote por él, porque no la puede terminar de conquistar... él está metido en un juego de estrategias, de poder, de control... y tú para eso no sirves, eres como eres, eres transparente como el agua bendita. ¡Por Dios, tienes que verlo!

—No puedo vivir sin él... no quiero.

—¡Pero si has vivido todo este tiempo sin él! No lo quieres soltar, de adentro de ti, porque sientes que te vas a morir, que tu vida no tiene sentido sin él... ***Él es el que es y no es el que te enamoró, sino el que te abandonó.*** Y si lo conocieras a fondo, en un descuido, no dudo de que serías tú quien terminaría dejándolo. Por egoísta. No te quieres dar cuenta de que no te ama, porque no crees que vayas a amar a alguien más así... y te equivocas, porque tú sí eres capaz de amar así. ¡Él es quien tiene una tara, no tú! Esto que sientes por él no es Amor de pareja, para que lo sea, tendría que ser precisamente parejo, de aquí para allá, como de allá para acá. Tendría que ser recíproco, mutuo... y tu "amor" por él nunca ha tenido esa cualidad, ni antes, ni mientras, ni después... ¿Acaso no puedes verlo? Tuvieron una pasión recíproca, pero no un Amor recíproco.

—Lo único que sé es que lo amo. Que si escucho una canción es él quien viene a mi memoria, que si huelo el aroma de la loción que usa, se me va la respiración, que si lo veo, o alguien me habla de él, o si me dicen que anda con otra, yo sufro... que todo lo relaciono con él... Ni siquiera tengo que traerlo a la memoria, está presente. No puedo dejar de pensarlo, de sentirlo, vamos, si él anda mal, yo me siento mal...

—Ahí tienes, sufres, eso es lo que no es discutible: sufres... Dime ¿Qué tiene que ver el dolor con el Amor? El Amor es luz, es crecimiento, es paz. Y tú sufres, sufres, sufres... porque él no te corresponde.

—¡Porque no está listo...!

—¡Se va a acabar tu vida y él no estará listo...! Al menos, no para ti. Nunca estará listo para amarte como eres capaz de amar tú. Y si un día —que lo dudo mucho aunque los milagros existen— él llegara a aprender a amar... ese otro, ya no te va a tocar a ti. Le va a tocar a la mujer que esté en ese momento en su vida. Tienes que reaccionar. Ni siquiera ves a otros, porque sientes que lo traicionas, que traicionas el Amor que le juraste, como si él hubiera respetado el "amor" que te juró.

—Te digo que está muy confundido... asustado...

—Sí, muy asustado y confundido, pero no lo estaba para nada en el primer momento, todo lo contrario, estaba muy seguro y definido, decidido a conquistarte. Cuando llegó a tu vida, te hizo creer que estaba seguro de que te amaba para toda la vida. Una vez que tú ya estabas perdidamente enamorada, resulta que a él le entró la confusión. Pero en la primera etapa, se aferró a ti... mientras te necesitó. Y cuando tú te encargaste de levantarle la autoestima hasta el cielo, te dejó. ¡Mira los hechos! Te necesitaba rabiosamente, eso es lo que te demostró. Y tú saliste a su rescate, eres una gran rescatadora, porque quieres que alguien —para ser precisa— quieres que *él*, te rescate a ti... Lo suyo era necesidad, no Amor, no dudo que quizá te quiera, te estime, vamos, pero no te ama como pareja, no siente pasión por ti. Y ese es el punto, para él la pasión está ligada con la conquista y a ti ya te tiene absolutamente conquistada. Este es un hombre que se mueve por la pasión, y ésta, nunca es suficiente, es insaciable. Para él, la pasión es la voz cantante en una relación, no el Amor. Si no hay pasión no hay nada. "Ama" como un adolescente. Siente pasión y "cree" que es Amor. Pero no es así, por eso va de una relación a otra. Para él, todo empieza y acaba en la piel, en la *torridez*, en la carne... en el espejismo. Necesita sentirse prendido.

—Pero si conmigo se sintió prendido ¡Prendidísimo!

—Claro, pero vuelvo a lo mismo, eso fue al principio, en la primera etapa, y justo cuando tú fuiste más allá de la piel y lo empezaste a amar y te rendiste a sus pies, él se sintió seguro y te colocó en otro lugar: en el de la madre nutridora. Y nunca te va a mirar de otra manera. Te necesitó mucho como tal, quería un refugio, un remanso de paz, alguien que le soportara el niño caprichoso, alguien que "lo dejara ser libre", alguien que no lo juzgara, cuestionara, confrontara, criticara, exigiera; alguien que lo aceptara egoísta, vanidoso, caprichoso, voluble, controlador... y tú lo aceptaste así. Le diste permiso a su "niño" para vivir plenamente, sin restricciones... y le gustó, y es lo que sigue buscando en cada relación. Esa es su neurosis, dice que quiere una pareja, pero eso es sólo un discurso intelectual, en el que él mismo está atrapado. No es cierto, se engaña, no está listo, es demasiado egoísta para eso. Pareja implica compromiso, dar, entregarse sin reserva. Ser emocionalmente maduro. Y él no ha crecido, aunque tenga cuarenta años, y dudo que vaya a crecer, está engolosinado con su neurosis... va conquistando mujeres que parecen inconquistables, inalcanzables, las hace sus amantes, luego las convierte en su madre. ¡Quiere un séquito de madres y una amante que lo enloquezca de pasión!

El amor de pareja desde la Psicomística

—Él necesita mi Amor.

—¡No necesita nada de ti, ya no! Necesitaba una madre, te obligó a ser su madre, y luego se fue a buscar una amante. Está con otra, ¡por Dios! ¿No puedes ver lo que eso implica? Vive como si no existieras, va de una a otra mujer. No te necesita para nada.

—¡Lo que tuvimos no pudo ser una mentira, él no pudo jugar así con mis sentimientos!

—*Lo hizo*. Y no quiero decir que sea malo de entraña o un ser oscuro. No, es encantador, sin duda, al menos desde donde tú lo ves. Pero no basta con no ser malo. Si se es egoísta hasta ese grado, si su neurosis es tan grande, si su desnutrición es tan enorme, no hay Amor que valga. Tú no puedes seguir amando por los dos. No puedes seguir esperando lo que no va a llegar nunca. Te estás robando el derecho a ser amada, a vivir una vida con alguien. Te estás condenando a la soledad por alguien que no te ama, que no lo vale, que nunca te valoró realmente, jamás. Y que no lo va a hacer. Para él ya eres pasado. Él no se fue cargando nada, se fue a continuar con su vida, mientras que tu vida se detuvo, el día que él se fue. Eso no viene de un Amor verdadero, eso no tiene nada que ver con el Amor. Tiene que ver con tus miedos. Que lo sigas amando no tiene nada que ver con los "misterios del Amor", como dices tú, ¡no, por Dios, es pura, pura neurosis! ¡Miedo!

—Mi único miedo es que no regrese nunca. Antes yo no tenía miedo. Cuando él llegó yo estaba fuerte. Él fue quien me buscó, quien me hizo creer que quería todo conmigo.

—Él quería que lo rescataras... estaba perdido, venía de un fracaso, su vida no tenía sentido, se sentía solo, inseguro, devaluado, desvalido, lo habían humillado, subestimado, minimizado... y de pronto apareces tú: fuerte, admirable, serena, independiente, en un buen momento de tu vida. Él se engancha y te busca, y tú lo miras y él quiere ser mirado con los ojos con los que tú lo viste: perfecto, hermoso. Lo hiciste visible como nunca antes nadie lo había hecho. Le descubriste su lado luminoso... y él en vez de agradecértelo, se creció en soberbia y vanidad y una vez nutrido por ti, una vez que le pusiste su autoestima hasta el cielo, se dedicó a buscar mujeres que hagan lo mismo que tú... pero en cuanto las conquista, les hace lo mismo que a ti: se desaparece, sale huyendo. Dice que no te quiere hacer daño, cuando la verdad lo que no quiere es que lo agobies, que lo hagas sentir culpable, basura. Y es tan hábil, sabe hacerlo tan bien, que encima tienes que agradecerle que te abandone "para no seguir hiriéndote". Pero ya es demasiado tarde, para ti —como lo fue para las otras mujeres— porque para entonces, ya te ha dejado la adicción por él, ya te ha mostrado su vulnerabilidad y su encanto y te ha hecho creer que siempre te va a necesitar y a "amar" a su manera... ¡Es *tan* agradecido, que ni siquiera te da la oportunidad de reclamarle... y de paso, curarte de él! Si él hubiera tenido el valor de aceptar que se equivocó y decirte la verdad de sus sentimientos: *que no te amaba*, tú te hubieras desencantado y curado. Pero no. Es el tipo de hombre que te abandona antes de que se le quite lo "misterioso", antes de que te desencantes, antes de mostrarse tal como es en todo su esplendor. Es un cobarde que no pone a prueba el Amor, no da tiempo para que le conozcas de verdad. ¡No, qué va! ¿No te das cuenta de lo que hace? Te deja en la etapa del enamoramiento y la pasión, antes de que puedas averiguar si hay suficiente dentro de él para hacer una relación de *Amor* con todo lo que implica... Él parece creer que los amores eternos, son los truncados, los imposibles, o los muertos. Él se va, te abandona antes de que tú te canses de que no responda como adulto y quiera ser un niño eterno. Se aleja con un "halo de misterio". Por lo tanto, te quedas colgada de él... viviéndote en la imposibilidad del Amor... te deja en la plenitud del deseo que se alimenta en la ausencia donde crece e invade toda tu vida... Mira, como dice esta poeta, te quedas con el "enemigo en casa".

TENGO UN ENEMIGO EN CASA

Tengo un enemigo en casa palpitándome tu nombre
sólo a tu aliento responde, sólo con tu voz se abrasa.
Tengo un enemigo en casa y por mucho que te asombre
me amenaza que se rompe, que de esta noche no pasa.

Ya no puede fiarse uno ni del propio corazón
que es más necio que ninguno, resulta que no hay razón
que le convenza presumo de olvidar esta pasión.

—Es así, ni más ni menos... pero no puedo evitarlo.

—No quieres... tienes miedo de que se te vacíe el corazón si lo sacas de la jugada.

—No sé cómo no te hartas de escucharme siempre dándole vueltas a lo mismo.

—Porque yo ya lo viví y sé por experiencia que se necesita un largo proceso para sacudirse de una relación así... Y ¿sabes cuál es el colmo de este tipo de hombre? Que aunque una rehaga su vida, porque finalmente ha sanado, madurado y encontrado un Amor real, pleno y maduro, es decir, *correspondido*, él, en su infinita vanidad, sigue creyendo que no puedes volver a amar a nadie como lo amaste a él. No le cabe en la cabeza que ya es pasado y tú ni siquiera te acuerdas que existe, porque en el presente, tu relación es tan rica que lo borró del mapa de tus sentimientos.

—¿Así que con Tito estuviste igual que yo?

—Tal cual... igual o peor.

—¿Y cómo pudiste salir adelante, volver a amar?

—Cuando vi la realidad. Cuando puede verlo a él tal como era y lo dimensioné correctamente. Entendí que yo sí era capaz de amar. Y me abrí y llegó alguien a quien en verdad amo... y me ama. Alguien que está totalmente comprometido conmigo, como te consta. Al ser correspondida, comprendí que aquello que había vivido no había sido un Amor verdadero, sino una relación que debió haberse quedado en romance, fue sólo eso, un romance, una pasión. Pero en mi neurosis quise creer que era Amor, el Amor de mi vida ¡imagínate qué absurdo! No, no era más que una relación neurótica y destructiva para mí. El Amor sano es otra cosa, créemelo. Amor que no es de dos, no se puede llamar jamás Amor. Pero te comprendo, porque cuando estaba como tú, jamás pensé que podría decirte esto que te estoy diciendo.

—Pues entonces debo estar muy enferma, porque yo lo amo y siento que nunca más voy a amar a nadie así.

—Te digo que exactamente eso creía yo, y mírame: feliz, plena, amando sanamente **por primera vez en mi vida**. ¿Sabes qué es lo que pasa? Que en el fondo te dejó tan herida, con la autoestima tan, pero tan lastimada, en el suelo, qué digo en el suelo, ¡en el subsuelo! que su abandono, te ha generado todo tipo de inseguridades, desde tu físico, hasta tus capacidades. Sientes que tú eres la que no lo merece a él, lo cual es absurdo, porque es exactamente lo contrario, es él quien no te merece a ti, no merece un Amor como el tuyo. No es capaz ni de recibirlo, menos de darlo. No tiene la capacidad... Un día, luego de meses de haber terminado con Tito, me lo encontré. Ya sabrás el impacto, yo estaba sola, y por supuesto, vivía añorándolo, deseando y temiendo al mismo tiempo el momento en que nos encontráramos. Así, como ahorita estás tú.

—¿Y qué pasó?

—Te lo voy a decir con un poema... se ve que esta mujer, también pasó por aquí y se preguntó lo mismo que me pregunté yo y que ahora te preguntas tú:

CÓMO PUEDO SEGUIR AMÁNDOTE

Días y noches, semanas y meses torturándome
deseándote más allá de la razón y la cordura
presintiendo siempre que en algún momento
en cualquier sitio, por destino, por azar
nos encontraríamos irremediablemente, como hoy.

... No te sentí más cerca de lo que has estado siempre
imposible, vives en mis venas, en mis pálpitos, en mi sudor.
Me pregunto qué sucedió en ti en este encuentro abortado
me pregunto si tu sangre golpeó tus entrañas
si mi nombre martilló tus sienes
si sentiste que algo tiraba de tu piel
si algo te quemaba, te consumía, te arrastraba.
...Me pregunto cómo puedo seguir amándote
sabiendo que en ti, de eso, no ha sucedido nada.

—Dios mío, ¡qué horror... !
    —Sí, ¡qué horror, querida! y más horror que tú quieras seguir creyen-
do que cuando te topas con él, a él también se le mueve el piso... ¡No se
le mueve nada...! ¿Entiendes? Nada. Si acaso pasa un mal rato o su ego
se infla al ver que sigues ahí, esperando.
    —Eso es lo que no puedo creer. Me parece algo increíble, es imposible
que él no me ame. No puede haber fingido hasta ese grado.
    —Mira, el asunto es muy complejo. No quiero justificarlo, pero quizá
no se trata de que haya fingido. Él en verdad creyó que te quería. En
verdad te conquistó creyendo que eso era lo que quería, que lo quisieras
y quererte. Pero luego se dio cuenta de que "algo" le faltaba. De que no
era contigo con quien quería estar.
    —¿Pero por qué? Parecía tan feliz a mi lado. No podía ni quería vivir
sin mí. Bueno, hasta se ponía celoso sin motivos. ¿Cómo no iba a creer
que me amaba? No imaginábamos la vida uno sin el otro.
    —Mira, ahí está lo difícil, que de verdad hizo cosas que te hicieron
creer en su "amor". No creo que lo haya planeado fríamente, no, pero
eso no importa a estas alturas. Importa que no tenía derecho a jugar así
contigo, a ir tan lejos, si no pensaba comprometerse en serio. Si tuviera quince años, se puede comprender, ¡pero cuarenta! ¡Caray, si a los
cuarenta no sabe lo que quiere y es así de volátil... ! No se puede ser tan

superficial e inmaduro a esas alturas, y andar como adolescente por la vida, dominado por la pasión. Su neurosis es enorme.

—Eso es lo que me confunde. Es un ser tan sensible, tan analítico...

—No demostró ninguna sensibilidad con lo que te hizo, y en cuanto a su capacidad de análisis... No, no lo creo, definitivamente no. Al menos no en cuanto a sí mismo y su vida emocional. Una cosa es su capacidad verbal y otra la de amar. Es un incongruente... y eso hace que sea un egoísta y un insensible *en los hechos* que son los que cuentan. Contigo faltó sistemáticamente a la sensibilidad, y se dedicó a recibir sin dar nada a cambio. Cualquier discurso, por brillante que sea, se evapora ante los aplastantes hechos. La inteligencia verdadera, incluye la inteligencia emocional, no lo olvides. Así que este hombre, de inteligente, nada.

Guarda silencio y ve, cómo en el rostro de su amiga se refleja el dolor y la confusión. Se miran, su amiga toma el libro de poemas del que le había estado leyendo y lee contenida, pausadamente:

MIENTEN

Dicen que eres fantasma y yo que mienten
que mis ojos se aferran a tus manos y mi piel a tu mente
y yo que mienten.

Dicen que sólo fuiste en otro tiempo llama para mis ojos
calor en mis almohadas, que ahora me consumo inútilmente
y yo que mienten.

Dicen que eres locura voluntaria y que ciño mi sangre a mi nostalgia
y yo que mienten... que mienten
mienten.

—Si no creo esto, me voy a morir. No puedo verlo como lo ves tú... Si todo lo que dices de él es verdad, entonces soy la mujer más imbécil del mundo... la más ingenua, la más estúpida y neurótica.

—No, sólo eres una mujer con una gran capacidad de amar y una profunda necesidad de ser amada... y la persona en la que confiaste, no merecía tu confianza. **Eres una mujer que tiene que aprender a *pedir lo mismo que da.***

—Me dejó destrozada el Alma. La vida. Me siento seca, anestesiada por dentro. Como si toda yo fuera una enorme herida. Se llevó mi alegría de vivir, mis ganas, mi fuerza. No me reconozco a mí misma. No puedo siquiera acordarme de cómo era yo antes de que él apareciera en mi vida... No puedo con esta nostalgia. Me duele la vida.

YA ME DI POR VENCIDA

Ya me di por vencida
de luchar en mi contra
de arrancarme del Alma cada sueño
de la piel cada deseo
de la mente cada pensamiento.

Ya me di por vencida
de mutilarme
de acorralarme
de triturarme
de deshacerme
de anonadarme.

Ya me di por vencida
de perderme en el abismo
de una oscuridad sin fondo
sin límite
sin salida.

Ya me di por vencida
de llamar a la muerte
de infringir en mi espíritu
las más hondas heridas.

Ya me di por vencida
estoy pisando el fondo
la vacuidad
la nada
y aún aquí
palpita tu nombreen las sienes y el Alma.

Ya
me
di
por
vencida.

Esta mujer no está lista para soltar ese "amor". Para ubicarlo como una relación de enamoramiento mutuo, que no pasó la prueba por parte de su pareja, para llegar a ser un Amor maduro, es decir correspondido. Estará lista cuando supere su inseguridad y crea desde el fondo de su ser que merece ser amada con la profundidad y la calidad con las que ella es capaz de amar. No podrá deshacerse de esa obsesión hasta que mire quién es en realidad el otro y acepte que no puede seguir sosteniendo una mentira en la ausencia del otro por el resto de su vida. He aquí la dificultad de ver lo obvio, esta mujer no lo ve porque verlo, significaría estar realmente sola y asumirlo.

Cuarta Historia

ROMPIENDO CADENAS

Esta carne que ata
esta mente que encarcela
esta herida que palpita
esta muerte que ronda
esta cobardía que hunde
este cansancio que agota
esta soledad que muerde
esta nostalgia que invade
esta melancolía que asusta
este dolor que descoyunta
… Esta mujer que vibra
rompiendo cadenas.

Querida doctora, me urges. Estoy hecha un lío de espanto. No sabes cómo quisiera en estos momentos tomar un avión y hablar contigo "al ojo" como dices tú. Pero no, ni siquiera siento que tengo fuerzas para eso. Quisiera más bien cerrar los ojos, y al abrirlos, encontrarme en los mullidos sillones de tu sala, sentir cómo entra la tarde por los ventanales de tu balcón, ver a los colibríes llegar a beber el agua dulce que cuelga de los bebederos en tus macetas de aguacero. Quisiera estar ahí, relajada, disfrutando de un buen vino tinto, y contándote el estado de mi Alma.

Las cosas siguen igual con Gerardo. Me informa, como dirías tú, pero no me comunica. Sé a dónde va, qué hace, a qué hora llega, pero no qué siente y qué piensa. Estamos metidos en una rutina aplastante. Apáticos, lejanos, fríos... corteses. No nos peleamos, a menos que yo deje de hacer lo que él espera, o que quiera hacer algo con lo que no está de acuerdo. Los hijos, encarrilados, cada uno con los problemas de su edad, me chupan toda la energía y apenas me queda tiempo para mí. Aquí estoy, a mis cuarenta y tres años, respirando una asfixiante tristeza, arrastrando una nostalgia terrible. No le veo sentido a nada. No quiero estar aquí, hacer lo que hago, ni estar con mi pareja, estamos cada día más lejanos. Siento que la vida se me escurre entre los dedos y yo estoy cada vez más paralizada, mirándola pasar de largo. ¿No me dijiste que los cuarenta años eran una edad estupenda? Estoy cansada, como si tuviera cien. Sigo haciendo lo que tengo que hacer, pero todo en piloto automático, como si me hubieran anestesiado el corazón. ¿De quién es la culpa? ¿Es así la vida?... ¿Es esto?

Estoy confundida, con una ansiedad como telón de fondo que me sobrecoge desde que amanezco. No me reconozco en esta mujer que estoy siendo, pero ¿cuál de todas soy yo? ¿La que era alegre, tenía coraje para enfrentar las cosas, la apasionada, la valiente...? ¿O esta triste, cobarde y pasiva? ¿Qué piensas de todo esto?...

Recibe un abrazo largo y cálido, como el que yo necesito de ti, en este momento.

Celina.

Mi entrañable Celina:

Parece que estás en uno de esos pozos en los que una siente que no hay fondo ni salida, se siente una como empantanada, y parece que a cada paso que una da, se hunde más... Pero no es así, tu mente te engaña. Paciencia, queridísima, que la Señora Vida tiene más imaginación de la que pensamos... ¿Qué pienso de todo esto? Que mi querida Celina está padeciendo un ataque de nostalgia que ya le dura demasiado. Es peligroso no ponerle un alto a un ataque de esas magnitudes. Leo entre líneas que estás sufriendo más de lo que puedes expresar, por no saber el rumbo y sentido exacto de esa nostalgia. Te extrañas a ti misma, a la que en alguna parte de ti sabes que eres y que no has acabado de explorar. Sientes que esa que realmente eres, se ha ido para siempre. No temas, no es así, es precisamente ella la que está gritando por salir, y como no la quieres escuchar, se traduce en tristeza y en nostalgia.

Vamos a empezar por tu relación. Tienes razón cuando dices que informar es una cosa y comunicar es otra. Y cuando no hay una comunicación profunda de los sentimientos, es difícil —si no imposible— que el Alma no se asfixie. Porque lo que sucede es que nos vamos desnutriendo, muriendo de inanición emocional. Las mujeres necesitamos sentirnos amadas, aceptadas, valoradas, no es que los hombres no, pero ellos tienen su energía enfocada a su hacer, les importa hacer y tener. Es ahí donde radica su seguridad y necesitan ser reafirmados, mientras que nosotras la tenemos enfocada prioritariamente en el ser y ser en el Amor.

Cuando no sentimos que nos aman y nos aceptan como somos, que el otro no está interesado en lo que nos pasa de fondo, que no nos toca por dentro, — y nos toca poco por fuera — que no nos escucha desde su Alma, que no le importan nuestras inquietudes, angustias, miedos, no los de por encima y cotidianos, sino los existenciales, entonces, nos sobreviene una desmotivación infinita, que se convierte en una especie de depresión activa, porque seguimos activas, haciendo lo que tenemos que hacer, cumpliendo con nuestras responsabilidades, actividades y compromisos. Sin embargo, caemos en una especie de limbo o letargo, del que sentimos que no podemos salir y la vida deja de tener colores y todo se mira desde un cristal tristemente gris, opaco, sin posibilidades de ser traspasado por un arcoíris o un rayito de sol... o por lo menos de luna. Y nos sobrepasa una infinita nostalgia de vida... extrañamos sentirnos vivas, añoramos que salga esa que sabemos que somos y que parece anestesiada. Nos metemos en un terreno de muerte, desolado, desértico, árido. Nos llenamos de miedos, de fantasmas, de incertidumbre y extrañamos lo que soñamos que existe, lo que alguna vez tocamos dentro de nosotras y nos sentimos invadidas por una enorme vulnerabilidad. Nos percibimos débiles, incapaces, profundamente solas —doblemente si hay alguien ahí y "no está"—.

Sentimos culpas porque la vida se nos escapa vertiginosamente y no la estamos llenando de nada, no estamos rescatando nuestros sueños, no estamos en un hacer que nos llene el corazón de alegría. Nos sentimos culpables, porque hay una voz interior, la voz del Alma, —las latidas, los pálpitos, las corazonadas— que nos dice que la vida es hermosa y que la estamos desperdiciando miserablemente, mientras que la voz del Ego, cada vez más fuerte, nos dice muy convincentemente, que así es la vida y que tenemos que conformarnos. Miente. Tú y yo hemos hablado ya largamente de esta lucha entre el Ego y el Alma, y de que está claro que si escuchamos más al Ego que al Alma, estamos perdidas. Tienes que revisar tu miedo al rechazo. Ese pánico nos paraliza, nos bloquea y anestesia, y no nos permite ver la realidad, ni nuestros alcances. No nos permite escuchar la voz del Alma, esa voz que no está contaminada por nuestra neurosis, que sabe de nuestra esencia, que es Conciencia; que nos dice que somos seres libres, con alcances ilimitados, con alas fuertes, seres llenos de luz, Amor, generosidad, con una fuerza indestructible, creativos, felices, perfectos, porque el Alma está hecha a imagen y semejanza de Dios... mientras que el Ego es un producto de la neurosis humana, de nuestro condicionamiento, inevitable al encarnar y tener que "adaptarnos" familiar y socialmente.

El Amor de pareja, es importantísimo y, aunque no es vital, porque se puede vivir sin compañero, es difícil alcanzar la plenitud en el Amor, el profundo conocimiento de una misma y una honda madurez, si no tenemos con quien compartir la vida, si no se pueden volcar nuestros sentimientos de mujer en otro ser y hablar el mismo idioma, al mismo nivel, en una relación de tú a tú... es decir, una relación de persona a persona, de adulto a adulto, de madurez a madurez. Te sientes sola, y lo estás. Y la tuya es una soledad que implica un dolor insoportable, porque cuando se está sola en verdad, sin nadie, queda la esperanza de que alguien llegue, pero cuando se está acompañada y se sabe una sola, sólo queda la desesperación. En tus líneas y entrelíneas, puedo sentir a una mujer atrapada a la que le falta aire, motivación, alegría de vivir; la comezón por correr, volar, hacer cosas de su vida, con y para su vida... Tienes que ponerte en movimiento, al margen de si tu compañero lo comprende o está o no de acuerdo. Tú vida no puede reducirse a dos roles: esposa y madre, porque ¿y la mujer?... Somos más de una, mi querida Celina.

Siempre llega un momento en la vida en que una tiene que enfrentarse con la mujer que una es, con todos sus matices, y ser esa mujer, sola o acompañada... si no puedo ser todas las que soy con quien estoy como pareja, entonces, ¿para qué quiero una pareja? Una pareja vale la pena cuando con ella estamos mejor que solas... y tú ahora mismo me estás planteando venir para poder respirar, tomar aire, eso indica que estás mejor sola que con pareja. Sí, eres esposa, madre, pero como te digo, somos más que una y somos polares... y tú tienes amarradas a muchas de esas otras mujeres que también eres y eso te ha ido desenamorando de la vida... te lo digo, yo, mi querida Celina, yo, que he sufrido ataques de todo tipo.

HE SUFRIDO ATAQUES DE TODO

He sufrido ataques de todo.
Sí, he sido víctima de cualquier cantidad de ataques:
de castidad, de libidinosidad, de sumisión, de rebeldía,
de generosidad, de egoísmo, de soberbia, de humildad.
de culpas, de evasión, de justicia, de venganza.

Ataques de locura y de cordura, de melancolía y de alegría
de llanto, de risa, de placer, de dolor, de idealismo, de realismo.
Ataques de paz, de tortura, de ingenuidad, de malicia,
de ternura, de crueldad, de luz, de oscuridad

de Amor, de odio, de ascetismo, de extravagancia,
de inocencia, de astucia, de estupidez, de brillantez,
de verborrea, de silencio, de sueño, de insomnio.

Ataques de ti y de sin ti Amor mío,
ataques de hambre y de gula, de frío y de calor
de abstinencia, de abundancia, ataques de Luna,
de incienso, de sábanas, de agua y de fuego,
ataques de rabia, de miedo, de soledad, de hastío.

Ataques, toda clase de ataques he tenido.
Yo, la misma, yo, las dos, yo, la única, yo: todas.
Yo, la que se estrella en mil fragmentos
y es una sola e integrada, yo... Yo: la loca
la poeta, la maldita, la prostituta, la santa.
Yo: la lúcida, la bendita, la sabia, la suicida
... Yo, la enamorada de Usted, Amante Vida.

Te invito a que te atrevas a ser la que eres, —que por cierto— eres maravillosa,
aunque no lo sabes porque no te atreves a ser la que eres y todas las que eres. Te
invito a que saques todo lo que has guardado, que ensayes a ser la mujer adulta
para la que te has preparado tantos años ¡ya te ganaste el derecho de piso, caray!...
¡Ya pagaste con mucho dolor y desamor el aprendizaje! ¿A qué le tienes miedo?
Piénsalo. ¿A perder a Gerardo? ¿Acaso lo tienes? ¿A perder una relación? ¿Qué
relación? ¿Es una relación real de pareja lo que estás viviendo con él? ¿A perder el
Amor? ¿Cuál "amor"?... El Amor lo puedes conseguir sólo si te colocas en la mujer.
*   Tú mereces ser amada desde la mujer, tal y como eres. Si él te ama, te aceptará*
como eres, y con todas las que eres. Si no es así, es que ni te ama, ni te amó, porque
el Amor verdadero, parte de la aceptación del otro y del compromiso. Tienes que
darte la oportunidad de crecer y dársela a él, y una no crece escondida tras los roles
de la niña o la madre. La mejor oportunidad para crecer es precisamente con la pa-
reja, porque es en la relación de pareja en la que una se mira a sí misma, descubre
sus miedos al rechazo, y se decide a ser congruente con lo que una es.
*   Tienes que enfrentar tus miedos, ya es hora, tienes mucho que hacer y mucho*
que dar y una no puede dar lo que no se da a una misma primero. Deja a la niña
asustada en un rincón, deja que la mujer salga en todo su esplendor, que ensaye,
que se vaya de un extremo al otro, ya encontrarás la media: el punto de Dios, el
equilibrio y la armonía. Pero si no te atreves a ensayar, no vas a poder vivir plena-
mente una relación de pareja. No le temas al rechazo de él, témele a rechazarte a

ti misma, a negarte, a anularte, a renunciar a ti misma ... porque esto es lo que te tiene ahora mismo enferma y asfixiada.

Haz todo para que esto no siga pasando, porque es algo que nunca te vas a perdonar. Ni Gerardo, ni nadie, tiene el poder de hacerte infeliz, no se lo des, "en nombre del Amor" porque es un error terrible. El Amor, el verdadero, jamás pide que renunciemos a la que somos, jamás. Al contrario, nos permite ser la que somos, todas las que somos, el Amor no es miedo, ni esclavitud, es lo contrario, paz y libertad. Rompe con la apatía, rompe con el cansancio y el silencio. El espíritu y la libertad están por encima del dolor y la adversidad. Enfoca tu energía a hacer Conciencia, y a tu crecimiento. Coloca tu pensamiento en el canal de la Conciencia, mírate, mira tus miedos, acéptalos, no te pelees con ellos, porque te destruyen, no los evadas, porque te empantanas. Sólo míralos y proponte vencerlos a cada paso, mira tus respuestas, y cuando te descubras a ti misma actuando por miedo, callando por miedo, en ese momento, haz lo que quieres realmente hacer, di lo que quieres realmente decir. No te pongas a merced de tu neurosis, ni de la de tu marido, ponte a merced del Amor y de la Conciencia. Empieza ya, hoy mismo, haz lo que quieres hacer, y si no tienes claro qué quieres hacer, empieza a descubrirlo, pregúntatelo, y la vida te va a dar mil ocasiones cada día, para cambiar la actitud insana por la sana. Es el único camino. Estamos en la vida para encontrar nuestro camino a la libertad, para aprender a ser libres y conscientes, de otro modo, estamos desperdiciando el don de la vida.

*Somos tantas y tantas, y cuando queremos ser lineales y ser una nos asfixiamos. ¿Por qué no nos atrevemos a ser todas las que somos? Por miedo, nos da miedo explorarnos, atrevernos, experimentar... porque los demás dicen que una debe ser una sola, tener un camino lineal y cumplir las expectativas sociales, familiares, eclesiales. ¡Mienten! Nos tenemos que dar cuenta de que la vida, la verdadera, para lo que venimos aquí, es para conocernos y para aprender y volar, depende de que nos atrevamos a ser, y **ser es aceptar todas las que somos.** Y lo que pasa, a la edad que tienes, es que una se va haciendo consciente de las infinitas mentiras que nos contaron acerca del Amor, de la Vida, acerca de todo... Nos damos cuenta de que hemos seguido las reglas y no es verdad que conseguimos a cambio como premio y recompensa ser felices. No, cumplimos con las reglas y por lo general conseguimos un enorme desencanto. Pero descuida querida, que por ahí, pasamos todas las personas que queremos crecer, pasamos necesariamente porque no podemos escaparnos del condicionamiento.*

Sin embargo, cuando llega el momento de extender las alas, buscamos la fuerza para romper con los miedos e inventarnos una vida: la nuestra, con nuestras propias reglas y ese es justo el momento en el que estás. Se trata de hacer de todo este estiércol un fertilizante y luego disfrutar de las flores resultantes. Y es ahora, en este

momento cuando algo dentro de ti te grita que es tiempo de volar. ¿Qué hay demasiado estiércol? ¡Mejor! No te desanimes, que entre más estiércol, más fertilizante
tendrás. No te dejes ganar por el desaliento, que éste, como dice mi madre, es cosa
del demonio, es decir, del Ego. La Conciencia nos hace una especie de magos, capaces de convertir, como te digo, el estiércol en un fertilizante.

Es la hora de capitalizar toda tu experiencia, de convertir las pérdidas en mágicas ganancias y sentir los maravillosos efectos de la libertad, el don más preciado,
que viene de la mano con la paz. La paz, querida, es sinónimo de felicidad, sin duda
en esta dimensión humana en la que vivimos. ¿Cómo?... Empieza por reconocer
cer tus sentimientos, tus miedos. Enuméralos uno a uno, míralos, no los
evadas ni les temas, ellos son tus enemigos, y siempre te manejarán si no
los haces conscientes que es cuando los manejas tú a ellos. Debes saber
que los miedos no sólo pueden funcionar como nuestros enemigos, pueden ser nuestros mejores aliados si los usamos como un instrumento de
liberación, porque si nos atrevemos a mirarlos, asumirlos y enfrentarlos,
nos muestran el camino para hacer Conciencia de lo que queremos cambiar.

Entonces, mi querida Celina, papel y pluma y a hacer una lista de los miedos.
Escribe todo aquello que temes perder: imagen, Amor, reconocimiento, estabilidad económica, tu matrimonio, inclusive o empezando por ahí. Después, una lista
de los sueños, de las cosas que quieres tener, conseguir, encontrar, vivir, experimentar. No ilusiones o fantasías —cosas fuera de la realidad— sino sueños. Los
sueños son factibles de hacerse realidad, se materializan en cuanto les damos la
oportunidad de meterse en nuestra Conciencia. Escribe tus sueños, ponles nombre, especialmente a los relacionados con un hacer. Esto te va a costar mucho
trabajo porque has vivido para que los otros realicen sus sueños y porque la apatía
ha ganado mucho terreno, así que tienes que esforzarte.

¿En dónde, en qué ves a Celina, haciendo qué...? ¿Siendo exitosa en una carrera de ventas, pintando cuadros, haciendo pasteles, arte...? ¿Haciendo qué? ¿Qué
no lo sabes? ¡Averígualo! ¿Qué no sabes hacer nada? Eso te dicen tus miedos.
Todos tenemos habilidades. Descubre qué quieres y luego, lo aprendes, todo se
puede aprender. Algo que nos da la fuerza para poder ser las que somos, es tener
una alta autoestima, y para esto es indispensable tener un hacer propio. Esto
es vital, tener tu propia vida, hacer lo que tienes que hacer con tu vida, porque
mientras no suceda, mientras no tengas tus propios intereses y una vida propia,
seguirás viviendo en función de la vida de él, en función de él como un satélite alrededor del otro. Afiánzate en tu hacer, en lo que sea, pero que sea algo personal,
tuyo, tu propio terreno. Ahí tienes una tarea que urge comenzar.

Un punto esencial: lo que sea que resulte ser tu hacer, debe incluir que obtengas
recompensa económica, porque la única independencia posible empieza ahí. Mien-

tras dependas de otro para sobrevivir, los miedos no se erradican jamás, y tendrás que darle cuentas al que te mantiene, tendrás que cumplirle las expectativas ¿de acuerdo? El que te mantiene, te retiene. No imaginas la cantidad de mujeres a las que les he preguntado si seguirían con sus parejas si tuvieran diez millones de dólares. Responden que ni de broma. Tú me dirás qué tiene que ver el Amor con eso... y lo importante que es la independencia económica. Sé que este es un punto álgido, que mucho de lo que te detiene para tomar ese avión, dejar tu matrimonio y enfrentar la vida sola con tus hijos, es que no te sientes capaz de ser económicamente independiente. Tienes que enfrentar ese miedo, porque no hacerlo, te mantendrá esclava de él con lo que ello implica.

*Bien, entonces, lista de miedos, lista de sueños, lista de tus alternativas, es decir los caminos para realizar estos sueños. ¡Ah, y algo más!, lista de qué te lo impide. Porque es en ésa en la que reconocerás tus inseguridades. Ojo aquí, empezarás a justificarte: esa es la voz de tus miedos de nuevo. He ahí el meollo del asunto, la inseguridad que tenemos y que nos hace desconfiar de nuestras posibilidades, habilidades y talentos. El miedo de no ser suficientemente buenas, no saber suficiente, etcétera. **El único antídoto para la inseguridad es tomar riesgos.** Mientras no te atrevas a probar, nunca sabrás hasta dónde puedes llegar. Tú lo sabes, lo predicas, se lo dices a tus hijos, los impulsas a ellos y a tu marido para que se arriesguen mientras tú los miras desde bambalinas. Es hora de salir a escena, de actuar tu propia vida y recibir el aplauso mientras te sientes plena. Es hora de que te apliques en todo esto que ya sabes de sobra y que no te has atrevido a llevar a la vida.*

Mientras más pronto empieces mejor, hay que ensayar mucho para descubrir lo que una quiere. A veces se llega al quiero por descarte, generalmente es así. Una llega al yo quiero esto, porque ha probado muchas cosas y no quiere eso, ni esto, ni aquello y es así que se llega al quiero. ¿Por qué sabes que tu helado favorito es el de nuez? ¿Porque ya probaste los demás y prefieres ese sobre cualquier otro, o porque te dijeron que era el mejor? Para encontrar tu verdadero quiero, tienes que dejar de creer en lo que te dijeron que era el mejor camino para ti y probar otros, hasta que tú decidas cuál es tu camino personal. Qué es lo que verdaderamente quieres. Entonces uno se enfoca en el objetivo, se plantea metas a corto, mediano y largo plazo y se va convirtiendo en maestra del oficio que eligió.

Para esto no hay edad, ni límites. Mientras tenemos la vida, siempre es tiempo de empezar lo que sea, de aprender. Si se quiere, se puede. ¿Qué quiere Celina? ¿No lo sabes? Empieza a averiguarlo y cuando lo descubras, a pesar de tus miedos, con todo y ellos, ve por lo que quieres, lucha por ello y esto te obligará a salir del letargo. Entonces tu vida no penderá de un hilo, ni tus emociones de la respuesta de los demás. No le darás el poder a nadie de hacerte sentir mal, te liberarás del yugo que implica tenerle miedo al rechazo, pero esto es imposible si no se tiene una vida propia, sueños propios, gracias a los cuales se posee la fuerza para luchar cada día.

Lo difícil es dar el primer paso. Y tener que hacerlo sola. Yo estoy aquí para acompañarte, pero no puedo dar los pasos por ti. Tienes que hacerlo tú. Tienes que tomar riesgos. Estás pisando el fondo, es el momento. Nadie lo puede hacer por ti. Tienes miedo de tomar riesgos, del rechazo, de no sentirte amada ni aceptada. ¿Pero no es esto una realidad en tu vida? De hecho no te sientes ni amada, ni aceptada, porque sabes que eres "amada" y "aceptada" siempre y cuando cumplas expectativas. No te engañes, es así. Tienes que empezar a soltar las expectativas de los demás y aún las tuyas propias, e ir a averiguar si te amarían a ti, es decir, a la que tú eres en verdad, sin condicionar su amor a que les cumplas las expectativas. El único miedo que verdaderamente debes tener, es el de no ser capaz de vivir tu propia vida. Te da miedo fallarles a los demás, te preguntas, respecto a Gerardo ¿qué sería de mi vida sin él? Es hora de no fallarte a ti misma, la pregunta correcta es: ¿qué sería de mi vida **sin mí**? Te sientes enferma de nostalgia porque te has ido perdiendo de ti misma. Es hora de ponerle remedio a esto.

Y me voy, porque ya te debo haber empachado, querida... pero qué quieres, me preocupa que no sonrías desde adentro, teniendo un espíritu tan maravilloso. Ojalá que compartirte mi experiencia te dé alguna lucecita, lo hago con el corazón y a mi cabal saber y entender... No creas nada de lo que te digo, ponlo a prueba, ponlo en la vida, y sólo entonces decide qué te funciona y qué no. Deja a los miedos fuera de la jugada... y escucha tu corazón. No busques culpables, especialmente no te culpes a ti o a la vida. Búscate a ti, desde tu Alma, escúchala, y encontrarás todas las respuestas. Ella te dirá cómo vencer tus miedos, es decir, tu neurosis. Y te devolverá la paz.

Te mando mi cariño en cada letra.

Quinta Historia

QUÉ EXTRAÑO QUE ESA SEA YO

Camina, habla, gesticula
incluso a veces sonríe.
Se me pierden sus palabras.
Parece si la observo que fuera a desplomarse.

Da la impresión de estar aquí,
pero está lejos, ausente, en ningún sitio.
Fuma, se mueve, pero no se conmueve.
Parece que acciona, pero no reacciona.

Está viva, pero no vibra...
que extraño que ésa sea yo,
que seamos la misma.

Daniela tiene quince años casada con Néstor. Tienen cuatro hijos. Él es alcohólico y la empezó a golpear desde el segundo año de matrimonio. Con lo que ella fue perdiéndose de sí misma. Primero la violencia era sólo verbal, pero luego empezó a maltratarla físicamente, además de psicológicamente. Ella quiere separarse de él, sobre todo ahora que golpea también a sus hijos, pero no se atreve porque él amenaza con que si lo deja la matará o se matará. Viene a escondidas a terapia, por motivos obvios. Esta tarde ha llegado con lentes oscuros y al pedirle que se los quitara, pude ver su inútil intento de tratar de ocultar con maquillaje, la golpiza que le propinó su marido anoche.

—No puedo dejarlo, no puedo dejar a mis hijos en sus manos, ni quitárselos.
—Pero tu integridad física está en peligro, y la de tus hijos.
—No tengo a dónde ir. Él controla el dinero. Y a donde fuera me encontraría. Además, tiene amigos muy influyentes y su familia le da la razón. No tengo a quién acudir.
—Podrías pedir ayuda a tu familia.
—No puedo irme con nadie de ellos. ¿Cómo voy a mantener a mis hijos? No sé hacer nada. Nunca he hecho nada. No, con mi familia no me puedo ir.

—Busca ayuda especializada, denúncialo. Si hay hombres que maltratan a las mujeres como tu marido a ti, es porque hay mujeres como tú que lo permiten. Denúncialo y hazle saber que sus actos tienen consecuencias. Entiendo tu miedo y lo difícil que es vencerlo, para ello necesitas apoyo, sólo tienes que decidirte a denunciarlo. Hay albergues para casos como el tuyo, no estás sola. Te puedo conseguir un contacto. Él no se enteraría en dónde estás.

—No lo conoces... se enteraría.

—¿Por qué dejaste que las cosas llegaran hasta aquí?

—Porque lo quería... ya sé que piensas que estoy mal, pero todavía lo quiero. No es un hombre malo. Pero no puede controlar su carácter.

—¿Por qué te pegó esta vez?

—Porque una amiga me invitó a ir de viaje con los niños, él me dijo que no, yo le insistí... Él, como siempre empezó a insultarme, ya sabes, que si soy una tal por cual, que nada más pienso en divertirme, que parece que no tengo qué hacer, que busco cualquier excusa para dejarlo solo, que tiene muchos compromisos sociales, de trabajo... bueno, ya sabes...

—¿Y tú qué le dijiste?

—Que no me agrediera, que él bien sabía que no soy ninguna cualquiera, que nunca se me ha ocurrido siquiera mirar a otro. Le pedí, como siempre, que por favor se calmara, que los niños lo estaban oyendo, que eso les hacía daño...

—¿Y...?

—Nada, empezó a beber mientras seguía gritando. Entonces la vecina llamó por teléfono. Es una muy buena mujer, me ha ofrecido ayuda varias veces. Es una mujer seria, profesional. Pero está harta de los pleitos. Dice que no vive en un departamento decente y en una colonia de gente educada para estar padeciendo esas escenas con mi marido. Él se enfureció, tomó el teléfono y le gritoneó y luego colgó enloquecido. Mi vecina es de armas tomar, parece que le dijo sus verdades.

—¿Y... ?

—Ya sabes, la insultó, se puso como loco. Le pedí que se calmara, que dejara de tomar. Que mejor nos fuéramos a dormir. Que mejor mañana hablábamos. Entonces empezó a golpearme, me dijo que era una necia, que no entendía razones, que no había nada de qué hablar, que yo no iba a ir a ninguna parte y...

—¿Y...?

—Y me obligó a tener relaciones sexuales... nunca lo había hecho. Sí, ya sé lo que me vas a decir... que siempre hay una primera vez... luego... luego se durmió, como si nada.

YA NO LE AMAS

Duermes... como si no ocurriese nada
mientras yo fumo un cigarrillo y otro
y lloro contra la almohada.

Te miro tendido aquí en mi lecho
compartiendo mi cama
como sólo debieran compartirla
quienes se aman.

Duermes... como si no ocurriese nada.
Algo me grita dentro: ya no le amas
y yo acallo este grito en mis entrañas.

—¿Te das cuenta realmente de lo que está haciéndote este hombre? Más bien, de lo que estás permitiendo que te haga. Te hace violencia psicológica, física, verbal, económica, sexual... no puedes seguir así. Habías decidido pedirle el divorcio. Sólo tú puedes decir: Ya basta. Sólo tú puedes romper el silencio.
    —No me atrevo.
    —Tienes que hacerlo. Tienes que pensar que mientras no lo hagas, él tiene todo el control.
    —Hoy me pidió perdón.
    —Una vez más... te pide perdón, pero no piensa cambiar. Pedir perdón sólo es válido si se piensa reparar el daño. Pero él no piensa hacerlo. Con tu silencio, tú le haces creer que sus actos no tienen consecuencias. Y al hacerlo, le das permiso para que te siga maltratando.
    —Ya no quiero estar con él... pero no sé qué hacer. Él me quiere. Quiere a sus hijos.
    —No es eso lo que dicen sus hechos, ni lo uno ni lo otro. El Amor verdadero no tiene nada que ver con las golpizas que te da. Está claro que a él no le importa tu dolor, está metido en sí mismo, sólo le importan sus cosas y tenerte bajo control. Tu marido es un golpeador, necesita ayuda,

pero no quiere aceptarla. Y si quisiera a sus hijos no los haría vivir esas escenas, ni tu hija de 10 años tendría una úlcera.

—Tienes razón, lo sé, y sé que debo pedirle el divorcio... lo voy a hacer... voy a pedirle el divorcio, esta vez lo voy a hacer, porque hoy en la mañana, mi hijo mayor me insultó. Me dijo que era una... bueno, me habló como me habla su padre.

—¿Y qué le dijiste?

—Me quedé paralizada. No pude reaccionar.

—Cada vez vas a estar más débil. Cada vez tus hijos van a estar más afectados. Tienes que armarte de valor. Entiendo que le tengas pánico. Entiendo que la experiencia de ser golpeada es muy difícil de enfrentar y superar. Pero además de la terapia, hay grupos de apoyo para mujeres golpeadas. No has ido al grupo que te recomendé. Tienes que dar pasos firmes para salir de todo esto y decidirte a enfrentar sola tu vida. Al principio tendrás que pedirle ayuda a tu familia. Pero con el tiempo, aprenderás a trabajar en algo, a ganarte la vida. Tienes treinta y ocho años. ¿Quieres vivir así el resto de tus días?

—No... ni un día más. Me duele todo, el cuerpo, el Alma. Ya lo intenté todo con él, pero nada sirve. Primero me callaba, nunca me le enfrentaba, pero igual me pegaba. Cuando me empecé a rebelar, peor. Igual me pega. Pero antes lo quería...

—¿Y ahora?

—No... no, ya no sé... creo que... no, ya no lo quiero, al menos no como antes. Le tengo miedo. Mucho miedo. Pero ya estoy harta de tenerle miedo.

La humilla, la planta, la descalifica, la sobaja, es su esclava... pero es tan encantador y tan intenso. Anda en esto y aquello, entre artistas, políticos y gurús, pura gente interesante. Pero no hace nada con su vida, es tan desvalido y al mismo tiempo tan extraordinariamente hermoso y encantador. Hay golpeadores que tienen este perfil y otros, que ni siquiera son encantadores ni atractivos, son unos perdedores, unos fracasados. Pero cualquiera que sea el caso, son hombres evasivos que no son capaces de enfrentar la realidad y dar respuestas sanas, que no tienen ningún control sobre sus emociones y abusan de su fuerza física para maltratar y controlar a las mujeres.

En el caso que nos ocupa, él siempre anda perdido y necesita una rescatadora, ella, a su vez, necesita rescatar y ser rescatada. Ambos son igualmente codependientes. Él coquetea abiertamente con otras. Es apasionado, seductor, tiene muy buen manejo del verbo, le pide ayuda, le muestra su desvalidez y su vulnerabilidad, y es precisamente con su debilidad que la maneja. Sin embargo, es ella la que resulta ser la débil, la que cede a todo, porque él necesita ayuda y *no sabe lo que hace*, además *es tan tierno, tan cariñoso,* pero también, simultáneamente, es un insensible y un tirano, es volátil, voluble, caprichoso, vanidoso, conquistador, pica flor... y lo peor de todo, alcohólico. ¿Cuál es la ganancia, el beneficio del alcohólico? Esto es lo que su pareja tiene que ver para comprender. Pareciera que no pudiera tener ninguno, sin embargo, los alcohólicos obtienen un gran beneficio: **que otro se haga cargo de su vida.** *"Yo no puedo, tienes que ayudarme, tienes que hacerte cargo de mí".*

Muchas parejas de alcohólicos o drogadictos, se sienten extrañamente atraídas por el mundo oscuro en el que se mueve su pareja, porque hace cosas que ellas nunca se atreverían a hacer, porque se ponen en peligro y ellas pueden *salvarlos*, literalmente, salvarles la vida. Algunos amenazan con suicidarse si los abandonan, o con matarlas. Las hacen sentir indispensables, y efectivamente lo son cuando ellos están hechos polvo, pero no cuando andan conquistando a otra mujer. Sin embargo, siempre las necesitan ahí, no las dejan ir, están metidos en el Círculo de la Violencia, piden perdón con una gran facilidad, pero nunca reparan el daño que hacen. Ellos son evasivos, y ellas también, porque no quieren enfrentar sus vidas. Ellos quieren que ellas enfrenten sus vidas por ellos, y ellas, darle un sentido a su vida, salvándolos y viviendo la vida de la pareja alcohólica, siendo indispensable para ese alguien que no puede funcionar sin ella, que necesita quien lo guíe, lo valore, crea en él una y otra vez, que necesita alguien que le haga sentir que su vida tiene un valor, que no es una lacra, que no todo está perdido, que alguien se preocupa por él y se ocupa de él.

Los alcohólicos tienen ideas de grandeza, grandes fantasías, viven de hacer promesas. Son la hiedra que se adhiere al árbol hasta que lo ahoga. Hasta que de tanto nutrirse de él, terminan secándolo, sacándole toda su savia y su fuerza. Ellas, son él árbol consumido, debilitado por tratar de fortalecer al débil. *"No se puede fortalecer al débil debilitando al fuerte"* decía con toda razón Abraham Lincoln. Lo complejo de estas situaciones es que ambos son débiles y evasivos. Ellas creen que son las fuertes, cuando son ellos, con su debilidad, quienes tienen el control, por eso es que al final, tanto el árbol como la hiedra, terminan por ceder, porque ambos son unos desnutridos emocionales. Él es un desnutrido emocional egoísta y ella es una desnutrida emocional generosa. Ellos en el canal de la inconsciencia por el alcohol y ellas conscientes, no hay manera de comunicarse, de hablar en la misma frecuencia. Alcoholizados se vuelven cariñosos, seductores, cachondos, a la vez que desvalidos te necesitan, no pueden vivir sin ti. Tú eres lo mejor que les ha pasado en la vida, lo único que tienen en sus miserables vidas, no puedes dejarlos, preferirían morirse a vivir sin ti. Tú eres su centro, su universo, su salvadora ¿quién puede resistirse a esto? No las mujeres que están tan profundamente devaluadas y que por fin se sienten valoradas y necesitadas. Estas mujeres por su condicionamiento, tienen introyectado que su deber es salvar a su pareja, a cualquier costo, y conservar su matrimonio. Es precisamente ese sentirse útiles, (lo que ellas interpretan como sentirse amadas) lo que hace que el otro se convierta en una especie de droga, una droga que necesitan a pesar de los estragos que hace en sus vidas. Porque equivocadamente, en medio de su confusión, creen que eso que les arruina la vida, le da sentido a la misma. Uno es tan evasivo como el otro.

Tuvieron que pasar casi dos años más de sesiones, para que Daniela pisara fondo y se atreviera a divorciarse. Se necesita mucho valor para vencer el miedo al agresor y para abandonar a un alcohólico por su enorme codependencia y extraordinarias manipulaciones y chantajes. Luego de muchas golpizas y de que su hijo adolescente empezara a enfermarse constantemente por la tensión en la que vivía, decidió enfrentarlo por fin. Era una cuestión de sobrevivencia. Al enfrentarse a su marido, descubrió que él no era tan fuerte como ella pensaba. Luego de muchos pleitos y amenazas, se separaron. Ella se fue fortaleciendo con la terapia, fue también a terapia de grupo y compartió sus experiencias con otras mujeres maltratadas, a pesar de la resistencia que tenía porque su posición social le impedía ventilar el asunto. Su familia la apoyó para dar ese paso. Le costó mucho adaptarse a su nueva vida, sin embargo, le costó mucho menos que seguir viviendo en el infierno en que vivía.

Aún sigue en terapia, descubriéndose a sí misma, sanando las hondas heridas que le dejó su matrimonio y tratando de sacar a sus hijos adelante. Ellos sufrieron las consecuencias de su mala relación. Aún no se termina de perdonar haberle permitido a su marido que la maltratara de esa manera, y no conforme con ello, maltratara a sus hijos.

SUEÑOS MUERTOS

El absurdo se llenó de calma
a fuerza de morirme, me moría.
Tuve que perdonarte y perdonarme:
a ti que me mataras cada sueño
y a mí que te dejara yo matarles.

Sexta Historia

ENCONTRARME

Yo me pierdo si tú me desconoces
pero te pierdo a ti si me desnudo
en estos dos infiernos me debato
y mientras más me niego, más descubro
...Quizá cuando se quiebre el sinsentido
te quedes tú sin mí y yo conmigo.

Nos escribe una mujer de cuarenta y cinco años, que descubrió en terapia que su problema era relacionar control con Amor. El mensaje que recibió de sus padres, tanto por la relación entre ellos como pareja, como por su manera de relacionarse con ella como hija, fue: el que te ama te controla. Así es como fusionó los dos conceptos en su inconsciente cuando era una niña. Ella asumió: Amor es control, que me amen es que me controlen. Amar es que yo le cumpla la expectativa a quien amo (a mamá, papá, a los hombres, a los hijos, a los amigos, a los maestros, a todos) es decir... para merecer que me amen, tengo que someterme, el precio a pagar para que me amen es que me controlen. Si no me controlan, no me aman.

Estuvo relacionada por diez años con un hombre extraordinariamente manipulador. Un hombre que quiere controlar todo en su vida y que se desquicia literalmente cuando se siente amenazado de perder el control. Necesita tener el control porque en ello está basada su seguridad y como su inseguridad es patológica y profunda, su control lo es en el mismo grado. He aquí la carta que envía.

Doctora, aquí te mando la carta que escribí, por sugerencia tuya, por fin al innombrable para cerrar este círculo en el que mi vida se vio inmersa. Por fin la liberación. Debí hacerlo hace mucho tiempo, tenías razón, en mi caso, era necesario poner todo por escrito para que yo pudiera mirarlo claro por un lado, y por otro, para que él no pudiera enredarme en sus argumentos y me envolviera con su verborrea como siempre lo hacía. Otra cosa en la que tenías razón es en lo que me decías respecto a mi relación: que el muerto hacía tiempo que estaba tendido y ya apestaba.

Homero, cuando tú llegaste, necesitaba alguien que me hiciera sentir que no me iba a abandonar —tras tantos abandonos ése era mi miedo medular— y tu tipo de personalidad se ajustó en aquel momento a mi necesidad. Mi carencia emocional, mi necesidad de ser reafirmada, hizo que aceptara de entrada tu propuesta de mantener nuestra relación oculta, clandestina. Mi miedo al rechazo, si no aceptaba tus condiciones, sentó las bases del tipo de relación que íbamos a tener, cosa que a ti te convino sobremanera.

Te puse en charola de plata mi vida, para ti era perfecto: podías continuar con la tuya teniendo todos los derechos sin ninguna obligación, sin verte amenazado a cambiar tu estilo de vida, que es infinitamente cómodo, sin tener que renunciar a nada, a tus "otras mujeres" esas que seduces para que te sirvan y que lo seguirían haciendo mientras pudieran mantener la expectativa de que el "inconquistable" podría ser de ellas en algún momento, y si no fuera así, por lo menos tenían la ilusión de que al no haber alguien "especial" en tu vida, ellas "de alguna manera" lo eran según les hacías creer. Yo en cambio, tenía que renunciar por completo a mi mundo y hacer de ti, mi mundo entero.

Ahora sé que sólo soy parte de una estadística. Hay un sinnúmero de mujeres que son incapaces —como lo fui yo hasta el momento en que te dejé— de tener relaciones reales, se enamoran de un "ideal" (que ellas hacen perfecto en sus fantasías y llegan a creerlo real) y ello es suficiente para que sobrevivan emocionalmente aunque vivan en una verdadera agonía. La eterna y patética historia de las mujeres que se enamoran de un imposible y les basta con estar cerca de él, con amarlo en silencio, con servirlo, con recibir de él una valoración a sus servicios, con hacérseles indispensables. Todo, antes de atreverse a enfrentar solas su vida, tomarla en sus propias manos, por tanto, la ponen en manos de otro y quieren creer que eso es el Amor... y se engañan a tal punto que se sienten "amadas".

A la luz de la objetividad, esto es una estúpida fantasía, pero te aseguro que no lo es para muchas mujeres, para las que una relación con un hombre inalcanzable, las hace sentir heroínas que viven un Amor imposible y les "llena" la vida. Podemos manejar el engaño mientras el galán no esté comprometido y hay muchas que inclusive, a pesar de ello, lo manejan, como es el caso de tantas mujeres enamoradas de hombres casados. Así son de terribles la necesidad y los miedos. El caso es que esta clase de hombre, es patológicamente egoísta, soberbio, narciso, apegado a la imagen de sí mismo, infantil, neurótico, "perfeccionista", inseguro a grados inauditos, con ansias de reconocimiento y de poder más allá de los límites, impregnado de una estupidez severa.

Sí, estoy hablando de ti. Dices que eres inteligente, no es así, eres un hombre muy astuto, que es diferente. La inteligencia requiere de otros elementos. Un ser verdaderamente inteligente, o al menos a quien yo le concedo que es inteligente, tiene una sensibilidad, una visión y percepción indiscutibles, y tú no has tenido la percepción para valorar una mujer como yo, ni te sensibilizaste nunca a mi necesidad, ocupado como estabas en resolver sólo la tuya.

Ya de visión ni hablamos, eres un miope. Mira qué falta de visión la tuya, que no viste a dónde iba la cosa, no pudiste ver que yo me iba a terminar hartando de la farsa, del teatro que montaste para vivir la relación según tu necesidad y tu fantasía. Miope al pretender que una mujer como yo se conformara ante un destino oscuro. Miope al tener una mujer de mis tamaños y no darte cuenta de que eso no podía durar eternamente. Miope al no mirarme de frente y devaluarme de tal manera que pensaras que me iba a conformar con una buena relación sexual, aunque me mataras de hambre en todas las demás áreas: emocional, intelectual, espiritual. Miope, al no darte cuenta que yo iba creciendo mientras que tú estabas atorado en tu pequeño y miserable mundito, en donde tienes que ser el centro para sentir que respiras, obnubilado en tu soberbia sin límites que te ha hecho creer un sin número de fantasías sobre ti mismo. Estás totalmente perdido de tu centro —no relativamente perdido— totalmente. No tocas tus sentimientos ¿cómo pensar en que tocarías los míos? Esa fue mi fantasía, la que me impidió ver la realidad. Esa es mi parte de responsabilidad y la asumo.

Me has manipulado magistralmente desde tu neurosis. Primero te colocaste en el superhombre que me estaba haciendo el favor de andar conmigo: tú tan cotizado por todas las mujeres, el codiciado, él perseguido, me concediste el privilegio de poner tus ojos en mí. Eres un experto Así de grande fue tu manipulación, te valiste de tus actitudes y del verbo, y yo me dejé seducir intelectualmente por mi necesidad de ser reafirmada, me hiciste creer que por fin sería dueña de algo que todos desean y no tienen. Así es, te colocaste ante mí como el maravilloso hombre que me rescataría de mi soledad, que me haría conocer otro mundo, un universo que "sólo podría vivir contigo. Un paraíso de los dos, un mundo exclusivamente nuestro al que nadie entraría a contaminar".

Me mareaste con el verbo, al mismo tiempo que me hacías sentir que mi vida no tenía sentido sin ti, que lo mejor que me había podido pasar en la vida era conocerte —claro, nunca me lo dijiste— eres astuto, me lo hacías sentir, jugabas ese juego de poder en el que me hacías sentir segura de tu Amor —sólo a ratos— pero siempre *haciéndome sentir al mismo tiempo, que muchas se morían por estar en mi lugar, así que más me valía no confrontarte porque me mandarías al demonio. Yo te creía todo, inclusive tus patrañas acerca de lo maravilloso que era mantener ese "amor" sólo para nosotros dos, te hiciste indispensable, te involucraste en todas mis áreas hasta hacerme sentir comprometida por los ocho costados, **aunque no tuvieras compromiso conmigo**. Pero yo me sentía insegura a pesar de todos tus juramentos, porque una sabe que el Amor se demuestra con hechos y los tuyos, dejaban mucho qué desear.*

*¿Cómo es que no me reconocías públicamente? ¿De qué clase de Amor estabas hablando? ¿Cómo es que me colocaste en esa posición, como si fuera pecado, sucio, oscuro lo que estábamos viviendo? ¿Cómo, si me decías que yo era tu vida, no hacías posible que el compromiso fuera total y público? **Me negabas mientras incongruentemente me hablabas de Amor**. Esa fue mi gran lección contigo, tenía que aprender acerca de la congruencia en el Amor. ¿Cómo explicas que alguien que te ama te obliga en nombre de ese Amor a callar tus sentimientos, a no poder comunicarlos ni a tu amiga más íntima? Eso habla de una profunda **deshonestidad** de tu parte.*

*Estabas totalmente seguro de que yo estaría ahí eternamente para cuando tú me necesitaras. Así lo viviste, nunca tuviste que cuidar la relación, para eso estaba yo. Sabías que mi carencia emocional era enorme y que eso te garantizaba mi permanencia en la relación. Podías darme migajas, que con eso me conformaría, faltaba más. Por eso tú hacías tu vida, ibas y venías, viajabas, te enriquecías, te realizabas y me dejabas al margen, seguro de que yo seguiría haciendo mi vida en función de la tuya, a la sombra de la tuya. Eres de una soberbia monumental, con lo que no contabas era con que yo iba creciendo en la oscuridad en la que me mantenías, iba tomando conciencia de que algo no funcionaba bien, iba dándome cuenta de que merecía mucho más de lo que tenía contigo. Hasta que tanto dolor me hizo comprender que si yo sacrificaba mi vida entera por ti, y tú no eras capaz de ahorrarme ni una hora de dolor, **eras tú quien no merecía mi Amor**.*

Al tomar conciencia de esto, empezaste a no ser tan ideal e indispensable. Fui sintiendo que tu uso y abuso de mí eran cada vez más patentes, que un vacío interior me avisaba que no podía ser bueno lo que tenía contigo, porque de ser bueno no tendría esa sensación de sed tan aguda emocionalmente, ni necesitaría que alguien más viniera a reafirmarme, a calmar mi sed, a cubrir mi necesidad de mujer y de ser humano. Me fui dando cuenta de que muchas cosas marchaban mal, no me parecía congruente tu verbo con tus hechos, fui llenándome de ruidos, de tus incongruencias, de tu inestabilidad emocional y tu pérdida de perspectiva. Creció en mí la necesidad de estar con alguien más allá de la piel. Dejó de importarme que contigo la relación sexual fuera excelente, eso dejó de tener peso, porque no había un Amor que sustentara nuestra relación.

*De pronto, me di cuenta de dos cosas muy graves: ya no confiaba en ti y me relacionaba contigo por miedo. Me daba miedo confrontarte, decirte mis dudas, mis sentimientos, hablarte de mi vacío, de mis necesidades. Me daba miedo por varias razones, entre ellas porque no quería sentirme confrontada al **comprobar que a ti te importa un comino lo que siento, lo que pienso, lo que necesito**. Eso me hizo comprender que toda esa "solidez" que parecía haber en la relación, no era más que una monstruosa mentira. No había la base sólida que quise creer que existía. Estaba inmersa en un pantano del que no sabía cómo podría salir sin ti, que estabas metido en todas las áreas de mi vida, amén de que me hacías sentir culpable por no amarte "como tú me amabas". No te confrontaba porque me daba miedo comprobar que me toparía con una pared inamovible, con un sordo que no quiere ser confrontado, sino adorado y venerado como un dios. Un sordo y un mudo, un ciego, un tullido incapaz de mirarme, tocarme, tocar mi Alma. No, lo tuyo es tocar el cuerpo, nunca fue más allá de eso. No me tocaste a mí.*

Eres un hombre que no tiene capacidad de amar, ni siquiera a sí mismo, un hombre lleno de rabia y de resentimientos, furioso con la vida, incapaz de mirar con claridad, cegado como estás por la rabia y todos los sentimientos oscuros que ésta conlleva. Rabia por no poder fluir, por estar atado a toda clase de prejuicios, a tu imagen, a tu Deber Ser, a tu estatus, a tu ambición de poder. Rabia y frustración por no ser lo que querrías ser, por no alcanzar tus metas de acuerdo a tu desmedida ambición. Eres un resentido disfrazado de buen hombre. No eres más que un hombre atado de pies y manos que extraes tu fuerza de la debilidad de los demás, que vives como los vampiros, chupas a los otros para alimentarte, les chupas la luz, aprovechas sus carencias llenándolos de falsas promesas para manipularlos a tu antojo, y cuando no te funciona la posición de superhombre, cambias de rol al de víctima y con ello atrapas a quien necesites atrapar para salirte con la tuya. Estás engolosinado con tu neurosis, no quieres ser ayudado. Para ti no hay más verdad que la tuya, más concepción de la vida, de la verdad y de la justicia, que la que tienes tú. Ninguna opinión es válida para ti, eres un teórico empedernido que se cree sus propias teorías y jamás ha tenido ni tendrá la humildad para reconocer en lo que otro diga, una verdad que no sea la tuya. Así te ponga enfrente al mejor psiquiatra, al más excelso teólogo, al gurú más reconocido en el mundo, para ti, todos son unos imbéciles comparados contigo.

Tienes una sed de admiración y de poder enferma, patológica. Necesitas que te rindan, que te veneren, que te traten como si fueras dios mismo, ni más ni menos. Demandas un servilismo (no servicialismo) total y absoluto, quieres que todos te pongan alfombra roja, porque sientes que el mundo es una porquería que no te merece. Es aterrador mirar lo que piensas y crees de ti mismo, tu visión del mundo está totalmente deformada y eso incluye tu visión de mí. Y yo estuve ahí, te necesité, hasta que tu neurosis me rebasó y tuve que ver la realidad, mirarte como realmente eres, dejar de creer en tus fantasías. Yo tenía ciertas fantasías cuando te conocí que no había podido resolver por mi propia incapacidad de ver la realidad y aceptarla tal como es, porque no sabía cómo manejarme por mis inseguridades y miedos, por mis carencias emocionales, entonces llegaste, con tus fantasías y nos enganchamos. Sin embargo, en la medida en que la vida se fue imponiendo, me esforcé por mirar la realidad tal cual es y aceptarla, trabajar en ella, en esta aceptación, mientras que tú cada vez alimentabas más tus fantasías y tu distorsión y es ahí donde vino la ruptura interior y yo necesité aterrizar mientras tú necesitaste evadirte cada vez más. Y ya no le entré a tu pérdida de perspectiva. Al contrario, me forcé a aterrizar, a poner a prueba en la realidad mis pensamientos y sentimientos, a cuestionar tu "amor".

Es ahí donde llegó la descoincidencia y las neurosis no coincidieron más. Era un asunto de vida o muerte, de locura o de lucidez. Era preciso que saliera de tu dominio absoluto, que me escapara de tu oscuridad en la que me estaba hundiendo cada vez más, haciéndome dudar de mí, de mi cordura, de mi propia visión sana de la vida. Mi instinto me gritó que tenía que terminar esta relación, quise creer que podía hacerte cambiar, hacerte comprender, hacerte ver... No, eso no es posible, una no rescata jamás a nadie, cada uno se rescata a sí mismo, y para eso hay que ser inteligente y humilde. Nadie, absolutamente nadie que no seas tú mismo puede sanarte y no quieres hacerlo, no quieres renunciar a tu neurosis, no quieres mirarte como eres, asumirte, tocarte por dentro.

*Te has empeñado toda una vida en evadirte, en huir de la realidad. No asumiste jamás tu relación conmigo presentándome ante el mundo, ahí lo puedes ver claro y como esto encontrarás muchas cosas si revisas tu vida, no enfrentas la realidad y así vas a seguir. Te vas a dedicar —como hasta ahora— **a culpar a todos**, a quien sea, de lo infeliz que eres, de lo incomprendido que te sientes, de lo terrible que es la vida, la sociedad, el mundo que le tocó vivir. Vas a culpar a todo dios, antes de asumir tu responsabilidad. Culparás a tu familia, por la formación que te dieron, a la vida por las carencias que has tenido, a la sociedad por X, Y y Z. A todo y a todos, incluida a mí, por supuesto, porque desde donde tú lo ves, no valoré tu amor, te traicioné. Serás incapaz de reconocer que tú elaboraste esta "traición" paso a paso, meticulosamente, al abandonarme, al no entregarte, al tratarme como un objeto de tu propiedad, al humillarme, al coartarme la libertad, al exigirme y demandarme que estuviera en función de ti, haciendo patente tu egoísmo sin límites. Al ser insensible conmigo, al ser fatuo, vanidoso, soberbio, infantil, berrinchudo, superficial, cínico, duro de Alma, ciego al Amor que te entregué.*

Me acorralaste al minimizarme, al crearme inseguridades y aplastar mi autoestima, al no recibir mi Amor, al rechazarme una y otra vez cerrándote a mis necesidades, mismas que cualquier ciego podía ver, pero no tú. Yo no te traicioné.

Me traicioné a mí misma al permitirte usarme de esa manera y al permitir que traicionaras mi Amor. Estrellaste mi Amor una y otra vez contra los muros de tu necedad y tu egoísmo, de tu incomprensión. Tendría que estar rematadamente loca para haberme quedado ahí durante diez años, sin que hubiera momentos buenos. Claro que los hubo, pero no pesan lo suficiente en absoluto, para no darle crédito a la cantidad de dolor que viví contigo. Como todos los seres humanos, tienes un lado luminoso, me consta, porque es por ello que me enamoré de ti, cuando me lo mostraste al principio, fugazmente, pero lo que me hiciste vivir el 95% del tiempo en nuestra relación, fue tu lado oscuro.

Ahora comprendo que te di un poder que no tenías, que estás muy lejos de tener, que en realidad no tiene nadie sobre nadie. Nadie nos hace nada, nosotros permitimos que el otro nos haga. ¿Por qué te lo permití? Porque necesitaba ser amada, convencerte de que merecía tu Amor y ser tu prioridad. Por eso luché todos estos años, esperé rezagada en la oscuridad, esperé con paciencia, con las heridas abiertas, con el pánico al rechazo, a fallarte, a no ser lo suficientemente buena y valiosa, para ti. Dejé que los años pasaran sostenida por la esperanza de que tú ibas a renunciar a todo por mí, que al final ibas a votar por mí. Pero un día comprendí que ese momento nunca iba a llegar. Tú jamás votarás por nadie que no seas tú mismo. Y comprenderlo me llevó a hacer lo que debí haber hecho hace mucho: dejar de esperar que tú u otro cualquiera vote por mí. Yo voto por mí, y esto es más que suficiente.

Ya no me dueles. He podido encontrar mi centro y comprender que la historia que viví contigo no podía ser de otra manera, porque no tenía resueltas mis carencias, no estaba consciente de mi herida y creía equivocadamente que amarte, te llevaría a amarme. Aprendí a perdonarme. A ti, ni te perdono, ni te maldigo. Esta carta la escribo más por mí, que por ti, por supuesto. Lo hago porque quería sacar todo esto de mí, limpiarme, cerrar este círculo y demostrarte que finalmente perdiste para siempre el control sobre mí y sobre mi vida.

Adiós. Nunca la palabra adiós fue mejor empleada. **Un largo adiós. Tan largo como corto me quedó tu amor.**

Hasta aquí la carta. ¿Qué te parece, Doctora? Me imagino que dirás que son demasiadas palabras, pero también fueron demasiadas las horas, los años de agonía. Me puedo dar el lujo. De hecho me lo di. No puedo explicarte la liberación que me significó darle esta carta.

Gracias por tu consejo, tenías razón, los otros intentos de terminar con él hablando de frente no funcionaban, porque yo me dispersaba o me asustaba ante sus reacciones. En cambio al escribirle, tuve que centrarme, pude decir todo lo que me dio la gana, no quedarme con nada y sobre todo, él no pudo amedrentarme, como solía hacerlo, ni huir y evadirme.

Te cuento, fue fantástico. Nos citamos en un café. Yo le dije que no iba a hablar con él, que le iba a leer algo y que si me interrumpía, me iba a ir. Claro que a los pocos segundos trató de interrumpirme y yo tomé mi bolso dispuesta a irme. Vio que realmente lo iba a hacer. Aturdido se aguantó, balbuceó algo que no alcanzó a ser una disculpa y tuvo que quedarse calladito escuchando. Su respiración me fue indicando su furia y descontrol. Pero se tuvo que controlar, estábamos en un lugar público, ya sabes, su imagen ante todo.

Cuando terminé, primero se enfureció, masculló amenazas, insultos, reprimiéndose porque no quería que lo vieran feo. Cuando vio que yo lo miraba sin inmutarme y se dio cuenta de que no había miedo en mis ojos, se fue encogiendo, terminó suplicando ¿te imaginas eso en un hombre como él? ¿Lo puedes creer? Yo todavía no. Su sorpresa fue mayúscula —y la mía también—nunca se imaginó que pudiera deshacerme del miedo que le tenía. Finalmente me rogó que fuéramos al departamento a hablar con calma. Como toda respuesta doblé la carta, la metí en el sobre —él en ese momento pensó que me iba a ir con él, estoy segura— me levanté, le puse la carta enfrente y le dije que ahí estaba contenido todo lo que yo tenía que decirle. Y le repetí la última frase: "Un largo adiós. Tan largo, como corto me quedó tu amor". Me levanté y salí sin mirar hacia atrás, pero sintiendo por supuesto su mirada. Para cuando alcancé la puerta, sentí que tenía alas, y el peso que sostuve, la armadura que me ahogó por diez años, se esfumó en ese instante y para siempre. Era una tarde hermosa, el sol parecía iluminarlo todo por primera vez, caminé sonriendo por la avenida, que me parecía la más bella del mundo. Sonriendo ¡por Dios!, como no había sonreído hacía años.

El Amor en relación al control, tema inagotable. Sin duda alguna, una de las grandes claves para saber si estás viviendo una relación sana de pareja en una verdadera relación de Amor, es observar si en ella hay una guerra de control y si está basada o no en éste. Si una de las dos partes es controladora y la otra se deja controlar, no estamos hablando de una relación de Amor, sino de una relación neurótica que implica dolor y maltrato, intimidación y no intimidad.

¿Por qué el control es un tema central en la pareja? ¿Por qué una inmensa mayoría de las relaciones de pareja se ven condenadas al fracaso porque el control las destruye, y destruye a quienes lo ejercen y a quienes lo padecen? ¿Qué es y qué implica el control? ¿Pueden control y maltrato deslindarse o van de la mano? Definitivamente maltrato y control van de la mano y, cuando hay maltrato no hay Amor.

Séptima Historia

CAUSAS DE MUERTE

Este Amor...
no murió de accidente, ni de muerte natural
murió de abandono, de sed de aliento
de hambre de presencia
murió de dolor saturado
de indiferencia, de frialdad
de invisibilidad
de violencia espiritual.

Murió
esperando en algún momento ser amado
comprendido, reivindicado, rescatado.
Murió sin culpar
siempre disculpando.
Murió sin odiar
siempre amando.
Murió en su oscuridad
como muere una estrella.

Como es absolutamente inútil intentar hablar contigo Leonardo, decidí escribirte todo lo que no me has permitido decirte y que no quieres ver ni escuchar, esta vez, a través de este carta, vas a escucharme hasta el final, porque lo nuestro se ha terminado y hoy voy a ponerle el punto final. He callado esto por casi treinta años, toda una vida. Enfrentarte es lo más difícil que he hecho en toda mi existencia porque significa enfrentar todos los miedos acumulados. Mi relación contigo ha sido una relación por miedo, no por Amor, pero es hora de enfrentar este miedo y liberarme de una vez y para siempre de tu yugo cruel, esclavizante e inhumano. Si no lo hago, seguiré relacionándome por miedo con todos los demás, como lo hice con mis padres, mis maestros, mis hermanos, mis propios hijos. Eso se acabó y no voy a permitir que vuelva a ocurrir jamás, mientras yo viva, nunca más, con nadie me relacionaré por miedo. Ni mis miedos, ni los de los otros, manejarán mi vida.

Cuántos años de dolor, de un dolor profundo, indescriptible y enmudecido por el miedo a enfrentarte. Cuántos años justificando tu desamor, tus silencios, tu indiferencia, tu maltrato. Me entregué a ti con todo mi ser, busqué todos los caminos posibles para despertar el Amor en ti, para lograr que me amaras como te amaba yo a ti, para comunicarme contigo. Ahora comprendo que perseguía lo imposible, por una simple y sencilla razón: eres incapaz de amar. Eres un hombre discapacitado emocionalmente, un inválido, un tullido emocional, un ser centrado extremadamente en sí mismo y su sexualidad. No podías darme lo que no tienes, por fin lo veo claro. No digo esto con coraje, te lo aseguro, tampoco con dolor, sólo como una verdad, una terrible verdad que arruinó mi vida.

Todo empezó en la luna de miel. Tú eras mi dios y esa noche, nuestra primera noche, la que tanto soñé, la más importante de mi vida, no te entregué mi virginidad, me la arrebataste violentamente, dañándome física, emocional, psicológicamente, de una manera irreparable. Me violaste, me ultrajaste, me mancillaste y el dios en el que te había convertido se me hizo añicos. A partir de ese día, así sería mi vida sexual: un infierno imposible de describir con palabras, aún ahora, es imposible describirlo, porque no hay palabras que expresen tanto dolor físico y emocional, tanta vejación y humillación.

Mi Amor absoluto e incondicional, no pudo ganar jamás la batalla contra tu monstruoso egoísmo. Lo único que contaba para ti era mi cuerpo, esa obsesión enferma por poseerme con o sin mi consentimiento. Como si todo tu ser se centrara en tu sexo y yo no fuera más que una muñeca para satisfacer tus deseos. Nunca te importó qué sentía, qué necesitaba, ni si sentía placer o dolor al tener sexo contigo. Nunca te importó nada más que tu satisfacción, por lo que jamás supe lo que era un orgasmo. Ahora que he pedido ayuda y he entrado en un proceso de conciencia para conseguir curarme a partir de analizar mi historia, he comprendido muchas cosas, entre otras, que tienes un serio problema de inmadurez sexual, que literalmente eres un adicto sexual. Cumples con todo el perfil. La descripción es la siguiente: un adicto sexual es voyerista: mira pornografía desmedidamente —como haces tú—. Con el tiempo, va escalando en la adicción, mirando cada vez más pornografía, hasta llegar a la perversión y ésta hace que el adicto sexual, tenga una distorsión de la percepción de la realidad. Evidentemente, la vida de un adicto sexual gira en torno al placer sexual.

Yo estaba ajena a todo esto, a tu adicción, a tu problema, ni siquiera me imaginaba algo así en mi mundo inocente. No voy a decir que eres un enfermo, porque eso es un atenuante, tú sabías que me hacías violencia sexual, emocional y psicológica, y no te importaba. Ahora lo que he comprendido es que eres incapaz de tocar siquiera tus sentimientos y por lo tanto, era imposible que fueras capaz de tocar los míos. Mi ignorancia, mi inocencia, mi fragilidad, mi condicionamiento, no me permitieron defenderme de ti, de tu indescriptible maltrato. Por eso no me puedo culpar de haber tolerado tantos años el maltrato sexual que cometías sistemáticamente. Ciertamente lo hice, me culpé, no podía perdonarme, pero analizando las cosas y elevando así mi nivel de conciencia, comprendí que no tenía las armas para defenderme de ti, para enfrentar la situación, yo era una niña emocionalmente, no una mujer. Una niña que había sido condicionada para obedecer y temer a su padre, luego a su marido... y para depender absolutamente de un hombre.

Así que no podía defenderme y ponerle un alto a tu violencia sexual. Nunca me hiciste el Amor, ni una sola vez, me "cogías" —me repugna esa expresión— como tú mismo lo afirmabas orgulloso, luego de tener sexo conmigo, sin yo desearlo y tú sabiéndolo a ciencia cierta, pretendiendo mezquinamente que no te dabas cuenta de mi dolor. Nunca me golpeaste físicamente, es cierto, pero tu maltrato sexual, económico, emocional y psicológico no tuvieron límites y yo no pude verlo, hacerlo consciente y por lo tanto defenderme de tanto daño. Esas son las terribles consecuencias de un condicionamiento tan aplastante, en donde se educa a la mujer para obedecer al hombre, darle placer y servirle, no importa la humillación que esto implique.

Cuando por fin, una década después de casada, me atreví a decir lo que estaba pasando a mi familia y a mis amigas la respuesta fue: "Así es, aguántate y dale gusto para que lo tengas contento, nunca te niegues, nunca". El terrible condicionamiento y mis enormes miedos, me obligaron a callarme y soportar lo indescriptible, lo inconfesable. No hay palabras en el lenguaje humano para describir el horror que viví a tu lado. El desgarramiento físico y emocional del que me hiciste objeto. Todo entre nosotros era silencio. Me educaron para reprimir lo que siento y lo que quiero, para estar en función de lo que siente y quiere el otro. Qué aterrador, qué difícil ha sido romper con esos paradigmas. El silencio asesinó nuestro Amor. Tu silencio y mi silencio.

SILENCIO HOMICIDA

Mira que vas a matarme con tu silencio de muerte
que vas a matar los sueños con tanto y tanto perderte.
Mira que vas a matarme las caricias de mis manos
con esa insistencia tuya de mantenerte lejano.
Mira que vas a matarme con tu silencio homicida
que detiene mis palabras entre tu boca y la mía.

Me obligaste a matar dentro de mí el infinito Amor, la veneración que tenía por ti, me obligaste a matar mis sentimientos a punta de golpes emocionales y psicológicos y de violarme sistemáticamente. Me duele emplear esta palabra, no imaginas el trabajo que me costó aceptar esta realidad, nombrarla, pero eso era tener sexo contigo: ser violada. Y al infringirme tal herida, convertiste a la mujer llena de sueños que yo era, en un fantasma.

MÍRALA CÓMO MUERE DE LA PENA

Quién le arrulló el corazón sin cantos
quién se lo adormeció con tal tristeza
quién le robó la sangre de las venas
y cada sueño azul, y cada primavera
... Mírala cómo muere de la pena.

Quién le hurtó la sonrisa de los labios
esa que iluminaba cualquier noche
como la risa misma de una estrella
quién le robó del rostro la inocencia
...Mírala cómo muere de la pena.

Quién despojó su mente de palabras
y le quitó la tinta de su mesa
y le ha atado las manos fuertemente
para que no escribiera más poemas
... Mírala cómo muere de la pena.

Quién... quién le robó la calma
quién destruyó el castillo de su vida
quién convirtió verdades en mentiras
quién le ha matado el Alma.
... Mírala cómo muere de la pena.

Quién le arrulló el corazón sin cantos
quién le hurtó la sonrisa de los labios
quién despojó su mente de palabras
quién la tornó de niña en un fantasma
... Mírala cómo muere de la pena.

Tu comportamiento me obligó a anestesiar mi cuerpo y mi corazón para sobrevivir a tus golpes traducidos en humillaciones. Me empequeñeciste, me trataste como a una prostituta a la que pagabas para tener sexo sin quejarse a pesar del dolor físico y emocional que me infringías. Cuando me atreví —a pesar de mi pánico— a decirte que no era feliz en la intimidad, que incluso me causaba dolor físico, que me lastimabas al grado de tener que ir al ginecólogo, fue terrible: te pusiste furioso, me culpaste, me agrediste, te hiciste el ofendido, el incomprendido, me acusaste de ser frígida y me obligaste a fingir que era feliz porque el pánico a tus reacciones me paralizaba y opté por representar la farsa tal como tú querías, por miedo a tu furia y a que me lo cobraras con más violencia psicológica y sexual.

Fingir, simular, convertirme en una actriz en tu cama, fue el único camino que encontré para sobrevivir el miedo que me inspirabas. Yo lloraba en silencio, invariablemente, antes y después de tener relaciones contigo. Temblaba, rogaba al cielo que no prolongaras los encuentros sexuales, cosa que hacías invariablemente. El dolor físico y emocional me rebasaba. Tú sabías bien lo que pasaba, pero no te importaba. Nada que no fuera tu propio placer, era importante para ti. Mi dolor te era absolutamente indiferente. Yo no te inspiraba más que deseo y desprecio. Ciertamente no me obligaste, no tenías que usar la fuerza, no era necesario, no me obligabas tú directamente, me obligaba el miedo que me inspirabas, el pánico a tu indiferencia, a tu maltrato y a tu abandono... y algo más, la culpa, sí, es terrible, pero me obligaba la culpa de no ser una buena esposa si no te complacía.

Qué terrible y qué complejo, tanto así, que no podía ni verlo, ni entenderlo, ni hacerlo consciente. La realidad es que fui yo misma, movida por mis miedos a tus rechazos y a tu abandono, quien se obligó a fingir que tenía placer. Tenía que hacer lo que fuera, con tal de que no me abandonaras, me habían educado para no fracasar en el matrimonio. Lo que fuera. Incluso ser ese fantasma en el que me convertiste, porque no me mirabas, era absolutamente invisible para ti, salvo cuando necesitabas mi cuerpo para usarlo, usarme y una vez satisfecho, volver a invisibilizarme hasta la próxima vez que sintieras deseo. De otra manera, era invisible, no me mirabas, no sabías quien era, qué sentía, cuál era mi dolor, qué necesitaba... nada.

Me convertiste en una prostituta siendo tu esposa y yo te lo permití, de nuevo dejé que mis miedos ganaran la partida y que me humillaras hasta ese grado. Me pagabas, tal cual, me dabas dinero para ir de compras si te complacía. Tácitamente me amenazabas con retirarme tu apoyo económico si no condescendía a tus deseos. Y yo cedía, pero no lo hacía por dinero, sino por miedo y movida por la absurda esperanza de que me amaras si te daba lo que querías sexualmente. Me devaluaste, me despreciaste, me deshonraste, me subestimaste, me usaste de todas las maneras. Me lastimaste de mil formas, por dentro y por fuera... pero eso sí, nunca me levantaste una mano, ni siquiera me gritaste, increíble, no tenías ni qué levantar la voz. Y yo, atrapada por mis miedos, no podía ver que todo lo que hacías era infinitamente más violento que golpearme físicamente. De nuevo la evasión y el silencio y con él, el permiso para que me victimizaras.

Eres, lo que se dice una buena persona y eso sí, de clase alta y muy educado, por lo menos ante todo el mundo. Esa era mi confusión. Eres un caballero ante todo el mundo, un buen hombre de la puerta de tu casa para afuera, pero hacia adentro, conmigo... eres un patán, un enorme patán, no mereces llamarte hombre. ¿Me creerás que ni eso podía yo aceptar? Porque como ante todos eres "una dama", no podía concebir que fueras a la vez un patán. Así de inconsciente era.

Eres un ser que no es capaz de mirar a otro, de intimar, de hablar de sí mismo, ni de interesarse ni superficialmente por el dolor de su esposa o de sus propios hijos. Esos hijos que por un lado te temen y por otro te desprecian y te usan. Y se desesperan contigo porque literalmente expresan: "Mi papá es un asno, cero inteligente". Y así y todo, siendo un enano, yo no podía enfrentarte. Lo aterrador es que jurabas que me amabas y yo quise creerte, quise convencerme de que era cierto, cuando lo que manifestabas en los hechos, en cada uno de tus actos, no tenía absolutamente nada que ver con el Amor, sino todo lo contrario. El Amor es otra cosa, algo que tú no conoces, no intuyes siquiera. El Amor es lo contrario del miedo. El Amor cuida, protege, vela, salvaguarda, venera al ser amado y tú hiciste todo lo contrario conmigo. Bien dicen que "amores son hechos y no buenas razones". Y yo, a pesar de tus hechos no pude ver que ni me amabas, ni te amaba, te temía. Los dos nos engañamos por igual.

CARICIAS MUERTAS

Al respirar la atmósfera se me intoxica el Alma.
Mi caricia en tu cuerpo muere deshidratada.
Se nos está muriendo el sentimiento
y nos salen sobrando las palabras.

Ahora sé que nunca me amaste, que no tienes la capacidad para hacerlo. Sé que lo que tuvimos nunca fue Amor, ni siquiera fue una relación de pareja, sino una no relación. No tienes ni idea de quién soy, de qué siento, no sabes nada de mí. Nunca supe, ni lo sé ahora, qué piensas, qué sientes, qué necesitas, qué te pasa, qué te duele, con qué sueñas. No sé nada de ti, porque nunca quisiste abrirme tu corazón, ni te interesaba que te abriera el mío. Querías el control a través del sexo y el dinero. Tu enorme inseguridad equivale a tu enorme necesidad de reafirmarte sexual y económicamente. Eres un hombre que es lo que tiene, exclusivamente lo que tiene, para ti, todo es "cuánto tienes, cuánto vales". Tu vida es absolutamente superficial, en todas las áreas, en todos los aspectos, en todos los sentidos.

Lo único que te interesaba era poseerme sexualmente, aún a costa de mi salud, no sólo física, sino mental. Todo estaba "bien" mientras pudieras poseerme a tu antojo. Pero si llegaba a enfermarme, si tenía que guardar abstinencia —como después de cada parto—, si me operaban de algo o si tenía algún accidente que impidiera que "te cumpliera", tú te ponías furioso y me castigabas con tu indiferencia y tus malas caras. No sólo no te preocupabas de que yo estuviera bien, ni te importaba cómo me sentía, encima me reclamabas que no pudiera complacerte en la cama. Arriesgué mi salud con tal de evitar tu enojo.

Cuando finalmente me negué a tener relaciones sexuales contigo, de una manera definitiva e irreversible, por una cuestión de sobrevivencia física y emocional, porque ya no podía seguir siendo humillada por ti a esos grados inauditos e inhumanos y el dolor físico y emocional, me había rebasado a tal grado que prefería morir a volver a tener sexo contigo, tú, como respuesta, me cobraste cada minuto mi osadía. Perder el control sobre mi cuerpo te sacó aún más tu lado oscuro, opacando mi vida y paralizándome por dentro y por fuera. Estaba atrapada por el miedo, no pude ir más lejos, era un paso monumental negarme sexualmente. Había dado el primer paso, pero tenía que trabajar mucho aún en mí misma para dar el siguiente. Comprender a una mujer maltratada es algo muy complejo, pocos pueden hacerlo en realidad, la mayoría de la gente, nos juzga de una manera superficial, no pueden siquiera imaginar lo que es estar sumergidas en el infierno del miedo, no imaginan los grados de vulnerabilidad en los que se vive, ni su grado de fragilidad. Para la gente que no lo ha vivido, es en verdad inimaginable.

Pero el primer paso estaba dado. Ya no te permitía tocarme, me sentí liberada, pero culpable ante tus chantajes. Sin embargo, seguí creciendo en conciencia y un día enfrenté mi miedo dispuesta a vencerlo, me lo cuestioné todo y me ubiqué frente a la realidad. Mi miedo a quedarme sola y a enfrentar mi vida, estaba acabando con ella y tuve que afrontar lo que evadí tantos años. Entonces volví a nacer, me vacié de los miedos que me tuvieron paralizada, lloré por tantos años de infierno, por tanto dolor infringido por ti. Lloré tanto, tanto, que una vez que se me acabaron las lágrimas tuve que mirar claramente que no merecía el infierno en el que vivía y hube de despertar en mí, esa otra mujer que tú anestesiaste a punta de violencia sexual y psicológica. Me coloqué en otro lugar y desde ahí, supe que era el momento de salirme de tu vida, de enfrentarla sola y capitalizar el inmenso dolor que me causó tu desamor y tu maltrato, mi silencio y mi evasión. Por fin me atreví a enfrentar la realidad y con ello a encontrarme conmigo misma y rescatarme. Y comenzó la maravillosa aventura de elevar mi nivel de conciencia y buscar el camino para encontrarme.

ENCONTRARME

Me dibujo, me borro, me esculpo, me escribo, me describo
me hago y me deshago en la fantasía de encontrarme.

Ahora comprendo y compruebo, que no soy sólo esa mujer sumisa que se negó a sí misma para poder estar a tu lado, creyendo que tú eras el Amor de mi vida y mi salvador. No eras ni lo uno, ni lo otro. Pero esa era mi expectativa y no supe manejarla y dimensionarte correctamente. Mi condicionamiento, mi enorme inocencia y mi inmadurez me hicieron creer que sin ti la vida no tenía ningún sentido. Mis miedos a perder mi familia, al rechazo social, al futuro, a la soledad, me tenían amordazada. No me daba cuenta de que lo que teníamos tú y yo no era una familia, porque eso implica que varias personas están unidas por el Amor. Nosotros y nuestros hijos estábamos unidos por el miedo. Cuando ellos crecieron, expresaron su resentimiento, su dolor emocional, su rabia ante tu silencio y tu evasión. Reclamaban congruencia, pero eso era imposible, tú eres un hombre de doble moral, de dos caras, y yo no fui capaz de ser congruente y obligarte a serlo y abandonarte por fin, terminando con tanto dolor y con la enorme farsa. Ese es el reclamo de mis hijos hacia mí, que te permitiera todo lo que te permití. Es difícil explicarles que no tenía las herramientas para defenderme, que no podía hacerlo hasta elevar mi nivel de conciencia.

Yo buscaba intimidad contigo y tú intimidarme. Y tú ganaste todos esos años la partida porque a mí me ganaron mis miedos. Hasta que los enfrenté, a cada uno de ellos y pude darme cuenta de que mi vida era más grande y más fuerte que todos ellos juntos, y que yo merecía vivir liberada de ellos y de ti. Y que a pesar de que fui criada y educada para no ser libre, para depender de otros, para obedecer sin cuestionar, entendí que la libertad era posible y yo tenía derecho a ella y mis alas estaban listas para volar, lejos, muy lejos de ti. Se impuso mi necesidad de sobrevivir y el cansancio ante tanta frustración e infelicidad se hizo presente y tuve que comprender que no hay nada más grande que la Vida, ni nada ni nadie por encima de ella.

Pero para conseguir mi libertad, tengo que pagar un precio, un alto precio: vencer mi miedo. Como ves, estoy dispuesta a pagarlo, por eso estoy escribiéndote esto, diciéndote por fin todo lo que tuve que callar durante todos estos años. Y al hacerlo, estoy conquistando mi libertad. Porque la cadena más fuerte que me mantuvo presa fue el miedo hacia ti. Siempre te tuve miedo, cada día de mi vida contigo te tuve miedo, un miedo ciego, inmisericorde e infinito. Y el miedo, es el único enemigo de la libertad, una vez que una lo enfrenta, la libertad es posible y con ello el Amor, empezando por el Amor a una misma.

LIBERTAD

Tenía que bajar al infierno
escalar hacia abajo, purificarme
para volver a parirme de nuevo.
Sólida e inmaculada, regresar
iluminada por el dolor
...Ahora soy la que soy
por fin es posible amarme.
Forjadora de cantos
la Vida se remueve en mi vientre
una oración, un aullido, un eco
corre por el valle repitiéndose
una sola palabra impregna todo:
Libertad.

Luego de pasar por la rabia, el coraje, la furia que me provocó dimensionarte correctamente, ahora ya no te tengo miedo, sólo lástima, una profunda lástima. Te perdono todo el daño que me hiciste y me perdono a mí misma el haberte permitido que me hicieras tanto, tanto daño, al no comprender que no eras mi dueño, sino mi pareja. Me perdono también el daño que te hice al hacerte creer que era válido permitir que me maltrataras y que maltrataras a mis hijos y que tus actos no tenían consecuencias. Te perdono porque no actuaste por maldad, sino por inconsciencia, por inseguridad y movido por tus propios miedos y heridas. Actuaste movido por tu incapacidad de amar, de dar y de recibir, por tu desproporcionado egoísmo y tu patológica inseguridad. Comprendo que era imposible que me amaras y me ayudaras a superar mis miedos, porque no podías ni reconocer, ni manejar los tuyos y por lo tanto superarlos.

Sé perfectamente que no eres el único responsable, tengo que perdonarme a mí misma el haber permitido hasta lo inexpresable por miedo y "en nombre del Amor". Si yo no hubiera permitido todo lo que permití, no hubiera sufrido jamás lo que he sufrido, ni tú tampoco, ni nuestros hijos. Fue un enorme error, tan enorme que fue el causante de que nuestra vida haya sido un infierno. Los dos somos responsables, por no haber enfrentado la situación, por no habernos obligado a mirar lo que pasaba y hablarlo hasta conseguir un acuerdo, negociar y tomar una decisión. La responsabilidad de nuestra infelicidad y de este rompimiento es de ambos. Evadir la realidad como lo hicimos y seguirnos hiriendo, confirma que no basta con ser buenas personas, no sirve de nada ser buenos, si no somos sanos. Los dos somos buenas personas, sin duda, pero somos insanos, por nuestra enorme evasión. Y al estar atrapa-

dos por los miedos y dejar que nos manejaran, nos hicimos mucho daño. Asumo que todo esto explica lo que sucedió. Mi inocencia, mi ignorancia acerca de mí misma y mis derechos, y tu enorme egoísmo, tu adicción sexual, tu evasión y superficialidad, hicieron posible tanto dolor.

No actuamos sanamente, nos cerramos a la comunicación, a decirnos lo que pasaba, a enfrentar nuestros sentimientos y nuestros miedos y a expresarlos, y ahora tenemos que pagar las consecuencias de nuestros actos. Nos evadimos para no perder lo que teníamos, cuando lo que teníamos era una vida infeliz. Los dos éramos infelices, ni yo te daba lo que necesitabas, ni tú a mí. Ni yo era la persona que te podía hacer feliz, ni tú quien podías hacerme feliz a mí. Ahora tenemos que mirarnos, mirar la realidad por fin, perdonarnos nuestros errores, nuestra cobardía y nuestra inconsciencia y seguir cada uno su camino, capitalizando la experiencia. Los dos actuamos en principio de buena fe, pero eso no basta. Para que una relación sea sólida, es indispensable que ambas partes de la pareja se abran a la realidad, la acepten y aprendan a manejarla. Es necesario dejar al ego a un lado y escuchar la voz del Alma, que ambos se amen a sí mismos para que puedan amar al otro. Y nosotros no nos amamos a nosotros mismos, por lo tanto, no pudimos amarnos el uno al otro. Ahora, a estas alturas del partido, tenemos que reconocer nuestros errores, porque de no hacerlo, volveremos a repetir la historia, volveremos a maltratar y a ser maltratados. Hay que escuchar la voz del Alma para tener sanidad mental y ser congruentes con nuestras verdaderas necesidades y ni tú ni yo lo hicimos.

Comprendo ahora que no podíamos enfrentar nuestros miedos, no los teníamos conscientes, no teníamos las herramientas para analizar con profundidad y corrección, lo que estaba pasando. No teníamos introspección, ambos vivimos en la evasión. Nuestro corazón decía una cosa y nuestra mente otra, no supimos compaginarlos y con ello lograr ser congruentes. Muchas veces creímos que era nuestro corazón quien nos hablaba, cuando en realidad lo que estábamos escuchando era la voz de nuestros miedos. No teníamos el valor de luchar contra los fantasmas y los miedos que nos tenían atrapados desde antes de unirnos y que se potencializaron al relacionarnos. Los dos éramos como dos niños heridos, asustados, vulnerables, perdidos de sí mismos y aterrados de perder al otro. Por eso nos refugiamos en la evasión y en el silencio, sin darnos cuenta de que el silencio, la indiferencia, es una de las agresiones más graves que existen, y si ahora no lo aceptamos y lo remediamos, no podremos rehacer nuestras vidas con nadie, porque caeremos en el mismo error, una y otra vez, hasta el infinito, culpando al otro de nuestra infelicidad e instalados en la víctima, como lo hemos hecho todos estos años.

Es hora de perdonarnos. Te perdono y me perdono porque en mi corazón no cabe nada, absolutamente nada que no sea Amor y sería injusto que tras tanto dolor, mi Alma no tuviera paz por sentirme culpable o por guardarte resentimientos. Por eso

estoy expresándote todo esto, porque mi Alma se empezó a llenar de resentimientos
y no estoy dispuesta a que se arraiguen en mi ser, y para que esto no suceda, luego de
aceptar mi responsabilidad, como lo he hecho, ante ti y ante mí, es a ti a quien tengo
que enfrentar decididamente y sacar lo que me envenena para liberarme de ello.

DESPUÉS DEL MIEDO DEL MIEDO

I
¿Qué vendrá después del miedo del miedo?
de este dolor de sentirme y nombrarme
de escribir mi nombre en el espacio
y reconocerme y desconocerme.

De esta armonía que me desborda
y me teje terror entre los huesos y la piel.
¿Qué vendrá después del miedo del miedo?
¿Qué se romperá si se derrite el hierro
con una sola mirada de libertad?

¿Qué abismo se abrirá después del primer paso?
¿Qué firmamento se abrirá si sueño?
¿Dónde irán los grises, los blancos y los negros
después del miedo del miedo?

II
Después del miedo del miedo
me habré dado a luz.

Sí, he renacido, me he dado a luz y esta mujer que soy ahora no puede compartir
su vida con un ser como tú. Es hora de irme para siempre de tu vida. Deseo que
encuentres la manera de curar tus heridas como yo encontré la manera de curar
las mías: reconociendo mis miedos y mis errores, asumiendo las consecuencias de
ellos y perdonándome y perdonándote. Dios sabe que lo intenté todo, pero nunca
me permitiste acercarme, entrar en tu corazón y no hay Amor por grande y per-
fecto que sea que resista un rechazo tan brutal, ni Amor capaz de luchar contra
los miedos del otro cuando ese otro no puede ni quiere ser ayudado, porque ni
siquiera reconoce que hay un problema y es preciso enfrentarlo. Lo intenté todo,
por eso me voy en paz.

Traté muchas veces de que habláramos de todo esto pero tú me evadiste siste-máticamente. Sé que para ti, todo esto que estoy expresando por escrito, no son más que necedades. Tú eres perfecto, desde donde tú lo ves, tú no me has hecho ningún daño, no me violaste durante casi treinta años. Según tú, ejerciste tu derecho sobre mi cuerpo. Desde donde tú lo ves, tú estás muy bien, no tienes ningún problema, por supuesto, no eres un adicto sexual, ni un inmaduro, ni un ser monstruosamente egoísta, superficial y materialista. Yo soy la que estoy mal, la que soy frígida y una rara, una histérica, demasiado sensible, una ingenua en grados inauditos y una tonta que no entiende nada y que no va a poder sobrevivir sin ti, que no es nada, ni nadie, sin ti. Pero te equivocas, yo soy la que soy, y a pesar de tanto dolor, salgo de tu vida intacta en mi Alma, intacta, lo cual es un verdadero milagro y un enorme regalo de Dios y de la Vida.

INMACULADA

Quise sacar la rabia de tus ojos
el coraje atrapado en tu garganta
el dolor que disfraza tu sonrisa
la ira que resguardan tus entrañas.
Quise librar batallas con tus miedos
acribillar silencio y soledades
todo para librarte de un pasado
y rescatarte un sueño no estrenado.

Nunca quisiste amarme ni escucharme
hoy el adiós se impone y yo me marcho
te dejo con tus miedos, tus fantasmas
y me voy con mis sueños y mis ansias.

Mi Alma está intacta, inmaculada
tu desamor no pudo aniquilarla
posee tanto Amor que tus heridas
la hicieron crecer más y amar la Vida.

Sé que no vas a contestar a esta carta, lo sé, no vas a responderme ni una palabra. Pero esta vez no seré yo quien reciba y padezca tu silencio. Quédate con él, conmigo ya no cuentas más. Te he perdonado, de corazón. He dejado de temerte. He desper-tado. He crecido en conciencia. Yo ya no puedo escuchar tu silencio, porque la voz de la Vida y del Amor, me llaman, me gritan, y es esa voz, la voz de mi Alma, la que escucharé de hoy en adelante. Adiós, te deseo una buena vida.

Hasta aquí la carta, pareciera larga, pero pensándolo bien no lo es, ya que es el cierre de treinta, ¡treinta años de la vida de esta mujer! ¿Cuál fue la respuesta de él? Silencio. Tal como lo había previsto su esposa: silencio. Él se fue de la casa, por supuesto, cuando él lo decidió y ella se quedó con los hijos y cada quien su vida.

Dos años después del rompimiento de su matrimonio y la liberación que esto significó en todos los ámbitos, llegó a la vida de esta mujer, la persona que sería el Amor de su vida. Ella no sólo superó su trauma sexual por haber sido violada sistemáticamente, sino que descubrió la enorme belleza de la sexualidad cuando hay Amor de por medio. Lo que para ella siempre fue un infierno, se convirtió —no sin una enorme sorpresa— en un verdadero paraíso. También descubrió que no era en absoluto frígida como le hizo creer su ex marido, sino que es una mujer apasionada, seductora, capaz de vivir intensamente una pasión y gozar enormemente de su sexualidad.

Ahora vive en congruencia con lo aprendido. Está en paz, sigue escuchando de tiempo completo a su corazón, ama y es amada y comprobó que su manera de amar es la correcta: amar venerando al ser amado. Comprendió que el problema no fue su manera de amar, su entrega incondicional, sino que eligió mal a la persona con la que se casó y compartió casi treinta años de su vida. Ha comprendido que sólo se debe venerar cuando hay una absoluta reciprocidad.

El problema no fue su manera de amar, sino el haber evadido la realidad todos esos años. De ser una mujer completamente sometida, se convirtió en una mujer libre. A través de elevar su nivel de conciencia, descubrió su fuerza interior y se independizó emocional y económicamente. Ahora vive el Amor en plenitud, es profundamente amada y valorada por su pareja, quien la venera y le hace saber y sentir que el que llegara a su vida es lo más bello y extraordinario que le ha pasado en su existencia, una bendición, un milagro que agradece todos los días de su vida. Ella siente exactamente lo mismo respecto a su pareja, lo cual indica que tienen un Amor sólido, recíproco y sano.

Capítulo 13

Infidelidad

La infidelidad trae como consecuencias irreparables la pérdida de la paz, de la confianza y el dolor de la traición.

GRAVEMENTE

Grave gravita gravemente
en esta lentitud inusitada
¿dónde quedó la niña que jugaba?

Grave gravita gravemente
se convirtió en mujer de madrugada
en esa oscura habitación callada.

La infidelidad: el infierno de hombres y mujeres que se enfrentan a la traición de la persona que aman. La traición es uno de los dolores más difíciles de manejar y de superar. Cuando se ha entregado a la pareja toda nuestra confianza y se vive para amar a esa persona que nos juró amor eterno, ser traicionada por ella trae como consecuencia que de pronto, nuestro mundo interior se desmorone, nos sentimos destrozados, impotentes, sorprendidos, impactados, enfurecidos, es un dolor tan hondo, que quedamos como anestesiados en cuanto nos enteramos de que hemos sido traicionados.

Pero ¿cuándo empiezan a gestarse la infidelidad y la traición? Ciertamente no en el momento en que somos infieles. Para cuando llega la infidelidad, es porque las cosas ya no estaban bien en la pareja. La traición sólo es una consecuencia que indica el problema de fondo: la pareja no está ni tan unida, ni tan comprometida como es necesario estarlo en una relación sana. Dice San Agustín: *"Amor que ha terminado, dudo que haya comenzado"*. Si una de las dos partes ve para otro lado, es porque hace tiempo que han dejado de mirarse el uno al otro, de amarse; entendiendo por Amor una comunión con el otro. Hace tiempo que hay una carencia entre ellos, que los miedos les vienen ganando la partida.

La infidelidad viene a comprobar que el diálogo entre la pareja no está funcionando, que no están sensibilizados uno a la necesidad del otro, que se ha ido colando la soledad, el vacío, el silencio y el desencanto entre ambos. Todo esto hace que traicionemos el Amor, y por tanto, a la pareja. ¿Cuándo empezó realmente a gestarse el desencuentro que trajo la infidelidad?

* Cuando había riñas, enojos que no fueron resueltos en su momento y se convirtieron en resentimientos.
* Cuando una noche y luego otra y otra, se fueron a la cama sin aclarar las cosas y quedar en paz uno con el otro.
* Cuando las prisas de la vida empezaron a ganar los espacios que tenían que dedicarse uno al otro.
* Cuando los pasatiempos de uno o del otro o de ambos, eran más importantes que compartir juntos su tiempo y su energía.
* Cuando empezaron a ocultarse cosas o a mentirse para evitar enfrentar situaciones que les causaban miedo. En las relaciones de pareja, en la mayoría de los casos, omitir es mentir.
* Cuando empezaron a actuar egoístamente viendo sólo lo que les convenía, sin detenerse a mirar por el bienestar del otro.
* Cuando empezaron a evadir las situaciones difíciles, a pasar por alto cosas que tendrían que haber hablado y aclarado.
* Cuando otras personas empezaron a ser más importantes que la pareja.
* Cuando por orgullo o soberbia no pidieron perdón por haber ofendido a su pareja, por haber faltado a la sensibilidad, por haberle faltado al respeto o no haberle dado su lugar.
* Cuando empieza el maltrato sea psicológico, verbal, físico, sexual o económico·y no le ponen un alto a la primera señal.
* Cuando dejaron de decirse lo que realmente sentían ante deter-

El amor de pareja desde la Psicomística

minadas actitudes de su pareja y guardaron silencio, por miedo o por apatía, ante situaciones que requerían ser habladas.
* Cuando uno de los dos se sometió al otro, negándose a sí mismo.
* Cuando la vanidad de uno o el otro gana terreno, y siente que necesita ser reafirmado sexualmente por otra persona que no es su pareja.
* Cuando fueron dejando que la rutina y el cansancio les impidieran comunicarse sanamente, buscarse para no perder la intimidad y esto fue haciendo distancia entre ambos, logrando que los dominaran sentimientos de soledad, desencanto, vacío y que se lastimara su autoestima.

Éstas, y otras muchas, son las razones por las que silenciosamente se va tejiendo la infidelidad. Una vez que llega, la persona traicionada es presa de infinidad de sentimientos que pareciera que no se pueden contener en el cuerpo.

Una rabia infinita parece carcomer las entrañas. Una tristeza profunda la invade y le quita la respiración. Ante la traición, buscamos alguna explicación que nos tranquilice, pero sabemos que no vamos a aceptar ningún argumento. La traición no se justifica con nada, nunca, bajo ninguna circunstancia. Siempre se puede hacer algo: hablar, sincerarse, negarse a la tentación, dominar las emociones, cualquier cosa antes de realizar una traición.

Si tuviéramos un alto nivel de conciencia, y por lo tanto, tuviéramos nuestros miedos manejados, siempre podríamos hablar con nuestra pareja antes de que se diera una situación de infidelidad o simplemente, no la traicionaríamos, porque un alto nivel de conciencia indica que estamos comprometidos con la persona que elegimos, que somos capaces de mantener vivo ese Amor, de respetar la historia que hemos hecho con esa persona, de hablar de lo que nos inquieta con ella, de ir caminando juntos y de una manera sincera y sana.

Sin embargo, como hemos visto, nos falta sanidad, somos manejados por nuestros miedos, nuestras necesidades y nuestras heridas no resueltas. ¿Por qué traicionamos a nuestra pareja, por qué le somos infieles? Veamos sólo algunas de las razones:

* Porque nos sentimos tentados por otra persona. Porque "hemos perdido la magia, la química... el Amor".
* Porque no estamos felices con nuestra pareja porque me tiene invisibilizada/o.

* Porque necesitamos "un cambio".
* Porque nos hacen falta "emociones nuevas", "sentirnos vivos".
* Porque estamos aburridos con nuestra pareja.
* Porque "se dieron las circunstancias."
* Porque nos sentimos solos a pesar de que estemos en pareja.
* Porque nuestra pareja no nos satisface.
* Porque hemos caído en la rutina aplastante.
* Porque "la otra persona nos sedujo, nos enredó y a quién le dan pan que llore".
* Porque sentimos que nuestra pareja nos ha "fallado".
* Porque nuestra pareja es muy "convencional" al hacer el Amor.
* Porque necesitamos elevar nuestra autoestima.
* Porque necesitamos reafirmarnos como hombres o mujeres.
* Porque tenemos resentimientos conscientes o inconscientes con nuestra pareja y queremos vengarnos de ella por no cumplirnos la expectativa.
* Porque nos sentimos controlados por nuestra pareja y el agobio nos hace escaparnos a través de la infidelidad.
* Porque estamos hartos de "pan con lo mismo".
* Porque ya mi pareja no me ve con deseo, somos como amigos o hermanos.
* Porque mi pareja me maltrata.
* Porque no puedo controlar mis impulsos ni mi vanidad, y me manejo en un plano muy superficial.

La lista de las razones, justificaciones o excusas es infinita. La traición, la infidelidad, es realizada tanto por hombres como por mujeres, sin embargo, sin duda el porcentaje de personas infieles es mucho más alto entre hombres que entre mujeres, a pesar de que en estos tiempos se ha elevado considerablemente el número de mujeres que traicionan a sus parejas.

En otros tiempos, era rara la mujer que se atrevía a serle infiel a su pareja. Salvo excepciones, ser infiel era un "privilegio" de hombres, salvaguardados por la cultura patriarcal machista en la que un hombre puede ser infiel y no tiene graves consecuencias, y las mujeres deben ser comprensivas ante tales episodios en sus matrimonios, mientras que él no pretenda abandonarlas por otra. Esto se pensaba y se sigue pensando actualmente. Sin duda, que un hombre sea infiel sigue siendo hoy en día mucho más permisivo a que una mujer lo sea. Si un hombre es infiel solemos decir:

*   Es hombre, qué le vamos a hacer, es su "naturaleza".
*   Así son todos los hombres, de cada cien hombres, ciento uno son infieles, ¿qué te sorprende?
*   Es que el hombre es débil, no se puede controlar.
*   Es que los hombres son más sexuales, necesitan más sexo que las mujeres.
*   Es que es muy hombre y no se puede conformar con una sola mujer.
*   Es que los hombres tienen que demostrar que los son, y lo hacen a través del sexo.
*   Un hombre no puede negarse si alguien se le ofrece, no sería un hombre de verdad.

Y como éstas, mil excusas más, que son tan inconsistentes y absurdas como las anteriores y que por supuesto, no se aplican a las mujeres. Si un hombre es infiel, no se le da jamás la importancia que se le da a que una mujer lo sea. Si él es infiel, se justifica de una u otra manera y en caso de que llegue a aceptarlo, que sucede sólo cuando es sorprendido in fraganti, dice:

*   No es lo que tú crees.
*   Ella no significa nada para mí.
*   A ti te amo, ella es sólo una cuestión sexual, etcétera.

¿Y si esto lo dijera una mujer a un hombre? Imposible. Esto es, como hemos dicho, por la facilidad con que el hombre separa lo afectivo de lo sexual, dado su condicionamiento. Sin embargo, esto mismo no puede decírselo una mujer a un hombre. Mientras ellos sienten que es "natural" en un hombre y que no pasa nada, para ellos, la infidelidad de su mujer es un pecado imperdonable, ella no es más que una prostituta, una golfa, una mujerzuela, una perdida que no vale nada.

Esto sigue siendo tan vigente como lo ha sido en toda la historia de la humanidad y se debe, como hemos dicho, a la ideología patriarcal machista que hace creer que ciertas cosas que no lo son, pertenecen a la naturaleza de los sexos. El manejo de la sexualidad de hombres y mujeres no es cuestión de la naturaleza. Ambos por igual sienten deseos sexuales. Ambos tienen las mismas necesidades sexuales que deben ser satisfechas o manejadas.

Suele pensarse que es más grave que una mujer sea infiel porque en caso de quedar embarazada, estaríamos hablando de que ese hijo sería fruto del pecado y no del matrimonio y su marido podría no enterarse. En cambio, si un hombre casado es infiel, eso no sucedería, la amante tendría un hijo, sí, pero se sabría de inmediato de quién es. Esto pareciera querer decir que por eso, es menos grave que un hombre sea infiel y tenga hijos fuera del matrimonio y que su esposa debe poder perdonar esa infidelidad por el "bien familiar", a que una mujer lo sea y se embarace de alguien que no es su marido. La realidad es que la infidelidad es la misma y cuando hay un embarazo, igual viene un hijo, es decir, la *consecuencia* también es la misma. Pero claro, tiene otras agravantes, ya entra la cuestión económica, no sólo la emocional. Un hombre no tiene por qué mantener al hijo del amante de su mujer, sin embargo, sí puede reconocer y mantener un hijo que tuvo fuera del matrimonio con otra mujer y en tanto que este sea el caso, él puede seguir con su matrimonio, pero el caso contrario, difícilmente se concibe en nuestra sociedad, es absolutamente imperdonable y no hay hombre que lo tolere.

No decimos que una cosa sea menos grave que la otra, sólo puntualizamos cómo funciona la cultura patriarcal machista y que definitivamente las cosas no son iguales para ambos géneros. Se vea desde donde se vea, la mujer es la que siempre tiene más que perder cuando comete infidelidad, sobre todo si como consecuencia de ella, tiene un hijo.

Las causas por las que un hombre y una mujer son infieles, en general, son muy diferentes. Los hombres no involucran —de entrada al menos— sus sentimientos. Son infieles por una necesidad de reafirmarse, por vanidad, por el sólo deseo de estar con otra mujer que no es la suya. En cambio, la mujer cuando es infiel, lo es generalmente por situaciones involucradas con los sentimientos.

Hablando en general, —porque siempre hay espacio para las excepciones— las mujeres necesitan amar a quien se entregan sexualmente. Son las menos las que se van a la cama por el puro placer de hacerlo, sin que estén involucrados sus sentimientos, aunque esto va en aumento dada la soledad y la falta de compromiso en general. Aún pesa mucho que a la mujer se le haya educado para no entregarse sexualmente, a menos de que esté enamorada.

Las mujeres requieren sentirse amadas, aceptadas, reafirmadas por el hombre a quien se entregan. Buscan en ello llenar sus vacíos emocionales y ponen el peso en el Amor, más que en la pasión y el acto sexual. Por otro lado, son mucho más culpígenas que los hombres, se sienten muy mal de traicionar a sus parejas, se juzgan muy duramente por ello.

Hablar de infidelidad, resulta tremendamente complejo, porque hay tantos matices en la infidelidad como seres humanos en el planeta. Por lo general una mujer infiel, lo es con un solo amante, mientras que muchos hombres, tienden a ser infieles con varias mujeres. También están los que tienen una amante fija por la que no pretenden abandonar a su esposa, al menos no en el primer momento, aunque claro, se dan casos en que las amantes les ponen un ultimátum y ellos tienen que elegir entre terminar con su relación clandestina o enfrentar las consecuencias: reconocer a su amante, y abandonar a su esposa e hijos, pero estos son los menos de los casos. Por lo general, aunque juren y perjuren a su amante que van a abandonar a su esposa, no llegan a hacerlo nunca, la realidad es que quieren lo mejor de los dos mundos y no están dispuestos a renunciar a su zona de confort. Un hombre, dicen las estadísticas, sólo abandona a su esposa por dos razones:

* Cuando está perdidamente enamorado de otra mujer y ésta lo amenaza con abandonarlo si no le da su lugar.
* Cuando sorprende a su mujer con un amante. Es decir, cuando su mujer le es infiel, porque no puede soportarlo.

En un divorcio, sobre todo cuando hay hijos de por medio, no hay nunca un ganador, todos pierden. Sin embargo, cuando es el hombre el que abandona, es la mujer quien más pierde en todos sentidos. Por un lado porque se queda sin compañero, mientras que él, sale de esa relación porque ya tiene a otra mujer a su lado, una con la que en verdad quiere estar, sin importarle las consecuencias, y por el otro, porque de haber hijos, es la mujer —salvo excepciones— quien se queda con toda la carga.

Cuando la mujer es traicionada, en la primera etapa no puede asimilar el golpe. Ha sido sorprendida por la infidelidad de su pareja, que de pronto, la deja por otra mujer. Ante esta realidad las mujeres reaccionan de infinidad de maneras. Si la relación ya estaba muy deteriorada, la vivencia es muy diferente que si las cosas estaban bien entre ellos, por lo menos aparentemente. En este caso, por lo general ella lo ama y siente que tienen ciertos problemas "como todas las parejas" pero no imagina que él le es infiel y cuando se entera y él la abandona por otra, no puede asimilarlo. Necesitará mucho tiempo para que pueda deshacerse de ese amor, a pesar de haber sido traicionada.

GÉLIDO TERROR DEL VACÍO

Cuando llegué al final
a la última de todas mis moradas
y traspasé todas las puertas
toqué el miedo.
En el gélido terror del vacío
el soplo de tu fecundidad
y tu aliento invisible me tocaron.

Una parte de tu Ser crece y me invade.
Huele a tus manos y me sabe a tu aliento
el aire de mi espacio.

Eres el Universo donde se mueve inquieto
el sueño que sostengo.

En esos casos, la mujer sigue enganchada a pesar de haber sido traicionada, no puede abandonar la esperanza de que él vuelva, de que esa
pesadilla termine y todo regrese a su lugar. Se aferra al recuerdo de la
historia vivida con su pareja y no puede comprender que él, con esa
facilidad, la haya abandonado por otra, que todo lo vivido para él no
significó lo mismo que para ella, que pueda tener otra vida, al margen de
ella y de sus hijos, que pueda vivir sin ella, sin sus hijos, sin su casa, sin...
sin... sin... le parece inconcebible. Su mente no alcanza a comprender
el vuelco que ha dado su vida, no puede ni quiere entender que, de ese
momento en adelante, tendrá que enfrentarse sola a la vida y a los problemas, que él no estará ya nunca más y todo lo que había proyectado
para su futuro, ha quedado en la nada.

CARICIAS SIN FUTURO

Estallan en mis sienes caricias sin futuro
versos sin porvenir, sueños no natos
me falta sangre para escribir tu nombre
en cada pared de mi Alma indomable
me faltan gritos, silencios, palabras
para quebrar tus muros y romper tus cadenas
...Pero este Amor por ti, está intacto.

El divorcio, en estas circunstancias, es inconcebiblemente doloroso para la mujer. Es como si de pronto, le arrancaran la vida. Su vida, de golpe, se ve inmersa en un infierno del que siente que no va a poder salir nunca. Su autoestima se ve absolutamente lastimada. Se siente usada, devaluada, fea y por supuesto, deprimida. Se siente víctima de su marido y de la mujer que le arrebató su felicidad. No puede manejar su dolor, su tristeza, su rabia, su coraje, y en muchos casos, su deseo de venganza y de ser reivindicada por su marido. Hay interiormente una urgencia de ser reivindicada porque en el fondo el divorcio evidencia y da en el blanco de la herida madre: ser invisible para el otro. No existir más para él y ser suplantada por alguien más.

Se siente inmerecidamente condenada a la soledad. No comprende qué fue lo que hizo para que eso tan terrible le sucediera en la vida, creía que eso jamás le podía suceder *a ella*. Ahora es sólo un número más en las estadísticas. Se siente humillada y vulnerable a unos grados insospechados. Su impotencia es infinita, no puede escoger, no tiene alternativas, tiene que olvidar a su pareja, dejarla atrás y seguir con su vida... inmersa en ese sentimiento de invisibilidad, en ese "no existo".

Debemos acotar que esto es perfectamente aplicable también cuando se da el caso de que es el hombre quien ha sido traicionado por su mujer. Estamos hablando de los sentimientos que acometen a una persona, sea hombre o mujer, ante la realidad del abandono y la traición. Lo mismo se aplica en relaciones homosexuales y lésbicas. La infidelidad provoca en todos los seres humanos, el mismo profundo dolor. La traición no reconoce sexos, ni preferencias sexuales.

TAREA CRUEL

Qué esfuerzo sobrehumano
que tarea tan cruel es
des amarte
des pensarte
des sentirte
des ilusionarme
es como deshacerme.

Cuando una mujer es abandonada, requerirá de mucho trabajo interior para salir adelante, para sacudirse el personaje de la víctima, para acertar a comprender cuál fue su parte en todo esto. No se trata de que se culpe con los argumentos tan conocidos: "No le di lo que necesitaba. No soy lo suficientemente bella, inteligente..." o "Es un desgraciado, no me valora, nunca me dio mi lugar realmente..." No, esto no sirve de nada, tendrá que ir al fondo del asunto.

Tendrá que aceptar ante ella misma que no vio las señales, que no quiso darse cuenta de que las cosas ya andaban mal hacía mucho tiempo. Que fue evasiva, quizá demasiado permisiva, que se dedicó a cumplirle a él las expectativas y a cubrir todas sus necesidades, viviendo alrededor de él, olvidándose de sí misma, negándose sistemáticamente. O por el contrario —que también sucede aunque en menor proporción— tendrá que aceptar que no se sensibilizó a las necesidades de él y se comportó de una manera controladora, insensible y egoísta hasta agobiar y agotar a su pareja.

Tendrá que analizar qué fue lo que realmente sucedió, para no volver a repetir la historia, para poder salirse de la víctima y continuar con su vida de una manera sana y sin culpar a la vida o a su pareja o a un tercero en discordia. Esto es indispensable para que esta mujer no caiga en una depresión o pueda salir de ella y no termine usando a sus hijos, de manera consciente o inconsciente, para cobrarle al marido infiel el haberla abandonado. Así mismo para que, llegado el momento, pueda establecer una relación sana de pareja con otra persona y no vuelva a caer en las mismas evasiones y conductas que la llevaron a esa situación.

Esto quiere decir que esta mujer tendrá que soltarse de sus fantasías y deberá enfrentar la realidad tal como es, deberá asumir que no trabajó junto con su pareja la relación, que no supo cómo mantener un diálogo real con ella, que tuvo miedo de cuestionar las cosas que veía que estaban mal o incluso, que no las vio siquiera por el miedo a tener que enfrentar esas situaciones a las que teme. Tendrá que darse cuenta de lo mucho que perdió por evadir sus miedos, por suponer y dar por sentadas tantas cosas que debieron ser habladas. Por permitirle que la maltratara de alguna manera, desde consentir que ella le fuera indiferente, que la ignorara, hasta que la golpeara, si fue el caso.

Muchas veces la mujer no puede ver las señales, porque tiene una confianza ciega en su marido, porque no puede ni imaginar que él pueda herirla de esa manera. Lo ama y quiere creer que es amada de la misma manera. No tiene la malicia, por ser joven o ingenua, para sospechar de su marido cuando ocurre algo fuera de lugar, y pesa mucho la habilidad de él para ocultar lo que ocurre e incluso, en muchos casos, su cinismo.

Lo que es innegable es que ante la traición, habrá que enfrentar la parte de responsabilidad que cada cual tiene.

Cualquier persona, que haya sido abandonada, sea cual sea su preferencia sexual y sea hombre o mujer, si ha sufrido por la infidelidad de su pareja, deberá pasar por este camino de introspección, si no quiere empantanarse en su presente, si quiere salir adelante en su vida y reconstruirla realmente de una manera sana.

Así como muchas mujeres se aferran a sus parejas cuando son abandonadas, otras, una vez que se destapa el asunto de la infidelidad y se llega al divorcio, aunque en la primera etapa sigan enamoradas de su pareja infiel, terminan odiándolo a muerte durante el proceso de separación y divorcio y se sueltan de la necesidad de que él regrese. Llegan a sentir un gran alivio cuando todo termina. Sin embargo, que él haya matado el Amor que ellas le tenían, dada la guerra sin cuartel en la que se metieron para separarse, no quiere decir que no sufran por el fracaso, por la soledad y el abandono, por tener que renunciar a sus ilusiones y ver rotas las promesas y los sueños a las que estaban aferradas antes de descubrir la infidelidad de sus maridos.

El dolor está ahí, hablamos de cosas muy hondas: De hacer juntos una historia hasta el final, de sentirse protegidos uno por el otro, de sacar una familia adelante, de la estabilidad emocional y muchas veces económica. De los cientos de acontecimientos importantes con sus hijos y sin ellos que ya no van a compartir y de las consecuencias de esto en ellos y en sus hijos el resto de sus vidas. Esto es muy fuerte y absolutamente real. Las consecuencias de un divorcio, las van a pagar durante el resto de sus vidas tanto la pareja como los hijos. Tras un divorcio, las cosas jamás vuelven a ser las mismas, ni serán las que pudieron ser, de no haber existido la infidelidad en la pareja.

Ahora hablemos de la infidelidad que no trae como consecuencia la separación o el divorcio físico. De cuando el hombre o la mujer son infieles, pero no están dispuestos a separarse o divorciarse. Para el que fue sorprendido por su pareja, las consecuencias no se harán esperar. El dolor emocional, es siempre la primera de ellas. Otra es que la confianza se ha perdido y va a ser muy difícil, si no imposible, recuperarla. Y sin la confianza, es muy poco probable recuperar el Amor o mantenerlo vivo.

La desconfianza es un poderoso veneno en una relación. La persona traicionada se ve torturada por las imágenes de su pareja con otra persona, vive temerosa de que la traición se vuelva a repetir, con la misma o con otra persona. Vive a nivel consciente o inconsciente reprochándole a su pareja la traición, sintiendo que su pareja sigue enamorada de esa persona con la que le fue infiel, y esto repercute en todas las áreas, tanto en la psicológica, como en la emocional y sexual.

La infidelidad trae como consecuencias irreparables la pérdida de la paz, de la confianza y el dolor de la traición. La persona que ha sido infiel, deberá hacer muchos méritos para ser perdonada de una manera definitiva. Mucho tienen que trabajar ambos como pareja, para volver a recuperar su Amor y la confianza.

Esto no es imposible, en verdad hay personas que se arrepienten profundamente de haberle fallado a su pareja y regresan a ella dispuestas a volverla a conquistar y hacerse perdonar, y lo logran cuando en los hechos demuestran su arrepentimiento y la lección los lleva a valorar definitivamente a su pareja. Pero desafortunadamente esto sucede en los menos de los casos. La mayoría de las personas, una vez que han sido traicionadas, no pueden, a pesar de sus enormes esfuerzos volver a recuperar la confianza. Hay un refrán entre los árabes que dice: "*Leche derramada no se junta*". Recuperar la confianza requiere de un alto nivel de conciencia por parte de los dos, así como de un Amor verdadero. Sólo así será posible un diálogo sincero y profundo que lleve a comprender con el Alma a la persona amada y darle realmente otra oportunidad.

Como ya dijimos, los hombres por lo general, cuando se enteran de la infidelidad de sus parejas, las abandonan. Son realmente excepcionales los casos en los que le dan a la mujer una segunda oportunidad. No así las mujeres, cuando ellos son infieles. ¿Por qué ellas tienden a evadir la realidad cuando saben que les son infieles o confrontan a sus parejas pero no están dispuestas a dejarlos? Por muchas razones, veamos algunas de ellas:

* Porque temen enfrentar solas sus vidas. Se sienten incapaces.
* Por cuestiones económicas.
* Porque lo aman y quieren creer que es la primera y última vez —y si no es la primera, sí será la última— que él las traiciona.
* Porque quieren creer que él va a cambiar. Que las va a valorar y a reivindicar.
* Porque no quieren deshacer a su familia, dejar a sus hijos sin padre.
* Porque temen el rechazo de la sociedad.
* Porque sienten que es un fracaso que no pueden afrontar.
* Porque creen que sus hijos no se los perdonarían.

* Porque no lo quieren dejar libre para que sea feliz con otra, mientras ella se queda sola y con todo el peso de la familia.

Por éstas y muchas razones más, pero las fundamentales son las dos primeras: le tienen terror a la soledad, a tener que enfrentar sus vidas solas. A enfrentar no sólo el tema emocional, sino el económico. Muchos hombres se aprovechan de esto y les juran que nunca más volverá a suceder, cuando lo único que harán, será cuidarse más para no ser sorprendidos de nuevo. Pocos tienen la intención de cumplir esa promesa, y otros, no sólo no se muestran arrepentidos, sino que siguen en las andadas porque tienen muy bien medida a su pareja y saben que ella no los va a abandonar. La mayoría de las veces, porque son ellos quienes tienen el control a través del dinero. Este suele ser uno de los motivos principales y decisivos por los que la mujer tolera la infidelidad. El que paga, manda, sin duda, y mientras ellas no tengan resuelto lo económico, sienten que son ellos los que tienen la sartén por el mango y ellas quienes tienen que soportar las humillaciones que les implican sus infidelidades.

Al aceptar la situación sin enfrentarla debidamente, la mujer le está dando el siguiente mensaje al hombre: tus actos no tienen consecuencias. Y con ello, le da el *permiso* para seguir siendo infiel. Y con esa actitud evasiva, que va en deterioro de su dignidad, él le pierde el respeto y la admiración, condiciones indispensables para que el Amor se dé y se mantenga sano.

Este asunto de la infidelidad es tremendamente complejo. Una gran parte de las traiciones se da entre personas conocidas por los dos. Él o ella, son infieles con un amigo o amiga de la pareja, con la secretaria, con la hija o el hijo de un amigo o amiga de la pareja, con un ahijado o ahijada, compadre o comadre o incluso con algún pariente cercano. Se dan casos aún más graves en que un hermano traiciona a otro con su mujer, o una hermana traiciona a su propia hermana con su marido.

También están los casos de infidelidad por homosexualidad o lesbianismo. Aquellos en que una de las partes le es infiel a la otra con alguien de su mismo sexo. Desafortunadamente esto se debe a que los prejuicios que se tienen hacia la homosexualidad femenina y masculina, provocan que hombres y mujeres gays se casen para poder ser aceptados social y familiarmente y, tarde o temprano se presenta la infidelidad como una consecuencia inevitable. Abrirnos a la tolerancia evitaría mucho dolor emocional no sólo a los adultos, sino a los niños involucrados en estas parejas en donde uno de los integrantes es gay.

Entre más cercana sea la relación que existe entre la persona traicionada y aquella con la que la pareja nos traiciona, el dolor es más insoportable, porque la confianza era más honda y se es traicionado por partida doble. Por ello, las consecuencias son también siempre más graves. ¿Cómo explicarles a mis hijos que mi marido se acuesta con mi hermana, mi sobrina o mi prima? ¿Cómo explicarles a mis hijos que su mamá se acuesta con su tío, su primo o su padrino? ¿Cómo explicarles que a su papá le gusta un hombre o que su madre está enamorada de otra mujer?

Si de por sí es difícil explicar la infidelidad con cualquier persona, lo es mucho más en estos casos. Las repercusiones que tiene la infidelidad en los hijos son enormes y desgarradoras. La infidelidad les destruye el mundo y los marca de por vida. Los divide interiormente, los pone en el terrible conflicto de darle la razón a uno de sus padres y repudiar al otro. Se encuentran entre la espada y la pared y les provoca una dolorosa inestabilidad emocional que tendrá consecuencias a corto, mediano y largo plazo. De alguna manera, la infidelidad en los padres, tuerce en alguna medida el destino de los hijos.

Entran en una confusión terrible y no pueden dejar de preguntarse ¿dónde está el "amor" que decían tenerse mis padres? ¿Qué es entonces el Amor? Dudan de la existencia del Amor, lo cual es muy grave, porque esta es una duda sobre algo trascendental que, se quiera o no, cambiará su modo de ver y vivir sus vidas. Se viven como víctimas del padre o de la madre, o de ambos, y no se sienten amados porque desde donde lo viven, si sus padres los amaran, estarían juntos y no permitirían que la familia se desintegrara. Sienten y creen que sus progenitores les podrían evitar tanto dolor. Por otro lado, muchas veces también se sienten culpables de la separación y el divorcio de sus padres, piensan que si ellos hubieran sido mejores hijos, no se habrían divorciado.

¿Pero qué hacer? Ciertamente en muchos casos, sobre todo cuando hay maltrato de por medio, dentro de lo malo, hay que elegir lo menos malo, y esto es sin duda que la pareja se separe. Esto daña mucho menos a los hijos que ver a sus padres peleando todo el día y al padre, la madre o ambos, maltratándose, sometiendo a los hijos a una guerra por el control, a un infierno insufrible que los daña emocionalmente mucho más que una separación.

Está comprobado estadísticamente que los hijos de padres maltratadores son por lo general, en su vida adulta hombres maltratadores y mujeres maltratadas. Salvo excepciones, así se dan los roles en el futuro.

En los casos en que no hay maltrato de algún tipo y la pareja, a pesar del dolor de la separación, tiene la capacidad de manejar el asunto con mayor madurez, entre otras cosas porque aman a sus hijos, la única manera de salir mejor librados es abriendo un diálogo sano y honesto con ellos. Hacerles ver y sentir en los hechos, que el asunto es entre papá y mamá, y que el que ambos se separen, no quiere decir que no los amen a ellos o que ellos hayan fallado en algo, sino que ya no pueden seguir funcionando como pareja, pero sí, como padres. Esto no resolverá el dolor, pero sí la intensidad de éste, y sobre todo, dará la oportunidad para que los hijos se acerquen a cada uno de sus padres, escuchen sus razones, y no se sientan subestimados sino amados a pesar de todo. En estos casos sufren el divorcio de los padres, sufren porque ellos se separan, pero no sufren que ellos como hijos se divorcien de sus padres, de uno o de ambos. Esta es la gran diferencia.

Una cosa es que mi padre o mi madre pierda a su pareja, y otra que yo pierda a mi padre o a mi madre como tales. Esta opción nos lleva a que los hijos mantengan una relación *personal* con cada uno de los padres, y no, como suele suceder, que terminen perdiendo la comunicación con uno de ellos, o con ambos, en general, con el que fue infiel.

Cuando la pareja está en esta frecuencia, se evitan los odios y los resentimientos en una importante medida, habrá dolor, pero también habrá cariño y respeto, los hijos sentirán que se les da su lugar, y no que están en medio de una guerra en la que no tienen ni voz, ni voto, cuando son precisamente ellos los que están siendo afectados por los errores de sus padres. Llevar a los hijos a la comprensión a través del diálogo, hará que las consecuencias sean menos duras y el proceso menos doloroso.

Jamás será igual que los hijos sufran solos el proceso y se las tengan que ver con sus miedos sin ayuda de nadie, a que en este camino sean acompañados por sus padres. Cuando los hijos tienen una relación real y personal con sus padres, una vez que están separados, tienen sin duda, muchas más posibilidades de superar ese divorcio y tener una vida emocional más sana, en especial, a la hora en que ellos se relacionan en pareja. Desafortunadamente esta es una opción que se toma pocas veces. Cuando hay infidelidad y ésta lleva a la separación, por lo general es muy difícil que la pareja controle sus emociones, que no caigan en hacerse la guerra y que arrastren en sus desavenencias a los hijos.

Como podemos ver, las consecuencias de la infidelidad no sólo repercuten en la pareja, sino también en los hijos, y son nefastas. Aquí nos ocupa el tema de la pareja, por lo que nos concentraremos en ello, dado que el tema de cómo afecta la infidelidad en los hijos es inagotable, requeriría de otro espacio.

No separarse cuando la relación ya no puede ser rescatada, quedarse en una relación ya deteriorada totalmente y que está dañando a la pareja y a los hijos, no resuelve el problema, al contrario, lo agrava, y mucho. Que dos personas que no se aman insistan por cualquier razón en seguir juntas, sólo trae frustración y enojo para ambas partes. Vivir con alguien que no amamos termina por llenarnos el Alma de amargura y la vida de hastío. Lo mismo se aplica al vivir con alguien a quien amamos pero no nos corresponde y tiene puesto su amor en otra persona.

No se trata de no tener tentaciones, eso no es evitable, pero que exista la tentación no es el problema de raíz, sino que no seamos capaces de decir *no* a ella. Todos podemos ser tentados, lo que importa es que en esos momentos sepamos negarnos, tomando fuerza del Amor que tenemos por nuestra pareja, del compromiso que establecimos al votar por ella renovando ese voto a la hora de vernos tentados por alguien más.

Tentaciones siempre vamos a tener, eso es lo normal, lo humano, el asunto es que no nos dejemos manejar por ellas, que sepamos respetar los sentimientos que tenemos por la persona a la que amamos, y que, al ser tentados, los pongamos por encima de las emociones que experimentamos en ese momento. Las emociones son muy endebles, en tanto que los sentimientos son sólidos. Las primeras nos pueden traicionar en cualquier momento, no así los sentimientos cuando son verdaderos.

Las emociones tienen que ver con nuestra parte más superficial, con la piel y con el Ego, en tanto los sentimientos tienen que ver con el Alma y la profundidad de nuestro ser. Si no somos personas maduras, nos dejaremos llevar por las emociones y caeremos en las tentaciones, enamorándonos como adolescentes una y otra vez. Querremos la satisfacción inmediata de nuestros deseos y pondremos nuestra necesidad egoísta, por encima del amor que decimos tener por la persona que hemos elegido como pareja.

Desbocarse en las emociones, esa manera de "enamorarse" de alguien que nos mueve el piso, que se presenta como una tentación para traicionar a la persona con la que estamos comprometidos, con la que tenemos una historia o incluso hijos, una familia, con todo lo que implica, es comportarse como un adolescente que no tiene ningún control sobre sus emociones, y por lo tanto, de su vida. Es decir, es comportarse como una persona inmadura, insegura, evasiva, que se deja manejar por sus miedos; como alguien que es incapaz de respetar y asumir sus compromisos; como alguien cuya palabra no tiene ningún valor, alguien que no sabe lo que quiere y que es manejado por las circunstancias y las emociones como un títere carente de voluntad.

Estas son algunas de las características de las personas que cometen infidelidad. Antes de ser infieles a su pareja, lo están siendo consigo mismas, al no ser capaces de ser congruentes con el compromiso establecido con su pareja. Son personas a las que les falta solidez, que no poseen la fuerza y el valor para sostenerse en sus decisiones, personas egoístas que no son capaces de amar con plenitud, porque anteponen su necesidad sexual y su deseo inmediato al "amor" que en otro momento aseguraron tener a su pareja y ahora parecen poder colocarlo en otra persona.

Esto no tiene nada que ver con el Amor, sino con el deseo. La fidelidad implica tener la fuerza para pasar por alto las tentaciones, para decir sí al Amor verdadero, la fuerza para luchar por el Amor, por encima de cualquier tentación. La fuerza para enfrentar la realidad, para enfrentar los miedos y buscar en la persona elegida, aquella con la que se comprometieron, las respuestas a sus necesidades. Generalmente, las personas infieles, carecen de la fuerza que da el estar sumergido en un camino espiritual de una manera real y congruente, un camino de Amor y respeto a sí mismo y a los demás.

La fidelidad requiere de trabajar con la pareja cuando las cosas no marchan bien. Acudir a ella, con humildad, sin soberbia ni orgullo y pedirle que juntos enfrenten que están dejando escapar su Amor, buscar los caminos para alimentarlo y fortalecerlo, juntos, uno al lado del otro, tal como lo estaban cuando se unieron enamorados. La fidelidad sólo puede existir y mantenerse cuando no nos permitimos evadir la realidad, ni ser manejados por nuestros miedos, cuando respondemos con madurez al don del Amor, cuando somos capaces de resolver nuestras heridas buscando ayuda en la persona que elegimos y no en alguien que destruirá el mundo de esa persona a la que nos comprometimos amar.

Si el Amor no ha sido cuidado, si no le hemos dado el lugar que debe tener en nuestras vidas, si lo hemos abandonado al descuidar a nuestra pareja, si no trabajamos en nuestra relación de una manera seria y sistemática, si dejamos de estar unidos por él, si cada uno está centrado en sí mismo y no es capaz de mirar la necesidad del otro, o no es capaz de recibir y corresponder al Amor del otro, estamos enfilándonos de una manera segura a la infidelidad.

Hay parejas que viven en un espejismo creyendo que tienen un matrimonio perfecto y de pronto, una de las dos partes se ve atraída por otra persona y en ese momento se da cuenta de que su pareja la tiene total-mente abandonada e invisibilizada y no quiere tener un diálogo que los lleve a resolver la distancia que los separa. En estos casos, **el que se niega al diálogo está empujando a su pareja a la infidelidad por su evidente desamor** al no importarle ni su necesidad ni su dolor ni sus miedos.

Lo cierto, es que la infidelidad existe desde que se instituyó la mo-nogamia y es tan vigente ahora como entonces salvo en las culturas no monogámicas. El origen es sin duda la falta de Amor y de compromiso con la pareja. Cuando hay un Amor verdadero y un compromiso serio y profundo, la infidelidad no tiene cabida, por enorme que pueda ser una tentación, ésta será vencida por el Amor, cuando éste sí es auténtico, reciproco y se vive en conciencia.

Capítulo 14

Abandono

*Empezaré a perder a la persona que amo,
en el momento en que empiece
a perderme de mí misma.*

ATAQUES DE MELANCOLÍA

A la gente le dan:
ataques de migraña
ataques biliares
ataques epilépticos
ataques cardíacos
...A mí me dan ataques de melancolía
sólo una sobredosis de tu aliento
podría curarme... Y tú ya no estás.

Tú ya no estás. Qué frase esta que puede desgarrarnos el Alma. El abandono, la ausencia, tienen implicaciones de muerte. Cuando el ser amado nos abandona, pareciera que de pronto, la vida, deja de tener sentido. Nada importa, quisiéramos abandonarnos a un sueño sin retorno y sólo abrir los ojos para verle. El tiempo se detiene, todo nuestro ser reclama el cuerpo del amado. Pareciera que nuestros ojos se han quedado ciegos al no poder mirarle.

Vamos a hacer una secuencia para ir contando entre el lenguaje coloquial y el poético, lo que sucede en el abandono. Lo vamos a hacer desde el punto de vista de una mujer. Esto no quiere decir que algunos hombres no lo puedan vivir interiormente de la misma manera, lo que cambia son las manifestaciones, debido a todo aquello de lo que ya hemos hablado respecto a la construcción de géneros. Hablaremos del dolor del abandono, de lo que le implica a una persona, sea hombre o mujer, sea cual sea su situación civil o su preferencia sexual.

Nuestros fantasmas, se reúnen y hacen una junta, cuyo tema es la ausencia de él. El dolor se respira en el aire. Nos volvemos dolor. Toda clase de preguntas nos atormentan, nos consumen. ¿Por qué se terminó lo que teníamos? ¿Cómo es posible que no estemos juntos? ¿Qué va a ser de mí? ¿Qué voy a hacer con mi vida... cuál vida? ¿Para qué seguir adelante? ¿Cómo es posible que él pueda vivir sin mí? ¿Cómo voy a sobrevivir a este dolor? ¿Dónde está, con quién? ¿Me amó como yo lo amo? ¿Fue todo una mentira? ¿Es esto una pesadilla de la que voy a despertar? ¿En qué fallé? No, esto no puede estar sucediendo en la realidad. Él va a regresar, me ama como yo a él.

ATORMENTADA EN MI LOCURA

Se arrastran las palabras
en esta vacuidad masa sin nombre
gotean los silencios.

Fantasmas.
Se agrietan las entrañas fluye sangre incolora
por los cauces sin nombre hacia la nada.

Se ensancha la inconsciencia
y aparece tu nombre escrito en agua
mar gris y revuelto del que no alcanzo el fondo.

... Y busco atormentada en mi locura
la placidez serena de este fondo sin fondo
que me atrae y me aterra.

Literalmente pareciera que no podemos respirar, el dolor es tan hondo y desgarrador que sentimos que en cualquier momento podemos morir, sencillamente dejar de respirar. No podemos estar en paz, la ansiedad, como un veneno se va apoderando de nosotras, como si la ausencia se metiera por nuestra sangre y recorriera todo nuestro cuerpo, se estrellara en nuestros huesos, se agolpara en la garganta, ahogándonos.

Añoramos al amado de tal modo, que no hay en el mundo consuelo posible. Es imperioso verlo, tocarlo, besarlo, abrazarnos a él, fundirnos en ese otro cuerpo que parece faltarnos como el aire, el agua, el pan. Es un frío tan frío que se antoja inhumano. Un dolor tal, que nos sentimos traspasadas, crucificadas. Los sentimientos encontrados, contradictorios, pareciera que nos van a detonar la locura.

DORMIDA DE MUERTE

Este dolor sin sufrimiento me tiene dormida de muerte
dormida de vida latente, aturdida y lúcida de soledad.
Este dolor sin sufrimiento me mantiene violentamente aquietada
desquiciadamente cuerda, herida, cortada, destazada.
Este dolor sin sufrimiento palpita sin mi anuencia
te nombra y te condensa en el único sitio en el que existo: en ti.

Es exactamente así, existimos sólo porque él existe, eso creemos, esa parece ser nuestra única verdad. No concebimos la vida sin ese ser que de pronto nos ha dejado a un lado. Existimos en él y para él, vivimos y morimos en función de él. Si estás, puedo respirar, si no, no quiero vivir. Le hemos dado un poder absoluto sobre nuestra vida y nuestra muerte. Él y sólo él, llena todos nuestros vacíos y su ausencia crea, precisamente eso, un insoportable vacío. Uno inimaginable, tan absoluto que sentimos que estamos descoyuntándonos dentro de él. Que nada existe sino ese vacío y esa nostalgia infinita que nos lleva a desear desaparecer, dejar de sentir, morir ante tanto dolor. Nos sumergimos en una especie de limbo.

LIMBO

Este morirse viviendo y este vivirse muriendo
quién podría curar la herida de la Vida y de la Muerte
de la Muerte y de la Vida.

Herida de Vida, muero, herida de Muerte, vivo
...Existo en el limbo
ni Muerte, ni Vida ganan al fin la partida.

Tratamos de razonar, queremos creer que no es cierto que no podemos
vivir sin él. Vamos de la desolación a la rabia, de la rabia a la desesperación, de ésta al enojo, del enojo al desamparo y la vulnerabilidad. No
podemos pensar con claridad. Somos incapaces de recordar el dolor
que nos causó el otro, las heridas que nos infringió y sencillamente lo
minimizamos y justificamos al amado. Sólo recordamos todo lo hermoso y exaltamos aquellos momentos perfectos como la única verdad,
nos aferramos a ellos como a una cuerda de salvación. Nuestra mente
y nuestro cuerpo nos lo reclaman así. La piel nos grita la ausencia del
amado y recuerda la pasión, no podemos engañar a la piel, es ella la que
nos engaña y nos hace creer que lo que sabe, también lo sabe él y por
eso, regresará.

LA MEMORIA DE LA PIEL

Aún tengo tus pasos en mi calle
contigo vago y voy de mí perdida
ya ni mi soledad es sólo mía
es más mío tu nombre aunque lo acalle.

La cordura me muestra los umbrales
no me asusta la Muerte ni la Vida
cuánto quise creer que era mentira
pero mi piel recuerda lo que sabes.

Su memoria es más fiel que mi argumento
más fuerte que tu adiós su juramento
ella dejó su aroma en tu gemido
en nadie más tendrá lo que ha vivido.

Estamos convencidas de que jamás sentiremos lo mismo, ni remotamente, por alguien más. Necesitamos ese ser específico, a él, y sólo a él. No debió irse, nada justifica su ausencia. Porque sobre todas las cosas, sobre cualquier argumento, está mi amor por él, la fuerza de mi amor, que no comprendo por qué no pudo más que todo lo demás. Sean los que sean los argumentos de él para haberme abandonado, ninguno es más fuerte que mi amor.

Siempre un adiós en el Amor, desde donde lo vive quien es abandonado, es un adiós a destiempo. Siempre se tiene la sensación de que con un poco más de tiempo, las cosas pudieron no haber terminado. Y el destiempo nos crea una tortura insoportable.

ADIÓS A DESTIEMPO

Decir adiós a destiempo es condenarnos al desencuentro
angustiosa soledad que carcome los sueños
leyendo palabras nuevas en un diccionario antiguo.

Decir adiós a destiempo es enterrarse entre frases
condenadas al sepulcro candente de nuestra garganta
moribundo sentimiento siempre agónico, nunca muerto.

Nos quedamos con un millón de cosas que decir, no nos sirve el lenguaje. La imposibilidad del futuro con el ser que amamos, se vuelve una obsesión que raya en la locura. Todo lo que ya no va a suceder, y lo que podría haber sucedido si él no se hubiera marchado. Y la tortura de lo que pensamos que él vivirá con otra, mientras nosotras estamos solas.

Los sueños se han esfumado de pronto y la agonía no se hace esperar. Ahora que no está, se me ocurren todas las respuestas que tenía que haberle dado a sus preguntas, todos los argumentos para rebatirle los suyos. Vienen a mi mente todas las preguntas que debí hacerle cuando aún estaba conmigo, todas las cosas que debí decirle, o las que debí callar, las que debí hacer o dejar de hacer, aquello que debí proponerle.

Queremos creer que si seguimos amando al amado, él seguirá amándonos también, que con el sólo hecho de pensarlo con fuerza, él nos pensará y terminará regresando. Pasan los días, las semanas, los meses, incluso los años, y somos capaces de sostenernos en esta fantasía. Lo amamos en la ausencia con todas nuestras fuerzas, con el ser entero, como si de eso dependiera nada menos que nuestra vida.

AMARTE SIN TI

Tantas horas para una línea
para un suspiro que se vuelve palabras
...Tantas horas para amarte sin ti.

Pero él se ha ido para no regresar, se ha ido y me ha dejado en un territorio devastado, en una soledad y una desesperación que parecen no tener límites. Nadie puede entenderlo, los que me rodean no pueden imaginar mi dolor. La soledad es ahora mi única compañía. Es la que está cuando abro los ojos cada mañana y no quiero despertar y enfrentar su ausencia, es ella quien se me pega al cuerpo sin mi anuencia, para terminar deambulando conmigo todo el día; la que se hace patente cuando no suena el teléfono o el timbre de la puerta para anunciar que él llega. Es la soledad, la que me trae abrazada cuando tengo que salir a un evento y extraño rabiosamente su brazo. Es ella la que me mira comiendo con desgano, llorando con o sin motivo, la que me envuelve en un manto de oscuridad insospechada y la que me recuerda con su voz sorda e inmisericorde, hora tras hora, minuto tras minuto, su ausencia.

EN ESTE TERRITORIO DEVASTADO

Aúllo sin ruido en este vasto territorio: la Soledad.
No estás, no estoy yo, no hay nada ni nadie, menos que nada.
Las paredes recogen mi aullido
y entretejen esta historia al filo de la locura.
Esta historia tuya sin ti mientras tú, ajeno
amas en otro sitio en tanto me consumo
en este territorio devastado y te pienso en mi lienzo
como lo único puro y cierto.

Nos sentimos anuladas, anestesiadas, pero no lo suficiente para olvidarle, para no sentir su falta, para no añorarle. Caemos en uno o en otro extremo. O en hablar de él hasta el cansancio, como si convocarlo lo fuera a traer de regreso. O por el contrario, nos hundimos en un silencio mortal, en el que nos escondemos inútilmente del dolor. De cualquier manera, totalmente anuladas, hablemos o callemos, turnemos la palabra con el silencio o las salidas con el encierro, el caso es que caemos en una especie de estado de coma.

ESTADO DE COMA

Lo bueno del dolor es que en dosis altas, pero muy altas
vamos, en sobredosis... anestesia.
Así que no te enfades, no hagas caso de las malas lenguas
no es que te haya dejado de amar, es que el dolor de no tenerte
la angustia de tu ausencia me ha dejado en este estado
en este estado de coma en el que apenas si me entero
de cómo me llamo... con trabajo me acuerdo de mi nombre.
...El problema es que te amo más a ti que a mí
y tu nombre sí que no puedo olvidarlo.

Podemos olvidarlo todo, excepto a él y el dolor de su ausencia. Vayamos
de un lado a otro, o nos encerremos y no queramos saber de nada ni
de nadie, estamos inmersas en una cápsula que nos aísla del mundo,
estando en éste, como si ya no perteneciéramos a él. No hay silencio
posible, hay un ruido ensordecedor, tan enorme, como enorme el dolor.
No comprendemos por qué él sencillamente no nos dejó amarle, era
todo lo que pedíamos, amarle. Sin embargo, no importa cuánto ruido
nos acometa, siempre llega el silencio, de pronto, por momentos o por
días, llega. Un silencio que nos lleva a quedarnos quietas, quietas. Buscamos esos momentos de silencio, en soledad total, para refugiarnos en
el recuerdo, para hablar con él, para estar a solas con él.

QUIETA QUIERO QUEDARME, QUIETA

I

Una se va callando, callando
se va haciendo silencio, mudez, mutismo,
una se va quedando quieta, quietecita, quietísima.

II

Quieta, quieta, quieta me quedo
quieta me quiero estar
quieta quiero mirarte y descubrirte
quieta quiero amarte sin palabras
quieta quedarme quieta en tu regazo
quieta quedarme quieta en tus pupilas
en un rinconcito de tus sueños
en unas gotitas de tu tinta
en un trocito de tu diario.

Quieta quiero quedarme, quieta
quieta me quiero estar
quieta quiero amarte con este Amor
con este Amor, Amor mío, con este Amor
Amor de roca y mar, de viento y Luna
de melodía verdeazul, de silencio encarnado
en mi carne encendida y mojada por ti
con este Amor, Amor mío quiero amarte
Amor de lluvia, Amor de viento, de agualuz
quieta quiero quedarme, quieta
quieta quiero amarte con este Amor.

Y la impotencia se hace presente en grados insospechados, queremos amarle, justamente con ese Amor que él no quiere, que rechaza, del que huye, que no sabe cómo manejar o qué hacer con él. Y en su huida no se da cuenta de que mientras él camina para alejarse de mí, o incluso mientras ya está con otra, a mí, se me ha detenido el tiempo, justo en el instante de su partida y todo me grita su ausencia.

SE ME QUEDÓ DETENIDO EL RELOJ

Se me quedó detenido el reloj
faltando cinco para las seis.
Sólo la luz y la oscuridad marcan mis horas
generan la ansiedad de un almanaque invisible.

Me grita tu ausencia la cama ordenada y ancha
el dolor de tomar sin ti el primer café de la mañana
el silencio que pide tu música y tu risa
el sol que se filtra por las ventanas a media tarde.

La copa de jerez que no tintinea y me sabe mal
el libro que no puedo leerte después de las diez
los cojines que añoran tus manos traviesas estrujándoles
los floreros vacíos, las dulceras repletas.

La pecera con caracolas y arena en su soledad
las velas apagadas en las horas de pasión
el timbre que no suena para anunciar que llegas
los fantasmas de casa que están tristes.

El llavero que espera suspendido
las ventanas cerradas, la alfombra sin tus pasos
el agua sin tu cuerpo, la taza sin tus labios
... Se me quedó detenido el reloj faltando cinco para la seis.

Podríamos haber terminado en paz, no entre gritos e insultos, pero no, no fue así. Terminamos luego de hacernos una guerra feroz. Quisiera haber podido hacerlo "civilizadamente", no haber tenido que perder el estilo y la imagen, encima de que me estaba abandonando.

Me siento humillada por haberle rogado, por haberle llorado que no me abandonara. Peor me siento al pensar en él de día y de noche y desear que regrese, no puedo creer que después de todo lo que nos dijimos, de tantas y tantas humillaciones que me infringió, yo desee todavía que vuelva. Quisiera haber podido mostrarme completa, erguida, serena, madura. ¿Podría realmente hacerlo de otra manera? Fantaseo tanto con ello.

NO TE EQUIVOQUES

Te vas... Y te dejo partir sin un reproche
te miro y te bendigo por todo lo vivido
...Pero no te equivoques
si no grito y suplico no es por temor ni orgullo
ni es el falso ropaje de las indiferencias
ni es una dignidad mal entendida
ni estrategia, ni juego, ni chantaje, ni...

No, no te equivoques
si te dejo partir sin una sola lágrima
si te dejo partir así, como estás viendo
mirándote a los ojos, sin aspavientos
sin intentar siquiera arrancar de tus labios
un te quiero o un beso
—que serían de hiel y no un consuelo—
no es porque no me duela tu partida
sino porque yo sé que nada es cierto
ni que te vas de mí, ni que me quedo.

No... No te equivoques
tú no te vas de mí, sino conmigo
ni yo me quedo sola en mis infiernos
tú me llevas prendido en tus pupilas
y te quedas tejido entre mis huesos.

Eso quisiera creer, que no te has ido, que me has llevado contigo, prendido en tus pupilas, que te has quedado conmigo, porque en verdad te
siento tejido entre mis huesos. Es una mentira, una monstruosa mentira
que me digo para sobrevivir. Tú no estás, porque *no quieres* estar conmigo, porque no me amas, esa es la verdad de todo esto, pero yo no quiero
ni puedo verla, porque siento que agonizo ante esa verdad que mi mente
no puede comprender. Repaso cada capítulo, cada escena, cada detalle
de nuestra relación, mi mente rebota de un momento al otro, de una
situación a otra y cuando llego al final, hubiera deseado ya que no había
más remedio, terminar de otra manera, más "maduramente" y no con
tantos gritos, chantajes, aspavientos. ¿Hay gente que termina así...? Soy
una imbécil, ¿qué más da? Dolería lo mismo, o quizá peor, porque se

habrían quedado más cosas atoradas. Hay que pagar el precio: que se quede todo atorado pero terminar civilizadamente, o la guerra abierta y soportar la humillación de haber suplicado. No sé qué es peor, no importa, lo que importa es que quiero seguir creyendo que él no se ha ido, que me ha llevado con él, que se ha quedado conmigo, que pronto, muy pronto, se dará cuenta de que lo nuestro es algo maravilloso que no encontrará jamás en otra mujer y entonces, me buscará.

Imagino el reencuentro, paso cientos de horas imaginando cómo será el momento en que nos volvamos a ver, cómo nos tocaremos, de qué manera lo voy a mirar, cómo se va a acercar a mí, lo que vamos a decirnos, veo en mi imaginación paso a paso lo que vamos a hacer, cuándo, cómo, dónde... Bien dice Santa Teresa de Ávila *"La imaginación es la loca de la casa"*. Tiene razón, y sin embargo, no puedo evitarlo. Vivo mucho más mentalmente pensando en él, con él, de lo que vivo en mi presente, en la vida real. Como si pensándolo, lo tuviera atrapado, cerca, en mí, como si imaginándolo vivamente, él siguiera siendo mío y su vida no estuviera transcurriendo en otro sitio, sino dentro de mí. Y tiene su razón de ser. Él me juró que nunca había amado a nadie como a mí, me hizo creer y sentir, que era conmigo con quien había descubierto el verdadero Amor, la verdadera pasión, que no había huella del pasado en él, ni futuro posible sin mí. Y yo se lo creí, creí que nunca nadie lo había tocado como yo.

LO QUE TOQUÉ DE TI

I

Lo que toqué de ti
nunca, lo sabes bien, jamás nadie lo había tocado
lo que tú me entregaste estaba intacto.
Lo que toqué de ti
nunca lo sabes bien, nadie jamás podrá tocarlo
vivirá siempre ahí en nuestros pálpitos.

II

No importa lo que hagas
no importa lo que hagamos
no importa si te vas o si me voy
no importa si nos vamos.
¿Adónde podríamos ir sin que lleváramos

tú mi mirada tejida en tus arterias
y yo tu nombre en mi sangre y en mis células?

¿En qué amante podríamos perdernos
sin escuchar la voz de las caricias
que sólo han de venir de nuestras manos?
...No importa dónde estés, a quién te entregues
lo que me pertenece, ha de seguir intacto.

En alguna parte de mí sé que no es verdad. Que si él está con otra, lo
que es probable, estará realmente con ella, le dirá las cosas que me dijo
a mí, no seré ni una sombra en su vida. Quizá para este momento, en
su lista no me encuentro ni al final. Pero no puedo aceptar tal cosa, no
puedo sin sentir que me muero. Me siento burlada, humillada, usada,
me entregué con toda mi Alma, le di mi intimidad ¡mi intimidad en todos los sentidos!

No puedo asimilar que para él, no significó lo mismo que para mí,
que en realidad, nunca se comprometió conmigo, que sus juramentos,
no fueron más que palabras, sólo eso. No, no puedo aceptarlo, no podría sobrevivir esa verdad. Que esté con otra como estuvo conmigo, es
impensable. Que otra haga con él lo que... y que él a ella le... ¡Dios! No
puedo con la rabia, con la tristeza, con... ¿Cómo pudo jugar así con mis
sentimientos?

SOBREVIVIR

Me pregunto si este Amor mío por ti
es un Amor sin objeto, sin sentido, sin destino.
No escucho respuesta fuera ni dentro
ni en ningún sitio, no me escucho
no escucho nada sino tu nombre
y cesan las preguntas y los porqués.

Apenas si recuerdo cómo eras
cómo era yo amándote, y sin embargo
sé que la luz de mí era contigo
que me gustaba la que era yo a tu lado
me hundo en ti aún ahora

como si fueras el mismo de entonces
y lo eres de algún modo
de algún modo esencial
que me permite sobrevivir.

Me engaño, me gustaba la que era contigo cuando los dos estábamos enamorados. Pero no me reconocía a mí misma, no me gustaba en absoluto, no te reconocía a ti, cuando las cosas empezaron a deteriorarse, porque estabas empeñado en sacar mi lado oscuro y el tuyo, por más esfuerzos que yo hacía porque fueras feliz.

Tú sabías bien qué botón tocar para detonarme, y ahí estaba yo reaccionando sin ningún control, defendiéndome de ti, humillándome ante ti, y no podía creer que estuviera rogándote de esa manera, no podía creer lo que era capaz de hacer con tal de retenerte. Como no podía creer tu frialdad, tu indiferencia. Pasan las semanas y los meses y yo, estúpidamente te sigo esperando. Si te veo por casualidad, tú me huyes y yo siento que el corazón se me llena de cuchillas.

IRONÍA

Pudimos reencontrarnos, fue cosa de un momento
pero tú lo evitaste por no herirme
...¡Qué ironía! Como si fuera cuestión de presencia.

No, no lo evitaste por no herirme, sino por no enfrentarme. Porque te soy indiferente, porque no quieres reclamos, quieres estar en tu vida sin mí, sin que yo te haga ruido. ¿Cómo puedes ser tan egoísta? A veces pienso que no existes, es decir, que el que yo amé, no existe, que eres otro, ese que muestras ahora: egoísta, indiferente, hasta cruel. Sí, esa debe ser la verdad, pero ¿cómo hago para que mi corazón la comprenda? Quizá es así, y todo mi llanto es y ha sido inútil, tú no existes, existes sólo en mi mente, sólo en la medida que yo te pienso y te invento dentro de mí para seguir viviendo, para no enfrentarme con el vacío, con la nada, con el fracaso y el miedo. A fuerza de convertirme tú en fantasma, terminé siéndolo, ya no puedo recordar cómo era yo antes de ti, pero sé que era otra.

FANTASMA

Soy como un fantasma: voy, vuelvo, vago y vengo
me falta dentro el Alma y me sobra este cuerpo.
Me estorban las distancias, me callo los lamentos
no traspaso paredes, pero sí pensamientos.

Sólo soy un fantasma que vaga con un cuerpo
deambulo como viva pero acarreo un muerto.
Una flor en las manos el Alma un cementerio
sólo soy el fantasma de la que fui en un tiempo.

Los demás me miran y sentencian: Depresión. ¡Qué vulgaridad! Reducir todo a eso. No saben lo que es amar como yo soy capaz de amar. Nunca comprenderán, imposible, jamás se acercarán siquiera a lo que yo estoy viviendo. Me atormentan con sus preguntas: ¿cómo puedes seguir amándolo? ¿Cómo puedes seguir viviendo en función suya? ¿Cómo puede ser él más real que tu realidad? ¿Cómo puede ser real en tu mundo, en tu presente, si los hechos dicen que no está porque *no quiere estar*? ¡Ya míralo por el amor de Dios, mira la verdad! La verdad... ¿cómo saben ellos que la verdad es esa, que tú no me amas? No pueden saber la verdad, jamás han vivido un Amor como el nuestro. La verdad es que tú estás confundido, que necesitas tiempo y que regresarás. Yo no estoy sola en esto, seguramente sufres como yo, lo sé, es así, *tiene que ser así*. Ellos creen que he perdido la razón porque para mí, tú estás sobre cualquier realidad.

ERES SOBRE CUALQUIER REALIDAD

No soy tristeza, soy desesperación
no soy aislamiento, soy soledad
no soy la que soy ni la que fui, ni la que seré
y aún en no estar siendo eres sobre cualquier realidad
con más fuerza que yo misma.

Yo misma... ¿Quién soy yo? Quiero decir ¿quién soy yo sin ti? No mereces mi dolor, porque si lo merecieras, no permitirías que yo sufriera todo esto. No, no lo mereces, ni lo merezco yo. Los demás quieren que piense esto, es tan fácil analizar para ellos, no comprenden que un amor como el nuestro no admite análisis alguno, el Amor es un misterio. Pero tú no regresas, ¿por qué? Y yo no puedo dejar de sentir lo que siento. Todo es confusión. ¿Por qué no puedo detener esto? ¿Cuánto tiempo más pasará para convertirte en pasado? ¿Serás pasado alguna vez? Porque no quiero, de ninguna manera quiero que lo seas. ¿Cómo puedes seguir como si nada ocurriera, mientras que yo estoy inmersa en esta desesperación? Hay momentos en que no puedo engañarme y entonces pienso que quizá, ellos tienen razón, que todo este dolor, no vale la pena. ¿Y si así fuera?

NO VALE LA PENA

No mereces ni una sola letra
y sin embargo te hago poemas en el aire.
No mereces ni un solo pensamiento
y sin embargo, me corres desde el Alma hasta el cerebro.

No mereces ni siquiera una mirada
pero mis ojos vuelan a tu cuerpo y te recorren todo.
Y tú sin enterarte, indiferente, intocable,
mientras que yo me consumo aún sabiendo
que no vale la pena ni este Amor, ni esta pena.

Cuando me enfrento a los hechos, aunque sea por un solo instante, lo veo: no, no vales la pena, quise creer que sí, me lo hiciste creer, fuiste tan convincente que creí que lo nuestro era para toda la vida, cuando la única realidad es que no eres capaz de sensibilizarte a lo que estoy sufriendo, no eres capaz de darme lo que necesito. Tu enorme egoísmo hace que ni siquiera seas capaz de sufrir por haber matado nuestro amor. Eres tan evasivo que no te haces cargo de nada que no tenga que ver con tus deseos inmediatos. ¿Cómo llegué a creer que podías hacerte cargo de mis sentimientos? ¿Cómo pude creer que eras capaz de comprometerte, de ver mi dolor? ¿Cómo pretendo ahora que seas capaz de ver mi vacío? El vacío que tú trajiste a mi vida.

VACÍA

Vacía: Si te asomas sentirás vértigo
No lo hagas podrías conocer un gramo de dolor
sólo un gramo ...Serías incapaz de llegar más allá.

Hasta aquí la secuencia, porque podría ser infinita. Esperamos haber conseguido causar ansiedad en alguna medida ante su lectura. Una especie de "**¡A qué hora termina esto, por qué no puede ver la realidad esta mujer! ¡Pero qué confusión mental tan espantosa!**". La secuencia está escrita para eso, para causar ansiedad, porque eso es precisamente el sentimiento que prevalece en una persona abandonada además del dolor, ansiedad y confusión. Todas las personas que lo hemos vivido, lo sabemos.

Hay ante el abandono una necesidad de que termine el dolor y de romper con el círculo vicioso en que nos hundimos, de sostenernos en la espera a cualquier precio, porque no hacerlo, significa morir; sentirnos humilladas, estúpidas, reconocer que el "amor" que defendemos a toda costa no existe, que no hay tal. Que somos invisibles para el ser a quien nos entregamos por entero.

Y entonces ¿qué vamos a hacer con nuestra vida? ¿Qué vamos a hacer con el vacío y la soledad que sólo puede llenar él?... Tendríamos que dejar de culparlo, sacudirnos la víctima y tomar la vida en nuestras manos. Y ese es el fondo de nuestro miedo. La incertidumbre. No saber si somos capaces de enfrentar nuestra vida solas. Desde los asuntos emocionales, hasta los asuntos prácticos. Si seremos capaces de abrirnos de nuevo al Amor, de atraer a alguien que nos ame en verdad.

Sí, es así. La mujer abandonada está metida en un círculo vicioso, muy difícil de romper, porque hacerlo tiene esa implicación: *enfrentar la soledad existencial*. Por lo tanto se aferra al amor perdido, a pesar del daño que le causó. Pareciera que no puede desprenderse de la persona que la abandonó, ni en vigilia ni en el sueño. Simplemente no puede olvidar. Tanto si se abandona a su dolor, como si se esfuerza por salir de él, tratando de enfrentar su vida. No quiere darse cuenta de que eso que vivió, no fue un amor sino una relación.

PARA VOLVERTE OLVIDO

Qué más inventaré para volverte olvido
en la vigilia me vigilo tanto
que a fuerza de pensar en no pensarte
siempre te estoy pensando
y al dormir me propongo no soñarte
y sueño que te sueño al acostarme.

Podríamos seguir... Falta la etapa en donde ella se da cuenta de que él ya tiene a otra mujer, o que incluso, la tenía en el momento de dejarla y sabe que fue ese, abiertamente, el motivo por el que la abandonó.

QUÉ TONTERÍA

Al final es una simple historia de adulterio.
Todo este dolor ¡Qué tontería! Por un hecho tan vulgar.

Tal como lo dicen las estadísticas al respecto. Antes o después, pero por lo general, más temprano que tarde, cuando no al mismo tiempo, él tiene otra mujer, otra vida. Una vida en la que su pasado —por inmediato que sea— no tiene ninguna cabida. Y el dolor de la mujer abandonada que parecía no poder ser más, se agudiza al comprobar que no dejó ninguna huella, que él ya está en la cama con otra, feliz estrenando romance, pareja o incluso esposa.

Todo esto implica para ella inseguridad y devaluación, que si ya estaban presentes con el abandono, ahora se potencializan. Aparecen los celos, sentimiento que nos corroe y destruye si lo dejamos penetrar en nuestra mente y corazón.

CELOS

Son así
unos bichos babosos que se mezclan con la sangre
escalan hasta el corazón, llenos de ponzoña
pican, envenenan, recorren los circuitos del cerebro
van del pasado al futuro en un presente de feroz tortura.

Son así
dolor y amargo tormento estos bichos absurdos
que inyectan amargura en la vigilia
y tornan pesadilla los insomnios
deforman la visión y paralizan.
Son la causa precisa y desdichada
de mutilar amores y venturas
convirtiendo en dolor y en amargura
lo que pudo florecer sin la locura.

Son así, los celos, son así
oscurecen el Sol más luminoso
nos arrancan la Vida de los ojos
y al final no nos queda más que Muerte
y un corazón dormido que no puede morir
y le duele el dolor de seguir vivo.

Los celos pueden destruirnos, sin duda, y la impotencia que nos causan es tan dolorosa que no podemos ni describir el dolor, la rabia, la desazón de la que somos víctimas cuando se filtran en nuestra vida.

Cuando la mujer abandonada sabe que su ex pareja ha elegido a otra mientras ella no ha podido reconstruir su vida, los sentimientos encontrados hacen de las suyas. Ella va de la rabia al deseo de él, de la desesperanza a la esperanza de que él se desilusione de la otra y vuelva, del resentimiento y deseo de venganza —se lo confiese o no— a la vulnerabilidad y al sentimiento de desvalidez. Todo esto mezclado con una autoestima seriamente lastimada, fruto de lo cual se siente fea, vieja, desangelada, tonta y devaluada en todos sentidos. Pensamientos recurrentes la atormentan: *Nadie me va a querer. Soy incapaz de tener una relación con alguien. Algo está mal en mí.*

Si en este camino alguien se le acerca y no es un prospecto que a ella le interese, o si no está lista para aceptar a alguien más, sigue inmersa en esos pensamientos y sentimientos negativos, con la autoestima pulverizada y en esa pobre percepción de sí misma, por un tiempo que, largo o corto, ella vive como eterno, porque en el dolor, el tiempo parece no tener fin. Mientras alguien la mira y la pretende, ella sigue aferrada al objeto de su amor, por más que razone en lo absurdo de la situación.

PRECIO

Esto de siempre amar al de la izquierda
mientras alguien nos ama a la derecha
yo estoy pagando el precio de quererte
y quien me quiere el precio de quererme.

La mujer abandonada o la que se va por sobrevivencia y que igualmente sufre el abandono, requiere de un tiempo imposible de definir porque cada persona tiene su propio momento para superar el abandono. Lo que está claro es que desafortunadamente nadie, absolutamente nadie, puede ni acelerar, ni omitir el proceso, es un camino por el que necesariamente se debe transitar.

¿De qué depende que el proceso no sea más largo de lo necesario, o incluso que jamás se supere un abandono? De la capacidad de introspección, primero de analizar lo sucedido y luego trascender el análisis y elevar el nivel de conciencia, es decir, una vez que vemos lo que sucede, ir a los hechos. En una palabra, querer ver la realidad y enfrentarla.
Depende también de hacer consciente la herida madre: la invisibilidad y ver y comprender por qué permitimos que el ser que decía amarnos nos haya invisibilizado, lo que nos llevó a ser dominadas por el miedo al rechazo y al abandono lo cual nos condujo a evadir la realidad, en lugar de enfrentar lo que estaba pasando y exigirle al otro enfrentar la situación, confrontarlo y obligarlo a respondernos en una relación de tú a tú.

El proceso de curación requiere menos tiempo cuando hacemos conciencia de cómo estos gemelos, hijos mayores del miedo: la evasión y el silencio, fueron los que manejaron nuestra relación. Cómo el dolor de ser invisibilizadas nos llevó a evadir la realidad, a guardar silencio y someternos en lugar de hacer lo sano: poner límites y obligar al otro a mirarnos, a visibilizarnos. No lo hacemos porque tememos el abandono y eso es justamente lo que llega precisamente por evadir, someterse, guardar silencio y no poner límites. Por no exigir reciprocidad. Podemos darnos cuenta de que es muy fácil evadir y/o intelectualizar, pero de eso, a llevar las cosas a la vida, hay un abismo sólo posible de salvar trabajando sistemáticamente en una misma.

No hay varitas mágicas, no hay receta de cocina que valga para sacudirse del proceso, para evitarlo o evadirlo. ¿Por qué? Porque un rompimiento, un abandono, requiere de superar un duelo. Un duelo que tiene diferentes etapas descritas claramente por Elizabeth Kübler-Ross en su ya clásica obra *Sobre la muerte y los moribundos* donde dice: El duelo incluye en cualquier pérdida, ante la muerte de algo o alguien que nos importa, las siguientes fases:

* **Negación** (esto no puede estar pasando, no es cierto).
* **Enojo** (es un desgraciado, cómo puede hacerme esto).
* **Negociación** (es posible que vuelva si yo encuentro la manera).
* **Depresión** (me voy a morir si no regresa).
* **Culpa** (yo hice las cosas mal, debí darme cuenta de lo que pasaba).
* **Aceptación** (luché hasta el final, ya no hay nada qué hacer).

Todo esto tiene que ver con enfrentar mucho más que el abandono mismo, tiene que ver con nuestra historia, con nuestra herida inicial: la invisibilidad y por consecuencia el pánico a ser abandonadas, con las neurosis no resueltas, que nos impiden poner límites, con la falta de conocimiento de nosotras mismas y de lo que es el verdadero Amor. Tiene que ver con nuestros fantasmas y sobre todo, con la **incapacidad de ver la realidad tal como es y enfrentar solas nuestra vida.**

TIEMPO DE MORIR

Los fantasmas se burlan del Amor
huimos de nosotros mismos
con el miedo incrustado en las vísceras
engañados por el oropel y la ilusión
desesperados por amarnos
mutilados por el deseo insatisfecho
no podemos ser ni estar
...Morir, es tiempo de morir
para volver a nacer, redimidos.

Tiempo de morir, morir a la ilusión, morir a la codependencia, a los espejismos, a las ideas equivocadas acerca del Amor, al pasado. Lo que llegamos a comprender, cuando por fin nos soltamos de una relación en donde finalmente *no fuimos correspondidas*, es que como ya hemos visto: ***Amor que no es recíproco, es neurótico.***

Se necesita una gran honestidad y una firme decisión de ver la realidad, sin justificarnos ni engañarnos y sacudirnos el personaje de la víctima, para posteriormente lograr la liberación. Morir a los patrones aprendidos no resulta nada fácil, requiere de una apertura enorme, de soltarnos de nuestra necesidad de ser amadas por un lado, y de nuestros miedos al rechazo, por el otro, así como del miedo al vacío. Requiere de la voluntad férrea y la decisión inquebrantable de tomar la propia vida en las manos y amarnos a nosotras mismas antes que a nadie. De hacer conciencia de nuestros derechos y no permitir que nadie pase por encima de ellos. De elevar nuestra autoestima a través de enfocarnos en un hacer que nos realice y satisfaga, y de proporcionarnos los satisfactores necesarios para no instalarnos en la víctima o vivirnos en la devaluación y la desesperanza.

Todos estos son requisitos que no podemos pasar por alto, en los que debemos trabajar para que llegue un día en el que no intelectualmente, sino realmente, en los hechos, estemos liberadas y seamos dueñas de nosotras mismas.

ME OLVIDÉ DE TU NOMBRE

Telarañas habitaron la estancia
los muebles se vistieron de sábanas
sin tu reflejo durmieron los espejos
tu sillón preferido el de ver las estrellas
de pronto se hizo viejo.

Los cuadros olvidaron sus historias
crecieron en mis manos invisibles cadenas
desertaron caricias y sueños en las sombras.
Un día, no preciso la fecha ni la hora
me olvidé de tu nombre... despuntaba la aurora.

A pesar de que es imposible ahorrarse el proceso que necesariamente existe entre el abandono y la liberación, hay alternativas que definitivamente hacen la diferencia en cuanto al dolor que implica éste. Algunas de ellas:

* Trabajar en un hacer que sea remunerado económicamente.
* Enfrentar los miedos a la soledad, a relacionarse, a la incertidumbre, a salir a la vida...
* Ir a una terapia individual o de grupo o a un grupo de crecimiento.
* Asistir a algún curso. Estudiar algún diplomado o acudir a seminarios.
* Salir con los amigos y familia.
* Poner el acento en los pasatiempos y/o deportes.
* Huir de las tentaciones a las adicciones (alcohol, drogas, juego de apuestas, etcétera.)
* No colocarse en la víctima.
* No obsesionarse con el pasado.
* No justificar al otro.
* Evitar cualquier manera de evadirse de la realidad.
* Respetar las horas de sueño y las tres comidas del día.
* Hacer una dieta sana y ejercicio.
* Hacerse de una rutina y ser disciplinadas para cumplirla.
* Comprometerse con una causa que interese y entusiasme.
* Abrirse a nuevas relaciones no sólo en el plano amoroso.
* Sostenerse en la esperanza a pesar de la oscuridad.
* Hacer algún servicio social que obligue a relacionarnos y a servir a otros.
* Procurar lecturas que ayuden a hacer conciencia y alimenten espiritualmente.

Enfrentar los miedos debe hacerse simultáneamente con todas estas alternativas. Es el gran secreto de la libertad, es la fórmula para encontrarnos con nosotras mismas, volver a nuestro centro y entrar en un camino de paz. La manera de salir más pronto del pozo de la depresión, que necesariamente acompaña al abandono, es amalgamando algunas de estas opciones, tantas como sean posibles. Empezando por la primera, que es indispensable y prioritaria. Trabajar, ser productiva, recibir una remuneración económica por lo que se hace, procurarse la aceptación de los demás, es vital en estos casos. Hace absolutamente toda la diferencia porque nos obliga, de golpe, a salir de nosotras mismas y a conectarnos con el mundo. Esto llevará a elevar la autoestima como primer paso.

El abandono implica depresión, y no hay mejor manera de combatirla que a través del trabajo. Ésta abarca las 24 horas del día. No estamos bien ni de día ni de noche, no dormimos bien o dormimos poco o dema-siado. Hay que romper por algún lado este círculo depresivo y la manera que trae más rápidos y mejores resultados, así como más grandes satis-factores, es comprometiéndonos con un trabajo.

Esto implica que estaremos ocho de las 24 horas ocupadas, y nuestra mente no podrá estar pensando en quien nos abandonó, porque estará concentrada en otra cosa. Sumémosle las ocho horas que se invierten en dormir para recuperarse del cansancio que trae consigo trabajar, lo que ayudará a que el sueño vuelva a ser reparador. En cuanto a las ocho horas restantes, hay que emplearlas en hacer las tareas indispensables que requiere la vida cuando se tiene un trabajo: comer, transportarse, bañarse, peinarse, vestirse, etcétera.

Así, entre las horas de trabajo y las de sueño, tenemos 16 horas de las 24 en las que la depresión se hace a un lado. Nos quedan ocho en las que hay que *torearse* con ella, lo cual es infinitamente menos gravoso que sortearse las 24 horas inmersas en el dolor, la tristeza y la soledad.

El tener trabajo irá encadenando otras cosas: relaciones nuevas con todo lo que implica en cuanto a salidas, compromisos, etcétera, para lo que hay que estar abiertas. Muy pronto, si seguimos este camino de sanidad, si nos disciplinamos realmente, la depresión irá cediendo hasta finalmente desaparecer. Habremos tomado la vida en nuestras manos, que es el antídoto más efectivo para combatirla.

Tomar la vida en nuestras manos es el contrapeso necesario, porque lo que hicimos cuando nos enamoramos, fue poner nuestra vida en ma-nos del otro, al ponerla en las nuestras, el otro se va diluyendo y nosotras recuperándonos. Estamos listas para enfrentar la soledad y aprender a manejarla. En el siguiente capítulo nos ocuparemos de la Soledad.

SOLEDAD

Me está creciendo la soledad en las pupilas
lo sé porque ya no te miro como antes por doquier.

Ser independientes económicamente es algo que debe ser prioridad de cualquier mujer, ya sea que tenga o no recursos económicos, debe tener un hacer en su vida. La independencia emocional está íntimamente liga-da con la económica. Esto es una realidad irrebatible y hay que poner en ello el acento.

La experiencia nos dice que la independencia económica eleva la autoestima, proporciona satisfactores, elimina las impagables deudas emocionales, motiva a conseguir metas a corto, mediano y largo plazo. Por todo esto, es tan importante darle el peso que tiene a este punto, porque hace la diferencia entre que la vida tenga sentido o no lo tenga. No me refiero al dinero en sí, sino a las implicaciones que tiene tenerlo o no tenerlo. No se trata de hacerse millonaria, sino de poder tener una vida digna con el fruto del trabajo propio. Víctor Giacomán, (padre de Lindy) quien era un hombre con una gran sabiduría e intuición, que supo realmente vivir a plenitud su vida, decía: *"No importa que no seas rica, vive como rica"*.

El dinero no compra la felicidad, ciertamente, pero nadie puede negar que proporciona una enorme tranquilidad y definitivamente, ganarlo, fortalece nuestra autoestima. Ser independiente económicamente hace que nuestra mente esté ocupada en lo que debe, esté creativa, atenta, concentrada.

No tener preocupaciones económicas, nos hace sentir relajados y nos predispone a la risa, al buen humor, a la productividad, alejando la depresión y sus consecuencias. Y no cabe duda que si estamos tranquilos y contentos, atraemos cosas buenas, positivas, a nuestras vidas, mientras que, si estamos sumergidos en la depresión, la amargura y el mal humor, atraeremos oscuridad.

Sí, de una manera u otra, con todo esto tiene que ver el dinero. Se trata de no deberle nada a nadie, ni económica ni emocionalmente, ser independientes económicamente nos permite ser libres para decidir con quién estamos, dónde vivimos, a dónde vamos... Nos da libertad de movimiento y nos permite adquirir los satisfactores que necesitamos. Y todo esto nos lleva a no poner el tiempo y la energía donde no debemos, por ejemplo, en la presión que causa no tener la vida resuelta, en el pasado doloroso y el futuro incierto, o en el sentimiento de fracaso entre otras cosas, que sólo nos llevan a la depresión y a instalarnos en la víctima.

Una vez que estamos en ese punto, que hemos conseguido la independencia económica y estamos en un quehacer cotidiano, el dolor se irá acomodando en su lugar, de tal modo que la ausencia del otro no nos haga tal ruido que nos paralice la vida. Y es entonces cuando podemos empezar a inventarnos la vida, a redescubrirla.

Como se lo aprendimos a Cristina Santoyo —gran maestra de vida, una mujer extraordinaria en muchos sentidos, con un alto nivel de conciencia y una profunda sabiduría—dijo: *"La vida es dura, sí, pero también es muy generosa.*" Ciertamente tiene toda la razón, y saberlo y comprenderlo a fondo permite que no seamos presas del desaliento, que incursionemos en la vida como en una enorme y maravillosa aventura, en la que estamos para conocerla, para disfrutarla, saborear cada gota del aprendizaje que nos traen tanto el placer, como el dolor. Ambos son parte de la Vida, ambos son necesarios. El placer, para luchar por él y el dolor, para valorar al placer. Los seres humanos somos pro placer, no pro dolor, por lo que siempre buscaremos el bienestar, el canto, el vuelo y la sabiduría. Y si nos empeñamos y nos atrevemos a buscarnos a nosotras mismas, sin duda obtendremos la recompensa: una vida que valga la pena de ser vivida. Una vida en la que la armonía es posible.

ESCULPIENDO EL ESPACIO

Esculpo el espacio en el sitio del fuego
me sacudo de los miedos milenarios
libero mis entrañas y mi sangre
para encontrarme conmigo a solas.

Me descubro en un grito desgarrador
que me baña de libertad, rebautizándome.
Regreso purificada del infierno de la duda
tras morir al deseo de Tener
redimida en un eterno Ser y Estar.

Todo se vuelve música y canto
la palabra y el silencio se abrazan
me vuelvo transparencia y luz
rescato los sueños del cosmos.

Aire y tierra, fuego y agua: mujer
preñada de un futuro con alas.
Vacía, desnuda, iluminada
doy a luz el canto de las águilas.

Quieta, miro más allá de la Vida
todo está en movimiento
y yo, enraizada y etérea
esculpo el espacio en el sitio del fuego.

Podemos llegar ahí, con o sin pareja. Lo ideal, ciertamente, es compartir la vida que, como hemos dicho, es muy generosa y nos trae siempre nuevas oportunidades. Lo que influye para que esas oportunidades lo sean en verdad, es que nos encuentren curadas de nuestras neurosis, liberadas de nuestros fantasmas.

No debemos olvidar que **las neurosis se juntan**, por lo tanto, una persona más sana que nosotras al ver nuestras neurosis saldrá corriendo, también si nos topamos con alguien más neurótico que nosotras, sin duda saldremos huyendo. Por consiguiente, la persona que llegue a nuestra vida, como posible pareja, seguramente tendrá el mismo nivel de neurosis o de sanidad que nosotras. De modo que, entre más sanas seamos, mejor nos irá en la vida y en el Amor.

Pero, ¿cómo se hace, cómo se logra? ¿Cómo iniciar una historia con otra pareja sin repetir los errores pasados? ¿Cómo no engancharnos con alguien que nos hará sufrir? *A través de la introspección,* como hemos señalado con insistencia. Si somos capaces de mirarnos y de analizar a fondo lo que sucedió, podremos conseguir no repetir la historia una y otra vez, aprenderemos a ver por un lado nuestros miedos, y por el otro, las señales gracias a las cuales reaccionaremos a tiempo. Se trata de capitalizar el dolor, de convertir las pérdidas en ganancias a través de elevar nuestro nivel de conciencia.

La Vida es una excelente maestra, en verdad extraordinaria, y nunca, ni por asomo, nos permite librarnos de nuestras lecciones, quiere que las aprendamos, por eso, una vez que salimos de una relación desafortunada, nos traerá de nuevo la lección para que demostremos si la hemos aprendido o no. Si lo hicimos, tendremos esta vez una relación sana y maravillosa. Si no, la *Señora Vida* se encargará de hacer que nos llegue alguien que nos obligue a aprender la lección. Ella quiere que nos saquemos diez de calificación y no descansará hasta conseguirlo. El problema es cuando no la aprendemos y vivimos reprobados, es decir, cuando nos empantanamos en una relación insana.

Ilustremos esto con un ejemplo: si en nuestra relación anterior estuvimos con un maltratador y no aprendimos a no dejarnos maltratar, la Vida hará que nos llegue alguien mucho más maltratador que el anterior, tanto así, que aquél resultará un santo comparado con el que ha llegado porque nos resistimos a aprender la lección. Esto funciona de la siguiente manera:

Hay una neurosis. La secuencia es la que sigue:

1. Nacimiento/proceso
2. Muerte/separación forzada o estancamiento (si no se aprende la lección) o Muerte/conciencia-aprendizaje (si se aprende la lección).
3. Tentación/recaída (si no se aprende la lección) o Tentación/curación—liberación (si se aprende la lección).

Esto es: tenemos una *neurosis*: el miedo al rechazo. Viene una pareja y nos dejamos manejar por el miedo, le tenemos terror a que nos abandone. La pareja nos maltrata, es dominante, controlador y posesivo, nos insulta, aunque nunca nos golpea. Logramos liberarnos de él cuando por fin enfrentamos nuestra realidad y lo dejamos, o cuando él nos deja. La Vida, si aprendimos la lección, nos traerá una persona que no nos maltratará, a la que no le temeremos y que podremos amar y ser correspondidas. Habremos hecho conciencia y aprendido la lección, por tanto estaremos libres de la neurosis, curadas, y atraeremos una pareja sana.

Si no aprendimos la lección, si no aprendimos a hacer respetar nuestros derechos, a defendernos cuando nos agreden, a decir no al control y al maltrato, a poner límites, el siguiente candidato (Tentación) no sólo será posesivo y celoso, podría ser además alcohólico, evasivo o golpeador y tendremos una recaída. Y esto se repetirá interminablemente.

Por eso, cuando llega la lección, no hay que evadirla; cuando tenemos un miedo que resolver, más vale enfrentarlo y tomar al toro por los cuernos, porque si creemos que con evadir el miedo todo se va a solucionar, estaremos equivocadas y las cosas se irán agravando cada vez más. Lo que no enfrentemos, sanemos y aprendamos con una pareja, lo tendremos que enfrentar, sanar y aprender con la siguiente.

Te invitamos a revisar tu vida y la de las personas que tengas alrededor, y poner a prueba esto. Analiza a esa amiga tuya que ya lleva tres parejas o matrimonios, y uno es peor que el otro y ella repite interminablemente la historia como si no aprendiera nada de su experiencia. Cambia de pareja, de hombre, pero el fondo de la neurosis es el mismo. Como dicen por ahí, es el mismo infierno, nada más cambia de diablo.

Siempre son hombres con un determinado perfil: controladores, evasivos, materialistas, fríos, indiferentes, maltratadores, infieles, superficiales, egoístas, manipuladores... (ponle los adjetivos que correspondan) sólo que siempre el siguiente es peor que el anterior. Lo mismo se aplica si se trata de un hombre que repite la historia con sus parejas mujeres. Es un asunto de neurosis, no de sexo ni de orientación sexual.

Cuando se han tenido malas relaciones de pareja y se termina abandonada, es obvio que hay ahí una lección que aprender, y ésta tiene que ver con nuestros miedos y su manejo. Si no aprendimos la lección, evidentemente cometeremos los mismos errores con la siguiente pareja y así será una y otra vez, hasta aprender a enfrentar los miedos y sanarnos, aprobando así la lección.

Para estar en un camino de conciencia, lo primero que debemos hacer es una lista de los miedos. El miedo es, sin duda alguna, el responsable, el causante directo del abandono y del dolor. Aquí algunos ejemplos de los miedos que jugaron un papel importante en nuestras relaciones pasadas, —cada una deberá hacer su propia lista—: miedo a que no nos mire, a que nos haga invisibles; miedo a su rechazo, a su abandono; miedo a no ser lo bastante buena para él, lo bastante inteligente; a no ser digna de ser amada por él; a su crítica y su juicio; a que me humille, desacredite, subestime; a que me manipule, chantajee, use, controle, maltrate y un largo etcétera.

Una vez conscientes de nuestros miedos deberemos saber y asumir que el otro también tiene los suyos junto a sus inseguridades, y que uno de los errores en el pasado, fue creer que sólo yo padecía de inseguridad. No es así, *si yo tengo miedo, el otro tiene tanto o más que yo.*

Esto es así, es una realidad de la cual es vital hacer conciencia. ¿Pero entonces, cómo pudo dominarme, doblegarme y controlarme? Porque yo no quise ver sus miedos, estaba atrapada y cegada por los míos. No quise ver que su necesidad de control estaba basada en su inseguridad y en su miedo a perderme (sea por amor, por necesidad, por orgullo o por algún otro interés) y al dejarme manejar por mi miedo, *yo le di el poder sobre mi vida,* un poder que en realidad no tenía, uno que yo le puse en bandeja de plata, movida por el miedo a que me rechazara. Mi miedo, mi debilidad para defender mis derechos, se convirtió en su fuerza.

No quise ver sus miedos que disfrazaba a través de controlarme y maltratarme, ni reconocer ni enfrentar los míos. No quise ver mi herida, me concentré en tratar de curar la suya en lugar de exigirle, que así como yo estaba dispuesta a ver y curar sus heridas, él tendría que hacer lo mismo con las mías, si quería una relación conmigo.

Al iniciar una nueva relación deberé estar atenta a las señales que me envíe el otro, el que ha llegado a mi vida y pretende compartirla. Este otro que dice que me ama, esta vez tendrá que demostrármelo en los hechos, y luego de lo que he vivido, estoy lista para poner a prueba el Amor que dice tenerme. En cuanto me sorprenda a mí misma temerosa de poner a prueba el Amor del otro, deberé tomar medidas. Lo que me está indicando ese miedo es que si no lo enfrento, de nuevo voy a repetir la historia dolorosa que ya viví, es una luz roja a la que debo poner atención inmediata. Si lo hago, si me atrevo a hacerlo, ese miedo, será mi aliado y mi maestro, si no lo hago y me acobardo y me evado, el miedo será mi acérrimo enemigo.

¿Pero cómo hacerlo? ¿Cómo puedo perder el miedo? Sólo hay una manera: Conciencia y trabajo en una misma.

Debo cuestionarme qué tengo miedo de descubrir en el otro que prefiero evadir y callarme. Si permito dejarme dominar por el miedo, éste no me permitirá ver al otro como es, sino como yo quiero que sea para poder seguir con la relación, lo que me llevará directo a lo que tanto temo: el rompimiento tarde o temprano, el fracaso, el abandono.

El temor a ver cómo es el otro en realidad, a cuestionar, a no poner límites cuando nos está maltratando, subestimando, invisibilizando o lastimando de alguna manera, viene del deseo de que se quede en mi vida. Si yo veo actitudes que me indican que no es el hombre que me conviene, tendré que terminar con él y no quiero hacerlo, porque me siento atraída, enamorada y quiero seguir adelante. Entonces lo justifico "porque lo amo y lo acepto como es" o me engaño diciendo que *"va a cambiar con el tiempo"*, y/o de plano, mejor no veo las señales, las evado como si al no ver los problemas, éstos fueran a desaparecer. Nada más lejano de la realidad. Los problemas van a terminar por salir en todo su esplendor y para entonces, yo tendré una vida miserable.

El miedo a estar solas, a que no funcione una relación con alguien que nos atrae, es el primero que tenemos que tener consciente si no queremos que tarde o temprano, nos avasalle el abandono. Es de vital importancia hacer conciencia de nuestra herida madre: la invisibilidad y de las trampas del Ego: usar la evasión y el silencio para mantenernos invisibilizadas y por lo tanto manejadas por nuestra neurosis, por nuestra herida. Si estamos conscientes de nuestros miedos, podremos trabajar en nosotras y aprender a poner límites cada vez que el otro nos invisibilice y esto es una manera de evitar ser maltratadas y darnos cuenta de si el otro en verdad nos ama o no, si la relación es recíproca o sólo nosotras estamos entregando todo a cambio de nada.

Por todo esto, en cuanto yo vea que la persona con la que estoy empieza a mandarme mensajes que sugieran que para amarme yo tengo que cambiar mi manera de ser, de hacer, de expresarme, de pensar, o sentir, le pondré un alto, le pondré límites inmediatamente. Le haré ver que el Amor para mí, es la aceptación total del otro y que si yo lo estoy aceptando tal cual es, yo espero lo mismo, ni más ni menos. Me cuidaré de que no me pida nada que no esté dispuesto a darme, que no me exija renunciar a lo que él no esté dispuesto a renunciar. Que no interfiera en mi realización como mujer, como madre, como profesional, como ser humano. Si se lo permito, no lo estoy haciendo "en nombre del Amor" sino en nombre del miedo, no lo estoy viviendo como mi pareja, sino como **mi autoridad moral**.

En una palabra, le haré ver que lo que es válido para él, es válido para mí, y lo que no es válido para mí, tampoco lo es para él. Le dejaré claro que no concibo otra manera de ser y hacer pareja. Y que si tenemos que sacrificar algo, tendrá que ser de una manera voluntaria y consciente y sólo después de negociarlo, asumiendo ambos las consecuencias de nuestras decisiones, que es la única manera de no cobrarle al otro por aquello a lo que decidimos renunciar.

Cuando me acometa el miedo de perderlo, seré muy firme conmigo misma, luego de lo vivido, he comprendido que el miedo de perder al otro no debe manejarme a tal grado que prefiera perderme a mí misma para retenerlo a él. Ahora lo sé, porque comprobé que todo lo que hice o dejé de hacer para no perder al otro, fue inútil y hasta contraproducente. Ahora sé que **empezaré a perder a la persona que amo en el momento en que empiece a perderme de mí misma**. Pero, ¿**cómo** se logra? ¿Cómo puedo evitar perderme de mí misma? **Haciendo conciencia**. El enamoramiento y la necesidad de amar hacen que pasemos por alto, que no queramos ver lo que es indispensable mirar a tiempo en el otro si se quiere una relación sana.

He aquí una especie de *Nocálogo* —por aquello del decálogo—con las reglas del juego acerca de lo que no podemos permitirle al otro si queremos tener una relación sana de pareja:

1. ***No permitiré que el otro me invisibilice.*** No me esforzaré por hacer méritos para merecer sus migajas, ni viviré tratando de "venderme" con él como si yo estuviera en venta, o compitiendo con otras mujeres por ser su prioridad y tener la exclusividad. No me esforzaré tratando de hacerle ver la maravillosa mujer que soy como si tuviera que convencerlo de cuánto valgo y por qué debe amarme, que merezco ser mirada por dentro y por fuera y valorada y amada tal como soy.

Es decir, en cuanto sienta que no me da mi lugar, se lo haré ver y le pondré de inmediato límites, le exigiré reciprocidad y si no responde a mi necesidad, seré congruente con el mensaje que me está dando y me soltaré de él. No me dejaré enredar por su discurso verbal, su filosofía de "la libertad" (a su favor, claro y a cambio de que yo me reprima, someta y me humille) o "en nombre del amor" (que renuncie a mis necesidades y a mi realización por él, por mis hijos, mientras él se realiza a sus anchas).

2. **No permitiré la intimidación, exigiré la intimidad.** No evadiré ni guardaré silencio ante su indiferencia, en cuanto me haga invisible en ese momento enfronto mi miedo y lo enfrento a él. Jamás me permitiré relacionarme con él por miedo a que me invisibilice, rechace, abandone, se enoje, me manipule o chantajee haciéndome sentir culpable porque no le cumplo la expectativa de la mujer perfecta o porque le fallo, lo decepciono, lo desencanto, lo lastimo o le duele que le exprese mi verdad o mi necesidad. No me dejaré manejar por esos miedos ni por ningunos otros. Sólo será mi pareja alguien con quien no me relacione por intimidación, sino por intimidad. Esta es la única manera de que exista una relación de Amor de pareja, una relación recíproca y por lo tanto, sana.

3. **No permitiré que me orille a negarme a mí misma**, a través de chantajes, manipulaciones o amenazas tácitas o explícitas de invisibilizarme, rechazarme o abandonarme, con actitudes como evadirme, dejarme hablando sola, darme la espalda o cualquier cosa que tenga que ver con no querer enfrentar lo que está pasando y escuchar mi necesidad. En cuanto lo intente, le diré que la puerta está abierta, y entonces, podré ver *sus* miedos. Esto sólo puede llegar a ocurrir, si enfronto los míos y me atrevo a soltarlo, a no querer controlar la situación a fuerza de someterme. El sólo hecho de que me amenace con abandonarme (tácita o explícitamente) si no hago lo que él quiere, debe llevarme a cuestionarme ¿qué tanto me ama a mí, a la que realmente soy? ¿Qué tan cierto es el amor que dice tenerme, cuando lo condiciona a que le cumpla sus expectativas?

¿De qué "amor" me está hablando si no le importa que me niegue a mí misma? ¿De qué amor me está hablando si me exige que me humille, me reprima, me violente a mí misma por miedo, si me pide hacer lo que no quiero con tal de que él me ame? ¿Me está amando a mí o a la que quiere idealmente que sea yo? ¿Quiere realmente una pareja o lo que quiere es una madre, una hija, una

esclava, una ama de casa, la anfitriona perfecta o la institutriz de sus hijos? **Una mujer hecha a imagen y semejanza de su necesidad y sin voluntad.**

Es el momento de definirlo y sobre todo, de hacérselo ver a él, hacerlo consciente de que si lo que quiere es alguien que le cumpla la expectativa, le obedezca, le tema, alguien a quien pueda manejar y controlar a su antojo y conveniencia... esa, no soy yo.

4. *No permitiré que me obligue con sus actitudes a pasarme la vida justificándome y sintiéndome culpable.* No consentiré que me haga sentir culpable por exigirle que respete mis derechos ni por ser la que soy y como soy. Y mucho menos por exigirle que me mantenga visible y demandarle que jamás me evada o lastime con su silencio o indiferencia. Tengo derecho a ser, pensar, sentir y hacer lo que yo quiero, y hacerlo a mi manera mientras que no pase por encima de sus derechos y no me sentiré culpable si defiendo los míos. No admitiré que la jueza que tengo dentro, me paralice y me someta obligándome a sentirme mal si no le cumplo la expectativa a mi pareja "en nombre del Amor".

5. *No permitiré que sea incongruente*, que pretenda enredarme con argumentos brillantes y darme vueltas sin poner en la realidad los acuerdos a los que llegamos. Cuando sus palabras no coincidan con sus hechos, cuando su discurso vaya por un lado y los hechos por otro, se lo haré ver claramente y, si es necesario, terminaré la relación. El discurso debe coincidir con los hechos, de otro modo, estoy evadiendo y estoy siendo sometida por el miedo a ser abandonada.

6. **No permitiré que el miedo se imponga**, buscaré la verdad, y ésta, sólo puede revelarse en los hechos. **Sus hechos y no su discurso son los que develan cuál es la verdad de sus sentimientos, de modo que no me aferraré a su discurso, ni evadiré mirar los hechos.** La verdad es la que es y no porque no la veamos deja de existir, el no verla, el evadirla nos pasará inevitablemente la factura, generalmente cuando ya es tarde para salvar la relación. Y el dolor será inevitable y mucho más hondo que si no hubiéramos evadido la realidad, aquella que los hechos gritan constantemente.

7. *No permitiré que me tome la medida* y me manipule para que haga siempre lo que él quiere, sea ésta una manipulación directa o sutil, estaré atenta a no caer en su juego de herirme y a que tenga la excusa en la boca, cada vez que me lastiman sus actitudes. No permitiré que el miedo me convierta en el tapete de mi pareja y que me

tenga tomada la medida, que cuando me pide algo a lo que yo me niegue, me invisibilice y me retire la palabra, seguro de que mis miedos harán que lo termine buscando, sometiéndome a su voluntad y haciendo lo que él me pida aunque eso implique ir en contra de mi congruencia, creencias y mi dignidad.

No se diga cuando llego a molestarme y mostrarle mi enojo y él, precisamente porque me tiene medida y sabe que no soporto que me haga invisible, no se acerca a mí y mucho menos se disculpa, sino que confiando en mi miedo a perderlo, espera lo que siempre hago, lo predecible, lo que está establecido desde el principio de la relación: espera a que sea yo la que me acerque y haga todo para llevar la fiesta en paz, inclusive pedirle perdón por no comprenderlo como debiera.

8. **No permitiré que evada las respuestas a cosas que le pregunto y que son importantes para mí. No permitiré que evada y se justifique para no expresarme con hechos y palabras sus sentimientos y aquello que yo necesito saber porque tienen qué ver con nuestra relación, con mi tranquilidad y mi paz. Y en cambio exija que yo sí lo haga.**

Es una realidad que conocimiento es poder y si él no habla de sí mismo y se esconde tras el silencio, yo no sé dónde está parado ni quién es. Respetaré su personalidad y su condicionamiento, pero también mi necesidad de que se exprese y me demuestre su Amor en los hechos.

No permitiré que pretenda que yo renuncie a mis intereses, mis necesidades y mi realización como mujer, como madre como ser humano o como profesional, para que él no sufra y sea feliz y el matrimonio sea perfecto, lo cual exige que siempre sea yo la que ceda y me someta y renuncie a mis derechos y necesidades, sin siquiera negociar nunca conmigo, porque él cree que es mi autoridad moral y que yo no tengo más remedio que obedecerlo "en nombre del Amor".

No permitiré que pretenda que yo no tenga una vida propia, me realice profesionalmente, tenga mis amigos, me desarrolle en las áreas que me interesen, tome las clases que me enriquezcan, disponga de nuestra casa de la misma manera que él para reuniones y demás. Tampoco permitiré que tome por su cuenta, decisiones que nos corresponde tomar como pareja. No viviré de acuerdo a su deseo o pretensión de qué yo esté todo el tiempo disponible, a su servicio y a sus órdenes.

No permitiré que me haga sentir que me hace el gran favor cuando "generosamente" hace algo que no es más que su deber, como cuidar a sus hijos o llevarlos a la escuela o al médico; porque no me está haciendo ningún favor, son tan hijos suyos como míos.

9. *No permitiré ninguna forma de maltrato*: ni verbal ni emocional ni físico ni sexual ni económico. En especial el maltrato más atroz: la invisibilidad, la indiferencia, el silencio.

10. *No permitiré que pretenda que la sexualidad entre nosotros sea prioridad o sea nula.* Si la sexualidad es prioridad para él, no permitiré que minimice la importancia de la relación en otras áreas: emocional, intelectual y espiritual; ni la importancia del diálogo y la comunicación entre nosotros. Esto lleva inevitablemente a ser dos extraños durmiendo en la misma cama.

Tampoco permitiré lo contrario, que me haga invisible sexualmente y me anule como mujer, lastimando con ello mi autoestima y creándome una serie de inseguridades y cuestionamientos que me torturan respecto a si me desea o no. Porque tales miedos me obligan a buscar la manera de agradarle, seducirle y cuando por fin lo consigo, debo conformarme con migajas luego de constantes rechazos que me hacen sentir profundamente humillada y usada como mujer, hundiéndome en una profunda tristeza, que me hace vivir atormentada, confundida e insegura, dudando de si yo estoy exigiendo demasiado o pretendiendo algo irreal, llevándome a sentir estúpida, inadecuada, insuficiente, inmadura, lo que hace que no confíe en mí, en lo que siento y necesito y me vaya anulando, anestesiando cada vez más evadiendo la realidad por el miedo que tengo a fallar, a fracasar, a no lograr tener el matrimonio perfecto, a no ser capaz de hacerlo feliz... de no ser perfecta, como si él fuera perfecto y me hiciera feliz. Y como si el "matrimonio perfecto" dependiera 100% de mí.

La invisibilidad sexual es una agresión, es maltrato sexual y psicológico, es una manera de hacerle sentir a la mujer que como tal no vale nada, que no es atractiva, interesante, seductora, vamos, que no le sirve, que para lo que la necesita es para cumplir con sus otros deberes: ama de casa, anfitriona, institutriz, nana, educadora y chofer de los hijos, madre de ellos y de él, y una esposa hacia la sociedad para aparentar el matrimonio perfecto, cosa que conviene a su imagen y sus fines.

No perderé de vista que la sexualidad es lo que hace la diferencia entre un amigo y una pareja. La esencia de un matrimonio o de una pareja es la atracción sexual que existe y que los lleva a expresar, mediante su cuerpo y su intimidad, sus sentimientos, su Amor, su pasión, el gozo y la bendición de ser un solo ser en cuerpo y Alma. Uno sólo, literalmente, ser no sólo amantes, sino almantes, transfundirse. Es decir, ser con la pareja tal como somos y todas las que somos, y que él las conozca, ame a cada una de ellas, todos sus matices y facetas y las venere. Ame todo lo que su mujer es. Conozca, respete y ame su historia, la aliente a que realice sus sueños y crezcan juntos en todos sentidos y en todas las áreas, en la conciencia de que ambos tienen los mismos derechos, entre ellos el de realizarse en sus profesiones.

Una no se une como pareja con alguien que quiere una madre para sus hijos o quien le haga pie de casa, le mantenga en orden una infraestructura perfecta para que pueda realizarse sin que haya interferencias o problemas, con alguien que piense que para eso está la mujer que eligió, una asistente multiusos de tiempo completo y sin sueldo. Una se une a un hombre para realizarse como mujer, tener un compañero de vida, hacer un proyecto de vida desde el Amor, no un proyecto material: una casa, un negocio, dos coches, unos hijos y un perro.

Una se une al hombre que ama para sentirse amada, visibilizada, mirada por dentro y por fuera, valorada, comprendida, para tener un cómplice, un amigo, **un ser que nos conozca como nadie más en el planeta entero, alguien que conozca a fondo nuestra intimidad física-sexual así como nuestra Alma,** alguien con quien podamos vivir de tiempo completo, permanentemente desnudas en cuerpo y Alma, con quien no existan secretos y las culpas mueran antes de nacer. Con quien vivamos en plenitud y en absoluta libertad porque nuestra vida entera está centrada y entregada a él, es nuestra prioridad y nosotros la suya y así nos trata nada está antes que nosotras y nuestro Amor. Nada ni nadie.

Todo esto no quiere decir que voy a vivir a la defensiva, ni mucho menos a la ofensiva, pero sí, definitivamente, que viviré *atenta y en conciencia* la manera de relacionarme con él. Tampoco quiere decir que terminaré la relación en cuanto él pretenda controlarme, sólo quiere decir, que en lugar de agachar la cabeza y dejarme manejar por mis miedos, voy a enfrentarlos y voy a exigirle a él que enfrente los suyos.

Este Nocálogo nos evidencia cuán responsables somos nosotras, sí, nosotras mismas, al permitirle al otro todas esas cosas que nos dañan con tal de que no nos abandone. Esa es nuestra parte, esto es lo que responde a la pregunta: ¿Pero que hice yo para que me abandonara? Eso es lo que hiciste: **permitir lo que jamás debiste permitir. Eso te colocó en la víctima y a él en el villano de la relación.**

Permitir todo esto, le da al otro el derecho sobre nuestros derechos y el permiso para abusar de nosotras. El otro no tiene ese poder a menos que nosotras se lo demos. No llegará más lejos de lo que nosotros le permitamos. Y hasta dónde le permitamos o no llegar, depende de qué tan conscientes y manejados tengamos nuestros miedos.

No basta con amarle y entregarnos, no basta con ser buenas personas. Hay que ser buenas y sanas, y exigir que lo sea. La única manera de conseguirlo es no permitiendo, ya que cuando se da permiso al otro para que nos controle y nos maltrate es cuando se gestan todas esas relaciones dolorosas. Las de maltrato psicológico, emocional, físico, sexual y económico.

Es entonces cuando se posibilitan las relaciones clandestinas, donde las mujeres se ven obligadas a vivir en la oscuridad porque él promete separarse de su otra relación y no lo hace ni lo hará. Las de las mujeres madres o los hombres padres donde él decide que tienen que ocultarse porque él no quiere compromisos, no quiere involucrarse con los hijos de ella o involucrar a los suyos, porque "no es conveniente", por "no hacerles daño" o por infinidad de excusas que obligan a las mujeres a ocultar sus sentimientos, a pasar por innumerables situaciones dolorosas y vivir en la duda y la incertidumbre.

El Nocálogo, busca recordarnos que no estoy dispuesta a relacionarme con él por miedo a que me invisibilice, a su rechazo, su juicio o su abandono. Esto es posible siempre y cuando desde el primer momento de la relación yo establezca y sostenga en los hechos, que el diálogo es la base de la relación para mí y el instrumento del cual debemos valernos para que podamos, de una manera sana, salvaguardar nuestro Amor de nuestras neurosis. Esta es la clave, si existe alguna varita mágica para que una relación de pareja funcione, es ésta: el diálogo.

Ahondemos más en esto que es clave para conseguir una relación sana. Veamos otras de las actitudes y conductas que debemos detectar y no dejar pasar para no sentar precedentes, y que debemos enmendar si ya hemos caído en ellas o las estamos viviendo en nuestra relación. Deberemos recurrir al diálogo de inmediato si...

* Si hay alguna forma de maltrato.
* Si él o yo empezamos a hacer cosas para terminar la relación, porque tenemos miedo de que el otro se nos adelante y nos abandone.
* Si alguno de los dos estamos boicoteando la relación de alguna manera: plantando al otro, faltando a los acuerdos, no haciendo sentir al otro que es nuestra prioridad emocional, anteponiendo nuestros amigos o familia a la relación, etcétera.
* Si las reglas del juego no están claras y no estamos pudiendo hablarlas.
* Si alguno de los dos está mostrando celos injustificadamente.
* Si alguno está poniendo al otro bajo la lupa y causándole presión emocional al hacerlo sentir constantemente vigilado, juzgado y criticado.
* Si alguno no está siendo congruente y aunque tiene las cosas muy bien intelectualizadas, en los hechos está siendo contradictorio o ambivalente, o faltando a la sensibilidad.
* Si cuando cometemos un error no somos capaces de disculparnos.
* Si tenemos algún resentimiento y nos da miedo hablarlo.
* Si tenemos alguna duda y nos da miedo manifestarla.
* Si tenemos algo que decir o aclarar y nos da miedo el rechazo del otro, con lo que el silencio está ganando terreno, creando muros y telones en nuestra relación, alejándonos cada vez más y haciéndonos sentir solos, no apoyados y desencantados.
* Si a las cosas sin importancia les estamos dando un peso que no tienen, lo que hace que alguno de los dos, o ambos nos bloqueemos en lugar de fluir.
* Si no estamos siendo capaces de decirle al otro nuestros temores por orgullo, por miedo o porque nos causa vergüenza.
* Si nos cerramos a ver la verdad del otro sin sensibilizarnos y darle importancia a cómo está viviendo alguna situación, comentario o circunstancia.
* Si alguno de los dos está haciendo cosas que nos lleven a perder la confianza y eso impide que el afectado pueda fluir naturalmente.
* Si alguno de los dos pretende que el otro entre a la relación como si no tuviera una historia, un pasado y una vida propia.
* Si alguno de los dos pretende que la fidelidad sea "flexible" o condicionada a su conveniencia.

* Si estamos coartando la libertad del otro y pasando sobre sus derechos.
* Si me siento mejor sin mi pareja que con ella.
* Si algo que está haciendo el otro nos hace sentir avergonzadas, culpables, insuficientes o malas personas.
* Si le hemos puesto al otro etiquetas que le hacen daño, sean ciertas o no, y esto afecta la relación.
* Si en lugar de dar respuestas estamos reaccionando a lo que dice o hace el otro. Reacción es conflicto, respuesta es sanidad.
* Si estoy reaccionando desde mi herida y no estoy siendo capaz de hacer saber al otro que no es nada personal y pedirle ayuda para ponerle remedio.
* Si hay algo que estamos haciendo que desgasta al otro de alguna manera o en alguna medida, por mínima que sea.
* Si estamos pidiendo algo a la pareja que implica que traicione sus principios.
* Si alguno de los dos está mintiendo u ocultando la verdad, por miedo a la reacción del otro.
* Si alguno usa la información que le dio la pareja en contra de ella, sea para herirla, manipularla o chantajearla.
* Si alguno trae a colación el pasado constantemente y no se centra en el problema concreto y presente.

Como queda demostrado, el diálogo es la clave, pero si fuera tan sencillo tener un buen diálogo con nuestra pareja, no habría tantas en problemas y divorciándose, ni tantos seres humanos solos. ¿Por qué es tan difícil acudir al diálogo? ¿Por qué es tan difícil hacer de él un aliado, un instrumento que haga prevalecer sanas nuestras relaciones?

Porque desafortunadamente, como ya vimos en el capítulo ocho que habla tanto del diálogo como del género, la construcción social que tenemos, basada en una ideología patriarcal machista, hace que hombres y mujeres tengamos dificultad para hablar el mismo idioma emocional. La manera en que somos condicionados nos hace *diferentes y desiguales* y esta es la razón por lo que alcanzar un diálogo real resulta tan complejo y difícil. Nos damos cuenta de que —salvo excepciones— somos las mujeres las que definitivamente debemos tener la disponibilidad para invitar a nuestra pareja al diálogo, las que tenemos que desarrollar la habilidad de convencer amorosamente al otro de sus beneficios y ventajas.

Blanquita Canavati (madre de Lindy), una mujer dulce, sabia, alegre e incansablemente conciliadora, diría: *"Convéncelo con **energía dulce**"*. Es decir, con fuerza y decisión, pero de la mano del Amor. Tiene razón, bien reza el refrán popular: *"Más se gana con una gota de miel que con un tarro de hiel"*. Se trata de persuadir al otro, de que emprenda con nosotras ese camino, si queremos realmente ser felices y realizarnos en pareja.

Si estamos hablando de una relación de Amor, la manera de acercarse al otro y pedirle lo que necesitamos debe ser amorosa. Es necesario desarrollar la habilidad para encontrar la forma que coincida con el Amor que sentimos, que lo manifieste. Dulzura y suavidad, no quiere decir debilidad o sumisión. Podemos acercarnos al otro con sensibilidad, delicadeza, sinceridad y pureza de intención, esto no nos va a restar fuerza, al contrario. El buen modo, es el camino para que el otro se abra y nos escuche. No hagamos peticiones "cerradoras", es decir, que cierren al otro, sino "abridoras", es decir, que lo abran al diálogo.

Cuando hay un verdadero Amor, no importa quién es el que toma la iniciativa para el diálogo, porque el Amor está por encima del orgullo. En la mayoría de los casos, es la mujer la que debe dar el paso y si lo hace amorosamente, y él la ama en verdad, y *no antepone* su orgullo o su neurosis al Amor, entonces se abrirá a ella y al diálogo.

Aunque lo que ella le señale sean actitudes que le disgustan de él, y le pida que las modifique por el bien de su relación y esto no le guste a él en absoluto, accederá si ella lo hace con energía dulce y, si junto con la petición, va de la mano el reconocimiento hacia lo que él hace bien. Es decir, si de la mano va el estímulo. Lucía Esteban, una amiga invaluable, con una extraordinaria sensibilidad e inteligencia, dice con toda razón: *"El estímulo, es el oxígeno del Alma"*

Estimular al otro, reconocerlo y valorarlo, lo abrirá a escucharnos. Antes de decirle a alguien en qué está fallando, reconócele todo lo que está haciendo bien y eso lo predispondrá a escuchar lo que no está funcionando correctamente.

El otro actúa de acuerdo a su condicionamiento, y se requiere de tiempo, paciencia y apertura de parte de los dos, para que suelte el libreto de las manos, ése que le proporcionó el condicionamiento y su cultura, que le han introyectado que la relación de pareja es de yo a tú, es decir, vertical y no horizontal como es lo sano.

No es fácil que suelte su condicionamiento y se aventure a escribir otro libreto en el que sea posible un Amor verdadero, una relación de tú a tú. Él está aferrado a su guión, que es su seguridad y que le dice cómo tiene que actuar, qué tiene que decir en cada situación y cómo tiene que responder su pareja. Ese libreto le permite controlar, estar en control y es el que han usado por décadas sus antecesores.

Ella, por su parte, también tiene introyectada la misma cultura patriarcal machista, y para sacudírsela y librarse así de una relación en la que sus derechos no cuentan, tiene que dar respuestas que no se esperan de ella, que a él lo van a descontrolar, que le van a quitar el libreto de las manos, respuestas que vienen de cuestionar la ideología patriarcal machista, que obedecen a hacer valer sus derechos. Si se atreve a hacerlo, y él a escucharla, ambos venciendo sus miedos, estarán en el camino para tener una relación sana, sin roles establecidos que terminan matando el Amor.

Ella debe empeñarse en darle las respuestas correctas, las congruentes con ella misma, con sus necesidades, las que implican no permitir ninguna clase de uso o abuso. Si lo hace, aunque él se descontrole, *si la ama* se verá obligado a cambiar sus actitudes machistas y patriarcales con tal de estar con ella y defender su Amor.

Si él no está dispuesto, quiere decir que la única manera en que puede "amarla" es sometiéndola y eso intentará. Y por más esfuerzos que ella haga, así se someta por completo, jamás tendrán una relación sana, sino una mediocre y de yo a tú, que implique, en una o en otra medida, maltrato y control. Una relación, que de ninguna manera los puede hacer felices.

Si ella es sana y ha aprendido a manejar sus miedos, no tendrá más remedio que dejar a su pareja, porque no estará dispuesta a someterse. Así pues, es un asunto de dos. Ella tiene que atreverse a cambiarle el libreto y él, aprender a relacionarse de otra manera, y esto requiere de *trabajo y energía.* **¿Por qué nos resistimos a aceptar que para tener una relación de pareja sana se requiere de trabajar en ella, y trabajar mucho? Por miedo.**

Podemos concluir que el diálogo es el camino y que el miedo es el enemigo a vencer para poder entablar un diálogo sano y amoroso. Lo que nos separa de la posibilidad de amarnos, es siempre lo mismo: miedo. Todo lo que tiene que ver con la imposibilidad del Amor, tiene que ver con el miedo. Así pues, **el precio que pagamos por no tener conscientes y manejados nuestros miedos es tan alto como el Amor mismo y la libertad.**

He ahí nuestra tarea, descubrir nuestros miedos, hacerlos conscientes y a partir de ello, aprender a manejarlos. **Si lo logramos y entablamos un diálogo ininterrumpido, podemos tener la seguridad de que**

el Amor de pareja es posible a pesar de todo lo que se diga, a pesar de todas las dudas. Ciertamente resulta más fácil si empezamos en el camino del diálogo al mismo tiempo que inicia la relación, pero de no ser así, no está todo perdido, si ambos se proponen empezar un diálogo sincero y enfrentar sus miedos a partir de ahora.

Tenemos la fortuna de conocer muy de cerca y desde hace muchos años, a una pareja maravillosa, Raúl y Cristina Santoyo, que han pasado por toda clase de pruebas, problemas y obstáculos en su relación matrimonial de cuarenta años. Ambos son seres humanos inteligentes, sensibles, apasionados, nobles y generosos. Como todos los seres humanos tienen sus altas y bajas, así como sus defectos. Los dos tienen carácter fuerte, convicciones firmes, pero cualquier dificultad termina siendo sanada por mediación del diálogo porque ambos están de acuerdo en lo esencial: más allá de si eres tú o soy yo, es el Amor, nuestro Amor.

Y sí, el de ellos, es un Amor así, con mayúsculas, un Amor que ha sobrevivido los devenires de la vida, los altibajos del camino, las crisis económicas, los problemas con los hijos, que por cierto, se sienten muy orgullosos de sus padres por ser tan auténticos y congruentes. Son estos hijos —una mujer y un hombre— seres humanos con una exquisita sensibilidad y con perspectiva de género. Ambos profesionales conscientes, seres humanos con inteligencia no sólo intelectual, sino emocional y con una gran calidad humana como sus padres. Con su testimonio aprendieron el camino del diálogo como vía para siempre llegar a buen puerto.

El diálogo es la base de su relación de pareja y de la relación con sus hijos, y es así como han salido adelante en su vida, que no ha sido fácil, como todos, han tenido hondas penas, enfermedades, contratiempos de toda índole, muchos de los cuales parecían insalvables, y que quizás lo hubieran sido, si no hubieran contado con la fuerza de su Amor.

Este matrimonio nos hace recordar aquel cuento oriental maravilloso: Había una pareja de amantes en un pequeño y encantador pueblecito incrustado en un bosque. El amado va a buscar a la amada, por la que está rendido de Amor y quien le corresponde. Toca a su puerta, ella lo escucha y pregunta: *"¿Quién es?"* Él responde: *"Soy yo"* y ella no le abre. Él se retira y al otro día regresa y toca a la puerta. Desde dentro la amada vuelve a preguntar: *"¿Quién es?"* Y el amado responde de nuevo: *"Soy yo".* Ella tampoco le abre. Él va durante varios días y obtiene siempre la misma respuesta. Finalmente se retira a meditar al bosque y durante días se pregunta por qué su amada no le abre la puerta y le demuestra su Amor.

Y al analizar la situación y hacer conciencia, llega a comprender la razón y vuelve a buscar a su amada. Toca a su puerta y cuando ella pregunta: *"¿Quién es?"* El amado responde: **"Soy tú".** Y la amada le abre la puerta.

Maravillosa metáfora de lo que es un Amor verdadero, en el que existe la conciencia de que todos somos uno, y por tanto, la de tratar al otro como se desea ser tratado, de darle al otro en la misma medida que se quiere recibir. Esto es un Amor real, uno que es capaz de sobrevivir todo, incluso el paso del tiempo. Este matrimonio que mencionamos que ha sido un enorme testimonio para nosotras y para muchos otros, de lo que es ser congruentes en el Amor, tanto de pareja como hacia sus hijos, inspiró hace muchos años el siguiente poema:

SÍ EXISTE

A Cristina y Raúl Santoyo

Hierro candente, inexorable
viento frágil, escurridizo.
No se quebró como el cristal
ni se rasgó como un papel.

No se murió de accidente
ni de muerte natural,
ni de viejo, ni de inviernos.

No se resquebrajó siquiera
ni con tus golpes, ni con mis golpes.
Debe ser eso que llaman Amor
... Sí existe.

Muchos de ustedes, seguramente, en lugar de terminar con: *Sí existe*, acentuando esta pequeña palabra de afirmación, pondrían quizá "si existe". Si acaso existe, probablemente debe ser eso o algo muy cercano. Cuando se escribió el poema, originalmente quedaba la duda al final, efectivamente el "si" no estaba acentuado y se publicó así: "Eso debe ser el Amor... si existe." No sólo porque la pareja a la que se le dedicaba, aún era joven y les faltaba mucho por vivir, sino porque la autora misma, Lindy, no había vivido lo suficiente, ni comprendido a fondo lo que se viene afirmando a lo largo de este libro: el Amor puede con todo, menos con la neurosis.

Al comprenderlo, asumirlo y trabajarlo con nosotras mismas y con infinidad de pacientes, se pudo poner a prueba y comprobar que es absolutamente una gran verdad. **Asegurándoles que el Amor, así como se plantea en estas páginas, existe, damos fe y testimonio de ello.** Sabemos que eso no es suficiente, y que ante el abandono y la soledad, uno duda seriamente sobre la existencia del Amor de pareja.

Sobran razones para dudar, ciertamente; eso ni siquiera es discutible La realidad nos dice a cada momento, que los amores que parecían tan firmes, tan sólidos e inquebrantables, terminan en desastrosas relaciones, en divorcios, no sólo basándonos en nuestra dolorosa experiencia, sino en la de los demás. Y se impone la constante pregunta ante esto: ¿dónde está el Amor que me juraron, el que se juraron estos dos?

Una va a una boda y cuando los contrayentes se miran enamorados hay quien dice: Que Dios los ayude y que la libren. Mientras otros, más escépticos afirman: No saben ni a lo que van, vamos a ver cuánto les dura. Es tan fácil decir *"Sí, acepto"* ya los quiero ver a la hora de la hora. Y ahí, sólo hay dos alternativas: o ambos enfrentan sus neurosis —miedos— y el Amor no sólo sobrevive, sino que florece porque han escuchado la voz de su Alma: la conciencia, o sus miedos —neurosis— la voz del Ego y la inconsciencia, ganan la partida y terminan abandonándose, heridos y desesperanzados.

Pocas cosas resultan más dolorosas en la vida que la duda de si el Amor existe. Duele literalmente el Alma, cuando estamos solos y urgentemente necesitados de compartir nuestra vida, porque nos cuesta encontrarle sentido si no estamos enamorados y amando a alguien que nos acompañe auténticamente en nuestro camino.

Sólo hay dos antídotos para este dolor: la esperanza y la sanidad. Es decir, estar abiertos y entregados a la Vida y trabajar sobre nosotros mismos y nuestras neurosis. Y si vamos a poner las cosas en orden, tendríamos que decir: la sanidad y la esperanza, porque resulta muy difícil tener y conservar la esperanza, si la voz que escuchamos es la de la neurosis.

Tenemos que elegir, apostarle a la voz del Alma, escuchar de tiempo completo la voz del Amor, contra toda evidencia, por encima de las estadísticas y el mundo de las apariencias que parece decirnos que ya nada puede durar para toda la vida, que hoy en día, todo es desechable, excepto el corazón y la neurosis.

Vivimos en un mundo globalizado, con todo lo que esto implica, vivimos navegando en el espacio, solos, conectados por cables: el fax, el teléfono, el celular, la computadora, el Internet y lo que venga. El nivel de competencia en el que estamos sumergidos para poder sobrevivir, nos roba el tiempo que le pertenece al Amor.

Cada vez nos reunimos menos en persona, nos sentamos menos uno frente al otro para vernos "al ojo" y tomarnos la temperatura del corazón, cada vez tenemos menos tiempo para conversar y dialogar a fondo, para hacer el Amor de todas las maneras: con miradas, caricias, palabras, sonrisas, con el cuerpo y el Alma enteras, para entregarnos completos, para estar *estando*, en un presente vivo, con todo nuestro ser puesto en el acto de amar a nuestra pareja, sin que la mente nos divida y rebote al pasado o al futuro, sin que las prisas nos rebasen, sin que las presiones y el cansancio físico y existencial nos sobrepasen y nos desquicien el sistema nervioso.

Vivimos agobiados, cansados, desesperanzados, desencantados. El esfuerzo que implica a nivel físico y emocional sobrevivir hoy en día, para la mayoría de los seres humanos, no ayuda a que tengamos el tiempo y la energía para alimentar el Amor, cuidarlo, protegerlo.

Si por todas estas causas descuidamos el Amor y rompemos nuestras relaciones, esto sólo agrava nuestra situación de por sí difícil, al tener que hacer grandes esfuerzos por sacar nuestra vida adelante, porque se torna infinitamente más difícil si tenemos que hacerlo solos.

Todo resulta más sencillo entre dos. Bien dice el refrán popular: *"Llórate pobre, pero no te llores solo"*. Porque aún en el caso de tener pocos recursos, siempre entre dos es más fácil salir adelante, porque lo que no se le ocurre a uno, se le ocurre al otro. *"Dos cabezas piensan mejor que una"*.

Por difícil que sea una situación, siempre lo será menos estando en pareja, *cuando la relación es sana*. Sin duda alguna, es mucho más difícil mantener un nivel de esperanza y motivación estando solo, que acompañado.

No podemos negar que el Amor es un motor que nos impulsa a seguir adelante. Que sentirnos amados nos da una energía que no se adquiere por ninguna otra vía, que nuestra autoestima se ve salvaguardada cuando somos amados y admirados por nuestra pareja, y que saber que le importamos a alguien no nos permite dejarnos caer.

Así pues, al enfrentar un problema de cualquier índole, por más presiones que ello nos imponga, debemos hacer conciencia de que descuidar nuestra relación de pareja, lo único que hace es agravar nuestra situación. Sumar nuestros problemas.

En cambio, conservar sana y fuerte nuestra relación de pareja, sin duda es restar problemas y proporcionarnos alegría, tranquilidad y una verdadera felicidad. Cuando nuestra prioridad es el Amor y en ello ponemos nuestra fuerza, estamos convencidas de que lo demás, nuestro trabajo y la Vida, se encargarán de dárnoslo.

Si no le damos su lugar al Amor, necesariamente las consecuencias son la soledad, el desamor, el abandono: el dolor emocional. Entonces, la pregunta no es si en verdad existe el Amor. Habría que hacerse otras preguntas: ¿Le estamos dando su lugar al Amor? ¿Le estamos dando su tiempo y su espacio? ¿Le estamos haciendo un campo propicio para que florezca? ¿Vivimos dormidos, invisibilizándonos unos a otros o despiertos y atentos a escuchar el Amor **y a VER al otro, a visibilizarlo**?

El Amor está ahí, aguardando por nosotros, y pacientemente espera que le miremos y nos entreguemos a él. Que lo escuchemos, que combatamos el ruido que nos enajena, ese ruido —neurosis— que lo aleja, que lo pone en segundo plano o en el último lugar de la lista.

El Amor existe, pero requiere que estemos despiertos y en conciencia, demanda de cuidados, de tiempo, de tener su espacio en nuestras vidas. Existe, pero no puede sobrevivir si le imponemos nuestros miedos, si lo desprestigiamos poniéndole su nombre a relaciones que no lo merecen.

Existe, el Amor existe y creer en él y esperarlo es una manera de mantener sano el corazón. El Amor existe y no es ciego, ciego es el enamoramiento, porque no estamos viendo lo que hay, ni aceptando lo que es, en tanto que el Amor es clarividente, porque cuando amamos, lo hacemos con los ojos abiertos, aceptamos al otro tal como es, nos amamos a nosotros mismos tanto como al otro y tenemos un alto nivel de Conciencia, a través del cual los amantes nos hacemos uno con el Amor.

CLARIVIDENCIA

Sí, ya sé lo que están pensando, que yo vivo en Disneylandia
ahí en esquina con Hollywood y justo atrás de Astro Word.
Que este Amor del que les hablo me lo estoy imaginando
que es una loca ficción de mi pluma de escritor.

Parece una fantasía, yo misma no me lo creo
nunca he sido tan feliz, estoy viviendo en un sueño.
Muchos meses me tardé en poder asimilarlo
que este Ser que llegó a mí era real, era humano.

Mil veces le pregunté que de dónde había venido
se limitó a sonreír y a observarme en mi delirio.
El tiempo siguió su curso y me sigo preguntando:
¿de dónde salió este Ser tan puro y extraordinario?

No deja de sorprenderme entre más transcurre el tiempo
más me cautiva y conmueve y más crece el sentimiento.
Lo que sé y lo sé de cierto es que transformó mi Vida
reinventó todos mis sueños, renovó mi poesía.

Me curó de la tristeza, del dolor, del desencanto
vino a llenar un vacío que jamás se había colmado.
Y me vino a comprobar que el Amor que concebía
en mis sueños más osados es posible en esta Vida.

Rebasó todos mis sueños, mis más locas fantasías
mis deseos más profundos, todas mis expectativas.
Por eso es que no me extraña que piensen que enloquecí
que esto no es más que un invento y que no existe algo así.

Existe, lo estoy viviendo el Amor es un milagro
sólo nos pide Conciencia y hacer nuestro Ego a un lado.
Esto no es tarea fácil pero de poder lograrla
la recompensa es inmensa no hay modo de calcularla.

Amarnos tal como somos sin condición ni reservas
con los ojos bien abiertos esa es la enorme tarea.
Dicen que el Amor es ciego estoy segura que no.
Ciego el enamoramiento, clarividente, el Amor.

Capítulo 15

La soledad

No es la Soledad lo que impide la plenitud, el verdadero obstáculo es la equivocada percepción de la soledad y la incapacidad para encontrarnos con nosotros mismos. El verdadero miedo no es estar solos por no tener una pareja, sino estar solos ante la vida.

SIETE LLAVES

Siete llaves, siete puertas
y ninguna casa mía
siete puñales sentía
siete soledades muertas
siete puertas que se cierran
siete profundas heridas
y siete notas perdidas
que no encontraron respuesta.

Siete infiernos, siete mares
siete miedos fantasmales
siete versos fermentados

siete sueños suicidados
siete puertas, siete llaves
siete, siete eternidades.

Si queremos verdaderamente profundizar en este asunto de la soledad, tendríamos que ver que el dolor no viene de estar solos por no tener pareja, sino en estar solos. Punto.

La soledad, no radica en el dolor de perder a una pareja o en no tenerla, ese es un dolor, pero un dolor que resulta pequeño comparado con el verdadero dolor, el de fondo, el real: *el miedo a la Vida*. Lo que realmente lloramos no es el amor que se fue o el que no ha llegado aún, sino el verdadero dolor: La *soledad existencial* que no está resuelta y que queremos creer que se resolverá si llega otro, alguien ajeno a nosotros.

Por eso retomamos obsesivamente el tema de la pareja, porque no nos sentimos capaces de sumergirnos en el verdadero problema, el miedo real, el miedo medular, el miedo motor y mayor: *miedo a la vida*. **Miedo a que nos quede grande la vida.**

Nuestro querido doctor Lorente, daba un ejemplo muy claro para ilustrar lo anterior: Una chica es asaltada y acorralada por un hombre que tiene un cuchillo, y la chica dice: tengo miedo al cuchillo. No, la verdad, el miedo de fondo, no es hacia el cuchillo, sino a que la violen y la maten. Esto es, tengo miedo al cuchillo, es decir, a no tener pareja o a perder la que tengo, cuando el miedo real, es que tengo miedo a que me violen y me maten, es decir, a no poder enfrentar sola la vida.

Uno disfraza y cubre este temor a la vida estando dolientes por la necesidad de una pareja, por una persona determinada que no corresponde a nuestro amor, o por las culpas del pasado que no nos permiten estar en un presente con plenitud. Podemos ver que pueden llegar actitudes histéricas, de agresión o depresión, sustituyendo así el verdadero temor, escondiendo mi verdadero miedo con el de no tener un Amor que rija mi vida.

Es necesario mirar esta necesidad última: un Amor perfecto que me salve de mi miedo a enfrentar la vida sola. Demandamos un Amor total desde una perspectiva de inmadurez e irrealidad, esa demanda absoluta y total de alguien es la necesidad de ser amados como en el seno materno, estamos aferrados a ese mito. Una fantasía que jamás será posible y que nos obstruye el camino del Amor, nos impide, como un tumor, como un absceso, entregarnos absolutamente a la vida, inclusive a una pareja, si ésta no cumple con esa demanda absoluta del seno materno, con lo cual viviremos relaciones neuróticas e insatisfactorias, viviremos sin rumbo ni sentido.

Eduardo Lorente explicaba con gran sabiduría este asunto de enfrentar la soledad, a través de comprender que lo que hay que enfrentar en realidad es ese tumor, ese absceso, esa fantasía del "amor materno", en el que no hay incertidumbre, que es a lo que verdaderamente le tememos. Lo que hay que enfrentar, en resumidas cuentas, es nuestro miedo a enfrentar la vida misma.

Hay que asumir que la incertidumbre es parte natural de la vida, una realidad incuestionable. Tratar de ocultarlo es proporcionarnos un gran dolor. No hay herida más grande para el Amor que tratar de ocultar las heridas. *Negar los sentimientos es la mejor manera de herirlos.* Hacer esto es acorralar el Amor y alimentar la neurosis y el absceso.

Esa totalidad del amor materno que creíste o quisiste vivir en la infancia o en una relación pasada que has convertido en mito, esa necesidad de recuperar el pasado, esa *absolutez* que necesitas idealmente, no te permite ver el presente con claridad y enfrentar tu verdadero miedo. Vemos por ejemplo, cómo si tienes un buen trabajo o amigos etcétera, dices: "*Amo mi trabajo, o a tal o a cual*", pero mi verdad es que mi gran Amor no ha llegado, esa persona que me ame como en la infancia creí o desee, que me llene la necesidad de ser amado por una madre como dadora absoluta. Esa es mi verdad última.

Esto hace una especie de absceso que no permite que nos entreguemos totalmente a otro o a la vida. Mientras no haya esta *absolutez*, la persona no puede ser feliz. Se vive con el corazón dividido y no se le da prioridad a lo que la tiene ante la vida, como enamorarse de ésta y amar un trabajo, un hacer que le realice y le de independencia económica y estabilidad emocional. En vez de hacer esto, el razonamiento neurótico es "*eso no importa, importa el Amor total que yo necesito y que si no tengo, no me importa nada, absolutamente nada en la vida*". Esto habla de una codependencia, de una necesidad de que venga alguien y te quite la responsabilidad de tu propia vida. Quieres un Amor como el del seno materno. Si no es total y perfecto no puedes entregarte.

Entonces tienes este absceso, cerrado, sin solución, que te incapacita para vivir el presente. Tienes la sensación de no estar aquí y ahora sino en el pasado —mamá, infancia—estás como con un ojo en el gato y otro en el garabato. Y con esta excusa de no poder estar entero con toda el Alma, no puedes vivirte en el presente ni entregarte.

Lo que pide el absceso es:

1. Quiero que me *llene* alguien.
2. No soporto que me abandonen.

Son los dos polos negativos entre los que queda atrapada la persona. Desea por un lado, que le quiera alguien y pone su amor en alguien que le coloca en la ambivalencia, le detona el absceso y no se puede soltar porque quiere que le quieran, y por otro lado, está el pánico a ser abandonada, con lo cual, ni tiene lo que necesita ni se puede soltar de lo que "le causa dolor", porque lo vive desde una perspectiva regida por el absceso.

Tampoco puede conformarse con lo que hay, porque la persona, metida como está en la ambivalencia, se concentra en la herida del dolor de lo que no le dan y no puede ver lo que sí hay y sí le dan, o ello nunca es suficiente. Y sólo será suficiente en una relación de tú a tú. Que es cuando nos hemos curado del absceso.

Mientras la persona se refugia en el *ideal* que espera conseguir, en ese de la infancia donde concibió como posible —fuera o no real— el Amor total, la demanda absoluta y cumplida, jamás podrá hacer una pareja sana.

Las vías de escape para evadir el verdadero problema son:

*   Hundirse en la herida, por la pérdida del Amor del pasado —infancia, madre—.
*   Dejarse dominar por la duda y la incertidumbre.
*   Sumergirse en la culpa por no haber reaccionado a tiempo de otra manera para ser feliz; por dejarse maltratar; por no ser suficientemente bueno para el otro; por no haber defendido su Amor del pasado o por no haber defendido su derecho a ser como es y haberse negado a sí mismo.

Hay que gritar y llorar *el miedo a la vida*, no el perder un amor presente o pasado, o el habernos equivocado terriblemente. En ese lamentarnos por nuestros errores, por no estar con una pareja plenamente o por estar sin pareja, estamos cubriendo el problema principal: *me queda grande la vida*.

Para estar en el presente hay que estar libre de ese absceso y asumir nuestra vida y nuestra historia en su totalidad, sabiendo desde dentro que *es así*, y que el pasado no se puede modificar, y que hay que defender lo que sí hay en la realidad y ubicar en su lugar la fantasía del amor total, demandante y absoluto. Así mismo, hay que ver lo que no hay, y en el caso de no estar siendo valorado, asumir que no hay Amor real, respeto ni aceptación del otro y tomar la decisión de soltarse de una mala relación, si esa es la realidad.

Asumir la soledad de la vida, con o sin pareja, es el fondo del asunto que hay que *mirar*. Se trata de elevar nuestro nivel de conciencia para que el absceso se reviente y se revierta, y no siga existiendo ese muro que no podemos derrumbar. Ese absceso que tenemos es la neurosis, que no nos permite entregarnos a la vida y al Amor, es un engaño de la mente, porque no hay lugar (pareja) donde colocar tal fantasía del amor materno.

El lugar es *el presente* (con o sin pareja) y para vivir desbordados en el presente, es necesario asumir el pasado, darnos cuenta de que la inmadurez y la inseguridad emocional nos han llevado a crear ese absceso que nos causa un gran dolor y sale a torturarnos en cuanto se rompe una relación o anda mal o estamos solos y esperamos el Amor o cuando nos remitimos a las relaciones del pasado o al seno materno, como ideales, añorándolas, porque las hemos transformado en ese ideal que es imposible de vivir en la realidad de la vida.

Reventar el absceso es hacer conciencia y querer crecer y madurar, aceptar de fondo nuestra incertidumbre y nuestro miedo a enfrentar la vida solos. Aceptar la soledad última. Sólo entonces, podemos amar a otro desde la madurez y desde la paz, manejando nosotros la realidad y no al revés. Sólo entonces podremos tener una relación sana y plena.

Es necesario hacer conciencia de este absceso, que se traduce en inmadurez, para sumergirse en la aventura más hermosa de la vida: la conciencia de sí mismos y de la existencia, encontrando el Amor verdadero y el sentido de la vida precisamente en el Amor a nosotros mismos y a la vida. Sólo en esa medida, será también posible en caso de que llegue una pareja, amarla en la pureza de lo que uno es y lo que es la otra persona. Se tratará de un Amor perfecto, porque ambos se aceptan tal cual son, asumen sus limitaciones, se complementan, y bajo el respeto absoluto, crecen.

María Sicardi, excelente compositora argentina y gran amiga, escribió una hermosa y sabia canción titulada "Si uno pudiera". La transcribimos para analizarla:

"Si uno pudiera sacarse el peso de la vida y la muerte como un traje
si uno pudiera arrimarse a la vida al comienzo del viaje
con la mirada de alguna vez un niño, bastaría
pero es preciso que sucedan las rosas y que crezcan los días.
Si recogiera las palabras que rueden,
los milagros que quedan en un canto,
y si aprendiera a sentir que estoy viva en la risa y el llanto
en la manera de dar el corazón como si fuera siempre
la última vez, siempre la única voz, la verdadera.
Si al fin pudiera rescatar el pasado y sentarlo a mi lado sin temores
si no soñara con trepar el futuro si aquí tengo las flores.
Lo nuevo viene, crecer es un intento que nos duele
por lo que hay que dejar, por no saber nombrar lo que ahora somos.
Si uno pudiera... Si uno pudiera... Si uno pudiera... Si uno pudiera..."

Ahora tú puedes sacarte *el peso de la vida y la muerte como un traje, arrimarte a la vida al comienzo de este nuevo viaje* (en la conciencia) a partir de hoy con la mirada de un niño/a (sin neurosis, creyendo en el Amor) y ahora sabes que era *preciso que sucedieran las rosas y crecieran los días,* (proceso de conciencia) para llegar a este día.

Ahora es tiempo de *recoger las palabras que rueden y los milagros que quedan en un canto* y aprender que estás viva en la manera de dar el corazón (libre del absceso) como si fuera *la primera vez, la última vez, siempre la única voz, la verdadera* (la voz del Alma, del Amor sin codependencia, ni neurosis).

Ahora es el momento de *rescatar el pasado y sentarlo a tu lado, sin temores* (porque te tienes a ti mismo. El dolor te ha obligado a abrir los ojos del Alma, la conciencia), y ahora ya puedes *dejar de soñar en el futuro, porque aquí tienes las flores* (te tienes a ti mismo, a la vida, a tus pasiones, tus sentimientos, tu Amor, tu hacer, al margen de que llegue a alguien a quien entregarlo).

Lo nuevo, ciertamente viene, y crecer es un intento que nos duele (como te está doliendo soltarte del absceso. Soltar al niño asustado, romper con la ilusión y mirar la realidad y amarla) duele *por lo que hay que dejar* (la ilusión del Amor materno) *por no saber nombrar lo que ahora eres.* Es tiempo de nombrar lo que ahora eres, y comprobar que quien está contigo o quien ha de llegar, te ha de amar como tú eres, si vives desde la conciencia, y reaccionas y actúas como un ser adulto y maduro y ya no desde el niño o desde el padre o la madre. Amar y dejarte amar como ahora eres.

El Amor está ahí, lo único que necesitas es querer mirarlo sin el velo de la neurosis atravesado, mirarlo sin el miedo a ser como eres y dejar que el otro sea como es, y lo que vas a mirar y a encontrar, es tu Alma, que es perfecta, absolutamente perfecta, como lo es el Amor.

Por todo esto, no hay que darle la vuelta a la realidad, no hay que negar ese absceso, hay que mirarlo y mirar el verdadero dolor, no confundirnos, decirle a la Soledad: déjame mirar mi dolor.

NO ME DISTRAIGAS EL DOLOR, SOLEDAD

No me distraigas el Dolor, Soledad
déjalo que ande libre por la casa
y que juegue a esconderse en los rincones.

No me distraigas el Dolor, Soledad
aunque se beba mis sueños inconclusos
deshilándome las ganas de vivir.

No me distraigas el Dolor, Soledad
que más se infiltra en mi cama y mi saliva
déjalo que lo viva y que me viva
... no me distraigas el Dolor, Soledad.

La soledad, en referencia al Amor de pareja, está íntimamente relacionada con el dolor, por todo lo que hemos dicho. Ahora, teniendo claro todo lo anterior, miremos la soledad desde otra perspectiva. Los seres humanos necesitamos relacionarnos, es vital en nuestra vida establecer relaciones con los demás. La vida, es relación y servicio, como hemos asentado. Si no nos relacionamos, estamos perdidos, perdidos de nosotros mismos, de nuestro centro, porque es a través de las relaciones con los demás que nos conocemos a nosotros mismos, que sabemos quiénes somos realmente.

En nuestra época pareciera más difícil que nunca establecer relaciones de todo tipo, especialmente de amistad íntima y de pareja. ¿Por qué? ¿Por qué se está dando este fenómeno que nos condena cada vez más a la soledad? Por un lado, porque nuestras vidas están sumergidas en un vértigo, el mundo en el que vivimos es un mundo competitivo, global, que nos obliga a vivir aceleradamente y nos provoca un enorme cansancio tanto físico como existencial. Por otro lado, las reglas del juego con relación a la pareja han cambiado. Las historias que escuchamos de nuestros padres y abuelos, no tienen nada que ver con las que podemos vivir ahora.

En tiempos de nuestros padres y abuelos, los roles estaban perfectamente definidos. Los hombres sabían muy bien qué papel tenían que jugar, y qué se esperaba de ellos, así mismo las mujeres, sabían a qué podían aspirar y a qué no. El hombre debía ser un buen proveedor, y la mujer, una buena ama de casa, esposa y madre con todo lo que ya hemos visto que esto implica. Ahora, las cosas han cambiado, por lo general, ambos son proveedores.

Las mujeres compiten con los hombres por los mismos empleos, se ganan la vida igual que ellos, votan, tienen los mismos derechos y las mismas obligaciones, al menos teóricamente. Ya hemos hablado de esto a fondo. Hemos asentado que somos diferentes, pero no *desiguales*, y si lo comprendiéramos a fondo y realmente las mujeres y los hombres tuviéramos las mismas oportunidades en todo, el problema de la soledad en relación con tener pareja, se vería en buena parte solucionado.

La revolución en los roles antes tan bien establecidos, ha creado una enorme confusión. Esos roles ya no funcionan en la vida actual, pero tampoco se han terminado por implantar los nuevos, y esto ha causado que tanto hombres como mujeres, no logren ponerse de acuerdo, no consigan *negociar* correctamente lo que les corresponde a cada uno, una vez que se relacionan como pareja. Aunado a esto, la libertad con la que ahora se pueden relacionar hombres y mujeres, ha llevado a que las relaciones sexuales se den en un contexto totalmente ajeno a como solía ser en el pasado. Ya no existen los rituales y el romanticismo de otras épocas en donde la conquista era parte esencial para que se pudiera dar un noviazgo para posteriormente llegar al matrimonio.

No señalamos si esto era bueno o malo, estamos mirando cómo era que funcionaba. El noviazgo, tenía un sentido, conocer al que sería el futuro cónyuge, al menos en una medida, darse la oportunidad de saber quién era ese otro con el que se compartiría la vida, y aunque ciertamente, el otro en el noviazgo mostraba su mejor cara, por lo menos las mujeres podíamos tener la oportunidad de ver algunas señales que nos indicaran cómo podría ser la vida con esa persona.

Lo cierto, es que el noviazgo, no garantizaba en absoluto que una vez que se llegara a concretar el matrimonio, éste fuera exitoso. Pero aun así, la mayoría de las veces funcionaba en una u otra medida, aun cuando los contrayentes se conocieran el mismo día de su boda. Funcionaba, porque dentro de las ideas de aquellas otras generaciones, estaba el que la mujer sorteara toda clase de obstáculos, problemas y diferencias y aceptara su destino con el hombre elegido o que la había elegido a ella, y se mantuviera dentro del matrimonio a cualquier precio, aunque este fuera someterse y negarse a sí misma, dado que el divorcio era prohibido por las buenas costumbres y la sociedad, y una mujer divorciada no sólo era mal vista, sino señalada y condenada.

Una mujer divorciada, era una mujer a la que cualquier hombre podía aspirar sin tener intenciones serias. Esto que parece tan anticuado para algunas personas de esta época, desafortunadamente sigue siendo vigente en muchas sociedades, por más increíble que parezca. Los hombres aún ven a la mujer divorciada como una mujer de segunda, con la que se pueden tener relaciones sexuales, sin ser necesario comprometerse, ella ya perdió lo principal: ya no es una "mujer respetable", una "hija de familia", ni es virgen. Es una mujer sola, "dejada", una mujer que quiere "pescar" un hombre y casarse para ser respetable.

Afortunadamente, no todos piensan así, hay hombres que consideran que una mujer divorciada es tan respetable como una soltera y virgen, pero la realidad es que es una mujer "con pasado" y para ella, sobre todo si tiene hijos, será mucho más difícil rehacer su vida y tener una pareja, que para una chica soltera y sin compromisos.

Veamos ahora el asunto del consumismo y los mitos acerca de las mujeres, sean solteras, divorciadas o viudas, madres o no:

* Deben conservarse bonitas, con un cuerpo de modelos.
* Deben vestirse y maquillarse bien: decentes pero seductoras y femeninas.
* Deben ser educadas y de preferencia sumisas.
* Deben dejar que el hombre tome la iniciativa y el control.
* Deben ser complacientes y discretas.
* Deben sonreír y ser amables y delicadas.
* Deben ser buenas y virtuosas.
* Deben ser habilidosas y serviciales.
* Deben ser más jóvenes que cualquier hombre que se les acerque si quieren ser tomadas en serio.
* Deben cumplir las expectativas de los hombres en todos sentidos.

Lo cierto es que las mujeres les entran a los hombres por los ojos, mientras que ellos nos entran por el oído. Salvo rarísimas excepciones, si un hombre ve una mujer gorda, fea, calva y poco agraciada, no la ve como mujer, no le puede despertar el deseo, por lo que no la considera como una posible candidata. En cambio, una mujer, acepta al hombre poco atractivo, calvo, canoso o gordo, si le entra por el oído, si le sabe hablar bonito, si la trata con cariño y respeto o si le da seguridad y protección.

¿Que esto es crudo y descarnado? Cierto, además de absurdo e injusto, pero es así, fruto de la cultura patriarcal machista y sin duda, es una realidad, lo queramos o no, y funciona así, salvo ciertas excepciones de hombres realmente —valga la redundancia— excepcionales, sensibles y que buscan en verdad una persona a quien amar y que los ame, una persona cuyos valores sean admirables y despierten en ellos el Amor verdadero, basado en otros valores, tales como la generosidad, la bondad, la inteligencia, la sensibilidad, en fin, la belleza interior.

El hombre se siente seguro si consigue conquistar a una mujer bella y pone su autoestima en ello, en lo que su vanidad juega un importante papel. Él puede no ser atractivo, estar obeso, calvo o canoso, con alguna cicatriz, ser cacarizo o tener algunos otros defectos tanto físicos como de personalidad, pero quiere una mujer hermosa que los demás admiren, porque es una manera de ser admirado él, de ser valorado como hombre. Sucede así también con algunas mujeres, pero estas actitudes prevalecen más en el sexo masculino y la razón es la misma: condicionamiento.

Actualmente hay muchas mujeres que cumplen con todos los requisitos: son jóvenes, bellas, sensibles, femeninas, seductoras e inteligentes, tienen una carrera universitaria y hasta una maestría o incluso un doctorado, y a pesar de esto, están solas. ¿Por qué?.¿Por qué estas mujeres que cumplen con los requisitos no pueden conseguir pareja y formar una familia como es su sueño?

En la mayoría de los casos, porque no logran cumplir con las expectativas de los hombres. Ellas, como mujeres inteligentes, defienden sus derechos, quieren que su pareja las respete, que les dé su lugar, que no compita con ellas, realizarse además de como mujeres, como profesionales, y ellos no están dispuestos a nada de esto. Ellas, para entregarse completamente y tener un proyecto de vida con la persona de la que se han enamorado, quieren un compromiso real, formal. Para ellos en cambio, comprometerse, parece ser mucho más de lo que están dispuestos a hacer.

Compromiso, como lo concibe una mujer, es que el otro esté dispuesto a lo mismo que ella, que se entregue en sus sentimientos, que esto incluya fidelidad, en una palabra, que él vote por ella y juntos decidan salir adelante en la vida y trabajar en su relación, en una de tú a tú, por supuesto. *"¿Es mucho pedir?"* Escucho decir con dolor a muchas mujeres solas. No, la respuesta es no. Debiera ser lo mínimo necesario para hacer una verdadera pareja unida por el Amor.

Sin embargo, para muchos hombres esto sí es mucho pedir, quieren pasarla bien, están enamorados, según dicen, pero: *"¿Para qué casarnos? ¿Para qué complicarnos la vida? Así estamos bien, tú en tu espacio y yo en el mío. Tú tu vida y yo la mía, eso no impide que nos queramos y seamos pareja, que hagamos el Amor y la pasemos bien"*. ¡Ah!, pero ella quiere algo más, quiere compartir el mismo espacio, entrarle con todo, tener hijos, formar una familia, es decir, quiere que voten por ella, quiere un compromiso. Hay cientos de mujeres que viven esta situación y a las que se les escucha decir:

* Sí me quiere, pero le tiene miedo al compromiso.
* Necesita tiempo, eso es todo.
* Él es muy bueno, es sólo que le cuesta trabajo responsabilizarse.
* Es que no confía, como le ha ido mal con otras, teme que esto nuestro no funcione para toda la vida.
* Dice que no tiene prisa, pero yo veo correr mi reloj biológico y él argumenta que estamos en otros tiempos, que puedo tener hijos después, y que en todo caso, no son indispensables (sobre todo si él es divorciado o viudo y ya tiene hijos con su anterior esposa).
* Sí, quiere casarse, pero primero quiere hacer dinero.
* Sí, quiere casarse, pero no puede abandonar a sus padres, a su familia, tienen que hacerse a la idea.
* Sí, quiere casarse, pero primero quiere que sus hijos me acepten de buena gana ¡que me los gane, vamos!

Y si esto les pasa a las mujeres jóvenes, ¿qué pueden esperar las de cuarenta o cincuenta años o más? Por supuesto, *no* lo que puede esperar un hombre de esas edades que siempre puede conquistar una veinteañera y soltera, así ellos tengan hijos y nietos y varios divorcios detrás. Y mientras todo esto sucede, ellas se preguntan:

¿DÓNDE ESTÁS?

¿Dónde estás que no escuchas el grito de mis entrañas
que acunan tu ausencia creándome el sinsentido?
Mis ojos obscurecidos de añoranza te buscan incansables
en los rostros y los cuerpos que deambulan a mi lado indiferentes.

¿Dónde estás que no escuchas mi corazón vencido, sediento, desolado,
cargado de este Amor que me rebasa buscando el cauce de tus venas?
Me desgarra la incertidumbre, te presiento más allá del silencio
te sueño envuelta en la pasión que anhela desbordarse en tu cuerpo.

Añoro tus manos en mi piel, tus labios en mis senos
¿cómo será mirarme en tus pupilas, abandonarme en tu regazo?
Amor mío, te creo y te recreo en los laberintos de mi Alma
con la esperanza inquebrantable de materializarte por fin.

Y mientras no llega el Amor tan esperado, ellas se llenan de dudas, de miedos, de fantasmas. Sienten que *algo en ellas está mal*, que algo muy malo sucede ya que son incapaces de atraer un hombre que las ame. Su autoestima se ve seriamente lastimada. Se llenan de inseguridades respecto a su cuerpo, a su rostro, a sus encantos y atractivos, a su inteligencia y sus valores. No comprenden qué es lo que están haciendo mal, por qué no se les acerca nadie, y si alguien lo hace, por qué no son capaces de retenerlo. Se acusan de toda clase de cosas: que si son demasiado selectivas, que si no son lo suficientemente buenas, sofisticadas, bellas, atractivas, inteligentes, dóciles, en fin, se juzgan con una gran dureza. Sufren por estar solas, por no ser capaces de cambiar sus vidas, de encontrar alguien que las ame, las respete y las desee lo suficiente como para comprometerse con ellas.

Esto es aplicable a mujeres jóvenes y maduras. Estar solas, se vuelve una situación de dolor que parece eternizarse. No hay nadie a quién acudir, nadie que las ame, no hay nadie con quien contar, nadie que las mire como desean ser miradas, no hay más que puertas dolorosamente cerradas y sueños que cada vez es más difícil mantener vivos. El dolor de la soledad es constante, está ahí como un telón de fondo y parece eterno. Y entonces sobreviene una profunda tristeza, por la que no hay que dejarse abrumar, a la que hay que mirar sin huir de ella.

HABLEMOS DE AMOR, TRISTEZA

Venga, no se esconda en los rincones ni se escabulla en la cama
ni se eche mantas encima, salga de entre las cortinas.
No salte los ceniceros, no se meta en el florero.
Venga, pósese en mis manos que yo le arrullaré el sueño.

No tema que me sacuda de su serena presencia
no le temo, ni la huyo ya es mi amiga, usted, Tristeza.
A fuerza de que me espera cada tarde en el umbral
me he acostumbrado en la puerta a saludarla al llegar.

Se me hizo mi compañera, en mi mesa se sentó
en mi cama se recuesta ya mis poemas leyó.
Es usted mi confidente y mi sombra y mi conciencia
...Venga, siéntese usted a mi lado y hablemos de Amor, Tristeza.

Veamos qué hacer con esta soledad, cómo hacer para elevar nuestro nivel de conciencia y poder aceptarla. Cuando no la tenemos asumida, nos lleva a pensar que la vida no tiene sentido, nos causa tal dolor por la necesidad de compartir la existencia, que ponemos en ello toda nuestra energía y pareciera que nada, absolutamente nada, puede hacernos felices mientras no llegue alguien a quien amar y por quien seamos amadas.

Tratamos de mantener viva la esperanza: el Amor está a la vuelta de la esquina —nos decimos—. En cualquier momento me puede cambiar la vida, puede llegar alguien que haga que todos mis días sean de sol, alguien con quien tomar el primer café de la mañana, alguien que llegue para quedarse... Pero cuando pasan las semanas, los meses, los años y ese alguien no llega, el dolor se va recrudeciendo y pareciera que la soledad hace que se nos junten más de tres paredes y nos duela la vida.

ESTE DOLOR DE ESTAR VIVA

Este rincón donde se juntan más de tres paredes
este querer ser sin estar siendo.
Esta locura de no poder perderse en el silencio
en la nada, en el vacío
esta oscuridad sin salida, sin puertas, sin ventanas.

Esta amnesia involuntaria, esta maldita opresión
este buscar el fondo del fondo que no tiene fondo
este abismo infinito en el que no acabo de caer y caigo
...Este dolor de estar viva.

Este es el sentimiento de muchas mujeres que, como hemos dicho, debido a ese absceso no pueden reconciliarse con la soledad. Mujeres que
ponen el sentido de su vida en compartir la vida con alguien, en amar y
ser amadas. Este sentimiento, este vacío, este sinsentido, es lo que hace
también que muchas de ellas que están inmersas en relaciones de pareja
insanas, en las que son maltratadas inclusive, prefieran seguir ahí, antes
de enfrentarse a estos sentimientos, a este dolor que parece no tener
límites, ni paralelos. Temen a la soledad más que a nada en el mundo, y
prefieren tener una vida miserable con un hombre que no las ama, con
tal de no estar solas. La soledad, para ellas, es enfrentarse a la Nada. Lo
mismo se aplica en el caso de los hombres.

NADA

Esta Nada innombrable me tiene presa
aterrada hasta el cinismo
quieta y furiosa, roca y mar
las olas de mi vida chocan contra ella
y nada me conmueve en esta Nada
en esta Nada innombrable
que me tiene presa en algún lugar.

Presas, solas, abandonadas, rechazadas, es como se sienten muchos
seres humanos ante la soledad. Para ellos, cualquier cosa que se diga
respecto a saber llevarse bien con la soledad, no es más que un discurso,
palabras huecas que no alivian su vacío y su dolor. Pero ¿es esto realmente así? ¿Qué es la soledad?

SOLEDAD

La Soledad es un hambre absoluta
una sed que seca las entrañas
es agonía lenta y despiadada
el dolor más cruel por ser incruento
es una absoluta oscuridad sin nombre
un abismo sin fondo y sin final
es una habitación sin puerta alguna
con un pequeño tragaluz
pequeño... muy pequeño.

Un pequeño tragaluz, pequeño, muy pequeño, o quizá tan grande como seamos capaces de hacerlo desde nuestra mente, dependiendo de qué tan sanos o insanos somos, de qué tan alto sea nuestro nivel de conciencia. El tragaluz: el nivel de conciencia, que nos lleva a la esperanza y a no darnos por vencidos, puede ser la diferencia.

La soledad puede ser muy dolorosa, no es igual estar solos porque lo elegimos que porque la soledad nos es impuesta. Si la elegimos, es otro el panorama, la manera de vivir, de estar con nosotros mismos. Necesitamos compartir la vida, eso es cierto, lo óptimo sería tener una pareja sana con la cual compartir nuestras vidas, de eso no hay ninguna duda, pero mientras no llegue esa persona podemos tener una actitud negativa y desesperanzada o una positiva y llena de esperanza, esto hace la diferencia.

La primera, nos lleva a alejar al Amor, definitivamente, porque como dice el *Libro de Job en la Biblia*: *"Todo lo que temo, acaece"*. Creemos que esto es cierto, y si lo que temo es que viviré solo el resto de mi vida, eso es precisamente lo que va a acontecer, como si creo también que *"Todo lo que sueño acaece"*, la fuerza que poseemos mentalmente para atraer y materializar nuestros sueños es totalmente cierta. Simplemente por eso, es mucho más sana la posición de la esperanza.

Por otro lado, queramos o no, debemos tomar una decisión mientras no llegue ese alguien con quien compartir la vida. En realidad nadie sabe de qué depende que llegue el Amor de pareja a nuestras vidas, nadie lo sabe a ciencia cierta. Hay quien dice que es cuestión de suerte, de las circunstancias, del Cielo o del destino. Hay mil argumentos al respecto, es un tema muy debatido para el que **nadie** tiene la respuesta única y correcta. Dice el *Libro de las Runas Vikingas*: *"Lo que te pertenece no pasa de* *largo y lo que no te pertenece, no llegará"*. O como decimos los mexicanos: *"Si te toca, aunque te quites, si no te toca, aunque te pongas"*.

El asunto es que, nos guste o no, ante la soledad, debemos decidir si nos cerramos al mundo o nos abrimos a él. Evidentemente, quien elige lo primero se pierde de sí mismo y acarrea terribles consecuencias, quien, por el contrario, se abre, se hace una familia de amigos, se construye un mundo en el que se rodea de personas que lo enriquecen, tendrá más posibilidades de realizarse como ser humano y de encontrar entre esas mismas personas, una pareja.

Enfrentar nuestras vidas en conciencia y estar en relación con otros, al margen de tener o no pareja, es el único antídoto real para combatir la depresión causada por la soledad. Estar solos, no tiene que implicar necesariamente, estar deprimidos. Es necesario tener la inteligencia para dimensionar correctamente este asunto de la soledad.

Anthony de Mello en su libro *Autoliberación Interior* habla de la diferencia entre el dolor y el sufrimiento. El dolor es inevitable, el sufrimiento es opcional. A uno le puede doler estar solo, pero no tiene uno por qué sufrir por estarlo. Veamos un ejemplo: Si tengo un coche, y me lo roban, me duele que me lo roben, pero de mí depende sufrir o no por ello. Asumo el dolor y con ello me suelto del sufrimiento o me aferro al dolor y al sufrimiento. Si me aferro al coche, sufro, si lo suelto, me libero. El secreto para soltar, es *ver lo que Es y aceptar lo que Es*.

Lo mismo pasa con la soledad, puede ser un dolor, pero de mí depende que se convierta en un perenne sufrimiento o por el contrario, que capitalice mi soledad de la mejor manera, que la haga mi cómplice y me relacione a través de la amistad con otras personas con las que pueda compartir todo lo que se comparte con una pareja —salvo la intimidad sexual—. Hay mucho que necesitamos compartir con los demás, con o sin pareja. Si lo único que nos falta es la pareja, es mucho, pero no lo es todo, podemos canalizar la energía hacia nuestras otras áreas: la realización profesional, la estabilidad económica, la amistad, la familia. Pero sobre todo, *estar solo, puede dejar de verse de una manera peyorativa, puede transformarse en riqueza si se aprende a enfrentar la propia vida y a estar con uno mismo.*

¿Cómo podemos enfrentar la vida sin pareja? Una buena manera es buscando un equilibrio en todas nuestras áreas. Si nuestra vida fuera comparada con un condominio de varios pisos, como lo vimos en el capítulo 5, tendríamos vacío un piso, el de la pareja, pero llenos todos los demás: familia, amigos, pasatiempos, realización profesional. Esto

nos proporcionará una vida rica, con o sin pareja. En cambio, tener todos los pisos vacíos sólo traería como resultante una vida empobrecida y sin sentido. La elección es nuestra, no depende de que alguien llegue o no a nuestra vida. Si llega, entonces llenaremos ese piso que está vacío, pero si no llega, igual tendremos una vida plena si así lo decidimos. Es entrar en una posición en la que se es feliz sin pareja, pero más feliz con pareja... esto es lo sano y lo sabio.

Es importante comprender que la sanidad está directamente relacionada con esto: si tenemos una vida bien construida en todas nuestras áreas y nos falta la pareja, ciertamente tenemos un piso vacío, un vacío, sí, eso es innegable, pero lo es también, que si alguien llega y nos encuentra con el condominio habitado en todas sus áreas, es decir, en *nuestra vida*, con una vida rica y bien construida, las posibilidades de que la relación de pareja que se pueda dar sea una relación sana, son mucho, pero mucho mayores que si todo el condominio está vacío.

¿Por qué? Porque resulta muy poco atractiva una persona que no tiene nada que compartir, que está esperando a que llegue alguien para que su vida tenga sentido, alguien que le "haga la vida". Esto hace que una vez que llega ese alguien, la persona ponga todo alrededor de ella y se vuelva una codependiente y una carga como ya hemos visto en capítulos anteriores.

La única manera de evitar una codependencia es teniendo una vida propia. Así cuando encontremos a nuestra pareja tendremos con ella una sana **interdependencia**, pero no dependerá de ella nuestra felicidad o nuestra infelicidad. Interdepender es una manera sana de relacionarse, indispensable en la vida, porque vivimos inter relacionándonos, por lo tanto interdependemos todos de todos. Es por esto que entre más bien cubiertas estén todas nuestras áreas, más posibilidades tenemos de ser felices y de construir una pareja sana llegado el momento. ¿Y si el momento no llega? ¿Si no llega nadie a quién amar y que nos ame? Entonces, por lo menos tendremos una vida propia y mucho que ofrecer a otros, y no una vida estéril.

Dice el gran poeta libanés, Gibrán Jalil Gibrán: "*Es muy triste extender una mano vacía y que nadie te dé nada, pero es mucho más triste traer las manos llenas y que nadie quiera tomar lo que tenemos*". Todos tenemos mucho que dar y todos necesitamos recibir mucho. Abrirnos a esta verdad y vivir en congruencia, dando a los demás lo mejor que tenemos y tomar lo que los demás tienen para darnos, abrirnos a compartir lo que somos, lo que sabemos y tenemos, es el único antídoto posible para la soledad, es el camino del Amor, en el que puede o no, estar incluido el Amor de pareja.

Cuando una persona, se queda sola, luego de compartir su vida con una pareja, cuando es abandonada, siente que la vida se termina ahí. Nada menos cierto. A continuación transcribiremos un fragmento de la novela *Enigma* de Lindy Giacomán, publicada en el año 2000, en donde se plantea el proceso de una mujer desde la invisibilidad más cruel y el abandono, hasta la liberación. Una mujer que enfrenta su absceso y decide tomar su vida en sus manos.

Dice así:

"Me quedo quieta, no sé qué hacer con esta mi Alma, con este mi cuerpo, con esta mi mente, con esta mi vida sin ti: la muerte. Ahora lo comprendo, es de ella de quien estaba huyendo, al no aceptar que tú te habías ido hace ya tanto tiempo. Aceptar la ruptura, quedarme en el vacío, me hubiera llevado a donde estoy ahora, a esta forma de morirse al no tener un centro, un Amor que me rija, del que dependa todo, un sentido para mi vida; sin ti, me quedo en el vacío, la oscuridad, el sinsentido, una realidad insalvable.

El terror a la muerte prevaleció todos estos años de tu ausencia, en los que estuve aferrada a tu Amor y sólo fue posible enfrentarlo cuando me encontré de frente con una realidad más dolorosa que la muerte misma: desperdiciar la vida. Vivirme muerta, sin ti, es posible, pero no lo es vivirme sin mí.

Cuando te fuiste una pregunta abarcó mi vida entera: ¿qué sería de mi vida sin ti? Ahora a través de los años, se impuso otra: ¿qué sería de mi vida sin mí? Qué difícil trayecto para encontrarme, tras tanto tiempo sumida en esta muerte estando viva. Tuve que comprender que nada es más grande que la vida misma, nada está por encima de ella. Mi enorme error fue amarte por encima de mí misma y de la Vida.

No puedo recordar cómo era mi vida sin ti, como era yo antes de ti, antes de que todo mi ser existiera en función de tu Amor, no recuerdo una vida sin ti. No sé qué hacer con esta vida, con esta muerte: la soledad. No sé qué hacer conmigo y, sin embargo, la vida está aquí, y ya no está en función tuya, me reclama ser vivida por ella misma, tal cual es: sin disfrazarla, sin camuflajes, ni sublimaciones, ni evasiones. Tomarla a ella: desnuda y plena, luminosa y oscura. Conjugados en ella el dolor y el placer, el deseo y la apatía, el sentido y el sinsentido. Tomarla, sólo eso, porque no me exige enamorarme de ella ni repudiarla, sólo aceptarla, estar.

Estar es lo que importa, estar en un presente vivo, siendo lo que soy a cada momento. Estando como estoy y en la conciencia de que no hay un otro que sea capaz de llenarle a uno la existencia. Somos solos, asumirlo no tiene más que dos caminos: o la muerte o la liberación. Yo elijo la liberación, elijo parirme a mí misma en este dolor, en este vacío, en esta muerte. Parirme a mi vida, convertirme en mi padre y mi madre, en mi hermano, en mi maestro. Elijo empezar a vivir en función de mí misma, a no depositar en otro el sentido de mi existencia, a no ser para otro lo que quisiera que alguien fuera para mí, a no amarle como querría ser amada. Así te amé y cuando te amé, necesitaba ser acogida definitivamente, pero mi Amor no fue correspondido y por más que te amara, no podía amar por ambos.

Quizá el Amor perfecto sea posible cuando existe la conciencia de tomar la vida en nuestras manos y darnos al otro con todo lo que esto implica: sin esperar, ni desear ni permitir que el otro ponga en nuestras manos su vida, ni poner la nuestra en sus manos. Amar es tender un puente, que puede resultar sólido, sólo si es real la entrega, la reciprocidad, la aceptación propia y del otro tal y como es, sin expectativas, sin fantasías de por medio.

Amar es posible en la medida que uno está en la propia vida, sin la ilusión de que alguien venga a darle un sentido. Entonces puede ser real el Amor, el Amor perfecto, que no implica dependencia, ni muerte ni autoengaño, esa clase de Amor que no acumula deudas emocionales, que no necesita sacrificar la esencia de lo que uno es, que no debilita ni oscurece el Alma. Esa clase de Amor que trae consigo un enriquecimiento mutuo, luz, contentura, creatividad y libertad. ¿Será posible amar y ser amado así? Sí, lo es y ahora sé que estoy preparada para vivirlo".

Luego, en otro fragmento, de la misma novela, leemos la siguiente carta que la protagonista envía a una amiga.

"Por el momento no hay nadie, querida Lucía, sigo despertando sola cada mañana, y sí, a veces me cuesta no tener alguien con quien compartir mi vida, quisiera compartirlo todo. Siento que tengo mucho que dar y espero que llegue alguien en quien depositar tanto Amor, me refiero a alguien que esté dispuesto a lo mismo, ya no va a poder ser de otra manera. Ha de ser una relación de tú a tú, o no será.

Mientras ese alguien llega -porque llegará, lo siento en mi Alma- a veces la soledad se muestra áspera y no sé qué hacer con este cuerpo que palpita sediento, con esta mente inquieta que añora, sueña y espera de la vida. En esos espacios en los que cesa el movimiento en el que estoy imbuida, resurgen las viejas heridas, esas que uno cree que están cicatrizadas, pero no, duermen, están aletargadas y aparecen cuando menos se les espera, palpitantes, dolorosas: las traiciones, las incisiones despiadadas, el desamoramiento en cualquiera de sus múltiples caras y entonces, me vuelvo una niña vulnerable, una mujer cansada, un ser ignorante, humilde, desvalido y me quedo quietecita, Lucía, quietecita, sin hacer más olas, hasta que el dolor se desduela, se retracte, se esfume, diluido en sí mismo... y pasa, siempre pasa.

La diferencia es que antes me hundía en mis infiernos, era incapaz de mirar el dolor, dejarlo estar, estuviera disfrazado de lo que fuera: soledad, desaliento, angustia, desesperación, culpas. Ahora lo miro, me veo fuera de él, lo observo sin luchar contra él, sin aferrarme al deseo de que desaparezca, sin huir de él.

Aquí estoy, en la vida, pero ya no la sobrevivo, porque me cansé de ello, ahora la vivo consciente de que existen esos estados de gracia en los que todo es perfecto y llegan como fruto de elevar el nivel de conciencia sobre nosotras mismas y la vida. En esos momentos, la magia se hace realidad. La vida se impone y me regala con una visión de la perfección, de la armonía universal y entonces soy capaz de mirar como se mira la primera vez un amanecer y todo se detiene, se ilumina, algo se revienta dentro y recorre mis arterias, venas, huesos, tejidos, células. La vida se desborda y se me entrega como el mejor amante.

Atesoro esos instantes, me nutro de ellos y estoy aprendiendo a no aferrarme ni a ellos, ni al dolor, para esto, se requiere un estado de continua alerta, es hacer un esfuerzo para al final no hacer esfuerzo. Sé que este es el camino y me siento en paz, andándolo día a día, me rescata de los infiernos y me permite estar conectada con la vida, fluir a pesar de las noches eternas, del yermo, el desamoramiento, las soledades, los terrores. Estar alerta y en conciencia, me mantiene creativa, abierta, capaz de capitalizarlo todo, sin juicio, sin la parálisis del miedo.

Ya sabes que mi vida ha estado señalada por la paradoja, mi existencia se ha desarrollado en un eterno movimiento pendular, tratando de sostenerme siempre en el filo de la navaja, en la orilla donde se juntan los océanos, sin poder conseguirlo nunca, cayendo siempre a uno o al otro lado del abismo. He vivido en la perenne búsqueda del punto medio, que es el lugar en donde habita Dios, estoy trabajando para llegar ahí, vivir ahí de tiempo completo.

He comprendido que mi lugar, ese tan anhelado cada minuto de mi existencia, donde pudiera sentir que pertenezco, no existe como tal, mi lugar quizá es ninguna parte, o cualquier sitio, la patria de estar siendo. Es ahí donde me encuentro conmigo misma, sin tortura; y para mí, eso es el paraíso. Una vez me preguntaste cómo concebía el paraíso, qué era para mí, qué cosa hay en él. Para mí, no se trata de que haya algo, por maravilloso que sea, sino de la ausencia de algo: de tortura ¡Ah, la tortura! El fantasma de mi vida, cada vez me dejo manejar menos por ella, soy cada momento más capaz de ver la realidad tal cual es y es ésta, la única manera de combatir a la milenaria enemiga que se infiltra y me domina en cuanto mi aceptación de lo real se tambalea.

Ver la realidad me obliga a mirarme cada vez más claro, a no desear ser lo que no soy, tener lo que no tengo, culparme por lo que no hice, estar en el lugar que yo supongo que debería estar, anhelar saber lo que no sé. En fin, me obliga a aceptarme tal como soy y a estar como estoy en este momento de una manera total, con este cuerpo, con esta mente, con este espíritu, con estos sentimientos y estas circunstancias. Estar sin juzgar, sin condenar, sin exigirme cumplir, ni mis propias expectativas, ya no digo las de los demás.

Tenías razón, Lucía, no se trataba de entender sino de estar. Del conocimiento se transmuta la comprensión, el conocimiento mismo era una condición necesaria, pero no suficiente. Es menester amar, darse, sin importar nada y más allá de todo, a pesar de lo que sea, amarse una misma sin condiciones ni fantasías y hacer extensivo ese Amor a los demás, aceptar el misterio, poner a la mente en su lugar, le di tanto poder, tanto, que casi me destruye. Tú sabes de lo que te hablo, hace años que estás instalada ahí. Bienaventurados los que son capaces de ver la realidad tal cual es y vivirla en el Amor".

Hasta aquí este fragmento que nos habla de la capacidad de aceptar la soledad última, así como nuestra realidad, tal como es, y las circunstancias en las que estamos inmersos. Cuando se logra vencer el miedo a la soledad porque se ha enfrentado la propia vida, es posible amar y hacer extensivo ese Amor hacia los demás y no depender de una pareja.

Es posible encontrarse con uno mismo y en ese encuentro celebrar la vida plenamente y comprender que ser feliz es posible, *basta con ser uno mismo*. Y si en el camino encontramos con quien compartir la vida, una pareja sana que nos ame tal como somos, entonces invitarla a nuestra vida, que de por sí, ya es una vida completa y rica, porque estamos reconciliados con la soledad, no la rechazamos, sino que hemos aprendido a aceptarla, dejando a un lado los mitos. La hemos aceptado y nos acompaña en nuestros andares, es con ella y por encima de ella que somos y nos amamos y amamos a otros, y esto hace posible vivirnos como personas plenas. La liberación llega cuando hemos comprendido que no es la soledad lo que impide la plenitud, el verdadero obstáculo es la equivocada percepción de la soledad y la incapacidad para encontrarnos con nosotros mismos. El verdadero miedo no es a estar solos, por no tener una pareja, sino estar solos ante la vida.

La Vida... ¿pero quién es la Señora Vida? ¿Cómo poder tomarla en nuestras manos, dejarle de hablar de usted, de tenerle miedo y finalmente tutearla?

SEÑORA VIDA

I

Antes yo la trataba de Señora, Señora Vida
antes de descubrir que en verdad era:
Prostituta del todo respetable
bendita con un aura como estrella
una loba con garras y con dientes
una paloma, un verso enardecido
frágil como una rosa de verano
fría como cascada en primavera
anciana como el alba y el misterio
sutil como el aroma del naranjo
cálida como el seno de la Tierra
pura como varita de nardo
fuerte como el acero inquebrantable
suave como los sueños de la infancia
niña como ramita de azucena
dulce como mujer de madrugada.

II

Loba con garras, Paloma en celo
me clavaste los dientes en el centro
del corazón ensangrentado y solo
te bebiste mi sangre como un amante
ávido de poseerme y liberarme.
Paloma, Paloma mía, me llevaste hacia el sur
cobijada en tus alas, protegida
hasta el sitio donde se engendra el sueño.
Me diste de beber el rocío de tus senos
con higos y dátiles me alimentaste
con hilo de Luna me tejiste una túnica
con polvo de estrellas me bañaste.

III

Señora... Señora Vida
amante seductora y hechicera
me arrastraste por mares y desiertos
hasta donde terminan los océanos
y más allá, detrás de los infiernos
a donde está la tumba de la Muerte
y miré a tu Otra Parte cara a cara
en ese espacio donde nació la Nada
donde el Día y la Noche fueron uno
y la Luz y la Oscuridad el mismo instante
donde la Eternidad tuvo principio
y el Origen de todo fue soñado.

Señora... Señora Vida
en el viaje le hablaste a mis entrañas
me quebraste uno a uno cada hueso
reventaste mis venas, secaste mi saliva
congelaste mi aliento en mis arterias.
Con dosis de dolor inmensurable
anestesiaste todos mis sentidos
traspasaste mi espíritu hiriéndome de muerte
llevándome hasta el límite preciso
entre la lucidez y la locura

...La Muerte se antojaba un paraíso
el suicidio una dulce retirada
tú sólo eras tortura, agonía, suplicio.

IV

...Hasta ahí me llevaste enamorada
sabiendo, Señora Vida, cuánto te amaba.
Cuando agoté el dolor
y nada más en mí podía ser herido
me besaste en los labios, esperanzada
del fondo de mi ser brotó un aullido
que te obligó a abrazarme y rescatarme
de los oscuros brazos de la Nada.

V

Señora Vida, todo este trayecto
para que nuestro Amor se consumara
para que te me hicieras sangre de mi sangre
savia de mi savia, mis huesos, mi saliva
los cauces de mis venas, todo Vida, Todo
para que con un soplo de tu aliento
un beso de tus labios
en la más honda de las soledades
en el más profundo de los silencios
de nuevo me pariera
y me abrazara a ti como la vez primera.

VI

Vida... Señora Vida
Corazón y latido de todos los Poetas
Sinfonía mutante de todas las historias
Alma de todas las cosas existentes
Amante virginal del Cosmos infinito
Dueña y Señora Esposa de la Muerte
mírame con tus ojos ensolados
con tus labios de Luna besa mis labios.
Prostituta amorosa y seductora
mantenme enamorada como el mar a la ola.

VII

Antes, yo la trataba de Señora, Señora Vida
Loba con garras, Paloma en celo,
Paloma, Paloma mía,
ahora que viajamos juntas al Infierno
que me enseñó el camino al Paraíso
yo la tuteo... Yo la tuteo.

Capítulo 16

Compromiso en el amor

Cuando se tiene una relación de tú a tú.
Cuando se desea el bien del amado
con toda el Alma y sobre todas las cosas, tanto
como el bien propio y ese sentimiento es mutuo,
se da el Amor perfecto.

MAESTRÍA EN EL AMOR

Hacer que coincidan nuestras diferencias
que tú te enriquezcas, que yo me enriquezca
que crezcamos juntos al unir los mundos
de los que venimos y nuestra experiencia.

Aceptarnos siempre tal y como somos
amar sin cadenas, entregando todo.
Jamás ofendernos, jamás lastimarnos
convertir en risas el dolor y el llanto.

Curar las heridas con mucho cuidado
superar la historia que nos hizo daño.
Que no haya control sino libertad
nunca una traición, mentir o callar.

Que jamás los miedos ganen las batallas
que no haya disfraces, ni poses, ni máscaras.
Decirnos las cosas amorosamente
no guardar rencores que el Alma resiente.

Develar secretos sin tener temores
caminar desnudos y sin resquemores.
Nunca avergonzarnos por lo que sentimos
que las culpas mueran sin haber nacido.

Que fluyamos juntos sin ninguna traba
con gran alegría, con plena confianza.
Que nos admiremos y nos valoremos
sabiéndonos sabios, amados y buenos.

Que para el amado seamos perfectos
que seamos uno y dos a un mismo tiempo.
Que el deseo se exprese sin ponerle freno
que siempre estrenemos este sentimiento
que sea prioridad que rija la Vida
que todo lo pueda y no tenga medida.

...Todo esto parece una fantasía
pero en realidad es la Biblia misma
lo hiciste posible, todo esto y más
eres tú mi gozo, mi felicidad.
Yo voy a entregarte lo mismo que tú
con tal maestría que seremos Luz.

La comunión en la pareja es absolutamente posible. Cuando se tiene
una relación de tú a tú, cuando se desea el bien del amado con toda el
Alma y sobre todas las cosas y ese sentimiento es mutuo, se da el Amor
perfecto. Se da el compromiso en el Amor, un compromiso que no es
una carga, sino un acto de libertad en el que ambos se entregan y fluyen
en la plenitud de los sentimientos puros y reales, que son posibles en el
camino de la conciencia, un camino espiritual que amalgama a dos seres
humanos en una misma carne.

Hablamos pues del espíritu, éste necesariamente está involucrado en una relación comprometida. No hablamos de religión, sino de espiritualidad. Es entonces, cuando se hace el Amor de todas las maneras antes descritas: física, emocional, intelectual y espiritualmente.

Hablamos de un Amor que está más allá de la piel y de las apariencias, más allá y por encima de las circunstancias que en la vida nos toquen vivir. Un Amor sólido que resiste los avatares de la existencia y se mantiene sano y afinado como la más grande verdad de nuestra vida. No se trata de encontrar una persona perfecta, sino de vivir un Amor perfecto, lo cual es posible cuando ambos nos amamos con nuestras limitaciones y alcances, y eso hace que una relación sea perfecta.

A la terapia de la Psicomística, llegaron innumerables parejas en diferentes circunstancias. Algunas porque querían divorciarse, otras porque querían arreglar su situación deteriorada, otras más, porque estaban a punto de casarse. Hablamos del Amor y de lo que son las relaciones de pareja, tal como hemos hablado en este libro. Muchas de estas parejas que ya estaban casadas hacía años o que querían divorciarse, luego del proceso de conciencia, quisieron renovar su compromiso y otras quisieron contraer matrimonio bajo esta óptica del Amor verdadero.

Un día, una pareja a punto de casarse, solicitó una ceremonia privada en la que se les hablara del Amor. Querían una ceremonia distinta y original, y casarse y comprometerse frente a su familia y amigos a través de otra clase de ritual en el que se hablara del Amor, tal como se había hablado en terapia durante tantos meses. No querían unirse con la Epístola tradicional de Melchor Ocampo, porque no expresa ninguna perspectiva de género.

La petición de esta pareja de pacientes honra a la Psicomística y transcribimos aquí lo que se preparó para la ceremonia y que terminó siendo una especie de Epístola del Amor con la que se unieron en matrimonio y la cual ha sido utilizada para unir a muchas otras parejas en matrimonio y para renovar entre los ya casados, su compromiso. Se trata de que ambos contrayentes **se digan** *exactamente lo mismo*, porque se está uniendo una pareja que tiene una relación *de tú a tú*. He aquí la Epístola.

MATRIMONIO EN EL AMOR

Yo, _____

me uno a ti,_____ para
amarte, honrarte, cuidarte, protegerte, respetarte y aceptarte tanto
como a mí misma (o). Me comprometo a vivir entregada (o) a este
Amor que Dios nos ha concedido como el más valioso regalo de nuestras vidas.

Le pido a Dios que nos bendiga y que ya que nos ha unido, me dé
la fuerza y la gracia para vivir en el Amor y para el Amor que nos ha
concedido, agradeciéndoselo diariamente como el alimento de mi vida.
Me comprometo a trabajar sin tregua en mí misma (o), para llegar a
conocerte, aceptarte y amarte tal y como eres.

Me comprometo a ser honesta (o) y humilde, reconociendo en ti
al Maestro(a) que el Cielo me designó y a través del cual aprenderé
cada día a conocerme. Y con ello, crecer en el Amor y en la Vida y ser
cada día mejor persona. En la conciencia de que es por medio de ti que
aprenderé a conocerme cada vez más a mí misma (o) y por lo tanto a
ti para poder amarte con la perfección que sólo es posible a través del
Amor verdadero y puro.

Me comprometo a amarte con toda mi voluntad, mi mente, mi
cuerpo, mi Alma: con mi ser entero, en la conciencia de que herir este
Amor, es herirte a ti, a mí misma (o) y traicionar el don que Dios y la
Vida nos han otorgado.

Me comprometo a escucharte con Amor, paciencia, tolerancia y serenidad, reconociendo humildemente mis fallas y deficiencias y enmen-
dando aquellas actitudes y conductas que puedan debilitar este Amor,
procurando en cambio aquellas que lo fortalezcan y acrecienten.

Me comprometo a cuidar este Amor, como a un niño pequeño y
venerarlo como a un anciano sabio. Me comprometo a alimentar la
confianza que existe entre nosotros para que nuestra relación sea fuerte como el acero y nada ni nadie pueda separarnos, ni hacernos dudar
jamás de lo que sabemos uno del otro en nuestro corazón.

Me comprometo a hacer crecer el árbol de mi vida, al tiempo que
este Amor con el que he sido bendecida (o). Me comprometo a serte
fiel en cuerpo, mente y corazón todos los días de mi vida y concentrar-
me en fortalecer mi voluntad de amarte más allá de mis propios intereses y por encima de cualquier circunstancia por adversa que ésta sea.

En este Amor, te entrego todo mi ser. Te pido que en los momentos difíciles nos tomemos de las manos, nos miremos a los ojos, desnudemos nuestras almas y denunciemos nuestros miedos, de modo que salgamos fortalecidos de las pruebas que nos han de sobrevenir en la vida.

En la conciencia de que el miedo es el único enemigo del Amor, te propongo que no permitamos jamás, que el miedo enmudezca nuestros labios, que aleje nuestros cuerpos o que torture nuestras mentes, y que para que esto no suceda, nos convirtamos en cómplices uno del otro, en la certeza de que si las heridas son hondas, más hondo es nuestro Amor.

Me comprometo a compartir contigo cada instante de mi vida y cada uno de mis sueños, siendo el más importante permanecer unidos en el Amor que nos tenemos.

Me comprometo a escuchar la voz del Amor todo el tiempo, haciendo crecer este Amor cada minuto de mi vida, siendo congruente con él y con mi prioridad que es y será hasta mi muerte, tu felicidad.

Te tomo como esposo(a), en la conciencia de que en la salud y la enfermedad, en la bonanza y en los tiempos difíciles, juntos sabremos salir adelante, ya que nuestro Amor es, y será siempre, capaz de sortear todos los obstáculos y retos que nos presente la vida.

Me comprometo a amarte respetando todos tus afectos, tus necesidades y tus sueños. Me comprometo a amarte en plena libertad, con toda mi conciencia y mi ser al servicio de este Amor.

Te pido que bendigamos el AMOR y las Manos de quien nos viene. Que nuestro corazón desborde gratitud ante quien nos protege y le pidamos que nos otorgue los dones de Sabiduría, Paciencia, Serenidad y que cada día acreciente nuestra Fe, para que sea Él, nuestro Dios, el Guardián de nuestro Amor, nuestro refugio y nuestra fortaleza, y que nos bendiga hoy y todos los días de nuestra vida.

Amén.

ESPOSA   ESPOSO

_____   _____

En la ciudad de _____

A ___ de_____ del año_____

Esta es una Epístola con la que se han casado parejas de distintas religiones, por lo que modifican la parte religiosa. También con ella se han unido en matrimonio parejas gays, tanto de hombres como de mujeres, que por su orientación sexual, no pueden hacer una boda tradicional, ni por lo civil, ni por lo religioso.

Les pedimos a todos ellos, que por lo menos cada año renueven sus votos de matrimonio a través de esta epístola y que, cuando tengan problemas, recurran con humildad y en nombre de su Amor, a estas páginas y vuelvan a renovar su compromiso en el Amor. Y, cuando lleguen al punto en el que dice que deberán acudir al diálogo tomados de la mano y no permitir que los miedos los avasallen, lo hagan en verdad: que hablen desde su Alma y no desde su Ego.

Tenemos la enorme alegría de conocer a muchas parejas que permanecen unidas y felices a través de los años, luego de haberse comprometido con estas palabras porque lo hicieron verdaderamente en conciencia y no con una fórmula oficial que no tenía ningún sentido para ellos; parejas que han pasado por un sinnúmero de situaciones difíciles y peligrosas para su relación y han sobrevivido los obstáculos y problemas gracias a que han trabajado y siguen trabajando en sí mismos y en su relación de una manera sana, a través del diálogo y en la conciencia de que, una relación, pasa por muchas y muy diversas etapas de acuerdo a los ciclos de vida, y hay que hacer continuos cambios y adaptaciones para mantener vivo el sentimiento del Amor y la pasión; nutriéndolos constantemente, con los *"quieros"* iniciales que nacen desde el fondo del Alma cuando se da el encuentro de los amantes, momento en que es urgente para ambos escribir su nombre en las entrañas del amado y están dispuestos a lo que sea con tal de que tal intimidad, tales sentimientos y la intensidad de esa pasión, sean una realidad que perdure hasta el final de sus vidas y se vivan más que como amantes, como almantes.

PASIÓN AMOROSA

Quiero escribir mi nombre en tus entrañas
que mi nombre recorra toda tu piel sin prisa
como el tuyo ha quedado tatuado en este cuerpo
cuando al hacerme tuya lo volviste a la Vida.

Quiero que esta pasión se filtre entre tus huesos
y que le dé calor a tu sangre dormida
que el fuego de mis besos destierre para siempre
el frío que dejaron las pasadas heridas.

Quiero beber tu savia y embriagarte en la mía
y que el placer te envuelva de tal modo y manera
que la Luna se incline a besarte la frente
para que los amantes se enamoren de ella.

Quiero ser la sonrisa que brote de tu Alma
quiero ser la mirada que te inspire tu danza
quiero ser la palabra que dé vuelo a tus alas
quiero escribir, Amor, mi nombre en tus entrañas.

Hombres y mujeres, de cualquier orientación sexual, que han crecido
juntos guiados y amparados por el Amor que se tienen y están en la
conciencia de que su Amor es sagrado. Y es la Respuesta a todas sus
preguntas.

EL QUINTO ELEMENTO

I
Tierra
Fuego
Agua
Viento

¿Cuál es el quinto elemento? La humanidad lo ha buscado:
alquimistas, brujos, sabios, curanderos, magos, santos.
Toda clase de personas, maestros, iluminados
filósofos y poetas, estudiosos y enterados.

Hablar del quinto elemento es hablar de lo esencial
algo que lo englobe Todo sea absoluto y total.
Un elemento que incluya los cuatro que conocemos
¿Qué puede incluir la tierra, el viento, el agua y el fuego?

El Amor es la respuesta: tierra que está contenida
en la carne, piel y huesos y cada órgano del cuerpo.
Fuego en nuestros corazones, el calor de las pasiones
la luz de los sentimientos, la calidez de los cuerpos.

Aire que en nuestros pulmones hace circular la Vida
que acompaña a las palabras,viento que todo lo limpia.
Agua que corre en las venas transportando nuestra sangre
líquido vital que irradia la Vida por todas partes.

Es con el cuerpo que amamos sólo en el primer nivel
él es sólo el instrumento que expresa Amor y placer.
Pero ese quinto elemento nos viene de muy adentro
su morada es el espíritu y lo traduce el cerebro.

El Amor, quinto elemento el que Todo lo contiene
de quien depende el sentido de la Vida y de la Muerte.
El Amor que nos trasciende que es más fuerte que el dolor
que el miedo, que la maldad, que el odio y la oscuridad.

Amor que Todo lo puede que transforma e ilumina
que nos sostiene y redime, nos salva y nos reivindica.
Este es el quinto elemento no puede ser ningún otro
es nuestra fuerza vital habita en todos nosotros.

II
...Nunca dudé que el Amor era la respuesta a Todo
pero tuve la certeza desde que a ti te conozco.
Este Amor que te profeso se hace extensivo hacia el mundo
viento, tierra, agua y fuego es nuestro Amor, todo junto.

Tú eres la confirmación de que el Amor es perfecto
y es la respuesta absoluta a cualquier cuestionamiento.
Lo cual viene a comprobar que Sí es el quinto elemento
el Amor lo incluye Todo, es el universo entero.

Parejas en las que la pasión sigue vigente y al hacer el Amor comulgan y
bendicen su felicidad, porque son conscientes de lo que es el verdadero
Amor de pareja y que está basado en la aceptación total del otro.

ERES LA PLUMA QUE ESCRIBE LA PALABRA AMOR

"Eres la pluma que escribe la palabra Amor"
susurraste en mi oído
y el sonido de tu voz me traspasó y me cortó el respiro
y navegó mi cuerpo todo entero
y se agolpó en las yemas de mis dedos.

"Eres la pluma que escribe la palabra Amor"
Tu voz palpita en mi garganta
tus palabras se instalan en mis entrañas
y mi boca quiere escribir ese poema
en cada milímetro de tu piel
ese que diga que tengo la ambición
de escribirte a ti, que eres el Amor mismo.

Si pudiera escribirte
el Amor sería cautivo, capturado, apresado en palabras
al definirte a ti, tal como eres:
espíritu, cuerpo, entrañas, mente y Alma.
Si pudiera escribirte, ciertamente
sería la pluma que escribe la palabra Amor
la que logró plasmarlo, traducirlo
a sonidos humanos, lo imposible.

"Eres la pluma que escribe la palabra Amor"
escribiste en mi Alma definiendo mi sueño
si para ti soy esa pluma y tú sientes en tu ser
como escribo mi Amor por ti con mi mirada en tu mirada
con mi risa bebiéndome la tuya
con mi lengua escribiendo en tu piel.

Como escribo este Amor con mis labios en tu savia
mi aliento en tu boca, mis manos en tu lluvia,
mis dedos navegándote por fuera y por dentro.
"Eres la pluma que escribe la palabra Amor"
¿Cómo sería escribirte? No... imposible
el Amor tiene tu nombre, el sonido que te nombra

¿cómo describir tus lágrimas cuando el gozo te sobrepasa?
el sabor de tu gozo en mi garganta
mi oído sobre tu pecho escuchando la pasión
que trata de aquietarse y galopa desbocada
mientras un suspiro surge de tus adentros
y al ser exhalado la resonancia de tu placer
envuelve el aire que nos abraza.

"Eres la pluma que escribe la palabra Amor"
La pluma... y tú...Eres el Amor, el Alma de mi Alma...
qué pluma podría bosquejar siquiera
tu Alma que es la esencia de lo que llaman Amor
en este estadio en este plano, en este planeta...
en esta dimensión que hace imposible describir tu belleza.

Lindy Giacomán y Luz María Zetina

Parejas que son capaces de vencerlo todo, que su Amor es capaz de sobrevivir cualquier vendaval, que son todo el uno para el otro, que están
totalmente entregados y enamorados, que se aman desde la profundidad de su ser y pueden decirle al otro como rezan dos citas del *Cantar de
los Cantares: 2,16 y 8,6,* en el *Antiguo Testamento de la Biblia*:

"Mi amado para mí, yo para mi amado,
él todo en mí, yo todo en él,
él conmigo yo con él,
su sangre corre por mis venas,
mi corazón late en el suyo"

"Guárdame como un sello sobre tu corazón,
como un sello sobre tu brazo,
porque el Amor es más fuerte que la Muerte".

Parejas que creen en el Amor, porque lo viven cotidianamente y aman a
su pareja y estar comprometidos con todo su ser, le da sentido, magia y
trascendencia a sus vidas.

MAGIA

Mira cómo está mi Vida desde que llegaste a mí
tu magia la ha transformado y ahora tengo un porvenir
un presente luminoso y un pasado que por fin
pude explicarme del todo cuando tu Amor recibí.

Tu magia hizo que mi tristeza se tornara en alegría
mi nostalgia en esperanza, mi aridez en poesía
que mi cuerpo anestesiado despertara a la pasión
y mi Alma que dudaba fuera tocada por Dios.

Este sentimiento mutuo nos trasciende cada día
es impecable y eterno no nos va a alcanzar la Vida.
No hay duda, eres magia pura, curas todos mis dolores
tornas una herida atroz en gozo y en bendiciones.

Fuiste capaz de dar vida a mi corazón marchito
en mis entrañas dormidas sembraste fuego encendido
a mi mente oscurecida le diste luz, brillantez
a mi Alma atormentada tu Amor la hizo renacer.

Fue mágico nuestro encuentro y nuestra primera vez
porque en el primer abrazo estrenamos nuestra piel
no había huellas del pasado, nunca nadie nos tocó
quedamos purificados por este bendito Amor.

Desde ahí empezó la magia y crece cada vez más
será nuestra compañera, nunca nos va a defraudar
lo sé, lo siento en mi Alma, en mis poros, en mi Ser
este Amor así lo exige, es su esencia y parecer.

Magia absoluta es tenerte y que hayas rebasado
todas mis expectativas, todo cuanto había soñado.
Magia antes, magia al principio, magia ahora, magia después
naveguemos sus caminos entregados al placer.

Parejas que comulgan en todas sus áreas: física, emocional, espiritual
e intelectual. A partir de un alto nivel de conciencia en el que hay una

aceptación absoluta de la realidad propia, la realidad del otro y la realidad del mundo (su vida, situación, circunstancias) se hace posible la perfección en el Amor y que el Amor y los amantes se hagan uno. Que los amantes, sean Amor.

SOMOS AMOR

Tú me miras con los ojos con los que me mira Dios
a través de tu mirada yo puedo sentir Su Amor.
Tu mirada me penetra y mi Alma se conmueve
y sin mediar las palabras escuchas lo que ella siente.

Del mismo modo te miro y tu Ser toda me envuelve
entramos al paraíso y el mundo desaparece.
Y es justo en ese momento que lo que en esencia somos
se fusiona en el espacio comulgamos con el Todo.

Es más que hacer el Amor en el Amor nos fundimos
Somos Amor y los dos renacemos al unísono.
En esa otra dimensión somos más que dos amantes
somos dos Seres de luz que nacieron para amarse.

Tocamos la perfección nos sumergimos en ella
y nos vivimos perfectos y se abre nuestra conciencia.
Nos hacemos libertad y somos puros y sabios
luego de hacer el Amor volvemos inmaculados.

Es en esa dimensión en nuestro espacio privado
que encontramos el sentido y nos revitalizamos.
Por eso es que cada encuentro es a tiempo y es perfecto
de ellos tomamos la fuerza para librar los infiernos.

Y es que en esta dimensión en el mundo, en esta Tierra
se desatan los fantasmas y las prisas nos alejan.
El vértigo en que vivimos nos agobia y desconcentra
y si no estamos atentos nos arrastra y nos descentra.

...Pero es tan sabio este Amor está enraizado tan hondo
que no hay nada qué temer Él se encarga de nosotros.
El Amor y los almantes nos hacemos uno solo
cuando la conciencia crece somos uno con el Todo.

Hablar **Del Amor y los Amantes** es un tema inagotable. Encontrar el Amor verdadero, el mutuo, el que es Perfecto por ser correspondido y abarcar todas nuestras áreas, es posible. Que llegue o no llegue, nadie sabe de qué depende, pero que una vez que llega, permanezca en nuestras vidas, depende de nuestro nivel de conciencia.

Si el Amor llega, es necesario hacer un pacto de fidelidad: ser fiel a uno mismo, que nuestra pareja sea fiel a sí misma y que ambos seamos fieles al Amor que ha llegado a nuestras vidas. Ser fieles y humildes, reconocer en la pareja el maestro o la maestra que nos llevará a la sabiduría en el Amor y por ende, en la Vida. Venimos a la Vida a aprender y no hay manera más eficaz, maravillosa y certera de aprender que a través de nuestra pareja, porque en la convivencia con el otro es como realmente descubrimos quiénes somos, qué queremos, qué necesitamos, dónde están nuestras heridas y qué nos hace felices.

Todos temen que el Amor llegue a su fin, escuchamos decir constantemente: *"Lo bueno dura poco"* o *"Es demasiado bueno para ser cierto"*. Y es verdad, todo se mueve y se transforma, pero el Amor no tiene por qué terminarse. El Amor verdadero no conoce el final cuando crecemos todos los días con nuestra pareja y vamos asumiendo los movimientos inevitables de la realidad, porque indudablemente la Vida es movimiento.

Nosotros nos movemos con la Vida, cambian nuestros intereses, nuestras necesidades, nuestros gustos, todo cambia. El secreto de un Amor eterno es que trabajemos constantemente, con toda conciencia, en la aceptación de la Realidad, la aceptación del otro y la propia. Una aceptación que se flexibiliza todos los días porque ambos estamos caminando, cambiando.

El verdadero Amor no se muda, no cambia esencialmente. Crece, se expande, pero es inmutable y eterno. Somos los amantes los que nos movemos, los que mudamos de opinión, de necesidades, de puntos de vista de acuerdo a lo que necesitamos y queremos en el trayecto de la vida y de acuerdo a las etapas y experiencias que vamos viviendo.

Por eso es que si los amantes no crecen juntos y se van conociendo y reconociendo en los cambios que van experimentando con la vida, terminan por ser unos extraños. Se trata de vivir juntos en la fascinación de descubrir el propio misterio y el del otro, misterio, por cierto que jamás terminaremos de descubrir del todo. Si caminamos con nuestra pareja de la mano con el diálogo constante, comprobaremos que los amantes cambiamos, pero el Amor, efectivamente es eterno e inmutable.

DE AMANTES A ALMANTES

I

Me tiene muy impactada, no tener pausa ni tregua
voy de una lección a otra, la Vida quiere que aprenda.
Me está exigiendo respuestas de un sabio de antología.
La lección está bien clara: no te hagas expectativas.

No puedes esperar nada, has de mantenerte abierta
fluir con los movimientos y mantenerte serena.
Si no te quieres frustrar, ni amargarte, ni enojar
y cuidar tu relación, esto tienes que acatar.

O vives cada momento y aceptas la realidad
o te rebelas y pierdes la oportunidad de amar.
La Realidad es la que Es, no la evadas, ni la niegues
aceptarla tal cual Es sin reservas te hace fuerte.

Esta lección tan añeja tiene que ser aprendida
de inmediato, ahora mismo, para evitarnos heridas.
Todo se muda, se mueve, pues la Vida es movimiento
nos movemos los amantes, pero el Amor es eterno.

II

Lo dicho, eres mi Maestro, contigo aprendo o aprendo
y no tengo alternativa, si quiero un Amor Perfecto.
El amarte tal cual Eres y aceptar tus circunstancias
exige que mi Conciencia, no sólo crezca, se expanda.

Lo difícil es hacerlo sin renunciar a mí misma
amarme y amarte a ti con equidad y justicia.
No dejar de Ser quien Soy, no despersonalizarme
ser leal conmigo misma y confiar que vas a amarme.

Así, tal y como Soy, como yo te amo a ti
amarnos con libertad, congruentes con la verdad.
Estas son las exigencias del Amor cuando es perfecto:
entrega incondicional en la total libertad.

Por eso es que es tan complejo y casi nadie lo logra
exige un trabajo intenso y entender la paradoja:
entregarnos por completo, sin traicionarnos jamás
aceptarnos mutuamente, sin perder la Libertad.

Pocos amantes lo logran, hay una sola razón:
el miedo a ser rechazados: miedo a perder el Amor.
Y es una gran paradoja, justo ese Miedo los lleva
a asesinar el Amor, por todo lo que conlleva:

Se someten al amado, renunciando a lo que Son
o no aceptan someterse y renuncian al "Amor".
Es por el miedo al rechazo, que se empiezan a callar
a ocultar lo que les pasa y a perder la libertad.

Se traicionan a sí mismos, por el miedo al abandono
y al hacerlo se condenan, se pierden y pierden Todo.
El Amor puede con todo, excepto con nuestros miedos
que nos tienen atrapados y actuamos de acuerdo a ellos.

Y dejamos de escuchar así la voz del Amor
y la voz de nuestro Miedo, se impone en la relación.
Hasta ahora hemos seguido siempre la voz del Amor
los miedos están furiosos y atacan sin compasión.

No hay modo de darle vuelta a esta enorme lección:
O matamos a los Miedos o matamos al Amor.
El Amor nunca nos hiere, Él es luz y perfección
los miedos de los amantes, son la causa del dolor.

Entre más fuerte el Amor, más fuertes sus enemigos
ya lo estamos comprobando, resistir es lo preciso.
Todo se vale —dijimos— excepto que no se valga.
Ese ha sido nuestro pacto y es a él que hay que aferrarnos.

Este Amor nos pertenece, Él nunca va a traicionarnos
no dejemos que los miedos, nos maten este milagro.
Hasta hoy lo hemos logrado, lo seguiremos logrando
...No temas nada, confiemos en nuestro Amor que es tan sabio.

El Amor y los Amantes se funden en uno solo
cuando existe la conciencia de que hay que entregarlo Todo
cuando saben los amantes que todo cambia y se mueve
pero el Amor permanece, perfecto, intacto y perenne.

Sólo entonces los Amantes se convierten en Almantes
sus almas transfiguradas, se funden en el Amor
y son el Amor mismo tras haberse transfundido...
¿Cómo podría no saberlo si yo misma lo he vivido?

Capítulo 17

El Amor Psicomístico

**Decidimos cerrar este libro con prosa en verso, un género
que llamamos Filopoética o Reflexión Poética. Es una amalgama
de dos géneros literarios que pertenece a la Psicomística
y estrenamos en este libro.**

EL AMOR DE PAREJA DESDE LA PSICOMÍSTICA

I
Romper el espejismo, esa es nuestra tarea
es hora de que lo hagamos la humanidad completa:
eliminar los roles, las representaciones
los personajes, los papeles y las etiquetas
que nos han obligado a jugar como pareja la vida entera.
El Amor pide a gritos romper el espejismo
que despertemos, que le construyamos un campo propicio
donde pueda nacer, crecer, florecer y mantenerse vivo.

No podemos seguir viviendo este espejismo
sonámbulos, dormidos, muchos ya anestesiados
y si no despertamos, un estado de coma
será nuestro destino, vivir muertos en vida
atormentados por el desamor, oprimidos, asfixiados
manejados por la voz del Ego, es decir, del miedo sin medida
evadidos, aturdidos, acorralados, en la prisa perdidos
fuera de nuestro centro, sin rumbo, sin sentido.

Despertar es el único camino, romper el espejismo
en que estamos inmersos, encarcelados, del que somos esclavos
que nos tiene ensordecidos por el ruido
por esa voz del Ego-Miedo que nos mantiene sordos y ciegos
que grita cada vez más fuerte para que no escuchemos
la voz del Alma, la voz del Amor, su gran enemiga.

La Vida es una lucha entre el Ego y el Alma
es decir entre el Miedo y el Amor
por eso el Ego-Miedo grita para acallar la voz del Alma-Amor
porque si la escuchamos dejaremos de ser lo que no somos:
miedo, dolor, evasión, egoístas, ciegos, sordos y esclavos.
Si escuchamos el Alma, seremos lo que somos: libres, amorosos y sabios.

Despertar, romper el espejismo que nos tiene atrapados
empezar por hacer conciencia de los miedos titánicos
que nos manejan, nos dominan y enfrentarlos:
Soltar expectativas, el control, el Deber Ser
las creencias, los mitos y las suposiciones.

¿Cómo se logra eso, es acaso posible?...
Lo es, diciendo "Basta" a todo lo que implica:
ocultar lo que somos, someternos, negarnos
estar amordazados tras el silencio
ese asesino que nos vuelve extraños
obligados por el miedo, movidos por la herida
por esa herida madre: **la invisibilidad**
la que todos sufrimos, con la que todos fuimos lastimados
esa herida tatuada sin ninguna excepción en todo ser humano:
ser invisibles para los demás, no existir para ese ser que amamos
sentir que morimos del dolor si no somos mirados
es el dolor más hondo, el más grande calvario
no hay tortura, suplicio, desolación más colosal, que no existir
no ser nada para nadie, no ser mirados, no ser tocados
es el dolor que nos lleva a morir en vida... o a suicidarnos.

La invisibilidad, el miedo a no existir para otro ser humano:
la herida madre inevitable al encarnar y ser condicionados
y resulta que debido a ello, para "adaptarnos" y "formarnos"

de nacer completos, de venir al mundo enteros, integrados
siendo un Todo, siendo dos energías: masculina y femenina
nos arrebatan una, nos la roban, y nos obligan a ser
o femeninos o masculinos y nos dividen y nos disocian
y nos exigen negarnos y poner en coma, la mitad de nosotros
y nos someten y nos condenan y nos sentencian
y como consecuencia del condicionamiento que nos fragmenta
para ser amados, para existir, para ser:
Hay que obedecer a un tirano asesino: el Deber Ser.

¡Ah!, el Deber Ser, el disfraz más peligroso del Ego-miedo
el que funciona como carcelero, el que tiene atrapada el Alma
amordazada, encadenada... eliminarlo, matarlo
significa librar cien mil batallas y quizá nunca ganarlas
la única manera es anteponer la *señora Conciencia* al *señor Miedo*
ella es la única capaz de lograr que el Deber Ser
se arrodille ante el Alma y lograr liberarla.

Somos seres humanos, pero primero seres: espíritus, almas
luego somos humanos: materia, cuerpo, mente, Ego
como Almas, llegamos libres, perfectos y sabios
y al condicionarnos como humanos nos arrebatan la libertad,
y el Deber Ser nos crea un espejismo
en el que estamos condenados a vivir
con la herida de la invisibilidad
bajo el régimen del miedo y la desesperanza.
Mientras que el Ser no esté por encima de lo humano
no es posible la libertad, la paz, el gozo permanente
el estado de Amor perfecto, puro y sano
el estado de gracia al que estamos llamados
mientras el Ego-Miedo-Mente, ganen la batalla
a la Conciencia- Amor-Alma
estamos condenados a los espejismos si se impone lo humano.

La invisibilidad, la herida y el miedo madre
responsable del dolor humano, creadora de espejismos
tiene una sola cura... un antídoto llamado Conciencia
no hay otra medicina, pócima, remedio, receta, cirugía
que pudiera sanar tan honda herida.
La Conciencia se aplica en tres pasos distintos:

El primero, romper los espejismos de quien creemos ser
mirar los personajes infinitos que nos habitan y manejan
muchos de los cuales desconocemos o tememos
o ni siquiera imaginamos su existencia
porque nos causarían culpa, horror o miedo mirarnos por completo.
Al hacer esto, podremos conocernos tal como somos a nosotros mismos
y así mirar claramente los miedos que nos tienen dormidos
dominados y presos, amordazados y sometidos
dando por realidad lo que es solamente un espejismo.

El segundo paso es desenmascarar los miedos uno a uno
dimensionarlos desde la Conciencia
y ver qué nos impide librar esa batalla
cuáles son las razones que nos atan
qué autoridad moral nos rige, nos domina y nos manda
qué culpas nos dominan y amordazan
cómo el Deber Ser nos frena a sacarlos afuera
porque tememos poner a prueba
la gente que asegura que nos ama y acepta
o nos aterra ir contra las reglas
porque nos acobardan las consecuencias.

Y el tercero: darles la cara a los innumerables miedos
enfrentarlos, retarlos, exhibirlos, exponerlos a la luz,
arrojarlos a la realidad, tener el valor y la visión
de arrancarles todos los disfraces que suelen usar
con esa habilidad tan engañosa que esconde la Verdad.
El miedo se disfraza muchas veces de ira, de violencia
de silencio, atrás del que se muestra duro y violento
lo que se esconde es miedo, como bien dicen:
"Entre más grande la lanza más grande la herida", es decir el miedo.
Quien no teme, no agrede, no levanta la voz, ni siquiera eso.

El secreto es amarnos desde la libertad
ser congruentes y fieles
con aquello que somos sin juzgarnos jamás
pero esto no es posible si no nos conocemos
si creemos que somos lo que debemos ser
si el miedo nos domina y nos cierra los ojos

por temor a mirarnos, amarnos y mostrarnos
sin culpa, sin vergüenza, en la plena conciencia
de que aquello que somos merece ser amado
y de que quien nos ama es capaz de aceptarnos.

Tememos porque estamos dormidos por el Miedo
pero al abrir los ojos, despertar, esto es, hacer conciencia
miraremos que el otro, tiene la misma herida
y tal como nosotros tiene inseguridades
vergüenza, miedo, culpas, Deber Ser, incertidumbre, dudas,
y teme tanto como yo a la invisibilidad, el rechazo, el abandono
está atrapado igual que yo en el Miedo que lo destruye todo.

Ya no hay otro camino si queremos amar y ser amados
el Amor nos exige para poder vivir y mantenerse vivo
matar a su único enemigo: el Miedo.
El señor Miedo y sus hijos, de tantos sentimientos camuflado
experto en disfraces innumerables magistralmente manejados
ira, rabia, enojo, inseguridad, incertidumbre, culpas, desánimo,
vergüenza, desconfianza, angustia, consternación, desasosiego,
suspicacia, preocupación, inquietud, cobardía, timidez y celos,
ansiedad, zozobra, desazón, congoja, tortura, amargura, tribulación,
sufrimiento, desaliento, dolor...
¡Ah! los hijos del Miedo incalculables son.
Entre tantos, están sus hijos mayores: la Evasión y el Silencio,
estos hijos del Miedo, son gemelos
un binomio asesino que arruina nuestra vida sin remedio.

También están los hijos del miedo disfrazados de forma magistral
que poseen tácticas sutiles, silenciosas, astutas y engañosas
difíciles de detectar y desenmascarar
usan disfraces socialmente aplaudidos y aceptados:
la generosidad, la esplendidez, la humildad,
el servilismo, la sumisión, la compasión, la docilidad,
la paciencia, la tolerancia, la lástima, la servicialidad,
la educación, la prudencia, la efectividad,
la complacencia, el romanticismo, la caballerosidad,
la entrega y hasta el Amor incondicional
ese que lleva a someterse "en nombre del Amor".
Esos y tantos más que muchas veces
ni nosotros mismos llegamos a mirar.

Sí, es una barbaridad, pero estos sentimientos muchas veces
son disfraces del miedo, esa es una genial trampa del Ego.
Y somos muchas veces generosos por ejemplo
por miedo a defraudar, a fallar, por inseguridad
por la necesidad de Amor, de aceptación
por condicionamiento, culpas, por tantas causas más
especialmente por el Deber Ser que nos obliga
a actuar con incongruencia y hacer y a dar
lo que no viene del Amor, sino del Miedo
y con rabia o dormidos, nos sometemos
por unas migajas de "Amor" de "aceptación" de "visibilidad".

Nos comportamos casi como santos
porque estamos atados por el miedo, amordazados
y si decimos y hacemos lo que en verdad queremos
seríamos condenados al rechazo, al abandono
a la invisibilidad aterradora... que nos obliga a ser lo que no somos
decir lo que no sentimos, hacer lo que no queremos
incluso a creer que deseamos lo que no deseamos
muchas veces mendigamos Amor de alguien
a quien en el fondo, ni siquiera amamos
pero el Deber Ser insólitamente nos maneja a tal grado
que no desear a ese ser sería ser malos,
nos mataría la culpa y el terror a ser invisibilizados
reconocer la verdad, romper el espejismo
nos llevaría a enfrentar el miedo y romper con el "sueño"
cimentado en una farsa, un condicionamiento introyectado.

Hay que dilucidar si todas esas virtudes vienen del Alma
y amamos y damos, y nos entregamos con libertad
o como resultado del miedo que tenemos
a no ser aceptados si nos mostramos tal y como somos
libres, desnudos del Deber Ser, porque estamos seguros
de que no merecemos ser amados.
O no decimos lo que somos y lo que sentimos
porque si lo hiciéramos, se rompería el espejismo
la familia perfecta, la pareja perfecta, el trabajo perfecto
la farsa sencillamente, se haría añicos
y tendríamos que enfrentar la soledad
y tomar nuestra vida en nuestras manos.

Cuidado que no hay que confundir,
hay generosidad pura, libre de miedo
servicialidad y tantas virtudes más
que no vienen del miedo sino del sano Amor
la cosa es distinguirlo y actuar libres de miedo
escuchar la voz del Alma sobre la voz del Ego
no autoengañarnos, eso es lo primero.

Cuando se enfrenta el miedo, es cuando se hace posible sanar,
sólo hay una manera, ninguna más:
mirar y actuar no desde la mente insana y engañosa
sino desde la Conciencia que es la que distingue
si estamos actuando desde el Miedo o desde el Amor...
y al enfrentar el miedo se rompe el espejismo
la farsa se hace añicos y surge la Verdad:
nuestra más pura esencia: Conciencia, Luz, Sabiduría y Libertad.

Mientras sigamos evadiendo la realidad, lo que Es,
esa realidad que no es negociable e insistimos en no ver,
mientras no nos miremos, totalmente desnudos, así, tal como somos
y miremos también al ser a quien amamos tal y como es
será imposible amarnos y es el Miedo, sólo él quien no nos deja ver.

Mientras nos ocultemos tras el silencio por el miedo a expresarnos
y al hacerlo ser rechazados, abandonados,
ser invisibles para el ser amado
el Amor de pareja seguirá siendo eternamente derrotado
viviremos en una farsa colosal, que se derrumbará tarde o temprano.

Es hora de decir que No al silencio que "en nombre del Amor"
nos amordaza para nunca expresar lo que sentimos y necesitamos
lo que nos duele, lo que nos lastima, aquello que esperamos
y no nos atrevemos a pedir por miedo a ser juzgados, rechazados.

Es hora de expresar todo aquello que nos causa vergüenza,
develar los secretos que guardamos sintiendo
que son imperdonables, que nos hacen indignos
y las culpas y miedos se aprovechan de ello
astutamente los usan para encadenarnos, para atormentarnos
conocen nuestro enorme temor a enfrentar el rechazo
a fallar, a desencantar, a desilusionar, a ser castigados

y con ese pánico que saben que tenemos
nos manejan y nos mantienen a su merced, en sus manos.

Nos obligan a negarnos a nosotros mismos,
no nos amamos, no nos aceptamos, no nos valoramos
no confiamos en el ser amado
nos juzgamos dura e implacablemente
sintiendo que no merecemos que nos amen si fallamos
como si el otro fuera perfecto y es que el miedo nos ciega
y no nos deja siquiera imaginar, que el otro, tiene inseguridades
al igual que nosotros, o quizá más, esto es algo que jamás pensamos
y cuando al fin nos atrevemos a enfrentar el miedo y al otro
a romper el silencio, poner límites y mostrarnos tal cual
nos rebasa la sorpresa al descubrir que el otro
ciertamente tenía tantos miedos o más aún, que nosotros
lo miramos por fin tal como es, lo dimensionamos
y no podemos creer que a ese ser le hayamos mendigado
un poco de su Amor, cuando es en realidad miedoso
cobarde, y bajo el hielo y la indiferencia
se escondían sus miedos, sus profundas inseguridades
y nuestros miedos no nos dejaron verlas
evadir enfrentar, nos mantuvo dormidos
sometidos, amordazados y esclavizados.

La evasión que obedece al *señor Miedo*, busca sus aliados:
el silencio, los secretos y ambos nos separan y acaban asfixiando
el Amor que sentimos y que nos profesamos
y nos reducen a ser trágicamente, un par de extraños.

Lejos de ser dos cuerpos en una sola Alma
nos hacen dos ajenos viviendo en una farsa
que nos mantiene tristes, insatisfechos, desencantados
hambrientos y sedientos, vacíos, desolados
habitados por estos sentimientos y no por el amado
acostados uno al lado del otro, con la escarcha flotando
con un muro de silencio en medio: enorme teatro.

¿Y qué tiene que ver el Amor con todo esto?
¡Nada! Él no es el que nos hiere
nada más engañoso, mentiroso, falso y lejano.

Somos nosotros, los amantes, es decir, los que amamos
los que herimos al Amor y lo matamos
al responder a nuestra herida madre: la invisibilidad
esa que por temor a ver, a hacerla consciente no la hemos curado.
Somos nosotros los que herimos al Amor y lo matamos
al escuchar la voz del Miedo, la neurosis, el Ego
y no la voz del Alma, que es la voz del Amor que es perfecto.
¡Ah, el silencio homicida! capaz de asesinar
al Amor más hermoso y volverlo cenizas
y oscuridad, resentimiento, odio, rabia, rencor,
indiferencia, hastío, sometimiento, miedo, dolor
todo aquello contrario a lo que es el Amor:
compasión, empatía, dulzura, gozo, veneración,
luz, alegría, ternura, libertad, calor, paz y pasión.

Es hora de entender que pareja es un par
dos iguales que en uno se pueden transformar
pero para que se transfundan y sean uno solo
que se puedan amar en libertad
es menester primero despertar
salir de esa inconsciencia que los tiene atrapados
dormidos, sonámbulos, desconectados de la realidad
como lo está un ser desmayado, inconsciente
sin conocimiento... dormido, dormido, en la oscuridad
y debe ser sacudido para obligarlo a despertar.

Es hora de cambiarse de lugar
de ser seres completos manifestando libremente
a un mismo tiempo lo que nos constituye en realidad íntegramente:
nuestra feminidad y masculinidad, el Todo y la Verdad.

Mientras que ambas fuerzas y energías
no sean expresadas y vividas de modo individual
y mujeres y hombres no sean capaces de mirar
aceptar, experimentar y externar con la misma naturalidad
su masculinidad como su feminidad
la pareja no se ha de dar, ni la equidad
y seguiremos ciegos, dormidos y en la oscuridad
condenados a la imposibilidad de amarnos y de amar.

El espejismo, la farsa, seguirán vigentes
así como el dolor y la muerte del Amor, la soledad y la no libertad.

Es hora de expresarnos desnudos, sin dudar, sin titubear
sin temor, ni prejuicios, triturando los mitos
enfrentando los miedos no hay nada qué perder y todo qué ganar
es hora de mirar la realidad, de despertar y actuar:
eliminando contundentemente machismo y feminismo
hombres y mujeres deberemos romper el espejismo
y dejar de jugar a ser lo que no somos, lo que nunca hemos sido
y ser tal como somos, enfrentar nuestros miedos y dejar de evadirnos.

Ser todo lo que somos y todos los que somos
sin que nos rija el género, nos etiquete, nos delimite,
defina, circunscriba, demarque y nos condene.
Hombre y mujer, ambos fuertes y vulnerables a la vez
tan dulces como enérgicos, valientes y cobardes
los dos a un mismo tiempo románticos y prácticos
tan impuros como impecables, tan profanos como santos,
tan suaves como broncos, tan fríos como cálidos,
tan egoístas como generosos, tan pacientes como desesperados
tan sabios como estúpidos, tan libidinosos como castos
tan serenos como apasionados, tan pacientes como exaltados
tan inteligentes como atolondrados, tan cariñosos como lejanos
ambos tiernos y toscos, ambos todo y de todo
sin santificarnos o satanizarnos, sencillamente humanos.

Nada es exclusivo de un género o del otro
es hora de mirarlo, asumirlo, vivirlo y de reconocer
que vivir lo contrario nos ha sumido en el dolor
en el silencio, la oscuridad, el miedo, la farsa y el engaño
y nos ha obligado a ser lo que no somos... y a no ser.

Es hora de dejarnos ser todo y todos los que somos
dejarnos conocer por ese otro
que dice que nos ama y decimos que amamos
mostrarnos por entero, sin temor ni vergüenza
el Amor es perfecto cuando lo engloba todo sin miedos ni etiquetas
cuando uno en verdad puede mostrarse con el ser que ama
absolutamente libre en cuerpo y Alma

y a un mismo tiempo Es con el amado
todo lo que se puede ser con otro ser humano.

Es un mito la afirmación contraria:
que el Amor de pareja no admite otros matices
eso es una mentira, un veneno mortal
es la piedra angular del espejismo
la trampa del Ego que evita que nos amen y amemos
sin límites, en la gozosa desnudez
del cuerpo, el Alma, la mente y las entrañas.

Aquel que quiere conocer los secretos del Amor
vivir un Amor perfecto, puro, impecable, íntegro e inefable
ha de evolucionar y ser tan sabio, abierto e iluminado
que trascienda la mente y desde la Conciencia
con su ser absoluto se entregue por completo
desde todas los rostros que el Amor utiliza para abrazarnos,
de tal modo y manera que ame y mire al otro como si él mismo fuera:
que no quede un espacio vacío en el ser del amado
ni un secreto escondido por miedos o por culpas o vergüenza
que no haya un solo sitio para ninguna duda, para suposiciones,
o desconfianza, celos, sospechas, reservas, aprensiones,
para inquietudes, recelos, torturas o preocupaciones.

Que no exista un deseo que no sea saciado
ni un segundo de hambre, de sed, de frío, de nada
que cause el más minúsculo, el más nimio dolor a la persona amada.

El Amor de pareja es perfecto cuando los que se aman
lo hacen con la mente, con el Alma, la piel y la entrañas
desnudos por completo... plena y contundentemente desnudados
haciendo así el Amor de todas las maneras:
espiritual, intelectual, emocional, física y sexualmente
esa es la exigencia para experimentar el éxtasis sagrado.

El amante, el ser que ama desde el Amor perfecto y plenamente
fusionando su ser divino con su ser humano
es el que abraza, copula, besa, acaricia, se trasfunde con el amado
el que conversa expresando sentimientos, sueños y fantasías
y es cobija y es pan, vino, danza, luz, canto y sinfonía

es silencio sagrado, ese que está habitado
por el gozo que no ha de traducirse en un lenguaje humano.

El ser que es el amante más ardiente, dulce, tierno y apasionado
y al mismo tiempo es madre y padre, amigo, hijo, hermano
confidente, cómplice, aliado, socio, cocreador, juglar y mago.

El que es risa, pañuelo, agua y hoguera
es la Tierra, el cosmos, la patria y el hogar del ser al que venera
es la sangre que viaja en las venas amadas
y la tinta para los pensamientos de aquel que ama.
Es quien acuna con el mismo placer y la misma dulzura,
el mismo gozo, ternura y devoción con los que hace el Amor.
Quien se abandona entero, sin reservas
sin dudas, resquemores, secretos ni estrategias
quien va desnudo en cuerpo y Alma
y tiene la certeza de que al ser mirado
el amado lo mira perfecto y en él se goza y se complace
se reconoce, se encuentra, se fusiona y renace
se transfunde y al hacerlo vuela: sin límites, distancia, espacio o tiempo.

El ser que es compañero, colega de la vida,
es maestro y alumno, es niño y es adulto, adolecente a ratos,
el que enseña y aprende y duda y es un sabio
el que manifiesta con la misma libertad, el miedo y el Amor
la ternura, la rabia, la frialdad, la pasión, el placer y el dolor
la fuerza y el valor, la fragilidad y la cobardía
el desaliento, la euforia, la vergüenza, la tristeza y la alegría
la fe ardiente, inquebrantable, la incertidumbre, la duda
la esperanza y la desesperanza, lo expresa todo sin temor ni culpas.
Y es mar, desierto, bosque, selva, espacio sideral, montaña
y es roca y viento, raíces y alas, cuna y cama
lo es todo, todo, absolutamente todo para el que ama.

Es esta la manera de vivir el Amor excelso, sublime y sin reservas
ser todos los que somos, mostrarnos desnudos, libremente
congruentes con nuestra esencia:
seres polares y multifacéticos, humanos y divinos
y dada nuestra naturaleza

sumergidos en este caos delirante
y esta armonía sólida que nos constituye
y que al conocernos, mirarnos, aceptarnos, asumirnos y amarnos
al permitirnos ser quienes somos e invitar al otro a ser él mismo
al ayudarnos mutua y amorosamente para ser quienes somos
obligando a que se hinquen los miedos ante la Conciencia
sólo entonces se da la plenitud en el Amor, la libertad y el vuelo
un vuelo permanente, un estado de gracia
en el que el Amor es inefable y todo, todo es perfecto
todo está en su lugar y uno en su sitio
y la *señora Vida* y la *señora Muerte* no son más que lo mismo
las dos caras de una moneda que hace que todo tenga sentido.

La clave para estar seguros de que estamos viviendo un Amor real
y no es un espejismo, una trampa del Ego
la forma de saber, de tener la certeza
de que es una relación sana y no enferma,
neurótica, de uso o de maltrato, dolorosa, destructiva, insana
es que los dos seres humanos que forman la pareja
se amen del mismo modo y sean todo esto el uno para el otro
se den lo mismo y en el mismo grado
es la mutualidad, la reciprocidad el gran secreto
lo que define si una relación está basada en el Amor o el Miedo.

Si todo lo asentado aquí hasta ahora, lo vive, lo siente y lo entrega
una sola persona de las dos que hacen la pareja,
no se trata de Amor, ni de veneración, es una relación enferma,
contraria justamente a lo que es el Amor.
Amor que no es recíproco es neurótico, no existe una excepción.
Estar en una relación que no es recíproca
es vivir inmersos en un espejismo, en una NO relación
y lejos de crear y construir, traerá sólo dolor y destrucción.
Si en cambio una pareja está unida por un Amor recíproco y real,
hablará la verdad y los frutos son sin duda alguna: luz, paz y libertad
los dos conocen y aceptan sus heridas
están despiertos, en conciencia y por lo tanto, vivos en la Vida.
Cuando por el contrario, están unidos por sus miedos, sus neurosis
y evaden sus heridas y el silencio los tiene amordazados
viven dormidos, inconscientes y sumergidos en un espejismo
una farsa sin salida que implica sometimiento, oscuridad, mentira.

Puede saberse si es Miedo o es Amor lo que los tiene unidos
porque se relacionan por intimidación si están dormidos
y con intimidad si están despiertos y libres de espejismos.

O es Miedo o es Amor... son contrarios, jamás van de la mano
y esta imposibilidad de las parejas
tanto de amarse a sí mismas como de amar
es consecuencia del Miedo que nos tiene manejados
subyugados, atrapados, condenados al desamor.
Él y sus hijos mayores el Silencio y la Evasión
son el veneno perfecto, enemigos del Amor
que nos mantienen dormidos inmersos en el dolor.
Colosales enemigos son el Miedo, el Silencio y la Evasión.
Despertar a la Conciencia y enfrentarlos con valor
requiere de gran paciencia, de coraje y decisión
de honestidad y sin duda de pureza de intención
de humildad, fe y esperanza y esta total convicción:
El Amor perfecto existe y se requiere de dos
que se atrevan a mirarse, conocerse y aceptarse
a desnudar cuerpo y Alma dejando el orgullo a un lado
que es la voz de nuestro miedo de dignidad disfrazado
y escuchando sin dudar la voz del Alma que nos envuelve de paz
que es nítida, sabia y tan pura e iluminada como el Amor de verdad.

II

Hay quien dice que es imposible llegar a amar de este modo
lo dicen porque no ven lo que son, es eso todo.
El ser humano completo, es en este orden eso:
primero es un Ser, esto expresa que es divino y es regido por un Alma
luego de Ser es humano es decir es cuerpo y mente
y no hay modo de negarlo: primero es Ser, luego humano.
El que afirma que no hay modo de amarse
tal como aquí queda manifestado y ampliamente sustentado
está hablando desde el Miedo, está dormido, inconsciente
condicionado e inmerso en un enorme espejismo
que más temprano que tarde seguro es que ha de romperse.

Esto es una verdad tal, que no hay más que ver el mundo
vemos parejas unidas por la carne, por la piel
parejas que se enamoran y no se llegan a amar

muchas lo intentan y luchan mas no consiguen vibrar
en la frecuencia del otro y llegarse a fusionar.

Defienden su Amor con todo, pero el Miedo, las heridas
ésas que se han transformado en neurosis los separan y lastiman
de tal modo y tal manera que terminan renunciando
y o viven juntos e infelices o se acaban separando.

Esta es la realidad que estamos viviendo todos
los caminos conocidos nos han llevado a estar solos.
Esto que aquí está asentado
y que juzgan tan difícil que pueda ser realizado
tendrá que ser valorado y ver que en la realidad
no hay más que dos caminos es la única verdad:
o seguir viviendo solos en medio de un espejismo
en una mentira enorme que nos sume en el dolor
o decidimos andar un sendero de Conciencia
que nos ofrece ser libres y ser congruentes,
no vivir más bajo el miedo asfixiante y permanente
que nos tiene atormentados, atados y amordazados
porque si nos expresamos podemos ser castigados.

Sí, es difícil el camino de vivir en la Conciencia
pero ofrece algo a cambio: el Amor perfecto y sano.
¿No es acaso más difícil vivir en el desamor
dormidos y atormentados por no sentirnos amados?

Esta es la diferencia, vivir nuestra vida entera
bajo el régimen del miedo lo cual no vale la pena
la otra opción es vivir en la luz y la Verdad,
dejar de estar atrapados en un mortal espejismo
que nos arruina la vida, nos arranca la esperanza
que nos roba la alegría, la luz, la fe, la confianza.
Nos hunde en la oscuridad, la soledad y el hastío
y nos termina atrapando en un hondo sinsentido.

El camino del Amor, impecable y verdadero
es un sendero de luz para el que fuimos creados
y que se tornó imposible cuando fuimos adiestrados

divididos, etiquetados, fragmentados, condicionados
por eso es que resulta difícil retomar eso que somos:
seres completos, perfectos, luminosos y amorosos
es menester desandar todo este camino andado
desaprender lo aprendido y rescatar lo que somos
seres divinos y sabios, femeninos-masculinos
los dos en una sola Alma, completos, plenos y eternos
como el Amor, inmortales, no efímeros e imperfectos
como nos hacen creer desde el condicionamiento.

Es difícil ciertamente, rescatarnos, retornar y retomar
lo que realmente somos en esencia y en verdad
implica Conciencia, esfuerzo, trabajo y honestidad
pero es mucho más difícil vivir en la soledad
la física o peor, esa que es emocional
que dormimos junto a alguien y por eso duele más.
Soledad acompañada nos trae desesperación
y soledad sin pareja, incertidumbre y dolor.

Están estos dos caminos, el que conocemos ya
y no hay mucho qué decir: nos ha traído hasta aquí
no nos sentimos felices, no hay compromiso, no hay paz
no logramos fusionarnos, no hay luz, hay miedo y no libertad
A esto nos ha llevado vivir dormidos o más, anestesiados, en coma,
incapaces ya de amar, de vivir libres de miedo, de soñar y de volar.

El otro camino en cambio: la Conciencia, el despertar
nos ofrece ir al origen, la raíz y la verdad
de lo que somos como seres, de nuestra divinidad
de la esencia que es nuestra Alma: toda Amor, toda bondad
compasión, sabiduría, vuelo, aceptación y absoluta libertad.
Ser todos aquellos que somos que forman uno y perfecto
ser uno solo con todos, tener la Conciencia plena
de que Todos somos Uno y de que Todo es lo mismo
y Él, el Todo nos habita, somos templo de Su Espíritu.

Por tanto somos Amor, cada uno es el Amor mismo
por lo que es posible ser para aquel a quien amamos:
su amante, su hijo, su padre, su madre, su amigo, su hermano

cada uno de los matices que comprenden el Amor
donde no hay tiempo ni distancia ni espacio
y no opera la razón, ni la edad, no hay reloj ni calendarios
y la lógica del mundo no tiene cabida alguna
porque rige en el Amor una lógica distinta: la de Alma, la divina.

Ser pareja desde ahí, nos lleva al Amor perfecto
ser todo para el amado, sin condición ni etiquetas
sin límites, sin secretos, sin miedos y sin vergüenza.

Y es cuando opera la magia que sólo puede ocurrir
cuando el Amor absoluto, ilimitado y eterno,
trasciende y el ser humano en divino es transmutado
los amantes se trasfunden, se tornan en algo más
se transforman en Almantes... Almantes:
almas que se aman por encima y más allá
de la carne, de la piel, la mente, los límites y etiquetas
los roles, los personajes, el dolor, el miedo, la impermanencia
y se aman como almantes sabiendo que nada y nadie
tiene el poder de romper esa indestructible fuerza
con que han quedado fundidos, y tan libres
que son uno solo, perfecto e indivisible.

Uno y dos a un mismo tiempo
libres de las dos maneras:
como seres independientes, individuales: pareja desde lo humano
como seres trasfundidos... uno solo los dos: pareja desde lo divino.

Comprender este misterio
conduce a experimentar permanentemente
el vivirnos humanos y divinos sin estar conflictuados ni divididos
vivir en comunión armoniosa entre razón y espíritu
reconciliados con nuestra naturaleza
en absoluta congruencia y en la divina certeza
de que todo lo que ocurre es justo, es lo que corresponde
porque desde la Conciencia podemos claramente ver
el orden del universo, la razón de los sucesos
el sentido del dolor, el esplendor del Amor
y vivir en plenitud, libertad, paz y pasión.

III
Transitar de la revolución a la evolución
hacer esa travesía que es la más importante de la Vida
porque sin el Amor, la Vida no tiene ni sentido ni razón
requiere de tomar decisiones que demandan valor
algunos las tomarán y otros no:
despertar a la Conciencia, enfrentar los miedos
trabajar en conocerse a uno mismo
con paciencia, humildad y voluntad de acero.
Abrirse a romper con las creencias del condicionamiento
y sobre todo, creer en el Amor, como el mayor y más sublime don
como las alas del vuelo más espléndido, gozoso y bello
como el oxígeno que nos mantiene vivos
como la esencia de que estamos hechos.

IV
Transitar de la revolución a la evolución
¿de qué manera podríamos sintetizar tan grandiosa acción?
Con una sola frase de Jesús, el mismo Dios:
"El que tenga ojos para ver que vea, el que tenga oídos para oír que oiga".
Si vemos y oímos con los ojos y los oídos del Alma
sucumbe la revolución y da paso a la evolución
abrimos los ojos y los oídos y despertamos y vivimos
la oscuridad se somete a la luz de la Conciencia
y el miedo se arrodilla.

Es la hora del Amor, la hora de la evolución
hora de decidir si despertar o seguir dormido.
Si estás en busca de la libertad y tu decisión es despertar
esperamos que esta lectura te lleve a transitar
del conocimiento a la Conciencia y te lleve tus miedos a enfrentar
que sea una herramienta para ti
y para todos aquellos que puedas contagiar
gracias por la oportunidad de tomar lo que tenemos para dar.

No olvides que no todos quieren despertar
por eso Jesús dice claramente esta verdad:
"No les des tus perlas a los puercos".

Hay quien está sordo y ciego y nada mirará ni escuchará.
Hay otros para los que es tarde, sus miedos ya no pueden enfrentar.
Y otros que están demasiado heridos y no te escucharán.
Tú crece, vive despierto y comparte tu camino de libertad
pero a quien no quiera escucharte y transitarlo no lo juzgues jamás
sé empático, sensible, compasivo y ámalos tal cual.
Te deseamos una evolución que empiece hoy y no acabe jamás.

Nota y Datos de Contacto

Querido lector y lectora:

Deseamos sinceramente que la lectura de este libro: "*El amor de pareja desde la Psicomística*" haya hecho resonancia en tu Alma.
Sería un placer recibir tu opinión, tu retroalimentación nos será de gran utilidad para seguir escribiendo **La Psicomística**.

Nuestro correo electrónico es: **psicomisticadelamor@gmail.com**

Nuestra página Web es: **www.psicomistica.com**

Y nuestro Facebook es: **La Psicomística**

Sigue a Luz María Zetina: **@luzmazetina**

Visita la página web de Lindy Giacomán:
www.lindygiacoman.com

Apéndice 1

¿Qué es la Psicomística?

Cuando la gente escucha la palabra Psicomística, enseguida nos preguntan si es un asunto que tiene que ver con Dios. Una cadena de prejuicios y muros se levantan ante la palabra "Mística". Es comprensible pues estamos hartos de fanatismos, de falsos gurús, a los que hay que tratar como grandes maestros, reverenciarlos como dioses y que son presentados con fanfarrias como productos comerciales que predican que "todos somos uno"... *"¡Ah! pero yo soy tu maestro, no tu igual"*, y que tarde o temprano, terminan manipulándonos y sacándonos provecho y dinero.

Estamos cansados, fastidiados y hasta asqueados de mocherías, de charlatanerías y de discursos que se quedan sólo en teorías, palabras y espejismos, que te dicen qué hacer pero no **cómo** hacerlo, ni **cómo** lograr resultados concretos para crecer, ser amados y amar, ser libres del dolor y vivir en paz. Y a pesar de ello no nos rendimos y seguimos con nuestra búsqueda para sanar nuestras heridas emocionales y descubrir respuestas a nuestras preguntas, y terminamos, generalmente, con el mismo dolor emocional y decepcionados. También estamos hastiados de religiones incongruentes que nos empujan cada vez más a renunciar a ser religiosos y a volvernos personas espirituales sin una religión o creencia determinada. Por todo esto comenzaremos por definir lo que es la Psicomística.

Mística vine del verbo griego *myein*, "encerrar", de donde *mystikós*, "cerrado, arcano o misterioso", designa un tipo de experiencia muy difícil de alcanzar en que se llega al grado máximo de unión del Alma humana a lo Sagrado durante la existencia terrenal. Se da en las religiones monoteístas: judaísmo, cristianismo e islamismo, así como en algunas politeístas como el hinduismo; algo parecido también se muestra en religiones que más bien son filosofías, como el budismo, donde se identifica con un grado máximo de perfección y conocimiento. Nosotras creemos, como Mahatma Gandhi en que: *"Lo mismo que un árbol tiene una sola raíz y múltiples ramas y hojas, también hay una sola religión verdadera y perfecta, pero diversificada en numerosas ramas, por intervención de los hombres".*

La Psicomística, cuyas siglas son PSM, es una psicoespiritualidad sanadora. No es una escuela o una corriente psicológica, ni una filosofía o religión. Es un camino, una alternativa que lleva a la unión de lo sagrado con lo humano, para lograr la sanación y la integración rompiendo así con la fragmentación, la separatividad y el dolor emocional, haciendo posible vivir en nuestra esencia, tanto divina como humana, el Amor desde la Conciencia de nuestra divinidad.

La PSM, para lograr la comunión como seres divinos y humanos, de lo humano usa la mente, la psicología, para a través del pensamiento analizar los problemas, la historia de la que venimos, el dolor emocional, los miedos, etcétera. Es necesario usar la mente como un escalón, como una herramienta humana indispensable para investigar, sin embargo, si nos quedamos en el conocimiento, no habrá sanación, conocimiento no es Conciencia, hay que trascender la mente, la psiquis y curar desde la Mística, es decir, desde el espíritu, sólo entonces, sanamos desde un lugar en donde la enfermedad no existe, es imposible, dado que el Alma es perfecta y sólo es Amor puro, libertad, luz y sabiduría. No existe la posibilidad de que sea corrompida por ningún sentimiento negativo o que sea herida o insana. El Alma nunca duele ni se puede lastimar o perjudicar, tampoco tiene heridas, cuando decimos "me duele el Alma" en realidad es que la mente nos está torturando, nos duelen las entrañas, los miedos, los sentimientos dolorosos engendrados por ellos.

Esto es así, porque no existe en el Alma el condicionamiento, mismo que ocurre cuando encarnamos y nos infringen **la herida madre: la invisibilidad.** La cual ocurre al nacer cuando nos separan de la madre; dejamos de ser uno con ella, y ella ya no puede estar las 24 horas con nosotros por sus actividades y deberes, lo mismo ocurre con el padre y esto, inevitablemente, hace que la criatura se sienta invisible y de ahí se desarrolla esta herida que la marca para toda su vida: el miedo a la invisibilidad.

Antes de encarnar y ser condicionados, sólo somos Almas, esto es, una energía pura, por lo tanto, si curamos desde ella, curamos desde nuestra sabiduría absoluta, porque el espíritu está intacto, es intocable, incorruptible, puro y perfecto.

Así pues, desde la mente, desde el análisis, siempre estaremos limitados y enfermos y requerimos de mucho tiempo para "sanar" y ponemos entre comillas sanar, porque en realidad, encontramos paliativos para el dolor, que sirven para manejar por un tiempo los problemas, pero es por esta causa, que siempre terminamos, tarde o temprano, de nuevo en el psicólogo o psiquiatra, porque no sanamos de raíz. Eso sólo ocurre cuando curamos desde la Conciencia, es decir, desde el espíritu. Por eso, inevitablemente, cuando curamos desde la mente, las neurosis no se pueden erradicar, no desde una mente enferma, con miedos como son la del paciente y la del terapeuta o médico.

En la PSM trascendemos el análisis, entramos en el campo de la Mística desde el espíritu, es decir, en lugar de recibir respuestas desde un lugar en el que estamos insanos y dormidos, que es la mente, las recibimos desde la Conciencia, donde estamos despiertos y todo es luz. Esa es la diferencia. En la psiquiatría y en la psicología, se usa el análisis y es un fin en sí mismo, en cambio, en la Psicomística, el análisis, la introspección, son sólo un instrumento que es indispensable, ya que al ser seres humanos, necesitamos entrar por nuestra condición humana, pero la mente juega sólo ese papel, de escalón que precede a la Conciencia, y es un escalón que hay que trascender. Y mientras se necesita mucho tiempo para hacer un cambio desde la mente, desde la Conciencia el cambio es automático, instantáneo. Una vez que algo llega a la Conciencia, no hay vuelta atrás, es irreversible. ¿Cómo se muda del conocimiento a la Conciencia y se llega a la sanidad y a la libertad permanente? Eso es lo que la Psicomística te lleva a conseguir.

Usamos como herramienta el análisis para luego trascenderlo y llegar a la Conciencia, esto es, a la dimensión espiritual, al Alma, a nuestra divinidad y sanar desde ahí las heridas más hondas del ser humano, especialmente, la herida madre: la invisibilidad y a partir de ella todas aquellas que le fueron hechas al encarnar como consecuencia del condicionamiento.

Así pues, la PSM, es un camino de Conciencia para sanar desde el Espíritu, desde el Alma y lleva necesariamente a la libertad. Esa es la esencia de la PSM que nació a partir de la comprobación de que es imposible curar desde la mente humana, porque no hay mente humana que esté sana, eso no es posible, dada nuestra naturaleza y condicionamiento.

La PSM es una alternativa que queremos ofrecerte y consiste en expresar en un lenguaje sencillo y claro lo que tantas grandes filosofías promulgan: que el camino, la verdad, la luz, la libertad y el Amor están dentro de nosotros, adentro de ti, no afuera ni en alguien más. La PSM, lo que hace es sacar a tu propio maestro, ese que eres y que vive en ti, pero que la voz del Ego no te deja escuchar. La PSM, lo que pretende es mostrarte el camino para escuchar la voz de tu Alma que es la sabiduría absoluta, total, que es tu divinidad, porque es el hogar del Amor y la Conciencia.

Víctor Hugo dice: *"El mejor libro es la Conciencia"*. Es así, sin duda, porque en ella están todas las respuestas... absolutamente todas las que necesitamos y deseamos saber desde nuestro plano humano, es decir, desde esta dimensión relativa y desde el plano divino, desde la dimensión absoluta. La Conciencia nos lleva a descubrir todas esas respuestas, excepto, claro, las que pertenecen a los misterios inescrutables de Dios (sea cual sea el Dios en el que creas) o en todo caso los misterios insondables de la *señora Vida*.

La Conciencia es el centro y objetivo de la PSM, ya que es el camino del Amor y encontrarlo y vivir en él, es darle sentido a nuestra vida y honrar nuestra divinidad, cuya esencia es el Amor mismo. Sufrimos por la imposibilidad del Amor y hay una sola causa de ello: estamos dormidos, vivimos como zombis, como sonámbulos. Hay que despertar a la Conciencia que es la llave de la libertad. Has escuchado muchas veces estas y otras afirmaciones, la diferencia es que la PSM te ofrece no sólo la teoría, sino la praxis: Los pasos para despertar la Conciencia y lograr que la voz de tu Alma-Amor, se coloque sobre la voz de tu Ego-Miedo. Cuando el miedo se hinca ante la Conciencia es cuando podemos vivir desde ella, libres del dolor y desde el Amor y la libertad.

Sobre la Conciencia se ha dicho: *"La Conciencia es la presencia de Dios en el hombre"*. (Víctor Hugo). *"La Conciencia es la luz de la inteligencia. Es la que sabe distinguir el bien del mal"*. (Kung FuTse, Confucio). *"La Conciencia es la única cosa incorruptible que tenemos"*. (Henry Fielding). *"La Conciencia es un soplo del espíritu de Dios, que reside en nosotros"*. (Chesuel). *"La razón se equivoca a menudo, pero la Conciencia no"*. (Josh Billings). *"Mi Conciencia tiene para mí más peso que la opinión de todo el mundo"*. (Marco Tulio Cicerón).

La PSM, esta psicoespiritualidad sanadora, postula que la Vida es una lucha inevitable entre el Ego-Miedo y Alma-Amor. Revela que esta batalla no se puede ganar desde la mente, sólo hay una manera de ganarla y es desde el Alma. Fundamenta que la sanación, la libertad y lo que llamamos felicidad, radica en trascender la Psiquis-Mente-Conocimiento-Ego-Miedo para curar desde el Alma-Amor-Sabiduría-Libertad-Conciencia. Afirma y comprueba que **conocimiento no es Conciencia.** El conocimiento, habita en la mente, se refiere a la inteligencia intelectual y no lleva a la acción, al cambio, a la sanación, salvo en contadas ocasiones de una manera parcial e impermanente.

Aquí un ejemplo claro y sencillo: Todos sabemos lo que nos va a causar el cigarro, tenemos el conocimiento en nuestra mente, pero seguimos fumando, a pesar de que vemos en imágenes incluso el horror que le hace a nuestros pulmones, lo terrible que es morir asfixiado, etcétera. Si tuviéramos Conciencia, dejaríamos el cigarro en ese instante y sin ningún problema, sin que nos causara dolor, ansiedad, angustia, sin necesidad de usar medicamentos, parches o seguir una terapia y nos sentiríamos felices y liberados. Sabemos en nuestra mente que el cigarro nos va a matar... tenemos el conocimiento, pero ese saber no trasciende a la Conciencia, por lo tanto es absolutamente estéril.

Afirma Platón: *"El que aprende y aprende y no practica lo que sabe, es como el que ara y ara y no siembra".* Esto es una enorme verdad, de la que tú y todos tenemos una gran experiencia, por un lado en nosotros mismos y por otro, conocemos personas que son realmente eruditas, brillantes, geniales, personas que han pasado por terapia o psicoanálisis por años, incluso son psicólogos, terapeutas o psiquiatras y son absolutamente infelices, viven sin amor y esclavos de sus miedos, están llenos de teorías, pero sus vidas emocionales, de pareja, familiares y profesionales son un auténtico desastre.

En la PSM usamos la mente, mediante el análisis podemos llegar a conocer lo que sucede y tomar decisiones para cambiar conductas insanas, hacerlo requiere de un largo proceso, de esfuerzo, tenacidad, y sucede que, si se llega a conseguir el cambio, no es necesariamente permanente, por eso lo trascendemos, para ir del conocimiento a la Conciencia y poder darle sentido y valor. ¿Cómo logramos trascenderlo? Eso es lo que encontrarás en la **Psicomística.**

En el caso de una adicción, volvamos al cigarro, mucha gente que logra dejarlo valiéndose del análisis, regresa a él y quien se mantiene en la abstención, diariamente tiene que hacer el propósito de no volver a retomar el vicio, debe seguir trabajando en ello y se puede pasar la vida diciendo cada día: *"Sólo por hoy, no voy a fumar"* y seguir sintiéndose tentados y estar en riesgo de recaer en el vicio si enfrentan una situación difícil. Algunos usan cigarros eléctricos, pipas vacías u otros paliativos, hasta el día en que se mueren. Siguen siendo esclavos del cigarro, en su mente está la amenaza permanente de que si no se está alerta las 24 horas, se puede recaer. En cambio, cuando se hace Conciencia de algo, se enfrentan los miedos que están involucrados en ese problema o dolor emocional y se va de inmediato a los hechos; los miedos quedan eliminados y el cambio de actitud, la sanación, es instantánea. No se precisa de un proceso ni de tiempo ni esfuerzo y el cambio es permanente. Uno se libera para siempre del cigarro, no vuelve a pensar jamás en él ni a dedicarle ni un sólo pensamiento.

Sí, parece magia, ¿cómo es que no se necesita de un largo proceso? Muy sencillo, como el cambio se da desde la Conciencia, es decir desde la dimensión espiritual a la que llamaremos Absoluto, en donde no hay ni tiempo ni espacio ni distancia, medidas que solo existen y usamos en el mundo, dimensión a la que llamaremos Relativo.

El caso de Lindy: *Yo, era una adicta, llegué a fumar tres cajetillas diarias: 60 cigarros al día, durante 28 años y ni todo mi conocimiento, ni la colección de títulos, ni de testimonios, ni mi fuerza de voluntad, lograron que lo pudiera dejar. Cuando el conocimiento se hizo Conciencia, dejé de fumar en ese instante, sin problemas y para siempre y me sentí completamente libre y en paz.* Como este ejemplo del cigarro, hay innumerables asuntos que se resuelven de una manera definitiva desde la Conciencia, asuntos en donde el análisis no logró absolutamente nada.

Queremos dejar claro algo importante, asumimos los innegables aciertos de la psiquiatría y de la psicología, que ciertamente llegan a tener grandes logros, pero como es fácil comprobarlo, éstos muy pocas veces son permanentes y muchas veces son reversibles. El análisis mediante la psicología o la psiquiatría, combate los síntomas y puede sanar a los pacientes de una manera relativa, pero ni erradica la enfermedad ni sana contundentemente. La Conciencia en cambio, reside en el Alma y se refiere a la sabiduría, lleva a la sanación absoluta, integral, a la acción y al cambio de una manera irreversible. Veamos por qué.

La Psicomística enseña cómo convertir el conocimiento en Conciencia y así, curar realmente nuestras heridas y conseguir vivir permanentemente en el Amor perfecto, la libertad y la paz, en ese estado de gracia inalterable al que llamamos felicidad, porque el Ego está herido en todos los seres humanos, sin excepción, es una verdad irrefutable. Como ya asentamos, no hay mente humana que esté sana, así sea la mente de la más grande eminencia, vamos, del fundador de una escuela de psiquiatría o psicología o cualquier corriente psicológica, es una mente enferma, porque es una mente condicionada y por lo tanto, está dormida, está sumergida en espejismos, reglas y creencias que la encadenan y a las que obedece creyendo que tiene la razón. Para curar tendría que hacerlo desde la Conciencia y no desde la mente.

Shakespeare, el excelso dramaturgo, afirma: *"Nada es verdad nada es mentira todo depende del cristal con que se mira"*. Y un poema de Campoamor, dice así: *"En este mundo traidor, nada es verdad ni mentira; todo es según el color del cristal con que se mira"*. En la PSM decimos: *"Todo depende de la herida desde la que se mira"*. Porque nuestras heridas no nos dejan mirar con claridad, es como si los ojos de nuestra mente, con los que vemos, con los que analizamos, nuestros ojos humanos, chorrearan sangre, imposible ver claro, estamos dormidos, con los ojos cerrados, la cortina de nuestros miedos, nacidos de nuestra herida, nos impide ver.

Miramos desde la subjetividad, estamos metidos en un espejismo aquí en el Relativo, y a menos de que despertemos a la Conciencia, cada uno hablará desde su verdad, pero no desde La Verdad. Para ver La Verdad, hay que hacerlo no con los ojos de la mente, sino con los del Alma. Jesús insistía: *"El que tenga ojos para ver que vea, el que tenga oídos para oír que oiga"* Mateo 13:1-9. Quien no vea con los ojos del espíritu y escuche a su Alma, jamás podrá ser libre, estará atado a su condición humana y limitada y no vivirá ni dimensionará desde su divinidad.

Por lo tanto, la mente del que cura, mira al paciente desde su propia herida y con sus muy personales creencias y condicionamiento, es decir, lo mira desde sus miedos y desde su verdad, no desde La Verdad, no desde la ausencia de miedos, es decir, la libertad. En la Biblia Jesús dice: *"Dejadlos; son ciegos guías de ciegos; y si el ciego guiare al ciego, ambos caerán en un hoyo"*. Mateo 15:14. *"Por eso les hablo en parábolas; porque viendo no ven, y oyendo no oyen ni entienden"*. Mateo 13:13. *"Yo vine a este mundo para juicio; para que los que no ven, vean, y para que los que ven se vuelvan ciegos."* Juan 9:39. Es decir, vino a despertarnos, a romper el espejismo en el que vivimos, creyendo que tenemos La Verdad. La PSM pretende justamente eso, romper uno a uno los espejismos en los que vivimos para que podamos ver y al ver ser libres y amarnos sin que nos lo impidan nuestros miedos y dejemos de hacer cosas "en nombre del amor" que en realidad son acciones guiadas por la evasión, por la ceguera, y las hacemos más bien en nombre del miedo.

Desde el psicoanálisis y el análisis un ciego pretende curar a otros ciegos, sólo que el que guía, tiene más conocimiento que el paciente, ¡atención!, dijimos más conocimiento, que no quiere decir más Conciencia. En la Psicomística, el espíritu es prioridad, porque es desde él y sólo desde él, que puede ser posible sanar el dolor emocional y psicológico del ser humano, ya que, como hemos dicho, mientras en la mente habitan el conocimiento y el Ego, en el Alma-espíritu, habitan la Conciencia y la sabiduría.

Hablar del ámbito del Espíritu, lleva a hablar de Dios, queremos pedirte que cuando mencionemos a Dios, tú te remitas a tu propio Dios o a aquello en lo que tú creas, el poder superior, el Todo: tu creencia o ausencia de ella, lo que importa es que tomes lo que te queremos dar, sin que te estorbe ni una creencia ni una etiqueta, ni nada que no te permita recibir este punto de vista acerca de los temas enfocados desde la Psicomística y sólidamente fundamentados.

¿Qué plantea la PSM? Entre otras muchas cosas, como ya mencionamos, parte en principio, de que la Vida es una permanente lucha entre el Ego y el Alma, es decir, entre el Miedo y el Amor. ¿Tu vida está regida por el miedo o por el Amor? La Psicomística, se basa en bajar el volumen de la voz del Ego y elevar el de la voz del Alma. La cura real sólo se logra desde el Alma y no desde el Ego, esto es, desde el Amor y no desde la mente-razón, porque somos seres humanos, en este orden, es decir, primero somos seres: espíritu y luego humanos: mente, cuerpo y entrañas, esto es: pensamiento, sentimientos, emociones y deseo-pasión. ¿Pero a qué nos referimos con Ego? Digamos que el Ego es el hogar de la mente, es como un recipiente, es el receptáculo de nuestras neurosis, de nuestras heridas, los miedos, el condicionamiento, las creencias, los prejuicios, las inseguridades, los complejos, los fantasmas, el Deber Ser, las culpas, las etiquetas, etcétera.

En el Ego viven los sentimientos y emociones, empezando por la emoción padre-madre: el Miedo que es quien rige al Ego, ya que de éste se derivan todos los demás miedos, —los miedos hijos— tales como el egoísmo, los celos, la ira, el enojo, el dolor, la rabia, la envidia, la tristeza, la ansiedad, la desesperación, la angustia, el desprecio, el resentimiento, etcétera. Todos estos sentimientos y muchos otros, traen como resultado ciertas actitudes y neurosis que nos manejan, tales como: la inseguridad, la crueldad, la agresión, el cinismo, depresión, insensibilidad, intolerancia, impaciencia, y un largo etcétera.

La voz del Ego obedece a todos estos factores. En el Ego está nuestra polaridad, es decir, los incontables personajes que manejamos: el bueno, el malo, el egoísta, el generoso, el amoroso, el odioso, el cobarde, el valiente, el tierno, el cruel, el sabio, el estúpido, el santo, el asesino, el suicida, el loco, el cuerdo, etcétera. Innumerables personajes que nos habitan, algunos reprimidos, otros exteriorizados y que nos mantienen en constante conflicto, ansiedad y tensión. Se trata pues, de lograr acallar la voz del Ego y vivir escuchando la voz del Alma.

La Psicomística establece que la herida madre es la invisibilidad, es decir, no existir, vivir deambulando por la vida como muertos, porque los demás no nos miran, no nos tocan, no nos conocen y por lo tanto, no nos aman y aunque habitemos un cuerpo, no existimos emocionalmente para nadie. La invisibilidad hace que seamos manejados por el miedo al rechazo y al abandono, que son los dos miedos mayores como consecuencia de la invisibilidad y a partir de ahí vienen los demás miedos, ilimitados, por cierto.

El *señor Miedo* tiene dos hijos mayores gemelos inseparables: el Silencio y la Evasión. La evasión, que nos lleva al silencio, es una de las causas de los más grandes dolores emocionales y genera graves neurosis. Entendamos por neurosis el resultado de nuestras heridas emocionales, encabezadas por la herida madre: la invisibilidad. No hay dolor humano más hondo que el de ser invisible, no existir para nadie. La neurosis también viene a ser el lado oscuro que quiere imponerse sobre el lado luminoso del ser humano, que es naturalmente pro-placer y no pro-dolor. La evasión nos lleva a tal dolor, que en la Psicomística hablamos de una enfermedad no registrada en los actuales libros de psiquiatría y psicología, el **Trastorno Evasivo Compulsivo, TEC.**

Así como la emoción padre-madre del Ego es el miedo, la emoción padre-madre del Alma es el Amor y sus sentimientos y emociones hijos, son los frutos del Amor, tales como: luz, paz, ternura, compasión, armonía, congruencia, dulzura, alegría, pureza, serenidad, cordialidad, solidaridad, bondad, nobleza, generosidad, indulgencia, gozo, tolerancia, caridad, clemencia, sensibilidad, paciencia, templanza, misericordia, piedad, etcétera.

La voz del Alma es la voz del Amor. El Alma es nuestra esencia, nuestra parte divina y nuestra verdadera naturaleza: la libertad, la paz y por lo tanto, la felicidad: ese Estado de Gracia en donde nos sentimos amados, somos Amor y tenemos la Conciencia de que todos somos uno. Hay una total ausencia de miedo, de tortura y de todo sentimiento negativo. Cuando nos abrimos a la Conciencia, cuando escuchamos nuestras "latidas", nuestras "corazonadas", nuestros "pálpitos", nuestra intuición, sin que intervenga el pensamiento/mente, estamos escuchando la voz del Alma. A mayor Conciencia, mayor sanidad, mayor capacidad de amar y mayor libertad.

Si escuchamos la voz del Ego, viviremos perdidos de nosotros mismos, en continuo dolor emocional, en conflicto, esclavos de todo: de nuestras emociones, heridas, miedos, neurosis, del Deber Ser, del "qué dirán"; de nuestros fantasmas del pasado, las apariencias, los prejuicios, las culpas y las falsas creencias. Viviremos temiendo a todo: al futuro, a la invisibilidad, al rechazo, al abandono y a la Muerte. Escuchar la voz del Ego nos hace vulnerables, débiles, miedosos y cobardes. Hace propicio que los otros manejen nuestras vidas, que seamos controlados, manipulados, maltratados o por el contrario, seamos controladores, manipuladores y maltratadores. Escuchar la voz del Ego, nos condena al miedo, al vacío, a la esclavitud, la soledad, al sinsentido, la infelicidad, el desasosiego y al desamor.

En cambio, escuchar la voz del Alma, estemos sanos o enfermos físicamente, nos lleva a vivir en nuestro centro, en el Amor, la paz, la alegría y la libertad. Si estás enfermo físicamente, la única manera de colocarte por encima de tu enfermedad, es escuchando la voz de tu Alma. Esto no es una bella teoría, Lindy es una enferma crónica, y su vida, es una prueba fehaciente de que es posible vivir por encima del dolor físico y en perfecta paz, armonía y libertad.

En la Psicomística, como en muchas filosofías, se parte, como ya se mencionó de que hay dos planos: el del Alma, que es el primer Plano o dimensión, al que llamamos Absoluto. Y el del Ego, que es el segundo plano o dimensión, al que llamamos Relativo, es decir, la Tierra, el mundo que habitamos. Vivimos dentro de un cuerpo en el que está fusionada nuestra divinidad con nuestro ser material, humano, animal, carnal.

Los seres humanos, vivimos en el insólito espejismo de que estamos despiertos y conscientes, creemos en verdad que vivimos en Conciencia. Desafortunadamente no es así, es justamente todo lo contrario, en realidad estamos manejados por el inconsciente, que habita en nuestra mente, en una especie de sótano oscuro que alberga nuestros miedos, y es ahí, en el hogar del Ego, que realmente es el infierno, porque vivimos torturados por nuestros pensamientos, dadas nuestras heridas emocionales, espirituales, psicológicas y muchas veces físicas, vivimos desde la evasión, que nos tiene amordazados en el silencio y ciegos para mirar nuestros miedos, por lo que el inconsciente nos maneja como marionetas. Somos una especie de zombis, de sonámbulos, estamos dormidos, algunos ya anestesiados y la PSM nos ofrece un camino para despertar, para conocernos, para dejar de mirar con los ojos de la mente y hacerlo con los del Alma.

Vivir escuchando la voz del Ego es vivir manejados por el inconsciente, es decir desde la oscuridad de la mente. Somos esclavos de nuestras emociones y de lo que los demás piensen sobre nosotros. Para curar nuestras heridas y liberarnos de miedos, culpas, y todo lo que de ello se deriva, es necesario salirnos de esa oscuridad del inconsciente y traer al consciente lo que nos causa dolor. Sólo entonces podremos bajar el volumen de la voz del Ego —creada desde nuestro ser humano, una voz que vive en nuestra mente y es inexistente en nuestro ser divino— y escuchar la voz del Alma, es decir, de la Conciencia, la voz de nuestra divinidad.

Todos los seres humanos estamos llamados a vivir despiertos, en Conciencia porque eso es lo acorde con nuestra naturaleza divina. Cuando decidimos despertar, mirar con los ojos del Alma, desenmascarar al Ego y curar nuestras heridas emocionales, lo que ocurre es que entramos en un co-conocimiento de nosotros mismos, en un estado de Conciencia y es como si se abriera una escotilla, una compuerta que separa el Relativo del Absoluto y es entonces cuando podemos vivir la vida para la que realmente fuimos diseñados: una vida sin sufrimiento, desde el amor y la libertad. En la que siempre la voz del Ego, está supeditada a la del Alma.

La hija mayor del Amor es la Libertad. Porque el Amor es Verdad y ciertamente como dice Jesús: *"La Verdad os hará libres"* Juan 8, 32. Esta es la meta final de la Psicomística, vivir en el Amor y éste, para serlo, irrevocablemente está basado en la libertad. El camino para llegar es elevar el nivel de Conciencia, porque es ella quien nos entrega la llave de la libertad.

Esto es lo que hace la Conciencia, la PSM tiene 40 años probando que es así. En la medida que elevamos nuestro nivel de Conciencia, comprendemos el sentido del dolor, sea físico, psicológico, emocional, espiritual o existencial, y al hacerlo, es absolutamente posible la total libertad.

Este libro como todos los libros que encontrarás de la Psicomística, está escrito para que sea leído y escuchado desde tu Alma, para bajar el volumen de tu Ego y elevar con ello tu nivel de Conciencia, y puedas hacer lo que te corresponde desde el Amor, lo que corresponde a tu vida y a tu divinidad. Hay gente que vive dormida toda su vida, otros con el Alma anestesiada y otros, ya de plano con ella en estado de coma, porque la voz de su Ego grita tan fuerte, que impide que puedan escuchar la de su Alma.

Mientras que en el mundo Relativo, se vive desde la mente y el conocimiento, y estamos sujetos al mundo de las apariencias plagado de espejismos; desde la Conciencia, se vive trascendiendo el Relativo y mirando la vida desde el Absoluto, es decir, con los ojos del Alma, que manifiestan en el Relativo la esencia divina del ser humano.

Es así, como la Psicomística nos lleva al encuentro con nosotros mismos, utilizando el análisis-conocimiento, como un instrumento y no como un fin, de modo que una vez trascendido, nos conduzca a la Conciencia, mediante la cual, es posible asumir tanto nuestra condición humana como la divina y de este modo, curar nuestras heridas, sanando así nuestra mente, nuestras emociones y muchas veces el cuerpo mismo.

El miedo es el único enemigo del Amor, todos los demás enemigos que llevan a la imposibilidad del Amor y a la invisibilidad, son derivados del miedo. La PSM, fundamenta y comprueba que ante la ineludible lucha entre el Ego y Alma, la única manera de combatir el miedo y conseguir que sea el Amor quien gane la batalla, es a través de la Conciencia.

Lo que aporta la Psicomística, es una visión de por qué el psicoanálisis, la psicología y sus derivados, no han conseguido sanar el dolor emocional del ser humano. La PSM, creada hace cuatro décadas, plantea, tal y como otras corrientes actuales, que sin la inclusión del espíritu, no hay posible sanación.

Sin duda, Freud, el padre de la Psiquiatría y el abuelo de la Psicología hizo aportaciones muy importantes al conocimiento de la mente humana, sin embargo, desde donde nosotras lo vemos, cometió un error que provocó que sus descubrimientos no llegaran a ser, como se pensaba, la panacea para la sanación del dolor mental y emocional de la humanidad.

El ser humano se distingue de todos los demás seres de la creación por poseer precisamente un Alma y una mente. Freud cometió el grave error de basar la Psiquiatría en la afirmación de que el ser humano es exclusivamente cuerpo y mente y aseverar que el dolor emocional y psíquico, se cura desde la mente. Al excluir el espíritu, condenó sus descubrimientos a no llegar jamás a su objetivo: sanar a los seres humanos de su dolor emocional y psicológico. Pretendió que fuera la ciencia la que explicara la causa y encontrara la cura del dolor psicológico y emocional del ser humano, tarea que es imposible, porque la ciencia no puede desentrañar los misterios que pertenecen al ámbito espiritual.

Freud, además de excluir nada menos que el Alma, partió de que la sexualidad, es decir, la parte animal más baja del hombre, su parte irracional e instintiva, juega un papel prioritario en todo lo que tiene que ver con las neurosis y los trastornos psíquicos o psiquiátricos. Así pues, construyó toda una teoría que afirmó ser científica sobre el conocimiento de la mente humana. Muchos limitan su aporte al campo del pensamiento y de la cultura en general, existiendo un amplio debate acerca de si el psicoanálisis pertenece o no al ámbito de la ciencia. Trascurridas 13 décadas, tenemos a la vista los resultados: ni el dolor mental ni el emocional, han sido curados desde el análisis y este es el motivo por el que nace la Psicomística, como una alternativa más de sanación del dolor humano, porque ha quedado más que claro que conocimiento, no es Conciencia.

Hoy en día hay más conocimiento que nunca y al alcance de todos, y sin embargo, el cerco de oscuridad en el que está metida la humanidad se da porque no está soportando la invisibilidad, la herida madre. Vivimos en un mundo consumista/materialista en el que somos lo que tenemos y si no tenemos bienes materiales, no somos nadie, no existimos. Esto, el sistema materialista/consumista, sumado a la globalización, es decir, a que hay que ser un gran empresario, inventor, médico, artista, etcétera, para existir en el planeta, ha hecho que la humanidad haya sido condenada al anonimato; de ahí el fenómeno de las redes sociales: los seres humanos han creado un espejismo enorme, creen que teniendo una gran cantidad de seguidores a los que nunca conocerán y con quienes intercambian información (anécdotas) y no comunicación (sentimientos que lo lleven a conectar con su intimidad) ya no están solos.

Necesitamos una fuerte sacudida para despertar y conectar en principio con nuestra divinidad y con nosotros mismos, porque ya estamos tan dormidos y anestesiados por las evasiones, el materialismo el consumismo y el desamor, que el Alma de muchos está entrando en estado de coma, como es el caso de los sicarios, que desde los once años empiezan a matar a sangre fría y ello es posible porque su Alma está en coma, ya no escuchan la voz del Amor, de la libertad, de la compasión. Matan como fieras heridas, acorraladas, dominadas por su herida madre: la invisibilidad y por los miedos y heridas derivadas de ella.

No se trata de psicópatas, no es una enfermedad mental, desafortunadamente es algo mucho más grave. Su Alma está en coma, porque su Ego gritó demasiado alto como consecuencia de sus heridas y miedos. Hay quienes cuestionan este punto de vista y preguntan cómo nos atrevemos a aseverar que no se trata de psicópatas. Es muy sencillo, hay enfermedades mentales que son genéticas, pero ninguna enfermedad mental es contagiosa y esto incluye la psicopatía, si fueran psicópatas, tendríamos una epidemia de psicopatía en el mundo, lo cual es imposible. Si fuera el caso, por poner un ejemplo, todas las organizaciones de la mafia internacional y quienes trabajan en ellas, desde los jefes hasta los vendedores y sicarios serían psicópatas, lo cual es absurdo e irreal.

El psicoanálisis y la psicología tal como la enseñan actualmente en las universidades, no funcionan, está visto que no operan, curan los efectos no las causas, porque el terapeuta o psiquiatra intenta sanar a otros desde su Ego, con su Ego herido. No es que pueda entrar a su consultorio y decirle al Ego: *"Tú te quedas afuera porque me haces ruido, aquí sólo puede entrar mi Alma, que es la que tiene el don de curación y la capacidad de ver el Alma de mi paciente y su herida para saber exactamente qué hacer, sin teorías ni palabrería, sin egos atravesados".* Es por esto que hay mucha gente que ha estado en terapia o en psicoanálisis veinte años o más y siguen igual o peor. Y muchos otros que ya no tienen la menor fe en esos dos caminos de sanación.

Muchos psiquiatras, psicoanalistas o psicólogos, tienen egos gigantes y están seguros de que tienen la verdad de Dios, pero sus vidas personales son un desastre. Algunos se sienten totalmente frustrados por poseer demasiado conocimiento, mismo que ha bloqueado su Conciencia, y en lugar de ayudarlos a curar sus heridas, las ha agravado, los ha convertido en seres desadaptados, incapaces de amar, y les ha robado el sentido de la vida.

Muchos otros, están solos, pero desde donde se miran realmente creen que si no están con alguien, si no tienen una pareja estable o una familia funcional, es porque no hay nadie a su altura, para ellos, todos los demás son unos neuróticos, todos, excepto ellos. Y ahí están, en su torre de marfil: ciegos guiando a otros ciegos... no hay más que mirar los hechos, basta ver el mundo para comprobarlo, después de más de un siglo de psicoanálisis estamos más ciegos e inconscientes que nunca. Hay más suicidios, más guerras, más pobreza, más hambre, más violencia que nunca.

Así pues, no podemos seguir insistiendo en curar al ser humano excluyendo el espíritu. Si visualizamos a la Psicomística, como un triángulo isósceles, el ser humano es Alma (en lo alto del triángulo) y en la base cuerpo y mente, y se cura desde el espíritu. Ni desde el cuerpo o sexualidad, ni desde la mente o pensamiento, sino desde el Amor, es decir, desde el Alma.

Freud hizo aportes muy importantes, sin duda... pero había diez verdades amalgamadas con mil mentiras... y las mentiras ahogaron las verdades. No pudo curarse su propia adicción ni su propia evasión, cosa que lo llevó a la muerte. Dedicó su vida a traer el inconsciente a la luz, pero como no tenía la sabiduría del Alma, sino la inteligencia del Ego (erudición no es sabiduría) no fue suficiente para curarse a sí mismo y liberarse de su propio dolor, reflejado exteriormente por su necesidad "oral" de fumar puro, y teniendo una vida emocional que era un verdadero desastre.

Esta incongruencia y la de drogarse con cocaína para salirse de la conciencia, o alcanzar de manera superficial otros estados de conciencia, habla, grita, revela su error de base: el ser humano no es sólo cuerpo y mente. El ser humano es primordialmente divino (Alma, trascendencia, Amor). A más de un siglo de psicoanálisis y psicología, tenemos una humanidad sumida en la oscuridad por el desamor, instalada en la evasión y en las adicciones, incluida la nueva adicción: la ciberadicción... habría que preguntarse por qué.

Estamos haciendo lo contrario a la Conciencia, es decir, a la luz. Por eso estamos en la oscuridad. Evadir lleva a la oscuridad, la evasión pasa la factura del dolor, mientras que la Conciencia lleva a la luz y trae como consecuencia el Amor, la libertad, la paz, la alegría.

La Psicomística ofrece un camino de sanación que abre al Amor y la esperanza y nos lleve a convertir el conocimiento en Conciencia y a tener las herramientas para que el Alma-Amor le gane la batalla al Ego-Miedo y vivamos en plenitud de acuerdo a nuestra naturaleza tanto divina, como humana. Es una psicoespiritualidad sanadora que nos lleva a conocer el camino para librar con éxito la batalla más importante de la vida. Toda la vida estamos inmersos en una lucha entre el Ego y el Alma, y la única manera de terminar con esta guerra, es a través de hacer Conciencia, de despertar a la Conciencia.

EL EGO Y EL ALMA

Entre la Vida y la Muerte, hay un sin fin de procesos
son todos inevitables... y nunca son negociables.
No hay modo de acelerarlos, ni pueden manipularse
lo inteligente y lo sabio es fluir sin rebelarse.

En la escuela de la Vida, lo que importa es aprender.
La Vida es una maestra que no se deja vencer.
Tiene toda la paciencia, si salimos reprobados,
nos repite la lección hasta que al fin aprobamos.

Para eso estamos aquí, para crecer en Conciencia
ganar en sabiduría, trascender la inteligencia
para encontrar nuestro centro, para ser seres de luz
y vivir en el Amor y con ello en plenitud.

La humanidad ha buscado, eterna, incansablemente
el sentido de la Vida, la comprensión de la Muerte
y descubrir los secretos, los misterios de la mente
qué es el Alma, dónde está y alcanzar felicidad.

Se desprenden de esta búsqueda, infinidad de preguntas
que respondan al dolor, al sufrimiento y las dudas
que expliquen guerras, suicidios, la injusticia, la violencia
el abandono, el rechazo, los males que nos aquejan.

La respuesta ya está dada, por Jesucristo, por Buda
por las grandes religiones, poetas, filósofos, santos.
La respuesta es una sola y es una sola palabra:
Amor, es esa la llave que nos redime y nos salva.

Es la esencia y el sentido, la paz, la felicidad
quienes aman sin reservas, nunca se equivocarán.
Estarán siempre en su centro, por encima del dolor
encontrarán su lugar y libertad interior.

¿Y cómo es que si sabemos que el Amor es la respuesta
no amamos y nos amamos en una perenne fiesta?
¿Por qué seguimos perdidos, anestesiados, dormidos
ciegos, sordos, infelices, asustados, divididos?

Hay una sola razón: es **la falta de Conciencia**
porque el Ego es el señor, que nos manda y nos sujeta.
El que venda nuestros ojos y cierra nuestros oídos
quiere el control y el poder, está centrado en sí mismo.
Y no puede comprender, el que todos somos Uno
que somos el Amor mismo, que el Amor es nuestra esencia
que el Yo es una fantasía, el Yo no existe siquiera
es sólo ensueño, apariencia, espejismo, una quimera.

Que Tú eres Yo y Yo soy Tú, el Ego no lo comprende
porque morir al instante, sería su única suerte.
Y lo que quiere es vivir y vivir eternamente
que seamos sus marionetas de eso su vida depende.

No nos deja darnos cuenta que la clave es el Amor:
resuelve cualquier conflicto y neutraliza el dolor
tiene todas las respuestas, nos da cada solución
y no hay más que dos caminos: el Amor o el desamor.

La única y real batalla, es entre el Ego y el Alma
el Ego, es decir el Yo y el Alma que es puro Amor.
El Ego nace y se muere, dura lo que la existencia
en cambio, el Alma trasciende, no muere nunca, es eterna.

En el Ego es que radican los miedos y las neurosis
nuestras inseguridades, angustias y vanidades
ahí vive el Deber Ser y las culpas, los engaños
y todos los personajes que nos hacen tanto daño.

En el Ego está esa herida, la madre, el miedo mayor
la invisibilidad, el no existir para otros, no hay dolor más colosal
está también en el Ego todo el condicionamiento
que nos obliga a ser otros y nos ciega a conocernos.

Escuchar la Voz del Ego, o escuchar la Voz del Alma
esa es la gran decisión, la que nos pierde o nos salva.
Pero resulta difícil hacer nuestro Ego a un lado
y darle paso al Amor, ese es nuestro gran pecado.

El Ego, ciego, no entiende, que lo que le muestra el otro
son todas partes de él mismo, porque somos uno todos.
La clave está en respetar lo que son y hacen los otros
y no querer controlarlos, ni hacerlos a nuestro modo.
Es urgente comprender que aceptarnos tal cual somos
a uno mismo primero y luego a todos los otros
es lo que nos va a traer lo que con ansia soñamos
sentirnos libres, congruentes, amados y respetados.

¿Qué estamos viviendo ahora?... Un mundo convulsionado
es el exceso del Ego lo que nos tiene atrapados.
Y esta es la disyuntiva, es hora ya de elegir:
libertad o esclavitud, es lo que se juega aquí.

El Amor es libertad, es paz, luz, felicidad.
El Ego es esclavitud y es dolor y oscuridad
Hay que inclinar la balanza anteponiendo el Amor
abrirnos a la Conciencia y escuchar al corazón.

El Amor lo puede todo, es medicina sagrada
cura todas las heridas, perdona todas las faltas.
Tiene todas las respuestas que estamos necesitando
para acabar con las guerras, la violencia, el desencanto.

Vence todos nuestros vicios, adicciones, compulsiones
nos une de tal manera, que la soledad se esconde.
Neutraliza las presiones y nos trae la aceptación
de lo que somos nosotros y lo que los otros son.

Puede transformarlo todo, hace magia, hace milagros
lo malo lo torna en bueno, el vacío en plenitud
la tristeza en alegría y la oscuridad en luz.
... Es el Ego... o es el Alma...Ahora, decide Tú.

Historia mágica de una coautoría

LA PSICOMÍSTICA DE LINDY GIACOMÁN Y LUZ MARÍA ZETINA

Me corresponde a mí, Lindy, tener el honor de presentarte a mi coautora. Tú ya conoces a Luz María Zetina como actriz, como conductora y últimamente como conferencista. Te has asomado en alguna medida a su vida privada como mujer casada, esposa ejemplar y ultra dedicada madre de sus tres maravillosas hijas. Ahora, yo tengo el privilegio de presentártela oficialmente como escritora y poeta —títulos por cierto, que muchos se cuelgan y pocos merecen—.

Si Luz María es sorprendentemente luminosa como actriz, conductora y conferencista, qué te pareció leerla. Ella llegó a mi vida de una manera absolutamente mágica, por pura *"Patroncidencia"* como dice ella.

Es una historia humana con dimensiones espirituales que parecerán insólitas. El que hayas podido asomarte a la Psicomística te permitió ver los frutos de este encuentro y conocer esta historia prodigiosa que el Patrón —Dios— agendó cuidadosamente, porque fue Él quien unió nuestros caminos en el momento preciso en que la Psicomística, esta psicoespiritualidad sanadora, tenía sólo dos destinos: morir y ser enterrada conmigo de no llegar Luz María quien me ha ayudado a ofrecerla al mundo y a ponerla en palabras porque yo había escrito ya muchos libros desde la PSM, sin embargo, nunca había podido armar y sistematizar lo que era en sí, por eso es que yo la llamo a ella, mi heredera.

Nota de las autoras: Ya entrando en intimidades, te diremos que constantemente usamos un apodo de cariño para Dios, una siempre anda poniéndole apodos a quienes ama, a Él, nos gusta decirle "El Patrón", porque es el dueño de Todo, especialmente de nosotras, que no aceptamos ninguna autoridad moral que no sea la de Él y enseguida la nuestra... y la de nadie más; así que si por ahí le nombramos de esta manera: Patrón, ya sabes de dónde salió.

Cuando Luz Ma llegó, yo había muerto ya dos veces y regresado a la vida. Su llegada me obliga a develar cosas que no me resultan fáciles, y lo hago, debido a que tengo absolutamente claro que corresponden a este momento. Una de ellas es hablar aquí, por primera vez públicamente, de mi realidad de salud, algo indispensable para que aprecies en su justa dimensión lo que significa que la señora Zetina Lugo haya aparecido en mi vida.

Tengo 58 años y desde hace 40 nació la PSM, justo el mismo año que nació Luz María. Y las dos hemos sido meticulosamente preparadas para el momento en que llegara este encuentro. Para que realmente dimensiones lo que significa Luz Ma en mi vida y la PSM debo ponerte en antecedentes.

He vivido cuatro décadas entre la Vida y la Muerte. En un *morvir* (vivir muriendo, morir viviendo permanentemente). Te hablaré de mi situación de salud y lo que implica, no desde la víctima, sino desde el milagro en el que vivo. Padezco 14 enfermedades crónicas que me implican vivir aislada, permanentemente con dolor y en una debilidad literalmente devastadora y una fatiga abismal, (no es lo mismo debilidad que fatiga) a tal grado, que con frecuencia no tengo energía ni para respirar y todo indica que me asfixiaré. No es una cuestión de oxígeno, sino de energía, no tengo fuerzas para lograr que el aire entre en mí y baje hasta mis pulmones. Como consecuencia de tal fatiga y debilidad, estoy atrapada en una severa discapacidad.

Mis enfermedades son: Encefalomielitis Miálgica/Síndrome de Fatiga Crónica ENMI/SFC (inflamación y dolor del cerebro que repercute en todos los sistemas del cuerpo y tiene 127 síntomas, 16 de ellos son problemas neurológicos) y Fibromialgia (FM). A estas dos que empezaron a los 19 años, se les sumó una tercera, pero que desafortunadamente no fue detectada sino hasta hace poco y sus consecuencias, son inenarrables, se trata de la enfermedad llamada Dolor Central (DC) o Síndrome Talámico (ST) lo que quiere decir que tengo el Sistema Nervioso Central (SNC) muy deteriorado y a éstas, se han ido sumando otras más como la Polineuropatía Axonal (dolor generalizado en todo el cuerpo, permanente y crónico). Estas enfermedades son grandes maestras que me fortalecen y enriquecen cada día que pasa. ¡Ah!, el *señor Dolor* es un maestro extraordinario y generoso, cuando lejos de resistirnos, nos amigamos con él, esa es la mejor cara de la moneda, la otra, es el suicidio.

Tuve la fortuna y la bendición de poder hacer muchas cosas en mi vida profesional, mientras estas enfermedades fueron cíclicas y tenía períodos de una inigualable salud. Publiqué libros, escribí, dirigí y produje teatro, escribí televisión, cine, canciones, prensa, radio. Fui catedrática, conferencista, y claro... mi poeta ha sido mi respiración al igual que mi médica, que no pararon nunca; sigo escribiendo y atendí pacientes en mis consultorios, en clínicas psiquiátricas y en diversas instituciones, asilos de ancianos, orfanatos; trabajé con prostitutas, presos, paralíticos cerebrales, niñas violadas y embarazadas, etcétera. Y cuando caí en cama hace 14 años, seguí curando desde allí.

También impartí psicodramas que desde la PSM en realidad eran *Almadramas*, en fin, iba a dónde la vida me llevara, en el país, en el extranjero, siempre inmersa en un termómetro extraordinario, con personas de todas las clases sociales, profesiones, estados civiles, orientaciones sexuales, una maravilla... que considero un enorme regalo de Dios y de la Vida, que me permitía viajar, vivir y trabajar con gran intensidad. Así era mi vida, cuando yo estaba en el mundo: intensa y te diré algo insólito, lo sigue siendo.

Cuando las enfermedades se volvieron permanentes yo estaba en la plenitud de mis 45 años. Al principio fui presa de ataques de nostalgia en los que deseaba ardientemente que aquella mujer que yo era regresara a mi vida, me añoraba rabiosamente a mí misma, a la que fui. Mi mente no podía asimilar esa realidad. No me reconocía desparramada en la cama o tratando de sostenerme en la silla de ruedas, ni en esa mujer que no podía comer o respirar porque no tenía energía. Rogué, supliqué por un milagro.

Me convertí en una marioneta descerebrada. Tal cual. Un ser que va de la brillante a la estúpida y de la que escribe sin parar o da una intensa terapia, a la marioneta que de pronto, se queda como cuadripléjica y todo ello sin previo aviso, así nada más, fulminantemente. Estoy inmersa en una especie de montaña rusa sin poder llevar una agenda, porque no sé cómo me sentiré, como reaccionaré o como me comportaré, en qué momento entra la descerebrada y la marioneta y frente a quién, así que mi agenda, segundo tras segundo, la lleva el Patrón.

Probé todo lo imaginable. Los tres tipos de medicina: la alopatía, la homeopatía y la alternativa. Todo lo conocido. Médicos de todas las especialidades y varias nacionalidades. Medicamentos tomados, inyectados, vacunas, brebajes, lo que fuera. Me sometí a terribles tratamientos... vi decenas de médicos, sanadores, curanderos, aquí y en el extranjero, y le entré prácticamente a todo —menos a una misa negra. Hasta que comprendí que aquella que fui, no regresaría jamás. Hice conciencia y vi claramente que si Dios me hubiera querido curar, lo hubiera hecho, no necesitaba el ejército de médicos, sanadores y charlatanes que he consultado, estos últimos han sido innumerables en cuatro décadas y muchos de ellos dueños de clínicas importantes y poseedores de varios títulos, mismos que los avalan para experimentar con sus pacientes... como hicieron conmigo, pero eso era también parte de mi entrenamiento médico, una manera un poco brusca y bastante peligrosa que Dios eligió para elevar mi empatía con mis pacientes... ¡Ah!, me tardé en comprender que bastaba con que Él hubiera ordenado mi sanación, y si no lo hizo en todos estos años, créeme, tuvo sus razones, las que vino a corroborar Luz Ma, esta mujer que fue minuciosa y misteriosamente preparada para ser la heredera de la PSM.

Dejé de desear que la que fui, regresara, y dejé de pedir un milagro, entendí que el milagro ya estaba hecho, ya se me había concedido: sigo viva y soy libre, aun estando atada a una cama y a una silla de ruedas. Mi vida es un milagro, siempre lo fue. En realidad es una cadena de milagros, porque he podido seguir escribiendo y curando, a pesar de mis enfermedades y la incredulidad de los médicos. Y es que los milagros, precisamente lo son, porque no están dentro de la lógica humana.

Mi situación es en extremo difícil de manejar, porque es permanente, las 24 horas del día, como te digo, en un momento estoy en la brillante y sin transición alguna, paso a la descerebrada y no hay nada ni nadie que lo pueda evitar. Los enfermos como yo han acudido a cuatro caminos: Suicidarse, vivir evadidos con drogas fuertes, la locura o el que elegí yo: elevar mi nivel de Conciencia y convertir el estiércol (dolor, enfermedad, discapacidad) en un fertilizante.

Ya te imaginarás lo que implica para mí seguir siendo independiente, y no ser una carga para nadie. Como escritora y psicóloga tenía que guardar estos secretos, si quería que compraran mi trabajo, porque ¿Quién iba a creer en una escritora o en una psicóloga descerebrada y recluida en una cama y una silla de ruedas, en alguien que fluctúa entre la estúpida y la inteligente? Así que yo, que soy tan transparente, que adoro vivir desnuda, tuve que amordazarme, para sobrevivir. Y hube de decidir, amando la vida como la amo, si valía la pena vivir invisible, con dolor, sin energía, aislada, sin presente ni futuro y en el estado al que estaba condenada. No fue una decisión fácil y la tuve que tomar tres veces en el trayecto de mi vida. Sí, estamos hablando de suicidio, lo pensé seriamente, sin dramas. Lo planee, pero nunca lo intenté. Tengo conciencia absoluta de que sólo Dios es el dueño de la Vida y de la Muerte, pero el dolor puede cegarnos y ensordecernos de una manera definitiva.

Vivir esta experiencia, me dio el conocimiento para comprender y curar a los que buscan el suicidio para liberarse del dolor emocional. Descubrí que la verdadera causa del 97% de los suicidas acorralados por el dolor emocional, es la herida madre —la invisibilidad o el miedo a ser invisibles—. El otro 3% lo hace por dolor físico. Y si no me suicidé no es porque me falte valor sino porque me sobra Conciencia. Tuvieron que pasar muchos años para que yo me diera cuenta cabal de que cada experiencia de mi vida tenía que ver con la creación de la Psicomística, tenía que vivir el dolor, en mi propio cuerpo, mente, entrañas y Alma de primera mano para poder fundamentar y tener la autoridad moral para hablar de lo que sostiene la PSM.

Si estoy aquí, es porque decidí que la fascinación estuviera por encima del dolor y el Amor, por encima del miedo. Es decir, fui y sigo siendo la primera paciente de la Psicomística, esto y los innumerables pacientes que he tratado en cuatro décadas, corroboran que la PSM funciona admirable, impecable, magistralmente. Y yo, créeme, no soy una paciente fácil, todo lo contrario. Y si algo me han sobrado en la vida son los pacientes reto, ¡ah! grandes maestros, los que te obligan a ganarte el doctorado.

Mi historia con los médicos es de terror, no imaginas lo que es que nadie, ¡nadie! durante 26 años, creyera que estaba enferma, porque no habían sacado a la luz estas enfermedades llamadas invisibles, para ellos lo mío era psicológico o sea, ¡estaba loca! No los juzgo y descubrí que eso los convirtió en mis grandes maestros. Mi familia, integrada por seres profundamente nobles y amorosos, son una bendición inenarrable en mi vida, pero estaban asustados porque mis enfermedades me tenían como una marioneta y confiaron en los médicos y "en nombre del amor" fui a dar al manicomio.

Me resulta inenarrable la experiencia que es vivir a los 19 añitos metida en un manicomio y que experimenten con tu mente. No imaginas lo duro y difícil que resultó tratar de convencerme a mí misma, a tan corta edad, que todos estaban equivocados, que yo no estaba loca, que tenía una enfermedad terrible y real, aunque todos, absolutamente todos, opinaran lo contrario. Fue muy doloroso obligarme a creer que todas mis autoridades morales estaban equivocadas, pero o lo creía o me mataba y tuve que creerlo para evitarlo y para tener la fuerza de escaparme del manicomio... ¡Ah, los crímenes en nombre del Amor! ¡Ah, la evasión y la inocencia perversa! ¡Ah, el espejismo fabricado por la evasión y el silencio! ¡Ah, vivir entre sonámbulos, entre zombis!

Romper con el condicionamiento, vivir experiencias tan difíciles como las del manicomio, a veces son parte de las pruebas que hay que enfrentar para descubrir nuestra misión y atrevernos a retar lo establecido. No he sido la única que ha pasado por estas experiencias como parte del aprendizaje que lleva a clarificar el sentido de nuestras vidas, y en mi caso, me quedó absolutamente claro el papel que el Amor juega en la curación del ser humano.

Algo muy parecido le pasó a Patch Adams, afamado médico estadounidense, activista social, ciudadano diplomático y escritor. Lo cito: *"Ninguna escuela enseña que el amor es lo más importante en la vida y ninguna universidad enseña que la compasión es lo fundamental, por lo que aspiro a desarrollar una currícula médica que tenga entre sus prioridades la enseñanza de la compasión"*. Adams y yo tenemos en común, conocer los dos lados de la moneda, estar de los dos lados de la silla, a él también lo metieron a un manicomio. Y yo creo como él que "curar puede ser un intercambio de amor y no una transacción económica".

Han transcurrido cuatro décadas en las que he probado la fuerza del amor para curar y sobrevivir el dolor e incluso capitalizarlo. He probado fehacientemente en mí misma que esta psicoespiritualidad me ha llevado no sólo a salvar mi vida y la de muchos, sino a vivir permanentemente por encima del dolor. Vivo, luego de innumerables batallas entre el Ego y el Alma, en esta libertad y esta paz, en un Estado de Gracia que aquí dan por llamar felicidad. Soy productiva como poeta, como escritora y como médica, a un nivel más alto incluso que el de mucha gente sana.

Todo esto me hace patente que vale la pena donar la Psicomística, este regalo que me fue otorgado y que por supuesto pertenece a Dios, ni a Luz Ma, ni a mí, por lo que ambas decidimos luchar por transmitir esta psicoespiritualidad de Amor y de esperanza, que no es una teoría, sino un camino de Conciencia con resultados de sanidad que avalo con mi propia experiencia y la de mis innumerables pacientes a lo largo de estos años de ejercer la Psicomística.

Pero dar a conocer la PSM estando como estoy era impensable, algo fuera de mi realidad... hasta el instante en que apareció Luz María Zetina. Pero ¿qué tiene que ver con toda esta historia? Esperen... paciencia...

Como ya dije, vivo entre la cama y la silla de ruedas, sin salir a la calle, salvo cuando tengo que ir al hospital. En esta situación, sigo siendo lo que siempre he sido: poeta, escritora y médica. Dios, supo qué dones iba a necesitar para sobrevivir esto y esos me dio: escribir y curar y junto con ellos, la Conciencia de que los dones, son para donarlos. Y no hay día que no ejerza como médica y como escritora. Algunos objetarán que no tengo derecho a considerarme médica. La mayoría de los médicos no reconocen como colegas a los psicólogos, terapeutas o sanadores, aunque estemos dedicados a la salud mental y emocional. Esto es un grave error, la realidad grita que los médicos que curan el dolor no físico, son innegablemente tan importantes como los que se encargan del dolor físico del ser humano.

Los que curamos el dolor de las entrañas y la mente, somos los psicólogos, los terapeutas y los sanadores enfocados a las heridas de los seres humanos, esas que no son físicas. Y la Psicomística viene a dar una alternativa para sanar el dolor no físico proponiendo un camino de Conciencia que nos permita curar desde el Amor. Así que los que ejercemos la Psicomística somos médicos también, estamos para prevenir, combatir el dolor, dar salud, tratar de salvar las vidas de nuestros pacientes, y en caso de no poder curar una enfermedad, darles alivio, consolarlos y acompañarlos en su dolor. Curar la mente, las emociones y liberar al cuerpo y al Alma de las consecuencias de las neurosis, es tan importante como curar el cuerpo físico.

No podemos negar esta realidad, los médicos de la mente son tan médicos como los del cuerpo, las estadísticas indican que en el año 2020, la segunda causa de muerte —¡de muerte!— será la depresión y ¿quién cura la depresión? ¿Un cardiólogo? ¿Un internista? ¿Un infectólogo? ¿Traumatólogo? ¿Un oncólogo? No, ninguno que haya estudiado la carrera de medicina y cualquier especialidad o varias, incluida la Psiquiatría, a menos de que ésta, además de medicar, trate al paciente en terapia.

Los medicamentos que recetan los psiquiatras curan el síntoma, no la enfermedad, ni sanan el dolor emocional, sólo la ansiedad y el insomnio, pero el dolor, únicamente se elimina cuando el paciente es tratado por un estudioso de la mente, un médico dedicado a curar la mente y las emociones. No digo el Alma, porque ésta es perfecta y está intacta, es puro Amor, es la parte divina del ser humano, no existe en ella el dolor, éste habita en el Ego, en las neurosis, es decir, en la mente, donde están las heridas, el miedo, en la parte humana, por eso, la Vida es una lucha entre el Ego y el Alma y sólo curando desde el Alma, desenmascarando al Ego y acallando sus gritos —neurosis-miedo— podemos escuchar la voz del Alma y llegar a la sanación, a la paz, la libertad y a la felicidad: ese es uno de los principios de la **Psicomística.**

Sanar la herida que engendró la neurosis, esa herida que siempre se remite a la invisibilidad, al desamor, al miedo, al rechazo y al abandono, es tan importante como sanar el cuerpo. De modo que es hora de comprender y poner en la realidad que no se trata de competir, de minimizar o despreciar lo que hacen los otros, sino de complementarnos y de comprender que tenemos una naturaleza Psicomística... Psico—mente Mística—divinidad.

Dios se ha encargado de hacerme llegar hasta mi cama, por el teléfono, el correo, la televisión y de maneras absolutamente mágicas, a las personas a las que tengo la oportunidad de ayudar a sanar sus heridas emocionales. A Él no le hace falta ni mi cuerpo, ni mi salud, ni ningún consultorio para emplearme como su instrumento cotidianamente. Tampoco le hizo falta tenerme en el mundo para hacerme llegar a su heredera de la Psicomística. ¿Cómo es que pudo nacer la Psicomística de una médica—poeta, de alguien cuya vida estaba atrapada en estas dos pasiones y por lo tanto, totalmente polarizada? La medicina es científica, analiza, se guía por el pensamiento lógico, en cambio, la poesía te lleva a lo etéreo, a guiarte por la intuición, los sentimientos y la imaginación. Alguien que desde niña vivió simultáneamente en la dimensión del Relativo (mundo, mente, análisis, lógica humana, condicionamiento) y la dimensión del Absoluto (el plano espiritual, el Alma, el Amor, la "lógica" espiritual).

Esa polaridad es lo que constituye al ser (espíritu) humano (mente). Y finalmente, cuando creí que nunca iba a comprender lo que para mí era un misterio: la razón de que se me hubieran dado estos dones opuestos que sentía que eran imposible de fusionar estas dos pasiones polares, fue cuando comprendí que ser médica y poeta era la única manera de crear la Psicomística. La psiquis... la mente y, la mística, el alma, el amor, la poesía. Había que recorrer este largo camino para que yo llegara a comprender **la totalidad del ser humano y no verlo fragmentado**, como nos lo muestra la mente. Eso me llevó a encontrar el camino de sanidad en el que es posible manejarnos en la polaridad que es parte esencial de nuestra naturaleza, sin crear espejismos, viviendo en la Verdad y por lo tanto en la sanidad y la libertad.

¿Y Luz Ma? ¡¿Cuándo?! Ahora... Sé que te estás preguntando: ¿qué tiene qué ver Luz María Zetina con la Psicomística? ¡Todo!, ella vive y hace PSM sin nombrarla de esa manera, ella es una sanadora Psicomística. Ella es la Psicomística. No necesita ningún título para sanar.

Yo ya había publicado varios libros desde la Psicomística y seguí escribiendo, sin embargo, no había podido traducirla a este lenguaje humano con el que nos comunicamos, ni pretendía hacer una escuela, corriente psicológica, filosófica, ni nada parecido. No podía estructurar la teoría de esta psicoespiritualidad. Hacerla, ejercerla, practicarla, era una cosa, pero otra cosa era, ponerla en palabras para curar a través de su lectura y que otros la estudiaran y aprendieran a hacer Psicomística.

Llegó el momento en que mi discapacidad era cada vez más grande y no sabía cómo responder a la pregunta: ¿Para qué, para quién estoy trabajando, sin parar, sin tregua y a la vez, sin poder detenerme? Ya no quería estar aquí, en esta dimensión, en el Relativo, donde soy completamente invisible... pero tampoco quería irme sin poner todo esto en el mundo, con la esperanza de que mi dolor le sirva a otros y todo este calvario tuviera un sentido. Estaba sola, soltera y sin hijos. Era invisible para la mayoría de mis amigos y para casi toda mi familia que no acepta mi enfermedad por su evasión. Yo sentía que ya no tenía fuerzas para dar a luz los libros acumulados ni para seguir y que el momento de irme había llegado.

Todo indicaba que mi obra no iba a salir de esas cuatro paredes. Me parecía una pena no poder compartir con nadie el camino a través del cual vivo una vida plena, iluminada, intensa, libre, paradójicamente dedicada al servicio desde mi silla de ruedas o mi cama. Una vida en la que estoy sumergida en una paz y una alegría que están por encima del dolor, la enfermedad y el encierro, en un Estado de Gracia permanente, algo mucho más que eso que nosotros llamamos felicidad. Entonces, hablé con el Patrón y le dije:

"Mira... háblame claro, esto ya no me está gustando, si los dones son para donarlos, si estoy convencida de que la Vida es relación y servicio, porque ese es el camino del Amor y sin él nada tiene sentido, entonces ¿para qué me tienes trabajando 16 horas diarias, lidiando con el dolor, la debilidad, el encierro y el agotamiento, si cuando me muera, esto irá a parar directamente a la basura o a mi ataúd? Tú sabes que yo siempre supe que no vine a tener éxito, ni fama ni a hacer dinero, sino a hacer Conciencia... Mírame, ya no doy para más, duermo con la señora Muerte todas las noches, mírala nomás, me tiene apepenada. Si quieres que done los dones que me diste, tienes que mandarme un cuerpo, una mente que se mueva en las cosas prácticas, unas manos, unas piernas que caminen, un cerebro y una boca que vayan y ofrezcan mi trabajo. Un ser que hable mi idioma. Necesito unos ojos que miren a quienes deben publicar esto, y para ello, tendrá que ser alguien que primero me mire y me visibilice a mí.

Sé que ese era parte de tu Plan Divino, sólo siendo tan dolorosa, tan insólitamente invisible, y viviendo la experiencia de no pertenecer a nada ni a nadie, podría comprender y curar la herida madre: la invisibilidad. Cuántos años me costó entenderlo. Tú dices: "Estás en el mundo, pero no perteneces al mundo" Mateo

5:13 Siempre estuve en el mundo y nunca pertenecí a él. Ahora, he llegado a tal invisibilidad, que ni pertenezco al mundo ni estoy en él hace ya 14 años. Y no me dejas parar de escribir y de curar desde mi cama a la gente que haces llegar tan mágica y misteriosamente hasta mi casa. ¿De dónde vas a traer a mi vida a un ser capaz de compartir este sueño? Alguien con un espíritu libre, tan libre que crea en la Psicomística, en esta psicoespiritualidad sanadora que nadie conoce. Alguien que se arriesgue con una perfecta extraña. ¿De dónde vas a sacar a un ser que tenga un alma tan pura y un nivel de Conciencia tan alto que me vea con los ojos de su Alma y me reconozca y esté dispuesto a dar su tiempo y energía para llevar la Psicomística a dónde quieres que llegue?

Te propongo algo, hagamos un pacto: Si eso es lo que quieres, que la Psicomística salga de estas cuatro paredes, mándame un cuerpo que pueda hacer lo que el mío ya no puede ni podrá. No te quiero presionar, ni apurar... pero ya no doy para más. Y me sigues mandado pacientes, a quienes trato con la Psicomística, que les proporciona una curación sorprendentemente rápida en comparación con otras técnicas lo que comprueba que lo que se "cura" desde la mente, desde el análisis, es lento y reversible, en cambio, lo que se cura desde el Alma, trascendiendo el análisis, elevando el nivel de Conciencia, es irreversible".

Estuve a punto de morir otra vez, y pensaba en que era dolorosamente cierto lo que dice Gibrán Jalil Gibrán, el poeta profeta libanés: *"Es muy triste extender las manos vacías y que nadie te dé nada... pero es mucho más triste extenderlas llenas y que nadie tome de lo que traes para dar"*. Ese era mi dolor, no el de dejar la Vida, sino el no poder poner en nadie todo lo que tenía para dar, no tener a quien heredar la Psicomística para que ayudara a otros y los llevara a vivir en plenitud. Solté la necesidad de control, el deseo, la expectativa y me dispuse a irme, en paz, sin apegos, mi cuerpo estaba totalmente agotado y vi cómo se fue cerrando, como he visto cerrarse otros cuerpos cuando están a punto de soltarse de la vida, me miraba y ya no era ni la sombra de lo que fui. Amando como amo a la *señora Vida*, anhelaba irme y en mi mente resonaban las palabras de Santa Teresa, la de Ávila: *"Muero porque no muero... tan alta vida espero, que muero porque no muero"*.

Decidí que la Psicomística había cumplido su misión, así que la solté desde mi Alma. Le agradecí que me hubiera curado a mí y a infinidad de pacientes que me dieron la maravillosa, invaluable oportunidad de confiar en mí, en los que había comprobado que la Conciencia, es la llave de la libertad. Experimenté una enorme alegría y una perfecta paz. Días después, mis enfermedades hicieron crisis. Es inexplicable para los médicos y para mí, que continúe viva.

Habían pasado casi tres meses del pacto, yo estaba cada día más agotada y mi "heredera" no llegaba. ¡Ah, el Patrón es un misterio insondable!, pero una llega a conocerlo en cierta medida, y de acuerdo a cómo se ha relacionado conmigo en esta vida, sabía que quería algo más que mi fe, me exigía certeza. La certeza de que Él llegaría a tiempo y con las manos llenas de todo y más de lo que necesitamos. ¡Ah!, pero a tiempo en su momento, no en el nuestro. Y llegó. En la última curva de mi existencia, llegó. A mis 58 años, luego de varias crisis en las que todo indicaba que mi vida había llegado a su fin, con testamento en orden y demás... Entonces, cuando yo solté todo deseo y todo apego, cuando desde el Alma le dije: *"Quiero lo que Tú quieras"*. Él dijo: *"Sea"* y de la manera más mágica hizo llegar a Luz María Zetina a mi vida... lo que equivale a "Y se hizo la Luz" para mí... y algo más.

¿Cómo llegó Luz Ma a mi vida? Un día buscando algo que ver en la televisión, iba de canal en canal y de pronto apareció su rostro, le estaban haciendo una entrevista y la escuché responder a las preguntas que se le hicieron acerca de su maternidad, de su búsqueda espiritual, de su camino de Conciencia y de su necesidad de servir a los demás, trabajar con las mujeres, hacer Conciencia en otros; supe sin que hubiera lugar a dudas, que ella era la respuesta de Dios, ella era la elegida, lo supe en mi alma, sin que mediara el pensamiento, fue como si Luz Ma se hubiera salido de la pantalla y me hubiera dicho: *"Ya llegué"*.

Él me daba mucho, pero mucho más de lo que yo le había pedido y eso que yo, siempre pido en grande. Era perfecta, un ser de luz y un rostro perfecto para la PSM, alguien que anhelaba lo que yo: hacer Conciencia. Sí, llegó puntual y con las manos llenas de todo y más de lo que yo necesitaba. Llegó, como llega todo en la vida, en los tiempos de Dios, no en los nuestros. A partir de ese momento y a una gran velocidad, llegaron señales, innumerables, ilimitadas, una tras otra, que me llevaron a buscar a Luz Ma. Yo la vi en esa entrevista el 28 de mayo del 2012, luego supe que ese día era su cumpleaños número 39. Al día siguiente, conseguí de una manera mágica, para variar, su teléfono, me contestó ella, le dije que hablaba Lindy Nadie y que necesitaba tener una cita con ella por teléfono porque vivía en provincia y tenía que hablar de algo con ella, pero por problemas de salud no podía viajar a la capital. Enseguida aceptó, con una sencillez y una humildad que no me canso de admirar y que sólo tienen los grandes. Quedamos en volvernos a llamar para concretar la cita, se disculpó y colgamos porque estaba grabando un programa. Y me llamó el 31 de mayo y con su humildad pasmosa, me preguntó que si podía atenderla, que si era un buen momento para mí. ¡Insólita su pregunta! Hablamos de la Psicomística. En cuanto conectamos, ambas sentimos que ya nos conocíamos hondo y de siempre. Nos reconocimos. Hablamos dos horas y supimos que nos habíamos imanado y que ese encuentro estaba escrito en nuestros libros de vida, allá en el Absoluto y nos anunciaba que llegaría algo que las dos estábamos buscando a nivel espiritual.

Ella no venía a ser mi alumna, es una terapeuta Psicomística, vive y usa esta psicoespiritualidad como algo natural. Cura, tiene el don de sanación, sólo que no lo tenía consciente, pero en cuanto conectamos y hablamos, todo lo que le expresé respecto a este camino de Conciencia y sanación le hizo resonancia, era su propio lenguaje, reconoció en mis palabras, las suyas, en mi visión, la suya, en mi camino, el suyo. Como yo, en su silencio y sus palabras, encontré las respuestas que necesitaba y a las que al fin podía ponerles palabras. Ella ya venía con su camino espiritual muy claro, llevaba trabajando en ella diez años, estaba en contacto con maestros espirituales serios, era a su vez maestra de quienes buscan crecer en Conciencia. Hace años posee una disciplina admirable: medita, hace yoga, se alimenta de una manera sana —es vegetariana— hace ejercicio físico y su nivel de sensibilidad, empatía y Conciencia es admirablemente alto. Tiene una capacidad para escuchar la voz de su Alma tan excepcional, tan rotunda, que sin conocerme de nada, pudiendo ser yo una fan loca, obsesiva, agobiante, una charlatana, qué sé yo, no dudó en abrirme las puertas de su Alma y de su casa y regalarme su confianza, sin que yo le diera prueba alguna de que era merecedora de ella y tomando una cantidad de riesgos, que sólo puede tomar alguien que está despierto, en Conciencia y posee un espíritu puro, tanto, que no duda de lo que su voz interior le dicta, por absurdo, ilógico y hasta peligroso que pueda parecer a la lógica humana, que nada tiene que ver con la lógica divina.

Así le gusta jugar a Dios, ese estratega divino que teje nuestras vidas con una impecabilidad mágica, incalculable, ilimitada. Todo fluyó entre Luz Ma y yo desde el primer momento, porque así como yo buscaba alguien con quien compartir mi experiencia, y en qué manos dejar la Psicomística, ella buscaba imanar a alguien que hablara su mismo idioma, que mirara las cosas desde donde ella las mira y Dios, escuchó nuestras peticiones y sucedió el encuentro que cambió para siempre la vida de ambas. Fue conectar y saber, tener la certeza absoluta, contra toda lógica humana, que el habernos encontrado era un parteaguas en nuestras vidas, tan importante para una como para la otra.

A partir de la primera llamada, ambas veíamos claramente cómo nuestras vidas estaban destinadas a unirse para llegar a este momento en el que las dos podamos comunicar nuestra psicoespiritualidad de vida e invitar a otros a transitar este sendero de Conciencia que llamamos Psicomística, como un camino para enfrentar el miedo, vencer el dolor, la soledad y encontrar el Amor, la paz, la luz, la alegría y la libertad.

Por nuestras historias de vida, cada una bajo diferentes circunstancias, a los siete años, habíamos entablado un diálogo permanente con Dios desde nuestra infancia y desde ahí nació la necesidad de curar a otros desde el Alma, desde el Amor. Ella buscó su camino espiritual y en mí, nació la Psicomística. Mi mente no podía explicar lo sucedido, pero antes de que llegara Luz Ma y luego al conectar con ella, claramente sentí que algo muy fuerte se estaba moviendo. ¿Para qué había regresado a la Vida luego de que mis enfermedades hicieron crisis y todo indicaba que era el final?

Tenía 13 años encerrada, daba lo mismo dónde estuviera, estaba en la tierra de nadie, me había movido de la capital a provincia, lejos de mi mundo de artista, de médica, ya desconectada de todo y de todos. Mi cuerpo ya no daba para más. ¿Para qué había regresado?... No lo sabía. Pero tenía esa sensación tan familiar para mí desde joven: "Algo se está moviendo muy, pero muy fuerte, el Patrón algo se trae" y sí, ¡sí que algo se traía! Nada menos que a la heredera, a Luz María Zetina. Y ciertamente algo se movía telúricamente, tanto, que me sacó de la cama y sucedió algo tan mágico como insólito: Dios decidió que antes de irme, la Psicomística fuera entregada a una heredera y a través de ella, fuera dada a conocer al mundo. Y así como Dios se encargó de prepararme para este momento y de este modo se cumpliera su plan divino en mi vida, hizo exactamente lo mismo con Luz Ma. Ella, como yo, fuimos atravesadas por la invisibilidad, la herida madre, tal como lo plantea la Psicomística y fuimos preparadas meticulosamente para crearla.

Te comparto lo que me confió al conocerla: "*La primera experiencia que me sacudió de una manera rotunda y marcó mi vida de una forma decisiva, fue la muerte de mi mamá. Ella era una mujer extraordinaria en muchos sentidos, era profundamente humana, espiritual, sensible y talentosa, era poeta, escritora, compositora, cantaba precioso y tenía una clara vocación para cuidar de los humildes. Tan bella por dentro como por fuera. ¿Sabes? Padecía bipolaridad y en una crisis, la enfermedad ganó la batalla y mi madre, a sus 33 años, cuando yo contaba sólo con 3 años de edad, se suicidó, dejándonos desolados a mi padre y a mis tres hermanos varones, siendo yo la menor. Esto, abruptamente cortó el fluir de mi vida y de un tajo inimaginablemente doloroso, cambió mi existencia de forma radical. A partir de ese momento crecí buscando sin tregua un sentido para mi vida y un motivo para vivir. De no haber sido así, me habría instalado en el papel de víctima, me hubiera convertido en un ser codependiente y en una inválida emocional, en una persona imposibilitada para amar y hacer algo con mi vida".*

Luz Ma, a tan tierna edad, había sido traspasada brutalmente por la herida de la invisibilidad. Al morir su madre, experimentó el más desgarrador abandono que un ser humano puede experimentar: el ser de quien dependía su sobrevivencia emocional, el más indispensable en el mundo en ese momento, la había abandonado, la había invisibilizado. Sin duda alguna, lo último que hubiera querido Kitty, su madre, habría sido dañarla, sin embargo, no estaba en sus manos, ni todo su Amor pudo evitar tal desenlace. La muerte de Kitty, provocó que Luz Ma, siendo tan pequeñita, ante aquel enorme vacío, se refugiara en el Amor de Dios, quien era para Kitty, el centro de su vida junto con su familia. Y Luz Ma, tomó a Dios como su protector, siendo una pequeña de siete añitos, estableció una intimidad con Él, cómo sólo puede hacerlo una niña desde su pureza, con libertad, sin protocolos, con una confianza absoluta. Ese fue el camino que encontró para lograr sobrevivir aquella angustiante orfandad. La soledad en la que la hundió la muerte de su madre, la llevó a tener una reacción inevitable, necesitar constatar que existía, visibilizarse: *"Mis primeros años fueron una lucha constante por buscar compañía, aprobación y pertenencia".*

Luz Ma padeció la invisibilidad como yo. A muy poco tiempo de conocerla, un par de semanas quizá, le dije algo que nunca pensé que le fuera decir a nadie, algo que salió de mi boca sin filtrarse por mi pensamiento, por mi mente, sino que vino de dentro de mí con una absoluta certeza: *"Luz Ma, tú eres la Psicomística".* Cuando ahondamos en lo que yo hacía como sanadora, ella respondió: *"Yo he vivido mi vida sintiéndome acompañada y co-asistida por Dios"* Para mí, esta fue una más de las claras, de las innumerables e irrefutables señales que llegaron con ella. En sus palabras leí: "Yo he vivido desde la Psicomística". Y sí, es así, desde niña vivió en Conciencia, acompañada por la presencia de Dios. Escuchando y siguiendo con fidelidad y congruencia la voz de su alma. Las dos crecimos con este sentimiento de no pertenencia. Yo adopté a la humanidad desde mi médica, desde mi poeta y ella hizo su propia familia y dentro de su proyecto de vida, desde muy jovencita se había planteado estudiar, conocerse a sí misma, hacer un camino de Conciencia y realizar actividades que ayudaran a los demás a hacer Conciencia. Cuando me escuchó hablar de la PSM, de inmediato sentí que todo lo que le decía hacía resonancia en ella, cosa que ella me confirmó al final de la llamada que duró dos horas.

A partir de nuestra primera llamada, empezamos a escribirnos, a hablarnos y me sucedió algo insólito, extraordinario, definitivamente trascendental en mi vida. Al hablar con ella y a través de sus cartas, motivada por sus reflexiones y sus inteligentes preguntas, sus opiniones y experiencias, yo empecé a poner de inmediato en papel mis ideas sobre la Psicomística, la empecé a traducir del Absoluto al Relativo...nuestras almas estaban en una perfecta sincronía y las dos juntas, empezamos a escribir la PSM, es decir, lo que es, en qué consiste esta psicoespiritualidad que yo había ejercido y con la que había curado 40 años pero que jamás había podido traducir y ponerla en papel como tal.

Yo no habría podido hacerlo sola porque necesitaba de alguien que me obligara a verbalizar, a poner en palabras humanas esto que es tan abstracto: un camino de sanidad desde el Alma, desde el Amor y no desde la mente, el pensamiento, el análisis. Necesitaba de alguien especial, alguien con ciertos dones y talentos, cierto nivel de Conciencia... algo es seguro, ese alguien no podía ser nadie más que Luz María Zetina Lugo, que había vivido y vivía en su propio ser lo que yo en cuanto a "lenguaje espiritual", era como si tuviéramos las mismas claves, los mismos códigos, muchas experiencias en común. Sus preguntas, sus reflexiones, me obligaban a traducir la Psicomística por fin, ponerla en papel por primera vez en mi vida y a una velocidad impresionante. No podía parar, empecé a escribir sin descanso 18 horas diarias... estábamos creando juntas la PSM de tal modo que no podíamos dudar que no era nuestra, ya que nuestra voluntad no operaba. Por eso, ella es tan dueña de esto como yo, ni más, ni menos. Y es un honor para mí que seamos cofundadoras y coautoras y que ella sea la heredera que hará posible que toda mi vida tenga sentido y que mi sueño de capitalizar tanto dolor y lograr que le sirva a otros, suceda. Es a través de ella que he podido comprobar muchas cosas que estaban como en una pausa y que ahora puedo hablar con certeza acerca de que son posibles a través de la PSM.

Bien, esa es la historia. Empezamos a hablarnos por teléfono, a escribirnos, porque yo, luego de vivir en la capital 25 años había regresado a provincia, como digo antes, pero lo mismo daba que estuviera ahí, que en la capital o en otro planeta, soy invisible para el mundo, por eso, es mucho más que un milagro que Luz Ma haya sido mandada por Dios para visibilizarme y sacarme de estas cuatro paredes (ocho, las cuatro de mi habitación y las cuatro de mi estudio, el resto de la casa no lo vivía) para andar alegremente por el mundo y llegar hasta tus manos querido lector, y a todas las manos a las que tenga que llegar la Psicomística. En mi largo camino de escritora y poeta, me consta que la obra, busca su camino, busca a sus lectores y siempre los encuentra.

El 27 de junio del 2012 Luz Ma, fue a una cita con una editorial muy, muy prestigiada que la andaba buscando, mejor dicho, persiguiendo por meses, para que publicara algo que ella quisiera, lo que fuera, ella les expuso el proyecto de la Psicomística y le ofrecieron de inmediato publicarnos, bueno, publicarla a ella. Querían firmarla en ese momento, se trataba nada menos que de Luz María Zetina, estaban felices, eufóricos, no era para menos, la querían en su catálogo, ¡una actriz con esa imagen y esa trayectoria!, por supuesto que le aceptaron sus condiciones y que llevara una coautora, qué más daba quien fuera. Pero al final no se concretó nada con ellos.

Sin la llegada de Luz Ma, la Psicomística se hubiera enterrado conmigo, lo sé de cierto, aquí, en mi alma, donde están esas certezas de las que no puede dudarse. Al día siguiente, el 28 de junio, ella tomó un avión y fue a conocerme en persona a Monterrey, justo a un mes de conocernos por teléfono. Seguimos escribiendo sin parar y antes de los tres meses ya estábamos negociando con más de una casa editorial el proyecto de la Psicomística, por supuesto, sin lugar a dudas porque se trataba de Luz María Zetina, de otro modo, no se habría dado nunca. Había ofrecido mi obra poética a varias editoriales, firmado incluso contratos que no me cumplieron y fui estafada económicamente por dos de ellas.

Todas las señales indicaron que sin lugar a dudas la PSM debía ser publicada por Ediciones Urano, ellos querían a Luz Ma, sí, pero también a la PSM, Iván Mozó y Larisa Curiel, eran los editores que poseían la visión indispensable para este proyecto, no hubo dudas, esa era la casa que le correspondía a la PSM y a nosotras, se podría hacer una crónica de sólo ese evento, toda una bendición.

La fuerza que me dio que apareciera la heredera de la PSM, mi cofundadora, mi coautora, amiga, hija, maestra y tantos roles más, me dio la fuerza para tomar una decisión que parecía imposible, porque si con sólo salir a la calle, la enfermedad me pasa una factura terrible, cambiarme de ciudad con todo y casa era impensable... pero que llegara Luz Ma, me hizo ver que no tenía nada qué hacer en Monterrey y decidí que lo que correspondía para este momento de mi vida era regresarme a la Ciudad de México, para trabajar juntas y estar cerca de la editorial.

Esa es la aventura que hemos vivido intensamente de unos meses para acá, mi coautora y yo, una travesía de la que ahora eres parte al tener este libro en tus manos. Este libro y todos los que tengan que ver con la Psicomística, la cual, de no haber llegado Luz Ma, habría sido enterrada conmigo a mi muerte. Yo sembré sin descanso a dos manos desde mi adolescencia y no he dejado de hacerlo, pensé que al cumplir 50 años, sembraría con una mano y cosecharía con la otra... y mira, aquí me tienes, en esta intensa siembra tan intensa como mi alegría por la llegada de Luz Ma y el que tengas este libro en tus manos.

Ojalá que mi testimonio, así como la Psicomística, cumplan su cometido y sea una fuente de esperanza para quienes se encuentren con ella. Deseo ardientemente que cuando alguien ya no espere nada, recuerde esta historia y constate que mientras estemos en la *señora Vida*, todo, todo puede suceder, cualquier cosa puede pasar que nos cambie la existencia de una manera radical en sólo unos minutos: Un encuentro, un evento, qué sé yo, Dios es la imaginación misma, es juguetón y seductor y ama hacer milagros y sorprendernos.

Extendí mis manos llenas luego de 40 años de escribir y curar, nadie me miraba, era absolutamente invisible, llegué a pensar que me había muerto, me habían enterrado y no me invitaron a mi funeral. Llegué a escribir un poema que titulé: *"Me enterraron viva y no fui a mi funeral"*. Nadie me miraba, por lo tanto, no había la menor esperanza de que alguien tomara lo que tenía para dar... hasta que llegó Luz Ma con su enorme capacidad para mirar el Alma humana y me miró... ¡Ah!, la clave de todo: ¡me miró! Y al hacerlo, me sacó de la invisibilidad y miró todo esto en mis manos, estos libros escritos desde el amor y la esperanza, y... me sacó de encima este peso que tanto me agobiaba, dándome así la enorme alegría de andar ligera de equipaje por la vida, como me gusta andar.

Ella fue la respuesta de Dios, este ser de luz que llegó a complementarme en la Psicomística, a obligarme a traducirla al lenguaje humano, a ponerla en papel ¡y ahí como la ven de dulce, es de un exigente!... Quiere todo: claridad, sencillez, fluidez y profundidad. Sí, ella es así, la transparencia misma, como los grandes. Luz Ma, que no tenía un hueco en su agenda de esposa, madre, hija, hermana, amiga, artista, maestra espiritual, tuvo el tiempo para mirarme... y al hacerlo, cambió mi vida radicalmente, me sacó de la oscuridad, del silencio y del dolor de la invisibilidad. Justamente lo que hace alguien que sana desde la Psicomística. No conforme con ello, me convirtió en parte de su hermosa familia, que ya la vivo como mía, y me dio tres nietas estupendas y eso de ser *nona* ha sido una experiencia absolutamente inesperada. Madre espiritual lo he sido casi desde que soy una niña, pero ¡*Nona*!... Una bendición, enorme... divertida, y llena de sorpresas... esta es sólo una de esa cadena de bendiciones que trajo Luz María consigo.

Llegó en el momento justo, exacto, como instrumento claro de Dios en mi vida, a ayudarme a organizar mi trabajo, a concretar cada uno de los proyectos, a prestarme su cuerpo para que tenga sentido lo que vine a hacer en mi vida y pueda terminar mi tarea sin dejar asignaturas pendientes ni deudas con la vida, ni con el Patrón, luego de tantos privilegios y bendiciones como me han sido dados. Luz Ma vino a ser la cara de la Psicomística en el mundo, esto que ha sido el trabajo y la obra de mi vida, mi particular manera de sanar las heridas emocionales, el dolor que atormenta la mente y el Alma humana. Hacer Conciencia y tratar de hacer que los otros vivan despiertos, en Conciencia. Luz Ma vino a lo mismo que yo y valió la pena pasar las innumerables pruebas para llegar viva hasta aquí y tener el privilegio de conocer un alma como la de esta mujer. Siento una profunda admiración por su pureza y delicadeza espiritual, su honestidad, su congruencia, su generosidad, su sensibilidad y su don de empatía, así mismo, por el trabajo que ha hecho en sí misma, el que hace cotidianamente... necesitaría un libro para plasmar todas las cosas que admiro en este ser que me regresó a la vida para terminar lo que vine a hacer.

Quiero decirte que cuando digo "mi obra", lo hago en la plena Conciencia de que nada es mío, nada, eso es algo que sé dentro de mí desde que soy una niña. He sido, soy y seré sólo un instrumento de Dios, tal es la razón por la que me escuchan hablar con esta libertad, no tengo que cuidar las formas, ni hacer protocolos, porque no depende de mi elocuencia o de mi talento o de mi inteligencia que esto se dé o no, nada depende de mí, sino de que esos sean los planes de Dios. Yo no tengo nada qué ver en ello. Lo he sabido siempre y así lo he vivido y lo vivo.

Cuando me dicen que si no tengo miedo de andar así por la vida, con este desparpajo, con este desenfado, tan desnuda, haciendo caso omiso de las reglas del juego que ha establecido el mundo, respondo: "*No, sería absurdo tener miedo. ¿Acaso un violín tiene miedo antes de un importante concierto? No, jamás, no teme fallar, ni plantarse ante miles de espectadores, no teme nada, él sólo es el violín, él no se va a enfrentar a nada, sino quien lo toca, el artista es el que puede temblar, tener una crisis de pánico escénico, temer que el concierto no salga bien. El violín no, él es sólo un instrumento*". Esto lo he vivido yo en mi cuerpo y mi mente de una manera definitiva. Sólo soy un instrumento. Una pluma, un bisturí. Punto. Mi voluntad no opera, y esto es literal, Luz Ma no sale de su asombro al respecto, es increíble, pero es así: **mi voluntad no opera**. Ya a los 13 años tenía conciencia de ello. Todos los días desde hace 40 años lo experimento. Dios me saca y me emplea como su instrumento y luego me mete al cajón, como pluma y como bisturí. Puedes, querido lector, tomar esto literalmente.

Vivir así es algo imposible de explicar o de ser comprendido por alguien que no tenga la experiencia en su cuerpo y su mente. Como le digo a Luz Ma, es grave y terrible vivir en el dolor, el agotamiento, la debilidad, el descerebramiento y el encierro, no contar ni con tu mente, ni con tu cuerpo, pero lo más difícil de todo esto es mantenerse cuerda, no volverse loca, el Ego te pone mil trampas y si no está la voz del Alma sobre la del Ego, no hay modo de sobrevivir esto. ¿Cómo no voy a creer en la PSM si me ha salvado la vida literalmente? A mí y a otros que han pasado por pruebas que se antojan inhumanas.

Es gracias a Luz Ma, a esta heredera que designó Dios para la Psicomística, que será posible que lleguen a donde tienen que llegar, este libro y todos los que escribiremos juntas sobre la Psicomística. Luz Ma es la respuesta de Dios, literalmente, a mi petición: es el cuerpo que le pedí para entregar al mundo lo que vine a hacer, lo que las dos venimos a hacer. Ella es ahora mis manos, mi voz, mis pies, mi mirada, mis alas y quien ha vivido instalada en la Psicomística desde siempre, como yo, aunque hasta ahora esa experiencia tenga nombre para ella.

El 8 de marzo, Luz Ma dio una conferencia en el marco del día de la mujer y habló a seis mil personas sobre la pareja vista desde la PSM. No puedo explicarte lo que sentí, yo en mi cama, ella en un escenario, siendo mi cuerpo, mi voz, la Psicomística, haciendo juntas nuestro trabajo: hacer Conciencia. No pensé que fuera a vivir para ver esto. Mi heredera necesitó mucho coraje para meterse conmigo en esta travesía, se necesita valor para involucrarte con una desconocida que llegó de la nada. Escribir con ella, escribir acompañada, es una verdadera fiesta. Su pluma es como ella, suave, delicada pero firme y certera. Nos complementamos perfectamente, fluimos en esta alegría que trae siempre el hacer lo que viene del corazón. Ella es poeta, aunque no tiene una extensa producción dado que no tenía conciencia de su talentosa pluma y tiró muchas cosas al basurero en el camino. Me compartió un poema de hace algunos años: "A cuenta gotas" que habrás leído en el prefacio de este libro y como bien dicen "para muestra, un botón".

Debo dejar algo bien claro, no por ella, que tiene una humildad pasmosa, como todas las grandes maestras, sino por mí, algo que deben saber, para no caer en una injusticia. Quiero dejar asentado que ella, Luz María, no es mi alumna, ni mi colaboradora, ella es mi maestra y es tanto mi coautora, como yo la suya y si mi nombre va antes que el de ella, no es más que por un asunto de orden alfabético, y porque ella lo puso como condición, dado que es lo "justo" según dice, porque yo tengo una trayectoria como escritora, mientras que para ella estos son sus primeros libros.

Nuestra historia corrobora lo que ya sabemos, sin duda los caminos de Dios son inescrutables. Las dos estábamos haciendo lo mismo, pero una sin la otra, no podíamos dar esto a luz, y Dios, ese sensacional estratega divino que traza con exactitud Sus Planes en nuestras vidas, luego de esta estrategia impresionante, llegado el momento dijo: *"Sea"* y nos reunió en el instante preciso para las dos, en una sincronía perfecta, como perfecto es Él, con el fin de que les entreguemos esto. Ver su Palabra puesta en nuestras vidas es prodigioso: *"Porque Dios es el que en ustedes produce así el querer como el hacer, por su buena voluntad. Pues Dios, según su bondadosa determinación, es quien hace nacer en ustedes los buenos deseos y quien los ayuda a llevarlos a cabo."* Filipenses 2:13.

Luz Ma y yo, podemos decir, hoy, que tienes este libro en tus manos: *"Dios es el que me ciñe de fuerza, e hizo perfecto mi camino"* Salmo 18:32. Estamos absolutamente seguras de que si Él nos unió y nos ha traído hasta aquí y si tú te unes en este momento a nosotras, es porque, tal como lo creemos Luz Ma y yo a ciencia cierta, sin sombra de duda: Este es nuestro camino, nuestra Verdad y desde esta visión queremos vivir nuestra Vida. La Psicomística es de Él y sabemos en nuestra Alma que como lo expresó el propio Verbo: *"Yo soy el Camino, la Verdad, y la Vida; nadie viene al Padre, sino por Mí"*. Juan 14, 6.

Bienvenido a la Psicomística, un sendero de sanación que te invitamos a transitar en la certeza de que si es tu camino, lo reconocerás y te sanarás, y sanarás a otros al relacionarte desde el Amor, la libertad y la sanidad.